杜詩講解 ①

杜詩講解

①

崔年均
鄭煥鍾 講解
鄭垣杓 監修

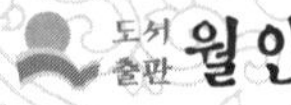

이 책이 나오기까지

二十년전 우리는 杜甫詩를 通讀하자고 합의하였다. 물론 믿고 기대는 바가 있었으니 雨田선생님의 가르치심이었다. 선생님께서는 내켜하지 않으셨으나 우리는 ≪詩·小雅·大田≫에서도 "雨我公田, 遂及我私. 우리 公田에 비 오더니, 우리 私田에도 내리네"라 했는데 선생님의 橫溢하는 天才를 우리에게도 좀 나누어 주십사. 雨田의 弟子가 火田이 되어서야 쓰겠습니까 하고 懇請을 지나 우격다짐에 가깝도록 떼를 썼었다.

그러나 한 首 한 首는커녕, 한 句 한 句 아니 한 字 한 字가 그토록 어려운 줄은 몰랐다. 아주 尋常하고 平凡한 字를 별 뜻 없이 풀고 넘어가면 선생님은 전혀 다른 해석을 해 주셨고 우리는 당혹·당황하였고 결국 황당하다고 속 편하게 결론을 지었다.

그리고 典故·故事는 공부를 더 하면 저절로 알게 된다며 절대 안 가르쳐주셨는데 다만 人間事·世上事나 個人의 心境이나 感情에 관한 것은 공부로는 해결이 안 되는지라 선선히 일러주셨다. 부끄럽지만 솔직히 말해 우리는 선생님의 한숨·탄식을 끝없이 보았고 譏笑·面駁도 수없이 당했다. 그리고 항상 하시는 말씀이 杜詩를 알기 위해 杜詩를 매일 들여다보는 것은 虛事라는 것이었다. 즉 "臨川羨魚, 不如歸而結網. 물가에서서 고기를 탐내고 부러워함은 돌아가 그물 짜는 것만 못하리라"(漢·揚雄의 〈河東賦〉)이라는 말씀이셨다. 杜詩에는 그 以前의 經·史·子·集이 다 녹아있는데 그러한 바탕 없이 杜詩 自體를 들여다보아야 말짱 헛일이니 經·史·子·集을 먼저 읽는 것이 순서라는 것이었다. 句句節節

이 옳고 言則是也나 우리도 한 말씀 올렸다. "日暮途遠, 倒行而逆施. 날은 저문데 갈 길은 머니 거꾸로 가고 뒤집어 실천한다"(≪史記 · 伍子胥列傳≫)라고. 선생님은 늙은이 앞에서 日暮요 途遠이요 하다니 라며 역정을 내시다 픽 웃으셨다.

어쨌든 아침 아홉시부터 밤 열두시까지 꾸준히 읽었다. 이렇게 삼년동안 선생님의 핀잔 속에 一讀하였는데 결국 선생님 말씀이 옳다고 저절로 느끼게 되었다. 선생님께서는 지금의 너희 수준에 앞으로 십년간 經 · 史 · 子 · 集을 부지런히 읽으면 그때에는 제대로 杜詩를 함께 읽으며 즐길 수 있다고 하셨다. 그때 선생님께서는 팔십이 눈앞에 있었는데 십년 뒤면 구십이라 어떻게 앞날을 기약할 수 있겠는가. 걱정이 태산이었다.

이것을 눈치 채신 듯 그때에는 나 없어도 독자적으로 읽을 수 있을 것이라고 격려해주셨다. 그리고 망설이시다가 조선 오백년간 杜詩를 읽는데 수많은 시행착오 끝에 얻은 要訣이 있는데 너희들만 알고 있으라며 알려주셨다.

첫째, 杜詩는 詩題를 벗어난 것이 없다. 만약에 풀이가 多岐하고 해석이 紛紛할 때에는 지체 없이 詩題로 돌아가면 된다. 우리는 〈巳上人茅齋〉에서 "枕簟入林僻"이 "목침과 대자리가 얼마나 시원한지 깊은 숲에 든듯하다"라는 해석이 왜 나왔는지를 비로소 알 수 있을 것이다. 詩題를 따르면 모든 것은 茅齋에서 일어난 일과 보고 들은 것을 읊은 것이요 숲은 전혀 관계없는 것이다.

둘째, 杜詩는 人情 · 物情 · 實情에 어긋난 것이 없다. 만약에 그렇다면 풀이가 잘못된 것이니 다시 살펴야 한다. 두 가지 경우가 있는데 하나는 글자의 뜻 전혀 다르게 쓰인 경우가 있으니 너희가 아는 字義는 극히 한정적이니 다른 含義를 찾아내야 한다는 것이다. 우리는 〈劉九法曹鄭瑕邱石門宴集〉에서 "鞍馬到荒林"이 "안장 얹은 말 타고 이 외진 郊外에 오시다"라는 해석이 왜 나왔는지 쉽게 알 수 있을 것이다. 宴會를 황량한 숲에서 가질 리가 없는 것이다. 결국 荒林은 외진 郊外가 되는 것이다. 또 하나는 두 글자로 이루어진 말을 생략, 한 자만 쓴 경우가 꽤 많다. 우리는 〈空囊〉에서 “無衣牀夜寒”이 “작은 이불도 없으니 침상은 밤에 춥구나”라는 풀이를 고생 끝에 해낼 수 있었다. 성인 남자가 옷이 없다는 것은 말이 안 된다. 여기의 衣는 ≪論語・鄕黨≫에 나오는 寢衣 즉 작은 이불인 것이다. 그래야만 실정에 맞는 것이다.

셋째, 漢詩는 倒置가 많은데 杜甫의 詩가 특히 심하며 더 어려운 것은 平仄・聲調・其他 어려운 이유로 무질서하게 즉 語法에 맞지 않게 뒤섞은 것이 많으니 다시 再配置해야 한다는 것이다. 〈日暮〉에서 “石泉流暗壁, 草露滴秋根”이라 했는데 “暗泉流石壁, 秋露滴草根”이 본뜻이라고 ≪杜詩詳注≫에서 풀었으니 그저 감탄 또 감탄할밖에.

그 후 우리는 죽기 살기는 아니지만 그래도 상당히 열심히 經・史・子・集을 골고루 읽어나갔다. 그리고 십 오년이라는 세월이 눈 깜박할 사이는 아니지만 참으로 빨리 지나갔다.

우리는 杜詩를 다시 읽어 보기로 작정하였다. 예전과는 달랐으니 수월하지는 않지만 그런대로 큰 잘못 없이 대의를 파악했다고 자부하기도 하였다. 모든 것은 선생님 덕분이니 “蒼蠅附驥尾而致千里. 파리가 준마의 꼬리에 붙어 천리를 간다”(≪史記・伯夷列傳・索引≫)는 格이긴 하지만 말이다.

詩를 하는 사람들은 杜詩라는 難攻不落의 鐵甕城을 克服하였으면 여러 사람들에게 公開함이 좋으리라 권하였다. 그러나 焉敢生心 克服이리오! 그저 鳥瞰・俯瞰일 뿐인데. 우여곡절 끝에 우리의 心得을 펴 보이기로 하였다. 그러나 杜詩는 간단명료하게 보여줄 수 있는 것이 아니다. 우리가 내린 유감스러운 결론은 杜詩는 번역이 불가능하다는 것이었다. 그저 제대로 해석하고 감상할 수 있는 방법을 많은 注와 자상한 해설로 알려주고 그것을 밑바탕으로 하여 杜詩自體를 독자가 스스로 吟味할 수 있게 도와줄 뿐인 것이다.

前人들 중에는 注와 해설이 독자를 誤導하고 先入見에 빠지게 한다고 주장하며 모든 것이 없는 상태의 原作을 직접 보아야 한다고 하는 분들이 꽤 있었다. 상당 부분 수긍이 가나 그분들 같은 學識·情報·經驗없는 사람들이 그렇게 한다면 船長없이, 키도 없이, 나침반도 없이 茫茫大海를 홀로 가는 꼴이 되기 십상일 것이다. 그분들에게는 注와 解說이 거추장스러운 군더더기에 불과할 따름이나 世人들의 水準을 어찌 그분들에게 비할 수 있겠는가?

우리는 삼년이라는 기간 동안 ≪杜詩鏡銓≫의 第一卷 46首를 注解하였다. 짧지 않은 시간에 겨우 46首라니 할 수도 있으나 杜詩의 理解를 위하여 수많은 詩歌를 소개하였고 讀者의 常識을 넓히도록 많은 양의 典故·故事를 提供하려고 努力하였기 때문이다. 杜詩를 正面만이 아닌 側面과 背面에서도 살필 수 있도록 배려한 것인데 一見 어수선하고 복잡하여 굳이 깎아 내린다면 多岐亡羊·支離滅裂이라고 할 수도 있겠다. 그러나 杜詩뿐 아니라 漢詩를 이해하고 풀이하는데 큰 도움이 되리라고 확신하니 이럴 때에는 多多益善이라고 强辯해야 하겠다.

≪孟子·離婁下≫에서 "舜, 人也; 我, 亦人也. 舜임금도 사람이요, 나 또한 사람이다"라 하였는바 우리는 배짱 좋게 斷章取義하여 "歷代 注家들도 사람이요 우리도 사람이니 우리라고 注解달지 말라는 법 있느냐?"라고 큰소리 한번 쳐보았다. 따라서 우리는 前人들의 注解를 參考하였으나 우리가 나름대로 攄得한 것과 蒐集한 情報에 依據, 우리의 判斷을 많이 실었다. 당연히 큰 批判과 엄한 叱正을 기대하는 바이다.

우리도 世上事를 나름대로 알고 있으니 이 拙稿가 요행 出刊되어도 世間의 注目을 받지 못하고 그대로 死藏될 것이라 짐작한다. 그렇다고 “藏之名山, 傳之其人. 명산에 깊이 숨겨두면 뜻이 맞는 제 사람에게 전해진다”(司馬遷 〈報任少卿書〉) 같은 큰 꿈도 꿀 처지가 못된다. 다만 한 사람이라도 읽고 共感한다면 그 또한 多幸이라 여길 뿐이다.

끝으로 한 部의 販賣도 難望한 拙稿의 出版을 決定하신 도서출판 月印의 上下 諸位에게 심심한 감사의 뜻을 올리는 바이다.

2009. 12.

講解者 一同

❖ 일러두기

*이 책은 ≪杜詩鏡銓≫을 底本으로 第一卷 46首를 注解하였다.

*參考한 前人들의 注解書

≪杜臆≫ 明・王嗣奭

≪錢牧齋箋注杜詩≫ 淸・錢謙益

≪杜詩解≫ 淸・金聖歎

≪杜詩詳注≫ 淸・仇兆鰲

≪杜詩鏡銓≫ 淸・楊倫

≪讀杜心解≫ 淸・浦起龍

≪讀杜詩說≫ 淸・施鴻保

≪讀杜箚記≫ 淸・郭曾炘

*參考한 今人들의 注解書

≪杜詩注解商榷≫ 徐仁甫

≪杜詩注解商榷續編≫ 徐仁甫

≪杜詩箋記≫ 成善楷

≪杜詩檠詁≫ 鄭文

≪杜甫詩選注≫ 蕭滌非

≪杜甫草堂詩注≫ 李誼

≪杜甫全詩集≫ 日本・鈴木虎雄

*參考한 우리나라의 注譯書

≪杜詩諺解≫ 朝鮮

≪杜甫≫ 李丙疇

≪杜甫≫(初期詩)

(至德年間詩)(爲官時期詩)

(秦州・同谷時期詩) 李永朱 外

*≪杜詩鏡銓≫ 第一卷 46首의 理解를 돕기 위해 杜甫의 다른 作品과 其他 詩人들의 作品을 全部 또는 一部를 拔萃하여 실었는데 다음과 같다.

(≪詩經≫, ≪楚辭≫는 집계에서 제외함)

• 漢 8명

無名氏 15首, 武帝 2首, 班婕妤 1首, 辛延年 1首, 楊惲 1首, 李延年 1首, 朱虛侯劉章 1首, 卓文君 1首　總 23首.

• 三國(魏) 8명

曹植 7首, 曹操 3首, 王粲 2首, 繆襲 1首, 阮瑀 1首, 阮籍 1首, 曹丕 1首, 陳琳 1首, 總 17首.

• 晉 6명

陶淵明 50首, 潘岳 3首, 顧凱之 1首, 王康琚 1首, 陸機 1首, 陸雲 1首. 總 57首.

• 南北朝 24명

陰鏗 35首, 庾信 27首, 鮑照 21首, 謝靈運 5首, 謝眺 4首, 何遜 4首, 簡文帝 3首, 江總 3首, 江淹 2首, 張正見 2首, 樂昌公主 1首, 傅玄 1首, 徐德言 1首, 蘇子卿 1首, 荀仲擧 1首, 沈約 1首, 梁武帝 1首, 梁元帝 1首, 吳均 1首, 王僧孺 1首, 王籍 1首, 劉孝威 1首, 劉孝綽 1首, 惠標 1首. 總 120首.

• 隋 1명

法宣 1首. 總 1首.

• 唐 81명

杜甫 52首, 李商隱 44首, 李白 34首, 李賀 34首, 王維 27首, 白居易 22首, 韓愈 10首, 杜牧 9首, 劉禹錫 8首, 孟浩然 7首, 劉長卿 6首, 賀知章 6首, 曹唐 5首, 高適 4首, 羅鄴 4首, 沈佺期 4首, 岑參 4首, 許渾 4首, 胡曾 4首, 溫庭筠 3首, 王翰 3首, 韋應物 3首, 李邕 3首, 曹松 3首, 賈島 2首, 皎然 2首, 羅隱 2首, 盧綸 2首, 王勃 2首, 王昌齡 2首, 韋承慶 2首, 李世民(太宗) 2首, 李華(文章) 2篇, 張說 2首, 錢起 2首, 齊己 2首, 崔顥 2首

賈至, 喬知之, 歐陽詹, 郭元振, 駱賓王, 來鵠, 盧照鄰, 戴叔倫, 東方虯, 杜審言, 杜荀鶴, 馬戴, 孟郊, 薛能, 梁默, 吳均, 吳燭, 王建, 王季友, 干濆, 干無競, 王叡, 元稹, 袁暉, 劉駕, 劉廷芝, 李群玉, 李適之, 李廓, 任蕃, 莊南傑, 張志和, 張蠙, 鄭谷, 鄭愔, 儲光羲, 曹鄴, 趙蝦, 朱光弼, 陳陶, 陳子昂, 崔宗之, 韓偓, 荊叔. 各

1首

• 女流詩人 4명

梁氏瓊 1首, 魚玄機 1首, 張氏琰 1首, 程氏長文 總 377首

• 五代十國 4명

李煜(南唐・後主) 7首, 韋莊 2首, 歐陽炯 1首, 李山甫 1首. 總 11首.

• 宋 15명

蘇軾 6首, 梅堯臣 3首, 王安石 2首, 陸游 2首, 歐陽修 1首, 范成大 1首, 蘇麟 1首, 邵雍 1首, 宋祁 1首, 辛棄疾 1首, 王禹偁 1首, 柳永 1首, 周邦彦 1首, 秦觀 1首, 眞宗皇帝 1首. 總 24首.

• 金 1명

元好問 1首.

• 明・淸 3명

金聖歎 2首, 馮夢龍 1首, 景翩翩(女) 1首. 總 4首.

• 民國 1명

心畬, 愛新覺羅 溥儒 1首.

• 高麗 3명

鄭知常 1首, 鄭夢周 1首, 禹倬(時調) 1首. 總 3首.

• 朝鮮 6명

金正喜 4首, 林悌 1首, 曹植(時調) 1首, 鄭澈(時調) 2首, 無名氏(時調) 2首, 朴後雄(時調) 1首. 總 11首.

• 韓國 2명

辛鎬烈 2首, 鄭寅普 1首. 總 3首

*總引用詩人 165명, 總引用詩 653首.

杜詩講解 【1】

目次

杜詩講解 [2]

目 次

附 錄

【1】

【2】

【3】

1. 〈遊龍門奉先寺〉(五言古詩)

已從招提遊, 更宿招提境. 陰壑生虛籟, 月林散淸影.
天闕象緯逼, 雲臥衣裳冷. 欲覺聞晨鐘, 令人發深省.

❖ 詩題

註

▸龍門은 伊闕山 洛陽 附近에 있다.

解說

〈龍門의 奉先寺에 나들이하다〉

❖ 제1 · 2구: 已從招提遊, 更宿招提境.

註

▸已 ~ 更: 이미 ~한데다 또 ~ 하다. 이 절간에서 공연관람, 숙식하며 지낸다는 표현.

▸從: 縱 마음대로, 하고 싶은 대로 실컷.

▸招提(초제): 梵語 caturdesá의 음역이 拓鬪提奢인데 줄여서 拓鬪로 하였고 다시 잘못되어 招提가 되었다. 北魏의 孝武帝가 寺院을 招提라 한 뒤 사원의 별칭이 되었다.

解說

절의 놀이를 실컷 즐겼는데 또 절의 경내에서 잠잔다.

❖ 제3 · 4구: 陰壑生虛籟, 月林散淸影.

註

▸陰壑(음학): 그윽한 골짜기. 그늘진 골짜기.

▸虛籟(허뢰): 籟는 본래 竹製의 管樂器로 다시 구멍에서 나오는 소리도 말하게 되었다. ≪莊子·齊物論≫에서 天籟·地籟·人籟가 나와 유명해졌다. 虛籟는 고요하고 아무 소리도 없는 것이다. 그러나 本詩에서는 바람을 뜻한다.

解說

바람소리는 계곡 밑에서 들리고(청각) 달 아래 숲은 바람에 흔들리는 나뭇가지가 맑은 달빛을 휘젓고(시각). 그리고 달은 바람 따라 지고 별들이 제 능력을 한껏 발휘합니다. 〈夜宴左氏莊〉을 참고하십시오. 별·달이 동시에 능력 발휘하기는 힘들겠죠.

❖ 제5·6구: 天闕象緯逼, 雲臥衣裳冷.

註

▸象緯(상위): 星象經緯의 준말. 星象은 별의 명암·위치 등의 현상. 經은 二十八宿, 緯는 五星 즉 水木金火土니 별자리의 질서·차서다. 따라서 象緯는 간단히 말하면 별자리다.

解說

별들은 하늘의 제자리를 비웠나, 땅에 접근하며 몸은 구름 속에 누웠나 옷이 차갑구나.

➥ 天闕의 混同.

그곳에 유명한 곳이 있으면 잘 혼동될 것이다.

예를 들면 (五代~宋代) 歐陽炯 〈南鄕子〉 "嫩草如煙, 石榴花發海南天. 日暮江亭春影淥. 鴛鴦浴. 水遠山長看不足. 여린 풀은 안개 같은데. 석류꽃은 바닷가 남국 하늘아래 피었네. 해 저무는 강가 정자아래 봄의 그림자(春影: 春日景物之影)는 맑구나. 원앙은 목욕하고, 강은 멀리 흐르는데 산은 길게 뻗어 보아도보아도 싫증나지 않네." 여기서 해남을 호남사람들은 지명 "해남"으로 보기 십상이다.

❖ 제7 · 8구: 欲覺聞晨鐘, 令人發深省.

註

▶欲覺: ➪ 欲은 將要로 ~하려고 하다. ➪ 覺는 (교)로 읽는다. ➪ 省은 省悟이다.

解說

잠깰 무렵 새벽 종소리 들리는 데, 사람에게 깊은 깨달음을 갖게 한다.

➥ 두보 같은 천재가 이제 비로소 晨鐘을 통해서야 깨달았다 함은 절간에서 공짜로 먹고 자고 한데 대한 보답으로 한 소리 같다. 이 절의 종이 영험하다고 광고해 주는 효과 있으리라. 時間, 場所는 大賢에게 문제가 안 된다. 예를 보자. 晉 王康琚 〈反招隱〉 "小隱隱陵藪, 大隱隱朝市. 소은은 산과 늪에 숨고, 대은은 조정과 저자에 숨는다." 宋 蘇東坡 〈贈東林總長老〉 "溪聲便是廣長舌, 山色豈非淸淨身. 夜來八萬四千偈, 他日如何擧似人.시냇물 소리는 바로 부처님의 말씀이고, 산색은 어찌 淸淨한 法身이 아니겠는가? 밤중에 팔만사천 게송 다 들었으나, 훗날 어떻게 사람들에게 말해줄까나."

▷廣長舌: 부처의 혀. 부처의 말씀.

▷淸淨: 煩惱를 벗어남.

▷身: 法身. 淸淨한 自性을 證得하고 功德을 成就한 몸.

▷八萬四千: 불교에서 많음을 나타내는 숫자.

▷擧似: 아뢰다. 似: 주다. 與, 給.

두보가 어찌 王康琚, 蘇東坡만 못하랴.

✤ 이 詩의 두 가지 문제점

1. 詩題와 內容의 不一致. 詩題에서 '遊'라 했으나, 內容上 第一句만 "遊"고 나머지는 "宿"에 관한 것의 논쟁.

먼저 "招提遊": 朝鮮 安城 靑龍寺의 사당패를 참고. 唐나라 公主가 시집간 후 어린 시동생이 중병에 걸려 皇帝가 몹시 걱정하여 御醫를 보내고 公主가 看病을 잘하는지 조사하였으나. 결과 公主는 演戲, 雜技(卽 曲藝) 歌唱. 舞踊, 觀覽을 위한 절간 나들이를 하였겠다. 皇帝 大怒 하였다가 탄식하였다.(자세한 내용을 알고 싶으면 ≪資治通鑑≫ 中唐·晩唐時代를 보면 알 수 있다. 이 기회에 ≪通鑑≫을 일부나마 맛보시라.) 따라서 唐代에 절간에서 쇼나 서커스는 의례하던 것 같다. 第一句의 "遊"는 公演을 말한다. 그리고 詩題의 "遊"는 藝人의 온갖 技藝, 才能을 감상하고 다시 또 절에서 자며 여러 가지 보고 듣고 하는 하루 밤낮에 걸친 나들이를 뜻한다. 한 수에 쓰인 동일한 자가 다른 뜻으로 쓰임은 흔하다.

예를 보자 李商隱 〈天涯〉 第一·二句 "春日在天涯, 天涯日又斜. 이 화사한 봄날 먼 하늘가에 있는데, 하늘가에 또 태양은 기우네." 앞 구절의 "日"은 날짜이고 뒷 구절의 "日"은 태양이다.

2. 天闕象緯逼

"天闕"과 아래句 "雲臥"는 分明 對가 됨.

따라서 天은 그냥 하늘의 뜻이 되면 되는데 문제는 이곳이 龍門이라는데 있다. 伊闕·天闕이라고도 불렀는데 그 모양이 궁궐 앞의 雙闕과 흡사하여 天闕이라 부른다는데 하늘의 궐문이라 여기지 말 것이 하늘의 궐문은 본 사람이 없으리라. 이것은 천연의, 자연이 만든 闕이라는 뜻이다. 이 분야의 권위 있는 사람도 이것은 對句가 아니고 그냥 固有名詞(地名)를 쓴 것이라 하면서부터 대부분의 사람들이 이 속에 말려들어 그런가 하였던 것이다. 일부는 반드시 對句일 것이다 하고 闕을 闚(규. 즉 보다)로 고쳐서 맞추려 하기까지 하였다. 그러나 간단히 생각하면 별들이 찬란하게 하늘을 덮고 있으면서 奉先寺가 원체 높은 곳에 있으므로 땅과 거의 닿을 듯하여 하늘을 다 점령하듯 빛나던 별들이 하늘의 제 자리를 다 비워버리고(闕席, 闕位) 땅으로 接近 밀고 내려오는 듯, 쏟아지듯 하다 하면 아주 쉽게 풀린다.(별이 찬란한 밤에 하늘은 별빛뿐인 듯하다)

＊ 發想의 轉換을 통한 새로운 解釋

本〈遊龍門奉先寺〉詩를 龍門 奉先寺에 나들이 하자로 풀면 어딘가 廣告 냄새가 좀 난다. 고급스럽게 시의 체재를 빌린 선전광고 같단 말이다. 안성 청룡사 사당패 같이 龍門奉先寺 綜合藝術團 같은 것이 營業을 하며 觀客을 誘致하기 위해 廣告業體에 委託하여 시를 잘 짓되 潤筆料는 좀 눅은 별로 이름 안 난 作家를 選擇하라고 했을 것이다. 따라서 다음과 같은 내용을 뭉뚱그려 광고시를 좀 고상하게 짓게 했을 것이다.

① 낙양 교외의 풍광 좋은 곳에 위치함. 자동차로 한 시간 거리.

② 일류가수·무희 총출동. 곡예사·마술사 특별 우정출연.

③ 사찰경내에서 숙식가능. 샤워시설 완비. 이곳만의 특산인 산채백반·더덕정식 염가제공.

④ 한밤의 달빛 그림자놀이. 특히 별이 쏟아지는 밤하늘은 자연의 루미나리에 임. 연인들 특별대우. 별모양의 수정 커플링 증정. 별이 쏟아지는 밤을 체험하려면 먼저 본사의 일기 담당 직원에게 문의 하실 것.

⑤ 佛子家族 大歡迎. 안전하게 淨財를 布施하도록 3중 잠금장치 이중 경보장치를 한 佛錢函(福田函) 설치를 신중히 고려중.

⑥ 이곳의 새벽종 소리는 큰 깨달음을 얻게 하니 거동이 불편하신 어르신들 삼천배·좌선 필요 없음.

⑦ 원스톱 서비스 놀이와 깨달음의 대화합·일체화. '일단 한 번 와보시라니까요'. 本寺: 전화 ****-****, FAX ****-****.

근래에 간장광고에 아동문학가작품이 술광고에 국문학계의 거물 모씨의 글이 나온 적이 있었다. 두보라고 한창 젊은 시절에 목구멍이 포도청인데 못하라는 법 있으랴.

李邕(李白·杜甫의 대 선배로 당시 문단의 영수)은 碑文을 써줄 때 한

字에 蜀錦 한필을 요구했고 謹嚴의 化身이며 肅敬의 對象인 韓退之도 솔직히 말하면 死者에 阿諂한 文章으로 억척스레 벌었는데 기쁜 우리 젊은 날의 杜甫가 카피라이터 됐다고 왜 흥분 할 것인가. 중국문인의 예를 들어보자. ➪ 庾信: 南北朝時代의 南朝梁人. 北朝에 使臣갔다가 그의 재주 때문에 억류되어 그곳에서 隋의 統一을 맞음. 그의 재주란 碑文·墓誌銘등 實用的(?)인 것 때문이었다. 當時 北朝에선 오로지 溫子昇의 韓陵山寺碑만이 이야깃거리였으니 이는 결국 文人缺乏을 이야기 한 꼴이 되고 庾信같은 사람이 필요했던 것 같다. 李邕은 ≪文選≫에 注를 단 李善의 아들로 이름이 알려졌으나 자신의 文才도 뛰어나 李北海 — 일찍이 北海太守를 지냈다. 北海의 名人은 鄭玄·孔融·李邕으로 다 北海라 불리워졌다 — 라고 稱하여졌다. 文은 특히 碑頌에 뛰어나 一字當 蜀錦 一匹을 요구하였다 하며 鉅萬의 財物을 받아들여 自古로 鬻文獲財(육문획재, 글 팔아 돈 모음)로는 邕만한 이가 없다고 하였다. 사실은 文壇의 領袖로 後進을 養成하고자 하는 苦肉策이라고도 해석하기도 하며 李白·杜甫도 그를 大先輩로 推崇하였다.

劉叉은 협객기질이 농후하여 취중 살인하고 망명하였다가 사면됨. 후에 뜻을 세워 공부하여 시가를 잘 짓게 되었고 특히 〈氷柱〉, 〈雪車〉 두 시로 이름을 떨쳤다. 자부심이 몹시 강해 높은 사람을 섬기지 못하다 한유에게 갔으나 和合하지 못하고 韓愈 案上의 金 몇斤을 가지고 가며 '이것은 무덤 속 사람에게 아첨하여 얻은 것이니 劉先生의 藥酒값 하는 것이 낫겠다'하니 韓愈도 말리지 못함.

例에서 보듯 有名한 文人들도 결국 金錢·生命을 위해 치사하지만 實用的인 글을 썼는데 廣告詩 쓰는 것이 무슨 특별히 책잡힐 일이겠는가.

☛ **參考**

아래의 시는 雨田선생께서 杜甫의 〈遊龍門奉先寺〉의 韻을 따다 지은 시이다.

〈歲暮無聊次杜韻〉
萬輪喧咫尺, 一室自淸境. 氷帳梅垂蘂, 雪窓竹搖影.
讀猶方朔足, 臥豈袁安冷. 秉燭吾何功, 徒然誦三省.

▷淸境: 陶淵明〈歸園田居〉其一: "戶庭無塵雜, 虛室有餘閑. 집정원엔 속세의 티끌·잡다함이 없고, 텅 빈방엔 남아도는 한가로움 있네."

▷垂蘂: 杜甫〈和裴迪登蜀州東亭送客逢早梅相憶見寄詩〉의 7·8句: "江邊一樹垂垂發, 朝夕催人自白頭. 강변 梅花나무 한 그루 차츰 차츰 피어나니, 아침저녁으로 사람을 재촉하여 절로 흰머리 되게 하네." 여기서 '垂垂'는 차츰 차츰의 뜻이었다. 退溪〈再訪陶山梅十絶〉其八: "一花纔背尙堪猜, 胡奈垂垂盡倒開. 賴是我從花下看, 昂頭一一見心來. 한 송이 꽃이라도 등 돌리면 한스러운 일인데, 어찌 대롱대롱 전부 거꾸로 피었나. 덕분에 꽃 밑에서 머리 들어보니, 하나하나 꽃 속(마음)을 보여주네." 위에서 차츰 차츰의 뜻인 垂垂가, 여기서는 대롱대롱 밑으로 피어난 것으로 되었다. 이는 분명히 잘못 쓴 용례이다.

▷漢 東方朔: ≪史記·滑稽列傳≫과 ≪漢書·東方朔傳≫에 보인다. "避世朝廷, 조정으로 출사해 세상을 피한다", "陸沈於俗, 避世金馬門. 세상에 살면서 금마문(궁전의 문)안으로 세상을 피한다", "宮殿中可以避世全身, 何必深山之中, 蒿廬之下. 궁전 속으로도 세상을 피해 몸을 보전 할 수 있는데 왜 꼭 깊은 산 속, 초가집 밑(으로 숨어야)이라야 하는가"라 하며 자신의 자식에게 경계하는 시를 지었다.〈誡子詩〉, "明者處世, 莫尙於中. …… 首陽爲拙, 柳下爲工.…… 聖人之道, 一龍一蛇. 形見神藏. 與物變化. 隨時之宜, 無有常家. 사리에 밝은 사람은 세상을 살면서 중용만큼 중요하게 여기는 것은 없다네. 수양산에 숨은 백이숙제는 못났고, 유하혜는 뛰어났다네. 성인의 도는 能伸能屈이니, 몸은 보여져도 정신은 보여주지 않고 사물과 같이 변화하고 그 때의 맞는 것을 따르니 고정된 것이 없다네."

▷竹: 唐・段成式 ≪酉陽雜俎續集・支植下≫: “衛公言北都惟童子寺有竹一窠, 纔長數尺, 相傳其寺綱維每日報竹平安. 위공이 말하길 북도인 태원에는 오직 동자사에만 대나무 한 그루 있는데, 길이는 겨우 몇 자 밖에 안된다. 그 절의 사판승이 매일 대나무에게 평안한지를 고한다고 전해진다.” ➪ 唐의 北都: 太原. ➪ 窠(과): 棵와 통용. 그루. 줄기. 포기. ➪ 綱維: 절에서 財物・庶務를 맡은 중, 곧 事判僧. 理判僧은 修道에 전념하는 중.

▷竹平安・平安竹: 祝平安, 平安祝. 중국어로 발음이 같다.

▷袁安: ≪汝南先賢傳≫: “時大雪, 洛陽令自出案行, 至袁安門, 無有行路, 謂安已死. 令人除雪入戶, 見安僵臥, 問何以不出, 答曰: 大雪, 人皆餓, 不宜干人, 令以爲賢, 擧爲孝廉. 그때 큰 눈이 내리니 낙양령이 시찰을 나왔다 원안의 문 앞에 이르렀으나, 길이 없어 원안이 이미 죽었다고 여겨 사람을 시켜 눈을 치우고 들어가게 하니 안이 누워 일어나지 못하고 있는 것을 보았다, 왜 나오지 않았느냐 묻자, 큰 눈에 사람들도 모두 배고플 텐데 사람들에게 무엇을 달라하기가 마땅치 않았다고 대답했다. 낙양령이 어질다고 여겨 효렴으로 추천했다.”

▷秉燭은 炳燭과 같다. 촛불을 밝히다. 漢・劉向≪說苑・建本≫: “晉平公問於師曠曰: 吾年七十, 欲學恐已暮矣. 師曠曰: 何不炳燭乎 …… 臣聞之, 少而好學, 如日出之陽, 長而好學, 如日中之光, 老而好學, 如炳燭之明. 炳燭之明, 孰與昧行乎. 진평공이 사광에게 물었다. 내 나이 칠십이니, 배우고 싶어도 늦었겠지요. 사광이 대답했다. 왜 촛불을 켜지 않으십니까? …… 제가 듣기에는 어려서 배우길 좋아하는 것은 마치 떠오를 때의 햇빛과 같고, 자라서 배우길 좋아하는 것은 중천에 있을 때의 햇빛과 같고, 늙어 배우길 좋아하는 것은 촛불 켰을 때의 밝음과 같다고 했습니다. 촛불 킨 밝음이 어둡게 가는 것에 비해 어떻습니까, (낫지 않겠습니까).”' 후에 이 때문에 ‘炳燭’은 늙어서도 배우기 좋아하는 것을 비유하게 되었다.

▷徒然: ① 다만, 단지. ② 헛되이. 여기서는 단지.

▷三省: ≪論語・學而≫: “曾子曰: 吾一日三省吾身, 爲人謀而不忠乎, 與朋友交而不信乎, 傳, 不習乎. 증자가 말했다. 나는 하루 세 번 나 자신을

되돌아 본다. 사람을 위해 일을 꾸밀 때 충실치 못함은 없었는가. 친구와 사귀며 믿음이 없지는 않았는가. 스승의 가르침을 복습하지 않았는가."

解說

지척에 온갖 바퀴 소리 시끄럽지만, 나 있는 방은 청경, 조용하고 맑은 곳이네. 얼음 낀 장막엔 매화(① 고난·역경을 이겨내는 매화. ② 그리움(사람, 고향) 일으키는 매화)의 꽃술이 달렸고, 눈 쌓인 창엔 (① 절개를 나타내는 ②평안을 기원해주는)대나무 그림자 흔들리는 데. 책 읽을 수 있어 동방삭의 족함이 있고, 누웠어도 어찌 원안의 시림이 있겠는가. 늙어 불 밝히고 공부하니 무슨 결과가 있느냐 하면, 하루 세 번 반성한다는 것을 외울 뿐이네.

2. 〈望嶽〉(五言古詩)

岱宗夫何如, 齊魯青未了. 造化鍾神秀, 陰陽割昏曉.
盪胸生曾雲, 決眥入歸鳥. 會當凌絶頂, 一覽衆山小.

❖ 詩題

註

▸山을 望(바라보는)하는 것이며 入山, 遊山함은 아니다(제1구에서 제4구까지를 말함). 따라서 ~ 하였다라고 말함은 상상이나 추측의 결과가 아니므로, ~하더라, ~하리라, ~하였다네, ~할 것이다로 끝을 맺어야 할 것이다.

解說

〈산을 바라보며〉

❖ 제1 · 2구: 岱宗夫何如, 齊魯青未了.

註

▸岱宗(대종): 태산.

▸夫: 대저. 또는 彼 즉 저것의 뜻으로 봄(徐仁甫의 ≪杜詩注解商榷≫).

解說

泰山은 대저 어떠한가? 齊나라 魯나라에 걸쳐 푸르러 끝이 없단다.

❖ 제3 · 4구: 造化鍾神秀, 陰陽割昏曉.

註

▸造化: 造化翁. 造物主. 天地自然. 創造化育.

▸鍾: 모이다. 모으다.

▶神秀와 昏曉를 맞춰보면 神과 秀로 번역 됨. 즉, 神靈한 氣運(內的으로 含有하고 있는 기운)과 秀麗한 外樣(外的으로 表出된 모습).

▶陰陽: 山의 北이 陰, 山의 南이 陽.

▶昏曉: 저녁과 새벽. ⇨ 山의 南, 北(또는 앞, 뒤)이 새벽과 저녁으로 나뉘어지리라. 즉 산의 南 또는 앞이 이미 새벽인데 北, 뒤는 아직 저녁이라는 과장법. 이러한 예를 보자. 王維(五言律詩) ≪終南山≫의 第五·六句 "分野中峰變, 陰晴衆壑殊. 분야는 중봉에서 변하고, 흐리고 갬은 뭇 골짜기마다 다르네." 分野는 中國의 九州에 맞춰 하늘의 二十八宿를 적당히 나누어 놓은 것. 즉 終南山의 中峰이 하늘의 星座와 星座의 分界線이 된다는 것이나. 과장에 있어 비슷한 시가 또 있다. 南朝·宋·謝靈運〈石壁精舍還湖中作〉"昏旦變氣候, 山水含淸暉.바뀌는 것은 아침 저녁의 날씨, 그대로인 것은 산수가 머금은 맑은 빛"

☛ **參考**

우리의 경우 신령한 기운이 충만한 산은 계룡산, 태백산 등으로 많은 종교인, 巫俗人이 雲集하고 수려한 외양은 雪嶽山, 金剛山이 대표적인데 말하자면 泰山은 겸비하고 있다는 뜻.

解說

自然의 造化는 신령함과 수려함을 모았으며 산의 남과 북은 아침과 저녁으로 나뉜다더라.

❖ 제5·6구: 盪胸生曾雲, 決眥入歸鳥.

註

▶盪(탕): 盪은 충격을 받아 동요됨. 부딪쳐 출렁임.

▶曾: 層과 통하며 (층)으로 읽어야 한다. 層雲은 겹겹의 구름.

▶決: 터지다. 갈라지다.

▶眥(자): 눈구석. 눈초리. 눈가.

解說

겹겹이 뭉게구름이 피어 곧 세상을 덮어버릴 듯하니 가슴이 충격으로 뛰고, 저녁이라 태산으로 돌아가는 새가 어찌 빨리 가는지 그대로 나 있는 곳 까지 닥쳐 올 것 같아 놀라서 눈가가 찢어질 듯하다. ➪ 眥決과 같은 뜻의 '眥裂'의 예는 ≪史記 項羽本紀≫에 보인다. "(樊噲)瞋目視項王, 頭髮上指, 目眥盡裂. 번쾌가 눈을 부릅뜨고 항우를 보니, 머리카락은 고추 서고, 눈가는 다 찢어졌다." '裂眥', '目眥盡裂'은 눈을 한껏 크게 뜨다, 부릅뜨다로 대체로 노한 모습으로 쓰이지만, 이 杜甫詩에서는 빠른 속도로 접근하니 놀라서 눈을 부릅떠 눈가가 찢어질듯 한 것이다. 입체영화를 보면 짐작이 가리라.

➥ 제5・6구는 모두 泰山의 威嚴과 莊重, 神靈함을 雲과 鳥를 빌려 나타낸 것이니 盪胸을 마음이 깨끗이 씻겨진다는 것으로 보는 것은 어울리지 않는 듯하다. 여기서는 대단히 충격적인 心情의 표현인 것이다. 대개 사람들은 구름을 보면 편안하고 평화로운 것을 연상하나 기실 여러 내용이 있다. 〈古詩十九首〉 其一: "浮雲蔽白日, 遊子不復返. 뜬구름이 해를 가리니, 나그네는 돌아오지 못하네"은 험난한 환경을 말함이며, 新羅 元曉는 "生也一片浮雲起, 死也一片浮雲滅. 태어남도 한 조각 뜬구름이 일어나는 것이요, 죽음도 한 조각 뜬구름이 사라지는 것이라."하여 무상함을 나타냈으며 晉 陶淵明은 〈詠貧士七首〉 其一에서 "萬族皆有託, 孤雲獨無依, 曖曖空中滅, 何時見餘暉. 모든 것들은 전부 기탁할 것있건만, 외로운 구름만은 의지할 것 없어, 가물가물 공중에서 없어지니, 어느 때나 (다시 태어나) 태양의 사라지는 자그마한 빛이나마 볼 수 있으리오."라 하여 허무와 무상, 그리고 고독을 나타내고 있다. 朝鮮의 曺植은 "嚴冬에 베옷 입고, 巖穴에 눈비 맞아, 구름 낀 볕뉘를 쬔 적이 없건 만은, 西山에 해지다하니 눈물겨워 하노라."라 하며 임금의 아주 작은 은혜도 받

지 못함을 노래하였으니 이때의 구름은 不良·不善의 비유가 아니면 무엇이겠는가. 또 晉의 顧凱之는 〈神情詩〉에서 "夏雲多奇峰. 여름 구름에는 기이한 봉우리도 많다."하여 풍요와 평화로움을, 唐의 王維는 〈終南別業〉에서 "行到水窮處, 坐看雲起時. 개울물 다하는 곳까지 가서, 앉아 구름 일어나는 것을 보나니."라 하여 脫俗, 自然과의 合一을 노래하였고, 唐의 杜牧은 〈山行〉에서 "遠上寒山石徑斜, 白雲生處有人家. 停車坐愛楓林晩, 霜葉紅於二月花. 멀리 차가운 가을산으로 돌길 비스듬이 올라가고, 흰구름 일어나는 곳엔 인가 있으리라. 수레를 멈춘 건 단풍 숲의 노을을 사랑함이니, 서리맞은 잎은 이월의 꽃보다 붉구나."라 하여 자연의 미와 쉴 곳 찾은 안온한 심정을, 唐의 李賀는 〈雁門太守行〉에서는 "黑雲壓城城欲摧, 甲光向日金鱗開. 먹장구름 성을 누르니 성은 부서질 것 같고, 갑옷은 금비늘! 벌어진 구름사이로 나온 햇빛 아래에서 빛난다."하여 극도로 살벌하고 긴장된 분위기를 나타내고 있다.

❖ 제7·8구: 會當凌絶頂, 一覽衆山小.

註

▸會: 當, 會當은 응당, 마땅히.

▸衆山小: ≪孟子·盡心上≫: "孔子登東山而小魯, 登泰山而小天下. 공자 동산에 올라서는 노나라 작은 것을 알고, 태산에 올라서는 천하 작은 것을 알았다."라 했는데 두보에게도 혹시 천하를 발아래에 두고 한번 보고 싶어 하는 포부가 있지 않았을까. 鄭松江도 〈關東別曲〉에서 이를 썼었다.

解說

반드시 산의 정상에 올라 뭇산들의 시시함을 보리라.

☛ **參考**

雨田선생의 〈望岳〉 次韻詩를 소개한다.

案堆經年稿, 舊債長未了. 逞巧窮幽眇, 匠心失昏曉.
乾坤潛盆魚, 日月入籠鳥. 不眠興視夜, 山月凍欲小.

▷經: 經年累月. 시간이 오래 지남. 經年: 일 년 혹은 몇 년이 지남.

▷舊債: 宿債. 묵은 빚. 오래된 빚. 劉克莊〈答友生詩〉: "家爲買琴添舊債, 廚因養鶴減晨炊. 집안은 고(琴)를 사서 묵은빚에 빚이 더해졌고, 부엌엔 학을 키우느라 아침동자를 줄였네."

▷宿債: 불교에서는 전생의 빚을 말함. ≪국어대사전≫에는 ① 舊債. 묵은 빚. ② 전생의 빚으로 풀이 되어 있다.

▷長: 常. 노상. 매양.

▷逞巧(영교): 자기 기예의 교묘함을 뽐내다.

▷幽眇: 아득하여 멀다. 매우 교묘하다. 정밀하고 미묘함.

▷匠心: 工巧한 마음, 생각. 대부분 문학예술의 독창적인 구상을 말한다. 匠心獨具, 匠心獨運등으로 씀.

▷匠: 목공. 제작(하다), 창조(하다). 한 방면에 조예가 깊은 사람.

▷失: 잃어버리다. 위배하다. 잃다, 못찾다.

▷乾坤: ① 天地. ② 국가. 천하. 강산…… ③ 日月. 例: 杜甫〈登岳陽樓〉 "吳楚東南坼, 乾坤日夜浮. 오나라 초나라는 동남의 터진 곳이요, 해와 달은 밤낮으로 떠있네."

▷潛: 숨다. 숨기다.

▷盆: 대야. 소래기(俗名 소라). 넓고 납작한 그릇 종류.

▷籠鳥: ≪文選·潘岳·秋興賦≫: "譬猶池魚籠鳥, 有江湖山藪之思. 예를 들면 연못의 물고기, 새장속의 새와 같아 강호와 산택을 그리워하는 마음이 있네." 陶淵明〈歸田園去五首〉其一: "久在樊籠裏, 復得返自然. 오랫동안 새장 안에 갇혀있다, 다시 자연으로 돌아올 수 있었네.

➪ 晉·葛洪 ≪抱朴子·辨問≫: "日月有所不照, 聖人有所不知, 豈可以聖人所不爲, 便云天下無仙, 是責三光不照覆盆之內也. 해와 달도 비추지 못하는 곳이 있고 성인도 모르는 것이 있다. 어찌 성인이 하지 않는 것이라 하여 바로 천하에 신선이 없다고 말 할 수 있겠는가. 이는

세 빛—해, 달. 별—이 엎어진 대야의 속을 비추지 못함을 책망하는 것이다.'"또 "日月雖明, 不能照覆盆之內. 해와 달이 밝지만 엎어진 대야의 속은 못 빛춘다.'라는 출처를 찾지 못한 말도 있다. 參考로 杜甫의 〈衡州送李大夫七丈勉赴廣州〉에서 "日月籠中鳥, 乾坤水上萍."이라 함.

▷興: 일어나다.

▷視夜: ≪詩·鄭風·女曰鷄鳴≫: "子興視夜. 그대는 일어나서 새벽이 오는지 보라."

解說

서안에는 해 넘긴 원고가 쌓여 있고, 묵은 빚은 노상 갚지 못해. 내 기량 드러내려 정교함을 다하고, 내 마음 공교롭게 하느라 밤 낮을 잃었네. 아무리 盆中小魚같은 처지라도 乾坤이 그 속에 들어와 있으니 나의 抱負 한번 크고, 아무리 籠中之鳥일지라도 日月의 光明은 어김없이 비추니, 나의 襟懷(금회) 또한 正大光明하니라. 然이나 그 누가 알아주리오. 그 누가 써 주리오. 輾轉反側 不寐(불매)라 잠 못 이루고 일어나 視夜하니 寒冬의 山月이여 얼어서 쪼그라들려는가.

3. 〈登兗州城樓〉(五言律詩)

東郡趨庭日, 南樓縱目初. 浮雲連海岱, 平野入青徐.
孤嶂秦碑在, 荒城魯殿餘. 從來多古意, 臨眺獨躊躇.

❖ 詩題

註

▸兗州(연주): 地名. 山東省에 있음.

解說

〈兗州城의 門樓에 올라〉

이 시는 연주에서 벼슬살이하던 부친을 찾아뵙고 그 곳의 성루에 올라 지은 시이다.

❖ 제1·2구: 東郡趨庭日, 南樓縱目初.

註

▸東郡은 兗州임.

▸趨庭(추정): 뜨락을 잔걸음으로 지나다.

▸南樓: 城 南門의 門樓.

▸縱目: 시야를 넓게 하여 마음껏 보다.

▸南樓縱目初는 初南樓縱目으로 初는 비로소, 처음으로이다.

解說

東郡에서 아버지를 모시고 가르침 받는 날에 이르러서야 이제 비로소 그 유명한 南樓에 올라 멀리 실컷 볼 수 있게 되었네.

➥ 趨庭은 뜨락을 잔걸음으로 지난다는 뜻인데 君上, 尊長앞에서 걷는 걸음이다. 만약 팔자걸음으로 의젓하고 느긋하게 걷는다면 큰 일 날 것이

다. 왜냐, 아랫것들은 항상 두려워하고 바삐 움직여야 하니까. ≪論語・季氏≫: "鯉趨而過庭. (孔子)曰; '學詩乎'. 對曰: '未也'. '不學詩, 無以言.' 鯉退而學詩. 他日(孔子)又獨立, 鯉趨而過庭. 曰: '學禮乎.' 對曰: '未也.', '不學禮, 無以立,' 鯉退而學禮. 이가 종종걸음으로 뜰을 지나니, (공자가) 말했다. '시를 공부했느냐' 대답했다. '아직 못했습니다.', '시를 공부하지 않으면 대화를 할 수 없다.' 다른 날(공자가) 또 홀로 서있는데, 이가 종종 걸음으로 뜰을 지나갔다. (공자가) 말했다. '예를 배웠느냐.' 대답했다. '아직 못했습니다.', '예를 배우지 않으면, 사회에서 행세할 수 없다.' 이가 물러나 예를 배웠다." 이 때문에 趨庭은 집에서 아버지를 모시고 있으며 가르침을 받는다는 뜻으로 쓰인다. 즉 父子同居라 하면 간략하겠건만. 중국에는 자신의 아들을 친히・직접 가르치지 않는다는 기록도 있다. ≪孟子・離婁上≫: "古者易子而敎之, 父子之間不責善, 責善則離, 離則不祥莫大矣. 예전엔 자식을 서로 바꾸어 가르쳤으니, 왜냐 부자지간에는 완벽함을 요구해서는 안 되는 법이기 때문이다. (인간이란 본래 자기 아들을 가르치면서 완벽하길 바라는 것이 솔직한 심정이다. 그러나 자기 아들 또한 남의 아들과 같이 범상하기 마련이다. 그런데도) 완벽을 요구하면 부자의 사이가 벌어지고, 부자사이가 벌어지면 제일 큰 불행이기 때문이다.", "父子有親"이 五倫에도 들지 않던가.

❖ 제3・4구: 浮雲連海岱, 平野入靑徐.

註

▸岱: 泰山.

▸靑徐: 靑州와 徐州.

解說

위로 뜬구름은 바다와 태산에 이어 있고, 아래로 보면 평야는 청주, 서주로 뻗어가누나.

➥ 海를 東海로, 즉 중국식으로 하는 사람들이 많은데 우리에게 東海는 이

것이 아니다. 그러나 중국인은 의례 바다는 東에 있다 하여 그저 바다로 가는 江河는 물론 개울, 시내도 다 東逝水, 東流水라 하였다. 그럴 때에는 東자를 빼고 바다로 가는 물로 해석하면 될 것이다.

중국의 畵壇에서 '南張北溥'라 하면 남쪽의 張大千, 북쪽의 溥心畬를 말함이니 그들이 다 해먹고 있었다는 소리다—사실 北京에는 別格의 齊白石이란 큰 인물이 있었지만. 이 溥心畬는 愛新覺羅溥儒로 字가 心畬이며 字로 세상에 통한다. 마지막 황제 溥儀,그의 親弟 溥傑을 보면 모두 人字 변을 쓰는 것을 알 수 있으며(儀, 傑, 儒) 그들과 한 항렬이다. 亡國의 王孫으로 苦楚를 겪었으나 중심에서 살짝 비껴있었으며 詩, 書, 畵로 생활을 維持하였으니 구걸하는 신세는 아니었다. 그가 1950년대 中半에 우리나라에 왔었다. 우리도 혹독한 전쟁을 치러 남은 것이 없었으나 그런대로 보여주고 안내하고 하였는데 말씀이 덕수궁, 창덕궁, 창경궁 모두 중국 郡王의 王府수준으로 별로 볼 것이 없다는 김빠진 소리를 하였겠다. 사실 조선은 明代에도 郡王의 대우를 받은 것으로 안다. 親王이란 郡王보다 한참 높은 자리로 황제의 친아들, 친형제, 친숙부, 백부 등이 되니 언감생심! 경복궁이 본래 法宮이요 본새가 좋았으나 日人에게 완전히 破壞되었으니 망설이다가 짐작, 추측이나 하시라고 안내를 했단다. 이 양반이 독일 유학을 갔었으며 유럽의 유명한 곳은 다 다녔고 중국에서는 紫禁城, 頤和園 각 처의 좋은 곳은 다 보았으니 보나마나겠구나 하였었는데 慶會樓를 보더니 感歎에 感歎을 거듭하더니 급기야는 시까지 지었다. 그 자체의 優雅, 莊重함과 물에 비치는 모습, 배경이 되는 北岳, 仁旺과의 절묘한 조화에 넋이 나갔다는 것이다. 그런데 中國 사람의 말인 즉 이것은 樓가 아니고 일종의 水榭(수사)라는 것이었다. 시를 보자!

"禁川橋下芰荷香, 慶會樓前細柳長. 依舊清波東逝水, 更無鳧鴈待君王. 금천교 밑의 마름 연꽃은 향기롭고, 경회루 앞 실버들 길고 길구나. 의구하네! 맑은 물결 바다로 가는 시내는…… 다신 없으리라! 오리 기러기 임금 기다리는 일일랑."

한국 땅에서 東逝水라 한 것은 그냥 바다로 흘러가는 물이라 한 것이다.

* 溥心畬의 <千字文>과 秋史의 詩

이야기 나온 김에 덧붙이면 우리의 자랑거리 慶州 觀光을 시켰으나 亡國의 首都라 그런지 아무 표정의 변화가 없었으며 다만 시골길에서 찔레꽃을 보더니 너무 기뻐하며 寫生을 하여 그것이 책에 실려 있다. 그리고 그 유명한 고려지를 구하였는데 어느 것도 그가 알고 있었던 것과는 틀려 크게 실망하였다 한다. 雨田 선생님께서 말씀하시길 아마도 擣練紙(도련지)를 구하고 있었던 것 같다고 하셨다. 그는 자신이 詩, 書, 畵의 순서대로 평가되기를 바랬으나 世評은 완전히 거꾸로 畵, 書, 詩까지도 못되고 畵, 書에 그치고 詩는 이야기도 안 꺼냈던 게 사실이다. 몹시 언짢아 했다 한다. 그가 지은 〈新千字文〉을 볼 필요가 있다. 우리가 얼마나 漢字에 無知,無識했으며 얼마나 蒙昧한 漢文學徒인지를 뼛속까지 느끼리라. 天下의 奇字, 怪字, 僻字를 다 蒐集, 收集, 搜集하였으며 解釋을 할 생각은 아예 안하는 게 좋으리라. 그래야 자기의 밑천이 그래도 조금 있으리라는 희망으로 살 수 있으니까(이상은 ≪古宮文物≫에서 발췌 번역). 이 〈新千字文〉과 比肩할만하고 優劣을 가릴 수 없는 것이 秋史의 詩이니 秋史의 시 또한 우리를 荒唐, 唐惶, 虛妄하게 하다가 종당에는 비통하고 애절한 마음까지 들게 하니 그야말로 莫上莫下, 難兄難弟, 伯仲之勢라 하겠다. 그러나 이 秋史의 詩는 우리가 同胞의 義理上 기를 쓰고 읽어보았는데 一讀이면 충분하다는 것이 공통된 의견이었다. 우리가 秋史를 감히 비평함은 다 先例가 있기 때문이다.

大院君・石坡 李昰應(이하응)의 墨蘭圖에 爲堂 鄭寅普가 題를 썼는데 한창 稱讚을 늘어지게 했으나 뒤에서 약간 지적하는 바도 있었다. 그냥 끝내사니 義理도 있고 上下의 관계도 (비록 朝鮮 王朝의 일이지만) 고려하여 맺기를 "英靈不昧應恕我, 春秋之意責賢備. ① 영령이 몽매하지 않다면 ② 또는 영령께서 본시 몽매하지 않으시니, 나를 용서하실 것이다. 춘추대의는 현자에게 완비하길 요구하는 것입니다."로 하여 원만하게 끝냈는데 위당의 속은 모르지만 ① 본시 몽매하지 않으시니 당연히 용서하실 것이라 자신했고, ② 몽매하지 않기 위해서는 부득이 용서할 것이라고 기대했겠다로 추정할 수 있다. 우리라고 이것을 못 써먹을 까닭이 없다. 다 용서하시라 秋史여. 우리도 春秋筆法으로 賢人에게 (一般人이라면 그냥 넘어가죠) 완전함을 요구한 것입니다.

≪淮南子·氾論訓≫에 보면 堯·舜·禹·湯·文·武의 短點을 枚擧하고는 是故로 君子(지식층·언론담당자를 말함)는 不責備於一人이라 (一人은 임금·천자. 최고의 지위. "一人之下, 萬人之上"의 一人에게 完備함을 요구하지 말라)하였다. 그래서 임금이나 최고의 지도자들은 다 장단점이 있으니까 좋은 점만 보아줄 것이라 안심을 했는데, ≪新唐書·太宗紀贊≫에서 "然春秋之法, 常責備於賢者. 그러나 春秋의 筆法은 현자에게는 항상 완벽함을 요구한다."—春秋筆法은 요즈음의 말로 쉽게 풀면 學界·言論界·文壇 등의 말씀을 뜻하니, 그들은 직업상 그 정도면 됐다 하고 넘어갈 수 없는 특성을 지니고 있다. 따라서 크게 출세하면 이른바 公人이 되면 얻어터질 각오를 해야 한다. 왜냐, 完全함이란 갖추기가 어려우니까—하고 나니, 편한 시절은 다가고 責備求全(책비구전. 즉 완비함을 요구함)의 대상이 될 각오를 착실히 해야 할 것이며, "莫怨東風當自嗟. 동풍을 원망말고 스스로를 탓해야(歐陽修 〈明妃曲〉)" 하지, 春秋筆法과 상대하여 싸우지 말라는 것이다.

❖ 제5·6구: 孤嶂秦碑在, 荒城魯殿餘.

註

▸孤嶂(고장): 嶧山(역산)을 말한다.

▸秦碑: ≪史記·秦本紀≫에 의하면 秦始皇이 동쪽을 순행할 때 鄒의 嶧山에 올라 秦나라의 덕을 비석에 새겼다 한다.

▸魯殿: 漢나라의 魯 恭王 劉餘가 세운 靈光殿을 말한다. 後漢의 王延壽가 지은 〈魯靈光殿賦〉가 있다.

解說

외로운 산(嶧山)에는 나라는 망하고 비석만이 있으니 그야말로 '國破碑碣在'로구나. 폐허된 성에는 魯恭王의 靈光殿만 남아 있다네.

魯恭王은 漢 景帝의 아들로 魯王에 봉해진 諸侯이다. 결국, 秦·漢의 大帝國도 망하고 이곳 兗州에는 겨우 이것들만이 그들이 存在했다는 것을 알려줄 뿐이로구나.

❖ 제7·8구: 從來多古意, 臨眺獨躊躇.

註

▸從來: ① 歷來, 向來(종래로. 예로부터. 여태까지. 줄곧). ② 從前(종전, 이전), 原來.

▸臨眺(임조): 높은 곳에서 멀리 내려다 봄.

▸獨: 여전히. 아직도.

▸躊躇: 망설이다 주저하다가 본뜻이나 여기에서는 서성거리다의 뜻이다.

▸多古意: 여러 가지 해석이 可能하여 상당히 골치 아픈 곳이다.

① 원래 종전부터 나는 思古(卽懷古)의 趣向이 풍부했다.

② 예로부터 이 地域은 사람으로 하여금 懷古의 情을 일으킴이 많았다.

③ 예로부터(또는 原來) 知識層이란 옛것을 多-重視, 칭찬한다는 뜻. 例: "爲人孝順, 鄕里多之. 사람됨이 효순하여 고을에서 그를 크게 치고 기렸나" — 하는 마음이 있었으므로, 즉 옛것을 거울삼아 지금을 잘해보자는 뜻이다. 卽 古意는 "鑑古之意"이다. 글자를 덧 붙여야 제대로 해석되는 예는 뒤의 〈暫如臨邑, 至嶠山湖亭, 奉懷李員外, 率爾成興〉篇에서 詳述하겠다

문제는 ① 杜甫가 자기가 회고의 취향이 많다는 것인데, 왠만한 識者치고 이것 없는 사람이 어데 있을까. 우리나라에서 〈황성옛터〉가 지금

까지 줄곧 애창됨을 보라. 두보가 그렇게 말한다는 것은 유치한 말이 통하는 어린 연인끼리라면 모를까 좀 심하다. 하기야 간혹 말은 할 수도 있으리라.

② 또한 넓은 중국 대륙에 興亡盛衰로 사람을 슬프게 하고 느끼게 하는 곳이 왜 이 곳뿐이랴. 너무 많아서 탈이다. 술먹고 놀기 좋아하는 李白도 숱한 古跡에서 感懷를 노래했다. 너무 많아서, 列擧 않으니 궁금한 분은 따로 ≪李白詩集≫의 題目만 보셔도 금방 알 것이며 胡曾의 〈詠史〉 一百五十首도 참고하시라.

③ 다음 "예로부터 鑑古를 重視하던 그 뜻 그 마음"으로 번역하면, 옛날의 주를 따르던 사람들은 어색할 것이 事實이다. 그러나 근거가 있다. ≪資治通鑑·唐紀≫ 太宗貞觀十年 五月壬申에 魏徵(위징)이 上疏하였는데 "夫鑑形莫如止水, 鑑敗莫如亡國, 伏願取鑑於隋, 去奢從約, 親忠遠佞. 대저 몸을 비춰보는 것은 잔잔한 물이 제일이고, 실패를 따지고 헤아려봄은 망한 나라가 제일 좋은 본보기가 됩니다. 바라건대 수나라를 본보기 삼아 사치를 버리고 검약을 따르며 충신을 가까이 하고 간신을 멀리하소서."이라 하였다.

총명한 친구들은 선비들의 어수룩함을 말할 때 꼭 이것을 거론한다. 즉 忠臣과 佞臣(영신)을 그 當時에 알아낸다는 것은 至難한 일이라고. 모든 것은 성패가 이루어진 다음에 알 수 있으니 그 때에 가서야 明確하게 區分이 되지, 當時에는 말은 쉬우나 실제로는 그렇지 않다고, 뒷날에는 三尺童子도 알지만 말이다.

貞觀 十七年 春正月 魏徵이 서거했다. "上思徵之不已, 謂侍臣曰: 人以銅爲鏡, 可以正衣冠, 以古爲鏡, 可以見興替, 以人爲鏡, 可以知得失, 魏徵沒, 朕亡一鏡矣. 구리로 거울을 만들면 의관을 바르게 할 수 있고, 옛 것으로 거울을 삼으면 성쇠를 알 수 있으며, 사람으로 거울을 삼으면 이해득실(利害得失)을 알 수 있다. 위징이 갔으니 짐이 거울 하

나를 잃었음이라." ≪貞觀政要 任賢篇≫에도 보인다.

解說

鑑古를 중시하던 貞觀時代의 그 뜻을 내 진작부터 알고 있었거니와 지금 臨眺하자니 느낌도 많고 생각도 많아 아직도 못 떠나고 서성거리누나.

➥ 원래 거울삼는다는 말은 ≪詩·大雅·蕩≫에서 '殷鑑不遠, 在夏后之世. 殷나라가 거울삼을 것은 멀리 있지 않고, 바로 앞서 망한 夏나라의 暴君인 桀(걸)이다'라 하여 歷史舞臺에 正式으로 등장한 것 같다. 勿論 異說도 있을 수 있다. 그러다가 唐太宗과 魏徵 때문에 다시 크게 각광을 받게 된 것이니 말하자면 語詞의 運數가 大吉·亨通한 것이다. 劉復烈 編著인 ≪韓國繪畫大觀≫은 근래의 보기 드문 力作인데 雨田先生께서 쓰신 序가 참으로 天下名文이다. 거기서 海內의 名品·傑作이 흩어졌다 모였다 흩어짐을 두고 "物의 聚散은 역시 數가 있음을 보겠다" 하셨는데, 語詞 또한 수가 있음이 儼然한 사실임을 알겠다. 아마 森羅萬象·萬彙群象(만휘군상)이 다 그러할 것이다.

그리하여 唐太宗과 魏徵 사이의 거울이야기는 지금까지도 韓·中·日 三國에 널리 알려진 바가 되었는데 당시의 지식층에게는 특히 벼슬을 하려는 사람들에게는 夢寐間에도 잊어서는 안 될 金科玉條임이 분명할 터. 내용도 좋지만 임금님의 말씀이 아니던가, 외우고 또 외워야 할 것이다. 이것은 지금도 마찬가지이니 百世以前의 일을 알 수 있냐고 물으니 공자가 대답하길 "古猶今, 옛날도 지금과 같다." 그러나, 우리는 공자로부터 백세이후의 일을 말할 수 있으니, "今猶古". 어찌 높으신 어른의 좋은 말씀뿐이랴 보는 유행 이른바 패션도 그리하여 "上之所好,下必從之. 윗사람이 좋아하는 것은 아랫사람들은 꼭 따라한다"라고 아주 성어까지 만들어졌으니 ≪孟子·滕文公上≫: "上有好者,下必有甚焉者矣. 윗사람이 좋아 하면 아랫사람은 꼭 그보다 더하다."가 그 뿌리가 된다. 그리하매 漢나라 때에 이미 이러한 〈童謠歌〉가 지어졌으니 "城中好高

髻, 四方高一尺. 城中好大眉, 四方皆半額. 城中好廣袖, 四方用匹錦. 서울에서 높은 쪽 찌면 촌것들은 한자짜리 만들고, 서울에서 아주 큰 둥근 눈썹 그리면, 촌것들은 이마의 절반이 눈썹이고, 서울에서 넓은 소매 유행하면 촌것들은 옷감 한 필로 소매 하나 짓는다"렸다(≪玉臺新詠 卷一≫). 놀랄 것도 비난할 것도 없다. 인간사가 다 그러하니까. 그런데 ≪禮記≫와 ≪孔子家語≫에 썩 좋은 말이 있다. "瑕不掩瑜, 瑜不掩瑕. 하불엄유, 유불엄하. 玉이란 뚜렷이 티가 있어도 玉의 찬란함을 그 티로 덮어버리지 않고 玉이란 그 찬란함을 가지고 완연히 있는 티를 감추려 하지 않는다. 이것이 바로 玉의 忠이다." 杜先生의 長短·善惡·是非는 있는 그대로 봅시다.

➡ 꼭 한 가지 해석을 고집할 필요 없고 여러 가지로 생각함도 괜찮다. 國立 臺灣大學 中文科의 林文月 교수가 日本 漢學의 메카인 京都大學에 招聘教授로 가 있을 때의 이야기인데 여러 교수들이 閑談하던 중, 젊은 교수가 漢詩는 왜 그렇게 딱 떨어지게 분명한 뜻을 전하지 않고 이렇게도 저렇게도 해석이 되게 지었는지 참으로 머리아프다고 탄식을 했단다. 늙은 교수가 웃으면서 自然事·人間事가 다 모호하고 是와 非, 長과 短, 善과 惡, 賢과 愚등 모든 것이 어느 것이 맞는지, 어느 것이 아닌지 알 수 없는지라 그렇게 모호한 漢字로 모호한 漢詩를 지으니 自然事·人間事의 가장 적절한 해석 표현이 아니겠냐고 했단다.

量子力學을 연구하는 학자의 말이 연구할수록 잘 모르겠고 확실히 아는 것은 "우주는 어떤 질서에 의해 돌아간다"는 옛말은 절대 아니올시다이며 아주 제멋대로여서 잘 모르겠다는 것이다.

漢詩가 영원히 존재하여야 할 또 다른 이유가 생겼음이라.

4. 〈題張氏隱居二首〉 第一首(七言律詩)

春山無伴獨相求, 伐木丁丁山更幽.
澗道餘寒歷氷雪, 石門斜日到林邱.
不貪夜識金銀氣, 遠害朝看麋鹿遊.
乘興杳然迷出處, 對君疑是汎虛舟.

❖ 詩題

註

▸이 두 수의 詩는 風格도 다르고 內容도 틀려 同時의 作이 아니라고 본다.

▸題: 부치다(감흥 따위). 언급하다. 쓰다.

解說

〈張氏의 隱居에 부치다〉

❖ 제1·2구: 春山無伴獨相求, 伐木丁丁山更幽.

註

▸獨: 尙也. 오히려, 그래도.

▸相求: ≪易·乾≫에 "同氣相求. 같은 기운끼리 서로 찾는다."라 하였으니, 本詩에서는 뜻맞는 사람을 구하다 임.

▸丁丁: (쟁쟁. zhēng). (정정. dīng)이 아님. 나무 찍는 소리.

解說

놀기 좋은 아름다운 봄 산에 짝이 없으면 오히려(그 김에) 뜻 맞는 벗을 세내도 찾을 기회가 되니. "위기는 기회다"라고 하지 않던가. 나무 찍는 소리가 쩡쩡울리니 산은 더욱 고요해.(제대로 찾아온 것 같다)

➡ 梁 王籍 〈入若耶溪〉: "蟬噪林幽靜, 鳥鳴山更幽. 매미 시끄럽게 우니 숲은 더욱 고요하고, 새가 지저귀니 산은 더욱 그윽하다."를 따온 것임. 시각상으로도 휑뎅그렁한 방을 더욱 절감하게 하려면 그곳에 책상하나 또는 재떨이 하나만을 놓아보면 금세 알 수 있다.

➡ 1구와 2구 사이에 제대로 된 사람을 수소문하고 찾아가는 과정이 생략되어 있다. 우리의 松江도 "재 넘어 성권농(成勸農) 집 술 익단 말 어제 듣고, 누운 소 발로 박차 언치 놓아 지즐 타고, 아이야 네 권농계시냐 정좌수鄭座首 왔다하여라."란 時調를 지었는데(鄭炳昱 編著≪時調文學事典≫에서. 현대어로 바꿈) 中章에서 終章으로 바뀔 때 세세한 과정을 생략하고 미끈하게 넘어갔다고 칭찬한 글이 예전 교과서에 실린 적이 있다. 杜甫나 松江이나 詩人들이란 다 時空을 넘어 통하는 것이리라.

❖ 제3 · 4구: 澗道餘寒歷氷雪, 石門斜日到林邱.

註

▸澗道: 시냇가의 길.

▸餘寒: (봄인데도 아직도) 남아있는 寒氣.

▸氷雪: 얼음과 눈. ≪杜詩詳注≫에서 氷을 去聲으로 읽어야 한다고 했으나 — 얼어붙은 차가운 눈이 된다. ≪讀杜詩說≫에서 이 구는 拗句(요구)이므로 平聲이 맞는다고 함 — 얼음의 뜻이 된다.

▸石門: 산의 이름 보다는 돌이 좌우로 문처럼 생긴 곳을 말한다라 봄이 좋겠다.

▸林丘: 숲과 언덕으로 보통은 산림을 말하나 은거하는 곳을 뜻하기도 한다. 즉 張氏가 은거하는 곳을 가리킨다.

解說

시냇가 길의 아직도 남아있는 추위는 아마도 그늘진 곳에 남아있는 얼음 · 눈을 바람이 스치고 왔기 때문이리라(나는 그런 곳을 지났다는 뜻).

석문에 기우는 해는 저만치 張氏의 隱居를 비춘다(아직 도착은 안했으나 이제야 거의 다왔다는 뜻. 따라서 상당히 멀고 깊고 그윽한 곳에 살고 있다는 내용).

❖ 제5 · 6구: 不貪夜識金銀氣, 遠害朝看麋鹿遊.

註

▸貪: 欲也.

▸遠害: 禍害를 避免함. 遠字는 上聲으로 읽으면 멀다(시간, 거리), 먼 곳의 뜻이 되고, 去聲으로 읽으면 피하다, 헤어지다, 가까이 하지 않다는 뜻이 된다. 여기서는 去聲이 된다.

▸夜識金銀氣: ≪杜詩鏡詮≫에서 "東坡謂: '深山大澤, 有天地之寶, 惟無意於寶者, 能識之. 동파가 말했다: 심산 대택에 천지의 보물이 있는데, 오직 보물에 뜻이 없는 자만이 식별할 수 있다.'"고 인용하였다. 그러나 우리생각에 식별은 "알아서 구분함", "분별하여 알아봄"의 뜻인데 무엇을 좀 찾아보겠다 알아내겠다는 즉 나는 이러이러한 수준의 사람이니 알아낼 수 있지 않을까 하는 自負心내지는 主觀的 幻想에 빠진 것 같다는 느낌을 지울 수 없다. 따라서 군이 이런 황당한 이야기를 풀어나갈 때에는 차라리 識字 대신 見字가 타당하리라. 나는 아무 마음 없는데 저절로 눈에 띄더라, 보이더라가 훨씬 적합하리라. 밤에 金銀寶貨의 기운을 식별할 수 있다는, 즉 자기가 高尙하고 孤高하고 物慾과 俗世의 塵念을 다 벗어났다고 자부하는, 즉 不貪하여 夜識할 수 있다는 잘났다는 마음 자체를 바라지 않는(즉 不欲), 간단히 말하면 '아니 金銀寶貨가 무엇이냐'고 묻는 경지에 이르렀다는 것이다. 먹고 마시고 입고 자는 것 이외의 사물은 다 망각한지 오래라고. 보통의 隱士들이 不貪하여서 夜識金銀氣하는 경지를 넘어 그것을 또 不貪하는즉, "不貪하노라! 不貪하여 夜識金銀氣" 하는 張隱士의 한 수 높음이 자연스럽게 흘러나

온 것이다. 아침에 고라니 사슴이 와 노니는 걸 볼 수 있는 것은 그들이 이곳에 오면 다치는 것을 벗어날(피할) 수 있기 때문이다. 인자함과 함께 張氏가 菜食主義者임을 암시하였겠다.

解說

밤에 金銀寶貨가 저절로 눈에 띄는 경지도 이미 바라지 않고 벗어났으며, 아침에 고라니·사슴 노는 것을 볼 수 있음은 그들이 해침을 피할 수 있기 때문이리라.

❖ 제7·8구: 乘興杳然迷出處, 對君疑是汎虛舟.

註

▸杳然: 아득히.

▸乘興: 신이 나다. 홍이 나다. 乘字를 씀은 8句의 汎虛舟"와 脈絡이 이어지게 하였음이리라.

▸汎: 떠다니다. 배타고(乘船) 떠가다의 뜻이다.

▸迷: 迷惑됨. 길을 잃음. 出과 處에 있어서 꼭 어떻게 해야 한다는 집착을 상실함. 出과 處가 헷갈려 모르겠다는 식으로 행동함.

▸出處: 世上에 出(나아감)함과 山林에 處(살다)함, 즉 世上에 나가 활동함과 山林에 숨어 지냄.

▸疑: 似. 유사하다. ~ 인 듯하다. ~인 것 같다.

▸虛舟: 누구에게 부림을 당하지 않는 배. 제 멋대로 떠가게 둔 배. 사람의 흉회가 맑고 깨끗하며 툭 터진 것을 비유한다. 세상에 나아가 활동해야 한다든가 꼭 산림에 은거하여 세상을 피해야 하겠다는 집착 자체, 즉 어느 쪽이 낫고 어느 쪽이 못하다는 치우침이 없이 나갈 때가 되면 나아가고, 물러나 은거할 때가 되면 그렇게 한다는 자유로운 마음을 말한다. 그대를 대하면 마치 얽매이지 않고 마음대로 떠다니는 빈 배인 것 같구나.

➡ 이 구는 王嗣奭의≪杜臆≫이 絶妙하게 풀어내었다. "及味虛舟語, 知其在泉石而非膏肓, 臥煙霞而無痼疾, 忘機達生, 無意無必, 高于他隱士數倍. 虛舟운운을 吟味하고서 그가 泉石에 있을지라도 '泉石膏肓'이라는 偏頗的 생각, 處世에 대한 輕蔑과 自負心없고. 煙霞에 누워있을지라도 '煙霞痼疾'이라는 常套的·踏襲的 생각이 없음을 알았다.(곧 是非, 成敗, 長短, 善惡, 美醜, 壽夭, 死生. 그리고 보태서 出處라는 對立된 概念에서 벗어나 완전한 自由·無心·自然과 合一이 되었음을 알겠구나.) 機巧·機心을 잊고 達生(生을 깊이 깨닫고 세상의 일에 어느 한쪽으로 얽매이거나 집착하지 않는 경지에 이름) 하였으며 무엇을 하고자 하는 意志, 꼭 해야만 한다는 執念이 없으니 다른 隱士들 보다 몇 배나 높구나(高手로다). ≪杜臆≫은 이처럼 잘 할 때가 반, 제 흥에 겨워 事實·故事 등을 완전히 무시하고 臆測·想像을 망아지 벌판 뛰듯 펴나가 사람을 杜塞胸臆(두색흉억. 가슴이 꽉 막힘)하게 함이 반, 안 볼 수도 볼 수도 없는, 葛藤을 體驗하게 해주는 名著이다. 代表的인 例로는 〈石豪吏〉에서 老婆를 완전히 英雄으로 그려낸 것인데, 그러하려면 杜甫는 詩題를 〈石豪村女丈夫〉로 했으리라. 杜詩의 詩題는 웃기·고명이 아니라고 再三 强調하는 바이다.

▷機巧: 재주있음. 교묘함. 교활함. 요령좋음.

▷機心: 열자에 나오는 이야기. 갈매기와 친하게 노는 아들에게 아버지가 한 마리 잡아와 보라 하여 아들이 그러하려 하니 갈매기들이 주변을 맴돌 뿐 이전처럼 접근하지 않았다는 것. 즉 그에게 기심이 있음을 알아차렸음이다. 이때의 機는 덫, 올무이니 기심은 덫 놓는 마음 남을 해코지 하려는 마음이나.

解說

흥을 탐함이 아득하여 나가고 머무름을 다 잃었음이여! 그대를 대하면 마치 얽매이지 않고 마음대로 떠다니는 빈 배 같구나.

➡ ≪杜詩詳注≫와 ≪杜詩鏡詮≫에서 虛舟를 설명하기 위해 ≪莊子 山木篇≫의 "方舟而濟於河, 有虛舟來觸舟. 雖褊心之人不怒. 두 배를 나란

히 하여 황하를 건너는 데, 빈 배가 와 부딪히면, 아무리 밴댕이 소갈머리 가진 사람이라도 어쩔 수 없음을 알고 화를 내지 않는다"를 인용하였는데 도대체 가당찮다. 仇氏야 원체 자세히 주를 달아 잘못이 많으려니 하지만 楊倫처럼 아주 조금만 쓰고 責잡힐 소리 안하려고 애쓰는 高手도 가끔 이런 실수를 한다. 하긴 도둑을 맞으려면 개도 안 짖고 망신을 당하려면 아버지 이름자도 안 나온다는 말이 있기는 하다.

"死孔明走生仲達"을 村學究가 해석하길 죽은 공명이 달리다 중달을 낳았다고 하자, 學童들이 죽은 공명이 어찌 달리며 또 어찌 남자가 중달을 낳을 수 있느냐고 물으니, 훈장이 오죽하면 공명이더냐고 했단다. 우리의 처지는 "死子美哭生魯鈍(駑鈍·鹵鈍. 노둔)"이라 해야 할까?

杜甫가 張氏를 보통의 隱士보다 이토록 추키는 것을 보면 曲折이 있을 법한데 소위 心證은 있으나 物證이 없음이라.

第二首(五言律詩)

之子時相見, 邀人晚興留. 霽潭鱣發發, 春草鹿呦呦.
杜酒偏勞勸, 張梨不外求. 前村山路險, 歸醉每無愁.

❖ 제1·2구: 之子時相見, 邀人晚興留.

註

▸之子: 是人, 이분, 이 양반. 之子는 제2구의 邀人과 교묘하게 짝을 이룬다. 갈 '之' 초대할 '邀'. 아들 '子'. 사람 '人'. 별로 드러나지 않게 은근히 맞춘 고수의 솜씨이다. ≪詩·衛風·碩人≫의 "衣錦褧衣. 의금경의. 무늬 찬란한 비단 옷 위에 모시 옷 같은 엷은 옷을 걸쳐 비단옷을 가린다." 속의 아름다움을 겉으로 너무 드러내지 않는다는 뜻이다. 바로 이런 묘사에 적합하리라.

▸邀人(요인): 초대하다. 초청하다.

▸晚興: 至晚猶未衰之興致. 늦도록 식지 않는 신바람, 흥취.

解說

내 이 양반을 가끔 보는데 나를 초대하여 늦게까지 변함없는 마음으로 나를 붙드는구나.

➥ "가끔보다"를 "자주보다"로 해석할 수도 있으나 누보가 사발농사에 이골이 난 것을 말하는 것 같아 좀 거시기하다.

➥ "晚興以留"는 상당히 예의를 지킨이며 큰 고역임을 경험한 사람은 잘 알 것 이다. 首에서 묘사된 張氏와는 좀 다른 것 같은데 儒家의 立場에서 接賓客은 큰 문제라 隱士이면서도 行動擧止는 規範이 있었던 것 같다. 이제 儒家의 立場에서 先例를 들어 보자.

① 曺植 〈公宴〉: "公子敬愛客, 終宴不知疲. 공자는 손님을 아끼고 공

경하여, 잔치가 끝나도록 고된 줄을 모른다." 曹植이 그의 형인 曹丕를 기린 말이다. 公宴은 臣下들이 참가하는 公家의 正式宴會를 말한다. 公子는 諸侯의 아들로 당시 五官中郎將이었던 曹丕를 가리킨다. 앞으로의 野望을 달성하기 위해 아버지의 신하들인 客을 愛敬하고 그 구체적 表現이 잔치가 끝나도록 피곤함을 모른다는 것이다. 그 때 曹氏兄弟들은 아버지 자리를 잇기 위해 熾烈한 暗鬪를 벌렸고 그 중 가장 큰 과제는 뛰어난 人才를 포섭하는 것이었다.

≪三國志·魏志·陳思王植≫條에 인용된 注인 ≪典略≫을 보면 曹植이 楊修(당시 第一의 꾀주머니)를 包攝하기 위해 얼마나 공손하게 그리고 자주 글을 올렸는지 알 수 있다. 이 詩句들에서 보면 큰 目的을 위해 몸을 아끼지 않는 曹丕의 모습을 片鱗이나마 엿볼 수 있겠다. 물론 杜甫와 張氏는 이런 관계는 아니지만 상당히 예의를 갖추었다 하겠다. 그게 아니고 知音이고 知己라서 그리 되었다면 또한 통하기는 한다.

② ≪史記·魯周公世家≫에서 보이는 "周公戒伯禽曰: '我文王之子, 武王之弟, 成王之叔父. 我於天下亦不賤矣. 然我一沐三捉髮, 一飯三吐哺, 起以待士, 猶恐失天下之賢人. 子之魯, 愼無以國驕人.' 주공이 봉지인 노나라로 아들 백금을 보낼 때 타일러 하신 말씀이니, '나는 문왕의 아들, 무왕의 동생, 성왕의 숙부이니 — 이 부분은 司馬遷의 실수인지……. 당시 임금의 눈이 등잔같이 살아있었는데 어찌 죽은 뒤에야 얻어 쓰는 諡號(시호)를 쓸 수 있는가. 諡法에 安民立政을 成이라 했는데 과연 周公이 이런 豫知能力까지 갖춰 孔子가 꿈속에서나마 그토록 만나길 바랐을까. 또는 讀者의 理解便宜를 위해 알면서도 그렇게 한 것인지 — 천하에 있어 미천하지 않았다. 그러나 한번 머리감을 때마다 세 번씩(많다는 뜻) 머리 말릴 겨를도 없이 붙들어 쥐고 손님을 만났으며 한 번 밥 먹을 때마다 세 번씩이나 입에 머금은 음식을 (삼킬려면 조금 시간이 걸리므로 아예) 삼키지 않고 뱉어버리고 일어나 손님을 맞이하였다. 그래도 오히려 현인을 잃을까 두려워했었다. 네가 魯로 가면 삼가고 國君이라고 사람들에게 교만하지 말아라.'" 예로부터 難中最難은 待人難

이라 했으니 손님을 기다리지 않게 접대하는 중요성을 잘 나타냈고, 우리나라도 宗孫·宗婦의 제일 큰 임무가 奉祭祀·接賓客이렸다.

다시 老莊의 입장에서 예를 들어보자.

① 陶潛 〈五柳先生傳〉: "期在必醉, 旣醉而退, 曾不吝情去留. 바라는 것은 꼭 취해야겠다는 것이었고, 취한 다음에는 물러갔으니, 원래 가던가 머물던가 하는 솔직하고 진실한 마음의 표현을 아끼지 않았다(즉 그대로 실행에 옮겼다)." 가고 싶으면 가고 있고 싶으면 있는 것이지 예의·체면·분위기는 아예 고려하지 않는다는 뜻.

② 李白 〈山中與幽人對酌 산속에서 세상을 등지고 사는 이와 대작하다〉: "兩人對酌山花開, 一杯一杯復一杯. 我醉欲眠卿且去, 明朝有意抱琴來. 두 사람이 대작하니 산 속의 꽃은 배맞춰 웃는 듯 피고, 한 잔 한 잔 영원히 계속되는 한 잔. 나 취해 잘려니 당신도 잠시(마음 아쉬워도) 가시게, (그래도 하 못가는 뜻 일러보시오) 그렇게도 싫은가 내일아침에도 그치지 않고 생각이 있다면 요번에는 금(琴) 들고 오시게나." 花開는 笑, 蝶飛는 舞, 鳥鳴은 啼로 나타내는 것이 唐代의 表現法이다(錢鍾書 ≪談藝錄≫에서).

李白이 陶潛의 意境을 빌려다 쓴 것이다.

그러니까 杜甫와 張氏는 陶와 李를 自然과의 合一, 眞率(진솔)·完全한 自由를 얻은 것으로 보기보다는 現 規範에 대한 消極的 反抗을 겸한 自己顯示性이 강한 일종의 演技로 보았음이 틀림없다. 이런 인물들은 ≪世說新語≫를 보면 얼마든지 만날 수 있다. 杜와 張은 자연 속에 인위적인 규범도 溶解가 가능하다고 보았고 실천한 듯하다. 陶와 李의 생각을 간결하게 표현한 것이 阮籍의 '禮豈爲我輩設也. 예가 어찌 우리 같은 무리를 위해 만들어졌다더냐.'(≪世說新語·任誕篇≫ 일 것이다.

❖ 제3·4구: 霽潭鱣發發, 春草鹿呦呦.

註

▸霽(제): 날이 개임.

▸鱣(전): 물고기 이름. 잉어라고도 함.

▸發發: 의태어. 팔딱팔딱.

▸呦呦(유유): 의성어. 매매.

解說

맑게 개인 못에는 잉어가 펄떡 뛰고, 봄(생기 도는)풀밭에는 사슴이 매매 우네.

➥ 3구는 外樣은 ≪詩·衛風·碩人≫의 '鱣鮪發發'에서 따왔지만, 內容은 ≪詩·大雅·旱麓≫의 "鳶飛戾天, 魚躍于淵. 솔개는 하늘에 날아오르고, 물고기는 연못에서 뛴다."에서 왔다. "道被飛潛, 萬物得所. 자연의 도가 날짐승·물짐승까지 덮으니, 만물이 제자리를 찾았음이라.(孔穎達疏)" 後世에 鳶飛魚躍은 만물이 제자리를 잘 얻어 잘 살고 있음을 말할 때 썼다.

➥ 4구는 ≪詩·小雅·鹿鳴≫의 "呦呦鹿鳴, 食野之苹 我有嘉賓, 鼓瑟吹笙. 매매하고 사슴은 울며, 들의 쑥을 먹네. 내게 좋은 손님이 오셨으니, 슬(瑟)과 생황을 연주하며 접대하네."를 따온 것으로 이 시는 잔치를 읊은 것이다.

즉 3·4구는 주위 만물이 다 잘 살고 있는 속에서 우리도 즐겁게 논다는 뜻이다.

❖ 제5·6구: 杜酒偏勞勸, 張梨不外求.

註

▸杜康: 最初로 술을 빚었다는 사람. 후에 술의 뜻으로 쓰임. 魏武帝(曹操)의 〈短歌行〉에 "何以解憂, 惟有杜康."이라 했다. 근심 걱정을 푸는 데는 오로지 술뿐이다라는 뜻이다.

▸偏: 몹시, 특별히.

▸勞: 자주자주, 아주 빈번하게.

▸張梨: ≪文選·潘岳·閑居賦≫: "張公大谷之梨. 장공의 대곡에서 나

는 배." 李善注에 인용한 ≪廣志≫에는 "洛陽北邙山有張公夏梨, 甚甘. 海內唯有一樹. 낙양 북망산에 장공의 하리가 있는데, 매우 달다. 세상에 오직 한 그루 밖에 없다."라 되어 있다. 大谷은 洛陽 부근의 地名이다. 하리는 여름에 나는 배로 희귀한 것을 말한다. ≪易林 · 否之漸≫: "春栗夏梨, 少鮮稀有. 斗千石萬, 貴不可求. 봄 밤 여름 배는 희귀하여, 한 말에 천금, 한 섬에 만금을 준대도, 귀해 구할 수 없다."라는 구절이 있다. 또 夏는 크다의 뜻도 있다. ≪方言一≫에 "凡物之壯大謂之夏. 사물의 장대한 것을 夏라 한다."가 있으니, 夏梨는 큰 배도 된다.

解說

당신네 杜氏 집안에서 처음 만든 술이라고 힘써 자주 권하며, 우리네 張哥 집안의 상징으로 이름난 배를 왜 밖에서 얻어오나.

❖ **제7 · 8구: 前村山路險, 歸醉每無愁.**

解說

앞마을로 가는 산길이 험할지라도, 돌아갈 때는 취해있으니 매번 근심이 없어요.

➡ 술 취하면 대담해지고 명랑해지니 근심걱정이 없어짐은 당연하다. 그러나 이러한 예도 있다. ≪莊子 · 達生≫: "夫醉者之墜車, 雖疾不死, 骨節與人同, 而犯害與人異, 其神全也. 乘亦不知也, 墜亦不知也. 死生驚懼不入乎其胸中, 是故遻物而不慴, 彼得全於酒而若是. 취한 사람은 수레에서 떨어지면 비록 아프지만(병들지만) 죽지는 않는다. 뼈와 관절은 남과 같지만 해를 입음이 남과 다른 것은 그 정신이 온전(하나로 凝聚됨)하기 때문이다. 수레를 타는 것도 모르고 떨어지는 것도 모르며 살고 죽고 놀라고 두려워함이 가슴에 들어오지 않으니 외물과 부딪쳐도 두렵지 않다. 그가 술로 온전한 정신(집중 · 응취된 정신)을 얻었으므로 이와 같은 것이다." 또한 日人 諸橋轍次의 ≪莊子平話≫(臺灣 · 李君奭譯)에서

이 부분을 설명하며 朝鮮의 전래되는 이야기에 천진난만한 어린아이가 호랑이와 어울려 장난치는 것을 목도했다는 사람이 많이 있었다하며 자기생각에는 충분히 가능하다 하였다. 杜甫가 꼭 莊子를 염두에 두었는지는 모르겠으나 뜻은 통한다.

➥ 藝術家가 된 皇帝, 皇帝가 된 藝術家(之子와 邀人의 對에서 생각이 났습니다)

皇帝가 시를 짓는데 金步搖(금보요)—금으로 만든 걸을 때 마다 흔들거리는 머리 장식—의 짝을 생각해 내지 못하자 답답하여 國子監의 助教에게 이를 맞추게 했다. 溫庭筠이 이때 助教였는데 단박에 玉條脫(옥조탈. 옥으로 만든 나선형의 팔찌)라 대답하니 황제가 크게 만족해하였다.—"條"자는 "跳"와 통하고 발음도 (tiào)로 같다. 즉 걸으면 흔들리고 ↔ 튀어서 벗어나므로 틀림없는 짝이다.

晩唐이라는 위태로운 시기에 皇帝가 詞의 짝이나 맞추고 있는 것은 한심한 일이나 밖으로는 군벌들에게 사방을 뺏기고 안으로는 환관에게 숨통이 조여졌으니 할 일이 또한 무엇이겠는가. 송의 휘종처럼 절대 안 되어야 할 사람이 최고 통치자가 된 것도 비극이다. 초상을 보면 둥글고 살찐 얼굴에 눈·눈썹·코·입 모든 것이 어찌나 작은지 王維의 "山色有無中"이 아니라 耳目口鼻有無中이요 게다가 수염도 有無中에 보탤만 하니 丈夫라기보다는 철없고 세상 물정 모르는 애늙은이 같이 생겼다.—중국어로 小老頭兒. 小를 少로 잘못 쓰는 수가 많다. 즉 소년의 뜻으로 썼나본데 그곳의 관용어로 따라야지 어쩔 수 없다. 近園 金容俊의 김환기 화가를 그린 그림을 보면 "樹話少老人跏趺坐像"이라 題하였는데 小老人이 맞으리라.—그러나 端王시절에 전국의 道士들과 깊게 사귀고 은밀히 뜻을 모아 유사시를 대비하였는데 결국 皇帝자리에 오른 것을 보면 그저 맹탕도 아니었던 것 같다. 그가 한 일이란 그림 글씨를 직접 창작하고 畵家들을 양성하였으며 花石綱—전국의 좋은 돌과 나무를 서울로 운반하는 작업. 강이란 집단적으로 화물을 운송한다는 뜻. 새로 딴 찻잎을 실어 보내는 것을 '頭綱'이라 썼는데. 秋史의 詩에도 登場

한다 — 으로 간악(艮嶽)을 쌓았으니 愚公移山에 짝을 맞춰 "庸主築山"을 한 것이 아니고 방사의 말에 따라서 開封의 東北隅가 낮으므로 風水上 補를 한 것이며, 皇嗣가 繁衍(번연)하리라고 예언하였는데 그 때문인지 果然 무척이나 자식을 많이 두었다. 또한 거의 끊어져 가던 雅樂 즉 正樂을 정리한 것이다. 이때에 音의 標準을 무엇으로 맞추느냐가 激論의 대상이었는데 道士가 간단히 해결했다. 道士는 果然 道士였다. 聖人(즉 임금님)의 손가락을 가지고 律管을 맞추면 틀림없다고 하니, 어느 누가 감히 異議를 提起하겠는가. 朝鮮의 世宗 임금은 박연과 함께 雅樂 정리 시 標準音을 中國의 古式대로 즉 〈漢書·律曆志〉에 나오는대로 秬黍(검은 기장)의 중간 크기를 골라서 黃鍾 十二律에 무난히 맞추었다고 한다(이 때는 검은 기장의 길이로 정한 것이다). 宋의 이것이 大晟樂(대성악)으로 高麗·朝鮮은 이것을 기본으로 雅樂을 정리하였다 한다. 그러나 聖人의 손가락에 문제가 있었던지 음이 너무 높아 맑은 소리가 나오는 것은 좋으나 悲涼·淒切함이 강해 소위 亡國의 音이 되어 나라가 결국 결딴났다는 결론이 나라가 망한 뒤에 났다. 臺灣의 政治人이며 唐詩·宋詞의 大家인 蕭繼宗 先生을 방문하였을 때 우연히 이 이야기가 나왔는데 이 雅樂을 제대로 알기 위해 우리나라를 두 번이나 방문했었는데 들은 결과는 확실히 大晟樂이라는 것이었다. 朝鮮初에 再整理했다 하여도 막무가내 척 들으면 안다는 것이었다. 印象批評 信奉者이셨던 것 같다.

휘종의 그림·글씨는 아주 유명한데 글씨 瘦金體(수금체)는 참으로 높은 경지에 이른 글씨체로 剛勁中에 柔美를 섞어 흉내 내기 조차 어렵다. 많은 사람들이 이 글씨는 아주 不吉·말하자면 재수 옴 붙은 글씨라 써서는 안 된다고 하는데 실인즉 써내질 못하는 것을 실토하기 싫으니까 그렇게 핑계댐이라 다른 書體도 그렇지만 이것은 최소 사방 한자이상의 크기를 보아야 運筆을 자세히 볼 수 있는데 八珍味·五侯鯖(오후청)을 매일 먹고 內功을 기르지 않으면 이렇게 힘드는 글씨는 써내지 못하리라.

그림은 〈桃鳩圖〉와 〈臘梅山禽圖〉가 아주 아름답고 유명하다.

결국 亡國하여 아들 欽宗과 金에 포로되어 滿洲 땅의 五國城에서 지냈는데 일이라고는 안 해 본 欽宗이 농사에 잡역에 죽을 고생을 해도 吾不關焉. 왜냐 孝는 百行之本이라 하게 두어야지 말리는 것도 이 行動綱領을 어김이라. 그러면 徽宗은 그 시간에 무엇을 했냐, 과거를 하나하나 더듬어가며 당시 수도 汴京(변경) 즉 開封의 第一 名妓였던 李師師의 傳記를 쓰고 있었다고 한다.

5. 〈劉九法曹 鄭瑕邱 石門宴集〉(五言律詩)

秋水淸無底, 蕭然淨客心. 掾曹乘逸興, 鞍馬到荒林.
能吏逢聯璧, 華筵直一金. 晩來橫吹好, 泓下亦龍吟.

❖ 詩題

註

▸法曹: 古代의 司法官署. 《新唐書・百官志》에는 法曹・司法參軍事는 鞫獄(국옥. 審理案件)・麗法(施行法律. 麗: 依法・按事實施加刑罰법따라 사실을 따져 형벌을 가함)・督盜賊(盜賊을 監視・責罰함)・知贓賄沒收 — 贓은 臟物(장물)의 뜻도 있으나 受賄(수회)의 뜻도 있다. 욕심내서 뇌물을 받는다는 뜻으로 즉 뇌물을 몰수하여 관고(官庫)에 넣는 일을 주관・담당한다.

▹知는 主持・執掌의 뜻. 知事는 官名인데 事務를 主管한다는 뜻이다.

☛ 參考

法曹는 원체 莫强한 곳이므로 사람들이 다 떨지만 詩人・墨客들은 그렇지 않다. 담이 커서 그런 것도 아니고 또 행실이 까치 뱃바닥이라 그런 것도 아니다. 南朝때 梁나라 何遜의 〈揚州法曹梅花盛開〉라는 傑作(즉 梅花詩준의 最上品・極品)에 능상하기 때문이다. 杜甫도 이 작품에 깊이 傾倒되어 있었던지 〈和裴迪登蜀州東亭送客逢早梅相憶見寄〉— 제목이 初步者에게는 경을 치게 어려운데 〈裴迪이 蜀州의 東亭에 올라 손을 배웅하다가 일찍 핀 매화를 보고 내 생각이 나서 부친 시에 화답하다〉이다 — 에서 "東閣官梅動詩興, 還如何遜在揚州. 동각의 관청 뜰 매화를 보고 (裴迪의) 詩興이 일어났으니, 何遜이 양주에 있을 때 일과 똑같다."라고 멍모를 박아썼다. 두 작품 다 梅花詩의 걸작이니 꼭 읽어보시라. 그러나 해석・감상을 제대로 하는 사람은 백만 명당 한 명만 나와도 참으로 "장마다 꼴뚜기로 흔하구나" 할 정도로 어려우리라. 古人의 견해를 한번 살펴보자. ≪莊子・齊物論≫에서 "萬世之后而一遇大聖, 知其解者, 是旦暮遇之也. 만세(즉 삼십만년)뒤에 大聖人을 만나 몽중몽(夢中夢)이라는 인생의 도의 풀이를 듣게 된다 해도 그것은 아침과 저녁사이 곧 하루 만에 듣는 것만큼 빨리 된 것이다"라 했고(간단히 풀이하면 정확하게 생의 본질을 꿰뚫는 사람을 만나기가 얼마나 어려운지 삼십만 년 뒤에 제대로 된 사람 만나도 아침에 기다려 저녁에 만난 꼴로 빨리 만났다는 것이다) 조금 허탈하겠지만 마음 진정하고 또 보자. ≪戰國策・齊策≫에서 "千里而一士, 是比肩而立, 百世而一聖, 蓋接踵而至. 천리 가서라도 제대로 된 선비 하나 만난다면 아주 가까이 곧 내가 그와 어깨를 나란히 하고 서있는 것 같고, 百世 즉 삼천년 만에라도 성인 하나 나심은 앞사람 발꿈치에 내 발부리가 닿도록 아주 붙어서 나오신 것이다."라 했겠다. 古人의 詩文을 해석하는 道나 人生의 道나 제대로 알아낸 사람 만나 제대로 배우기가 이렇게 어려운 법이다.

▸劉九法曹: 法曹參軍事로 在職중인 劉九. 그 지역의 실력자.

▸瑕邱: 地名. 鄭瑕邱: 하구 고을 원님 정사또.

▸石門: 地名. 李白詩에 〈魯郡東石門送杜二甫〉라는 작품이 있다. 거기에 "秋波落泗水. 가을 물결 이는 泗水는 물이 줄었고"라는 구가 있어 本詩의 물이 泗水인 것을 알 수 있다.

▸宴集: 술자리, 술모임. 宴飮集合의 준말.

▸詩題가 상당히 야릇하다. 杜甫自身이 詩 中에 잠깐 나오긴 하는데 題에 이들과 벗하였던가, 모시고 있었던가, 따라갔었다던가, 정식초대 받았다던가 하는 자기의 處地에 관한 설명이 전혀 보이지 않는다. 꼭 남의 연기를 관람하듯 하는 데 자기도 단역이나마 登場하긴 하니 희한한 일이다. 즉 自己를 排除하고 客觀的인 姿勢로 題함.

解說

〈劉法曹와 鄭瑕邱의 石門 술모임〉

부득이 시를 짓지만 자기는 排除시키고 쓴 題目. 客觀的인 立場에서 쓴 題目.

➡ 천재 특히 괴퍅(乖愎)・엽기적(獵奇的) 성품의 천재로 逐臭(축취. 악취를 따라다님. ≪呂氏春秋・遇合≫: "人有大臭者, 其親戚兄弟妻妾知識無能與居者, 自苦而居海上. 海上人有說其臭者, 晝夜隨之而弗能去. 몸 냄새가 심한사람이 있어 그의 친척 형제 처첩과 지인 중 같이 살 수 있는 사람이 없었다. 자신도 괴로워 해변에 살았다. 해변사람들 중에 그 냄새를 좋아하는 사람이 있어서 밤낮으로 그를 따라다니며 떠날 수가 없었다." 기이하고 괴벽한 기호를 말함.)・嗜痂(기가. 부스럼 딱지를 즐겨 먹음. ≪宋書・劉邕傳≫: "邕所至嗜食瘡痂, 以爲味似鰒魚. 유옹이 매우 좋아하는 것은 부스럼딱지를 먹는 것인데 맛이 복어와 비슷하다고 말한다." 특이하고 괴벽한 기호를 말함. 여담이지만 蘇東坡가 복어를 처음 먹고는 曰 "値得一死, 한 번 죽음을 무릅쓸 가치가 있다"하여 이 四字는 복어의 대명사가 되있다. 표현력 좋다고 東坡를 칭찬하는 것 같지만 우리가 보기에는 사실 중독될까 두려워하는 마음이 즉 호탕하고는 거리가 있는 마음이 거기에 배어 있는 것 같다.) 趣向이 多分한 金聖歎이 이를 보니 참새가 방앗간 그냥 지나칠 수야 없었겠다. 그런데 요번 추측은 꽤 합당하게 되었다. 이 사람 해석을 보면 사람의 무릎을 치게 하는 곳이 있는가하면 상상과 억측이 럭비공 튀듯 마음대로 니기니 "인바다를 다 덮는 그물 쳐서 맺은 사랑. 왕십리라 답십리. 참외 넌출이 얽혀 지고 틀어져서 골골이 두루 뒤틀어진 사랑. 아마도 이님의 사랑은 가없는가 하노라."(鄭炳昱編著 ≪時調文學事典≫에서. 現代語로 바꿈)하는 멋기도 사무친 이 시조의 "사랑"을 "상상"이나 "억측"으로 바꾸면 혹시 똑(발음주의) 맞을까.

金聖歎 말의 要旨는 3・4・5・6구를 읽고 나서야 劉가 높으신 분으로

枉臨하셨고, 鄭은 인연夤緣(빌붙다. 아부하여 승진하다. 높은데 붙어 출세하다)을 하고자 함이라. 杜氏로 말하면 한바탕의 그윽하고 멋진 놀이가 완전히 망쳐진 것이니 자신은 이 모임에 끼고 싶지 않다는 것이다. 그런데 사실 꼭 아부나 승진 목적이 아니더라도 그렇게 쎈사람에게 하소하고 부탁할 억울·원통한 일이란 많은 법이다.

이상 題에 관한 설명을 너무 길게 했는데 그렇지 않으면 이 詩의 이상한 言語驅使, 이상한 표현이 이해가 가지 않기 때문이다. 苦衷을 이해하시라.

❖ 제1·2구: 秋水清無底, 蕭然淨客心.

註

▸秋水: 가을 물. 여기서는 泗水를 말한다. 가을 물은 가을하늘과 함께 맑고 깨끗함을 상징한다.

▸無底: 밑이 없는 것 같다. 극히 깊은 것을 말한다. 바닥이 보이지 않는다함은 어색하다, 물이 흐려도 바닥은 안보이니까. 참고로 ≪西遊記≫에 無底洞이 나온다.

▸蕭然: 소연하고 상쾌하게의 뜻임. 쓸쓸하다는 것은 여기에는 해당 안됨.

▸淨客心: 나그네의 마음을 씻어준다. 본시 나그네의 마음은 쓸쓸하고 처량한 법이다. 거기에 빈궁한 나그네란 말이 필요 없으리라. 또한 "物離鄉貴, 人離鄉賤. 물건은 제 있었던 곳을 떠나면 귀하고, 사람은 제 살던 곳 떠나면 천하다"란 成語까지 있지 않은가. 사발농사 짓는데 이골이 난 두보지만 이 모임의 성격을 눈치 챘을 때의 기분은 짐작이 가리라. 더구나 貧士들이란 그래서 더욱 自尊心을 내세우기 마련인데, 가기도 머물기도 난처한 처지, 만감이 서리는데 오직 이 맑은 가을 물만이 나의 마음을 씻어줄 뿐이로구나. 生命없는 無情物이 生命있는 有情한

인간을 위로하다니, 이때의 심정을 나타낸 것이 李白에게도 똑같이 있으니 "衆鳥高飛盡, 孤雲獨去閑. 相看兩不厭, 只有敬亭山.(〈獨坐敬亭山〉) 뭇 새들은 고독한 나와는 아랑곳없이 날아 깨끗이 사라지고, 홀로 가는 저 구름은 나를 짝할 마음 없이 느긋하게 제 혼자 가버리네. 서로 보살펴주고(看; 平聲일 때는 看守 · 看護의 뜻) 둘이 서로 싫어하지 않는 것은 딱 하나 경정산 뿐이구나." 무정물인 산이 무슨 애증이 있으리오마는 세상이 나를 싫어하고 이해해주지 않고 알아주지 않으니 이 무정한 산에다 마음을 부치고 정을 거는 것이다. 憤世(세상에 대하여 한이 맺힘)의 대단함을 토로한 것이다. 이백이 한창 분노하였을 때에 우연히 옆에 있어서 올라가 지은 작품으로 경정산 자체는 대단한 상징이 없다. 가까이에 인왕산이 있었으면 그곳에 올라갔었을 것이며 노고산이 있었으면 거기를 찾았을 것이다.

解說

가을 물은 맑아 바닥이 없는 듯한데 시원하고 상쾌하게 나그네 마음을 씻어준다.

❖ 제3 · 4구: 掾曹乘逸興, 鞍馬到荒林.

註

▸掾曹(연조): 掾은 관청의 보좌관. 曹 즉 여러 부서로 나뉘어 일을 보므로 掾曹라 함.

▸乘興: 신이 나다. 흥이 나다.

▸逸興: 시원시원하고 호탕한 기분 · 마음.

▸鞍馬: 말을 타다. 쉬고 있는 말에 안장을 얹음은 곧 탄다는 뜻.(안장없이 말 타는 일은 몽골 같은 유목민에게나 가능하다.)

▸荒林: 荒; 偏僻. 궁벽한. 외진. 林; 촌구석. 아주 변두리. ≪爾雅 · 釋地≫: "邑外謂之郊, 郊外謂之牧, 牧外謂之野, 野外謂之林, 林外謂之坰. 國都

밖을 교라 하고, 교 밖을 목이라 하고, 목 밖을 야라 하고, 야 밖을 림이라 하고, 림 밖을 경이라 한다." 즉 수도로부터 멀어질수록 郊 → 牧 → 野 → 林 → 坰으로 됨. 본시에서 林은 절대 숲이 아니다.

解說

검찰(경찰)청의 나으리는 호탕한 홍이 나셔서 이 술자리를 위해 말타시고 이 외진 촌구석까지 오셨도다.

❖ 제5 · 6구: 能吏逢聯璧, 華筵直一金.

註

▸能吏: 유능한, 능력 있는 관리. 鄭사또를 말함. 고을의 원으로 지역의 실력자를 이런 벽지까지 오게 했으니 이 또한 行政能力말고 또 다른 의미의 능력이 아닌가. 너무 노골적으로 쓴 것 같다. 이런 식의 칭찬하는 말은 약간 먹물이 든 사람은 금방아는 것을.(例: 선생님을 비꼴 때 "선생님은 공자 같으시지만, 제자가 안회가 못돼 죄송합니다.")

▸逢: 逢迎, 迎合. 접대하다. 영합하다. 아첨하다.

▸聯璧(연벽): 雙璧. 竝列(병렬)한 美玉. 한 쌍의 딱 어울리는 사람들. 둘다 莫上莫下, 難兄難弟다라는 뜻.

▸華筵: 豐盛하게 차린 잔치.

▸直(치): 値. 값어치에 해당하다.

▸一金: 黃金一斤. 잔치 비용을 계산하는 모욕적 언사.

解說

능력 있는 사또께서 쌍벽을 이룰 어르신을 접대하시니 풍성한 잔치는 아마 금 한 근 값은 되겠소이다.

➥ 요즈음 말로 두당 얼마짜리 파티다 하는 노골적 언사임. 예전부터 잔치의 교잣상 값을 계산하는 일이 있었던 듯하다. 주로 과시 할 때(≪世說新語 · 太侈篇≫을 보면 사치 과시의 千態萬象, 各樣各式에 놀라 자빠

질 것이다)와 비난할 때인 듯하다.

☛ **參考**

박종화의 ≪錦衫의 피≫를 보면 燕山君이 여러 종류의 여인들을 상대하다 싫증이 나니 이번에는 자존심 강한 朝官들의 마누라들은 어떨까하여 이들을 위해 자주 파티를 벌이게 되었는데 우선 해괴(駭怪)한데다 비용이 상당하여 원래 정사에 관심 많은 仁粹大妃가 친정붙이이며 强直한 韓致亨에게 極諫하도록 하였다. 어릴 때 본 것이라 가물가물한데 제일 눈에 띄는 부분이 한사람마다 받는 상 하나에 들인 돈이 보리 두 섬 값이라고 비분강개하는 대목이었다. 어린 나이였지만 아이들의 반응은 참 가난한 나라였구나 하는 것이었다. 결국 탈이 나서 어느 여인과 그 집안은 쑥대밭이 되었는네 누군지 밝히기도 그렇고 자세한 내막을 알고 싶은 분은 尹學準著 ≪나의 양반 문화 탐방기≫를 참고하시라.

➥ 聯璧같은 두 有能한 官吏와 杜甫같은 寒貧士가 함께 자리 할 때에 瓊林玉樹(경림옥수. 옥구슬 나무)에 蒹葭蘆荻(겸가노적. 갈대. 억새)이라는 말은 어떨지.

❖ 제7 · 8구: 晩來橫吹好, 泓下亦龍吟.

註

▸晩來: 저녁나절에. 하나의 語詞임.

▸橫吹: 가로 불게 된 관악기의 총칭. 지, 젓대, 橫笛(횡적) 笛 등.

▸泓(홍): 원래 潭(못)의 뜻이나 여기서는 深水, 곧 泗水를 말함.

▸龍吟: 管樂器(주로 젓대 · 피리를 가리킨다)의 소리를 말함.

➥ 다시 제1 · 2구로 돌아가 연결됨.

解說

나 마음에 안 드는데, 어서 빨리 떠나고 싶은 마음뿐인데, 저녁에 젓대 부는 소리는 거 쓸 만하네(그럴 수밖에 "亦泓下之龍吟"이니 당연하지)

앞서 내 마음을 시원하게 씻어주던 저 깊은 물의 龍이 다시 나를 위해 한 곡조 불어주는 관악이 아마 이 젓대에 그대로 옮겨 붙은 모양이군. 오늘 놀이는 내가 이 사수 깊은 물 덕 본 것 두 가지 이외에는 다 더럽군.

☛ **參考**

金弘道(檀園)가 청년이 파초잎 깔고 앉아 笙篁(또는 笙簧) 부는 멋진 그림을 그렸는데 題하기를 "月堂凄切勝龍吟"이라 하였다. 이는 唐나라 末期의 詩人 羅鄴의 〈題笙〉이란 시의 제2구이다. 즉 생황이 피리·젓대보다 낫다는 것이다. 이 羅鄴은 크게 注目받지 못했지만 이 作品 하나만은 널리 알려졌다. 〈賞春 또는 芳草〉: "芳草和煙暖且青, 閒門要路一時生. 年年點檢人間事, 唯有春風不世情. 푸르고 꽃다운 풀 따뜻하고 부드러운 안개는. 오가는 이 없어 쓸쓸한 집이나 출세하여 달리는 길이나 동시에 생겨난다네. 해마다 인간세상일 따져 보니 애오라지 봄바람만이 (속세의 심보) 世態人情이 없더군." 그러나 이 詩는 先輩인 杜牧의 〈送隱者〉 詩에서 힌트를 얻은 듯하다. 〈送隱者〉: "無媒徑路草蕭蕭, 自古雲林遠市朝. 公道世間唯白髮, 貴人頭上不曾饒. 이끌어 주는 이 없는 길에는(즉 당신이 가는 길) 잡초만이 쓸쓸하니(누구 오가는 이 없는 결과 풀만 무성). 예부터 雲과 林에 산다는 것은 (즉 은거) 이익 다투는 저자·권세 휘두르는 조정과는 먼 법 아니겠소. 그런데 은자께서 무엇 때문에 이곳에 기웃기웃하고 속 타 하십니까, 마음 가라앉히고 돌아가시오. 세상에 공평함은 오로지 백발이니 고귀한 사람 머리라고 봐주는 법 없었다오. 이러면 위로가 되겠소."

☛ **參考**

宋 陸游 〈歲晩幽興〉 詩의 其二: "卜塚治棺輸我快, 染鬚種齒笑人癡. 좋은 무덤자리 고르고 좋은 관곽 장만함은 나의 유쾌한 생활보다 못하고, 머리 수염 검게 물들이고 이빨 도로 심는 것 보면 나는 미친놈들하며 웃었네." 自注 "近聞有醫以補種墮齒爲業. 스스로의 주에 근자에 의사가 빠진 이를

끼워주는 것으로 업을 삼는 자 있다고 들었다"고 함. 송나라 때 염색약이 나온 것을 알았으면 杜牧도 地下에서 싱긋 웃었으리라.

6. 〈與任城許主簿遊南池〉(五言律詩)

秋水通溝洫, 城隅進小船. 晚涼看洗馬, 森木亂鳴蟬.
菱熟經時雨, 蒲荒八月天. 晨朝降白露, 遙憶舊靑氈.

❖ 詩題

註

▸任城縣: 고을이름.

▸主簿: 관명. ① 직책은 文書를 주관하고 事務을 처리함.(漢代) ② 將帥·重臣의 주요한 속료. 기밀한 일에 참여할 수 있었고 관청 내부의 일을 총지휘함.(魏晉時代) ③ 임직이 차츰 가벼워져 唐·宋時에는 벼슬할 때에 처음 담당하는 관직이었다. ➪ ① 주부하면 우선 별주부이야기를 떠올린다. 따라서 이 관명은 상당히 우습게 되었다. ② 시를 아는 사람들은 陶淵明의 秀作 〈和郭主簿二首〉를 떠올릴 것이다. 寫景은 淸淨하고 言情은 深厚하여 정말 隱士·幽人의 眞率·淡泊한 生活을 아주 잘 나타냈다. ③ ≪後漢書·劉焉·袁術·呂布列傳≫을 보면 刺史 丁原이 騎都尉였을 때 "布爲主簿, 甚見親待.……靈帝崩, 原將兵詣洛陽, 爲執金吾. 會何進敗, 董卓誘布殺原而幷其兵. 여포를 주부(文書와 事務 擔當) 시켜주고, 아주 친하게 대해주었다. 영제가 죽고 정원이 (하진의 명에 따라) 군사를 거느리고 낙양에 이르러, 집금오(치안·경비대장)가 되었으나, 마침 하진이 실패하자 동탁이 여포를 꼬여 정원을 죽이고 군사를 합쳐버렸다"(略抄함)라는 기록이 있다. 여포 같은 용맹한 장군이 주부였다면 다들 안 믿더라. 여포 같은 용맹한 장부가 서류 뒤지고 사무 보는 것은 상상이 안 된단다.

▸南池: 濟寧城 東南隅에 있었다.(〈一統志〉) 지금은 흙으로 덮힘.

解說

〈任城縣의 主簿 許氏와 함께 南池에 놀다〉

❖ 제1 · 2구: 秋水通溝洫, 城隅進小船.

註

▸秋水: ① 가을의 江湖水. ② 가을의 빗물. ≪莊子 · 秋水篇≫: "秋水時至, 百川灌河. 가을비가 때맞추어 오니, 온 강이 황하로 흘러든다"의 秋水도 가을 빗물. ⇨ 中國은 하 넓은 땅이라 지역에 따라 물이 늘어나는 때가 같지 않더라. 春水가 많은 例는 顧凱之〈神情詩〉"春水滿四澤"과 南唐 後主 李煜의 詞〈虞美人〉의 "問君能有幾多愁, 恰似一江春水向東流. 너 얼마나 많은 시름이 있냐고 물으면, 흡사 온강 가득 채운 저 많은 봄물이 바다로 흘러가는 것 같다고 하리"이니, 南方 이야기이고, ≪莊子 · 秋水≫와 李商隱〈滯雨〉의 "滯雨長安夜, 殘燈孤客愁. 故鄉雲水地, 歸夢不宜秋. 비에 묶인 장안의 밤, 외로운 燈은 고독한 나그네의 시름. 고향은 구름 · 물의 고장, 꿈마저 가서는 안 돼." 직접 몸이 못 가는 아쉬움을 억지로 위로하기 위해 구름 · 물의 고장이기에 이처럼 추우가 오래 내리는 시절에는 꿈마저 가서는 안 되니까 당연히 몸은 더욱 안 간단다고 핑계를 대는 처절한 마음, 안 간다가 아니라 못 간다는 사실을 돌려쓴 것은 北方의 이야기이다.

▸溝洫(구혁): 밭 사이의 물길 · 도랑.

▸進: 앞으로 나아가다. 여기서는 배를 띄워 남지로 나아감.

➥ 제1구의 水通溝洫은 제5구의 經時之雨와 연결됨.

解說

가을 빗물이 마르던 밭도랑에 통하도록 많이 내리니, 이제는 능히 성 모퉁이에서 작은배를 띄우고 남지로 직접갈 수 있게 되었다.

❖ 제3 · 4구: 晩涼看洗馬, 森木亂鳴蟬.

註

▸洗馬는 글자 그대로 해석해야 한다. 그렇지 않으면 官名인 세마(太子의 屬官)로 혼동하기 쉽다. 중국은 (xiǎnmǎ)로 읽으나 우리나라는 세마로 읽는다. 滑稽도 중국은 (huájī)로 읽으나 우리나라에서는 골계로 읽는다.

▸森木: 키 크고 무성한 나무.

▸亂: 擾亂(요란). 시끄럽고 어지러움.

▸鳴蟬: 하나의 語詞임. 즉 寒蟬, 秋蟬. 쓰르라미, 씽씽매미. ≪禮記≫: "孟秋, 寒蟬鳴."

解說

저녁의 서늘함 속에 말 씻는 것을 보니(물이 꽤 풍부해졌다는 뜻, 말도 그동안의 먼지를 씻으니 얼마나 시원할까) 더욱 시원하구나(시각). 키 큰 무성한 나무에는 가을이라 쓰르라미 · 씽씽매미 소리 요란하다(청각).

➥ 제3구는 水를 제4구는 秋를 표현함. 南池로 가는 도중의 본 것(視覺)과 들은 것(聽覺)을 썼다.

❖ 제5 · 6구: 菱熟經時雨, 蒲荒八月天.

註

▸菱(릉): 마름.

▸經時: 오랫동안, 오랜 기간 지나도록. ➪ 時雨: 때맞춘 비. 이 뜻으로 쓰이지 않음.

▸荒: 시들어 죽다.

▸天: 날(今天, 明天따위). 일기(天氣).

▸蒲: ① 창포. ② 부들.

解說

오랫동안 내린 비에도 마름은 썩지 않고 익었고(대견함), 八月(仲秋)의 날 들이라(날씨라) 창포는 시들어 죽었구나(서글픔, 애석함).

➥ 제5구는 제1구와 연결됨. 제5구는 水, 제6구는 秋를 가리킴.

❖ 제7·8구: 晨朝降白露, 遙憶舊青氈.

註

▸晨朝: 이른 아침. 새벽. 淸晨. 일출 전후의 시간. 신조의 조는 발음이 (zhāo) 평성이며 (cháo)가 아님.

▸白露: ① 二十四節氣의 열여섯 번 째. 處暑와 秋分사이. 대략 태양력의 9월 8일경. ② 이슬이 짙어져 흰빛을 띤 것. ③ 가을날의 이슬.

▸遙憶: 回憶. 회상하다.

▹遙想: 悠遠하게 思索하거나 想像함.

▸舊青氈(구청전): 오래된 푸른색 담요(양탄자). 모포(부피가 작아 군용·캠프용으로 적합함). ≪太平御覽≫에서 晉나라 裴啓의 ≪御臨≫을 인용하였는데, "王子敬在齋中臥, 偸人取物, 一室之內略盡, 子敬臥而不動. 偸遂登榻, 欲有所覓. 子敬因呼曰: '石染青氈是我家舊物, 可特置否'. 於是群偸置物驚走." 왕자경(獻之)이 서재에 누워 있었다. 도둑들이 물건을 집어채는데, 방안의 물건을 다 털도록 자경은 누워 움직이지 않으니 도둑은 드디어 침상에 올라 무엇인가를 찾는 듯했다. 자경이 이에 소리 지르길: '石青으로 염색한 푸른 담요는 우리 집에 오래전부터 내려오는 물건이니 그것만은 놓아둘 수 없겠나.' 이에 도둑들은 물건을 놓아두고 놀라 달아났다."(≪晉書·王獻之傳≫에도 실려 있음)

▹略盡: 將盡. ~이 다하려 하나.

▹榻(탑): 臥榻. 침대. 평상.

▹欲: 似. 如. ~하는 것 같다.

▹石染: 朱砂·礬石 등의 광물로 만든 염료. 식물염료보다 고급임.

▹礬石(반석): 광물이름. 白·青·黃·黑·絳의 五種이 있으며 흔한 것

이 白色으로 白礬 또는 明礬이라고도 한다.

▷石靑: 남색 광물질(藍銅鑛)의 顔料. 그림에 쓰임.

▷特: ~만은.

▷靑氈故物: 양반집의 家傳之物(傳世之物) 또는 家業.을 비유하거나 상징함. ➪ ≪하룻밤에 읽는 색의 문화사≫(일본 21세기 연구회 지음. 정란희 옮김)의 부록 〈색의 소사전〉에 의하면 파란담요(blue blanket)는 "가지고 있으면 마음이 차분해지는 물건", "안전을 보장해주는 물건"을 뜻한다. 스누피 만화의 라이너스가 항상 가지고 다니는 담요도 파랗다.

☛ **參考**

特定한 물건을 말할 때 거기에 얽힌 故事에 따라 某某한 人物을 擧論함은 中國詩文에 흔히 보이는 예인데 다음의 〈對雨書懷走邀許主簿〉의 幕燕에서 詳述하겠다.

解說

지금 저녁이 가고 다시 이른 아침 되면 흰 이슬이 내리는 白露節氣가 될 것이니, 멀리 고향의 대대로 전해오는 溫氣(우리 식으로 말하면 따뜻한 아랫목)가 그립고 또 한 해도 다가고 내 나이도 더 먹으니 이어 내려야할 家業·家門의 전통도 생각하게 된다. 언제나 及第할까.(푸른 담요는 王獻之 집안의 귀한 家傳之物이지만 杜甫집의 傳世之物은 아닐 터, 하나의 상징일 뿐이다.)

7. 〈對雨書懷走邀許主簿〉(五言律詩)

東嶽雲峰起, 溶溶滿太虛. 震雷翻幕燕, 驟雨落河魚.
座對賢人酒, 門聽長者車. 相邀愧泥濘, 騎馬到階除

❖ 詩題

註

▸走邀(주요): 사람을 시켜 시를 가지고 가서 초대함.

解說

〈비오는 것을 대하자니 일어나는 생각이 있어 시를 써서 사람 편에 보내 허주부를 초대하다〉

❖ 제1 · 2구: **東嶽雲峰起, 溶溶滿太虛.**

註

▸東嶽: 泰山.

▸雲峰: 산봉우리 같은 구름. 顧凱之의 〈神情詩〉에 "夏雲多奇峰. 여름구름엔 기이한 봉우리가 많다."는 구절이 있다.

▸溶溶(용용): 물이 드넓은 모습. 아득한 모습. 밝고 맑은 흰색.

▸太虛: 우주. 하늘. 넓고 가없는 하늘.

解說

봉봉(峰峰)이 웅장한 태산에 또 다시 구름의 봉 일어나 뭉게뭉게 희고 깨끗하게 넓고 가없는 하늘을 채운다.(아마 용이 날던가 승천하는 일이라도 생기려나)

❖ 제3 · 4구: **震雷翻幕燕, 驟雨落河魚.**

註

▸幕燕: ≪左傳・襄公二十九年≫에 "……夫子之在此也, 猶燕之巢于幕上. 부자께서 여기에 계시는 것은 제비가 장막에 둥지 틈과 같다." 제비가 둥지를 틀었다함은 실제의 상황이 아니다. 장막은 수시로 철거할 수 있으니 극히 위험하다는 것을 비유한 것이다. 흔히 幕燕釜魚(막연부어. 장막 위의 제비 솥 속의 고기)・幕燕鼎魚(막연정어)로 쓰인다. 유사한 예를 들겠다. 清 曹雪芹 ≪紅樓夢≫ 第五回의 앞부분을 보면, "……한 쪽에는 趙飛燕이 서서 춤추었다는 金盤을 놓았고, 盤안에는 安祿山이 던져 太眞 楊貴妃의 가슴을 상하게 했다는 모과가 가득 차 있었다. 위쪽에는 壽昌公主(唐 代宗의 딸)가 含章殿 아래에서 누웠었다던 寶榻이 설치되었고, 매달린 것은 同昌公主(唐 懿宗의 딸)가 손수 만들었다는 連珠帳이었다……賈寶玉의 낮잠을 위해 秦可卿 ―賈寶玉의 조카뻘인 賈蓉의 妻―은 몸소 西施가 빨았다는 깁으로 만든 이불을 펴고, 紅娘―≪西廂記≫의 婢女, 鶯鶯과 張生의 연락책―이 안고 왔다는 鴦枕(앙침) 즉 원앙베개를 옮겨왔다……" 우리도 어거지로 한번 해 보자. 미당의 국화주와 육사의 청포도주 놓고, 초허 사랑하던 파초 장막으로 찬 겨울을 가리고 청마의 영원한 노스탈쟈의 수건으로 술잔 씻어 닦으며 영랑의 모란이 필 때까지 신나게 마십시다.(超虛: 金東鳴, 青馬: 柳致環, 永郎: 金允植. 파초는 그림 또는 실내에 옮긴 화분 속의 파초)

▸翻: 날다. 흘러가다. 거꾸로 뒤집다. 엎다.

▹翻飛: ① 飛舞, 飄揚. 翻이 바로 飛의 뜻이니 重複語이다. ② 뒤집어 날다. 가장 유명한 예가 있다. 陶淵明 〈遊斜川. 자(斜의 발음은 자)천에 노닐며 지은 시〉 詩: "魴鯉躍鱗於將夕, 水鷗乘和以翻飛. 방어・잉어 저녁 무렵 고은 비늘 덮인 몸(鱗은 魚의 代稱) 튀어 오르고, 갈매기는 따뜻한 기운을 타 너무도 여유있고 한가한 마음에 몸을 뒤집으며 나누나."

▸驟雨(취우): 白雨. 소나기(보다는 쏘내기가 더 어감이 좋은 것 같다). 갑작이 세차게 쏟아지다 곧 그치는 비.(비 노릇하기도 힘들다)

▸落河魚: 細雨에 물 위쪽으로 노닐던 고기가 놀라 가라앉는다. 쏟아지는 비를 따라 물고기가 하늘에서 떨어진다는 해석도 가능하다. 실제로 어렸을 때 이것을 본 사람도 많다. 그러나 題에 〈對雨書懷……〉라 분명히 썼다. 近來의 註釋家들 중에 이런 奇異한 일을 보라고 초대한 것이 더 合理的이라고 主張하는 사람들의 견해가 차츰 힘을 얻고 있는 것도 사실이다. 그렇다면 題는 〈비오는 것을 보다가 희한한 일이 생겼으니 그대도 와 보라고 청하노라〉가 되어야 한다. 詩題는 고명이나 웃기로 놓은 것이 아님을 꼭 유념하시라.

➥ 이 3·4구는 바로 자기의 안전하지 못한 處地, 자리 못 잡은 사람의 不安과 초조, 그리고 功名과는 거리가 한참 먼 沈淪된 신세를 나타내는 것이다. 제비가 날아오름은 제대로 된 지위와 직책을 못 얻고 외부의 변화에 항상 초조·불안한 심경을 나타냈으며 4구는 描寫한 그대로 沈淪·淪落된 신세. 浮沈各異勢(뜬 것과 가라앉은 것은 형세가 다르다)다(≪曹植·七哀詩≫). 나에게도 인젠가는 機會가 오겠지 하는 感懷를 쓴 것이다. 따라서 詩題가 "對雨書懷"이지 "對雨書奇事"가 아닌 것이다. 또한 3·4구는 "鳶飛魚躍"과 正反對의 狀況을 말한다.

解說

천지를 뒤흔드는 우렛소리는 예부터 아슬아슬하게 천막에 둥지 튼 것으로 이름이 알려진 제비를 날아오르게 하고 쏟아지는 소나기에 물고기는 가라앉았다는군.

❖ 제5·6구: 座對賢人酒, 門聽長者車.

註

▸賢人酒: 三國時代는 漢獻帝 때부터 시작된 극심한 기근이 연이어 사람

이 서로 잡아먹었으며 어쩌다 하늘이 봐줬는지 오디(桑椹)가 어마어마하게 많이 달려 그것으로 죽는 것을 면했다는 기록도 있다.(≪後漢書·獻帝本紀·董卓列傳≫) 자세한 것은 고려대학교 김택민 교수著 ≪중국역사의 어두운 그림자≫의 제4장 〈난세의 극단, 식인의 시절〉을 보면 알 수 있다. 우리가 지금 얼마나 태평성대(?)에 살고 있는지 알게 될 것이다. 따라서 술을 먹는 것은 엄격히 금지되어 있었다. 양곡의 어마어마한 낭비이니까. 그런대도 사람들은 특히 文人·名士들은 마구 마셔댔다. 現實的 法禁과 脫俗的 風流의 맞대결인데, 曹操와 孔融의 熾烈한 말싸움은 거의 戱弄·嘲弄·兒戱에 가깝고, 孔融은 작심하고 놀려대고, 曹操는 怒氣衝天·憤氣撑天(분기탱천) 당장 요절을 내고 싶으나 천하를 얻기 위해 人材를 포용해야 했고 文士의 筆端(說客의 舌端, 武士의 鋒端과 함께 三端이렸다)을 焉敢生心 거스리랴 꾹꾹 눌러 참았으나, 結局 孔融이 非命에 죽는데 큰 貢獻을 한 사건이었다. 이 때는 禁酒(마시지 말라는 뜻으로 쓰임)가 酒禁(만들지도·마시지도 말라고 전보다 더 조여댐)으로 强化된 時代였다.

≪後漢書·孔融傳≫을 보면 온갖 奇行·逸事가 거지 옷에 이 박히듯 곳곳에서 튀어나오는데 가장 재미있지만 너무 심하구나하는 대목이 曹操의 酒禁에 대한 〈難曹公表制酒禁書. 조공이 표를 올려 주금의 명령을 내린 것을 힐난한 편지〉 一文이다. 一言以蔽之, 侮慢(모만)·嘲弄이니 아마도 조조의 권력을 제어할 수 없다는 최종판단에 따라 漢의 충신으로 나라를 지키고자 애를 썼던 공융이 이때쯤 自暴自棄의 심정으로 쓴 글 같다는 것이 대부분의 의견이었다.

그의 말 중 유명한 것이 채옹의 死後 채옹과 비슷한 外貌의 武士를 술이 취하면 끌어다 한자리에 앉히고 "雖無老成人, 且有典刑.비록 노성한 사람은 없지만 그래도 전형은 있다"(≪詩·大雅·蕩≫을 인용함≫) 라 한 것과 "坐(座)上客恒滿, 尊中酒不空.좌석에는 항상 손님이 가득하고, 동이의 술은 비지 않네."이라 한 것이다.

當時 人士들은 술에 대해 賢人·聖人이라는 이름으로 一種의 隱語를 썼으니 魏,魚豢(어환)撰의 ≪魏略·豢養≫에 "太祖時禁酒,而人竊飮之,故難言酒, 以白酒爲賢人, 淸酒爲聖人. 太祖 때에 술을 금했으나 사람들은 몰래 마셨다. 따라서 술이라 말하기 어려우니 白酒(즉 濁酒)를 賢人이라 하고, 淸酒(맑고 센 술)를 성인이라 했다." ⇨ 燒酒(즉 증류주)는 元代부터 생김. 그 전의 燒酒는 맑고 센 술이지 증류주는 아님.

▶聽: 聽從. 따르다. 복종하다. 接受하다. 等待 즉 기다리다.

▶長者車: ≪史記·陳丞相世家≫: "家乃負郭窮巷, 以獘席爲門, 然門外多有長者車轍. 집은 성곽근처의 빈민굴에 있어 떨이진 지리로 문을 삼았으나 — 우리나라의 거적문 — 문밖에는 고귀한 분들의 크고 무거운 수레가 내는 깊은 바퀴자국이 많았다."

▷負郭·負廓: 성곽에 접함(가까움).

▷窮巷: 陋巷. 뒷골목, 빈민굴.

▷獘(폐): 弊와 같다. 해지다. 떨어지다.

▷長者: 顯貴之人. 지위가 높고 귀한 사람. 높은 지위에 있는 사람.

➡ 6구는 陶淵明〈讀山海經詩〉十三首의 序라 할 수 있는 其一을 바꿔 쓴 것 같다. "窮巷隔深轍, 頗廻故人車. 내 사는 곳이 외지고 좁은 골목이라 고귀한 분의 크고 무거운 수레가 만드는 깊은 바퀴자국이 이곳에 생기기에는 격절된 곳이네, 꽤느리기·디고 정도 따고 다니는 친구 녀석들도 세단 못 들어오는 것을 보고는 핑계삼아 주차·진입등의 문제점을 내세워 자못 차를 돌리니 내가 죽일 놈이지 그 녀석들 차를 돌리게 했으니, 誰怨誰咎(수원수구)랴 誰怨孰尤(수원숙우)랴. 누구를 원망하고 누구를 탓하랴". 다음은 뻔합니다. "歡然作春酒, 摘我園中蔬." 마당의 오이나 가지 따 안주삼아 술 한 잔 하고 다 삭이는 것입니다. 이 시는 도연명의 작품 중에서 걸작에 속하니 한 수 전부를 다 보십시오.

解說

내 비록 3·4구처럼 인생길이 감가(坎坷)·감람(坎壈)하고 낙탁(落魄)·영락(零落)하여 꼭 "鹿死不擇音. 사슴이 죽을 지경이면 좋고 나쁜 그늘(音은 蔭의 뜻)을 안 가리고 뛰어든다."으로 지금 되는대로 몸을 의탁하며 살지만 心懷는 孔融같고 抱負는 陳平같소이다. 孔融처럼 자리에는 손이 언제나 있어 (당신이 와서 그렇게 完成시키구료) 濁酒일망정 대할 수 있고 陳平처럼 陋屋이지만 長者들의 수레를 받아들일 만 하다오. 거 陶淵明의 친구들일랑 아예 본받지 마세요.
이것으로 詩題중 "對雨書懷"의 書懷가 엉성하나마 해석된 듯하다.

❖ 제7·8구: 相邀愧泥濘, 騎馬到階除

註

▸邀(요): ① 초대하다. ② 맞다. 모시다는 이미 온 사람을 집안으로 들이는 것이니 該當 안 된다. 詩題의 "走邀"는 ≪杜詩詳註≫에 따라 "遣人持詩往邀. 사람을 보내 이 시를 가지고 가서 초대함"으로 함.

▸愧: 면목없다. 체면 안서다. 계면쩍다(慊然쩍다). 부끄럽다는 뜻은 약간 의미가 다른 듯하다.

▸泥濘(니닝): 진창(길). 濘은 진창의 뜻 외에 미끄럽다(滑)의 뜻도 있음.

▸騎馬: 許主簿가 정말 타고 오는 것. 앞의 長者車는 許氏의 수레가 아니며 故事일 뿐이고 더더욱 主簿는 顯貴한 長者는 결코 아님을 알아야 한다.

▸到階除: 대청 앞 섬돌까지 오토바이 타고 들어오는 非禮를 저질러도 좋으니 오기만 하라. 진창길에 초대도 어차피 非禮일터이니. 階나 除 모두 섬돌이다.

解說

초대하자니 진흙길이라 면목이 없소만 말 탄 채 대청 앞 섬돌까지 오시구료.

☛ **參考**

① 위의 詩는 開元時代의 作品이며 후일 天寶十載(杜甫四十歲)에 지은 글을 보자.

〈秋述〉 "秋, 杜子臥病長安旅次, 多雨生魚, 靑苔及榻. 常時車馬之客, 舊, 雨來. 今, 雨不來. 가을, 杜先生 장안여관에 병들어 누웠다. 비가 많이 와 고기가 생기는 것 같고, 푸른 이끼는 침대에 까지 이르게 생겼다. 평상시 거마부리는 귀객도 옛사람은 비가와도 오는데, 지금 사귄 사람은 비오면 안 오더라." (이로부터 "今雨"는 새로 사귄 친구, "舊雨"는 옛 친구의 代稱이 됨)" 비오는 진창길을 나 다니는 일은 요즈음 상황으로는 쉽게 이해되지 않겠지만 30~40년 전의 수도 서울에 살아본 사람은 다 안다.

② 거꾸로 秋史는 꼭 가야할 사람을 진창길 핑계로 붙들어 놓고 갖은 약을 올리는 시를 지었다. 〈雨中留吳君戲贈〉 제1~4구: "大熱留人人欲去, 會事天公爲下雨. 琮沈橋邊泥滑滑, 君行不得心獨苦. 무더위가 사람을 잡아도 가려고만 하더니, 사정 잘 아는 하느님 그래서 비를 내렸겠다. 종침교 가의 진흙이 미끌미끌하니, 그대는 갈 수 없어 여전히 괴로우리."

▷琮沈橋: 許琮이 廢妃尹氏에 관한 의론을 회피하기 위해 고의로 빠진 다리라 전해짐. 대단히 處身을 잘했다 하나 사실이라면 職務遺棄일 뿐이다. 위 추사 시의 제17~20구: "君之値我亦數存, 郎當不得仰與俯. 星奴巧黠善覘意, 君雖百口難爲所. 그대가 날 만난 것도 그런 운수가 있었음이니, 꽁꽁 묶여 옴쭉달싹도 못하는 군(옴치고 뛸 수도 없군). 종녀석이 약고 녹똑해 남이 마음 잘 살피니, 그대가 입이 백 개라도 어찌해 볼 바가 심히 어려우리(아무리 종을 온갖 말로 타이르고 구슬려도 도망갈 길 열기 어려우리"

▷郎當: 鋃鐺(낭당). 큰 자물쇠. 죄인 묶는 철삭鐵索.

▷俯仰: 一擧一動, 擧動. 擧止.

▷星奴: 唐 韓愈의 종에 星이란 사람이 있어 종을 부를 때 奴星, 星奴라

함.

▷黠(할): 총명함, 교활함.

▷覘(점): 엿봄. 관찰함. 살핌.

▷所爲: 所作所爲. 하는 일. 할 일.

8. 〈巳上人茅齋〉(五言律詩)

巳公茅屋下, 可以賦新詩. 枕簟入林僻, 茶瓜留客遲.
江蓮搖白羽, 天棘蔓青絲. 空添許詢輩, 難酬支遁詞.

❖ 詩題

註

▸上人: 승려에 대한 일종의 호칭.

▸茅齋: 초가. 대부분 書齋를 가리키다.

解說

〈巳스님의 초가〉

❖ 제1·2구: 巳公茅屋下, 可以賦新詩.

註

▸下: 아래. 밑. 그러나 名詞 뒤에 붙어 일정한 場所·範圍를 나타냄(~一帶). 예 "鄴"下의 文人, "稷"下의 學人. 都下(서울, 서울지방)의 신문에 광고를 내다.

▸新詩: 신작의 시. 새로운 시를 짓다(賦). 賦詩: 吟詩. 寫詩. 或者는 청신으로 해석함.

➥ ① "新詩"를 사용한 例

杜甫〈解悶〉七: "陶冶性靈存底物, 新詩改罷自長吟. 성령을 도야 하는데 무엇이 있을꼬, 새로 지은 시 고치고 길게 읊노라"

▹底: 何也.

▹新詩: 新作之詩. 자기가 새롭게(새로) 지은 시를 말함.

② "淸新을 사용한 예:

〈春日憶李白〉: "淸新庾開府, 俊逸鮑參軍. 청신함은 庾信 같고, 빼어남은 鮑照 일반." (淸新: 淸美新穎,不落俗套) (新穎: 참신하다, 새롭고 독특하다)

〈解悶〉 六: "復憶襄陽孟浩然, 淸詩句句盡堪傳. 다시 양양 맹호연을 생각하니, 청신한 시가 구절마다 전해질 만 하더라."

以上을 보면 淸新은 李白·孟浩然 같은 先輩와 庾信 같은 前朝의 人物에 썼음을 알 수 있다. 淸新 俊逸 모두 批評을 한 것인데 자기의 시를 淸新이라 함은 참으로 거북한 일이다. 自己作品 評價는 專門批評家나 後人에게 맡겨야 한다.

解說

巳스님 초가집은 시 짓기에(읊기에) 좋다. 새 시 지을 만하다.(환경·분위기·여러 여건이 좋다. 즉 아래의 3·4·5·6구가 그 까닭·이유가 됨)

❖ 제3·4구: 枕簟入林僻, 茶瓜留客遲.

註

▸林僻과 관계있는 作品. 〈夏日李公見訪. 여름날 이공이 방문하시다〉 "遠林暑氣薄, 公子過我游. (내 사는 이) 먼 숲에 더운 기운이 엷으니, 공자께서 나를 찾아 놀러 오셨네." 〈傷秋〉: "林僻來人少. 숲은 외져 찾아오는 이 적다." 으슥하고 외진 숲은 시원함의 상징이다.

▸瓜: 외로 알고 있으나 그렇게 간단하지 않으며 前後의 文脈을 살펴서 가려내야 한다.

▹甛瓜·香瓜: 참외. 이 중에서도 과육이 부드러운 것을 酥瓜, 사각사각 씹히는 것을 脆瓜라 한다.

▹西瓜·寒瓜: 수박.

▹黃瓜·胡瓜: 오이

▷絲瓜: 수세미외.

▷苦瓜: 여주.

▷冬瓜: 동아.

▷南瓜・倭瓜・番瓜: 호박.

▷瓠瓜・匏瓜: 葫蘆. 조롱박.

➡ 明・宣宗은 萬機를 親裁하는 틈틈이 그림을 그렸는데 1970年代 末 德壽宮에서 故宮의 名畵를 展示할 때에 그의 원숭이 — 개울물 위의 솟은 바위에 어미가 새끼를 껴안고 있는 아주 평화로운 분위기의 佳作 — 그림은(世間에서는 戲猿圖라 함) 인기가 있었다. 그러나 다람쥐도 아닌 시커먼 쥐가 여주(苦瓜)를 따려는 그림은 별로 인데 題는 〈鼠瓜圖〉로 疏略하기만 하다. 이 시에서 瓜는 아마도 달콤한 참외나 수박이었을 것이나 따뜻한 차와 찬 과일은 아주 어울리지 않는 것이다. 굳이 巳上人을 옹호하여 맞았다고 한다면 찐 단호박일까. 그러나 당시에는 별로 신경을 쓰지 않은 듯하다. 여담으로 宣宗의 얼굴은 우리나라 탤런트 崔佛岩氏와 비슷했다. 또 明・世宗의 〈出警圖(출경도)〉・〈入蹕圖(입필도)〉를 보면 世宗의 얼굴은 예전의 유명한 코메디언 白某女史와 酷似하다. 正式 御眞이 아닌 일반 그림에 임금을 우리는 빈 공간으로 처리했으나 그들은 그대로 크기만 衆人들 보다 약간 크게 다 그렸음을 알 수 있다.

▶留: 挽留. 붙들어 말림. 권하여 말림.

▶遲: 遲疑. 망설이며 결정짓지 못하다. 주저하다. 例로 遲疑不決. 遲疑不斷, 遲疑未決. 遲疑觀望 등이 있다.

【注意】漢文・漢詩는 極度로 縮約된 形態이므로 한 語詞가 簡單하게 省略되어 하나의 字로 表現된 것이 많다. 따라서 이것을 알아내는 것이 解釋할 때 先決課題이다. 漢武帝가 李夫人의 死後 잊지 못하고 괴로워할 때에 稀代의 사기꾼인 方士 李少翁이 魂神을 나타나게 할 수 있다 하여 밤중에 등불을 밝혀 휘황하게 하고 겹겹이 장막을 드리우고 보나마나 香煙은 구름・안개처럼 자욱하였을 것이다. — 음악이 빠진 것이 이

상하지만 일단 야릇 신비한 분위기는 조성됨 — 멀리 이부인 같은 여인이 보였는데 가까이 가서 볼 수는 없다 했다. 임금이 더욱 그립고 슬퍼서 시를 지었는데 '是邪,非邪. 立而望之, 偏何姍姍, 其來遲. 맞는지, 아닌지. (다가가지는 못하고) 서서 보기만 하자니……. 굳이 한사코 어찌 그리 사뿐사뿐 제자리 걸음으로 (나에게) 오는 것을 망설이며 주저(遲疑)하는가'라 하였다. 만약에 오는 것이 더딘가라고 풀이하면 몇 십 미터의 거리를 하루 걸리던 이틀 걸리던 오기는 오는 것인데 그러면 들통이 나는 것인데 될 말인가! (≪漢書·外戚傳≫에서) 따라서 하나의 자를 잘 풀어내야 할 것이다.

解說

茅齋안의 목침·대자리는 청량한 느낌을 주어 숲에서도 가장 으슥한 곳에 든듯하고—그렇게 시원하고 맑은 분위기가 생긴다.(題에 入林했다는 말이 없다.) 茶瓜는 客의 이제 그만 갈까 말까 하는 망설임·주저를 붙들어 놓을만하다. 對句임을 알고 번역해야 한다.

"枕簟如入(林之僻), 茶瓜可留(客之遲疑)"

➥ 3·4句는 齋內를 말하고 5·6句는 齋外를 말한다.

❖ 제5·6구: 江蓮搖白羽, 天棘蔓青絲.

註

▸天棘: 天門冬. 호라지좆(의 뿌리). 약재로 쓰임. ≪列仙傳≫: "赤須子, 豊人, 好食天門冬, 齒落更生. 적수자는 풍사람이다. 천문동 먹는 것을 좋아하였는데, 이가 빠졌다 다시 났다."

解說

강물의 白蓮 바람맞아 흔들림은 꼭 白羽扇 부치는 것 같고, 天門冬 (잎은 退化되고) 긴 줄기 있어 푸른 실 뻗어 가는 듯하구나.

➡ 혹자는 5구는 巳上人, 6구는 杜甫를 비유한다 했으나 알 수 없다. 5구는 수긍이 가기도 하나 6구는 따를 수 없다. 이 두 구는 억지로 對를 맞춰 "江"과 "天", "蓮"과 "棘. 가시". "白羽 둥근 흰 부채"와 "靑絲. 가는 푸른 실"를 구사 했으나, 좋은 風景 아름다운 景物을 표현했다고 보기에는 지나치게 平凡하고 造作의 痕迹이 강하게 남아있다.

❖ 제7·8구: 空添許詢輩, 難酬支遁詞.

註

▸忝: 욕되게 하다. 창피를 주다. 황송하게. 송구스럽게. 분에 넘치게.

▸酬: 酬唱. 酬和. 酬答. 詩·文·詞·言語로 응답함.

▸許詢: 晉人, 字는 元度. ≪世說新語·棲逸≫: "許掾好游山水, 而體便登陟. 時人云: '許非徒有勝情, 實有濟勝之具'. 허나으리는 山水에 노닐기를 좋아했는데 신체 또한 등산하기에 便捷(날렵, 재빠른) 하였다. 당시 사람들이 말하길 '허씨는 단지 勝景을 좋아하는 高尙한 情趣(勝情)만 있는 것이 아니요 실질적으로는 登山臨水를 充任·充足(濟)할 수 있는 才具·身體條件(具)를 갖추었다 하였다.'" 後日 "濟勝具", "濟勝資"란 成語가 됨. 간단히 말하면 名山大川을 놀려면 身體條件·精神條件이 맞는 것이 先決課題란 것이다.

▸支遁: 晉·高僧. 字는 道林. 원제 때 낙양으로 불려가 竺潛(축잠)을 이어서 궁궐에서 강법 하였는데 신오한 도리를 잘 풀어 이야기하여 일시에 이름을 날렸다. 어떤 사람이 학을 선물하자 "너는 하늘을 능지르는 것인데 어찌 귀와 눈의 즐거움을 주는 애완동물 노릇을 하겠는가"하고 놓아 주었으며(梁 ≪高僧傳·義解·支遁≫), 말 몇 필을 기르니, 어떤 사람이 말하길 "修道하는 僧侶가 말을 기름은 운치 있는 일은 아니리" 하자, "그 神駿함을 소중히 함이라"하였다(≪世說新語·言語≫). 또한 ≪世說新語·言語≫에서는 支遁이 鶴을 좋아하여 어떤 이가 한 쌍을

선물했는데 얼마 안 돼 날개가 자라 날아가려 하니 이에 支遁이 못 가게 죽지를 꺾었다. 날개가 축 쳐저 맥없이 있는 것을 보고 말하길 "旣有淩霄之資, 何肯爲人作耳目之近玩. 원래 하늘을 나는 자질을 가졌으니 어찌 사람들의 이목을 즐겁게 하는 애완물이 되려 하겠는가"하며 죽지를 잘 기르게 하여 날아가게 하였다는 기록이 있다. 이상은 상당히 멋있는 부분이지만 주착바가지 같은 일면도 있다. "支道林因人就深公賣印山, 深公答曰 '未聞巢·由買山而隱'. 지도림이 사람을 통해 심공에게 가서 인산 — 岇山(앙산)의 訛字. 會稽의 山名 — 을 팔라하니 심공 — 當時의 高僧인 竺法深 — 이 말하길 '소보·허유가 산을 사서 은거 했다는 말은 못 들었다.'" 직접 말하기는 쑥스럽고 어색했던지 사람을 통해 同業者인 竺法深에게 아마도 축법심이 주석하던 寺刹 所有의 산 인듯한데 확실하게 자기 소유로 해야 직성이 풀리겠던지, 혹은 投機目的은 아니겠지만 하여간 登記簿에 올려야 安心이 되는 약간 소심 하달지 아니면 만사불여 튼튼이라는 이언(俚言. 巷間의 속된말)에 지고의 가치를 두었던지 어쨌든지 산을 사고 싶어 했는데 화답이 기가 막히다. 巢父·許由가 산사서 은거했단 말은 들은 적 없다는 것이니 급소를 정통으로 맞은 것인데 원래 말이란 길게 할 필요없이 짧게 아주 짧게 하는 법, 頂門一鍼·寸鐵殺人이렸다.

하여튼 支遁은 뛰어난 人物임에는 틀림없다. 다만 "上求菩提, 下化衆生"은 이미 졸업했고 餘力이 充溢하여 當時에 流行하던 奇行·逸事·風流에 물든 것이 탈인지 복인지 불분명 할 뿐이다.

➥ 草木도 人物도 많을 필요는 없다.

草木을 보자.

≪王直方詩話≫: "荊公爲內相, 翰苑中有石榴一叢, 枝葉甚茂, 僅發花. 故荊公題云: '濃綠萬枝紅一點, 爲人春色不須多.'余每以不見全篇爲恨. 荊公(王安石)이 內相(翰林學士의 別稱)으로 있을 때 한림원에 석류 한

그루—석류는 관목 종류이니 떨기나무이다—가 있었다. 가지와 잎은 아주 무성하나, 꽃은 겨우 피는 정도였다(僅: 겨우, 가까스로. 적은 수량) 그래서 형공이 제하길 '짙은 초록 일 만 가지 붉은 꽃 단 한 점이여. 사람을 위한 봄빛이란 많을 필요 없는 것을.' 나는 노상 그 전편을 볼 수 없음을 한탄했었다.—두 구만 남아 있다는 뜻". 그러나 이 두 구는 "萬綠叢中紅一點, 動人春色不須多."(≪書言故事・花木類・紅一點≫)로 더 알려졌으며 표현상 더 그럴 듯하다. 사람을 감동시킴은 많은데 있지 않으렸다.

사람을 보자.

一人이 百人보다 낫다더라. 폴란드의 국민작가인 시엔키에비치(Sienkiewicz, Heryk)의 1905년도 노벨상 수상 작품인 쿠오 바디스(Quo Vadis)를 보면 풍류로 명성이 자자하여 "멋진 판관"이라는 별명까지 얻은 로마의 작가・정치가인 페트로니우스(Petronius, Titus(Gaius))가 한창 황제 네로의 총애를 받을 때 황제와 아주 대단한 토론을 하는 것이 나온다. 결론은 한 명의 나체 미녀가 백 명의 나체 미녀보다 낫다는 것인데 물론 황제는 반대하자니 沒風流 내지는 살풍경(殺風景)으로 찍힐 것 같아 우물쭈물하는 장면이 있다. 소수정예가 오합지졸 보다 낫다는 말로하면 너무 건너뜀이 심하다고 할까!

➥ 許詢과 支遁의 說難

≪高僧傳≫: "支遁講維摩經, 遁通一義, 詢無以厝難. 詢設一難, 遁亦不能復通. 지둔이 ≪유마경≫을 강해하는데 둔이 하나의 대의를 소통해내면 순은 힐난할 것이 없었으나. 순이 한 번 힐난했다하면 둔 또한 다시는 그 뜻을 소통해 낼 수 없었다." 즉 둘 다 막상막하였다는 것인데 간단히 정리하면 장자와 혜시 같기도 하고 임모교수의 이른바 '적대적 공범자들'같기도 하고 악어와 악어새 같은 공생관계인 것 같기도 하다.

解說

나 같은 무식한 사람 공연히 당신에게 어울릴 許詢의 무리에 끼어 許詢을 욕되게 하였다. 나는 巳上人에게는 욕되는 상대일 뿐이다. 나의 지금

짓는 이 시를 보면 알 수 있지 않은가. 支遁과 맞먹을 巳上人의 작품은 내 작품 따위로는 酬答하기 어렵다.
지금 支遁의 작품이 不存하니 그것이 ① 高不可攀의 上品인지 ② 難兄難弟인지 ③不足掛齒의 拙作인지 알 수 없다. 確實한 것은 杜의 이작품은 그 格이 升堂入室은 且置勿論하고 겨우 入門한 程度로 尾聯의 말은 謙讓의 말이자 同時에 率直한 告白이며 眞實의 말이라 하겠다.
宋初의 詩人 王禹稱은 그의 〈日長簡仲咸(七律)〉詩 3·4句에서 "子美集開詩世界, 伯陽書見道根源. 두보집에는 시세계가 열려있고, 노자책에는 도의 근원이 보인다."라 했다. 極度의 推崇인데 따지고 보면 世界는 온갖 清濁·眞假·是非·美醜가 뒤섞여 있는 곳이라 杜甫의 詩世界에 대한 또 하나의 새로운 해석이 될 수도 있겠다. 呵呵!
어떠한 偉大한 詩人·文豪에게도 駄作은 있게 마련이다. 責備求全은 딴 곳에서 하라. 앞으로도 계속 杜先生의 拙作이 잊을 만하면 얼굴을 내밀 것이다.

◎ 附記 1

한 字가 그 뜻으로는 안통하고 하나의 語詞가 省略된 것으로 해석해야 한다고 앞에서 말했었다. 지금 모든 注에서 다 그대로 지나친 하나의 중요한 例를 들고서 다음 作品으로 넘어가겠다.

〈空囊〉(五律) 제5·6·7·8구
不爨井晨凍, 無衣牀夜寒. 囊空恐羞澀, 留得一錢看.

❖ 제5·6구

註

▸爨: 불 때 밥 짓다.(밥하는 일). 동자를 짓다. 동자. 동자질.
▸凍: ≪詳註≫에서 "땅속의 우물은 엄동설한에도 얼지 않는다. 따라서 이

井晨凍은 하룻밤 지난 얼음이 우물을 두른 난간에 있다는 뜻이다."라 하였다. 그러나 唐·張籍의 〈送流人〉詩(五律)의 5·6구에 "擁雪添軍壘, 收氷當井泉. 눈을 모아 영채 사방의 울타리 보태고, 얼음 걷어내야 井泉(즉 水井, 우물)을 대할 수 있다."라는 시구가 보인다. 따라서 아주 과학적인 해석보다는 '물위를 덮은 얼음이 물을 긷지 않아서 얼어있는 채로 있다'라는 상식상의 상상으로 봄이 좋겠다. 이것은 실정에 맞지 않는다는 것이기 보다는 일종의 과장인 수사상의 문제라 하겠다.

▸衣: ≪論語·鄕黨≫: "必有寢衣, 長一身有(有는 又의 뜻)半. 꼭 寢衣가 있었는데, 길이는 身의 한배 반이다."

▹寢衣: 小臥被. 작은 이불.

▹身: ① 정수리에서 발꿈치까지, 즉 전신. ② 목에서 허벅지. 즉 胴體, 몸통. 西洋의 토르소, 즉 胴體의 塑像을 생각하면 될 것이다. 여기서는 ②의 뜻을 따른다. 身의 한배 반의 침의란 대략 가슴에서 무릎까지 덮는 작은 이불을 말함이다.

解說

아침 밥 못 지어 우물은 얼고, 저녁 작은 이불 없어 침상은 차네.

☛ 參考

길고 거추장스러운 이불은 지금은 답답한 물건이나 난방이 잘 안된 옛날에는 아주 고마운 존재라는 것을 꼭 상기해야 할 것이며 그만도 못한 작은 이불마저 없다고 하면 대충 짐작이 가리라. 이 작은 이불은 自古로 (瀕死의) 貧士를 상징하는 것 같다.

▹漢·劉向 ≪列女傳·魯黔婁妻≫: "……黔婁死, 曾子往弔, 見(遇也,觸也)以布被覆尸, 覆頭則足見, 覆足則頭見. 曾子曰: '斜引其被則斂矣.' 黔婁妻曰: '斜而有餘, 不如正而不足也.' 금루가 죽어 증자가 조상을 갔다가 베이불로 시신을 덮는 일을 맞았는데 머리를 덮으면 발이 나오고, 발을 덮으면 머리가 나왔다. 증자가 '이불을 한쪽으로 비뚤게 당기면 (몸을) 다 덮을 수 있으리라'하니, 금루의 처가 '비뚤어서 남음이 있

음은 바르게 하여 모자람만 못하리라'하였다."

▷楊倫은 "言僅存敝衾, 故不煖. 겨우 해진 이불만 있어 따뜻하지 않음을 말함이다."라고 했는데 겨우 "存衾"은 즉 "無衣服"인 것을 말하는 것 같다. 그렇다면 杜先生이 마리린 몬로처럼 샤넬 No5만 입고 잔다는 것 같아 해석상 의문이 생긴다. 즉 이불은 있으나 옷이 없다는 그런 내용이 되기 때문이다. ≪杜詩詳注≫는 "옷이 없으니 이불 없음을 알 수 있다" 했는데 옷이 없다는 것은 말이 안 된다. 뒤에서 설명하겠다.

이렇게 이불이 없다는 것은 가난한 사람들의 "恒茶飯事"여서 가난한 시인들의 작품에는 자주 등장하는 그야말로 단골메뉴였다. 陶淵明 〈怨詩楚調示龐主簿鄧治中〉: "夏日抱長飢, 寒夜無被眠. 여름의 낮 긴 시간의 허기를 안고—여름의 낮은 길어서 잠들어야 잊는 배고픔을 오랫동안 견디어야 한다, 겨울의 찬 밤 이불 없이 자는구나."도 한 예이다. 따라서 杜詩의 "衣"는 이불이 당연히 맞는다. 옷이라면 아무리 杜甫가 窮塞하여도 衣冠을 갖추고 出入해야 收入이 있고 家政經濟를 꾸려가야 하는데 도무지 말이 안 된다.

❖ 제7 · 8구

註

▸恐: 마음에 걸리다. 부담이 되다.

▸羞澀(수삽): ① 부끄럽다. 겸연쩍다. ② 난처하다. 딱하다. 거북하다.

▸看: 協韻上 平聲으로 하면 돌보다, 보살피다. 그러나 韻書를 參考하면 많은 作品이 平聲으로 協韻하였으되 뜻은 嘗試, 즉 ~을 해보다로 하였다.

解說

빈 주머니가 부끄러울까봐 한 푼 남겨 돌보게 했네.

☛ 參考

① 晉阮孚持一皂囊游會稽, 客問囊中何物. 曰: "但有一錢守囊, 恐其羞澀. 後因以囊澁謂身無錢財." 진나라 완부가 검은 주머니 하나 지니고 회계

땅에 놀러갔다. 어떤 나그네가 주머니 속에 무엇이 있느냐 물으니 "그저 돈 한 푼 넣어 주머니를 보실피게 — 또는 감시하게 했는데 (그녀석이 아무 것도 없으면 내가 무위도식(無爲徒食), 더 유식하다면 시위소찬(尸位素餐)하는구나 하고 부끄럽고 난감하여 혹 도망가던가 지금 있는 끈으로 목을 메어서 아주 가던가 아니면 더 능력 있는 후진을 위해서 勇退한다던가 할까봐 한 푼 넣어서 체면이나 세워주고 소일꺼리로 삼으라 했다) 후에 이 때문에 囊澁(낭삽)이 무일푼 · 빈털털이를 말하는 것이 되었다.(宋 · 陰時夫≪韻府群玉 · 陽韻≫)" 원래 완부의 주머니가 이 詩의 濫觴이요 萌芽며, 嚆矢이자, 權輿가 되는 것이다. 결국 自身의 無能이 아니고 주머니가 무능하며 자기는 어디까지나 이 주머니의 무능을 잘 이해하고 받아주며 나아가서 그 處地를 同情 내지는 가슴 아파하는 어질고 착한 주인이라는 것 인데 — 일종의 피해자가 된다는 억울함 마저 느껴진다. 天性이 放曠하고 曠達하며 豁達하다면 모를까 근엄하고 깐깐한 인물이 이런 地境에 到達하기 까지 얼마나 큰 努力 · 忍耐가 있었을까를 생각하면 참으로 가슴 아픈 일이다. 원래 큰 달관은 고통과 인내 속에서 자라는 것이니까.

➥ 이 7 · 8구를 浦起龍은 "俗語嘲不食者爲昇仙, 起卽此意, 세상에서 끼니대지 못함을 辟穀(벽곡)하여 昇仙하기 위함이라고 놀리는 말이 있는데 이 내용을 발전시킴이라."라 했다.

② 羞澀(恥)의 典故

㉠ ≪詩 · 小雅 · 蓼莪≫: "缾之罄矣, 惟罍之恥."

ⓐ ▹缾: 瓶. 병. ▹罍(뢰): 酒罈(수남). 술항아리. 통치자를 상징.

작은 술병이 비음 큰 술항아리의 수치. 즉 人民이 窮乏함은 上位者 · 統治階級의 수치 (高亨注)

ⓑ ▹缾: 汲水器. 두레박. 자식을 상징함. ▹罍: 貯水器. 물독. 부모를 상징함.

작은 두레박이 비면 큰 물독 또한 가득 할 수 없다. 즉 자식이 부모를 잘 봉양하지 못함은 결국 부모가 잘 못 가르친 것이니 부모의 수치.(屈萬里)

ⓒ ▹缾: 술병. 부모를 상징. ▹罍: 술독. 자식을 상징.

술병이 비면 술독이 채워주어야 하듯이 부모가 늙으면 자녀가 봉양해야 하는데 효도를 다하지 못함은 자녀의 수치.(裴普賢)

각주가 상당히 복잡하나, 결국 양쪽의 관계가 아주 밀접할 때에 한 쪽이 잘못되면 아른 한쪽도 수치스럽다는 뜻이다.

㉡ 앞에 나온 阮孚의 전고.

㉢ 陶淵明·〈九日閑居〉: "塵爵恥虛罍." 하도 오랫동안 쓰지 않았는지, 아니면 못 씻었는지 먼지 낀 술잔은 결국 이 잔에 제 때 제대로 술을 대주지 못한 텅 빈 술항아리를 부끄럽게 한다는 뜻이니, 술항아리에 술을 부어주지 못한 자신은 슬쩍 비켜서서 책임이 없는 듯이 양쪽에다 전가시켜 놓고는 짐짓 시치미를 떼고 있는 것이 自嘲를 머금은 익살이겠다.

이상 살펴보면, ≪詩·蓼莪≫篇에서는 꽤 심각했던 내용이 뒤로 오면서 詼諧·諧謔으로 變質되었고 상당히 그럴듯하게 포장되었음을 알 수 있다. 杜甫는 기본적으로 阮孚를 거기에 陶를 첨가하여 슬픔 속에서 유머로 녹여내는 방법을 택한 것이다.

✪ 附記 2

하나의 語詞가 생략되어 한 자가 된 것을 다시 복원하여 하나의 語詞로 돌아감도 어렵지만 한 자면 충분할 것을 공연히 친절하게 한자를 덧붙여 두 자짜리 단어가 된 것을 다시 한 자로 추리해야 함도 힘들기는 마찬가지이다. 露葵, 靑史가 그런 예이다.

① 明·李時珍 ≪本草綱目·草五·葵≫: "古人採葵, 必待露解, 故曰露葵. 今人呼謂滑葵.……古者葵爲五菜之主, 今人不復食之. 옛사람들은 아욱을 꺾을 때 꼭 이슬이 사라질 때를 기다렸다. 그래서 이슬 없어진 아욱이라 불렀다. 지금 사람들이 활채—아욱은 특히 미끈거려 소금으로 주물러야 했다—라 한다.…… 옛날에는 아욱이 오채 중 가장 중요한 것이었는데 지금은 먹지 않는다." 木鐸出版社에서 나온 著者不明—大陸에서 나온 책을 臺灣에서 海賊版으로 찍을 때의 手法—의 ≪中國文明史話≫에서도 六朝까지는 채소의 으뜸이었으나 그 후에 다른 것에 밀려서 차츰 세가 꺾이다 明·淸以後는 아주 심는 일 자체가 없어졌다 하였다. 이때에 자못 멋있게

번역한답시고 '이슬 젖은 아욱'하면 그럴듯하기는 하지만 내용은 정반대가 되는 것이다.

② 靑史: 殺靑한 竹簡에 기록한 사실. 즉 史籍을 말함.

≪太平御覽≫ 卷606에서 漢・劉向・≪別錄≫을 인용하여 "殺靑者, 直治竹作簡書之耳. 新竹有汁, 善朽蠹. 凡作簡者, 皆於火上炙乾之. 살청이란 곧 대를 잘 다듬어 簡牘을 만듦이다. 싱싱한 대는 진액이 있어서 잘 썩고 좀이 잘 스니 무릇 간을 만들 때에는 불 위에 구워 말리는 것이다."

▷殺: 減, 除去.

▷簡書: 簡牘. 간단히 말하면 고대에 죽간을 만들 때에는 불에 구워서 땀을 낸 후―진액을 뺀 후―靑色의 表皮를 긁어내 書寫와 防蠹(좀벌레 방지)에 편리하도록 하는 것이다.

따라서 "靑史"는 "엄격한 그야말로 시퍼런 태도로 다시 말해 곧 春秋의 筆法으로 기록한 歷史"다 이렇게 해석하면 얼마나 쉽고 편하겠습니까마는 안타깝게도 "靑色의 껍질을 긁어내고 진액을 뽑은 대쪽에다 기록한 歷史다"가 맞는 말입니다. "露"・"靑" 즉 이슬과 푸른색은 소리도 매도 없이 가버린 것입니다.

見聞이 하 좁고 固陋하여 이상의 두 가지 例 외에는 아직 더 발견한 것이 없다.

이렇게 造語함은 사실 범죄행위라 할 수도 있겠다. 만약 중매를 할 때 "美女"가 있다하여 가 보았더니 "美"가 조용히 사라져 버린 한 물간 여인이면 어떻게 하겠는가. 학교에서 전임을 뽑는데 "識者"라고 추천했다는데 "識"하고는 담을 쌓은 인사라 하면 또 어떻게 하겠는가. 이곳은 "淸淨海域"이라 생굴을 "安心"하고 드실 수 있다 했는데 '청정하고는 아예 거리가 먼 곳이라면, 그리고 "마음에서 편안함 가버린 것"이라고 해명한다면 어떻게 할 것인가.

中國人들도 事態의 深刻함을 진작 알아채고서 더 이상 이런 造語를 안 한 것인지 아니면 우리가 모르게 詩文 속에 잠복하고 있는지는 모를 일이다.

9. 〈房兵曹胡馬〉(五言律詩)

胡馬大宛名, 鋒稜瘦骨成. 竹批雙耳峻, 風入四蹄輕.
所向無空闊, 眞堪託死生. 驍騰有如此, 萬里可橫行.

❖ 詩題

註

▸兵曹: 옛날 兵事(卽 軍事)를 管掌하던 官員. 唐代 府와 州에 두었던 六曹의 하나로 府에서는 兵曹參軍이라 하고 州에서는 司兵參軍이라 하였다.

▸胡馬: 西域에서 나던 말.

解說

〈방병조의 호마〉

❖ 제1·2구: 胡馬大宛名, 鋒稜瘦骨成.

註

▸大宛: ① (완)으로 읽으면 상성. ② (원)으로 읽으면 평성으로 중국내의 지명. 서역의 나라이름에 씀. 대원(大宛)은 漢代에 中國人이 부르던 西域의 나라이름. 지금의 중앙아시아 Fergana 盆地에 있었다.

▸鋒稜: 刀劍 등의 날(刃)의 뾰족한 모.

▸瘦骨: 瘦는 살이 찌지 않음. 기름기가 적다는 뜻. 말 전체를 말함이 아니고 말의 네다리 즉 뼈가 거의 드러난 부분을 가리킴이다. 즉 "肢體强壯而不肥"라고 ≪漢語大詞典≫에서 한 말씀 하셨다.

☛ **參考**

① ≪史記 · 大宛列傳≫: "初, 天子發書≪易≫云 '神馬當從西北來.' 得烏孫馬, 好. 名曰天馬. 及得大宛汗血馬, 益壯. 更名烏孫馬曰西極, 名大宛馬曰天馬云. 전에 天子(武帝를 말함)가 ≪易≫書를 참고하여 占을 치니, '神馬가 분명히(마땅히) 西北 지방에서 올 것이다.'라고 占卦가 나왔었다. 그리고 훌륭한 烏孫말을 얻었는데 天馬라 이름지었다. 大宛의 피땀 흘린다는 汗血馬를 얻고 나서는 더욱 건장한지라 烏孫의 말을 西極이라 바꿔 부르고 大宛의 말을 天馬라 하였다."

② ≪史記 · 樂書≫에 의하면 악와수(渥洼水)에서 神馬를 얻어 노래를 지음. 뒤에 大宛을 侵略, 千里馬를 얻어 포소(蒲梢)라 하고 노래를 지음.

③ ≪漢書 · 武帝本紀≫에 의하면 渥洼水에서 말을 얻어 天馬의 노래(天馬之歌)를 짓고 貳師將軍 李廣利(李夫人의 오라버니)가 大宛王을 斬首하고 汗血馬를 가져와 西極天馬의 노래(西極天馬之歌)를 지음.

≪史記≫의 〈大宛列傳〉과 〈樂書〉의 記錄上 天馬, 西極, 蒲梢가 混用되었고 ≪漢書≫의 〈武帝本紀〉에 와서 天馬, 西極天馬로 바뀜.

【疑問點】

① 武威에서 출토된 漢代 것으로 추정되는 "馬踏飛燕"이라는 작은 靑銅像을 보면 한 발굽으로 제비를 밟고 있는 말의 형상을 볼 수 있다. 머리에서 꼬리까지가 짧고 아주 살집이 좋다. 당시 가장 뛰어난 말을 즉 제비를 밟고 뛸 수 있는 정도의 말을 표준삼았을 것이다.

② 클라이드로이(Claude Ray)原著인 ≪漢拓≫(臺北雄獅美術編譯)은 漢代의 돌 위의 浮雕 · 진흙담의 牆雕의 拓本을 모은 책인데 戰馬 · 王公貴人의 高級 수레를 끄는 말은 모두 뚱뚱한 정도를 넘어 돼지를 능가하는 수준인데 다리는 한결같이 가늘다. 그러나 상당히 아름다운 것도 사실이다.(18쪽에서 31쪽까지) 다시 허름한 지붕 밑에 소와 함께 매어놓은 말은(35쪽에서 37쪽)은 아주 날씬(?)하여 예전 우리가 보던 연탄 끄는 말의 모습이다. 耕作이나 貨物運搬 — 특히 소금수레 끌어 伯樂을 哭하게 만든 못 얻어먹고 고생하여 비쩍 마른 천리마가 생각난다 — 에 쓰였던 것으로 짐작된다.

③ 唐代 말그림으로 유명한 韓幹(한간)의 〈照夜白圖〉를 보면 역시 머리에서 꼬리까지의 길이가 아주 짧고 살집이 대단히 좋은 사람으로 치면 마릴린 몬로같은 풍만한 몸이며 다리는 가늘다. 머리를 怪石처럼 그린 것이 특이하다. 이 그림도 당대의 가장 훌륭한 놈을 또는 가장 이상적인 놈을 형상화한 것으로 추측된다. 韓幹의 作品으로 또한 〈牧馬圖〉가 전해지는데 역시 비슷하다. 杜甫 〈丹青引〉을 보면 曹覇(조패)를 極讚하고는 더 올릴 수 없을 때 쓰는 手法 즉 第三者를 극히 낮추어 자기가 칭찬한 사람을 배로 올리는 式으로 曹覇의 弟子인 韓幹을 평하길 "幹惟畵肉不畵骨. 韓幹은 오직 肉만 그리고 骨은 못 그렸다"했는데 간단히 말하면 畵論上의 "形似. 외양은 흡사하다"에 머물고 "傳神. 속의 정신을 전달함"에는 실패했다는 이야기다. 그렇다면 本詩 중 "瘦骨成"의 骨은 겉으로 드러나지 않는 정신을 말함이 되는 것이다.

④ 昭陵 (唐太宗의 陵) 앞에는 李世民이 天下를 평정할 때 타고 다니며 사람과 함께 큰 功을 세운 여섯 마리의 말 浮雕가 있었다. 近來의 혼란기에 상태가 좋았던 두 점은 密搬出되어 현재 미국에 있고 나머지 네 점은 제자리에 있다. 보존이 비교적 잘된 颯露紫(삽로자)란 이름의 말조각—미국에 있는 것—을 보면 漢代의것과는 큰 차이가 있으나 그래도 상당히 몸이 굵고 당당하여 이세민의 全身肖像畵에 그려진 體格과 정말 잘 어울리는 한 쌍이다.(臺北藝術家出版社 ≪美術大辭典≫ 184쪽을 보시라) 評者들은 말하길 浮雕된 六駿馬는 자세는 다 다르나 '雄勁有力'한 점은 같다고 하였다. 漢代 것이 상당히 풍요로운 아름다움이 있다면 이것은 당당한 아름다움이 있다 하겠다. 杜甫가 昭陵을 參拜하는 기분으로 간 것이 아니고 지나가는 김에 들러 〈行次昭陵〉, 〈重經昭陵〉을 짓게 되었는데—杜甫도 먹고 살기 힘들어 아무리 太宗을 崇拜했다 하여도 마음먹고 찾은 것이 아님이 확실하다—그가 六駿馬를 못 보았을 리는 없겠다. 당시 그의 눈이 "美目盼兮. 흑백이 뚜렷한 눈"(≪詩・衛風・碩人≫)인지 "明眸善睞, 맑은 눈동자여 잘 흘겨본다"(曹植・≪洛神賦≫)인지는 불분명하나 보는데는 지장이 없었던 것은 틀림없다. 末年의 作品 〈耳聾〉을 보면 "眼復幾時暗, 耳從前月聾. 눈은 언제쯤 어두워지려나, 귀는 이미 전달부터 잘 안들리는데"하여 이 더럽고 어

수선한 세상일 차라리 안 듣고 안보는 것이 낫겠다고 하였으니 昭陵에 갔을 때 말을 보았을 것이다. — 그가 준마의 대표격인 이 말을 보았다면 그의 작품에 반영되었을 것이다. — 한간(韓幹)도 동시대이니 그의 작품을 보았을 것이다.

⑤ ≪史記·滑稽列傳≫: “諺曰:‘相馬失之瘦, 相士失之貧.’ 속담에 ‘말을 살펴볼 때 마른 것 때문에 실수하고 선비를 살펴 볼 때 가난 때문에 실수한다.’”라 했다. 이를 보면 몸 전체가 마른 瘦馬는 忌避의 對象·等外의 存在임을 알겠다.

⑥ 아주 멀리 떨어진 청대의 말은 漢·唐의 말과는 거리가 멀다고 思料되지만 참고삼아 따져보면 화가라고 하기도 그렇고 아니라고 하기도 그런 郎世寧(이태리인 Castiglione의 中國式 이름)은 西洋의 透視法·明暗法을 사용하여 새로운 형태의 肖像畵·花鳥畵·특히 말그림 — 代表作은 〈百駿圖〉 — 를 그려 임금과 百姓 上下 모두의 환영을 받았는데 아주 精緻하고 極寫實인 것이 第一 큰 특징이다. 작품의 고하여부는 따지지 말고 — 一言以蔽之하여 形似일 뿐이라는 것이 評者의 一致된 見解임 — 그저 생긴 모양만 보면 漢·唐의 말보다는 훨씬 길지만 아주 살집 좋은 형태다.

⑦ 서양을 보면 스페인의 궁정화가 벨라스케스(Velázquez. 1599~1660)의 그림중에 예닐곱살된 왕자가 앞 발을 다 공중으로 올리고 배를 완전히 드러낸 채 뒷발로 땅을 디딘 말 위에 타고 있는 이상한 자세의 〈마상의 왕자〉라는 작품이 있다. 모든 사람들이 다 놀라는 것은 말의 배가 그렇게도 뚱뚱하고 크다는 사실이다. 말의 배가 전체화폭의 1/4은 차지한 것 같다. 미술사가의 말인즉 늘 연탄 끄는 말이나 보아왔으니 명마의 생김을 알 턱이 있느냐는 것이다. 당시 스페인은 신대륙 등에서 막대한 수입을 — 掠奪·劫掠을 통해 — 올리는 유럽 제1의 강국인데 왕자를 연탄 끄는 말 따위에 태울 수 있느냐는 것이다. 여기에 그려진 말은 수척하거나 날씬하지는 않았다.

美術專攻者의 말인즉 東西古今의 作品들을 두루 詳覽한 결과 귀한 身分에 어울리는 말은 모두 몸통이 뚱뚱하고 특히 臀部가 滿月이나 水蜜桃같이 아주 둥글게 强調·誇張되었다는 것이다. 東西의 藝術家들은 事實的이 아닌 자기들의 追求하는 理想的인 美를 表現했다는 것이다. 생각하건데 ≪漢

拓≫에 실린 것과 韓幹의 照夜白圖는 그들의 理想的 美의 産物이며 實在하는 事物과는 거리가 있는 것이다.

結局 몸통은 당당하고 다리는 늘씬한 말이 漢·唐時代는 물론 東西共通의 名馬라는 것이다.

解說

大宛의 胡馬가 가장 이름났다는데 房兵曹의 胡馬는 바로 그 大宛의 名馬이구료. 雄壯한 몸을 가진 말의 강하고 날씬하고 군살 없는 네다리는 날(刃)의 뾰족한 모로 만들었나 보오.

❖ 제3·4구: 竹批雙耳峻, 風入四蹄輕.

註

▸批: 쪼개다, 깎다.

▸峻: 본래 '高'의 뜻이나 여기서는 "尖銳"(蕭滌非注)의 뜻이 어울린다. 대쪽의 단단함을 품은 짧고 뾰족함. 귀가 높다한다(高)면 당나귀일 것이다.

▸輕: ① 輕快: ⓐ (동작이) 경쾌, 가쁜하다. ⓑ (마음이) 홀가분, 상쾌. ② 輕捷: 날래다. 날렵하다. 재빠르다.

解說

두 귀는 대를 쪼갠 대쪽처럼 단단하고 뽀족하여 크고 뚱뚱한 몸통의 힘이 이곳에 응축되어 있는듯하고 네 굽은 꼭 바람이 들어와 그 바람을 탄듯 날래구료.

❖ 제5·6구: 所向無空闊, 眞堪託死生.

註

▸向: ① 면대하다. ~쪽을 향하다. ② 가다. 앞으로 나아가다.

▸空闊: 廣闊하다. 드넓다. 우리나라에서는 空豁로 많이 쓴다.

▶堪: 할 만하다. 해 낼 수 있다.

▶死生: 偏義複詞이므로 生만 뜻이 있고 死는 그냥 붙어 있는 것. 나의 일에 쓸데에는 可할 수 있으나 남에게 死를 함께 한다고 씀은 좀 타당하지 않은 듯하다. ≪後漢書・馬援列傳≫을 보면 伏波將軍 馬援이 悲壯하게 말하길 "男兒要當死於邊野, 以馬革裹屍還葬耳. 何能臥床上, 在兒女子手中邪. 男兒는 응당 邊境에서 죽어 말가죽으로 시체를 싸 歸葬—他鄕에서 죽은 시신을 故鄕에 가져다 묻음—하면 될 뿐. 어찌 침상에 누워 죽음을 아녀자의 손에 맡길쏘냐." (거참!) 하였다. 이렇듯 자신의 일은 死를 넣어도 무방하리라.—다른 例로 生死苦樂을 함께 한다 하면 이것은 네 개의 글자가 다 뜻이 있다. 그러나 本詩에서는 胡馬가 보조역할을 하니 동등하게 생사고락을 같이 한다고 할 수는 없다. 따라서 이 句에서는 생명을 맡길 만 하다는 뜻이다.

【偏義複詞의 實例】

① 多少는 어느 때는 多와 少의 뜻이나 어느 때에는 多의 뜻만 있다.

ⓐ 孟浩然 〈春曉〉의 3・4구 "夜來風雨聲,花落知多少. 밤중에 비바람 쳤으니, 꽃이 많이 떨어진 것을 알겠다." 비바람 불었으니 꽃이 많이 진 것은 당연지사. 日本의 吉川幸次郞 말씀하니. 宋이 아니고 唐代에 이렇게 담담하게 또는 자연스럽게 가는 봄, 지는 꽃을 받아들인 작품은 이 것일 뿐일 것이리니. 즉 唐人들은 한 숨・눈물・탄식으로 아우성쳤고 宋의 知識人에 이르러서야—性理學 탓인지는 모르지만—自然의 이치에 그대로 따라서 感情의 表現을 그야말로 自制・愛惜했다니.

ⓑ 杜牧 〈江南春〉의 3・4구 "南朝四百八十寺, 多少樓臺煙雨中. 남조 사백 팔십 사찰. 많은 樓臺가 안개비 속에 있네." 松廣寺 한 곳만 보아도 수많은 殿閣・樓臺가 서있는데 무려 사백팔십 곳이 절임에랴 많은 樓臺임은 明若觀火.

ⓒ 圃隱 鄭夢周 〈春興〉 3・4구 "雪盡南溪漲, 草芽多少生. 눈이 다 녹으

니 남향 시내는 물 불었고, 풀싹은 많이 났네." 완연한 봄이 됐으니, 풀싹이 상당히 또는 많이 나왔으리.

② 緩急 ⓐ 緩與急 ⓑ 危急. ㉠ 狀況이 緩急. ㉡ 緩急을 要하는 狀況. ③ 子弟: 남의 아들을 보고 子弟분이 참으로 훤칠합니다 하면 그 사람은 내게 동생이 있었나 하고 사방을 두리번거릴 것 없다.

解說

이 말이 나아가는 곳은 광활하다고 힘들어 할 곳이 없으니 — 즉 胡馬의 辭典에는 廣闊이라는 단어는 없다. 그러니 주인인 房兵曹께서는 정말 軍人으로서 꼭 활동해야 할 때 생명을 안심하고 맡기실 수 있으리라.

❖ 제7 · 8구: 驍騰有如此, 萬里可橫行.

註

▸驍騰(효등): 驍: 준마. 좋은 말. 騰: 말이 달리다. 뛰어오르다. 도약. 초월. 능가. 따라서 驍騰은 駿馬가 내달려 날아오르는 듯하다는 뜻.

▸萬里: 먼 변방지역을 말한다. ≪後漢書 · 班超傳≫을 보면 너무 살기 힘들어 관상을 보는 사람에게 갔는데 "當封侯萬里之外. 만리 밖에서 제후에 봉해지리라"하고 "萬里侯相, 邊境에서 功을 세워 封侯될 相貌"라 하였다. 결국 그는 성공하여 定遠侯에 봉해졌다. 따라서 여기에는 정원후로 봉해진 반초처럼 먼 변경에서 입공하라는 덕담이 담겨있다.

▸橫行: ① (héngxíng): 우선 게가 생각난다. 옆으로 가다. ② (héngxìng): 정도를 따르지 않고 행동하거나 잘못을 멋대로 저지름. 이 때는 橫暴, 放縱, 意外, 突然의 뜻. 예: 橫厄. 橫死. 橫財. 橫暴. 橫領. 橫得. 橫言(제멋대로 내뱉는 말). ③ 종횡으로 달림. 전쟁에 있어 가는 곳마다 대적할 자 없다. ≪吳子 · 治兵≫에 "橫行天下"라 했고 ≪史記 · 季布欒布列傳≫에 번쾌(樊噲)가 "臣願得十萬衆,橫行匈奴中. 신이 십만의 군사

를 거느리면 흉노의 영역에서 횡행하겠습니다."라고 큰소리치다 작살나도록 야단맞는 부분이 있다. 橫行이나 萬里 모두 軍人을 칭찬하거나 將來를 祝福할 때 쓰는 말이다.

解說

병조의 이 호마가 이렇게 날래고 뛰어남이 있으니 이 말을 타고 萬里 밖 邊境에서 옛날 萬里侯의 相으로 결국 定遠侯에 봉해진 班超처럼 對敵할 자 없어 마음대로 縱橫으로 누벼 大功을 세우시길 바라며 그렇게 될 수 있겠구료. —"可"字를 잘 살필 것.

➡ 題目의 胡馬를 자세히 그리되 6句와 8句에서 房兵曹를 넣어 題와 一致하게 하였다.

☛ **參考**

杜詩의 特徵中의 하나는 글자 그대로 해석하여도 그런대로 통하지만 차츰 세월이 가다보면 더욱 깊은 내용이 담겨져 있는 것을 알게 된다. 글자 하나도 유래가 없는 것이 없다는 말은 좀 과장된 것이기는 하지만 상당히 설득력이 있다고 하겠다. 本詩의 萬里가 그렇지 않은가!

10. 〈畫鷹〉(五言律詩)

素練風霜起, 蒼鷹畫作殊. 攫身思狡兎, 側目似愁胡.
條鏇光堪摘, 軒楹勢可呼. 何當擊凡鳥, 毛血灑平蕪.

❖ 詩題

〈畫中之鷹〉(그림 속의 매), 또는 〈그림이 되어버린 매〉

진짜인가 하고 놀라지 마시라! 이것은 분명히 그림이다 하는 일종의 강조. 매 그림은 鷹畫니 비교해보라.

❖ 제1 · 2구: 素練風霜起, 蒼鷹畫作殊.

註

▸素: 희다.

▸練(련): 백색. 熟絲(삶아 익힌 명주실)로 짠 깁, 명주.

▸風霜: 峻厲嚴肅을 나타냄.

▸蒼鷹(창응): 참매.

▸殊: 特出. 超越.

▸畫作: 耕作 · 動作 · 工作과 같이 作은 어조사임.

☛ **参考**

蒼鷹: 참매. 가혹한 관리. 靑蛙: 개구리. 黃魚: 조기. 烏龜: 거북. 白鷺: 해오라기. 黃鸝 · 黃鶯: 꾀꼬리. 朱櫻: 앵두. 紅藥: 芍藥. 이 때 앞의 색을 나타내는 부분은 번역하지 말 것. 또한 번역해서도 안 됨.

解說

아무 것도 없는 흰 깁에 매섭고 날카로우며 엄숙한 기운이 일어남은 매를 그린 것이 아주 탁월하기 때문이다. — 매의 峻厲嚴肅한 氣像·本質이 흰 깁에 그대로 드러남이니 畫家의 形似를 뛰어넘은 傳神의 技倆이 바로 들어남이다.

➥ 명주에 그린 것이 貴한 줄 알고들 있지만 사실 화랑가에서는 "종이 千年, 명주 五百年"하여 종이에 그린 그림을 더 選好하여 값도 약간 차이가 난다. 그림의 내용상 명주의 질감이 더 어울릴 때가 있는데도 一律적으로 오래가는 것만 따지는 것이다.

❖ 제3·4구: 㩳身思狡兎, 側目似愁胡.

註

▸㩳(송): 꼿꼿하다. 굳고 곧다. 곧 挺身(정신) — (몸을) 곧게 펴다. (몸·몸의 일부분을) 내밀다 — 의 뜻이다.

▸思: 제4구의 似와 互文이 되어 思의 뜻은 如, 似 (~같다)가 된다. 隋·魏彦深 〈鷹賦〉: "立如植木. 望似愁胡. 서있을 때는 꽂아 논 나무 같고, 바라볼 때는 시름 찬 서역인 같다"가 3·4句구의 바탕이 되었으며 韓愈 〈南山〉 詩: "勃然思岸裂. 돌연히 강변이 무너진 것 같다"가 思가 似인 하나의 증거가 된다.(徐仁甫의 ≪杜詩註解商榷續編≫) 아울러 3·4句는 律詩의 對句임을 보태 설명한다.

▸狡兎(교토): 약아 빠진 토끼. 지금 우리가 생각하고 있는 토끼가 아니다. 예전에 토끼는 아주 악고 영리하고 조심성 있으며 동시에 결난력도 있는 아주 상대하기 어려운 즉 잡기 어려운 강적을 가리켰다. 물론 토끼 자체도 또한 뒤에서 사세히 말하겠지만 그러하였다. 예를 든다.

① ≪史記·淮陰侯列傳≫. "狡兎死, 良狗烹, 高鳥盡, 良弓藏, 敵國破, 謀臣亡. 교활한 토끼가 죽으면, 뛰어난 개는 삶아지고, 높이 나는

새가 다하면, 좋은 활은 갈무리되고, 적국이 격파되면, 꾀많은 신하는 죽는다."

② ≪史記·越王句踐世家≫: "范蠡遺大夫(文)鍾書曰: '蜚鳥盡, 良弓藏, 狡兎死, 走狗烹.' 범여가 대부 文種에게 보낸 편지에 '나는 새 다하면 좋은 활은 갈무리되고, 교활한 토끼 죽으면, 사냥개 삶아진다.'라 했다." 위의 내용과 유사한 글이 ≪淮南子·說林訓≫과 ≪韓非子·內儲說下≫에도 실려 있다.

③ ≪戰國策·齊策四≫: "狡兎有三窟,僅得免其死耳. 교활한 토끼는 세 개의 굴이 있지만, 겨우 죽음을 면할 뿐이다."

위의 例를 보면 狡兎·飛鳥·敵國을 동등한 위치에 놓고 있다. 토끼는 제일 잡기 어려운 그리고 마지막까지 버티고 있는 아주 强力한 敵을 상징하고 있음을 알 수 있다.—虎·熊은 아니었다. 강한 宿敵이 아직 남아있는데 走狗(사냥개)를 쓸모없다고 팽(烹)하지는 않을 것이다. 상상이나 추측의 위험을 알고 있는 우리는 훨씬 더 科學的이고 合理的인 例를 들어야 하겠다.

④ 파브르의 ≪곤충기≫와 함께 동물문학의 白眉인 ≪動物記≫는 英國出身의 美國人인 어네스트·톰슨·시이튼(E.T.Seton)이 실제 경험을 쓴 作品이다. 여기에는 그의 代表作인 1900년 작 ≪灰色곰傳記≫—中篇에 해당하며 아주 感動的인 內容으로 모든 사람을 울게 만든다—를 비롯하여 양·사슴·곰·토끼·이리 등의 動物이 주인공인 여러 작품이 실려 있다. 토끼를 주인공으로 한 작품이 Raggylug, the story of a cottontail Rabbit(乙酉文化史의 朴和穆譯本에서는 ≪갈래귀머슴—털복숭이꼬리 토끼 이야기≫라 하였다)인데 작가는 경쾌한 필치로 토끼의 영리하고 꾀많고 결단력있는 여러 모습을 아주 유머러스하게 또한 사실적으로 그려냈다. 상대하기 버거운 여러 야생동물을 온갖 수단으로 물리치고 사람에게 훈련받은 무서운 사냥개를 오히려 유인하여 골탕 먹

이며 때에 따라서는 치명상을 입게 하는 대단히 뛰어난 동물이지 우리가 알고 있는 겁 많고 순한 동물은 결코 아니다. 先入見・固着觀念은 아주 위험한 것임을 새삼 깨닫게 되는 것이다.

➡ 赤兎: 길상을 나타냄. 赤兎馬: 呂布가 타던 名馬의 이름.

▸側目: 곁눈으로 보다.

▸愁胡: 胡人의 눈은 옴팡눈에 푸른빛을 띠었으므로 꼭 슬퍼하고 근심하는 듯 보였다. 물론 西域의 胡人이 보기에는 몽골인종의 눈이란 생각이 없이 멍하게 보이는 것도 사실이다. 생소한 것에 대한 오해에서 비롯된 것일 게다. 매의 눈이 이와 恰似하다는 것이다. 杜甫는 〈王兵馬使二角鷹〉에서도 "目如愁胡視天地. 눈은 근심하는 호인이 천지를 살펴보고 있는 것 같다."라 했다.

解說

몸을 꼿꼿이 세우고 있는 姿勢는 영리하고 약은 토끼가 이제 무슨 決斷을 내려 행동으로 옮기기 一步直前과 같고, 눈을 흘겨 곁눈질하는 모습은 푸른 옴팡눈의 속내를 짐작하기 어려운 서쪽 胡人의 눈—胡人이 골똘히 생각하고 아직은 결론에 도달하지 못해 시름하는 것 같다.

❖ 제5・6구: 絛鏇光堪摘, 軒楹勢可呼.

註

▸絛(도. Tāo): 땋은 끈. 땋다.

▸鏇(선): 도는 축. 회전하는 틀. 轆轤(녹로. 고패. 도르래. 滑車.) 매의 다리를 끈으로 묶고 그 끈을 도는 틀에 맨다.

▸堪: 아랫구의 "可"와 互文.

▸軒楹: 처마 밑의 기둥. 마루의 기둥. 도는 틀에 묶인 매가 있는 곳을 말함.

▸勢: 形勢. 氣勢. 생생하게 살아 움직이고 있는 모습.

▸可呼: 부르면 應하여 그대로 날아갈 수 있고 사냥할 수 있다는 뜻.

☛ 參考

李白 〈泛沔州城南郎官胡〉 詩 序: "方夜, 水月如練, 淸光可掇. 막 밤이 되자, 물은 달빛 받아 다린 명주같고, 맑은 빛은 떼어낼 수 있을 것 같다." 謝朓 〈晩登三山還望京邑〉 詩: "澄江淨如練. 맑은 강은 맑기가 누임한 깁 같다." 晉・陸機 〈日出東南隅行〉: "鮮膚一何潤, 秀色若可餐. 깨끗한 피부는 어찌 그리 윤이 나는지, 빼어난 자태는 먹을 만하다." 宋・柳永 〈愛恩深〉: "黃花開淡泞.細香明麗, 盡天與, 助秀色可餐. 노란 국화가 맑고 깨끗하게 피었네. 은은한 향기와 맑고 고운 자태는, 모두가 하늘이 준 것이니, 빼어난 모습을 북돋아주어 먹어 볼 만하구나.", "笑容可掬. 웃음이 얼굴에 가득하여 움켜쥘 수 있을 것 같다." (小說・戱曲에 빈번히 나옴.) 이상 "光堪摘", "淸光可掇", "秀色可餐", "秀色堪餐", "笑容可掬"에서 알 수 있듯이 可와 堪은 같은 뜻으로 쓰이며 중국인들은 손으로 떼어낼 수 있다던가(掇・摘), 움켜쥘 수 있다던가(掬), 아예 먹어버려야(餐) 확실히 느낄 수 있다고 본 것 같다.

解說

끈과 도는 틀은 지금도 사람들의 손이 쉬지 않고 가는 듯 광택이 얼마나 윤기가 흐르고 생생한지 손으로 떼어낼 수 있을 지경이요. 마루기둥 아래 매의 자세는 한번 부르기만 하면 그대로 날아올라 뭇 새들을 사냥하러 갈 것 같다.

❖ 제7・8구: 何當擊凡鳥, 毛血灑平蕪.

註

▸何當: ① 合當(하다). ② 安得: 어찌하면 ~ 할 수 있을까. ③ 何時: 어느 때.

▸擊: 공경하다. 순우리말로는 치다. 적을 치다.

▸凡鳥: 보통 뭇 새. 장끼, 까투리의 꿩. 메추리. 멧닭. 자고새들을 말함.

▸毛血: 羽毛와 鮮血.

▸灑(쇄): 흩뜨리다. 뿌리다.

▸平蕪: 잡초가 무성하여 평평하게 보이는 들판.(국어대사전)

解說

뭇 새들을 쳐서 모혈을 풀 무성한 평원에 흩뜨리기 참 합당하게 생겼는데 어떡하면 네가 풀려나서 어느 때나 그렇게 할 수 있을지! 이렇게 두루 뭉수리로 뭉뚱그림이 두선생의 속내에 맞을 것 같다.—뒤에 자세히 설명함. 그러면 지하의 선생도 회심의 미소를 지으실 것이다. 이럴까 저럴까 주저하고 머뭇거리며 고민하고 사색하면 아마도 혀를 찰것이다.(앞의 京都大學이야기를 보시라)

☛ **參考**

① "평무에 모혈을 흩뜨리다"는 약간의 보충설명이 필요하다. 잡초가 우거지면 鳥獸가 숨기 쉬워 사냥에는 적합하지 않다. 그래서 풀이 마른 계절—늦가을·겨울에 불을 놓고 새와 짐승을 잡는 법이다. 例를 들어 보자. 王維〈觀獵〉(五律)의 3·4구 "草枯鷹眼疾, 雪盡馬蹄輕. 풀 마른 곳에 매 눈은 빠르고, 눈 다한 곳에 말발굽은 경쾌하다." 韓愈〈雉帶箭〉(七古)의 1·2구 "原頭火燒靜兀兀, 野雉畏鷹出復沒. 평원 벌판에 불 질러 태우니 사방은 고요하고 괴괴한데, 꿩은 매가 두려워 나왔다 숨곤 하네." 勿論 以上은 後世의 通常的인 方法이며 고대에는 사냥이 곧 戰鬪訓練—淸代에서도 高宗 乾隆年間까지는 頻繁히 이런 사냥이 이루어졌다. 즉 놀이가 아니라 訓練이었다—이었으므로 春·夏·秋·冬으로 나뉘어졌고 名稱도 相異하였다. ≪爾雅·釋天·十一講武≫: "春獵爲蒐(수), 夏獵爲苗(묘), 秋獵爲獮(선), 冬獵爲狩(수)." 그러나 古籍중의 명칭은 통일되어 있지 않다. ≪左傳≫, ≪周禮≫의 기록은 ≪爾雅≫와 동일하나 ≪穀梁傳≫에는 "春曰田, 夏曰苗, 秋曰蒐,

冬曰狩."라 하였고, ≪公羊傳≫에서는 "春曰苗, 秋曰蒐, 冬曰狩."라 하여 달랐다. 단 冬季의 사냥은 모든 곳에서 "狩"라고 똑같이 記錄하였니 아마도 사냥은 겨울이 제격이고 主가 되었음을 알 수 있겠다. 따라서 "狩"가 사냥의 通稱이 되었고 獵을 붙여 狩獵이라 連用하였다.

② 自古로 詩文·繪畵·雕刻·書藝의 創作이 天·自然·造化·神의 創造와 견출만하다고 또는 補充해 줄 만 하다고 여긴 例가 있다.

ⓐ 繪畵의 例:

㉠ 顧愷之가 일찍이 廚畵 —廚(주)는 櫥로 상자·곽을 말한다. 상자 속에 담긴 그림이란 뜻이다. 유식한 미술사학자가 부엌그림이라 하여 부엌이 그림의 主對象이 된 듯하게 풀이한 적도 있다.—앞부분을 풀칠하여 봉하고 도장을 찍어 桓玄에게 맡겨 두었다. 그것은 아주 귀중하게 여기던 것들이었다. 桓玄(환현)은 상자의 뒤를 뜯어 그림을 훔치고는 예전처럼 잘 붙여 돌려주었다. 그리고는 속이기를 열어본 적이 없다고 하였다. 顧愷之가 보니 封하고 簽(첨. 도장을 찍음)한 것이 처음과 같건만 그림만 사라져 말하길 "妙畵通靈, 變化而去, 亦猶人之登仙, 了無怪色. 神妙한 그림은 神靈이 통하고 變化하여 가버리니, 꼭 사람이 우화 등선함과 같다 하며 전혀 이상하게 생각하는 氣色이 없었다." 世稱 고씨를 才絶·畵絶·痴絶의 三絶이라 하는데 이를 두고 하는 말인 듯하다.(≪晉書·顧愷之傳≫) 후에 開廚는 뛰어난 그림을 뜻하는 단어가 되었다.

㉡ 南朝의 梁·武帝는 佛敎의 篤實한 信者로 殺生을 禁함은 말할 것도 없고 옷을 만들 때 새·고기 등의 무늬가 토막 나거나 잘려지는 것도 질색일 정도였다. 그가 佛寺에 들인 정성도 대단하였는데 壁畵는 당시 一流 丹靑手인 張僧繇(장승요)에게 대부분을 맡겼다. 그런데 金陵의 安樂寺에 그린 네 마리 白龍의 눈동자를 그리지 않고 매양 말하길 "눈동자를 그리면 날아가지" 하는 것이었다. 사람들이 터무니없이 여겨 굳이 그리게 하였더니 잠깐 뒤에 우레와 번개에 벽이 부숴지고 두 마리는 구름타고 솟아 하늘로 가버렸고 눈동자를 안 그린 두 마리만 남았다고 한다. "畵龍點睛"이란 성어가 여기서 생겼다 한다.(唐·張彦遠 ≪歷代名畵記≫에서)

㉢ 唐·韓幹은 어렸을 때 술집 뽀이였는데 大詩人 王維가 알아보고 도와

주어 十年뒤에 畵業을 成就하였다는 이야기가 전해진다. 當代의 一人者 曹覇를 스승으로 하였는데 寫生을 重視하였다. 現存하는 것으로는 〈照夜白圖〉가 가장 유명하고 또한 傑作이다. 그 외에 宋・徽宗이 그 유명한 瘦金體로 韓幹眞跡 云云한 〈牧馬圖〉 등이 있다. 〈照夜白圖〉를 보면 중앙에서 약간 좌로 치우쳐서 큰 기둥이 서 있고 여기에 말을 아주 바투 매어놓았는데 이유인즉 밤에 돌아다니고 물을 마시고 하여 성가셔서 뒷날 그렇게 조치한 것이란다.

ㄹ 新羅・率居는 眞興王 때의 畵家인데 黃龍寺의 壁에 老松圖를 그려 새가 날아왔다 전해진다. 有名한 評論家인지 批評家인지 왈 "그것이 사진이지 어찌 그림이냐"하였다. 가장 기본인 形似와 傳神을 모르니 답답한 일이다. 사진 빰치게 그리는 郎世寧의 그림(?)은 形似요, 붓 몇 번 안간 所謂 "減筆"이라 부르는 南宋・梁楷(양해)의 〈李白行吟圖〉는 傳神인 것을……. 朝鮮의 蓮潭 金明國의 〈達磨圖〉 또한 그러하거늘.

ⓑ 雕刻의 例: 그리스神話에 나오는 키프로스의 왕 피그말리온(Pygmalion)은 彫刻家로도 有名했는데 어떤 아름다운 여인도 결점만 눈에 띄어 결국 자기의 이상형을 직접 상아를 깎아 만들었다. 이 조각이 얼마나 아름다웠던지 그만 사랑에 빠지고 말았다. 이룰 수 없는 사랑 때문에 상사병의 고독한 고통에 그는 美의 女神 아프로디테 — 로마에서는 비너스라 부름 — 에게 자기가 만든 조각과 똑같은 여인을 만나게 해 달라고 애걸하였다. 여신은 자신의 임무에 걸맞게 이 조각에 생명을 불어 넣어 살아있는 여자로 만들어 주었다. 피그말리온은 이 여인을 갈레테아라고 이름 짓고 아내로 삼았다. 여기에서 理想을 向한 人間의 渴望이 얼마나 强한지가 상징적으로 나타나고 있다. 간절히 원하면 꿈은 이루어진다. 앞에서 말한 天從人願이 이것이 아니고 무엇이겠는가. 아울러 神처럼 생명을 창조하는 藝術家의 自負心도 보여준다. 이 神話에 감동한 19C의 화가 번・존스는 피그말리온 四部作을 完成했다. 또한 뮤지컬 마이페어 레이디도 여기에서 取材하였다 한다.(이명옥 지음 ≪꽃미남과 여전사 1≫과 국어대사전을 참고하였음)

ⓒ 書藝의 例:

이 분야는 상당히 이야기 거리가 풍성할 줄 알았는데 의외로 꼭 집어낼 것이 없다는데 놀랐다. 글씨가 용이 되어 날아갔다는둥 밤마다 서광이 비춘다는둥 했었는데 막상 구체적인 기록은 찾지 못했다. 요즈음 나온 ≪김선달의 무전여행≫(이훈종 지음, 한길사)의 〈사람목숨 하나 들어있는 글씨〉편을 보면 '부자가 금병풍 꾸며놓고 천하명필을 불러 글씨를 받겠다고 널리 광고한 결과 술 밥에 주린 건달이 자칭 명필이라 하며 몇 달을 얻어먹고는 더 이상 핑계 댈 수없는 지경에 이르러 큰 붓으로 동이에 가득한 먹물을 푹 찍어 한 끝에서 저쪽 끝까지 한 숨에 한일자를 내그어 놓고는 도망치다 댓돌에서 굴러 떨어져 그냥 죽고 말았다. 버린 병풍이라 곳간에 팽개쳤는데 밤이면 훤한 빛이 났다. 박물군자에게 자문한즉 한번 보잔다. 병풍을 펴 놓으니 가라사대 "천하명필이다, 사람목숨 하나 들었구나." 주인이 내력을 얘기하니 밤에 다시 보잔다. 밤에 깜깜한데 펴 놓으니 글자 획에서 훤하게 빛이 난다. "건달이 얻어먹으면서도 노상 마음에 잠긴 걱정은 글씨 쓸 일이라, 석 달 동안 온 정신이 글씨에만 쏠렸는데 이 한 획 긋느라고 정력을 몽땅 쏟아 놓았으니 죽었지 별수 있소."하였단다. 精誠所至, 金石爲開란 이를 두고 할 소리다. 창작의 의도는 전혀 없었지만 사람의 지극한 정성은 造化와 比肩할만한 結果物을 내놓을 수 있다는 뜻이리라. 書藝이야기라고 하기도 그렇고 內容이 疏略하고 粗率한 것이 똑 朝鮮 스타일이다.

ⓓ 詩文의 例

㉠ 李白 〈與韓荊州書〉: "筆參造化, 學究天人. 文筆의 精妙함, 說理의 明透함이여. 그 功은 可히 天地의 化育 ―創造化育을 말함― 에 參與 贊助 할 만하다 하겠으며, 學識은 天意와 人事를 窮盡·週遍하도다."

㉡ 李賀 〈高軒過〉: "筆補造化天無功. 문필이 조화를 보충하니 자연은 공로가 없다." 〈摭言〉에 의하면 李賀가 일곱 살 때에 文名이 京師를 振動시켜 韓愈와 皇甫湜(황보식)이 직접 찾아가 글을 지으라하여 이 作品을 써 냈다 한다. 코미디 같은 이야기라 하겠다. 이 때 李賀는 略 二十前後 즉 弱冠으로 韓愈를 의식하여 韓體를 본받아 이 詩를 썼다. 高軒은 귀한 신분의 사람이 타는 수레로 귀한 신분의 사람을 의미하며 過는 방문하다, 찾아오다는 뜻이다. 즉 높은 양반이 枉臨하셨다는 뜻이다. 그런데 시를 보면 韓과 皇甫를 어찌나 노골적으로 칭찬했는지 그들이 入門하여 下馬함에 氣勢가 무지

개 같고 東京의 才子며 文章의 鉅公이고 하늘의 二十八宿가 心胸에 羅列되었다는 둥 元精 — 우주의 精氣 — 이 그 가운데에서 번쩍 번쩍한다는 둥 씩둑꺽둑하더니 終當에는 붓대가 天地造化의 不足한 곳을 補充하여 하늘(自然, 天)도 功을 세울 일이 없다 즉 능력이 없다는 둥 못할 소리가 없어 아무리 作品이 雄渾·華麗·莊嚴하다고 過讚해 주어도 缺陷을 때우기에는 力不足이다. 어린 사람이 벌써 이런 것을 보면 混濁한 세상에서 자리도 큰 자리를 차지 할 판세인데 결과는 아니니 이 또한 數라해야 할지.

却說하고 文筆이 大自然·天地의 創造化育하는 일의 不完全함·未備함을 충분히 補充·땜질할 수 있다고 하는 것이다. 그들이 보기에 造化란 盡善盡美와는 기리가 있고 完全無缺은 애당초 부리한 바람이었다는 뜻이리라. 따라서 이것을 때우고 메우고 하며 理想을 追求함이 知識人의 任務이고 使命이니 모름지기 捨命하여 行할지어다라는 것이리라.

李白과 李賀의 이러한 發言은 아마 當時 知識人 사이에서 普遍的 思潮까지는 아니더라도 상당히 힘을 얻고 있던, 하나의 傾向은 되지 않았을까 思料되는 바이다.

杜甫의 이 〈그림 속의 매〉 詩도 畵工의 그림이 능히 自然의 創造物과 같이 生命을 얻어 숨쉬고 활동할 수 있다는 뜻을 內包하고 있는 것이며 畵工의 伎倆이 造化의 境地에 올랐다는 뜻이리라. 따라서 그림에서 나와 活躍하길 바란다는 뜻인데 한 가닥 不可能의 슬픔이 그 속에 깔려있는 것이다. 이유는 간단하다. 묶여있기 때문이다. 너무나도 잘 돼 神靈이 通하건만 묶인 끈을 못 푸는 것이다 韓幹의 말도 그림에서 나와 돌아다니는 神通靈妙함이 있있긴만 한갓 기둥에 매임을 해결 못하다니 이 노한 무슨 뚱딴지같은 思考方式이냐.

원래 세상사란 이렇게 엉뚱한 면이 있는 법이리라. 예를 들겠다.

㉮ ≪莊子·外物篇≫에 보면 神靈한 거북이가 宋나라 임금의 꿈에 나타나 어부에게 삽혔으니 구해 달라 하였다. 이럴까 저럴까 망설이다 결국 속을 긁어내 죽이고 점을 치는데 썼는데 일흔 두 번 — 陰의 極인 8과 陽의 極인 9를 곱하면 72다. 따라서 아주 많다는 뜻이다. 상당히 많나면 그 절반인 36을 썼다. 이것은 옛날의 관용어이다. 72에 무슨 의미가 있느냐고 하면 바로

이것이다. 秋史도 한강 가에 살면서 72 · 36의 갈매기를 써먹었으니 七十二鷗草堂 · 三十六鷗草堂이라는 號가 바로 그것이다. — 점을 쳤는데 실수가 없었다.

공자가 말하길 임금 꿈에 나타날 줄 알면서 어부그물을 못 벗어나고 72번 점치는데 실수 없이 맞추면서 속 긁어내는 환란은 피하지 못했으니 '知有所困, 神有所不足. 지혜도 困蔽함이 있고, 神靈함도 미치지 못하는 바가 있음이라' 했다. 즉 모든 일은 이론 · 논리 · 지혜 · 상식이 안 통하는 부분도 있다는 배짱 좋은 이야기다.

㉯ ≪楚辭 · 卜居≫를 보라. 屈原이 쫓겨나 죽도록 고생하며 아무리 생각해도 어떻게 해야 할지 몰라 太卜 — 占卜을 담당하는 관리 — 으로 있는 鄭詹尹(정첨윤)를 찾아갔다. 정은 시초(蓍草)줄기를 정리하고 거북껍질의 먼지 털고 — 시초점이나 거북점이나 다 자신 있으니 말만하라 — 준비를 마쳤다. 그러나 屈原이 알고 싶어 하고 장차해야 할 일은 너무도 어렵고 딱하고 그야말로 눈치껏 해야 할 일이지 무엇이라고 꼭 집어 명토를 박아 말할 것이 못되었다. 이에 鄭은 시초 줄기를 내려놓고 말한다. 한 자가 짧을 때도 있고 한 치가 길 때도 있는 법이다. 物理가 完全하지 못할 때도 있고 智慧가 밝지 못 할 때도 있으며 運數가 잘 파악되지 않을 수도 있으며 神도 通하지 못할 때가 있음이라. 너의 마음 따라 너의 뜻대로 실행하라. 거북이나 시초도 그런 일은 모른다. 얼마나 속편한 이야기인가. 사람의 능력이 거의 신의 경지에 도달했건만 그래서 종이나 비단을 벗어나 마름대로 그 창작물이 활동할 수 있었건만 한갓 끈이나 말뚝에 걸려버리고 말다니. 그리고 이렇게 때에 따라서는 알 수 없네라고 결론을 내리다니.

결국 이 作品 尾聯의 뜻은 "凡鳥를 쳐서 平蕪에 毛血을 뿌리기에 알맞게(合當) 創作된 그림인데 어떻게 하면 이 끈을 벗어나(安得) — 勿論 깁을 벗어남은 如反掌이건만 — 能力을 발휘할 때가 果然 어느 때 일까 (何時). 그 때가 정말 오기는 올까. 아 어느 때일까!" 일 것이다.

悲哀와 惋惜이 바닥에 깔려있음을 느끼시겠는가.

杜先生같은 千年에 하나 날까 말까하는 天才. 그 어마 어마한 才華는 천지를 덮고도 남건만 작은 그 하찮은 科擧及第란 끈에 걸려 抱負를 펴지 못하다니! “人莫躓于山而躓于垤. 사람은 산에 걸려 넘어지는 것이 아니고 아주 작은 시시한 개밋둑에 걸려 넘어지나니.”(≪淮南子・人間訓≫의 “堯戒”를 斷章取義 했음) 어찌 꼭 杜先生같은 天才에게만 局限된 문제이겠는가. 시시한 인간들도 느낄 줄은 아는데.

11. 〈過宋員外之問舊莊〉(五言律詩)

宋公舊池館, 零落首陽阿. 枉道秪從入, 吟詩許更過.
淹留問耆老, 寂寞向山河. 更識將軍樹, 悲風日暮多.

❖ 詩題

註

▸過: ① 經過하다. 지나다. ② 방문하다. 내방하다.

▸宋之問: 沈佺期(심전기)와 함께 律詩格律을 完成하였다고 전해짐. 행실은 개차반으로 武后의 寵幸之臣인 張易之 兄弟에 아첨하고 溺器(요기, 요강)를 받드는 데에 까지 이르렀다 한다. 武后時 北門學士가 되길 바랐으나 불허하자 상심하여 〈明河篇〉 — 律詩가 아니고 七言古風이다 — 을 지었는데 상당히 잘 된 작품이다. 무후가 재주를 모름이 아니고 口過 — 즉 口臭, 입 냄새 — 때문이라 해명하였었다. 후에 太平公主, 安樂公主를 따르다가 結局 睿宗이 卽位하자 賜死되었다.

▸員外: 관명.

▸莊: 村莊. 郊外의 住宅. 별장.

解說

〈員外 宋之問의 옛 별장을 찾다〉

❖ 제1 · 2구: 宋公舊池館, 零落首陽阿.

註

▸池館: 池苑館舍. 池臺, 池榭, 池閣이 모두 같은 뜻이다. ⇨ 池苑: 못과 꽃나무가 있는 동산.

▸零落: 頹落함. 정원이 거칠어지고 건물이 頹落함 — 무너지고 떨어짐.

▶首陽: 산 이름.

▶阿: 모퉁이, 모서리. 山阿: 산모퉁이.

解說

나의 祖父와 함께 文名을 떨치시던 宋公의 옛 정원과 집들은 首陽山 모퉁이에서 거칠어지고 퇴락하여 있도다.

❖ 제3 · 4구: 枉道秖從入, 吟詩許更過.

註

▶枉道: 길을 빙빙 돌아서 가다. 迂廻하다. 에돌아가다.

▶秖(지): 祗와 같다. ① 다만. 단지. ② 마침.

▶從: ① 聽從. 따르다. 복종하다. 순종하다. ② 聽憑. 맡기다. 마음대로 하게 하다. 좋을 대로 내 맡기다.

▶吟詩: ① 作詩. 시를 짓다. ② 吟誦詩歌. 시가를 읊조리다. ➪ 吟詩가 作詩와 密接하게 쓰인 경우: ① 〈枏樹爲風雨所拔歎〉: "我有新詩何處吟. 나에게 새로 지은 시가 있을지라도 어디서 읊을까." ② 〈題鄭十八著作丈故居〉: "詩罷能吟不復聽. 시 짓기가 끝나면 읊기도 잘하시더니 (당신이 없으니)다시는 들을 수 없네." ③ 〈解悶十二首〉 其七: "陶冶性情存何物, 新詩改罷自長吟. 성정을 도야하는데 어떤 것이 있는가. 새로 시지어 고치기 끝나면 길게 읊조리네." ④ 〈宴王使君宅二首〉: "自吟詩送老, 相對酒開顔. 시 읊으며 노년을 보내고 술 대하니 얼굴에 웃음피네." 간단히 말하면 새로 시를 퇴고하고, 수정하여 완성하여 읊는 것임.

▶許: 或許, 아마도. 어쩌면.

解說

다만 길을 좀 돌아가기만 한다면—간선도로에서 벗어나 멀고 성가신 점이 있지만 에둘러 가기만 가면—들어가는 것은 여러분들이 마음대로이다. 즉 어떤 손님이건 과객이건 자유롭게 드나들 수 있다.—이제는

主人도 없는 頹落하고 거칠어진 별장, 귀신 나오게 생긴 別墅(별서)일 뿐이다. ― 나도 조부의 벗이 되는 이분을 文藝上 ― 人間的인 面은 絶對 否定的 일 것이지만. ― 존경하지만 비록 그럴지라도 이 분의 흔적 있고 자취 있는 이곳에 와서 무슨 영감을 얻거나 모종의 힌트를 받아 작품을 쓰려고 다시 방문할 수 있을런지! ― 좀 어려울 것이다, 기약할 수 없는데 불가능에 가까울 것이다.

☛ **參考**

특정인물 · 특정지역으로부터 영감 · 힌트를 얻어서 그와 유사하거나 또는 훨씬 뛰어난 작품이 나온 예를 들 수 있다.

1) 南朝 · 宋 · 謝靈運(사령운)을 언급하면 으레 "池塘生春草, 園柳變鳴禽. 연못가에 봄풀 돋아나고, 정원 버드나무엔 울음소리 변한 새들이 있네."를 擧論하며 稱讚하곤 한다. 이 두 구는 그의 〈登池上樓〉에 나오는데 여기에는 기이한 이야기가 전해진다. 鍾嶸(종영)은 ≪詩品≫에서 謝惠連(사혜련)을 品評할 때 〈謝氏家錄〉을 인용하여 말하길 '謝靈運(康樂公)은 매양 惠蓮을 대하면 곧 멋있는 詩句를 얻었다. 뒷날 永嘉땅의 西堂에 있을 때에 詩를 지으려 마음을 먹었으나 종일토록 完成시키지 못하였다. 非夢似夢간(寤寐間)에 홀연히 惠蓮을 보았는데 바로 "池塘生春草"를 完成할 수 있었다. 그래서 항상 말하길 이 詩句는 神의 도움이 있었던 것으로 나의 詩句가 아니다'라 하였다.(康樂每對惠蓮, 輒得佳語. 後在永嘉西堂, 嘗思詩竟日不就, 寤寐間忽見惠蓮, 卽成池塘生春草. 故常云: "此語有神助, 非吾語也.") 惠蓮은 靈運의 堂弟(사촌동생)로 아주 총명하여 열 살 때에 글을 지었다 한다. 그의 가장 열렬한 팬(愛好家)이며 賞讚者가 바로 靈運이었다. 아마 彼此間에 文藝創作에 關한 談論과 討議가 自然스럽게 있었을 것이며 따라서 某種의 精神上의 一致 · 契合되는 점이 있었으리라. 물론 惠蓮이 과연 非夢似夢之間에 堂兄에게 靈感을 주었는지의 與否는 알 수 없는 것이며 文人들의 奇聞이 어찌 이것 하나뿐이랴. 다만 自身이 좋아하고 支持하는 人物이 자신에게 時空을 넘어 影響을 줄 수 있다는 것은 認定할 수 있겠다.

✪ 附記

이 "池塘生春草, 園柳變鳴禽"에 對한 古人들의 評價는 절대 一致하지 않는다. 金나라 元好問은 極히 推崇하였는데 그의 〈論詩絶句三十首〉중 二十九에서 "池塘春草謝家春, 萬古千秋五字新. 池塘生春草는 곧 謝氏 門中의 봄날(영광)이라. 萬古千秋에 이 다섯 자는 영원히 清新으로 남으리라"하였으며 덧붙이면 二十에서는 "朱弦一拂遺音在, 卻是當年寂寞心. 화려한 현 한번 튕기니 여음이 남는데, 당시는 쓸쓸한 마음이었네" 즉 화려한 그의 작품은 지금까지 남아있건만, 오히려 당시에는 知己가 없다고 쓸쓸해하였을 뿐이라 하였다.

宋·李元膺(이원응)은 대단한 특색을 찾을 수 없다며 "反覆求之, 終不見此句之佳. 반복하여 찾아봤으나 끝내 이 구의 좋은 점을 알 수 없었다"(王若虛의 ≪滹南詩話≫에 引用된 것)라 하여 貶毁(폄훼)는 아니어도 또한 크게 認定하지도 않았다.

其實 이 두 句 열 字 그 自體는 대단히 高妙하던가 엄청난 特色이 있다던가 하는 評價는 받을 수 없으며 그저 "清新自然" 이외에는 달리 評할 말이 없다는 것이 今日 學界의 衆論이다. 간단히 말하면 이 두 句는 그 자신의 特點보다는 詩中 占有하고 있는 位置 때문에 名聲이 藉藉(자자)하게 된 것이라는 것이다.

謝靈運의 詩作은 嚴格함과 精巧함, 緻密(치밀)함과 繁縟(번욕)함으로 이름 높다. 〈登池上樓〉 一篇만 해도 全篇이 十一聯으로 構成되어 있는데 第十聯만 약간 성긴 듯하고 ― 第八聯 池塘云云은 물론 除外 ― 나머지 聯들은 對仗의 整齊됨, 典故의 繁多함, 意味의 難澁(난삽)함이 極에 달해 사람으로 하여금 너무 기름지고 너무 느끼하고 어지러우며 현기증이 난다고 불평하게 만드는 면이 多分히 있다. 그림으로 말하면 青綠山水를 지나 金碧山水라 하겠다. 너무 진하고 숨 가쁘고 빡빡한 것이다. 華麗·華美를 지나 顯麗·茂密하며 燦爛陸離(찬란륙리)·絢爛玲瓏(현란영롱)하여 모든 사람들을 眩亂하게 만드는 것이다. 그 때 그 곳에 아주 淡泊·新鮮한 이 두 句가 끼어듦으로써 雰圍氣가 一新되고 숨 트이는 役割을 톡톡히 하였으니 음식으로 말하면 기름지고 느끼한 것 뒤의 동치미 같다고나 할까. 다시 그림으로 돌아가 말하면 餘白의 구실이고 莊子의 "無用之用"과 一脈相通한다 할 것이다. 이것이 오늘날 中國學界의 두 句에 對한 比較的 공평하고 정확한 평이므로 贅言(췌언)같지만 굳이 기재하는 것이다.(林文月先生著≪謝靈運≫을 參考함)

2) 唐・李白

杜甫는 李白을 "淸新庾開府, 俊逸鮑參軍. 청신하긴 유신 같고, 준일하긴 포조 같다."(〈春日憶李白〉) "李侯有佳句, 往往似陰鏗. 이공에게 좋은 시구가 있으니, 때때로 음갱 같다"(〈與李十二白同尋范十隱居〉)이라 하였는데 李白 自身은 謝朓(사조)에게 상당히 傾倒된 듯싶다. 그의 〈秋登宣城謝朓北樓〉를 보면 驅使한 詩語와 나타난 意境—作品에 표현된 境地・정서・무드—이 謝朓에 極히 接近되어 있음을 알 수 있겠다. 全詩 八句中에서 3・4句 "兩水夾明鏡, 雙橋落彩虹. 두 줄기 강물은 환한 거울을 품은 듯, 한 쌍의 다리는 일곱 빛깔 무지개가—물론 당시의 말로는 오색 무지개가 맞는 듯—내려온 듯."이 유명하고 全體的으로 雄壯・華奢함이 謝朓와 酷似하다. 그러나 5・6구 "人烟寒橘柚, 秋色老梧桐. 인가의 저녁 짓는 (흰)연기는 태양의 계절에는 화려하고 찬란한 윤기를 뽐내던 그러나 지금은 쓸쓸한 귤과 유자가 있어 스산하고, 가을 景色은 큰 소리 내며 지는 잎으로 가을의 기분을 가장 빨리 잘 나타내는 가을의 전령사인 오동나무속에 이울어가네"가 훨씬 더 생명감이 있으며 老杜와 相適하는 名句라고 南宋의 曾秀貍(증수리)가 칭찬했다. 杜甫의 "荒庭垂橘柚, 古屋畵龍蛇. 황량한 뜰에 귤・유자 매달려있고 낡은 사당에는 용(뱀)이 그려져 있네."(〈禹廟〉)와 우연히 風格이 닮았는데 물론 詩 全體는 謝朓를 본받은 作品이다.

❖ 제5・6구: 淹留問耆老, 寂寞向山河.

註

▸淹留: ① 羈留. 나그네살이 하다. 타향에서 오래 머물다. 逗留. 긴 시간(10일 전후를 말함)을 머물다. 체류하다. ② 隱居. 낮은 자리에 머묾. 陶

潛〈九日閑居〉: "棲遲固多娛, 淹留豈無成. 숨어사는 곳에도 즐거움이 많으니, 은거함에 어찌 성취 없으리오." ③ 挽留. 杜甫〈賓至〉"竟日挽留佳客坐. 날 다하도록 좋은 손님보고 앉아 가지 말라 붙잡네."

▶耆老(기로): 나이 많고 人望이 높은 어르신들.

解說

어렵게 찾은 곳이라 간 김에 그곳의 德望있고 연세 많은 어르신들에게 宋之問의 後孫이라던가 奇聞이나 逸事등을 자세히 묻고 싶어 몇 날 며칠이고 머물며 조사하고 싶었는데—淹留는 希望이었지 實際가 아님—아무 소득도 없고 모든 것은 寂寞江山이로구나! 그저 묵묵히 산하만을 마주하고 있게 되었구나.

物是人非—景物은 그대로이나 人物은 바뀌었네 (曹丕〈與吳質書〉), "青山依舊在, 幾度夕陽紅. 청산은 옛날과 같은데 몇 번이나 석양의 붉은 빛을 넘겼던가"(金聖歎〈三國志序詞〉), "山川은 依舊한데 人傑은 간데없네" (吉再〈松都懷古時調〉)等도 같은 感懷일 것이다.

❖ 제7·8구: 更識將軍樹, 悲風日暮多.

註

▶識: 認識. 識別.

▶將軍樹: ≪後漢書·馮(異)岑(彭)賈(復)列傳≫: "馮異字公孫, 潁川父城人也. 好讀書, 通左氏春秋, 孫子兵法.……異爲人謙退不伐, 行與諸將相逢, 輒引車避道. 進止皆有表識, 軍中號爲整齊. 每所止舍, 諸將竝坐論功, 異常獨屛樹下, 軍中號曰大將軍樹. 及破邯鄲, 乃更部分諸將, 各有配隸. 軍士皆言願屬大樹將軍. 光武以此多之.……建武(光武帝 年號)二年春, 定封異陽夏侯……病發, 薨於軍. 謚曰節侯. 馮異의 字는 公孫, 潁川 父城사람이다. 독서를 좋아하여 좌씨춘추와 손자병법에 통달하였다…… 馮異(풍이)의 사람됨은 겸양하며 (자기의 공로를)자랑하지 않았

고 길을 가다 뭇 장군들과 마주치면 수레를 물려 길을 양보하였다.(길 한쪽으로 물러나 경의를 표함) 가고 머무는 행동에 뚜렷한 푯대가 있어 군중에서 整齊(단정, 질서정연, 깔끔, 가지런)라 불렀다. 매양 주둔하는 곳에서 뭇 장군들이 함께 앉아 功의 크고 작음을 따질 때마다 항상 나무 밑에 물러나 있어 군중에서 大樹將軍이라 불렀다. 한단을 격파하고서 뭇 장군들을 다시 배치하고 제각기 부하들을 예속하게 할 때에 병사들은 모두 大樹將軍에게 소속되고 싶다고 하니 光武帝가 이 때문에 중시하게 되었다.……建武 2년 봄 馮異를 양가후(陽夏侯)라고 하여 封地와 爵位를 확정하였다.……병이나 군중에서 죽으니, 謚號를 節侯라 하였다."

▸悲風: 슬프고 날카로운 소리를 내는 바람. 보통 가을·겨울바람을 말함.

▸多: 정도가 심함을 표시함. 대단함.

解說

해질녘이 되니 슬프고 날카로운 소리를 내는 바람이 고목나무—중첩되어 쓰였으나 古木보다 더 오래된 나무의 느낌이 난다. 서정주도 〈입춘 가까운 날〉에서 "千年묵은 古木나무 늙은 흙우엔 蘭草도 밋밋이 살아나간다"라고 하였으니—에서 무섭게 울어 대니 여지껏 몰라보았던 크고 늙은 나무가 새삼 눈에 띄여 여기에서 생각이 宋之問의 동생으로 당시 꽤 이름 날렸던 장군인 宋之悌에 미치게 되어 겸사겸사 안타깝고 슬프구나. 이제는 沒落한 家門이여! 頹落한 別墅여!

☛ 參考

1) 陶淵明 〈丙辰歲八月中於下潠田舍穫. 병진년 가을 팔월 중에 항상 물 질퍽대는 밭이 있는 농막에서 첫 수확하면서〉: "悲風愛靜夜, 林鳥喜晨開. 悲風은 고요한 밤을 사랑하고, 숲속의 새는 새벽이 시작됨을 기뻐한다."

주변의 사물이 조용해지면 바람소리는 제 실력을 발휘한다. 저물녘부터 능력 발휘하여 한 밤에 절정에 이르렀다가 새벽이 오면 슬며시 물러나는 법이렸다.

2) 가수 이용씨의 히트곡 〈바람이려오〉(황풀잎 작사・작곡)의 노랫말을 보자, "그대 잠든 머리 맡에 조용히 앉아 이 밤을 지키는 나는 나는 바람이려오.……멀리서 멀리서 밝아오는 아침이 나의 노래 천국의 노래 삼켜버려요. 날개 짓하면서 밝아오는 아침이 나의 노래 천국의 노래 흩어놓아요.……" 한밤의 명가수 바람과 밝아오는 새벽은 상극이고 앙숙이며 원수지간이라.

3) 杜甫 〈乾元中寓居同谷縣作歌七首〉之一: "歲拾橡栗隨狙公, 天寒日暮山谷裏.……嗚呼一歌兮歌已哀, 悲風爲我從天來. 세모에 저공 — 원숭이 길러 놀이에 내보내거나 약장수 따위에게 공급하는 사람. 사육사. 원숭이 조련사 일 것이다. — 따라 상수리 줍고 주우면, 날씨는 차고 해는 저무는데 산골 속이라.……아아 첫 번째 노래여! 노래는 이미 애절한데, 비풍은 나 때문에 하늘에서 닥치는가."

➡ 悲風爲我從天來: 하늘이 나 때문에 비풍을 보내는가. 唐・李賀〈金銅仙人辭漢歌〉: "天若有情天亦老. 하늘도 감정이 있다면 하늘 또한 지쳐 시들리라." 슬픔이 극에 달하면 하늘도 感動함이 있다고 하였음이라.

4) 高適 〈宋中十首〉 其一 〈宋中(즉 大梁. 開封)을 읊은 시 열 수〉 중 그 첫 번째.

: "梁王昔全盛, 賓客復多才. 悠悠一千年, 陳迹惟古臺. 寂寞向秋草, 悲風千里來. 漢나라 文帝의 次子이며 景帝의 同母弟인 梁孝王의 옛날 전성기에는 빈객들 또한 才智가 뛰어난 인물들이었다. — 司馬相如, 鄒陽, 枚乘等. 그러나 아득한 千年의 歲月이 흘러 묵은 자취는 오로지 옛날의 平臺뿐 — 春秋時代 宋平公이 쌓았다. 漢代 梁孝王이 宮室을 크게 짓고 다시 複道를 만드니 宮에서 平臺까지 30여리에 이어졌다. 王은 司馬相如, 鄒陽, 枚乘의 무리와 더불어 그 위에서 놀았다 — 또 있는 것은 寂寞과 천리 밖에서 가을 풀로 불어 닥치는 悲風뿐이구니."

5) 唐・李商隱 〈戲贈張書記〉: "古木含風久, 平蕪盡日閑. 고목나무는 바람을 머금어 오래도록 흔들리고, 초목 우거져 모든 것이 평평해진 벌판은

종일토록 아무 일도 없어 지루하다."

이상 悲風과 日暮, 秋日, 古木 등의 결합을 간단히 예들어 보았다.

◎ 附記

閑은 한가하다는 뜻 말고 일 없다는 뜻도 있다. 30년 전만 해도 문에 "閑人勿入. 일없는 사람 들어오지 마시오"이라 써 붙였다. 세상이 각박해지며 "猛犬注意"로 바뀌어졌는데 물건 팔려는 사람에게는 아무 효과가 없어 아주 장사꾼 스타일로 확 바꿔버렸나 보다. "안삽니다!"

☛ 參考

李白〈江夏別宋之悌〉

楚水淸若空, 遙將碧海通. 人分千里外, 興在一杯中.

谷鳥吟晴日, 江猿嘯晚風. 平生不下淚, 于此泣無窮.

楚땅의 江은 蒼空같이 맑은데, 아득히 碧海로 통하고 모이나니. 사람 또한 천리 밖으로 헤어져도 또 만나리니, 잠시 한 잔 술 속에 취흥을 가져보자. 골짜기 새는 개인 날 노래하며, 강가 잔나비는 저녁바람에 휘파람 분다. 평소 눈물 떨군 적 없었는데, 지금 이곳에서 끝없이 흐느낀다.

12. 〈夜宴左氏莊〉(五言律詩)

風林纖月落, 衣露淨琴張. 暗水流花徑, 春星帶草堂.
檢書燒燭短, 看劍引杯長. 詩罷聞吳詠, 扁舟意不忘.

❖ 詩題

註

▸夜宴: 夜間飮宴. 夜筵으로도 씀. 밤에 베푸는 잔치.

▸莊: ① 村莊. 郊外의 住宅. 別墅. ② 封建時代 支配階層이 大規模로 經營하던 田畓. 莊田. 莊園.

解說

〈郊外에 있는 左氏의 別墅에서 밤에 베푼 잔치〉

❖ 제1 · 2구: 風林纖月落, 衣露淨琴張.

註

▸이 詩는 五言律詩인데 首聯 또한 對仗을 이룬 것으로 보아 "風林"보다 "林風"이 妥當하다 하겠다.

▸纖月: 滿月은 물론 아니고 반날도 아닌 가는 달. 그러면 초승달, 그믐달에 해당하겠는데, 초승달은 조저녁에 잠깐 떴다 곧 진다. 따라서 "초승달은 잰 며느리가 본다"는 말이 있다. 그믐달이 맞는 것 같으니 너무 서두를 때 "그믐달 보자고 초저녁에 나선다"는 말을 하는 것으로 보아 그믐달이 좀 늦게 떴다가 새벽녘에 지는 것으로 이 詩句와 합치된다 하겠다.

▸淨: 淸潔의 뜻이 있으므로 淸의 뜻으로 쓰였다고 봄이 좋겠다. 즉 밝은 소리 품고 있는, 맑은 소리 낼 줄 아는 琴을 形容한 것이다. ⇨ 陶淵明〈時運〉: "淸琴橫牀, 濁酒半壺."

▸風과 露: 環境이 좋지 않을 때 흔히 使用하는 말인데 대체로 宋 以後에 썼고 南北朝・唐에서는 風雨를 많이 썼다. 杜甫의 〈舟中詩〉: "風餐江柳下, 雨臥驛樓邊"을 보면 알 수 있으며 仇氏의 ≪杜詩詳注≫는 鮑照의 〈代昇天行〉: "風餐委松宿, 雲臥恣天行"과 古詩의 "阻風餐柳下, 値雨坐蓬窗"을 인용하여 風雲・風雨가 자주 쓰였음을 보여준다. 宋의 范成大는 〈元日詩〉에서 "飢飯困眠全體懶, 風餐露宿半生痴"라 하였다. 본시에서는 단순한 본래의 바람・이슬의 뜻으로 썼으나 이제 바람 서늘해지고 이슬에 옷이 젖었으니 옥외의 놀이는 끝낼 때가 됐다는 즉 환경이 썩 좋지는 않다는 뜻도 含有한다고 봄이 좋겠다.

▸張: 상당히 시간을 소비해야 알 수 있는 아주 어려운 글자이다. 즉 弛張(이장)의 뜻으로 쓰인 글자이다. 설마 그럴까 하지만 杜甫는 〈建元中寓居同谷縣作歌七首〉의 其一에서도 "歲拾橡栗隨狙公"이라 하였다. 歲는 歲暮의 뜻으로 쓰인 字이니 前後事情을 살펴서 알아냄이 꼭 本詩와 같은 것이다. 상상력 발휘가 관건이다. ① 張: 弓・琴에 弦(시울, 시위)을 거는 것. ② 緊張: 이미 건 弦을 팽팽하게 조이는 것. ③ 弛張: 오래되거나 습기 때문에 弦이 늘어지는(느슨해지는) 것. ④ 更張(경장): 完全히 彈力을 잃어 더 이상 조여서 쓸 수 없게 된 弦을 새 것으로 바꾸는 것. ➪ 朝鮮末의 "甲午更張"을 요즈음은 "甲午改革"으로 알기 쉽게 고쳐 씀. 本詩에서 "張"은 이슬 때문에 현이 축축해져서 사실상 늘어진 것인지 아니면 바람차고 이슬에 옷이 젖어 다 귀찮고 성가시니까 금의 소리가 늘어진 현의 소리 같다고 핑계를 대고 어서 안으로 들어가자는 것인지 불분명하다.

解說

숲에 바람 불고 그 때문에 그믐달도 진 듯하고 옷에 이슬 내려 축축하니 맑은 소리 내는 琴도 弦이 늘어진 소리를 내는 듯, 이제 屋外의 宴會는 고만 끝내고 안으로 들어가자.

☛ **參考**

그믐달이나 초승달이나 다 둥근 달 보다 못하다는 생각은 중국에도 있었다. 둥근달은 그야말로 團圓이라 둥글다는 뜻 이외에 일가친척이 다 모인다는 뜻, 특히 부부가 이별 없이 잘 있다는 뜻, 또 연극이 잘 마무리 됐다는 뜻으로 쓰였다.

우리의 경우 특히 그믐달이 안 좋게 쓰였는데 朝鮮 光海君 때의 李爾瞻(이이첨)을 명나라 사신이 보고 그믐달 아래 눈물짓는 청상(靑孀)의 상이라고 했다는 말이 전해지며 羅稻香(나도향)도 그믐달의 분위기를 꽤나 잘 描寫·形容하여 哀然을 지나 凄然하고 드디어 悽絶에 이르렀다. 그러나 杜先生은 지금 左氏의 別墅에서 그믐달 아래 상당히 잘 먹고 마신듯 하니 전혀 개의치 않는다는 눈치이고 天才중의 天才요 現想—보고 듣는데 관련하여 일어나는 생각—이 삐딱하기로 이름깨나 떨친 李商隱도 여기에 關해 한 말씀하였다.

唐·李商隱 〈月〉: "過水穿樓觸處明, 藏人帶樹遠含淸. 初生欲缺虛惆悵, 未必圓時卽有情. 물도 그냥 통과하고 높은 누각도 뚫고 가며 가는 곳마다 밝은데, 사람을 숨기고 즉 孀娥仙女(상아선녀), 나무 즉 桂樹나무를 띄고 있다는데 멀리서 보면 맑은 기운만 머금고 있구나. 초승달이나 이미 이지러신 그믐달이나 사람들은 공연히 슬퍼하니, 둥글둥글 할 때라고 꼭 우리인간에게 다정하게 해주어 무엇 하나 成事된 것도 없었건만."

李氏는 그의 수작(秀作)인 〈流鶯〉에서도 "良辰未必有佳期. 아름다운 계절이라고 꼭 멋진 기약이 있으란 법 없었던 걸"하고 심술궂게 이주걱 부렸는데 희망사항은 많았는데 달성된 것이 너무 적어 종당에는 이렇게 실망과 환멸을 표현한 것이라 보는 것이 옳겠다. 즉 보름이고 그믐이고 다 꽝이라는 것이다.

❖ 제3·4구: 暗水流花徑, 春星帶草堂.

註

▸暗水: 보이지는 않으나 소리로 식별해 낼 수 있는 개울물, 냇물. 제4구

가 시각을 표현했으므로 제3구는 당연히 청각을 나타냈을 것이다. 暗은 잘 모르는, 확실하게 그 까닭·이유를 모르는의 뜻으로 많이 쓰인다. 暗香은 어느 곳에서 부터 시작됐는지 모르게 은은히 풍기는 향기. "暗行"은 남모르게 다님. "暗殺"은 남들이 모르게 죽임. "暗中摸索"은 드러나지 않게 일을 짐작함 이니 "暗水"는 어둠 속의 개울, 냇물이란 뜻이 아닐 것이다.

▸花徑: 꽃이 피어 있는 길. 〈客至〉: "花徑不曾緣客掃, 蓬門今始爲君開. 꽃 떨어진 길은 손님이 안오기 때문에 쓴 적이 없고, 쑥대문은 이제야 당신 때문에 연다"라고 했다. 이때의 花徑은 꽃 떨어진 길이다. 같은 말이라도 이렇게 틀리게 쓰인다!

▸帶: 비추다. 덮다. 별빛이 草堂을 비춘다 또는 찬란한 별빛이 草堂을 덮은 듯하다. 그러나 草堂이 春星을 帶하다. 즉 초당이 봄밤 별빛을 띠고 있다 해도 될 것이니 陶潛의 名句 "帶月荷鋤歸. 달빛 띤 채 괭이 메고 돌아온다"를 참고 할만하다. 또한 陰鏗의 〈渡淸草湖〉의 "帶天澄迥碧"과 〈晩泊五洲〉의 "山帶日歸紅"도 참고 할만하다.

解說

屋外에서 屋內로 進入할 때에 上下左右의 風景이 새삼스레 보이는 것을 말한다. 꽃 핀 길가에는 보이지 않으나 냇물, 개울물 흐르는 소리가 들리고 봄밤의 별들은 草堂을 덮을 듯 빛나고 있구나.

➥ 다른 데에 정신이 쏠려 긴 시간이 지난 뒤에 四圍의 風物이 새롭게 느껴짐은 이 詩만이 아니다. 예를 들면:

杜甫 〈初月〉의 尾聯(7·8句): "庭前有白露, 暗滿菊花團. 잠시 솟았다가 이내 사라진 초승달을 보며 새벽이 될 때까지 은하수와 주위의 광경을 넋이 나간 듯 감상하다 보니 뜰 앞의 국화 송이송이 뭉친 곳에 이슬이 어느새 가득가득 맺혔구나."

李商隱이 가만 있을소냐. 〈涼思〉의 首聯(1·2구): "客去波平檻, 蟬休露

滿枝. 떠들썩하게 웃고 놀던 손들이 다 가고 나서 이제 좀 정신이 나 살펴보니 어느새 조수가 밀려 강물은 누각인지 水榭인지의 난간과 가지런하게 되었고, 귀가 따갑도록 울던 매미소리 그쳐 너무 고요하여 쳐다보니 어느새 나뭇가지에는 이슬이 가득 맺혀 있구나." 이 〈涼思〉의 首聯은 古來로 天下의 名句라고 稱揚된 것이니 留念들 하시라.

❖ 제5 · 6구: 檢書燒燭短, 看劍引杯長.

註

▸檢: 조사하다. 검증하다.

▸檢書: 서적을 조사하다. 뒤지다. 열독하다.

▸看劍: ① 주인의 秘藏인 名劍을 구경함. ⇨ 一作 "說劍": 劍을 이야기하는 것이 아니고 武事에 관한 이야기를 나눔. ② "劍器"를 추는 것을 보다. 이것은 요즈음의 리본체조와 흡사하며 칼춤이 아니다. — 실내에서는 어려울 것이다.

▸引杯: 술잔을 들다. 술 마시는 것을 말함. 그러나 引에는 執持(잡다, 쥐다)의 뜻이 있고 例文으로는 陶淵明 〈歸去來辭〉의 "引壺觴以自酌"을 들었다. 따라서 引杯 또한 杯를 잡다, 쥐다의 뜻으로 해석하면 되니 "杯를 나의 앞으로 끌어당긴다"는 뜻은 아닌 것이다.

▸長: ① 蕭滌非는 "長"은 深長이며 "引杯長"은 소위 "引滿. 가득히 잔에 따름." 우리식 속이로 꾹꾹 눌러 담다로 劍을 보고 마음이 호방하여졌기 때문이라 하였다. ② 잔을 잡는 시간이 멀어진다. 너무 劍에 정신이 팔려 잔 잡는 것도 거의 잊어 시간이 오래 지나서야 잔을 잡게 되었다.(우리의 의견) ③ 잔을 잡는 일을 오랫동안하다. 劍에 감탄하여 계속 술이 잘 들어간다.

解說

左氏 所藏의 圖書가 珍本이 많아 뒤적거리며 보느라 촛불이 짧아질 정

도이고 秘藏된 명검에 정신이 팔려 술잔 잡는 것도 잊고 시간이 오래 흘렀다. — 술먹는 것도 잊었다.

➥ 이때 검을 "劍器舞"라고 보는 見解도 있으나 劍器舞는 긴 띠의 끝을 공·꽃·각종 매듭으로 하고는 마치 지금의 리본체조처럼 휘두르며 추는 춤이니 室內에서는 좀 어려울 듯하고 또한 요란한 놀이는 이미 屋外에서 끝내고 지금은 室內에서 침착하고 차분한 즐거움을 누리는 것이니 타당하지 않다고 하겠다.

➥ 唐代의 詩人·文人들은 호탕한 성격으로 任俠 — 勇力이나 財力·權力을 이용하여 弱者를 도움 — 을 重視 하였으니 代表的인 人物이 李白·劉叉 等이다. 따라서 제5·6 두 구는 左氏의 文武兼備를 말한 것이다. 또한 '琴書'라 하여 얌전한 선비의 정신을 말하는가 하면 '琴劍'이라 하여 文武·剛柔의 兼有를 强調하였으니 本詩의 劍은 兵器를 稱함이지 劍器舞라던가 說劍 — 武에 關한 論爭 — 은 正鵠을 찌르는 말은 아니라 하겠다.

❖ 제7·8구: 詩罷聞吳詠, 扁舟意不忘.

註

▸詩罷: 새로 詩를 지어 推敲를 마쳐 完成함. ⇨〈題鄭十八著作丈故居〉: "詩罷能吟不復聽. 시를 끝내고 읊조릴 수 있는 사람은 너였는데 다시는 듣지 못한다, — 당신이 죽었으니." ⇨〈解悶十二首〉其七: "新詩改罷自長吟. 새시를 퇴고하길 끝내고 스스로 길게 읊조린다."

▸吳詠: 吳땅의 노래. 吳歌·吳曲·吳吟·吳詠등을 보건데 吳땅의 노래는 상당히 유명하고 수준이 높은 듯하다. 우리의 南道唱·南道民謠 — 육자배기·흥타령등이 특히 유명. 南道소리·南道雜歌를 보면 一脈相通하는 일이다. 李白의〈子夜歌〉四首도 吳歌라고 明記하였었다.

➥ ≪杜詩詳注≫에서 吳詠을 "詩客作吳吟"이라 說明했는데 詩를 지어 特定地域의 口音이나 讀音으로 읊었다니 趣味가 상당히 諧謔的이다. 근

자에 코메디언 남보원·백남봉 두 분이 이것으로 이름을 떨쳤는데 예컨대 楊士彦의 "태산이 높다하되……"란 시조를 팔도의 사투리로 불러 대힛트를 쳤고 名歌手 조용필씨의 〈창밖의 여자〉란 가요의 "누가 사랑을 아름답다 했던가"를 함경도 말로 바꿔서 부른다며 "어느 종간나 아새끼가 사랑이 아름답다 했읍지비"라고 하여 모든 사람들을 抱腹絶倒케 한 일이 있었다. 이 夜宴에 코메디언이 參席했는지의 與否는 짐작할 길이 없고 可能性을 完全히 排除하기도 어려우니 딱한 노릇인데 第8句의 內容을 考慮하면 약간의 哀調띈 追想이 基調를 이루는지라 南道의 노래가 제격이라 하겠다.

▶扁舟意: 이 成語는 隱遁의 意志·決心이라고 죽 쓰여 왔으며 《史記》에서 越나라의 范蠡가 成功한 뒤에 扁舟를 타고 五湖에서 노닐었다—越王 句踐에게 烹되기 싫어 도망했음—는 일이 語源인 것이다. 따라서 본시에서 이것을 "扁舟의 뜻"이라하면 "隱遁의 意志"가 되니 誤解하기 딱 좋다. 이때에는 故事成語로 풀지 말고 이전에 吳땅에서 扁舟타고 놀던 그때의 情趣·追憶을 잊지 못한다라고 해야 정확하다. 意는 이곳에서는 ① 情意·情趣 ② 憶字와 같은 뜻으로 쓰여 記憶·回憶의 뜻이다.

解說

새로 시를 완성시키고 나서 다시 吳 땅의 노래를 들었는데 그 것을 듣자니 예전 弱冠時節에 吳越地域을 遊歷하던 일이 생각나고 特히 물의 고장이라 작은 배타고 놀던 그 기억을 정녕 잊을 수 없구나. 젊은 날의 일이란 다 즐거운 추억이 되는 법이니.

➥ 이 詩는 層次가 分明 次序가 뚜렷한 것으로 有名하고 아주 많은 事件이 時와 地와 景과 잘 어울어져 渾然一體가 된 것으로 이름났으니 杜詩중의 初期作으로 이만큼 優秀한 작품도 드물다 하겠다. 그런데 杜先生 張·暗·帶·引·長·意 같이 外形上 평범하고 일상적인 字를 含意는 왜 그렇게 怪하고 僻하게 쓰셨나요. 너무 한 것 아닙니까?

◎ 附記

本詩에서 달의 해석에 관해 상당히 애먹은 점도 있고 하여 말 나온 김에 또 다른 애먹은 달을 紹介하고자 한다.

杜甫〈月〉五言律詩의 首聯(1·2句)·頷聯(3·4句)

"四更山吐月, 殘夜水明樓. 塵匣元開鏡, 風簾自上鉤."

▷四更: 새벽 2~3時頃.

▷殘夜: 새벽전의 겨우 남아있는 밤.

▷水明樓: 물은 달빛과 어우러져 樓臺를 환하게 비춘다. 달과 물과 누대는 잘 어울리니 宋의 蘇麟(소린)도 "近水樓臺先得月, 向陽花木易爲春. 물에 가까운 누대가 먼저 달빛 얻고, 볕을 향한 화목이 쉽게 봄날 되니"라 했겠다.

▷"元", "自"는 구의 앞으로 나오게 해석해야 한다. 곧 "元開塵匣(之鏡), 自上風簾(之鉤)"로. 그리고 自는 本·本來의 뜻이다. 즉 元과 自는 互文이다. 〈古柏行〉에도 같은 例가 있다. "扶持自是神明力, 正直元因造化功. 지탱하고 있는 것은 원래 신명한 힘이 있어서이고, 곧고 바른 것은 본래 조화의 공 때문이다." 自는 본래의 뜻이고 是는 因·爲의 뜻이므로 自是와 元因은 결국 같은 뜻이다. 즉 본시……때문이다의 뜻이다.

▷風簾은 風字가 그냥 붙어서 한 단어가 된 것으로 風의 뜻을 굳이 밝히자면 "바람처럼 시원한"이 될 수 있겠다. 그러나, ≪漢語大詞典≫에서도 "風簾"·"風鳶(풍연)"·"風箏(풍쟁)"을 그냥 "발"과 하늘에 띄우는 "연"으로 해석했으며 바람의 뜻은 붙이지 않았다. 바람 부는 발로 번역할 수는 없다는 例를 들겠다. 李商隱〈月下吹笙〉(七律)제3·4구: "月榭故香因雨發, 風簾殘燭隔霜淸. 달빛아래의 누각! 비 때문이구나. 옛향기 피어남은. 바람처럼 서늘한 발! 발 너머 서리 내렸기 때문이구나, 발안의 다 타들어가는 촛불이 맑은 까닭은." 만약에 바람 부는 발이라면 촛불이 꺼졌으리라. 3·4구를 쉽게 풀어 보자. 달빛의 밝음은 먼지·때 잔뜩 끼어 더럽기 짝이 없는 갑(匣)·상자 속에서 꺼내놓은 환하고 밝

은 거울—깨끗한 갑이 아니라서 더욱 對比가 되고 더욱 밝게 느껴지리라.—같고 달의 생긴 모양은 본시 발을 말아서 올려놓는—"上"字의 뜻은 동사로 올려놓다 임—갈고리 같다 (갈고리처럼 굽은 받침). 第4句를 "바람에 불린 발이 저절로 갈고리 받침에 올라갔다"라고 기막히게 해석도 한다. 日本의 著名한 學者인 鈴木虎雄 先生께서 말씀하시길 "第4句는 實際의 狀況이다. 杜甫가 새벽녘에 그러한 光景을 目擊하고서 事實 그대로를 적은 것이다"라고 하셨다. 만약에 그렇다면 詩의 展開上 歸着되는 곳이 없는 그야말로 自主的이고 獨立的인 特別한 句가 끼어있는 셈인데 그렇다면 于先 詩의 題目이 달라져야할 것이다. "새벽달 아래 一生一代의 突發事件" 이렇게 해야 맞는 것이 아닐까. 自字의 뜻이 사람을 이렇게 힘들게 할 줄이야.

13. 〈臨邑舍弟書至苦雨黃河泛溢隄防之患簿領所憂因寄此詩用寬其意〉(五言排律)

二儀積風雨, 百谷漏波濤. 聞道洪河坼,
遙連滄海高. 職司憂悄悄, 郡國訴嗷嗷.
舍弟卑棲邑, 防川領簿曹. 尺書前日至,
版築不時操. 難假黿鼉力, 空瞻烏鵲毛.
燕南吹畎畝, 濟上沒蓬蒿. 螺蚌滿近郭,
蛟螭乘九皐. 徐關深水府, 碣石小秋毫.
白屋留孤樹, 靑天失萬艘. 吾衰同泛梗,
利涉想蟠桃. 賴倚天涯釣, 猶能掣巨鼇.

❖ **詩題**

註

▸臨邑: 縣名. 齊州에 屬함.

▸舍弟: 舍는 自己의 家族이나 또는 行列이 낮고 어린 親屬을 말할 때 붙이는 謙讓의 글자임. 아우 놈.

▸苦雨: 오랫동안 내려 災害가 되는 비. ≪左傳≫의 孔穎達 疏에 의하면 甘雨·苦雨는 같은 雨水임에도 달다·쓰다는 맛으로 구분함은—같은 맛에는 틀림이 없으나—作物을 잘 길러주면 甘, 作物에 해가 되면 苦라 했을 뿐이라 함.

▸泛溢(범일): 泛濫(범람). 물이 흘러넘침.(≪국어대사전≫)

▸患: 災難. 禍患.

▸簿領: 관부에서 사건을 기록하는 簿冊(부책)·文書. 여기에서는 그것을 擔當하는 官吏를 말함. 이들을 漢代에는 主簿, 唐代에는 司簿·典簿·

掌簿라 부름.

▶寬意: 寬心. 마음을 넓게 가지다, 편히 먹다, 느긋하게 먹다, 너그럽게 먹다.

解說

〈臨邑에서 舍弟의 편지가 왔는데 오랜 비로 黃河가 泛濫하고 隄防(이 터지고 다시 補修해야 하는) 災難이 擔當官들의 걱정거리라 한다. 이에 이 詩를 부쳐 그 마음을 편하고 느긋하게 해주고자 한다.〉

❖ 제1 · 2구: 二儀積風雨, 百谷漏波濤.

註

▶二儀: 兩儀. ① 天地. ≪易 · 繫辭上≫: "是故≪易≫有太極, 是生兩儀. 이런 까닭에 ≪易≫에는 태극이 있어, 이것에서 양의가 나왔다." 孔疏: "不言天地而言兩儀者, 指其物體, 下與四象(金, 木, 水, 火)相對, 故曰兩儀. 謂兩體容儀. 천지라고 말하지 않고 양의라고 말한 것은 그것이 물체로 아래로 사상과 서로 對가 됨을 말한다. 때문에 양의는 물체의 외양 · 모습을 말한다." ② 日月.

▶積風雨: 積에는 長久의 뜻이 있다. 따라서 積雨는 久雨(오랫동안 오는 비)이다. 예: 王維 〈積雨輞川莊作詩〉에 "積雨空林烟火遲. 오랜 비에 인적 없는 숲 밥 짓는 불은 더디 지펴진다"란 句가 있다. 다른 뜻으로는 積聚가 있다. 따라서 積風은 한 곳에 몰려 있는 회오리바람의 뜻이다. ≪莊子 · 逍遙遊≫: "風之積也不厚, 則其負大翼也無力, 故九萬里, 則風在斯下矣. 바람이 쌓여 모인 것이 두텁지 못하면 큰 날개를 받쳐주는데 효력이 없다. 때문에 구만리를 가는 것은 바람이 그(날개)밑에 있어서이다." 그러나 이 시에서는 글자의 보편적인 뜻 그대로 번역하니 오히려 더 뜻이 잘 연결된다. 즉 天地間에 風과 雨가 겹겹이 쌓이더니 終當에는 第2句의 百谷의 漏가 생겼다 함이 技巧上 더 훌륭하다 하겠다.

즉 積과 漏를 연결시켜서 글자 本來의 含意를 運用한 것 같다.

▸漏: ① 액체·기체·광선 등이 틈으로 스며 나오다. ② 누설하다. ③ 露出하다. ④ 넘쳐나다. ≪後漢書·陳忠傳≫: "靑·冀之域淫雨漏河, 徐·岱之濱海水盆溢. 청주·기주지역은 오랜 비로 강물이 넘쳐 나고, 서주·태산의 해변은 바닷물이 넘쳐나다." 〈李賢注〉: "漏, 溢也."

▸百谷: ≪文選·宋玉·高唐賦≫: "遇天雨之新霽兮, 觀百谷之俱集. 하늘의 비가 막 개인 때를 마주침이여, 뭇 계곡의 물이 모여드는 것을 본다." 〈李善注〉: "百谷者, 衆谷雜水至山之下. 백곡은 뭇 계곡의 물들이 산 아래로 흘러드는 것이다." ⇨ 百谷王: 강과 바다다. 뭇 계곡의 물은 반드시 강과 바다로 가기 때문에 이렇게 부른다. ≪老子·66章≫: "江海所以能爲百谷王者, 以其善下之. 故能爲百谷王. 강과 바다가 뭇 계곡의 왕이 될 수 있는 것은 낮은 자리 차지하길 잘하기 때문이다. 그래서 뭇 계곡의 왕이 될 수 있다."

解說

천지간에 비바람이 오랫동안 쌓이고 쌓이다 보니 강하로 천천히 고르게 물을 흘려주던 백곡의 물결이 거세지면서 넘쳐흐르는 일이 생겨나게 되었다.

➥ 그리고 第1句의 風雨는 第13句의 吹(風), 第14句의 沒(雨)와 연결된다. 普通 風과 雨는 함께 어울러 쓰이니 例컨대 陶淵明의 〈讀山海經〉 其一: "微雨從東來, 好風與之俱. 보슬비가 동쪽으로부터 오니, 좋은 바람 같이 오네." 杜甫의 〈春夜喜雨〉: "隨風潛入夜. 바람 따라 살며시 밤에 들어왔네."를 보면 알 수 있다. 그러나 그 作用·活動을 보면 風은 副隨的이고 雨가 主된 것으로 本詩에서도 같은 力量을 發揮한다 하기에는 雨의 害가 隄防을 터지게 하는 듯 더 크지만 다만 農作物에 關한한 동일한 힘은 表出했다고 보았다.

❖ 제3 · 4구: 聞道洪河坼, 遙連滄海高.

註

▸聞道: 所聞을 듣자하니 風聞에 들리길. 仇氏가 ≪杜詩詳注≫에서 동생의 편지 내용을 근거한 것이라고 틀리게 말하였다.

▸洪河: 넓은 河水. 황하가 하 크고 넓기 때문에 그렇게 부름.

▸坼(탁): (隄防이) 터지다.

▸高: 盛大함. 강하의 물결이 창해와 연결되어 같아져서 어마어마해 짐.

▸이하 즉 3구에서 8구까지는 소문을 적은 것이다.

解說

소문에 의하면 황하의 둑이 터져 황하와 바다가 직통으로 한 몸이 되이 황하가 바다같이 되었단다.

❖ 제5 · 6구: 職司憂悄悄, 郡國訴嗷嗷.

註

▸職司: 어느 직책을 담당하는 관원. 여기서는 治水 · 隄防 擔當官吏를 말함.

▸悄悄 (초초. qiǎo): 우울함. 침울함. 침통함.

▸郡國: 周의 封建制, 秦의 郡縣制(제후에게 땅을 갈라 주지 않고 천하를 郡과 縣으로 나누어 中央에 直屬함) 모두 一長一短이 있다 하여 漢에서는 郡國制를 시행함—秦을 본 따 中央에 直屬하는 郡과 周를 모방한 諸侯들의 侯國 · 王國의 國을 합쳐 郡國이라 함. 그러나 後世에는 中央을 除한 地方行政區域을 보통 郡國이라 부름.

▸嗷嗷(오오. áo): 아우성거리다. 와글거리다.

解說

治水 · 隄防을 담당하는 관원들의 근심은 침통할 지경인데 이 시방 지고을 백성들의 하소연은 와글와글 하단다.

❖ 제7 · 8구: 舍弟卑棲邑, 防川領簿曹.

註

▸卑棲邑: 邑之卑棲之位임. 卑棲는 아주 낮은 자리에 있음.

▸防川: 洪水의 汎濫을 막음.

▸領: 統領하다. 관리하다. 받아들이다.

▸簿曹: 官名. 漢代 刺史에게는 簿曹從事史라는 보좌관이 있어 錢穀과 簿書를 맡고 있었다.

解說

걱정되는 것은 동생이 臨邑의 시시하나마 簿曹자리를 하나 맡고 있는데 그것이 바로 강물을 막고 제방 관리하는 일인 것이다.

❖ 제9 · 10구: 尺書前日至, 版築不時操.

註

▸尺書: ① 書籍. ② 書信. 尺素書의 준말. ≪文選 · 古樂府 · 飮馬長城窟行≫: "客從遠方來, 遺我雙鯉漁. 呼兒烹鯉魚, 中有尺素書. 객이 멀리서 와, 나에게 쌍 잉어주네. 아이 시켜 잉어 삶으라 했더니, 그 속에서 한 자의 깁에 쓴 편지 있었네." ⇨ 尺素: ① 小幅의 비단. 그 것에 편지나 문장을 씀. ② 편지의 뜻.

▸版築(bǎn zhù): ① 가운데 흙을 채우는 양쪽의 판대기를 版 그 흙을 굳게 다지는 공이를 築이라 함. ② 흙 담을 단단하게 치는 일.

▸不時: 時時. 노상, 늘, 무시로.

▸操: 從事하다. 만들다. 잡다. 장악하다. 조종하다.

▸以下 10句부터 20句까지는 편지의 內容을 말함.

解說

소문을 듣고 동생을 걱정했는데 전날 편지가 왔다. 그 속에서 말하길 제방을 쌓느라고 시도 때도 없이 노상 판축 하는 일에 매달려있단다.

❖ 제11 · 12구: 難假黿鼉力, 空瞻烏鵲毛.

註

▸黿(원): 큰 자라.

▸鼉(타): 양자강에 사는 악어. 옛날에는 이것을 鼉龍이라 불렀고 그 가죽으로 북을 만들면 큰 소리가 난다하여 그 북을 鼉鼓라 했다.

➡ 〈將進酒〉는 李白과 李賀가 絶對 讓步할 수 없는 傑作을 써서 이 作品만으로는 두 사람을 可謂 聯璧이라 하겠는데 朝鮮의 文人들은 李賀를 더 친 듯하다. 거기에서 "吹龍笛, 擊鼉鼓, 皓齒歌, 細腰舞"가 絶頂으로 音調 또한 短促하여 잘 調和되었다. 이 詩는 또한 有名한 詩人 石洲 權韠(권필)과도 일종의 詩讖(시참)같은 이상한 인연이 있었다. 權詩人이 귀양 갈 때에 친구들이 酒幕에서 그에게 술을 권하며 慰勞하였는데 벽에 누군가가 李賀의 〈將進酒〉를 써놓은 것까지는 좋았는데 끝의 "勸君終日酩酊醉, 酒不到劉伶墳上土"를 "權君終日酩酊醉, 酒不到劉伶墳上土, 권군이여! 종일토록 돌아버리게 취하게, 그렇게 술 좋아하던 유령도 죽은 다음에는 누구들 술 권하겠는가. — 유령같은 자네가 죽은 뒤에는 술 더 권할 이 없으리."라고 방성맞고 사위스럽게 잘못 써 놓았단다. 과연 귀양 도중에 죽었다.(차주환 역 ≪詩話와 漫錄≫ 민중서관)

➡ ≪杜詩鏡銓≫에서 인용한 ≪竹書紀年≫에 보면 周穆王이 동쪽으로 구강(九江)에 이르러 자라 · 악어를 큰소리로 명령하여 다리 놓게 하였다고 한다. 본시에서는 그런 재주를 말함이지 꼭 다리를 다시 놓는다는 뜻은 아니다. 절대 오해마시라!

▸烏鵲毛: 까막까치의 머리에서 빠진 털. ≪杜詩鏡銓≫에서는 ≪爾雅翼≫을 引用하였는데 七月 七夕이 시나면 까치의 머리가 까닭 없이 벗겨지는데 전해오는 말이 그날에 까막까치가 다리를 만들어 직녀를 건너게 함으로 털이 모두 빠진다 하였다.

解說

우리가 周穆王 같은 재주 없으니 자라 · 악어를 부려 다리 만들게 하는 역량을 빌려 올 수도 없고 우리가 직녀같은 별님도 아니니 까막까치가 자발적인지 天帝의 명인지 다리 놓고 머리털 빠진 것을 멀거니 구경하는 신세다. 人力에는 限이 있고 神通力은 없음이 참으로 안타깝고 딱하다는 내용.

❖ 제13 · 14구: 燕南吹畎畝, 濟上沒蓬蒿.

註

▸燕南: 河北省의 南部, 濟南 · 兗州一帶 (蕭滌非). '燕南趙北'는 황하이북의 땅을 가리킨다. ➪ 燕을 중국어 (yàn)으로 읽으면 제비. 연회, 安逸의 뜻이고 (yān)으로 읽으면 지명, 고대의 국가명이 된다.

▸吹: 바람이 불다는 뜻. 즉 큰 바람이 휘몰아쳐 농작물이 엉망이 됨. 벼 · 보리 · 밀 · 조 · 수수 따위 키 큰 작물이 바람에 쓰러짐. 제1구의 風雨의 風과 연결됨.

➥ 물만 무서운 것이 아니다. 바람이 무서운 예를 들어본다.

≪書 · 金縢≫: "秋, 大熟, 未穫, 天大雷電以風, 禾盡偃, 大木斯拔, 邦人大恐. 王與大夫盡弁, 以啓金縢之書, 乃得周公所自以爲功代武王之說.……王出郊, 天乃雨(霽)反風, 禾則盡起, 二公命邦人, 凡大木所偃, 盡起而築之, 歲則大熟. 가을 곡식이 잘 익었는데 아직 수확은 안하였다. (날씨가) 크게 우레 번개와 바람을 일으켜 곡식 줄기가 모두 땅에 눕고 큰 나무가 뽑히니 나라 사람들이 크게 두려워하였다. 왕 — 성왕(成王)을 가리킴 — 과 대부들이 모두 의관을 갖추고 금속 끈으로 묶은 상자를 열고서 주공(周公)이 형인 무왕(武王)이 아플 때 대신 죽어도 좋다는 맹세를 한 글을 보게 되었다.……왕이 주공을 친히 영접하기위해 교외로 나아가니 비 오던 날이 개이고 바람이 반대 방향으로 불어와 쓰러졌던 작물이 모두 일어섰다. 太公望과 召公奭이 백성들에게 명하여 쓰러졌던 큰 나무들을 세우고 옛 모습대로 만들었다. 그 해의 수확은 대풍 이었다."

自古로 凶年 즉 荒歲 · 荒年이 되는 原因으로 指目하는 것이 여럿인데 대충 들어보면 水害·旱害·風害·蟲害·寒害(이상저온) 등이다. 이 〈金縢. 금등〉의 글을 보면 바람의 피해가 한해의 豊凶과 밀접한 관계가 있는 것을 알 수 있다. 제13구의 "吹"는 바람의 위력을 말한 것이다. 勿論 "吹"字에는 風의 뜻도 있고 管樂器의 뜻도 있다. 다만 四聲이 틀릴 뿐이다.

◎ 附記

明代의 奇人(畸人) 즉 괴짜인 李卓吾, 贄(지)는 佛教를 尊崇하며 孔·孟을 非難하여 當時는 勿論 淸代에도 邪說界의 頭目쯤으로 치부하고 罵倒하였는데 사실 그의 思想은 대단히 新異한 곳이 많아 近代學者들이 아주 重視하였다. 그는 이 ≪書經≫의 〈金縢〉篇에 對하여 人情·物情·實情에 어긋나고 背馳됨을 하나하나 날카롭게 지적하고 明快하게 결론을 이끌어냈다. 武王이 병들었을 때에 周公이 自身을 兄이요 임금인 武王을 代身해 祖先들에게 바치고 武王이 낫기를 기원했다. 史臣이 이것을 기록하여 금속의 끈으로 묶은 궤 속에 잘 보관하였다. 이에 대해 李卓吾는 다음과 같이 말한다. "신(神)이 자기의 죽음을 허락하지 않았으니 스스로 죽을 수는 없었고 그저 자기가 兄을 대신하여 죽겠다는 마음만 밝혔으면 되었지 자기가 형을 代身해 죽겠다는 것을 알아주길 바라지는 않았을 것이다.", "그렇다면 그가 기도할 때에 준비한 冊祝의 기도문, 세 군데에 쌓은 壇 — 祖先인 太王·王季·文王을 위한 것 — 과 땅을 고르게 닦은 일, 神에게 禮物로 바쳐 陳設된 玉璧(옥벽)과 자기가 잡고 있던 珪玉(규옥), 金縢으로 묶은 궤짝 따위는 도대체 누구를 위한 무대도구였던가. 속담에 '평지에 뼈 무더기를 쌓는다'는 말이 있는데 바로 이를 두고 한 말이다. 그야말로 平地風波로 바람이 없는데 물결을 일으키고 일이 없는데 일을 만든 것이니, 한 사람이 명예를 좋아하여 萬世에 害毒을 흘리고 종당에는 管叔으로 하여금 流言蜚語를 퍼뜨리게 하였고 新나라를 세운 王莽(왕망) — 그도 대신 죽겠다고 멀쩡하게 기도를 했다 — 에 핑계꺼리를 준 것이다." 그리고 ≪孟子·公孫丑下≫篇에 나오는 陳賈의 말로 끝을 맺었다. "周公이 管叔으로 殷을 감독하게 했는데 管叔은

殷을 기반으로 배반하였다. 알고서 감독을 시켰으면 不仁이요 모르고 시켰으면 不智라", "이 陳賈의 말이 千古의 不變하는 決論·判決이다. 周公이 不仁인지 不智인지 선생께서는 그 하나를 골라내시라." 儒家의 虛僞와 假飾(가식)·欺罔(기망)을 痛烈하게 批判했다고 하겠다.(明·李贄 ≪初潭集·兄弟下≫에서)

지금 자식이 중병에 걸려 병원에서도 포기한 상태다. 父母가 지푸라기라도 잡는 심정으로 교회·성당·절로 뛰어가 간절히 기도하고 神이나 佛에 매달릴 때 그 景況없는 중에 기도문을 가지고 가서 日附印을 찍고 변호사와 의논하여 所定의 樣式을 갖추어 증거가 되는 문서로 만들거나 기도하는 모습과 기도문을 테이프로 만들어 같은 절차를 밟아 銀行에 가지고 가서 個人金庫에 保管하였다가 나중에 자식이 長成하여 자기들을 薄待 곧 푸대접한다고 여길 때 이것을 公開한다면 所期의 目的을 達成할까.

▸畎(견)은 밭도랑이고 畝(무)는 田壟 즉 밭이랑임. 여기에서는 논밭의 뜻으로 쓰임.

▸濟上: 濟水의 가, 濟水 一帶.

▸沒: 잠기다, 파묻히다. 사라지다, 없어지다.

▸蓬蒿(봉호): 쑥의 뜻에서 잡초로 쓰이고 다시 草野, 荒野, 偏僻之處로 쓰임. 잘 개간 된 논밭이나 집터 뿐 만 아니고 높고 외진 잡초만 자라는 못된 땅까지 물에 다 잠김.

解說

燕南지역의 논밭은 바람이 휘몰아쳐 작물이 다 쓰러졌고 濟水일대는 쑥대밭까지 물에 다 잠겼단다.

❖ 제15·16구: 螺蚌滿近郭, 蛟螭乘九皐.

註

▸螺(라): 고둥. 소라. 여기서는 민물고둥을 가리킴. ➪ 田螺는 우렁이, 海

螺는 소라임.

▸蚌(방): 민물조개.

▸近郭: 고을—중심 되는 땅—가까이의 城郭을 말함.

▸蛟螭(교리): 蛟龍과 이무기. 螭는 중국어로 (chī)로 읽고 뿔 없는 용, 이무기이다.

▸九皐(구고): 九는 많다, 높다는 뜻—九는 陽數의 極이다. 皐는 경우에 따라서는 늪(澤) 또는 언덕(陵)으로 쓰인다. 여기서는 용이 높은 언덕도 물에 차 그 곳에 까지 올라갔으리라는 뜻이다.

▸乘: 오르다.

解說

고을의 중심과 가까운 성곽에 까지 고둥·조개가 가득하고 높은 언덕도 물에 잠겨 교룡·이무기가 올라 갈 수 있게 되었다.—즉 변화한 다운타운까지, 높고 높은 언덕까지 물에 잠겼다.

❖ 제17·18구: 徐關深水府, 碣石小秋毫.

註

▸徐關: (濟의)地名.

▸水府: ① 水神 곧 龍王의 居處이니 龍宮일 것이다. ② 물의 깊은 곳.

▸碣石(갈석): 세 곳이 있는데 ① 燕나라의 宮이름. ② 左碣石. 高句麗와 境界를 이루며 秦의 長城이 시작된 곳이라 함. ③ ≪書·禹貢≫에 나와 有名해진 곳으로 右碣石. 黃河가 바다로 들어가는 곳에 있다. 여기서는 ③을 가리킨다.

▸秋毫: 가을에 털갈이하고 겨울을 대비하여 난 촘촘하지만 작은 터럭. 微細함을 표현할 때 예로부터 쓰여졌다. ⇨ ≪孟子·梁惠王上≫: "明足以察秋毫之末, 而不見輿薪, 則王許之乎. 시력이 가을 털의 끝도 볼 수 있는데도 수레에 실린 땔나무를 보지 못한다하면 왕께서는 믿으시겠습

니까." ⇨ ≪老子·64章≫: "合抱之木, 生於秋毫, 九層之臺, 起於累土. 아름드리 나무도 추호 같은 작은 씨앗에서 생장해서 되는 것이고, 높은 누대도 흙을 쌓는 것에서부터 이루어진다." ⇨ ≪莊子·秋水≫: "知天地之爲稊米也, 知毫末之爲丘山也. 천지가 돌피나 쌀 알갱이 될 수 있음도 알고, 터럭 끝이 언덕이나 산이 될 수 있음도 안다." ≪莊子≫에 나오는 말은 佛敎의 須彌山·芥子이야기와 비슷하다. 즉 須彌山(수미산)이 겨자씨만하다. 겨자씨 속에 須彌山이 들어있다는 이야기.

杜先生의 이 句는 ≪莊子·秋水≫篇의 이 句가 무심결에 쓰인 듯하다.

解說

徐關도 용궁보다 더 깊어진 것 같고 碣石山도 가을 터럭보다 더 작게 보이는구나.—하기야 莊周는 秋水가 세상을 뒤덮었을 때에 丘山이 얼마나 하찮게 보이는지를 경험으로 알았던 것 같구먼.

❖ 제19·20구: 白屋留孤樹, 青天失萬艘.

註

- ▸白屋: 허연 띠풀로 지붕을 이은 집. 빈한한 백성들의 집을 말한다. 여기에서는 백성들의 집이 있던 동네를 말한다.
- ▸留孤樹: ① 물이 휩쓸고 간 곳에 다만 나무만이 서 있다. 모든 가옥이며 축사, 人工構造物은 다 떠내려가고 동네 정자나무 정도만 버티고 있다. ② 동네가 다 물에 잠기고 큰 나무의 우듬지만 가까스로 물 위에 솟아있다. 여기서는 ②의 뜻이 더 합당하다.
- ▸青天: ① 맑게 갠 날. 晴天. ② 푸른 하늘. ⇨ 青天霹靂: 마른 하늘(晴天)의 날벼락.
- ▸失: 사라져 버림. 찾을 수 없음.
- ▸艘(소): 배의 총칭. 여기서는 漕運하던 하 많은 배를 말함.

解說

흰 띠풀 지붕들이 옹기종기 모여 있던 평화롭던 마을들은 큰 나무의 우듬지만 물 위에 솟아 있을 뿐 물바다요 개인 푸른 하늘 아래 꼬리에 꼬리를 물고 사라져 가던 漕運船들은 다 어디로 갔는지 찾을 길 없다는구나. ―背景이던 靑天은 出演하던 船舶이 사라져 허탈해 한다. 이상이 동생의 편지 내용을 말한 것이다.

☛ **參考**

① 하늘저편으로 배가 사라져 버리는 光景은 약간의 서글픔을 띈 아름다운 風景이었다. 李白도 〈黃鶴樓送孟浩然之廣陵〉 詩에서 "故人西辭黃鶴樓, 烟花三月下楊洲. 孤帆遠影碧空盡, 惟見長江天際流. 친구는 서쪽의 황학루를 하직하고 안개 속 꽃핀 삼월에 양주로 간다네. 외로운 돛배의 멀리 아른거리는 모습마저 푸른 하늘 속으로 사라져 없어지니, 오로지 보이는 건 장강이 하늘 가로 흐르는 모습이네."

▷西辭: 黃鶴樓는 中國의 서쪽 武昌에 있고 廣陵 즉 揚洲는 동쪽 끝에 있으므로 "서쪽에서 황학루를 하직하고"라 했다.

▷烟花: 안개 속의 꽃. 나아가 아름다운 춘경을 의미하며 더 나아가 妓女를 나타냄. 妓院을 烟花寨(연화채)라 하는 따위.

▷孤帆遠影: 孤遠帆影. 影은 名詞뒤에 붙어 흐릿하고 모호함을 나타낸다. 아득히 외로운 보일 듯 말듯 가물가물한 돛배의 뜻이다.

▷碧空盡: 碧空(靑天) 속으로 사라져 없어지다.

② 失字를 묘하게 쓴 例. 梁杜東 선생이 눈 온 경치를 읊으라 하자 "天地失玄黃. 천지에서 현황이 사라져 버렸다."라 했다.

❖ 제21 · 22구: 吾衰同泛梗, 利涉想蟠桃.

註

▶衰: 쇠미함. 시들다. ① 꽃·풀등이 물기가 거의 말라 힘없게 되다. ②

기운이 빠져서 생기가 없고 풀이 죽다.

▸泛梗(범경): ① 떠다니는 나무(가지, 줄기). ② 정처 없이 떠다니는 복숭아 나무로 만든 꼭두각시, 허수아비. ≪杜詩鏡銓≫에서 ≪說苑≫을 인용하였다. "土偶爲桃梗曰: '子東園之桃也, 刻子以爲梗, 遇天大雨, 水潦竝至, 必浮子泛泛乎不知所止.' 흙 인형이 복숭아나무 인형에게 말했다. '너는 동원의 복숭아나무였다. 그것을 새겨서 인형을 만든 것인데 크게 비오는 날을 당하면 빗물이 한꺼번에 닥쳐와 너를 반드시 둥둥 띄워 너는 머무는 곳을 모를 것이다.'"

▸利涉(이섭): ≪易・需≫: "利涉大川. 큰물을 건너감이 유리하다."

▸蟠桃(반도): 王充 ≪論衡≫引 ≪山海經≫: "蒼海之中, 有度朔之山, 上有大桃樹, 其蟠屈三千里. 바다 가운데 도삭산이 있고 그 위에 큰 복숭아나무가 있으니 그 구불구불 얽힌 것이 삼천리가 된다."

➥ ≪太平廣記≫引 ≪漢武內傳≫ 云: "七月七日, 西王母降, 以仙桃四顆與帝. 帝食輒收其核, 王母問帝, 帝曰: '欲種之', 王母曰: '此桃三千年一生實, 中夏地薄, 種之不生.' 帝乃止. 칠월 칠일에 西王母가 내려와 선도 네 개를 漢武帝에게 선사했다. 漢武帝가 먹고 번번이 그 씨를 간수하니 西王母가 漢武帝에게 (왜그러냐고) 물었다. 漢武帝가 말하길 '심으려고 한다.' 西王母가 '이 복숭아는 삼천년에 한번 열매가 열리는데 중국은 땅이 척박하여 심어도 열매가 자라지 못한다'하니 漢武帝가 그만두었다." ➯ 蕭滌非는 蟠桃가 미끼용이라고 함.

解說

나는 시들어 빠진 인생, 똑 옛날 흙 인형이 비웃은 복숭아나무 인형처럼 정처 없이 떠다니는 신세. ≪易≫에서 큰 물을 건너감이 유리하다고 했으니 이처럼 黃河가 바다와 거의 하나처럼 된 김에 나도 건너감이 유리하지 않을까? 그것은 다름 아니고 이왕 복숭아나무 인형 이야기가 나온 터, 건너가서 반도를 따보고 싶구나.

➥ ① 中國의 汪中教授는 대단한 愛酒家이신데 韓國의 泛泛酒에 아주 반했다고 하셨다. 某教授가 동동주를 이렇게 번역하여 가르쳐 드렸단다. 泛字에 얽힌 이야기 하나였다.

② 蟠桃가 동쪽바다 속 땅에서 난다고 하다가 어느새 서쪽의 西王母의 蟠桃園에서 난다 하였고 王母가 瑤池가에서 베푸는 잔치를 蟠桃(勝)會라 부르게 되었다고 발전하였다. ≪西遊記≫에서 孫悟空이 招待받지 못해 홧김에 난장판을 만들어서 이름이 났다.

❖ 제23·24구: 賴倚天涯釣, 猶能掣巨鼇.

註

▸賴(뢰): 다행히. 요행으로. 운좋게.

▸倚: 의지하다. 기대다. 의뢰하다. 접근하다.

▸掣(체): 끌다. (철): 잡아당기다.

▸巨鼇(거오): 전설에 나오는 큰 자라. 蕭滌非先生은 이 자라가 江을 泛濫하게 한다 했으나 根據없이 말했다.

➥ 우리가 推測하건데 ≪列子≫와 ≪淮南子≫에 나오는 이야기가 합쳐져서 하나의 새로운 설을 不知不識間에 造成한 것 같으므로 다음과 같이 紹介한다.

≪列子·湯問≫: "渤海之東有五山, 曰岱輿, 員嶠, 方壺, 瀛洲, 蓬萊, 所居之人, 皆仙聖之種. 五山之根無所連著, 常隨潮波, 上下往還, 不得暫峙焉. 訴之於帝, 帝恐流於西極, 使巨鼇十五擧首而戴之. 迭爲三番, 六萬歲一交焉. 龍伯國有大人, 一釣而連六鼇, 合負而趣歸其國. 灼其骨而數焉. 於是岱輿,員嶠二山流於北極, 沈於大海, 仙聖之播遷者巨億計.

발해의 동쪽에 다섯 산이 있으니, 이름이 대여, 원교, 방호, 영주, 봉래이고 사는 사람은 모두 신선과 성인의 종자였다. 다섯 산의 뿌리는 연결부착된 곳이 없어 늘 오르락 내리락 오고 가고하여 잠시도 멈추지 않았다. 천제에게 하소연하니 천제가 서쪽 끝으로 흘러갈까 두려워 거대한 자라 열다섯 마리에게 머리를 들어 이고 있고 세 마리가 한조가 되어 즉 세 마리가 산 하나씩을 맡아 3교대하는데 육만 년에 한번 교대하게 하였다. 용백국에 거인이 있어 한번 낚시질에 줄줄이 여섯 자리를 낚아 합쳐 지고 급히 그의 나라로 돌아가 그 껍데기를 구워 점을 쳤다. 이에 대여, 원교 두산이 북극으로 흘러가 바다에 침몰하니 신선과 성인이 유랑한 자가 억(億) 단위로계산해야 했다."

≪淮南子・覽冥訓≫: "往古之時, 四極廢, 九州裂, 天不兼覆, 地不周載. 火爁炎而不滅, 水浩洋而不息, 於是女媧鍊五色石, 以補蒼天, 斷鼇足以立四極, 殺黑龍以濟冀州, 積蘆灰以止淫水. 補蒼天, 四極正, 淫水涸, 冀州平. 아주 옛날에 사방의 하늘 기둥이 무너지고 천하 九州는 갈라져 하늘은 아울러 덮지를 못하고 땅은 두루 실어주지 못하고 불은 번져 불꽃은 꺼지지 않고 물은 넘쳐 그치지 않았다. 이에 女媧(여와)가 오색돌을 단련하여 하늘을 때우고 자라의 발을 잘라 사방하늘 기둥을 세우고 흑룡을 죽여 기주(중원)를 구제하고 갈대 재를 쌓아 넘치는 물을 그치게 했다. 하늘을 때우고 사방이 바르게 서고 넘치던 물이 마르자 기주(중원)가 평화로워졌다."

杜先生은 ≪列子≫에서 釣鼇(조오)를 뽑아내고 ≪淮南子・覽冥訓≫에서는 四方에서 하늘을 바치는 기둥이 무너지고 이에 큰물과 큰불이 세상을 휩쓸어 태우고 흘러넘치며 女媧가 鼇足을 잘라 하늘을 받치고 갈대 재로 넘치는 물을 멈추게 한 것 등을 대략 聚合하여 자라를 낚시로 잡아끌어 제압하고는 그로써 하늘을 받치고 물도 말려서 깨끗이 세상을 정리 정돈하여 동생의 마음을 편하게 해주고 싶다는 虛妄하지만 懇切하고 슬픈 所望을 적은 것이다.

사전이 없었던 옛날 모든 것을 暗記하여 引用하고 運用해야 하는 處地에서 一部 事件이 混淆됨은 오히려 當然한 일일 것이다.

물론 여기에서는 擎天柱(경천주)가 모든 물난리 불난리의 근본원인이므로 鼇足이 根本對策이 된다고 볼 수 있으며 杜先生이 이를 錯覺하였을 리는 없다고 본다. 간단히 말해 ≪列子≫와 〈淮南子≫를 읽은 양반들은 이 詩를 잘 理解하리라고 自信한 것이다.

解說

다행히 하늘가에 기대서 낚시한다면 오히려 그대로 옛날 전설에 나오는 巨大한 자라를 능히 끌어내어서 그놈의 발을 잘라 무너진 하늘받침기둥을 대신하여 하늘을 받치면 물난리 불난리 다 없어질 것이니 작히나 좋으랴. 아우야 걱정 말아라 이 언니가 반도 복숭아를 미끼로 하면 그렇게 할 수 있고말고.

☛ 參考

二儀를 보니 景福宮 兩儀門이 생각납니다.

1) 朝鮮의 法宮인 景福宮—昌德宮을 東闕이라 할 때에는 景福宮을 北闕이라 부름—에는 兩儀門이 있다. 임금이 政事를 보던 思政殿의 뒤로 私的인 임금 家族의 生活空間인 六宮이 펼쳐지는데 먼저 임금의 寢殿인 康寧殿이 있고 그 出入門이 嚮午門이다. 午는 南을 나타내니 所謂 "南面稱孤"의 뜻을 함축하고 있는 것이다. 康寧에는 뜻이 두 가지 있는데 첫째 安寧이다. ≪書·多士≫에 "非我一人奉德, 不康寧."이라 하니 〈孔傳〉에 "非我天子奉德, 不能使民安寧. 나 一人者인 임금이 덕을 받들지 않으면 백성을 안녕하게 할 수 없음이라."라 했다. 둘째 健康이다. ≪書·洪範≫에 "一曰壽, 二曰富, 三曰康寧, 四曰攸好德, 五曰考終命. 오복을 장수, 부유, 건강, 좋은 덕을 수양하여 갖춤, 늙어 선종함."이라 하였다.

그리고 뒤로 王妃의 寢殿인 交泰殿이 있으며 그 正門의 이름이 兩儀門인 것이다. 交泰는 ≪易·泰≫: "天地交, 泰" 〈王弼注〉: "泰者, 物大通之時也."라 했으니 泰란 간단히 말해 天地乾坤의 氣가 融通하면 世上萬物이 그 삶을 제대로 이루니 이것을 泰라고 부른다는 것이다. 즉 交泰란 天地의 氣가 和祥하여 萬物이 通泰한다는 뜻이라고 學者들은 어렵게 풀이한다.

이 交泰殿의 이름을 보면 中殿 즉 王妃는 獨立的이고 自主的인 存在라기보다는 꼭 임금과 연결되어야만 일이 제대로 풀린다는 즉 不公平하고 副次的인 存在로 보이는 것이다. 문 이름도 天地乾坤 즉 임금과 王妃가 함께 쓰여 嚮午門의 임금 독차지의 뜻과는 같지 않은 것이다. 그러나 中國의 明·淸代를 살피면 다르다. 內容이야 어찌됐건 외형상 임금과 對等한 關係를 맺고 있는 것으로 表現되는 것이다. 紫禁城의 뒤쪽에는 乾淸宮이라는 임금을 위한 私的인 空間이 있고 다시 뒤에 皇后를 위한 坤寧宮이 있으며 兩宮사이에 交泰殿이라는—帝와 后의 만남의 장소인지는 확인 할 수 없었다—殿閣이 있어 外樣으로는 帝와 后가 근엄하게 말해 分庭抗禮하는 形局인 셈이다.

우리의 경우 景福宮의 뒤쪽에 乾淸宮이 있었고 거기에 딸려서 坤寧閣이 있었고 附屬建物로 玉壺樓가 있었는데 鮑照의 "淸如玉壺氷", 王昌齡의 "一片氷心在玉壺"에서 따왔다. 女人이 아무리 妃일지라도 淸해야 한다는 조금 强制的이고 敎訓的인 含意를 보인다. 이곳은 中殿마마의 寢室이 되었다.—倭人들이 國母를 弑害한 곳이 바로 이곳이다.—이 경우에 坤은 乾의 附屬이 된 것이다.

여기에서 乾淸, 坤寧의 語詞成立의 來歷을 살펴보자. ≪老子·39章≫에 "昔之得一者, 天得一以淸, 地得一以寧, 神得一以靈, 谷得一以盈, 萬物得一以生, 侯王得一以爲天下貞. 예로부터 一을 얻었던 것이 있었으니, 하늘은 一을 얻음으로써 청명하고, 땅은 一을 얻음으로써 안녕하고, 신들은 一을 얻음으로써 영험하고, 계곡은 一을 얻음으로써 충만하고, 만물은 一을 얻음으로써 생장하고, 임금은 一을 얻음으로써 천하 모범이 되었다." 여기서 一은 數의 始이고 物의 極이다. 그런데 道는 萬物의 宗이다. 故로 萬數의 始인 一로 萬物의 宗인 道를 비유한 것이다. 따라서 天·乾·王·男 → 淸, 地·坤·妃·女 → 寧으로 整理할 수 있는 것이다.

말나온 김에 景福의 뜻을 보면 景은 大이니 즉 큰 복이라는 뜻이다. ≪詩經≫에 이 단어가 여러 번 나나온다.

① ≪詩·大雅·旣醉≫: "旣醉以酒, 旣飽以德, 君子萬年, 介爾景福. 술에 취했고 덕에 배불렀네. 君子 萬年토록 큰 복을 누리시길!" ➪ 酒라는 물질명사와 德이라는 추상명사가 짝이 되어 있는 것이 이상하다. 덕을 떡이라 했으면 좋겠는데 떡은 본래 "ㅅ덕"으로 함경도 일부지역에서는 떡을 "시덕구"라 한다니 덕이 떡이 되려면 不得不 "旣飽以德"은 "旣飽是德"이 되어

야 "是德"이 "ㅅ덕"으로 바뀌었다고 할 수 있겠다고 非夢似夢之間에 생각하였다.

② ≪詩・小雅・小明≫: "神之聽之, 介爾景福. 삼가하고 법도를 따르며 큰 복을 빌기를……" ▹神, 愼也.

③ ≪詩・周頌・潛≫: "以享以祭, 介爾景福. (칠저강漆沮江에 있는 많은 물고기 잡아) 그것으로 올리고 제사하여 큰 복을 비네."

이상과 같이 景福은 예전에 大福이란 뜻으로 낯설지 않았던 어휘였다. 일찍이 三國時代 魏나라의 明帝가 七間의 殿閣을 짓고 景福殿이라 하였고 何晏이 〈景福殿賦〉를 지어 輝煌하고 燦爛하며 絢爛(현란)하고 玲瓏하다고 상스럽게 말하면 五色玲瓏・七彩錯雜하다고 어지간히 칭찬했는데 이러한 賦의 특징대로 生命感이 缺如되고 지루함은 폭발할 지경이다. ≪文選≫에 실려 있다. 남의 나라의 일곱간짜리 殿閣에서 旣往에 썼던 이름을 借用하여 자기 나라의 法宮에 갔다 붙인 것이 좀 민망하다.

2) 東闕인 昌德宮을 보자. 임금의 寢殿은 熙政堂으로 뜻은 무슨 典據가 없이 글자 그대로 政事를 밝게 보라는 지극히 쉽고 당연하지만 또한 지극히 어렵고 힘든 권장사항을 썼다.

王妃의 寢殿이 유명한 大造殿으로 漢字를 조금 아는 사람들의 온갖 臆測과 想像을 자아내게 하였다. 大造는 본래 ≪左傳≫에 나오는 말인데 大功勞・大恩德을 말함이다. 後에는 天地・自然을 가리키는 말로 널리 쓰여 졌다. 造 자체는 恩德・吉祥・成就라는 뜻으로 쓰였고 다른 한편으로는 製作・建立・生産・著述로 쓰였다. 그러나 가장 널리 쓰인 것은 製作・製造와 生産의 뜻이다. 유명한 예로는 ≪呂氏春秋・大樂≫: "萬物所出, 造於太一, 化於陰陽. 萬物의 나옴이여 道에서 생겨나와 陰陽을 따라 변화한다."으로 生産의 뜻이 강하다.

大造는 天地・自然의 偉大한 生産・化育 또는 萬物을 生産하고 養育하는 天地・自然이라는 뜻이다.―위대한 탄생이라는 억단이 있었던 것 같다―先史時代 以來로 全地球上에서 普遍的으로 發見되는 多産의 象徵인 母性崇拜의 表現이라 解釋하면 이미도 謹嚴하고 嚴肅한 道學者들은 怒發大發 及其也 氣絶 失神하고 말 것이다.

결국 一國의 國母가 모든 黎民·蒸民·臣民들 위에 母儀를 갖추고 제대로 충실하게 임금과 생활하여 天地와 같은 創造化育의 模範을 보이며 이것이 四海로 擴大되고 敷衍되라는 外的으로는 巨創한 듯하지만 內的으로는 至極히 平凡한 內容인 것이다. ➪ 殿이 堂보다 級으로는 높은 것 같으나 여기에서 보면 임금의 熙政堂, 왕비의 大造殿 하듯이 別個인 것 같다. 다만 규모는 큰살림을 고려하여 양반집의 안채가 사랑채 보다 크듯이 交泰殿·大造殿이 康寧殿·熙政堂보다 크단다.

14. 〈天寶初, 南曹小司寇舅, 於我太夫人堂下, 壘土爲山, 一匱盈尺, 以代彼朽木, 承諸焚香瓷甌, 甌甚安矣. 旁植慈竹, 蓋茲數峰, 嶔岑嬋娟, 宛有塵外致, 乃不知興之所至, 而作是詩.〉(五言律詩)

一匱功盈尺, 三峰意出群. 望中疑在野, 幽處欲生雲.
慈竹春陰覆, 香爐曉勢分. 惟南將獻壽, 佳氣日氤氳.

❖ **詩題**

〈假山〉이 詩題여야 하고 위의 詩題는 詩의 序일 것이라는 이도 있다. 그러나 확실한 根據없는 說일뿐으로 希望事項이다.

註

▶天寶: 唐 玄宗 年號. 元年(742)부터 十四年(755)까지이다.

▶南曹: 唐代 吏部에 所屬된 官吏. 員外郎 한 명으로 충당하였는데 官吏의 報告文件과 실적을 심사하여 승진의 참고자료를 만듦. 參考로 朝鮮朝 吏曹의 正郎과 佐郎은 內外官員을 薦擧·銓衡(전형)하는데 가장 많은 權利를 가지고 있었으므로 銓郎이라는 別稱이 붙었는데 이와 類似한 것 같다.

▶大司寇(대사구)·小司寇: 法律·詞訟을 管掌하며 그 嚴格함이 秋霜같아 周代부터 秋官이라 부름. 杜先生의 外叔이 아마도 刑部侍郎으로 吏部의 職을 權(暫時代理함)하고 있었던 것 같다. 朝鮮時代에는 刑曹判書와 參判을 아주 예스럽게 불러 大司寇·小司寇라 하였고, 조금 예스럽게 불러 刑部尙書·刑部侍郎이라 함.

▶我: 친근감을 나타낼 때 붙이는 말. 우리 어머니, 우리 아가같이 우리나라에서도 비슷하게 쓰임. 물질에도 붙일 수 있으니 陶淵明 〈歸園田居〉

其五 "漉我新熟酒"가 그 예이다. 사랑스럽고 대견한 영혼을 적시는 나의 술이라는 뜻이리라.

▸太夫人: 본래 漢代에 列侯(異姓諸侯)의 홀어머니에 대한 칭호. 列侯의 부인으로 列侯가 죽고 아들이 列侯가 되어야만 이렇게 부를 수 있었다. 후세에는 官吏의 어머니로 남편의 生存與否와 관계없이 부름. 여기서는 杜甫의 祖父 杜審言의 繼室인 盧氏를 가리킴.

▸爲山: 石假山·假山·山子라 불리며 관상용으로 만든 人工의 山이다. 흔히 못(池)과 함께 만들며 朝鮮에 있어서는 三神山·巫山十二峰(대개 12개의 돌로 대신함)이 主題가 된 境遇가 많다.(허균 著 ≪한국의 정원≫ 參考)

▸一匱盈尺: 한 삼태기로 한 자 높이를 초과 할 수 있다. 匱(궤): 삼태기, 盈: 채우다, 초과하다. 쌓은 산이 작고 아담함을 형용한 말이다. ➪ ≪論語·子罕≫: "譬如爲山, 未成一簣, 止, 吾止也. 비유하면 산을 만듦에 한 삼태기(부족) 때문에 완성되지 못한다면 그 중단함도 내가 중단한 것이다. —마지막 삼태기의 소중함을 말함" 本詩에서는 한 삼태기의 중요성을 다른 뜻으로 강조하였다. 한 번 부을 때 마다 한 자가 넘으니 한 삼태기가 얼마나 쓸모 있게 쓰여졌느냐는 뜻이다. 다음에 引用하는 ≪書經≫의 글도 같은 내용으로 引用하였을 것이다. ➪ ≪書·旅獒≫: "不矜細行, 終累大德. 爲山九仞, 功虧一簣. 작은 행동에 조심하지 않으면 종당에는 큰 덕에 누가 되고, 큰 아홉길 산을 만드는데 그 큰 일도 마지막 한 삼태기의 부족으로 이지러진다."

▸諸: ① 그, 그것. ② 句中에 쓰이는 語助詞.

▸朽木: ≪論語·公冶長≫: "朽木不可雕也. 썩은 나무는 새길 수 없다. —宰予가 낮잠자는 것을 본 孔子가 역정이 나서 하신 말씀." ➪ ≪管子·形勢解≫: "海不辭水, 故能成其大. 山不辭土, 故能成其高. 바다는 어떤 물이라도 마다하지 않기 때문에 그 큼을 이룰 수 있었고, 산은 어

떤 흙도 마다하지 않기 때문에 그 높음을 이룰 수 있었다." ≪淮南子·泰族訓≫: "山不讓土石, 以成其高, 海不讓水潦, 以成其大. 산은 썩은 흙 푸석돌도 마다하지 않아 그 높음을 이루었고, 바다는 길 위의 넘친 쓸모없는 물도 마다하지 않아 그 넓음을 이룰 수 있었다."

향 사르는 그릇을 받치고 있던 나무받침은 오래 돼 썩었으므로 孔子 말씀대로 쓸모없지만 그 대신 작은 산을 쌓으면 썩었건 푸석하건 다 받아들이는 도량이 있으니 작히나 좋으랴. 더하여 한 삼태기의 작은 양도 제 구실을 톡톡히 하는구나.

以上은 杜甫의 胸中·腹中에 充溢하는 古今의 典籍이 混合되어 하나 하나가 정확한 인용은 아니지만 不知不識間에 混合되어 表出된 하나의 表情이라 보는 것이 妥當하겠다.

▶慈竹: 一名 義竹. 慈孝竹(慈孝는 孝誠의 뜻). 子母竹. 叢生한다. 한 무더기에 수십에서 백여 줄기가 자란다. 뿌리와 줄기가 뒤섞여있고 사시사철 죽순이 나온다. 높이는 二丈(7~8m) 쯤 된다. 새로 난 줄기와 옛 줄기가 빽빽이 합쳐져 높은 것과 낮은 것이 서로 기댄듯하니 꼭 老少가 서로 의지한 듯 하다하여 이렇게 불리게 되었다.

➡ 慈: ① 윗사람이 아랫사람을 사랑하다. 부모가 자녀를 사랑하다. ② 어버이에게 효성하며 존경하다. ≪莊子·漁父≫ "事親則慈孝. 어버이를 섬길 때는 효성하라"라 했고, 人口에 膾炙되는 白居易의 유명한 詩 〈慈烏夜歌〉의 慈烏는 딩까마귀로 효성스런 까마귀이지 인지한 까마귀는 아님이 詩中의 "木盡反哺心", "鳥中之曾參"으로 금방 알 수 있다.

▶蓋: 덮다. 慈竹이 石假山을 덮다.

▶嶔岑(금잠): 嶔崟(금음). 산이 우뚝한 모습. 嬋娟(선연): 곱고 아름답다. 慈竹의 자태.

▶宛然: 뚜렷하게 나타남.

▶致: 韻致. 情致. 風致.

▸乃不知興之所至: 興: 感興, 興致. 興趣. 至: 至極. 정점. 도달하다. 金聖歎 曰: "不知手之舞之, 足之蹈之."를 말함이다.

➥ ≪論語 · 述而≫: "發憤忘食, 樂以忘憂, 不知老之將至云爾."는 句法은 類似하나 이 때 至는 이르다, 도달하다의 뜻으로 쓰임.

解說

〈天寶 初에 吏部의 일을 잠시 대리하고 계셨던 刑部侍郎인 外叔께서 우리 太夫人의 대청아래 쪽에 돌과 흙을 쌓아 석가산을 만드셨는데 한 삼태기면 한 자 높이를 넘는 규모였었다. 옛날부터 말씽이고 관건이던 한 삼태기가 여기에서도 썩 중요한 역할을 하지 않더냐. 그리하여 저 공자께서도 왕년에 쓸모없다고 탄식하신 썩은나무—향을 사르는 사기그릇을 받치고 있던 받침대—를 대신하니 사기그릇은 아주 썩 자리를 잘 잡게 되었다. 곁에 慈竹을 심으니 석가산의 몇 개 되는 봉우리를 덮어서 봉우리는 우뚝하고 대나무는 아리따워. 뚜렷할세라. 속세를 벗어난 운치와 정치가. 이에 나의 흥취가 어데까지 가는지를 모르게 끝없이 솟구치고 뻗어 그 김에 이 시를 짓게 된 것이다.〉

❖ 제1 · 2구: 一匱功盈尺, 三峰意出群.

註

▸功: 일. 事業. 功勞. 功績.

▸三峰: 三神山을 象徵함.

▸意: 情意. 感情. 意味. 情趣. 意氣. 氣勢.

▸群: 群峰. 속세의 수많은 산봉우리들을 가리킴.

▸出群: 出衆. 出은 超出, 群은 衆, 許多의 뜻.

解說

한 삼태기의 工作이면 한 자 높이를 넘을 수 있으니 참으로 아담하고 자그마하지만 우습게 보지마세요. 삼신산의 情趣 · 氣勢가 시시한 세상의 못 봉우리를 훌쩍 뛰어넘는다오.

❖ **제3 · 4구: 望中疑在野, 幽處欲生雲.**

註

▸中: 時. 中과 아래구의 處는 互文. 모두 時의 뜻이다.(王鍈 ≪詩詞曲語辭集釋≫) 그러나 上句는 時間 下句는 場所로 봄이 더 妥當할 듯.

▸疑: 似. ~ 같다. ~인 듯하다.

▸幽: 깊다. 어둡다. 숨다. 감추다.

▸生雲: 구름이 피어난다는 뜻은 산이 높거나 깊거나 또는 바위가 있을 때를 말한다. 예를 들어 본다.

① 張協 〈雜詩十首〉 其十: "雲根臨八極, 雨足灑四溟. 깊은 산 구름 생기는 곳은 사방 팔방을 내려다보고, 빗발은 천하에 뿌린다."

② 구름은 돌과 만나야 생긴다. 그래서 돌(石)을 雲根(구름의 근원, 뿌리)라고 예부터 일러왔다.

③ 陶淵明 〈歸去來辭〉: "雲無心以出岫. 구름은 아무 생각 없이(즉 作爲的인, 意圖없이) 산굴에서 피어오른다."

解說

이 작은 산을 바라볼 때는 어수선한 고을을 벗어나 벌판에 서 있는 것 같고 또한 이 작은 산일 망정 그윽하고 가리워진 곳에서는 얼마나 깊고 깊은 느낌이 나는지 구름이 피어날 것 같다.

❖ **제5 · 6구: 慈竹春陰覆, 香爐曉勢分.**

註

▸覆: 덮다. (부)로 읽을 것을 (복)으로 잘 못쓰시 그냥 굳어진 경우. 清溪川覆蓋工事(부개공사 → 복개공사). 覆面强盜(부면 → 복면).

▸香爐: ① 위에서 말한 焚香瓷甌(분향자구)를 말하는 것 같으나, 그렇다면 굳이 香爐를 그렇게 어렵고 길게 썼는지 疑訝心이 든다. ② 廬山의 香爐峰을 쓴 것 같다. 그 이유는 李白의 〈望廬山瀑布二首〉 其二에서 "日照香爐生紫烟, 遙看瀑布挂長川. 향로같이 생긴 향로봉에 해가 비추면 향로에서 보랏빛 향연이 솟아오르듯 보랏빛 안개구름이 피어난다" 하였는데 作品의 先後가 不分明하여 杜甫가 이 詩를 參考했는지는 모르겠으나 當時 廬山은 一大 名勝으로 焚香하는 그릇에서 香爐峰을 聯想한 것은 쉽게 납득할 수 있으리라.

▸勢: ① 形勢, 情勢. ② 姿態. ③ 樣式.

▸分: 분명(하다). 뚜렷하다. 새벽에 하늘이 차츰 훤해지면 事物의 形狀도 점점 모호한 것에서 분명하고 뚜렷하게 바뀐다는 뜻.(王鍈 ≪詩詞曲語辭例釋≫)

解說

이름 그대로 慈愛롭고, 慈孝로운 대는 언제나 봄의 마음이라 부드럽게 이 산을 덮어주고, 香爐峰에 比肩할 봉우리인지 焚香하는 香爐인지 이 산의 꼭대기는 대의 그림자가 항상 드리워 있지만 새벽의 아주 적은 빛에도 그 姿態가 분명하게 드러나는 것이다.

❖ 제7・8구: 惟南將獻壽, 佳氣日氤氳.

註

▸惟: ① 思考. 思念. ② 희망(하다) 바라다. ③ ~에서, ~으로써.

▸將: 바로. 막. 마침. 바야흐로. 아래 日과 互文. 時間副詞이다.(徐仁甫)

▸氤氳(인온): 기운이 성하게 피어남.

▸獻壽: 獻禮祝壽. 예를 갖춰 장수를 기원함.

▸佳氣: ① 아름다운 구름. 古代에는 吉祥・興隆의 상징이라 함. ② 清雅한 氣味.

➥ 南山: ≪詩·小雅·天保≫: "如南山之壽, 不騫不崩. 南山이 長久하여 이지러지지도 무너지지도 않는 것 같이. —이 詩에서 壽는 無窮함의 뜻이다." 여기에서 發展하여 世間의 "壽如南山, 福如東海"라는 좀 俗되지만 率直하고 懇切한 中國人의 所望이 表出되었다.

解說

생각건데 (또는 바라건데) 南쪽에 이 山이 있으니 꼭 옛 글의 南山之壽라는 말과 不謀而同인듯 딱 符合인듯, 바야흐로, 마침 예를 갖춰 長壽를 기원하는 듯하니 이 山에서 일어나는 상서로운 안개구름도 날로 피어날 것이다.

☛ 參考 ❶

꿈에 대하여 말해보자.

朽木: 宰予가 낮잠 자는데 孔子가 역정이 나서 하신 말씀인데 儒家나 墨翟之徒는 勤勉을 큰 德目으로 삼아 世上에 "孔席不暇暖, 墨突不暇黔. 공자의 자리는 따뜻할 겨를이 없고, 묵자의 아궁이는 검어질 겨를이 없다."이란 말이 그래서 생겨났다. 그러나 老·莊은 特히 莊子는 낮잠을 즐긴듯하니 "莊周胡蝶夢"이란 말이 나왔고 齊物論의 南郭子綦(남곽자기)는 조는지 瞑想인지 아리송한데 春蠶이 吐絲하듯 蜘蛛가 造網하듯 懸河之辯을 쏟아내니 肉身의 勤勉이 꼭 勝事는 아닐 것이다.

宋初期의 大詩人 梅堯臣(매요신)은 꿈과 잠을 많이 읊었는데 이유는 잠을 자야 꿈을 꾸고 꿈을 꾸어야 세상 떠난 아내를 볼 수 있었기 때문인 듯하다. 그의 〈悼亡〉三首를 보면 婚姻한지 17년 만에 아내를 보내고 나서 茫然自失한 모습을 逼切하고 眞率하게 그렸는데 "見盡人間婦, 無如美且賢. 세상의 여편네를 두루 다 봤지만 우리 아내처럼 예쁘고 어진 인물 없더라."이라 한 것을 보면 독자들은 슬픈 가운데에서도 失笑를 금할 길 없다. 원래 悼亡은 哀悼·悼念死亡者의 뜻이니 죽은 사람이 누구든 죽은 사람을 애도하고 슬퍼하면 悼亡이 되어야 한다.

그러나 晉·潘岳(반악)이 아내의 죽음을 슬퍼해서 지은 〈悼亡詩三首〉(≪

文選≫에 수록됨)가 너무나 유명해지고 名聲이 藉藉해지니 後에는 喪妻를 悼亡이라 부르게 된 것이다. 어쩔 수 없는 일이다. 그의 작품을 조금 맛보자.

其一의 "帷屛無髣髴, 翰墨有餘跡. 流芳未及歇, 遺挂猶在壁. 悵怳如或存, 周遑忡驚惕. 장막 옆 병풍 앞에는 이미 어렴풋한 모습마저 없어졌으나, 시문이라 남긴 筆跡은 있노라. 떠도는 향기 스러지지 않음이여, 벽에 걸린 그대의 옷가지·노리개가 아직도 있기 때문인가. 心身이 황홀하여 멍하고 어리둥절하며 아직도 혹 살아있는 것 같아 이리저리 방황하니 슬프고도 놀랍고 두렵구나.—혹시 내가 미친 것이 아닐까하고."

其二의 "展轉眄枕席, 長簟竟牀空. 牀空委淸塵, 室虛來悲風. 獨無李氏靈, 髣髴覩爾容. 잠못이뤄 뒤척이다 아내의 베개와 자리 있었던 곳을 보니 긴 자리 빈 침상을 덮었을 뿐이다. 침상은 비어 고운 먼지 쌓였고 아내 없는 빈 방에는 슬픈 바람소리 들려올 뿐이다. 어찌 이씨의 영혼이 없다하리, 어렴풋이 그대의 모습이 보이는 듯하거늘." 等은 三首中에서 가장 哀絶하고 表現이 眞摯(진지)한 부분이다.

唐代에는 元稹(원진)의 悼亡이 가장 유명하다.—물론 가장 잘된 것과 一致하지는 않는다.—아내가 27歲에 세상을 뜨자 많은 作品으로 心懷를 吐露했는데 〈遣悲懷〉 三首가 白眉라 稱해지나 世俗에 널리 퍼져나간 것은 〈離思〉 五首中 其四이다. "曾經滄海難爲水, 除卻巫山不是雲. 取次花叢懶回顧, 半緣修道半緣君. 바닷물 겪고 나면 여느 물은 물이라 하기 어렵고, 巫山의 雲雨를 빼고 나면 예사 雲雨는 雲雨라 할 수 없지. 꽃밭을 마음대로 보라해도 머리 돌리기 성가심은, 절반은 修道때문이요 절반은 그대 때문이네." 이렇게 적나라하고 노골적으로 아내를 치켜세워 感情의 眞率함이 지나쳐 멍청이에 가까워져서 좀 不出이 아닌가 의심할 지경이 되고 潘氏의 作品系列에서 떨어져 그야말로 새로운(?) 길을 열었으니 梅堯臣은 이를 念頭에 둔 듯하다.

潘岳以來 悼亡詩中 가장 正統的인 表現手法을 驅使한 사람으로는 李商隱이 제일이니 淋漓(임리)한 情感과 嫋嫋(요뇨)한 餘韻 때문이리라. 〈房中曲〉의 末尾에 "今日澗底松, 明日山頭蘗. 愁到天地翻, 相看不相識. 오늘은 계곡바닥의 소나무처럼 답답하고 막힌 마음이요, 내일은 산꼭대기의 소태보

다 더 쓴 황벽의 입맛만 있으리.(즉 오늘이고 내일이고 언제나 답답하고 씁쓸한 나날 뿐이다.) 거기에다 또한 내 시름 가는 곳이여, 혹 천지가 뒤집히는 있을 수 없는 일이 생겨 (즉 지금의 우주공간이 다른 우주공간으로 바뀐다면) 우리가 저승에서나마 만날지라도 못 알아보게 되는 것이라네. 이것이 또 내 시름이 가는 곳이라네." 했으니 별격정 다한다고 나무라는 사람도 있었고 〈王十二兄與畏之員外相訪, 見招小飮, 時予以悼亡日近不去, 因寄. 妻男인 王兄과 同壻인 員外 韓畏之가 방문하여 한잔하자고 초대했다. 이때 나는 喪妻한 날이 얼마 안 돼 가지 않고 그래서 이 시만 부쳤다〉라는 七言律詩 3·4句에서는 "更無人處簾垂地, 欲拂塵時簟竟牀. 확실하게 사람 없는 곳 발만이 땅에 드리워 있고 먼지 털고자 할 때 이불은 없고 단지 자리만이 침상을 덮고 있네."라 하였는데 潘岳의 遺痕이 歷歷한데 더 찬찬하다. 다시 절구를 보자.

〈西亭. 처가의 서정에 머물던 밤에 쓴 시〉

此夜西亭月正圓, 疏簾相伴宿風煙. 梧桐莫更翻淸露, 孤鶴從來不得眠.

이 밤 西亭. 夫婦의 團圓을 상징하는 둥근 달은 우리 부부가 生과 死로 갈렸지만 한창 밝고 둥근다니. 나는 성긴 발 짝 삼아 바람과 안개 속에 잔자거늘. 오동잎은 더 이상 맑은 이슬 쏟아 위험에 대비하도록 깨우칠 것 없으리, 孤鶴은 (짝이 없어진 이래로) 본시 잠 못 이루나니.

〈夜冷. 밤은 차기만한데—위 시와 같은 곳에서 씀〉

樹遶池寬月影多, 村砧塢笛隔風蘿. 西亭翠被餘香薄, 一夜將愁向敗荷.

나무들 에워싸고 못은 넓어 달빛은 휘영청 하며(視覺), 마을의 다듬이 소리 동네의 피리소리 바람 속 松蘿—모기장 소나무에 건듯 어슴푸레한 식물—넘어 퍼져나가(聽覺). 西亭 푸른 이불 님 남긴 향기도 이제는 엷으니(嗅覺), 차라리 이 한밤 시름안고 시든 연꽃으로 향할까나.

이 두 絶句를 보면 悲哀와 孤寂이 凄凉하다기 보다는 玲瓏하고 透明하여 홀아비의 한숨이나 청승, 궁상맞은 모습이 없는 것이 艱難과 逆境 속에 피어난 菊이나 梅같아 더욱 대견하다.

그러나 가장 世人의 心琴을 울리고 또한 가장 많이 同情을 받은 作品은 —世評과 作品의 高下가 一致하지 않는 일은 恒茶飯事이지만 이 作品은 男女老少 貴賤高下의 大大的인 歡迎과 讚嘆을 받은 作品으로 專門的인 評論家와 一般大衆의 意見이 같은 傑作中의 傑作이다—五言絶句인 〈悼傷後赴東蜀辟至散關遇雪〉이다. 쉽게 풀면 喪妻한 뒤 節度史인 柳仲郢(유중영)의 (書記의 職責으로) 招聘으로 東蜀으로 赴任하러 가는데 散關에 이르러 큰 눈을 만나서 느낀 감회를 쓴 것이다. "劍外從軍遠, 無家與寄衣. 散關三尺雪, 回夢舊鴛機. 從軍하러 멀리 劍閣 밖으로 가는데도 겨울 옷 지어 보내줄 家人은 없구나. 서울 떠나 얼마 안 돼 散關에 이르니 석자만큼 눈은 쌓였는데 돌아간 꿈속 원앙의 꿈을 짜던 베틀에 아내는 내 겨울옷을 만들려 여전히 짜고 있었다." 즉 꿈속에서는 여전히 살아있는 사람이다.

3·4句를 吟味하면서 옛날 사람들은 같은 唐代의 陳陶의 七言絶句 〈隴西行〉을 擧論하곤 하였다. "誓掃匈奴不顧身, 五千貂錦喪胡塵. 可憐無定河邊骨, 猶是春閨夢裏人. 내 한 몸 돌보지 않고 흉노 쓸어버리겠다고 맹세하더니, 오천 명의 고급 청년장교 오랑캐의 흙먼지 속에 사라졌네. 슬프다! 일정한 코스없이 마음대로 흘러 이름마저 無定河. 그 강가 사람들이 보면 질겁할 해골들도, 그래도 그것들은 규중 젊은 아낙에게는 꿈속에서 언제나 살아서 만나는 님들인 것을."

李商隱의 경우 亡妻는 영원히 죽지 않는 꿈속의 사람이고 陳陶의 경우 亡夫는 아내에게는 영원히 죽지 않는 꿈속의 님인 것이다.

朝鮮에서는 秋史의 悼亡이 이름께나 떨쳤는데 亡妻앞에서는 典故인지 故實인지 難澁(난삽)인지 隱晦(은회)인지 다 사라지고 率直한 心情만이 남더라. "那將月老訟冥司, 來世夫妻易地爲. 我死君生千里外, 使君知我此心悲. 어떡하면 月下老人—부부의 인연을 맺어주는 신선—께 청하여 저승의 염라대왕에게 호소할까. 내세에는 부부의 자리를 바꿔지게 해 달라고. 내가 죽고 그대 살아 천리밖에 귀양 살아, 그대에게 나의 슬픔을 알게 만들고 싶어." ▷將 qiāng: 請.

秋史가 다른 詩作들도 이렇게 썼으면 個人的으로나 國家的으로나 작히나 좋았으랴마는.

다시 梅堯臣으로 돌아가자. 〈悼亡三首〉 이것만해도 伊川先生 程頤(정이) 같은 道學者를 大怒하고 傷心·失神기에 充分한데 나아가 〈晝寢〉, 〈來夢〉, 〈夢感〉, 〈不知夢〉, 〈夢覺〉, 〈椹間晝夢〉, 〈靈樹鋪夕夢〉, 〈睡意〉, 〈夢覩〉, 〈夢過三陵〉 等의 잠과 꿈 이야기를 많이 다루었는데 꿈에 아내 만난 것이 많기도 하다. 그러나 틈틈이 수많은 〈田家詩〉, 〈陶者〉 같은 社會詩도 썼으니 잠만 자고 세상은 나 몰라라 하는 성격도 아닌 듯하고 〈聚蚊〉, 〈詠蜘蛛〉, 〈蚯蚓〉 따위의 벌레·微物도 다뤘고 〈捫蝨得蚤. 이 잡으려다 벼룩을 잡았다〉에서 意氣揚揚해 하는 것을 보자니 귀엽기까지 하다. 하여튼 그는 그 많은 시를 쓰는 틈틈이 잠깨나 자고 꿈깨나 꾸었는데 〈睡意〉라는 비교적 긴 시의 끝부분에 이렇게 읊었다. "且夢莊周化胡蝶, 焉顧仲尼譏朽木. 莊周가 나비되는 그런 경지에 나도 들어가기 위해 또 꿈이나 꾸자, 어찌 仲尼가 朽木이라 꾸짖는 것을 고려하고 생각하겠는가."하여 仲尼를 攻駁하였다. 이상 重言復言이지만 方外人士들의 잠과 꿈도 한번 살펴보았다. 끝으로 梅堯臣의 유명한 〈來夢. 와서 나의 꿈이 되었다. 내 꿈속에 오다〉을 보자.

忽來夢我, 于水之左, 不語而坐. 忽來夢余, 于山之隅,
不語而居. 水果水乎, 不見其逝.山果山乎, 不見其途.
爾果爾乎, 不見其徂. 覺而無物, 泣涕漣如, 是歟非歟.

홀연히 와 나의 꿈이 되니 물의 왼쪽에 말없이 앉았었다. 홀연히 와 나의 꿈이 되니 산모퉁이에 말없이 앉았었다. 물은 과연 물이었나, 흘러감도 몰랐는데, 산은 과연 산이었나, 가는 길도 몰랐는데. 당신은 과연 당신이였던가, 떠난 것도 몰랐는데. 깨어나니 그도, 물도, 산도 없이 눈물만 끝없이 흐르네. 其然인가 未然인가.

☛ **參考 ❷**

慈에 얽힌 詩 (중국의 초등·중학교 교과서에 실렸음)

1) ≪古文眞寶≫에 수록돼 널리 알려진 白居易의 〈慈烏夜啼〉는 "聲中如告訴, 未盡反哺心. 밤마다 우는 소리는 호소하는 듯하니 反哺—어미에게 어렸을 때 얻어먹은 은혜를 되돌려 갚음—를 다하지 못했기 때문인가", "慈烏復慈烏, 烏中之曾參. 효성스러운 까마귀여 효성스러운 까마귀여. 새 중의 증삼이로다."등의 教育的인 內容을 갖고 있다.

2) 白居易 〈燕詩示劉叟〉에서 "유영감이 사랑하던 아들이 아비를 버리고 도망가니 영감이 아주 슬퍼했다. 그런데 유영감도 젊었을 때 또한 그러하였단다. 이에 시를 지어 그를 깨우치고자 한다" 했다. "燕燕爾勿悲, 爾當返自思, 思爾爲雛日, 高飛背母時, 當時父母心, 今日爾應知. 제비야 제비야 슬퍼말아라, 너도 마땅히 자신을 돌아보아라. 너의 어릴 때 생각하면, 높이 날아 어미 배반할 때, 당시 부모의 마음을 오늘 너는 당연히 알 것이다." 제비 한 쌍이 새끼 네 마리를 죽을 고생하고 키웠는데 날개가 다 자라니 사방으로 흩어지고 돌아오지 않아 슬퍼하니 이렇게 말한 것이다. 옳은 이야긴데 과거의 과오를 하나 하나 상기시키니 현재의 슬픔을 못 이기는 영감한테는 너무 야속하고 쌀쌀했다는 느낌을 지울 수 없다.

☛ 参考 ❸

假山과 池塘, 그리고 盆池에 關한 詩文.

▷假山: ≪中文大辭典≫은 ≪五雜俎・三≫을 인용하여 "宋代의 富豪들이 庭園을 꾸밀 때 假山을 만들었는데 雄黃—石雄黃・石黃이라고도 하며 顔料・火藥으로 쓰이는 광물. 누런 덩어리의 형태로 산출되며 樹脂狀의 光澤을 지님.—과 焰硝(염초)—硝石・銀硝라고도 불리우며 질산칼륨을 말한다. 無色의 유리광택이 있는 투명내지 반투명의 결정체이며 黑色火藥・유리・琺瑯(법랑)의 원료가 된다—를 흙에 섞어 산을 만들었다. 雄黃은 독사를 물리치고 焰硝는 雲霧를 내놓으니 흐려 비오는 날 안개같은 기운이 자욱하여 진짜 산과 같았다. 이 假山이란 놀이내지 장난은 江北지역 산이 없는 곳에 꼭 맞는 것이며 반드시 山石을 쓰되 크고 작고 높고 낮음이 합당하게 배치되어야 하고 人工的・作爲的 痕跡이 없어야 한다"

라 하였다. 이 假山에는 依例 池塘이 따르는데 이른바 바늘 가는데 실이 간다는 격이나 이런 境遇는 後世에는 普遍化됬을지라도 唐代의 詩文에서는 假山이나 池塘, 또는 盆池가 獨立的인 存在이며 함께 어울린 경우는 적은 편이었다.

1) 假山과 池塘이 一體가 된 境遇

唐・李華〈賀遂員外藥園小山池記〉

賀遂公, 衣冠之鴻鵠, 執憲起草, 不塵其心. 夢寐以青山白雲爲念. 庭際有砥礪之材, 礎礩之璞. 立而像之衡巫. 堂下有畚鍤之坳, 圩塓之凹, 陂而像之江湖, 種竹藝藥, 以佐正性, 華實相蔽, 百有餘品. 鑿井引汲, 伏源出山. 聲聞池中, 尋竇而發, 泉躍波轉而盈沼, 支流脈散而滿畦. 一夫躡輪, 而三江逼戶, 十指攢石, 而群山倚蹊, 智與化侔, 至人之用也. 其間有書堂琴軒, 置酒娛賓, 卑埤而敞若雲天, 尋丈而豁如江漢, 以小觀大, 則天下之理盡矣. 心目之所自不忘乎, 賦情遣辭, 取興玆境, 當代文士, 目爲詩園. 道在抑末敦元, 可以扶教, 趙郡李華擧其略而記之.

賀遂公은 搢紳處士(진신처사)의 巨物이시니 그 몸은 法을 擔當하서 公文을 作成하시되 그 마음은 名利에 물들거나 世俗化되심이 없으심이라. 夢寐에도 青山과 白雲을 念頭에 두시더니 마침 마당가에 숫돌로 쓸 石材와 柱礎감의 自然石이 있어 이들을 세워 衡山・巫山을 모방하셨고 대청아래에는 삽으로 퍼내고 삼태기로 담아낸 구덩이와 흙으로 둘러쌓고 흙손으로 매만진 웅덩이가 있어 이에 뚝을 쌓아 江과 湖水를 본받으셨음이라. 대를 심고 藥草길러 사람의 자연을 사랑하는 순정한 稟性을 돕게 하셨으니 꽃과 열매가 뒤덮어 일백하고도 넘치는 종류가 있음이라.

우물 과 물을 길어 올리니 숨겨졌던 물의 근원이 산을 벗어나 흘러 그 소리 池塘에 들리고 또한 샘구멍 찾아 물이 나오게 하니 샘은 풍풍 솟고 흐름은 꺽이고 놀아 湖沼를 채웠음이라. 池塘과 湖沼의 쓰임외의 다른 갈래의 물길과 泉脈의 흩어진 줄기는 한편으로는 밭을 가득 채우니 한 사람이 水車바퀴 밟음으로 지 면 江南의 三江이 門戶에 接近하고 열 손가락이 돌을 모으니 뭇 산 들이 오솔길 가에 서있음이라. 이 假山・池塘을 생각한 智

慧와 그것에 따라 이 假山과 池塘을 만들고 가꾼(創造化育) 功勞는 똑같으니 修養과 境地가 높은 어른의 마음의 작용(마음쓰심)과 實行의 결과일 따름이어라.

이 假山과 池塘의 사이에는 讀書할 書齋와 琴소리 들을 樂室이 있어 술자리 벌이고 손님을 즐겁게 하니 낮고 눅눅한 땅이 구름 이는 하늘처럼 툭 트였고 겨우 여덟 자 열 자짜리 물길이 長江과 漢水처럼 뻥 뚫렸으니 微小함 속에서 廣大함을 본다는 옛 哲人들의 天下第一의 至極한 理致가 여기에 다 모여 있음이라. 마음으로 생각하고 눈으로 보아 절로 잊지 못할 境地이니 이에 情을 읊고 言語를 運用・驅使하여 이 境界에서 感興을 얻을 수 있어 當代의 文士들은 이곳을 시의 동산이라 간주하고 있음이라. 사실 이곳의 올바른 目的과 目標・志向하는 바는 商賈(상고) 즉 장사꾼을 누르고 農者를 기리는 것으로 敎化를 守護함에 있다 하겠음이라. 趙郡의 李華 그 大略을 들어 기록하였음이라.

▷衣冠: ① 笏(홀)을 朝服의 大帶에 꽂은 士大夫. 선비. ② 교양 있고 예의 바르다.

▷執憲: ① 법을 담당하다. 법령을 집행하다. ② 법을 집행하는 사람.

▷起草: 공문 등의 초고를 작성하다.

▷塵心: 名利에 물든 마음.

▷砥礪(지려): 숫돌.

▷礩(질): 주춧돌.

▷璞(박): 다듬지 않은 原石.

▷畚(분): 삼태기.

▷鍤(삽): 삽.

▷畚鍤: 토목건축을 말함.

▷圩(우): (yú): 우묵하다. 움푹 파이다. (wéi): 방축. 움.

▷塓(멱): 흙바르다. 흙손질하다.

▷正性: 자연(純正)의 禀性.

▷有餘: 여유가 있다. 남다.

▷伏源: 埋伏・隱藏되었던 샘.

▷竇(두): ① 구멍. ② 배수구. 도랑. 물 흘러나오는 곳(구멍).

▷侔: 가지런하다.

▷至人: ① 道家의 超凡脫俗하여 無我境界에 이른 사람. ② 思想・道德의 修養이 最高超한 사람.

▷埤(비): 낮고 습하다.

▷尋丈: 여덟 자와 열 자. 짧고 작은 것을 나타냄.

▷遣辭: 단어를 구사하다.

▷目: ~로 여기다. ~로 보다.

▷抑末敦元: 末端(商賈)를 抑制하고 根本(農業)을 敦厚하게 함.

2) 池塘을 읊은 경우

唐・白居易〈過駱山人野居小池〉駱生棄官居此二十餘年.

茅覆環堵亭, 泉添方丈沼. 紅芳照水荷, 白頸觀魚鳥.

擧石苔蒼翠, 尺波烟杳渺. 但問有意無, 勿論池大小.

門前車馬路, 奔走無昏曉. 名利驅人心, 賢愚同擾擾.

善哉駱處士, 安置身心了. 何乃獨多君, 丘園居者少.

〈駱山人의 野居 小池를 찾다〉

駱先生이 벼슬 버리고 여기 산지 이십여 년이라네.

낮은 흙 담이 두른 정자는 띠풀로 지붕 잇고, 샘물은 사방 열자짜리 못에 물을 보태고 있어. 붉고 고운 것은 물에 비치는 연꽃이고 모가지 흰 것은 고기 보는 새로군. 주먹 돌 우습게 보지 말 것이 이끼는 푸르게 끼었고……한 자짜리 물줄기 시시하다 말 것이 안개나 내 아득하게 덮였으니.……정취가 있네 없네 캐는 것은 좋으나 못이 크네 작네 하고 따지지는 말 것이. 문 앞은 수레와 말이 다니는 길. 밤 낮이 없이 바삐들 달리니. 名利가 사람의 마음을 몰아붙여, 잘난 놈 못난 놈 모두가 소란 피워대니.……좋구나! 駱處士여 몸과 마음을 제자리에 두었구나. 왜 다만 그대를 칭찬하느냐고? 고서야 山과 들에 사는 이 적으니까.

▷山人: 山中에 隱居하는 사람

▷野居: 村이나 山野의 집.

▷環堵(환도): 낮은 흙 담으로 둘러싸인 초라한 집.
▷堵(dǒu): 낮은 흙 담.
▷方丈: 사방이 一丈. 동서 열 자 남북 열 자의 좁은 면적.
▷拳石: 주먹만한 크기의 돌.
▷尺波: 尺水. 淺水. 微波. 적은 물.
▷有意: 志向이 있다. 意趣가 있다. 意味(정취, 흥취, 흥미, 기분, 재미)있다.
▷擾擾 (요요. rǎorǎo): 擾亂한 모습.
▷安置: 사람이나 사물이 제대로 귀착되게 함.
▷多: 크게 여김. 훌륭하게 여김. 칭찬함.
▷丘園: ① 고향. 농촌. 시골. ② 隱居.

3) 盆池를 읊은 경우

盆池: 넓고 평평한 器物(대야 · 소래기 · 양푼 등)을 땅에 묻어 못으로 삼음.

① 韓愈〈盆池〉五首

其一:

老翁眞箇似童兒, 汲水埋盆作小池. 一夜青蛙鳴到曉, 恰如方口釣魚時.

늙은이가 꼭 애들같이, 물 긷고 분을 묻어 작은 못 만들었네.

밤새도록 개구리는 울어 새벽까지 가는데, 꼭 方口(지명)에서 낚시할 때 같았네.

其二:

莫道盆池作不成, 藕梢初種已齊生. 從今有雨君須記, 來聽蕭蕭打葉聲.

분으로 못을 이룰 수 없다 말하지 말 것이, 연뿌리 한 끝 심자마자 이미 가지런히 돋아났으니, 꼭 기억하시라 지금부터 비오는 일 있으면, 와서 후두둑 잎 때리는 소리 듣는 것을.

◎ 附記

㉮ 孟浩然〈初出關旅亭夜坐懷王大校書〉五律의 5·6句

〈長安에 갔다가 故鄕으로 돌아가기 위해 潼關을 막 나서서 旅舍의 정자에서 밤에 혼로 앉아 校書로 있는 王昌齡을 그리워하며〉

燭至螢光滅, 荷枯雨滴聞.

촛불 오면 반딧불은 슬며시 사라지고, 연잎 마르니 그 위로 바람 불면 마른날에도 빗방울 떨어지는 소리인 듯 들리네.

㉯ 李商隱〈宿駱氏亭寄懷崔雍崔袞〉(七絶의 3·4句)

〈駱氏의 亭子에서 자기의 스승뻘이고 상관되던 故 安平公 崔戎의 아들들인 崔雍·崔袞(최곤)에게 그 懷抱를 寄託함〉

秋陰不散霜飛晩, 留得枯荷聽雨聲.

가을의 눅눅한 기운이 흩어지지 않으니 서리 날림 늦어지고, 시든 연잎 남아있어 바람 스치면 꼭 비오는 소리처럼 들리네.

㉰ 朝鮮 松江 鄭澈

거문고 대현 올라 한 棵(과)밖을 짚었으니,

얼음에 막힌 물 여울에서 우니는 듯.

어디서 연잎에지는 빗소리는 이를 좇아 맞추노니.

(鄭炳昱編著 ≪時調文學辭典≫에서, 現代語로 바꿈)

연잎에 지는 빗소리는 너무나 韻致가 있어 古今文人들이 즐겨듣던 天樂 즉 自然의 音樂이었다. 위에 든 例를 보면 韓退之와 鄭松江은 푸른 연잎에 비오는 소리를 읊었으며 孟浩然과 李商隱은 가을날 마른 연잎에 바람이 불 때 나는 소리를 여름날 푸른 연잎에 비 내리는 소리삼아 듣는 경우이다. 여기에서 해석상 주의가 필요한데 孟浩然·李商隱의 경우 마른 연잎에 혹 가을비가 내릴 때도 있을 수 있지만 시들어 마른 연잎은 비를 맞아도 韻致있는 소리를 낼 능력을 이미 잃었다는 점이다. 과거에 孟浩然·李商隱의 詩를 마른 잎에 정말로 가을비 내리는 소리라고 번역들을 하였는데 觀察이 緻

密하지 못한 까닭에 그리 된 것이다. 연잎이 아니라도 넓은 잎은 비와 調和가 잘 되었는데 芭蕉가 그것이다.

㉣ 白樂天〈夜雨〉(五絶)을 보자.

早蛩啼復歇, 殘燈滅又明. 隔窗知夜雨, 芭蕉先有聲.

이른 새벽 귀뚜라미 울다가 또 쉬고, 다 되어가는 등불 가물거리다 다시 환해지네.

들창 막혔어도 밤새 비온걸 아는 것은, 파초가 제 먼저 소리 낸 까닭이지.

이 詩로 因하여 '芭蕉雨聲'은 愁境의 代名詞가 되었으니……

다음으로 梧桐이 있다.

㉤ 白樂天〈長恨歌〉

春風桃李花開夜, 秋雨梧桐葉落時.

봄바람에 복사·오얏꽃 피는 밤, 가을비 오동잎 치고 오동잎 떨어지던 때.

가을비가 오동잎을 치는 소리와 오동잎이 땅에 툭하고 소리내며 떨어지는 것 둘 다 처량과 청승의 結晶이라 하겠다.

㉥ 蘇軾〈次韻朱光庭初夏詩〉

臥聞疎響梧桐雨, 獨詠微涼殿閣風.

누워서 들으면 오동잎을 맞추는 비는 잊을만하면 들리고 끊일듯 이어지고, 홀로 "전각엔 서늘한 바람 부네"를 읊네.(唐·柳公權의 聯句 "殿閣生微涼" 云云을 보충해 읊은 것)

㉦ 호박잎이라고 등장 말라는 법 없으니 朝鮮의 金正喜는 귀양 간 함경도에서 지었다.

〈七夕〉(七絶)

瓜籬大葉雨聲麤, 爭似江南百尺梧. 擂麻作布無他祝, 乞巧盤中有喜蛛.

호박울타리의 큰 잎 빗소리 거칠고 촌스러워, 어찌 江南(여기서는 朝鮮의 남쪽지방)의 백 척 높이 오동의 청아함과 같으랴만은(그것은 그런대로 견딜 만하니).

삼 삼아 베 짤 때 다른 바람 없고, 칠석명절 직녀에게 바치는 손재주비는 과일 쟁반에 거미줄 치는 좋은 징조나 생기길.

其三:

瓦沼晨朝水自清, 小蟲無數不知名. 忽然分散無蹤影, 惟有魚兒作隊行.

질그릇 못도 새벽이면 물은 淸淨, 작은 벌레 무수한데 이름은 모르겠네.

홀연히 흩어져 자취 없어지면, 물고기 열지어 다님만 있을 뿐.

其四:

泥盆淺小詎成池, 夜半青蛙聖得知. 一聽暗來將伴侶, 不煩鳴喚鬪雄雌.

흙을 구워 만든 분이 작지만 어찌 天然의 못이 되랴만, 한밤중에 개구리는 빠르고 예민하게 알아챘구나. 내버려 두었다네 살며시 와서 제짝 거느리게. 울고 부르고 잘났다고 싸우는 성가신 일 없어 좋고.

▷聖得知: 신속하고 민감・예민하게 알아채다. 대체로 詩詞에 쓰인다.

▷一聽: 一任하다. 완전히 자유에 맡기다. 좋을대로 내 맡기다.

▷聽: 聽從(듣다. 따르다. 복종하다.) 聽憑(좋을대로 내 맡기다. 마음대로 하게 하다.)

▷將(jiāng): 이끌다. ~을 가지고. (qiāng) 청하다. 원하다.

▷鬪(dòu): 겨루다. 다투다. 분란하다.

▷雌雄: 勝負・尙下・强弱을 비유함. 승부를 내다

➥ 《莊子・胠篋》: '盜亦有道乎……夫妄意室中之藏, 聖也.…… 도둑에도 道가 있을까요, …… 방 안에 숨겨놓은 물건을 짐작하니, 聖이고. ……'

其五:

池光天影共青青, 拍岸纔添水數缾. 且待夜深明月去, 試看涵泳幾多星.

못의 빛 물에 비친 하늘의 그림자 모두 푸르러 그렇게 廣闊한듯 하지만.

못의 언덕 가득 채우는덴 물 몇 그릇 보태면 그뿐. 또 밤 깊어 달마저 가 버릴 때를 기다려 보자. 그리고 몇 개의 별이 물에 잠겨 떠도는지 한번 보자.

▷光: 빛깔. 광택. 윤택.

▷拍: 치다. 꽉차다.

▷涵(함): 젖다. 적시다.

➡ 明月이 휘영청 할 때 별빛은 능력 발휘 못한다. 명월이 없어야 별빛은 찬란하게 빛나는 법이다.

② 杜牧〈盆池〉

鑿破蒼苔地, 偸他一片天. 白雲生鏡裏, 明月落階前.

푸른 벨벳처럼 이끼 깔린 땅을 아깝게 다 파내더니, 드넓은 푸른 코발트빛 하늘을 슬쩍 가져왔군. 하늘의 흰 구름이 못에 비추니 맑은 거울 속에서 피어나듯 하고, 한 밤 물속에 비춘 명월 꼭 섬돌 앞에 지는 모양이네.

▷破: 다하다. 남김이 없다. ~이 다하다.~이 끝나다.

▷一片: 넓게 펼쳐진 평면을 나타내는 수량사. 例: 一片大海: 망망대해.

▷他: 어조사. 王維〈與盧員外象過崔處士興宗林亭〉'白眼看他世上人. 백안으로 세상 사람들을 본다.'

➡ 물을 거울로 比喩한 例

南北朝 梁・沈約〈新安江水至淸淺深見底貽京邑游好詩〉3・4句

〈新安江의 물이 극히 맑아 얕건 깊건 바닥이 보인다. 이에 시를 지어 서울에서 함께 놀던 벗들에게 보낸다〉

洞澈隨深淺, 皎鏡無冬春.

깊으면 깊은 대로 얕으면 얕은 대로 다 훤히 바닥까지 透明한 강물, 맑은 거울이라 겨울 봄 없이 언제나 그 모습.

南北朝 陳・釋・惠標〈咏水詩〉

舟如空裏泛, 人似鏡中行.

배는 허공에 떠 있는 듯, 사람은 거울 속을 가는 듯.

唐・沈佺期〈釣竿篇〉
船如天上坐, 魚似鏡中懸.
하늘이 물에 비춰 한 몸 되니 배는 하늘위에 있는 듯,
물고기는 맑은 물 거울이라 그 속에 매달린 듯.

唐・李白〈淸溪行〉
人行明鏡中, 鳥度屛風裏.
청계에 사람 비치니 꼭 거울 속을 가는 듯하고,
屛風같이 矗立(촉립)한 岩壁을 새는 지나가누나.

以上 거울로 물을 비유한 몇 개의 例를 들었는데 이것은 佳句라고 하기에는 너무 作爲的인 痕迹이 歷歷하고 技巧에 치우친 手法이 지나치게 强하다. 纖巧라고 評함이 妥當할 것이다. 齊・梁의 不善한 部分이 될 것이며 初唐에서도 발견되다가 晩唐에서 復活하여 盛行하였다.

4) 石池를 읊은 경우
唐・杜牧〈石池〉
通竹引泉脈, 泓澄深石盆. 驚魚翻藻葉, 浴鳥上松根.
殘月留山影, 高風耗水痕. 誰家洗秋藥, 來往自開門.

대를 뚫고 잇대어 샘물을 끌어오니 돌로 된 水槽라 蓮池에 맑고 깊게 고여 있네. 놀라 뛰는 물고기는 마름 잎을 뒤집고 멱감은 새는 솔뿌리에 오르네. 새벽달 지려할 때 산 그림자 이속에 남아있고 세찬 바람은 고요하던 水面을 출렁거리게 하여 가에 금 그은 흔적을 어지럽혀 망치네. 지금은 가을. 잘된 약초를 어데서 씻을까 망설이시 말길. 마음대로 오가라고 본래부터 무 열어 두었으니. 그러니 이 石池에 와서 실컷 씻어 가시기를.

第3句의 魚驚은 池中의 일, 第4句 上根은 池邊의 일. 第5句는 靜中의 모습, 第6句는 動中의 모습. 第7・8句는 그저 玩賞하는 것이 아니고 利用厚生에도 보탬이 된다는 知識人・上層階級의 長者다운 寬仁大度를 말함.

▷通竹: 대의 마디 있는 곳 막힌 곳을 뚫고 한 줄기 한 줄기 서로 잇대어 물

을 끌어 오는 것. 筧水(견수. 귀새)라고 간단히 표현하는데 홈통을 잇대어 먼 곳 높은 곳의 물을 끌어오는 일. 山寺에 가면 쉽게 볼 수 있었다.

▷泉脈: 땅 속에 숨어 있는 샘 줄기, 물길.

▷泓澄(홍징): 맑고 깊은 물.

▷殘月: 장차 지려는 달. 대개 새벽달을 가리킴.

▷高風: 강하고 세게 부는 바람. 대개 秋風을 가리킴.

▷耗(모): (hào): 훼손함. (máo): 다 소모해 버림.

▷水痕: 가에 생긴 물의 흔적. 그릇 연못 등의 가에 물이 스민 흔적.

▷誰家: ① 어느 곳. ② 누구.

▷開門: ① 문 열다. ② 가정을 꾸미다. ③ 公開的으로 하다. 내놓고 하다.

➡ 南朝 宋의 謝靈運은 篤實한 佛教徒로 尊敬하는 廬山 東林寺의 慧遠 法師를 위해 두 곳의 연못을 파주었다. 여기에 白蓮을 심었는데 이것으로 말미암아 後世에까지 이름이 알려진 白蓮社라는 團體가 생겼다. 그런데 세상에 소문이 나기는 慧遠은 謝靈運의 加入要請을 拒絶하였는데 이유인즉 心雜이었다는 것이다. 그러나 자세히 살펴보면 當時 謝靈運은 겨우 18歲였으므로 이 소문은 사실이 아닐 것이다. 또한 120餘名의 白蓮社 加入人物들의 年齡도 너무 늙거나 너무 어린 사람이 混淆(헌효)되어 믿기 어려운 점도 많다. 却說하고 그때에도 池塘을 人工的으로 造成하는 일은 이미 있었던 것인데 물론 아주 멀리 올라가면 周나라 文王의 時代에 백성들이 며칠 안 걸려 만들었다는 동산이 있었다는 것을 ≪詩經·大雅·靈臺≫편의 내용으로 알 수 있는데 사슴과 백조, 물고기가 그 속에 있었다. 그 以前에도 임금들의 동산이 있었을 것이나 확실한 根據가 作品으로 나와 있는 것은 이것이 처음인 것 같다. 規模를 말하자면 漢代 武帝가 水戰을 연습할 목적으로 長安의 西南쪽에 판 周圍 四十里짜리 昆明池가 있었으며 娛樂用으로는 昭帝가 판 淋池가 있었는데 芰荷(기하)를 심고 水嬉(競渡 보트경기. 水上雜技)를 主目的으로 하였었다. 지금 우리가 이야기하는 것은 이러한 規模가 큰 것이 아니고 집안의 마당에 꾸민 아담한 작은 것을 말함이다. 假山도 宋·徽宗의 艮嶽(간악)이야 自然의 山과 匹敵할 程度이니

當然히 이러한 議論에서는 除外될 것이다.

石蓮池로 큰 것은 俗離山 法住寺의 것이 아마 第一일 것이다.

中國의 畵家 張大千은 餘裕있는 사람이라 天下의 奇石·怪石·美石을 다모아 自身이 직접 마음먹은 대로 假山을 쌓아보려 하였다. 이렇게 쌓아보고 저렇게 놓아보고 하루 종일 役夫들을 직접 督勵하였는데 원체 가본 곳도 많고 만난 사람도 많으며 겪은 일도 그야말로 하도 할샤로 모르는 것이 없는 양반이라 胸中丘壑(흉중구학)하고 胸有成竹하여 잘 될 줄 알았건만 저녁나절에 나가 떨어지고 말았단다. 書畵는 "筆奪造化 天無功"의 境地에 올랐건만 疊石(첩석)은 別有天地요 또 하나의 三千大天世界임을 알았다나.(≪古宮文物≫에서)

지금 中國이 자랑하는 名園들 例건대 拙政園·留園·滄浪亭·何園 등은 石假山과 池塘이 함께 어울어진 것으로 宋代부터 本格的으로 發展하여 온 樣式이다.

☛ **参考**

假山 만드는 법

淸·李漁〈閒情偶寄〉

〈山石〉

幽齋磊石, 原非得已, 不能致身巖下, 與木石居, 故以一卷代山, 一勺代水, 所謂無聊之極思也. 然能變城市爲山林, 招飛來峰使居平地, 自是神仙妙術, 假手於人, 以示奇者也. 不得以小技目之. 且磊石成山, 另是一種學問, 別是一番智巧. 儘有丘壑塡胸, 烟雲繞筆之韻士, 命之畵水題山, 頃刻千巖萬壑, 及倩磊齋頭片石, 其技立窮, 似向盲人問道者. 故從來疊山名手, 俱非能詩善繪之人, 見其隨擧一石, 顚倒置之, 無不蒼古成文, 紆廻入畵, 此正造物之巧于示奇也. 譬之扶乩召仙, 所題之詩, 與所判之字, 隨手便成法帖, 落筆盡是佳詞. 詢之召仙術士, 尙有不明其義者, 若出自工書善詠之手, 焉知不自人心捏造. 妙在不善詠者使詠, 不工書者使命書, 然後知運動機關, 全由神力, 其疊山磊石, 不用文人韻士, 而偏令此輩擅長者, 其理亦若是也. 然造物鬼神之技, 亦有工拙雅俗之分, 以主人之去取爲去取, 主人雅而喜工, 則工且雅者至矣. 主人俗而容拙, 則拙而俗者來矣. 有費槩萬金錢, 而使山不成山, 石不成石者, 亦是造物鬼神作祟, 爲之摹神寫像, 以肖其爲人也. 一花一石, 位置得宜, 主人神情, 已見乎此矣. 奚俟察言觀貌, 而後識別其人哉.

書齋를 그윽하게 하기 위하여 돌을 쌓는 것은 본시 부득이하여 하는 것이다. 제 몸을 巖下에 두어 木石과 함께 할 수 없으므로 약간의 돌로 山을 대신하고 적은 물로 내를 대신하는 것이니 소위 심심하고 따분한 사람이 궁리끝의 心思를 다 한 것이다. 그러나 城市를 山林으로 바꾸고 飛來峰을 平地에 있게함은 원래 神仙의 妙術인데 인간에게 그 手法을 빌려주어 奇異함을 나타내는 것이니 시시한 재주로 간주해서는 안 될 것이다. 또한 돌을 쌓아 산을 만드는 것은 따로 一種의 學問이며 별도의 한 가지 智慧·技巧다. 丘陵과 溪谷이 가슴에 가득하고 안개와 구름이 붓끝에 감도는 고상한 선비는 山·水를 그리라 하면 頃刻(경각)에 千巖萬壑(천암만학)을 완성하나 書齋 앞에 돌덩이를 쌓으라 하면 그 재주는 금방 바닥나니 장님에게 길을 묻는 것과 비슷하다. 그래서 종래 산을 만드는 名手는 모두 그림 잘 그리고 시 잘하는 사람이 아니었으며 그가 제멋대로 돌 하나 들어 거꾸로 놓은 것을 보아도 蒼然하게 예스러우며 질박하여 훌륭함을 이루지 않음이 없으니 빙글빙글 구불구불 그림 속에 들어가는 것과 같다. 이는 바로 造物主가 奇異함을 보이는 데에 있어 巧妙한 부분이라 하겠다. 이것은 비유하자면 仙人을 불러 吉凶을 묻는 부계(扶乩)와 비슷하니 지은 詩나 이룩한 文字가 되는대로 하여도 名人의 法帖과 같고 붓을 댄 것이 모두 멋있는 말씀이 되는 것이다. 이것들을 仙人을 부른 術士에게 물어보면 오히려 그 뜻을 알지 못하지만 마치 글씨 잘 쓰고 시 잘 짓는 사람에게서 나온 것과 같으니 어찌 알리오! 그것들이 凡人의 마음에서 날조(捏造)한 것이 아니라는 것을. 이것의 奧妙함은 詩 못하는 사람에게 詩짓게 하고 글씨 못쓰는 사람에게 쓰게 한 뒤에야 마음·생각을 움직이게 하는 것이 완전히 神奇한 힘에 말미암음을 알 수 있는 것이다. 따라서 산을 쌓고 돌을 포개는 데에 있어 文人과 高尙한 선비를 쓰지 않고 유독 이러한 무리들에게 재주·長技를 발휘하게 하는 이치 또한 이와 같은 것이다.

그러나 造物主나 鬼神의 재주 또한 工拙과 雅俗의 區分이 있어 主人의 버리고 거두는 것을 따라 버리고 거두게 되는 것이다. 主人이 優雅하고 工巧함을 좋아하면 工巧하고 優雅한 者 가 이르고 主人이 低俗하고 拙劣함을 받아들이면 拙劣하고 俗된 者가 오는 것이다. 累萬(누만)의 金錢을 소비하여 산을 쌓아도 이루지 못하고 돌을 포개도 이루지 못하는 사람이 있으니 이는 또한 造物主·鬼神의 동티로 神像을 그리게 하여도 도리어 사람과 똑같게 되고 마는 것이다.

하나의 꽃, 하나의 돌이라도 그 位置가 합당함을 얻으면 主人의 精神·意態가 그곳에 이미 드러나는 것이니 무어 主人의 言語를 따지고 外貌 살피기를 기다린 뒤에 그 사람 됨됨이를 識別한단 말인가.

▷一卷: ≪禮記·中庸≫에서 "今夫山, 一卷之石多. 지금 산이란 것은 주먹만한 돌이 많이 모인 것이다."라 함. 卷은 拳과 통한다.

▷極思: 心思를 다 쏟아내다. 치밀하게 생각·궁리하다.

▷飛來峰: ① 浙江省 杭州 西湖의 西北에 있는데 전해오는 말이 天竺國 靈鷲山(영취산)의 小嶺이 날아 온 것이라 한다. ② 宋 徽宗이 쌓은 艮岳(간악)의 한 山峰 이름이다.

▷蒼古: 예스럽고 질박하다.

▷扶乩(부계): 乩는 무꾸리하다, 점치다는 뜻이다. 扶乩는 吉凶을 점치는 방법을 말하는데 나무로 된 틀에 木筆을 매달고 그 아래에 모래판을 둔다. 두 사람이 틀 양쪽을 잡고 주문을 외우고 기도한다. 신이 내리면 木筆이 움직여 모래판에 글자·기호·그림을 나타낸다. 그리면 그것을 읽어 吉凶을 점친다.

▷機關: 計謀. 心機. 계책. 생각. 꾀.

▷神力: 神奇한 力量.

▷韻士: 風雅之士. 고상하고 멋있는 선비.

▷擅長(천장): 長技·재간을 발휘하다.

▷去取: 버리는 것과 거두는 것. 捨棄와 保留.

▷纍萬: 累萬. 數萬.

▷祟(수): 재앙. 동티.

▷神情: 얼굴에 나타나는 표정・정신.

一. 〈大山〉

山之小者易工, 大者難好. 予遨遊一生, 遍覽名園, 從未見有盈畝纍丈之山, 能無補綴穿鑿之痕, 遙望與眞山無異者, 猶之文章一道, 結構全體難, 敷陳零段易. 唐宋諸大家之文, 全以氣魄勝人, 不必句櫛字篦, 一望而知爲名作. 以其先有成局, 而後修飾詞華. 故麤覽細觀同一致也. 若夫間架未立, 才自筆生, 由前幅而生中幅, 由中幅而生後幅, 是謂以文作文. 亦是水到渠成之妙境, 然但可近視, 不耐遠觀, 遠觀則襞積縫紉之痕出矣. 書畵之理亦然. 名流墨蹟, 懸在中堂, 隔尋丈而觀之, 不知何者爲山, 何者爲水, 何處是亭臺樹木. 卽字之筆畵, 杳不能辨, 而只覽全幅規模, 便足令人稱許, 何也. 氣魄勝人, 而全體章法之不謬也. 至于纍石成山之法, 大半皆無成局, 猶之以文作文, 逐段滋生者耳. 名手亦然. 矧庸匠乎, 然則欲纍巨石者, 將如何而可. 必俟唐宋諸大家復出, 以八斗之才人, 變爲五丁力士, 而後可使運斤乎. 抑分一座山, 爲數十座小山, 窮年俯視以藏其拙乎. 曰不難. 用以土代石之法, 得減人工, 又省物力, 且有天然委曲之妙, 混假山于眞山之中. 使人不能辨者, 其法莫妙于此. 纍高廣之山, 全用碎石, 則如百衲僧衣, 求一無縫處而不得, 此其所以不耐觀也. 以土間之, 則可泯然無跡, 且便于種樹, 樹根盤固, 與石比堅. 且樹大葉繁, 混然一色, 不辨其爲誰石誰土, 列于眞山左右, 有能辨爲積纍而成者乎. 此法不論石多石少, 亦不必定求土石相反. 土多則是土山帶石, 石多則是石山帶土. 土石二物, 原不相離, 石山離土, 則草木不生, 是童山矣.

山의 작은 것은 工巧하게 하기가 쉽지만 큰 것은 좋게 하기가 어렵다. 내 一生 遊歷하며 有名한 庭園을 두루 보았지만 一畝 즉 삼십 평, 一丈 즉 열 자 되는 산으로 땜질하거나 깎아낸 흔적 없이 멀리서 볼 때 진짜 산과 다름없는 것을 보지 못하였다. 이것은 文章이라는 한 가지 재주와 같으니 全體를 構成함은 어렵고 작은 段落을 펴나감은 쉬운 것이다. 唐・宋의 諸大家의 글은 순전히 氣魄으로 사람을 壓倒하며 한 句 한 句 빗질하고 한 字 한

字 빗치개질 할 필요가 없는 것이다. 한 번 보고 名作임을 알 수 있음은 먼저 大局을 이룬 뒤에 語詞를 꾸미기 때문이다. 그래서 대충 보거나 자세히 살피거나 같은 道理를 알 수 있다. 그것은 꼭 詩文의 布局이 정해지지 않았어도 才氣가 붓에서 나와 前幅에서 中幅이 생기고 中幅에서 後幅이 생기는 것과 같으니 이를 일러 글로 글을 짓는다 하는 것으로 또한 물이 흐르는 곳에 도랑이 생긴다는 묘한 境地인 것이다. 그러나 다만 가까이에서 보아야지 멀리서 볼 수는 없으니 멀리서 보면 옷의 주름, 꿰멘 자국이 드러나는 것이다.(즉 자연스럽지 않고 人工이 드러나는 것이다.) 書・畵의 이치도 또한 그러하니 名流들의 墨蹟을 대청에 걸어두고 여덟 자・열 자의 거리를 두고 보면 어느 것이 산이고 어느 것이 물이며 어느 곳이 亭子・樓臺・樹木인지를 알 수 없으며 字體의 筆劃(필획)도 까맣게 구별할 수 없으나 全幅의 規模를 한번 보면 그대로 사람으로 하여금 칭찬을 하게 하는 것은 무슨 까닭인가? 氣魄이 사람을 압도하고 全體의 布局과 圖謀하는 法則이 잘못되지 않았기 때문이다.

돌을 쌓아 산을 이루는 법에 있어서도 태반이 예정된 格式이 없으니 꼭 글로 글을 짓고 段落을 따라 불어나고 늘어나는 것과 같은데 名手들도 그러하거늘 하물며 평범한 匠人들에 있어서랴? 그렇다면 巨石을 쌓으려면 어떻게 하여야 할까? 반드시 唐・宋의 諸大家가 다시 태어나길 기다려 八斗의 才能있는 사람을 五丁力士로 바꿔서 運斤成風해야 한단 말인가? 아니면 하나의 大山을 수십 개의 小山으로 쪼개 평생동안 굽어보고 살펴보며 人工의 拙劣함을 감추어야 할 것인가? 내가 말하건대 어렵지 않다. 즉 흙으로 돌을 대신하는 법을 쓴다면 人工을 덜어낼 수 있고 또한 物資를 줄일 수 있으며 거기에다가 天然의 자상함이라는 妙味도 있게 되니 만든 산을 진짜 산 속에 섞어도 사람들이 구별할 수 없게 만드는 방법으로는 흙을 쓰는 것보다 묘한 것이 없다. 높고 넓은 산을 쌓는데 순전히 자디 잔 碎石을 쓴다면 꼭 조각조각 이어 붙인 스님들의 衲衣(납의)와 같아 꿰매지 않은 곳을 한 군데라도 찾을 수 없으니 볼만한 구석이 없는 이유나. 그런데 흙으로 섞어주면 함께 어울려 人工의 흔적이 없어지게 할 수 있으며 또한 나무 심기에 편하다. 나무의 뿌리가 굳게 서리면 돌같이 단단해지며 잎이 무성하면 온통 하나의 모습을 이루어 어느 것이 돌이고 어느 것이 흙인지 구별할 수 없으며 진짜 산의 좌우에 놓아도 그것이 돌과 흙을 쌓아 이루어진 것인지 알아낼 사람이 있겠는가. 이 방법은 돌이 많거나 돌이 적거나를 막론하고 다 되며 또한 흙과 돌이 반반씩이어야 한다는 것도 아니다. 흙이 많으면 돌이 있는 흙산이요 돌이 많으면 흙이 있는 돌산이니 흙과 돌 두 가지는 떨어질 수 없는 것이다. 흙이 없는 돌산은 草木이 자라지 못하니 이것이 민둥산인 童山인 것이다.

▷櫛(즐): 빗.

▷篦(비): 빗치개. 즉 가르마를 타는 제구임.

▷麤(추): 麤와 같다. 거칠다. 대강. 대략.

▷間架: 房屋의 結構形式. 詩文의 布局.

▷水到渠成(수도거성): 물이 흐르는 곳에 도랑이 생긴다. 즉 조건이 마련되면 일은 자연히 이루어진다는 말씀이다.

▷不耐: 耐는 (능)으로 읽으면 能의 뜻이다.

▷襞積(벽적): 옷의 주름.

▷縫紉(봉인): 실로 꿰맴.

▷稱許: 칭찬하다. 찬양하다. 감탄하다.

▷章法: 詩文의 布局·謀篇하는 法則.

▷成局: 預定된 格局·格式.

▷八斗才: 宋 無名氏의 ≪釋常談·八斗之才≫에 나오는 말이다. 謝靈運이 일찍이 말하기를 天下의 才가 한 섬인데 曹子建이 여덟 말을 獨占하였고 내가 한 말, 그리고 天下가 한 말을 나누어 가졌다고 한다.(天下才有一石, 曹子建獨占八斗, 我得一斗, 天下共分一斗.)

▷五丁力士: 北魏 酈道元의 ≪水經注·沔水≫에 나온다. 秦 惠王이 蜀을 치고 싶으나 길을 알 수 없자 다섯 石牛를 만들어 꼬리 밑에 金을 놓고는 금똥을 눈다 하였다. 蜀王이 탐내어 五丁 즉 다섯 力士로 하여금 끌어 오게 길을 닦도록 하였는데 이를 이용하여 秦이 蜀을 칠 수 있었다 한다.

▷運斤: ≪莊子·徐无鬼≫에 나오는 이여기다. 郢(영)땅의 사람이 코 끝에 파리날개 만큼 白土를 묻히고 匠石으로 하여금 깎게 하였다. 匠石이 도끼

를 휘둘러 바람을 일으키며 마음대로 깎는데 白土가 다하도록 코는 다치지 않았으며 郢땅의 사람도 그대로 서서 안색이 변하지 않았다 한다. 後世에 運斤成風이라 하여 技術의 뛰어남을 나타냈다.

▷窮年: 一生 다하도록. 畢生.

▷物力: 使用하는 物資.

▷委曲: 자세한 사정. 상세한 곡절.

▷泯然(민연): 完全히 符合하는 모양.

▷童山(동산): 민둥산. 대머리 산.

二.〈小山〉

小山亦不可無土. 但以石作主, 而土附之, 土之不可勝石者, 以石可壁立, 以土則易崩, 必仗石爲藩籬故也. 外石內土, 此從來不易之法.

言山石之美者, 俱在透漏瘦三字. 此通于彼, 彼通于此, 若有道路可行, 所謂透也. 石上有眼, 四面玲龍, 所謂漏也. 壁立當空, 孤峙無倚, 所謂瘦也. 然透瘦二字, 在在宜然. 漏則不應太甚, 若處處有眼, 則似窯內燒成之瓦器, 有尺寸限在其中, 一隙不容偶閉者矣. 塞極而通, 偶然一見始與石性相符.

瘦小之山, 全要頂寬麓窄, 根脚一大, 雖有美狀, 不足觀矣.

石眼忌圓, 卽有生成之圓者, 亦粘碎石于旁, 使有稜角, 以避混全之體.

石紋石色, 取其相同, 如粗紋與粗紋, 當併一處, 細紋與細紋, 宜在一方. 紫碧靑紅, 各以類聚是也. 然分別太甚, 至其相懸接壤處, 反覺異同, 不若隨取隨得, 變化從心之爲便. 至于石性, 則不可不依, 拂其性而用之, 非止不耐觀, 且難持久. 石性維何, 斜正縱橫之理路是也.

小山도 흙이 없어서는 안 되나 다만 돌을 주로하고 흙은 부수적이어야 한다. 흙이 돌보다 많으면 안 되는 까닭은 돌로는 낭떠러지·절벽을 만들 수 있으나 흙으로 하면 쉽게 무너지기 때문이니 반드시 돌을 의지해 호위하는 울타리를 삼아야 하는 것이다. 밖은 돌로 안은 흙으로 이것이 종래 바꿀 수 없는 법이다.

山石의 아름다움을 논하자면 모두 것은 透(투)·漏(루)·瘦(수) 세 글자에 있다. 여기에서 저기로 통하고 저기에서 여기로 통하여 다닐 수 있는 길 같은 것이 이른바 透다. 돌 위에 눈이 있어 四面이 玲瓏透漏(영롱투루)하면 이른바 漏다. 虛空에 절벽같이 서있어 홀로 우뚝하며 기댈 것 없으면 이른바 瘦다. 그러나 透·瘦 둘은 곳곳에 있어도 그럴듯하고 어울리나 漏는 너무 심해서는 안 되니 處處에 눈이 있으면 가마에서 구운 질그릇 같다. 그 속에는 지켜야할 法則의 한계가 있으니 하나의 구멍도 우연히 막혀서는 안된다. 완전히 막힌듯하다가 통해야하니 우연히 하나의 눈이 드러나야 비로소 돌의 성질과 부합하는 것이다.

瘦한 小山은 절대 頂上은 넓되 기슭은 좁아야 한다. 산의 밑뿌리, 발이 크면 아름다운 형상을 하고 있다 하더라도 볼 것이 없다. 돌의 눈은 둥근 것을 꺼린다. 만약 저절로 생긴 것이 둥글면 부스러기 돌을 옆에 붙여서 모난 모서리를 갖게 하여 두루뭉술한 형태를 피해야한다. 돌의 무늬, 돌의 색은 같은 것들을 선택해야 하니 거친 무늬 돌은 거친 무늬 돌과 한 곳에 두고 고운 무늬의 돌은 고운 무늬의 돌과 한 자리에 있어야 어울린다. 紫色·碧色·青色·紅色은 제각각 같은 종류끼리 모으는 것이 맞는다. 그러나 구별함이 너무 지나쳐 그 境界와 接合하는 곳이 懸隔하게 차이가 나면 도리어 一致하지 않는다고 느끼게 되니 그냥 되는대로 선택하고 완성하여 마음을 따라 만드는 것만 못하다.

돌의 성질로 말하자면 그 성질을 따르지 않으면 안되며 그 성질을 거슬러 쓴다면 그 짓을 멈추지 않는 한 볼거리가 못되며 또한 오랫동안 지탱하기 어렵다. 그러면 돌의 성질은 무엇인가? 기울음, 바름, 가로, 세로(斜, 正, 縱, 横)의 道理가 바로 그것이다.

▷壁立: 담이나 벽처럼 서있는 절벽. 石壁. 깎은 듯한 낭떠러지가 벽같이 서 있다.

▷玲瓏: 精巧하며 아름답다. 이곳에서는 玲瓏透漏(영롱투루)·玲瓏剔透(영롱척투)의 뜻으로 쓰였다. 結構가 精巧하며 內部가 뚫린 것이다.

▷峙(치): 우뚝솟다.

▷在在: 處處. 到處. 곳곳.

▷窯(요): 窰와 같다. 기와나 그릇을 굽는 가마.

▷尺寸: 法則. 準則. 規律.

▷一隙(일극): 一孔. 하나의 구멍.
▷生成: 자연히 形成됨. 저절로 생김.
▷稜角(능각): 모서리. 모난 귀퉁이.
▷混全: 두루뭉술함. 특색 없는 하나의 덩어리.
▷相懸: 懸殊하다. 懸隔하게 차이가 있다.
▷接壤: 境界. 서로 이어지는 곳.
▷異同: 같지 않음. 不一致함.
▷理路: 理論. 道理.

三.〈石壁〉

假山之好, 人有同心獨不如爲峭壁, 是可謂葉公之好龍矣. 山之爲地, 非寬不可, 壁則挺然直上, 有如勁竹孤桐, 齋頭但有隙地, 皆可爲之. 且山形曲折, 取勢爲難, 手筆稍庸, 便貽大方之誚. 壁則無他奇巧, 其勢有若壘牆, 但稍稍紆廻出入之, 其體嶙峋, 仰觀如削, 便與窮崖絶壑無異. 且山之與壁, 其勢相因, 又可並行而不悖者. 凡壘石之家, 正面爲山, 背面皆可作壁, 匪特前斜後直, 物理皆然. 如椅榻舟車之類, 卽山之本性, 亦復如是. 逶迤其前者, 未有不嶄節其後, 故峭壁之設, 誠不可已. 但壁後忌作平原, 令人一覽而盡, 須有一物焉蔽之. 使坐客仰觀, 不能窮其顚末, 斯有萬丈懸崖之勢, 而絶壁之名爲不虛矣. 蔽之者維何, 曰非亭卽屋, 或面壁而居, 或負牆而立, 但使目與簷齊, 不見石丈人之脫巾露頂, 則盡致矣.

石壁不定在山後, 或左或右, 無一不可, 但取其地勢相宜, 或原有亭屋, 而以此壁代照牆, 亦甚便也.

石假山의 嗜好에 있어 사람들은 아무래도 절벽을 세우는 것만 못하다는 마음들을 똑같이 갖고 있으나 이것은 實際는 그렇지 않고 表面上 그럴 뿐인 葉公好龍이라 할 수 있다. 假山의 경우 터를 잡음이 넓지 않으면 안되나 절벽의 경우는 곧바로 올라가면 되니 억센 대나 꼿꼿한 오동과 비슷함이 있고 書齋 앞에 빈터만 있으면 모두 가능한 것이나.

또한 산의 外形은 구불구불해야하니 形勢를 선택하기가 어렵다 假山의 設計나 處理함이 조금이라도 凡庸하면 곧 識見있는 專門家의 비난·꾸지람을 초래하지만 절벽은 별다른 奇巧가 필요 없으니 그 形勢는 담을 쌓아올림과 恰似하며 그저 차츰차츰 꺾고 돌며 구부리면 그 形體는 疊疊(첩첩)하고 우러러보면 깎은듯하여 높은 산 깊은 골짜기와 다를 게 없다. 게다가 假山과 담벼락은 그 形勢가 서로 의지하니 이른바 함께 가도 어긋나지 않는다는 것이 된다. 무릇 돌을 쌓는 집에서는 正面은 山으로 뒷면은 모두 절벽으로 할 수 있으니 꼭 앞이 비스듬하고 뒤가 반듯해야만 하는 것은 아니다. 事物의 이치 또한 모두 그러하니 의자・평상・배・수레 같은 종류도 山의 본성을 따라서 또한 그러하다. 즉 앞이 구불구불한 것은 그 뒤가 가파르지 않은 것이 없는 것이다. 따라서 절벽을 設置하는 것은 진실로 그만둘 수 없는 것이나 다만 절벽 뒤에 벌판을 만듦은 금해야 하니 한번 보면 끝이 나기 때문이다. 모름지기 하나의 事物을 여기에 두어 가려주어야 하며 앉은 사람이 우러러볼 때 그 前後의 모양을 다 볼 수 있게 하지 말아야 하는 것이다. 그리하면 여기에 만 길 낭떠러지의 氣勢가 있게 되며 絶壁・벼랑이라는 名稱이 헛되지 않게 되는 것이다. 가려주는 것은 무엇이 좋을까? 亭子 아니면 草屋이니 혹은 담을 마주하여 앉히거나 혹은 담을 등지고 세우면 되는데 다만 視線이 처마와 가지런해서 절벽을 이룬 돌 어르신의 두건 벗고 이마 드러낸 꼴을 보지 않으면 그 韻致・情趣가 曲盡하다 하겠다. 돌 절벽은 꼭 산 뒤에 있어야 하는 것은 아니며 혹은 왼쪽 혹은 오른쪽 어느 것 하나도 안 될 것이 없다. 그저 地勢의 합당함에 따라 선택할 것이니 만약 본시 亭子나 草屋이 있다면 이 人工의 절벽으로 照壁, 즉 가림담을 삼는다면 또한 아주 편할 것이다.

▷峭壁(초벽): 절벽. 벼랑. 낭떠러지.

▷葉公好龍: 漢 劉向의 ≪新序≫에 나오는 이야기로 葉公인 子高가 龍을 좋아하여 온통 사방을 龍그림・조각으로 채우자 하늘의 龍이 下降, 집의 창과 대청에 머리와 꼬리를 걸쳤다. 葉公이 보고는 大驚失色하여 도망갔다. 따라서 葉公好龍은 表面的으로는 어떤 事物을 愛好하는듯하나 實際上으로는 그렇지 않다는 것을 말한다.

▷挺然(정연): 꼿꼿하게. 곧바로.

▷隙地(극지): 空地. 공터. 빈 땅.

▷手筆: ① 친히 쓰거나 그린 글・그림. ② 設計. 處理한 事務.

▷大方: 識見이 廣博한 사람. 專門家.

▷誚(초): 비난. 책망. 꾸짖음.

▷稍稍(초초): 점점. 차차.

▷紆廻: 曲折. 回還. 꺾이고 돌다.

▷出入: 彎曲. 平直하지 않음.

▷嶙峋(인순): ① 산이 첩첩이 싸여 깊숙한 모양. ② 여러 단을 이루어 치솟은 모양.

▷窮崖絶壑(궁애절학): 高山深谷.

▷並行不悖(병행불패): ≪禮記 · 中庸≫에서 "萬物並育而不相害, 道並行而不相悖. 萬物은 함께 자라도 서로 해가 되지 않고, 道는 함께 행하여도 서로 어긋나지 않는다."라 하였다. 後世에 並行不悖는 同時에 進行하거나 同時에 存在하여도 서로 충돌하지 않음을 가리키게 되었다.

▷逶迤(위이): 구불구불 멀리 이어진 모양. 멀고 긴 모양.

▷嶄絶(참절): 가파르다. 높고 험준하다.

▷一物焉蔽之의 焉은 於此, 於是, 여기에, 이곳에.

▷顚末(전말): 本末. 前後의 事情 · 形便.

▷懸崖(현애): 낭떠러지. 벼랑. ⇨ 懸崖絶壁: 깎아지른 듯 한 절벽.

▷石丈人: 이곳에서는 園林中의 峭壁을 가리킨다. 그러나 石丈이라는 말은 奇石을 나타낸다. 宋 葉夢得의 ≪石林燕語≫에 의하면 有名한 書畵家인 米芾(미불)이 無爲軍의 知事가 되어 막 고을의 官廳에 들어갔다가 서있는 돌이 奇異함을 보고는 기뻐하며 말했다. "마땅히 拜禮해야지". 그리하여 左右에게 袍(포)와 笏(홀)을 준비시키고는 절하였다. 그리고 매양 이 돌을 石丈 즉 돌 어르신이라 불렀다 한다.

▷照牆: 照壁과 같은 말이다. 正門을 들어서면 앞에 서있는 간단한 담이니 집의 內部가 훤히 노출되는 것을 막는 역할을 한다. 우리나라에서는 가림담 · 遮面(차면)담이라고 한다.

四. 〈石洞〉

假山無論大小, 其中皆可作洞. 亦不必求寬, 寬則藉以坐人. 如其太小, 不能容膝, 則以他屋聯之. 屋中亦置小石數塊, 與此洞若斷若連, 是使屋與洞混而爲一, 雖居屋中, 與坐洞中無異矣. 洞上宜空少許, 貯水其中, 而故作漏隙, 使涓滴之聲, 從上而下, 旦夕皆然, 置身其中者, 有不六月寒生 而謂眞居幽谷者, 吾不信也.

假山은 크고 작음을 막론하고 그 안에 동굴을 만들 수 있다. 그것은 꼭 넓을 필요가 없으며 넓다 해도 사람을 앉게 하면 될 뿐이다. 만약 너무 작아 무릎 들여 놓을 수도 없다면 다른 房과 이어놓으며 그 房 안에는 또한 작은 돌 몇 덩어리를 놓아 이 동굴과 끊어진 듯 이어진 듯 하게 하면 房과 동굴이 混然히 하나가 되어 비록 房안에 있어도 동굴 안에 앉은 것과 다를 것이 없는 것이다. 동굴 위에는 약간의 작은 공간을 두고 거기에 물을 저장, 고의로 틈새 따라 물이 새게 하여 한 방울 한 방울 떨어지는 소리가 위로부터 밑으로 내려오게 한다. 아침 저녁으로 항상 그렇게 한다면 몸을 그 안에 둔 사람으로 六月의 炎天에 寒氣가 돌아 정말 深山幽谷에 사는 것 같다고 여기지 않을 사람이 있으리라고는 믿지 않는다.

▷藉(자): 借와 같다. 말미암다. 빌리다. 의탁하다.

▷故作漏隙: 故는 故意. 漏는 물이 새다. 隙(극)은 갈라진 틈.

▷涓滴(연적): 한 방울 한 방울 떨어지다.

五. 〈零星小石〉

貧士之家, 有好石之心, 而無其力者, 不必定作假山. 一卷特立安置有情, 時時坐臥其旁, 卽可慰泉石膏肓之癖. 若謂如拳之石, 亦須買錢, 則此物亦能效用于人, 豈徒爲觀瞻而設. 使其平而可坐, 則與椅榻同功. 使其斜而可倚, 則與欄杆並力, 使其肩背稍平, 可置香爐茗具, 則又可代几案, 花前月下, 有此待人, 又不妨于露處, 則省他物運動之勞, 使得久而不壞, 名雖石也, 而實則器矣. 且搗衣之砧, 同一石也, 需之不惜其費, 石雖無用, 獨不可作搗衣之砧乎? 王子猷勸人種竹, 予復勸人立石. 有此君不可無此丈. 同一不急之務, 而好爲是諄諄者, 以人之一生, 他病可有, 俗不可有. 得此二物, 便可當醫, 與施藥餌濟人, 同一婆心之自發也.

가난한 선비 집에서 돌을 좋아하는 마음은 있으나 힘이 없으면 꼭 假山을 만들 필요는 없다. 주먹만 한 돌을 오뚝 하나 세우거나 놓으면 情致가 있게 되며 때때로 그 곁에 앉거나 누우면 泉石膏肓의 性癖(성벽)을 달랠 수 있는 것이다. 만약 주먹만한 돌도 또한 돈을 주고 사야만 한다고 말한다면 이렇게 답할 수 있다. 이 돌이라는 물건은 또한 사람에게 效用이 있으니 어찌 한갓 구경을 위하여만 놓은 것이겠는가? 그것을 반반하게 놓으면 앉을 수 있으니 의자나 평상과 그 용도가 같고 비스듬하게 놓으면 기댈 수 있으니 난간과 그 쓰임이 비슷하며 그 어깨나 등 쪽을 조금 고르게 한다면 향로나 茶道具를 놓을 수 있으니 탁자를 대신할 만하고 꽃 앞이나 달 아래 이것이 있으면 사람을 기다릴 수 있음이라. 또한 露天 즉 한데에 두어도 무방하니 그리하면 의자 · 평상 · 난간 · 탁자를 운반하는 수고를 덜 수 있는 것이다. 오래 두어도 부서지지 않으니 이름은 돌이나 실인즉 器具가 되는구나. 또한 옷 다듬는 다듬잇돌은 똑같은 돌인데도 장만할 때 돈을 아끼지 않으니 돌이 비록 無用之物이라하나 어찌 옷 다듬는 다듬잇돌만큼 쳐줄 수도 없단 말인가? 王子猷(왕자유)는 사람들에게 대를 심으라 하였는데 나는 또한 사람들에게 돌을 세우라고 권하노라. 대나무 이분이 있으면 돌 이 어른이 없어서도 안 되니 똑같이 不要不急한 것이나 내가 이렇게 간절하게 말하는 까닭은 사람의 일생에 있어 다른 병은 있어도 되나 低俗이란 병통은 있어서는 안 되기 때문이다. 그러나 대 · 돌을 얻으면 충분히 低俗을 고칠 수 있으니 藥物을 주어 사람을 구제함과 동일한 나의 仁慈한 마음이 절로 솟아나 이렇게 이르노라.

▷零星: 자질구레한. 보잘 것 없는. 소량의.

▷特立: 獨立. 오뚝 하나를 세우다.

▷泉石膏肓(천석고황): 煙霞痼疾(연하고질)과 함께 자연을 너무 사랑하여 마치 치료할 수 없는 병과 같다는 것.

▷並力: 並은 比, 似, 如의 뜻이다.

▷茗具(명구): 茶道具. 茶器.

▷几案(궤안): 卓子. 책상. 상.

▷露處: 露天에 머물다. 한데에 두다.

▷砧(침): 다듬잇돌. 디딤이질 할 때 밑에 받치는 돌

▷需(수): 마련하다. 장만하다.

▷獨不可作搗衣之砧乎: 獨은 다만. 어찌. 도리어. 作은 여기다. 삼다. 간주하다. ~로 치다.

▷此君: 王子猷가 대나무를 보고 "不可一日無此君. 하루도 이분 없으면 안 된다."고 함.

▷不急之務: 緊要하지 않은 일. 不要不急한 일.

▷諄諄(순순): 曲盡하게 타이르는 모양.

▷與施: 施予.

▷藥餌(약이): ① 藥物. ② 약이 되는 음식.

▷婆心: ① 佛教用語. 仁慈한 마음. ② 老婆心. 필요 이상으로 남의 일을 염려하고 걱정하는 마음.

➥ 清 沈復의 ≪浮生六記≫에서 盆景(분경)에 대해 말하였는데 이미 번역본이 나와 있고 林語堂의 ≪生活의 藝術≫에서도 다루었으므로 여기에서는 생략한다.

15. 〈龍門〉(五言律詩)

龍門橫野斷, 驛樹出城來. 氣色皇居近, 金銀佛寺開.
往來時屢改, 川陸日悠哉. 相閱征途上, 生涯盡幾回.

龍門은 橫野라가 斷하고, 驛樹는 出城하여 來하도다.
氣色은 皇居近 때문이고, 金銀은 佛寺開 때문이나니.
往來에 時는 屢已나, 川陸이여 日로 悠哉로다.
相閱하노라 征途上에서, 生涯에 盡幾回리오.

이런 풀이는 좀 색다르지요! 알기 어렵다구요?

❖ 詩題

解說

〈용문〉

❖ 제1 · 2구: 龍門橫野斷, 驛樹出城來.

註

▸龍門: 山이름. 洛陽附近에 있다. 앞의 〈龍門奉先寺〉에서도 나왔다.

解說

용문산은 넓은 벌판을 가로질러 가다가 그 가운데가 강물로 말미암아 끊어져 양쪽으로 나뉘어 마치 궁 앞의 양쪽 闕(궐)과도 같은 모양이 되었고 驛앞의 나무들은 낙양성 안에서 시작되어 여기까지 내리 이어져 나왔다.

雄壯하던 山勢가 陡然(두연)히 갈라져 나뉘고 連綿(연면)한 街路樹는 끊임없이 길게 이어져 있다. 相當히 强烈한 風景의 對比가 된다.

❖ 제3 · 4구: 氣色皇居近, 金銀佛寺開.

註

▸氣色: ① 얼굴빛, 안색, 혈색. ② 景色. 景象.

▸皇居: 皇宮, 皇城.

▸金銀: 佛寺의 輝煌한 모습. 또한 佛地에 金色世界, 銀色世界가 있다 함.

▸開: 展開되다, 펼쳐지다.

解說

이 山의 웅장한 기상은 皇城이 가깝기 때문이요, 이 山에서 금빛 은빛 찬란함은 그 속에 여러 佛寺가 펼쳐졌기 때문이지 — 과거의 경험이지 지나갈 때마다 들른 것은 아니다.

自然의 雰圍氣, 人工의 雰圍氣를 짝으로 놓았다.

❖ 제5 · 6구: 往來時屢已, 川陸日悠哉.

註

▸改: "改"字와 "哉"字는 짝이 되지 않는다. "改"는 "已"字의 잘못이며 "已"는 "矣"와 같다. 杜甫詩에서 例를 들겠다. ① 〈峽口〉: "去矣英雄事, 荒哉割去心. 갔구나! 영웅의 일들은, 시들었구나! 천하를 할거하고자 하던 마음은." ② 〈秋日荊南述懷三十韻〉: "素業行已矣, 浮名安在哉. 평소 盡忠報國하던 뜻도 다 되가는데, 구름같은 명성은 어디에 있겠는가." 모두 矣와 哉로 짝을 맞추었다.(徐仁甫 ≪杜詩注解商榷≫)

▸川陸: 江山. 山河.

▸悠哉: ≪詩 · 周南 · 關雎≫의 悠哉悠哉라 輾轉反側이로다는 여기에서는 안 맞는다. 여기에서는 悠悠의 뜻이다. 卽 永遠, 長久의 뜻이다. 例

를 들어 본다. 〈發秦州〉: "大哉乾坤內, 吾道長悠悠. 광대하구나! 천지 건곤의 안이여, 그래서 내 가는 길은 언제나 아득하구나."

解說

往來함이여! 비록 오고가는 時期는 여러 차례였으나 江山이여! 그것이 存在하는 날은 永遠하리라. —江山은 具體的으로는 伊水와 龍門을 가리킴.

인간만이 奔走多事로 往來를 수없이 하지만 江山은 점잖게 버티고 있어 永遠無窮 常存하리라는 뜻.

❖ 제7 · 8구: 相閱征途上, 生涯盡幾回.

註

▸閱: ① 보다. ② 열람하다. ③ 지나치다. 지나가다.

▸征途: 먼 나그네 길. 行程(① 멀리 가는 길. ②그 길의 里數)

▸上: 위라는 뜻이 아니고 一定한 範圍 · 處所를 나타냄. 例: 人坐於堂上, 人在世上.

▸盡(jǐn): 任憑, 聽任의 뜻도 있다. 그러면 "두어라 생애에 몇 번이나 龍門을 보며 往來하랴"이다. 또는 다 끝내다. 다하다로 풀어도 된다.

解說

나그네 길에 있을 적마다 이 龍門을 보고 지나치니 生涯에 몇 차례나 더 지나가며 이 용문을 보아야 내 나그네 길이, 내생애가 다 끝날 것인가

➥ 杜詩는 詩題를 벗어난 것이 없다. 　部 注家들이 龍門에서 征行하는 사람들을 보며 云云하는 해석은 틀린 것 같다. 왜냐, 모든 事件은 龍門을 中心으로 하여 展開되며 모든 생각은 龍門을 바탕으로 일어나는 것이기 때문이다.

杜詩에서 해석이 多岐(다기)하면 주저하지 말고 詩題를 따라 풀어 가면 틀림이 없다. 雨田先生님의 가르침이다.

➡ 楊倫은 ≪杜詩鏡銓≫에서 "歎未知何日方免奔馳也. 어느 때에나 겨우 비로소 분주하게 뛰어다님을 면할 수 있을지 모름을 탄식한 것이다."라고 하였는데 人間世上에서 죽기 前에는 奔馳(분치)를 면하기 어려울 것임을 杜先生이 모를 리 없다. 이 詩는 그것을 歎息한 것이라기보다는 지금까지도 꽤 이 龍門을 보았는데 앞으로 얼마나 더 보면 내 人生이 끝날까 하는 比較的 諦念에 가깝거나 좋게 보아주면 達觀에 가깝다고 하겠다.

➡ 末句의 內容은 蠟屐(납극)—나막신에 밀랍 입힘—하던 阮孚의 "일생동안 나막신 몇 컬레 신을 수 있을까"하던 말이 그 由來요 來歷인 듯하다.

"祖士少(祖約)는 財物을 좋아하고 阮遙集(阮孚. 완부)은 나막신을 좋아하여 둘이 다 직접 관리하니 똑같은 병통인데 둘의 高下・優劣을 가릴 수 없었다. 어떤 이가 祖約을 방문하였다가 그가 財物을 점검하고 살피는 것을 보았는데 다 치우지 못하고 두 상자가 남자 등 뒤에 감추고 제 몸을 기우뚱하며 가리는데 마음이 불안해 보였다.

어떤 이가 阮孚를 찾아갔다가 그가 직접 불을 입으로 불어가며 나막신에 밀랍 입히는 것을 보게 되었다. 그러다가 탄식하길 '이렇게 해봐야 일생동안 몇 컬레나 신을 수 있을런지.'하는데 신색이 편안해 보이며 느긋해 하는 것을 보았다. 이에 비로소 高下・優劣이 分明해졌다.

祖士少好財, 阮遙集好屐. 幷恒自經營, 同是一累. 而未判其得失. 人有詣祖, 見料視財物, 客至, 屛當未盡, 餘兩小簏, 著背後, 傾身障之. 意未能平. 或有詣阮, 見自吹火蠟屐, 因歎曰 '未知一生, 當著幾量屐.' 神色閑暢, 於是勝負始分."(≪世說新語・雅量≫)

杜先生같은 博覽强記한 양반이 이렇게 멋진 대목을 모를 리 없다. 따라서 슬쩍 改變하여 내가 앞으로 아무리 바쁘게 뛰어다녀도 이 길 가는 것이 몇 번이나 되고 또한 龍門을 몇 차례나 보겠는가 하는 比較的 가벼운 마음—약간의 人生無常이란 감회도 있긴 있었을 것이다—으로 슬쩍 속을 털어놓는 것이다. 너무 歎息이니 悲歎이니 하고 무겁게 보지 말자.

☛ 参考

人生이란 길을 가는 것이다. 或은 東으로 西로 或은 南으로 北으로 하여 正反對의 길을 갈 수도 있고—楊朱의 痛哭이 그래서 생겨났고—或은 平坦(평탄)이냐 崎嶇(기구)냐 막혔냐 뚫렸냐의 數도 있을 수 있고—阮籍의 눈물이 그래서 흘렀으며—푸르게 사느냐 누르게 사느냐하는 出生・身分・職業・經歷・八字所關도 있을 수 있으나—墨翟의 탄식이 그래서 생겨났으니—하여튼 "大塊息我以死. 천지가 나를 죽음으로 쉬게"해 줄 때까지 줄창 가는 것이다. 여기서 잠시 古今의 길에 얽힌 詩作을 살펴봄도 좋으리라. 아주 작은 片鱗에 不過하지만 말이다.

1) 一般百姓들의 移動이 거의 不可能한 時代에 모든 道路는 統治階層의 政治・軍事目的外에는 달리 쓰임이 없었고 따라서 一般 文士들의 이에 關한 作品도 없는 형편이다.

가장 有名한 實例:

① 馳道(치도): 秦始皇이 統一天下한 뒤에 咸陽을 中心으로 四通八達의 馳道를 뚫었는데 너비는 대략 70m이고 中央에 7m의 皇帝專用의 길이 있었고 양쪽은 臣民들 몫이었다.

② 直道: 北方 異民族(匈奴)에 對備하여 만든 直道. 戰車와 兵力의 移動, 軍需物資의 輸送에 편하도록 산을 깎고 골짜기를 메우며 거의 직선에 가깝도록 만든 피눈물의 길. 司馬遷도 ≪史記・蒙恬列傳≫의 끝 太史公曰에서 "塹山埋谷, 通直道, 固輕百姓力矣. 山脈을 끊고 深谷을 메워 직도를 뚫었음은 백성들의 勞動力과 財力을 無視한 것이다."라 하여 책망하였다.

秦 統一 以前의 統治階層만을 위한 道路가 있었음은 다음으로 알 수 있다.

③ 周道: ≪詩・小雅・大東≫

周道如砥, 其直如矢. 君子所履, 小人所視.

한 길은 숫돌처럼 평평하고 화살처럼 곧은데, 나리들은 밟고 다니지만, 백성들이야 구경이나 할 뿐.

▷周道: 大路. 한길. 普遍的 道理.

▷履(리): 밟다. 가다. 실천하다.

후세에 이 詩句들은 斷章取義의 形式을 빌려 재해석되길 '普遍的 道理를 점잖은 君子들은 실천하지만 小人輩들은 멀거니 볼뿐 실천하지는 않는다.'로 그럴 듯하게 풀어내었다. 잘한 짓이다.

2) 먹고 살기 위해 뛰는 길. 더 나아가 많이 벌고 출세하기 위해 뛰는 길 또한 있다. 상당히 직설적이고 노골적이나 逼眞(핍진)함이 뛰어난 작품을 하나 읽어보자.

① 唐・任蕃(≪全唐詩≫에는 任翻으로 되어있음)

〈洛陽道〉

憧憧洛陽道, 塵下生春草. 行者豈無家, 無人在家老.

鷄鳴前結束, 爭去恐不早. 百年路傍盡, 白日車中曉.

求富江海狹, 取貴山嶽小. 二端立在途, 奔走何由了.

끊임없이 오고가는 낙양길이라, 한창 푸르고 싱싱해야 할 봄풀도 사람들의 往來속에 피어나는 먼지를 뒤집어썼다. 나그네들이라고 어찌 집이 없으랴마는 집에서 편히 늙는 이는 없도다. 닭 울기 전에 行裝을 차리고 다투어가네 늦을세라. 一生이라 百年을 길옆에서 다 보내고 하루라 대낮도 수레속에서 새벽 맞으며 시작되네. 富를 구함에 江海도 좁다고 건널 수 있으며 貴를 구함에 山嶽도 작다고 오르내려 이 富와 貴 두 가지가 길 위에 서 있으니 바쁘게 다님이 어떻게 끝이 나겠는가.

▷憧憧: 왕래가 끊이지 않는 모습.

▷在家老: 집에서 늙다. ≪莊子・大宗師≫: "大塊載我以形, 勞我以生, 佚我以老, 息我以死. 대자연은 나의 형체를 이루어 주시고, 나를 삶으로써 가쁘게 하며 나를 늙음으로써 편안하게 하고 나를 죽음으로써 쉬게 한다." 늙은이는 집에서 편히 쉰다고 말해져 왔으나 집에서 養老하는 사람도 없다는 뜻.

▷白日車中曉: 훤한 대낮을 수레속에서 새벽을 맞으며 시작한다.

▷江海狹,山嶽小: ① 富를 구함에 江海만큼 구해도 좁다 여기고 貴를 얻으려 함에 山嶽같이 높은 것도 작다고 여기다. ② 富를 구함에 江海를 넘는 것쯤이야 하고 좁게 여기고 貴를 얻으려 함에 山嶽 넘는 것쯤이야 하고 작게 여기다. 여기서는 ②의 뜻.

▷二端: 두 종류. 두 방면.

이 詩는 아주 널리 그리고 오랫동안 전파되었다. 淸의 高宗·乾隆帝가 江南巡行할 때의 일이다. 揚洲 —揚州는 江南이 아니지만 이곳부터 江南으로 친다—의 운하가에서 꼬리에 꼬리를 물고 가는 어마어마한 船舶들을 보며 無心결에 臣下들에게 물었다. “저 많은 배들은 무었을 하러 가는 배들 일꼬” 바로 대답하기 어려운 질문이었다. 당황해 하고들 있었는데 亦是 老成한 사람이 智謀와 才致가 뛰어났다. “小臣의 눈에는 名과 利를 좇는 두 종류의 배 밖에는 없습니다.”라는 名答을—아마 이 詩를 염두에 둔듯하다—하였단다.(林語堂 ≪生活的藝術≫ 臺北·遠景出版公司 參考.)

② 唐·白居易 〈商山路有感〉

萬里路長在, 六年今始歸. 所經多舊館, 太半主人非.

萬里 밖이라도 길이야 언제나 뻗어 있거늘—길 탓 말아라, 육년이 지나서야 나 비로소 돌아왔네. 지나는 곳 旅舍는 대개 옛 것인데 主人은 太半이 바뀌었네. 館舊人非는 曹丕의 〈與吳質書〉에 나오는 “物是人非”가 원조다.

▷商山路: 長安으로 가기 위해 꼭 지나가야 하는 길. 商山은 陜西省 商縣의 동쪽에 있는 산이다.

▷非: 변하다. 이전과 같지 않다.

白氏의 이 作品은 사람이 자칫 잘못하면 길을 원망하는데 그렇지 않다는 일종의 억울한 길을 위한 伸寃(신원)같은데, 눈앞에 뻔히 보이는 길을 못가는 답답함·人生의 矛盾을 잘 지적했고 同時에 物은 멀쩡한데 脆弱한 人을 탄식했다.

③ 唐·許渾 〈贈河東虞押衙〉 (七言律詩의 5·6·7·8구)

萬里往來征馬瘦, 十年離別故人稀. 平生志氣何人見, 空上西樓望落暉.

從軍하느라 萬里길을 오고가니, 그 강한 戰馬도 수척해졌고 십년이나 이

별했으니 친구들도 드물어졌네. 내 平生의 意氣를 그 누가 알아주랴, 속절없이 서쪽 樓臺에 올라 落照를 볼 뿐이네.

▷押衙(압아): ① 唐人 小說에 등장하는 인물 古押衙를 말하며 목숨 걸고 남을 구원하고 남의 일을 잘 이루어 주어 의협의 인물을 나타낼 때 씀. ② 官名. 儀仗과 侍衛를 담당함. 押牙라고도 함. 여기서는 ②의 뜻이나 자기를 이해해달라고 ①의 뜻도 염두에 두고 쓴 듯하다.

▷征馬: ① 먼 길 가는 말. ② 戰馬. 여기서는 ②의 뜻.

변방에서 軍幕生活 十年 없어진 것은 자기의 젊은 날의 抱負와 意氣, 그리고 친구들. 남은 것은 무엇이냐, 수척해진 愛馬와 落照 속의 늙은 몸이다. 상말로 청승은 늘어가고 팔자는 오그라진다니 비통함이 넘친다.

이 詩도 훌륭하지만 許渾을 千秋에 이름이 남게 한 詩는 따로 있다. 〈咸陽城東樓〉라는 七律의 3·4句. 특히 4句 한 句로 영원히 泯滅(민멸)되지 않고 湮沒(인몰)되지 않는 名聲을 얻게 된 것이다. "溪雲初起日沈閣, 山雨欲來風滿樓. 계곡에서 구름 막 피어나면 태양은 樓閣밑으로 잠기고, 산에 비 올려나 바람이 樓閣에 가득하네." 後人들은 경치 읊은 제4구를 重大事件發生前의 緊張된 情勢를 비유할 때 썼으니 南朝·梁·何遜의 〈春暮喜晴酬袁戶曹苦雨. 봄날 저녁 비개인 것을 기뻐하며 원호조의 오래 내려 걱정거리인 비라는 시에 답함〉 詩에서 "振衣喜初霽, 褰裳對晚晴. 落花猶未卷, 時鳥故餘聲.……비개인 봄 경치 보러 산에 오르자 이제 비 그쳤으니 말이다. 그래서 옷을 터는 것은 막 개인 날 기뻐하며 등산채비 함이니, 치마 걷고 저녁의 비개인 풍경을 마주해 보자, 낙화는 비 개인지 얼마 안 되어 아직 쓸어서 거두는 이 없고, 때맞춘 새소리는 예전 비오기 전의 나날과 마찬가지로 풍성하구나" 하였을 때의 晚晴(만청)은 저녁에 비개인 것이 본뜻인데 晚年에 處地나 形便이 좋은 것을 뜻하게 된 것과 마찬가지이다.

許渾처럼 한 句로 이름난 사람이 또 있으니 唐의 조하(趙嘏)가 그 사람인데 〈長安秋望〉이란 七律의 제3·4句에서 이렇게 읊었다. "殘星數點雁橫塞, 長笛一聲人倚樓. 겨우 보이는 별 몇몇에 기러기는 가로줄 그으며 北邊에서 남으로 가고 젓대소리 길게 허공에 퍼져갈 때 사람은 누각(기둥)에 의지해 있도다." 杜牧이 크게 賞嘆하여 "趙倚樓. 조의루"라고 불렀다.(≪唐才子傳≫에

보임)

두 句로 이름을 떨친 경우도 있으니 錢起가 科擧보러 갈 때에 旅舍에서 머무는 밤에 "曲終人不見, 江上數峰青. 彈奏가 끝나자 사람은 보이지 않고, 강가 봉우리들만 푸르네"라는 노랫소리가 들려왔다. 시험을 치르는데 試題가 湘靈鼓瑟(湘江의 神이 瑟을 타다)이라 끝을 이 두 句로 하여 詩를 完成하였는데 天佑神助라고들 말하였다.

鄭谷도 七歲에 이미 詩에 能했다 하는데 〈石城〉, 〈鷓鴣〉로 이름을 떨쳤다. 〈鷓鴣詩〉(七律)의 제3・4구 "雨昏青草湖邊過, 花落黃陵廟裏啼. 비가 어둑히 내릴 때면 청초호변을 지나고, 꽃 떨어질 땐 황릉묘속에서 우네."가 特히 警句라하여 嘆賞되고 아예 "鄭鷓鴣. 정자고"라고 불려졌다. (≪鄭谷詩集箋注≫ 上海古籍出版社)

宋・梅堯臣도 〈河豚詩〉에서 "春洲生荻芽, 春岸飛楊花. 봄 모래톱에는 억새 싹 돋고, 봄 강가엔 버들 꽃 날리네"라 하여 이 때에는 다른 水産物은 치지 않고 복어가 제일이라 하여 世上에서 그를 梅河豚(매하돈)이라 불렀다고 한다.(≪詩話總龜≫)

그러나 생각해 보면 唐・張志和는 〈漁父歌〉 五首 中 其一에서 "西塞山前白鷺飛, 桃花流水鱖魚肥. 青箬笠, 綠簑衣, 斜風細雨不須歸. 서새산 앞에 해오라기 날고 복사꽃 떨어진 시내 흐를 때 쏘가리는 살찐다. 푸른 대 삿갓, 파란 도롱이 입고 (낚시하니) 비껴 부는 바람 보슬비에는 돌아 갈 필요 없네."라 하여 海內를 振動시켰으되 "張鱖魚. 장궐어"라 불리지 않았으니 물고기도 數가 있는 것인가.

宋代에는 詞가 盛하였는데 宋初 宋祁의 〈玉樓春〉이란 詞에서 "紅杏枝頭春意鬧. 붉은 살구꽃 가지 끝엔 봄날 정취가 아우성 댄다"가 絶唱이라 하여 그로부터 "紅杏尙書" ―宋은 工部尙書를 지냈음― 라 불렀고 秦觀의 〈滿庭芳〉의 冒頭인 "山抹微雲, 天黏衰草. 산은 엷은 구름이 닦아주고 가 (더욱 푸르고), 하늘엔 시든 풀들이 붙어 있는 것 같다"는 크게 傳誦되었으며 蘇軾은 장난삼아 秦氏를 "山抹微雲君", "山抹微雲秦學士. 산말미운진학사"라 불렀다고 한다.(≪淮海詞≫ 浙江古籍出版社) 前에도 言及했지만 낳아야 좋은 것이 아님을 여기에서 또 확인 한 셈이다.

3) 꿈에 가는 길.

사람을 그리며 꿈에 가는 길. 능히 멀리 갈 수는 있지만 그런 능력 있으면서도 目的을 끝내 이루지 못하는 허망한 길을 읊은 詩作도 있다.

唐・岑參〈春夢〉

洞房昨夜春風起, 遙憶美人湘江水. 枕上片時春夢中, 行盡江南數千里.

깊은 내실 어젯밤 봄바람 불어, 이내 湘江 멀리 가있는 님이 그립구나. 베개 위 잠깐의 봄꿈속에서도 강남 길 수 천리를 다 갈 수 있거늘, (꿈속에서는 그렇게 쉽게 오갈 수 있는데……)

唐・曹鄴〈長相思〉

剪妾身上巾, 贈郎傷妾神. 郎去不暫停, 妾貌寧長春.

靑天無停雲, 滄海無停津. 遣妾空牀夢, 夜夜隨車輪.

내 몸의 佩巾을 잘라 반은 내가 갖고 반은 낭군께 드리자니 정신이 아득아득해 지네. 낭군의 수레는 조금도 쉬지 않고 가고 싶은 데로 가시겠지만, 기다리는 내 모습 어찌 영원한 청춘이리오.(이러다가 그대 올 때쯤에는 눈먼 새도 안돌아보는 시든 꽃이 되겠네.) 꼭 청천의 쉬지 않고 흘러가는 구름이시며 창해의 멈추지 않고 흐르는 물 같은 낭군이시네. (그렇게 냉담・무정하면서도) 왜 내 빈 침상의 내 꿈을 밤이면 밤마다 쉬지 않고 구르는 수레바퀴 따르게 하십니까.

明・景翩翩.

豈曰道路長, 君懷自阻止. 妾心亦車輪, 日日萬餘里.

무어라 길이 멀다 니르십니까, 그대의 맘 돌서니 안 멀겁니까. 그러나 제 마음은 수레바퀸양, 날마다 만리 먼 길 돌고돕니다. (岸曙 金億번역. 支那名姝詩選〈同心草〉에 실림)

16. 〈李監宅二首〉(五言律詩)

尙覺王孫貴, 豪家意頗濃. 屛開金孔雀, 褥隱繡芙蓉.
且食雙魚美, 誰看異味重. 門闌多喜色, 女壻近乘龍.

❖ 詩題

註

▸監: ① 官名. 某某部署의 責任者. 例: 祕書省의 長官은 祕書監. ② 官署名. 例: 牧馬監. 欽天監.(朝鮮의 觀象監)

➥ ≪杜詩詳注≫에서는 首章(第一首)은 李監의 사위 얻음을 기리고 아울러 잔치자리의 일을 서술함이라 하였고 ≪讀杜心解≫에서는 其一은 데릴사위 맞아 잔치함만을 읊은 것으로 二首의 詩는 同時의 作이 아니라고 하였다.

➥ 우리의 생각: 詩題에서 其一이 딸 시집가는지 데릴사위 얻었는지 아무런 言及이 없다. 詩自體 또한 新婦의 賢淑함이라던가 女壻의 英俊함을 읊은 것이 없다.

其一에서는 李監의 血統, 家門이 누리는 富와 勢力을 羅列式으로 敍述하였을 뿐이다. 즉 家藏什物의 華麗함과 飮食의 豪奢스러움 뿐이지 新婚夫婦에 關한 描寫는 없다. 마지막에 이 家門에 경사가 있는데 近來에 데릴사위를 얻었나는 이야기뿐이다.

其二에서는 邸宅의 봄 경치와 이에 걸 맞는 李監의 人材를 아끼는 따뜻한 마음, 그리고 天馬·千里馬같은 李監의 能力은 언젠가는 빛을 보리라는 德談으로 끝을 맺었다.

두 首의 詩는 詩題 그대로이다. 그의 邸宅에서 일어난 일과 보이는 일을 그냥 羅列式으로 條目條目 逐一하여 敍述한 것뿐이니 詩題대로 李監宅의 일을 써내려 간 것이다. 두 首는 동시에 다른 角度에서 쓴 詩로 봄이 좋겠다.

解說

〈李監의 邸宅〉 其一

❖ 제1·2구: 尙覺王孫貴, 豪家意頗濃.

註

▸尙: 아직도. 그래도. 여전히. 歲月이 흘러 今上陛下와는 疏遠해졌다고는 하지만, 또한 寸數가 멀어졌다고는 하지만 그래도 아직은 여전히 王孫의 高貴함은 남아있다는 이야기이다. 우리말에 부자가 망해도 3년은 간다는 말이 있다. 王孫으로서의 특권이나 명성·권세가 남아있다는 이야기이다. 이 말이 나온 背景을 생각해 보면 李氏들은 자기들의 遠祖로 老子 李耳(字는 伯陽 諡는 聃)를 꼭 쳐들고 그 다음으로 漢의 名將 李廣을 든다. 李氏들은 唐高祖 李淵의 直系子孫이 아니더라도 李耳나 李廣의 子孫이면 李淵과도 한 血統이므로 自己들도 王孫이라고 主張하는 것이다. 따라서 王孫중에 별 시시한 人物이 다 섞여있는 것이다. 餘談이지만 社會的으로 크게 立身揚名하지 못했다고 한탄했던 李賀나 李商隱도 다 王孫에 속하니 더 할 말이 없는 것이다. 따라서 제1구의 '尙'이 內包하는 意味는 상당히 複雜하고 微妙한 것이다.

▸豪家: 돈 있고 세력 있는 家門.

▸意: 意氣. 氣勢. 집안이 누리고 있고 또한 펼 수 있는 기세를 말한다.

▸頗: 자못. 꽤. 상당히.

▸濃: (程度)가 깊다. 왕성하다.

解說

비록 今上陛下와 寸數가 멀어 자칫 잘못하면 무시하기 쉽지만 그랬다가는 큰일 난다, 誤算이다. 아직도 여전히 王孫의 귀함을 몸으로 직접 느낄 수 있다. 보아라. 財力과 權力이 풍기는 그 氣勢가 아직도 자못 대단하지 않더냐. 어떻게 아느냐? 3·4·5·6句에서 설명하겠다.

❖ 제3·4구: 屛開金孔雀, 褥隱繡芙蓉.

註

▸孔雀屛: 《新唐書·后妃傳上·昭成竇皇后》: "……因畵二孔雀屛間, 請昏者使射二矢, 隱約中目則許之. 射者閱數十, 皆不合. 高祖(李淵)最後射, 中各一目, 遂歸於帝. 이에 공작 두 마리를 병풍속에 그리고 청혼하는 사람들에게 화살 두 대씩을 쏘게 하였다. 그리고 아내인 公主와 살며시 약속하길 눈을 맞추면 許婚하기로 했다. 활 쏜 사람 수십 명을 겪었으나 모두 (앞의 조건에)들어맞지 않았다. 고조가 맨 마지막으로 쏘았는데 두 마리의 눈 하나씩을 각각 명중시키니 이에 竇毅와 公主의 딸인 昭成皇后는 임금—高祖 李淵—에게 시집가게 되었다." 뒤에 "孔雀屛", "屛間孔雀"은 사위 고르는 典故가 되었다.

➥ 本詩에서는 尾聯의 "女壻" 때문에 이 孔雀屛이 잘못 引用되었다. 여기에서는 單純히 다음 句의 芙蓉褥과 함께 家藏什物의 華麗함을 뜻하지 사위 고르는 典故와는 無關하다. 唐代에 孔雀은 아주 널리 裝飾으로 쓰였으니 李商隱의 〈和孫朴·韋蟾孔雀詠. 손박과 위섬의 孔雀詠에 和答하다〉 이라는 詩에 보면 "都護矜羅幕, 佳人炫繡袿. 都護나리도 孔雀 수놓은 비단 장막을 뽐내고, 고운 여인은 孔雀 수놓은 웃도리를 자랑한다."하여 장막·옷에 孔雀을 수놓았고 〈燒香曲〉에서는 "孔雀翅尾蛟龍鬚, 공작날개 교룡수염"이라 하여 香爐의 紋樣으로 이를 取하였다. 따라서 單純한 뜻으로 쓰였지 사위 신택과는 무관하다.

▸褥(욕): 앉고 누울 때 쓰인다고 사전에서 설명함. 따라서 그냥 요가 아니고 보료가 맞다 하겠다.

▸隱: 上句의 開와 對比된다. 藏의 뜻이다. 일부 판본의 "穩"의 뜻은 律詩의 對句上 妥當하지 않다.

▸芙蓉褥: ≪杜詩詳注≫에서 王僧孺의 詩를 引用하여 꼭 男女交歡처럼 되었는데 더구나 尾聯의 女壻와 연관되어 있는 듯이 해석되었는데 지나친 穿鑿이다. 물론 연꽃이 愛情의 뜻을 含有하고 있음은 周知의 사실이다. 汪中教授의 講義에 의하면 蓮은 憐字와 通하고 藕(蓮根)는 偶(쌍, 짝, 배우자, 배필)字와 通하니 발음도 蓮·憐은 (lián)이고 藕·偶는 (óu)로 같고 四聲도 같아서 읽으면 자연히 聯想作用이 일어난다고 하셨다. 그러나 前後左右를 考慮하여야지 무턱대고·덮어놓고 자기의 個人的인 意見만을 固執할 수는 없다. 蓮幕·芙蓉幕은 節度使의 幕府를 가리키며 幕僚들이 마치 蓮이 池塘에 몸을 依託하듯 幕府에 從事함을 말함이니 전혀 다른 의미로 쓰인 것이다. 다른 例로 篤實한 佛教徒는 대뜸 孔雀明王 — 密教에서 높이 받드는데 孔雀의 등에 타고 있으며 災害를 없이하고 利生의 德을 표현한 부처의 化身이라 한다 — 을 연상하고 이를 끝까지 固執한다면 어찌할 것인가. 유행가 좋아하는 양반들은 대뜸 명가수 현인의 〈인도의 향불〉에 나오는 "공작새 날개를 휘감는 염불소리……"가 맞는다고 우기면 어찌할 것인가. 獅子도 民俗學者는 北青獅子놀음이 우선 떠오를 것이고 佛教徒는 부처님의 獅子吼가 아닌가 할 것이고 西洋文物에 心醉한 青年들은 그 武勇이 騎士道의 精華라는 獅子王 리처드1세부터 생각할 것이다. 따라서 3·4句는 富貴의 象徵으로 이러한 그림이나 자수가 쓰였다고 해석하면 큰 과오가 없을 것이다.

解說

병풍은 금빛 찬란한 孔雀을 펴 보이고 있으며 보료는 곱게 수놓은 부용꽃을 은은하게 감추고 있구나.

❖ 제5·6구: 且食雙魚美, 誰看異味重.

註

▸且: 已의 뜻으로 쓰임. 成善楷의 ≪杜詩箋記≫에 杜詩中의 예를 다섯

이나 들었다. 參考 할 것.

▸美: 맛이 달아 입에 맞음. 例: 美酒, 美食은 모두 맛있는 술, 음식의 뜻.

▸誰看: 何料, 何估量. 어찌 생각이나 했겠는가. 看: 估量之詞, 料와 同義(張相).

▸異味: ① 이상한 맛. ② 다른 맛.

▸重: 원래 厚의 뜻. 引伸하여 多의 뜻으로 쓰임.(≪杜詩箋記≫)

解說

이미 맛좋은 한 쌍의 생선을 먹었는데 그것만 해도 만족스러운데 어찌 짐작이나 했으랴 아직도 더 많고 풍성한 기이하고 진귀한 요리들이 있을 줄을.

☛ **參考**

① 한 쌍의 생선: 우리도 보통 고등어 · 조기 · 암치를 집어 팔 때에 큰 것 작은 것 둘을 끼어 한손이라 하는데 賣買하거나 調理할 때의 單位인지 아니면 그저 외톨이를 싫어하고 짝짓는 것을 選好하는 뜻인지 잘 모르겠다. 佛敎 즉 인도의 영향인듯 하기도 하다. 인도에서 전래된 여덟 길상(吉祥)이 있는데 法螺 · 法輪 · 寶傘 · 白蓋 · 蓮花 · 寶甁 · 雙魚 · 盤長이 그것이다. 우리의 경우 首露王 許皇后의 陵 홍살문에 雙魚무늬가 있는데 이것도 인도의 紋樣이라 한다.

② 여기의 생선은 보나마나 민물고기인데 아마 잉어일 것이다. 중국의 북방은 바닷고기는 지금도 거의 안 먹고 민물고기, 그 중에서도 잉어를 제일로 친다. 예로부터 그러하였다. ≪詩 · 陳風 · 衡門≫에 "豈其食魚, 必河之魴, 豈其取妻, 必齊之姜. 豈其食魚, 必河之鯉, 豈其取妻, 必宋之子. 물고기 먹는데 왜 꼭 황하의 방어이어야 하는가. 아내를 얻는데 왜 꼭 제나라의 강씨여야 하는가. 물고기 먹는데 왜 꼭 황하의 잉어여야 하는가, 장가드는데 왜 꼭 송나라의 자씨여야 하는가."

그 由來가 긴 것이다.

▹魴: 우리가 아는 바닷고기 방어가 아님.
▹取는 娶의 뜻으로 장가가다, 장가들다.
▹娶妻: 아내를 얻다.
▹姜: 齊나라 임금의 姓. ▹子: 宋나라 임금의 姓.

❖ 제7 · 8구: 門闌多喜色, 女壻近乘龍.

註

▸門闌: ① 문을 가로막아 출입을 통제하는 나무. ② 家門을 말함. (例로 이 詩를 들었다. 《漢語大詞典》)

▸喜色: 기쁜 神色.(안색. 기색. 표정) ➪ 喜氣: ① 상서로운 기운. ② 즐거운(기쁜) 표정, 기색.

▸近: ① 원래. 당초. ② 근래.

▸乘龍: 《杜詩詳注》는 《神仙拾遺》를 인용하여 "弄玉乘鳳, 蕭史乘龍"이라 함. 《後漢書》注에서는 《列僊傳》을 引用하였는데 內容인즉 春秋時代 秦 穆公의 딸 弄玉이 簫를 잘 부는 蕭史란 사람을 좋아하여 그에게 시집갔고 弄玉은 그에게 簫를 배워 봉황새 소리를 낼 경지에 이르렀으며 후에 夫婦가 하늘로 날아갔다라는 이야기인데 《列國志》에 仔細히 紹介되어 웬만한 사람은 다 아는 이야기이다. 相當히 美化시켜서 그렇지 實狀은 임금의 딸이 보히미안인지 집시인지 떠돌이 樂師가 연주하는 트럼펫인지 색소폰인지 소리에 반했다는 이야기일 것이다. 대개 처녀들은 誠實하고 着實한 模範청년에게는 매력을 느끼지 못하는 법이다. 좀 浮浪者같다거나 건달같은 녀석들에게 쉽사리 반하는 법이다. 소녀들이 너무도 좋아하는 《빨강머리 앤》에서도 앤의 절친한 친구 다이아나가 자기의 약혼남이 너무 모범적인데 그게 탈이라고 한탄하자 아주머니들이 질색을 하는 부분이 있다. 東西가 다르지 않을 것이다. 거기에다 그들이 甘美로운 音樂을 연주할 줄 안다면 處女들에게는 錦上添

花요 父母에게는 雪上加霜이리라. 결국 자식 이기는 부모 없어 血統도 家系도 모르는 녀석을 宮 으로 불러들여 짝을 채우는 수밖에 방법이 없었을 것이다. 그러다가 浪漫的으로 표현하면 放浪癖이고 命理따지는 老人들 문자로는 驛馬煞이 도져 뛰쳐나가겠다하는 지경에 이르렀을 것이다. 그래서 부부는 出宮하고 임금과 참모들은 백성들 보기에도 그렇고 하여 봉황새타고 갔다는둥 용을 타고 갔다는둥하며 粉飾하여 일을 마무리 지었을 것이다.

"乘龍"은 용을 탔다 즉 용을 탄 사람이라 하여 예로부터 사위를 가리킨다 했는데 여기서 浦起龍이 指摘한 것처럼 招壻 즉 贅壻(췌서. 데릴사위)가 딱 맞을 것이다. 杜甫가 그에 대하여 어떠한 칭찬(가문, 학업, 공적에 대한) 德談도 없이 이 집의 女壻는 近來의 즉 요즘 말로 現代版 蕭史올시다 하고 끝낸 것을 보면 좋게 보아 風流男兒일 것이고 그렇지 않으면 한량이고 건달이라 할 것이다.

≪杜詩詳注≫와 ≪杜詩鏡銓≫에서 ≪楚國賢人傳≫을 인용하여 太尉 桓焉의 두 딸이 孫雋과 李元禮라는 傑出한 人物에게 시집가자 당시 사람들이 桓氏의 두 딸이 모두 용을 탔다(乘龍), 바꿔말하면 용같은 사위를 얻었다 했는데 이때에 용을 탄 것은 딸이다. 本詩에서는 女壻는 乘龍이라 했으니 女壻가 乘龍했다 하면 괜찮으나 女息이 乘龍했다함은 어색한 듯하고, 女壻 이퀄 乘龍이 맞으리라. 따라서 弄玉과 蕭史의 故事가 그 句의 기본이 된 것이며 아주 露骨的으로 까발리면 社會 通念上 별 볼 일없는 데릴사위를 얻었다는 뜻이 이미도 적당하리라 생각된다.

≪杜詩鏡銓≫에서 말하길 "其二의 尾聯을 보면 李監은 得志한 人物은 아니다. 其一에서 尙·頗·且字를 使用한 것을 보면 과장되게 美化하는 속에 不足하다는 느낌을 담고 있다 하겠다. 옛사람들이 그 豪奢함을 諷刺한 것이라 함은 틀린 것이라 하겠다." 하였는데 그 뜻은 杜甫

보기에 꽤 몰락한 신세일 것이다 하는 본래의 짐작보다는 그래도 여전히 그런대로 잘 지낸다는 의미가 이 虛詞 속에 內包되어 있을 것이라는 말이다. 首肯이 가는 말이다.

▶其一 8句속에 孔雀・魚・龍같이 동물이 자주 나옴이 좀 눈에 거슬린다.

解說

이 가문에 기쁜 기색이 가득하니, 사위는 소사와 같다더라.

☛ **參考 ❶**

이 詩는 한 首 여덟 句 속에 孔雀・魚・龍이 登場하는데 비슷한 例를 들어 보겠다.

1) 李商隱의 〈馬嵬〉 二首 中 其二(七言律詩).

여덟 句속에 虎・鷄・馬・牛를 써서 좀 장난기가 있다 싶지만 별로 거부반응을 일으키지는 않는다. 成功的이라 하겠다.

2) 李商隱의 〈喜聞太原同院崔侍御拜臺……〉(七言律詩) 여덟 句에 鵬・魚・鷄・兎・驄・鶯을 雜多하게 羅列하여 지루하고 짜증스럽기까지 하다. 失敗한 例이다.

3) 杜甫 〈月〉(四更山土月) 詩(五言律詩)의 5・6句에 兎・鶴・蟾・貂가 登場한다. 冗雜(용잡)하고 너절하다.

이 〈月〉 詩는 1~4句는 썩 잘 되었으나 5~8句는 아주 시시한 말하자면 龍頭에 蛇尾랄까. 狗尾로 續貂했달까 한 作品으로 이름이 나고 말았다.

4) 王維의 〈早朝大明宮呈兩省僚友〉는 七言律詩(賈至・杜甫・岑參도 함께 지었다)인데 네 곳이나 입고 쓰는 것을 넣었다. 그래서 예부터 氣象이 크고 音律도 壯하고 淸新하지만 衣服字面이 過하다고 貶毁하였다.

☛ **參考 ❷**

1) 監에 얽힌 이야기.

① 우리나라:

上監: 임금님을 부르는 칭호.

大監: ① 新羅 侍衛部의 무관직. ② 朝鮮時代 정2품 이상의 관원에 대한 존칭. ③ 무당이 집 · 터 · 나무 · 돌 따위에 접한 여러 신을 높여 부르는 말.

令監: 정3품, 종3품 관원을 부를 때.

② 中國:

太監: 宦官을 가리키며 중국인들은 監하면 이것을 第一 먼저 떠올린다. 秘書監: 知識人은 賀知章을 떠올린다.

中國의 이 太監은 큰 害毒을 끼친 存在로 歷代이 問題로 골머리를 앓으면서도 임금을 위해 維持되어온 奇異한 制度의 悲劇的인 產物이다. 가장 害를 끼친 王朝는 漢 · 唐 · 明으로 漢은 十常侍라는 語詞가 宦官의 代名詞가 되었고 曹操의 아버지도 曹騰이라는 勢力있는 宦官에게 養子로 들어가 立身하였다. 그들의 뿌리가 얼마나 깊고 컸던지 屢次 도려내려 하였으나 失敗하여 많은 忠良들이 죽었고 종당에는 袁術 · 袁紹 等의 官僚層 이 主動이 되어 이들을 屠戮 분을 풀었으나 그와 함께 漢나라도 滅亡의 길로 들어갔으니 말하자면 암을 도려내 수술은 잘 되었으나 患者 또한 암따라 가버렸다는 식이다.

唐은 太平時代라는 玄宗의 開元年間에도 임금의 심복중의 심복인 高力士 — 玄宗이 쿠테타를 일으킬 때 선봉에 서서 용감히 싸운 말하자면 玄宗의 오른 팔이었다 — 를 皇太子가 형님이라 불렀을 정도이며 安史의 亂 以後 混亂期에는 임금을 弑害하는 일도 여러 차례 있으니 王守澄은 憲宗을 弑害하였고 仇士良은 二王 一妃 四宰相을 弑害할 정도였다. ≪舊唐書 · 宦者傳≫의 楊復恭은 자기가 致仕 — 즉 감투 다 벗고 在野가 됨, 본뜻은 벼슬을 임금에게 다시 돌려 드림 — 하는 이유를 친구에게 하소연했는데 自己에게 잘 보인 王子를 뽑아 天子로 세웠건만 이 門生天子 — 弟子뻘의 또는 상말로 왕초밑의 똘마니뻘인 天子 — 가 자기를 위해 큰 計策을 세운 이 國家元老를 저버린다고 하였다. 文宗은 이들을 一網打盡하려고 李訓 · 鄭注 等과 圖謀하였으나 李와 鄭의 허술하고 엉성한 作戰으로 失敗하고 도리어 宦官들에게 平素 걸리적거리던 官僚集團 除去의 口實을 주어 억울한 官吏

들과 家族 數千名이 殺害되고 일이 끝났다. 이를 甘露之變이라 하며 文宗은 완전히 허수아비가 되고 史書에서는 數個月間 沈默으로 一貫하였다고 하였으나 충격과 공포로 失語症에 걸렸다고 봄이 옳겠다.

明代에도 宦官의 跋扈는 끝이 없었는데 代表走者가 魏忠賢으로 그 重要하다는 作名이 얼마나 虛妄하고 寒心한지를 그의 이름으로 알 수도 있겠다.

60年代 우리나라에 들어온 홍콩영화 龍門客棧(龍門의 결투로 번역되었다)은 바로 魏와 忠臣의 家族을 지키려는 俠客들의 對決을 그렸으며 中國武俠映畵가 이로부터 流行되었다.

☛ **參考 ❸**

또 하나의 꿈 이야기

4句의 "褥隱繡芙蓉"을 위해 仇氏가 ≪杜詩詳注≫에 王僧孺의 "已親芙蓉褥"을 든 것에 施鴻保 양반이 아주 언짢아했는데 이해가 간다. 그 詩는 아마 宮體詩에 속할 것이고 內容도 猥褻(외설)까지는 아니더라도 桃色雜誌·黃色新聞의 桃色이나 黃色이라고 해도 큰 잘못은 아닐 作品이기 때문이다. 우선 작품 자체를 보자.

梁·王僧孺 〈爲人述夢 사람들을 위해 꿈을 적어본다〉

工知想成夢, 未信夢如此. 皎皎無片非, 的的一皆是.

已親芙蓉褥, 方開合歡被. 雅步極嫣妍, 含辭姿委靡.

如言非倏忽, 不意成俄爾. 及寤盡空無, 方知悉虛詭.

생각하는 것이 꿈이 된다고 눈치 빠르게 알았었지만, 꿈이 이런 줄은 믿지 않았었다. 분명하여 조금도 착오기 없었고, 뚜렷하여 전부가 정확했었다 (꿈속이 완전히 현실과 같았다는 뜻임). 어느새 나는 벌써 芙蓉요에 접근해있었고, 막 合歡이불을 젖혀놓았다. 그때 여인은 사뿐 사뿐 조용히 걸어오니 참으로 멋있었는데 말할 듯 다문 입 그 모습 상냥하기도 하였다. 사람들의 말대로라면 별안간에 그렇지는(일이 깨지지는) 않는다는데 뜻밖에 순간의 일이 되고 말았다. 깨어나니 모든 것은 空이고 無라. 비로소 알았네, 일체가 허황

되고 터무니없다는 것을.

▷工: 공교롭다. 머리회전이 빠르다. 재주가 좋다.

▷片: 아주 작음.

▷皎皎·的的: 분명한 모습.

▷一 皆: 전부. 모두.

▷親: 접근하다. 접촉하다.

▷合歡被: 對稱圖案이 있는 이불. 남녀의 合歡을 상징함.

▷雅步: 얼굴색 펴고 편안하게 걷다.

▷嫣姸(언연): 아름답다. 곱다.

▷含辭: 말을 할듯하다 말하지 않음. 曹植〈洛神賦〉"含辭未吐, 氣若幽蘭. 말을 할 듯 안 해도 숨은 그윽한 난의 향기 같다. 말 안 해도 디 느낄 수 있다."

▷委靡: 柔順.

▷倏忽(숙홀): 갑작스러움. 급속함.

▷不意: 뜻밖에, 상상외의.

▷俄爾: 俄而. 짧은 시간. 오래지 않음. 돌연한.

▷盡: 全部. 모두.

▷詭: 詭誕(궤탄). 터무니없다. 기이하다. 허황하다. 이상야릇하다.

이러니 施鴻保씨가 역정내고 仇先生을 나무랄 만한 것이다. 이러한 宮體詩는 梁나라 때에 盛行하였는데 그 前의 宋·齊에도 이미 있었고 南朝의 마지막 王朝인 陳에서도 如前하였다. 林文月敎授의 〈宮體詩硏究〉에 의하면 이것도 時代의 産物로 그런 時代에 生活한 그러한 詩人들의 숨김없고 率直한 告白이라는 것이다. 內容은 大部分이 娛樂·遊戲·詠物 (物에는 女人도 包含됨)로 文以載道를 이야기하거나 詩言志를 말씀하시는 분들에게는 받아들여지기 어려운 부분이 아주 많다고 하겠다. 그렇다고 緣情而綺靡에 속한다 하기도 어려운데 좋게 말하는 사람은 예술을 위한 예술이라고도 하는데 글쎄올시다 이다.

한 가지 괜찮은 점은 비교적 쉽게 이해할 수 있다는 것이나. 이들의 리더가 帝王인데 그들은 이른바 "生於深宮之中, 長於婦人之手. 깊은 궁궐에서 태어나 부인네들의 손에 길러지다" 하니 現實生活의 苦楚·辛酸을 알 리가 없고 또 알고자 하지도 않았으니 四圍의 環境에서 벗어나지 못하여 生活을 率直하고 虛心坦懷하게 그리지 않았느냐고 아무리 擁護하고 强辯해 주어도 세상의 인정을 받기는 어려운 형편이다. 그러나 詩의 題材를 擴大시켰음은 肯定的이라 하겠다. 林文月敎授께서는 長處를 浮刻시키려 상당히 애썼으며 이 論文은 勞作이라고 認定되었다.

그러나 같은 南北朝(간단히 六朝) 문학의 專攻者이신 廖蔚卿敎授는 상당히 嚴格하신 批評家로 묵은 생강이 더 맵다는 말처럼 아주 辛辣한 論評이 長技이신데 (연세가 많아지실수록 더 하시기 때문이다) 宮體詩라는 말 자체에 拒否反應을 나타내시며 一言而蔽之 "黃色而已"라고 極言·斷言하셨음이라. 수업시간에 학생이 차례로 발표하는데 重言復言·橫說竪說했다 하면 가차없이 너의 발표내용을 한 글자로 줄여서 평하라 다그쳐 "亂"하고 할 수 없이 대답하면 "雜"이라고 수정하시는 판이니 傍觀者도 毛骨이 竦然할 정도이다.

≪全漢三國晉南北朝詩≫를 撰한 丁福保(仲祜)先生은 本書에서 魏晉以來 陳까지의 詩의 風格을 다음과 같이 간략하게 평하였다. 魏, 艶而豊, 晉, 艶而縟, 宋, 艶而麗, 齊, 艶而纖, 陳, 艶而浮. (梁은 여기에서 빠지고 다만 앞에서 妖艶, 益爲麗靡라 함.)

또한 清代의 文人 趙慶熺는 南朝가 文藝나 政治가 다 頹唐에 이른 所以를 다음과 같이 설명했다. "南朝才子都無福, 不作詞臣作帝王. 남조의 재자들은 모두 복이 없었다네, 문학하는 신하가 되지 않고 제왕이 되었으니."

물론 評은 지극히 어려운 것이니 雨田선생님께서는 오늘날 漢詩를 짓는 것에 否定的 立場을 취하셨으나 評을 제대로 하고 作者의 意圖를 把握하는 데에는 도움이 된다고 하셨다. 評을 제대로 하기 어려움은 雨田선생님의 다음 말씀에서 알 수 있다. "中國文學史上(批評·評論에 한함) 三大 억지가 있는데 鍾嶸의 ≪詩品≫ 司空圖의 ≪二十四品≫ 王國維의 ≪人間詞話≫가 그것이다. 제대로 詩를 創作한 사람이라면 누구나 그렇게 생각 할 것이다"라고 좀 심한 말씀을 하셨다. 公開하기도 그렇고 그렇다고 묻어두기도 그렇고 하여 망설이다가 여기에 발표하는 것이니 깊이 새겨듣기보다는 參考할 만한 少數意見이라 치부하시라.

① 王僧孺의 야릇한 꿈은 事實 戰國時代 楚襄王의 巫山 雲雨之夢이 元祖다. ─ 唐代의 異端的 人物인 李商隱에게로 이어졌으니 살펴보자. 그전에 또 하나의 문제아 鬼才인 李賀의 꿈에 관한 이야기부터 해야겠다. 27歲로 夭折한 詩人답게 鬼氣가 서리고 사위스러운 作品이 많다. 前途가 蒼蒼한 青年들이 보는 것이 별로 도움이 안 되겠는데 青年들일수록 이러한 作品에 쉽사리 傾倒되니 탈이다. (우리도 별 수 없는 기성세대, 老態가 歷歷한 점지다. 이런 말을 하는 것을 보면.)

〈贈陳商. 진상에게 줌〉

長安有男兒, 二十心已朽. ……祗今道已塞, 何必須白首.……

서울이라 장안 땅에 한자리 할까하고 서성대는 꼴에 남자라고 하나, 스무 살에 마음은 벌써 시들고 삭았는데.……지금 길은 이미 꽉 막혔으니, 뭐 꼭 흰머리 노인 될 때까지 기다릴게 있나.

〈崇義里滯雨. 長安의 崇義坊에서 긴 비에 막혀서〉

壯年抱羈根, 夢泣生白頭……憂眠枕劍匣, 客帳夢封侯.

한창 때에 나그네 설움을 안고 꿈에서는 이룬 것 없이 흰머리 노인 되어 놀라서 울었다.……칼집 베고 시름 속에 잠청하니 나그네 침상 장막 속에 封侯하는 꿈을 꾸자네. ─ 평상시 꿈엔 죽음에 가까운 백발노인 되고 만다. 이 기회에 예전의 班超처럼 投筆從戎(붓 던지고 군으로 나가다)하여 封侯를 차라리 시도할까하는 뜻이다. 그러면 칼 들고 변방으로 뛰어야지 칼집 베고 누워 꿈꾸다니.

나이 스물에 可能했던 것은 拋棄狀態이고 그렇다고 不可能에 挑戰하는 것도 아니고 꿈속에서나 이뤄보겠다는 아주 退嬰的인 姿勢, 虛妄한 心懷를 참 잘 그려내었다. 하기야 과거볼 기회마저 박탈당했으니 이해는 간다마는……

② 李商隱〈如有〉

如有瑤臺客, 相難復索歸. 芭蕉開綠扇, 菡萏薦紅衣.

浦外傳光遠, 煙中結響微. 良宵一寸焰, 回首是重幃.

꼭 요대의 仙女가 나와 옥신각신하다가 또 돌아가겠다고 하는 일이 있었던 것 같았다. 어렴풋 생각나는데 仙女는 열린 마음을 나타내듯 芭蕉扇을 펴들었고 憐愛를 보이듯 紅蓮의 붉은 빛 옷으로 몸을 감쌌었다……仙女에게서 피어나던 光彩는 浦口 밖으로 아득해지고 어디선가 들려오는 엉킨 음악소리도 안개 속에 차츰 희미해져가고 있었다. 甘美로운 밤 한 치 짜리 짧았던 情炎, 머리 돌려 정신 차리면 겹 휘장 친 방 속일뿐.

▷瑤臺(요대): 神仙들의 거처. 화려한 누대.

▷難: 詰難. 옥신각신 따지다.

▷索: 求. 要求.

▷芭蕉扇: 부채이름. ➪ 李商隱의〈代贈〉二首의 其一에 "芭蕉不展丁香結"이라 하여 말린 파초의 잎이 펴지지 못함과 단단히 맺힌 丁香의 열매는 이루어지지 못한 사랑을 상징하였다. 즉 展開되지 못한 愛情이라고 비유하였다.

▷菡萏: 蓮 또는 봉긋한 연꽃 봉우리.

▷薦: 싸다. 입다.

▷一寸焰: 잠깐 태웠던 情炎. 李商隱의〈無題詩〉에 "春心莫共花爭發, 一寸相思一寸灰"라는 말이 있다. "春情을 꽃이 핀다고 경쟁하듯 함께 피우지 말아라, 한 치의 그리움이 있으면 한 치의 재뿐이다." 만약 그리움을 度量衡으로 환산할 수 있다면 1km・1ton・1㎥ 만큼 그리워한다면 마음은 다 타버리고 남는 것은 1km의 재 1ton의 재 1㎥의 재 그것 뿐 이리라. 거기다가 타고 남은 재가 다시 기름이 되면 執着정도가 아니라 地獄이요 破滅일 것이다.

李의 이 作品은 王僧孺의 宮體詩보다 훨씬 含蓄性있고 洗練됐지만 道學君子들이 볼 때에는 五十步・百步요 잡스럽다고 욕할 것이다.

그러나 뭐니 뭐니 해도 가장 哀切함은 봄꿈이 깨었을 때렸다. 南唐・後主・李煜(이욱)은 〈浪淘沙〉에서 表現은 簡單하지만 無窮한 恨과 설움을 다음과 같이 吐露하였다.

簾外雨潺潺, 春意將闌. 羅衾不暖五更寒.

夢裏不知身是客, 一餉貪歡.

獨自莫凭闌, 無限關山. 別時容易見時難.

流水, 落花, 春去也. 天上. 人間.

발 밖에 비 주룩주룩 내리니, 봄날의 정취는 다 되가는구나. 엷은 비단 이불 새벽녘 추웠었다. 꿈속에서는 몸이 나그네—사실은 亡國의 임금으로 宋나라의 포로 신세임—인 것을 모르고 짧으나마 환락에 빠졌었다 홀로는 절대 난간에 기대어(저 고향을 보지 말지니) 서지 말아라. 끝없이 이어진 고향가는 길의 關門과 江물을 어떻게 넘어가겠느냐. 고향을 하직할 때에는 쉽게 떠나왔으나 다시 볼 날은 어렵고 어려워라. 흐르는 물, 지는 꽃, 봄은 기어이 갔구나. 하늘 위와 같았던(① 꽃피던 봄날 ② 나의 젊은 시절 ③ 임금으로서의 부귀영화 누리던 화려한 시절) 생활 이제는 俗界라 人間世上(① 가버린 봄날 ② 가버린 청춘 ③ 포로의 나날)이로구나.

▷暖(난): 暖과 同字.

▷餉(향): 晌과 통한다. 一晌은 잠시・잠깐동안.

▷凭(빙): 기대다. 의지하다.

이러한 詞가 나오게 하나의 인간을 그토록 苦痛에 빠트렸는가 《說苑》의 '天將與之, 必先苦之. 하늘이 무엇을 주려 하면 반드시 먼저 괴롭히다'가 틀림없구나. 亡國이 임금이 아니면 쓸 수 없는 作品이다 하겠나.

李商隱도 〈和張秀才落花有感. 장수재의 낙화유감이란 시에 和하다〉이란 詩에서 다음과 같이 읊었다.

晴暖感餘芳, 紅苞雜絳房. 落時猶自舞, 掃後更聞香.

夢罷收羅薦, 仙歸勑玉箱. 迴腸九迴後, 猶有剩迴腸.

이제 비 개이고 화창한데 용하게 남아있는 꽃들에 감동을 한다. 아직도 붉은 꽃망울 새빨간 꽃송이가 섞여있다니. (하지만 大勢는 이미 갔구나) 이제는 落花의 時節인 것을. 떨어질 때에도 오히려 멋은 남아 절로 춤이 나오고, 아무리 떨어진 것을 쓸어버려도 땅에 속속들이 밴 향기는 남아 다시 맡을 수 있구나. 꽃피던 시절의 아름다운 꿈 깨니 봄날이 자리 잡았던 자리를 이제 거두고 하늘로 神仙되어 가는 落花를 위해 흰 구슬 꽃상여를 정돈해야 하겠다. 꼬이는 내 속 아홉 번이나 꼬이고도 상기도 꼬임이 더 남아있구나.

▷餘芳: 아직도 남아있는 꽃들.

▷苞: 꽃망울.

▷房: 花房. 꽃송이.

▷羅薦: 비단깔개. 방석. 자리.

▷仙歸: 死亡을 완곡하게 말함. 仙遊·仙去·仙化도 같음.

▷勑: 정리. 정돈.

▷玉箱: 옥처럼 흰 車箱. 즉 喪輿. 箱: 車體. Body.

▷腸……云云: 司馬遷 〈報任少卿書〉: "是以腸一日而九迴. 이 때문에 장은 하루에도 아홉 번씩이나 꿈틀거리며 꼬인다."에서 따온 것.

第3·4句는 ≪後村詩話≫에 "'將飛更作迴風舞, 已落猶成半面妝.' 宋景文落花詩也, 爲世所稱, 然義山固已云云. '장차 떨어져 날려도 회오리바람 춤출 것이고, 이미 떨어져도 반쯤 얼굴을 화장한 것 같다.' 송경문의 낙화시인데 세상에 유명한 것이다. 그렇지만 의산이 본래 이미 말한 것이다."라고 하였다.

▷迴風: 旋風. 회오리바람. ➪ 唐代에는 胡旋舞라는 춤이 유행하였다.

▷半面妝: 南朝·梁 元帝의 妃인 徐妃 즉 徐昭佩의 얼굴 반쪽만 한 화장. 徐妃는 外貌가 별로라 禮遇를 받지 못하여 임금이 2~3년에 한번 겨우 들르게 되었다. 徐妃도 또한 임금이 애꾸인 것을 비꼬듯 임금이 장차 올 즈음이면 半面의 화장으로 기다렸다. 이에 임금은 大怒하여 가곤 하였다. 여기서는 일부만 남아있는 화장으로 落花의 아직도 아슬아슬하게 남아있

는 아름다움을 표현하였다.

아름다운 꽃 시절의 꿈이 깨고 봄날이 차지하던 비단자리 거두고 흰玉 상여를 정돈하여 다 보내고 나면 그야말로 나의 한해는 다가고 만다는 격이다. 마냥 우는 것은 아니고 속이 뒤틀리고 꼬이는 점이 우리의 모란꽃 시인과 약간 차이가 나는데 大同小異다. 이런 纖弱(섬약)·嫵媚(무미)와 輕佻浮薄(경조부박)은 많은 비판을 받았으나 모든 詩가 꼭 人生과 社會에 關 해 熾烈한 意識과 純正한 情感만을 다루어야 한다고는 생각하지 않는다. 汪中敎授께서도 가끔 이런 作品을 人生歷程中에 插入하는 것도 緊張緩和에 좋다고 하셨다. 다만 그 頻度調節이 重要하다고 하셨는데 옳은 말씀이다.

마지막으로 朦朧蒼茫(몽롱창망)하고 曖昧模糊(애매모호)한 꿈의 雰圍氣를 曲盡하게 描破했다고 定評이 난 李商隱의 作品을 들어보겠다.

〈七月二十八日夜與王·鄭二秀才聽雨後夢作〉

〈칠월 이십팔일 밤 王秀才·鄭秀才 두 사람과 빗소리를 들은 후 잠자다 꿈을 꾸었는데 깨어나서 짓다〉

初夢龍宮寶燄然, 瑞霞明麗滿晴天. 旋成醉倚蓬萊樹,
有箇仙人拍我肩. 少頃遠聞吹細管, 聞聲不見隔飛煙.
逡巡又過瀟湘雨, 雨打湘靈五十絃.
瞥見馮夷殊悵望, 鮫綃休賣海爲田. 亦逢毛女無憀極,
龍伯擎將華嶽蓮. 恍惚無倪明又暗, 低迷不已斷還連.
覺來正是平階雨, 獨背寒燈枕手眠.

막 꿈을 꾸었다. 용궁의 보배가 내쏘는 광채·불길이 타오르는 듯했고, 瑞氣인듯 오색노을은 밝고 고운데 활짝 개인 하늘에 가득 찼었다. 이내 취하여 蓬萊山 神仙樹에 기대있었는데 仙人이 내 어깨를 치며 아는 척 하였나. 삼깐 아득히 먼 곳에서 젓대 부는 소리 들렸는데 나르는 안개구름에 가려 보이지는 않았다. 빠르게 瀟湘江의 비가 지나갔는데 비내리는 소리는 꼭 湘水의 神이 타는 50絃의 瑟소리인 듯하였다. 얼핏 보았다, 강물의 神 馮夷가 서랑하게 응시하고 있음을. 왜냐, 桑田이 碧海되고 碧海가 桑田되니 人魚가 얇은 깁짜서 파는 일은 끝장이 났으니까. 또 華陰山속에 산다는 털복숭이 여인을 만났는데 그 여인은 정말 한창 얼떨떨하고 멍해 있었으니 巨人中의 巨人이라는 龍伯이 그 여인의 處所인 華嶽의 蓮花峰을 들고 가기 때문이었다. 눈부시고 어른어른하며 흐릿함이 끝도 없고 가도 없는데 밝아지다가 또 어두워졌고, 모호하고 몽롱함이 그치지 않는데 끊어졌다 다시 이어져 피어났네. 꿈 깨니 바야흐로 섬돌과 가지런히 고이도록 비는 쏟아지고 나 혼자 적적하고 처량하게 찬 밤의 외로운 등불을 등지고 손을 베고 잠들어 있었구나.

▷初: 처음. 막. 방금.

▷寶餤: 珍寶가 내쏘는 光輝.

▷然: 燃.

▷旋(xuán): 오래지 않아. 아주 빨리. 금방.

▷少頃: 잠시, 잠깐. 片時와 같음.

▷細管: 가늘고 긴 관악기. 피리 젓대 등을 말함.

▷逡巡: 迅速의 뜻(張相). 본래는 머뭇거리다. 주저하다. 우물쭈물 하다의 뜻임.

▷雨打: 빗방울이 날려서 떨어지거나 물건을 때리다.

▷湘靈: ≪楚辭・遠遊≫: "使湘靈鼓瑟兮, 令海若舞馮夷, 湘水의 神에게 50絃의 瑟을 彈奏하게 하니 그 소리는 능히 바다의 신 海若을 부릴 수 있고, 江의 神 馮夷를 춤추게 할 수 있다."

▷瞥(별): 언뜻 보다. 얼핏 보다. 힐끗 보다.

▷殊: 매우. 몹시. 아주.

▷鮫: 神話 傳說속의 인어.

▷鮫綃(교초): 인어가 짰다는 비단. 아주 얇고 가벼운 비단을 말할 때도 있다.

▷休: 그만두다. 중지하다. 손을 놓다.

▷毛女: ≪列仙傳≫에 나오는 華陰山中에 산다는 털 복숭이 여인.秦始皇의 宮人으로 난을 피해 들어와 산중생활을 하다가 그렇게 변했다함. 朝鮮의 雜記類에도 이런 사람이 나온다.

▷無憀(무료): 無聊와 같다. ① 따분하다. 지루하다. 심심하다. ② 정신이 空虛하고 의지할 곳이 없는 모습. 멍하고 얼떨떨함.

▷龍伯: 超大型의 巨人(또는 그들이 사는 나라).

▷擎將: 擎持, 받들어 가지다.

▷華嶽蓮: 華山의 中峰이 蓮花峰. 東峰이 仙人掌, 南峰이 落雁峰이니 세상에서 華嶽三峰이라 한다.

▷恍惚: 怳惚, 慌惚. 광채가 어른어른하여 눈부심. 흐릿하여 분명하지 않음. 마음이 팔려 멍한 모습.

▷低迷: 迷離. 模糊함.

▷寒燈: 싸늘한 밤의 외로운 등불. 고독·처량한 환경을 이로써 나타낸다.

淸나라 馮浩는 이 作品은 "夢境의 變幻을 빌려 身世의 遭遇를 比喩한 것이다"라 하였다. 近者에 李商隱을 徹底히 深度있게 硏究한 劉學鍇는 그의 力著인 ≪李商隱詩歌集解≫(全五卷)에서 夢中의 三境界를 들었는데 "첫째 得意하고 滿足한 境界. 둘째 可聞이나 不可見의 境界, 셋째 失意하여 따분하고 답답한 境界가 그것이며 本詩는 李商隱의 潛在意識속에 있는 各種의 人生境界가 變形되어 나타난 것이니 끝은 셋째 境界에 바탕을 둔 人生幻滅의 凄凉·孤寂·悲哀일 뿐이다"라고 하였다.

➡ 湘靈에 대한 유명한 시가 있다. 錢起의 〈省試湘靈鼓瑟〉이다. 錢起는 天寶10年에 進士가 되었는데 進士試驗 보러 갈 때 밤에 노래소리를 듣고 시험장에 가보니 試題가 〈湘靈鼓瑟〉이어서 末聯을 들은 그대로 써서 급제했다는 것이다. 그 시를 보자.

善鼓雲和瑟, 常聞帝子靈. 馮夷空自舞, 楚客不堪聽.
苦調凄金石, 淸音入杳冥. 蒼梧來怨慕, 白芷動芳馨.
流水使湘浦, 悲風過洞庭. 曲終人不見, 江上數峰靑.

雲和의 瑟을 잘 탄다는 堯임금의 두 따님인 湘靈의 이야기를 일찍이 들었는데 그것이(演奏) 어떠하냐 하면. 江물의 神 馮夷도 제 멋에 겨워 춤 출 것이니 바로 물결이 출렁거림이요. 시름 많은 楚 나라 忠臣 屈原은 제 설움에 차마 못 듣겠노라 하리라. 시름과 비탄의 曲調는 쇠와 돌도 슬프게 만들 것이며, 맑고 찬 소리는 높고 높은 蒼穹에 들어가니 하느님도 느끼시리라. 蒼梧에 묻혀 世上事 다 잊은 舜임금의 靈

魂도 살았을 때 부모의 학대가 새삼 생각나 원망함과 사모함이 엇갈려 나올 것이며, 억울함이여. 죽어도 눈 못 감는 忠臣의 象徵인 白芷 또한 더욱 세차게 향을 뿜어내리라. 거의 끝날 때 되면 다시 高山流水曲! 이름 그대로 湘江의 나루로 보내 마음대로 흘러가게 하고 悲風操! 글자 그대로 洞庭이란 광활한 벌판을 지나 바람 따라 퍼지게 하리라. 끝났다. 등장인물들 다 사라진 湘江가의 무대. 강가 봉우리들만이 그대로 푸르리라.

▷省試: 唐·宋때 尙書省 禮部가 주재하던 시험.

▷湘靈: 湘水의 神.

▷雲和: ① 산 이름. 옛날 琴瑟제작에 쓰이던 재료를 채취하던 곳. ② 琴·瑟·琵琶 等 絃樂器의 통칭.

▷常: 嘗也. 일찍이.

▷帝子: 舜 임금의 부인인 娥皇·娥媖. 후에 湘水의 神이 되었다 함.

▷馮夷(풍이): 河神.

▷空自: 공연히. 제멋에.

▷苦調: 슬프고 처량한 곡조

▷杳冥(묘명): ① 하늘. 天空. ② 渺茫. 아득한 모양.

▷蒼梧: 舜임금의 葬地.

▷怨慕: "怨父母亦慕父母. 부모를 원망하며 또한 그리워함"(≪孟子·萬章上≫)

▷來: 발생하다. 일어나다.

▷白芷: 구리때 뿌리.

▷流水: 高山流水. 옛날 琴曲 名.

▷悲風: 悲風操. 琴曲名.

▷洞庭: 광활한 벌판. 湖水가 아님. ≪莊子·天運≫: "帝張咸池之樂於洞庭之野."

남의 꿈 이야기를 너무 많이 하여 어디까지가 꿈이고 어디까지가 현실인가 알쏭달쏭하고 또 나른하니 우리야말로 꿈속으로 가 좀 쉬어야 할 것 같다.

〈李監宅二首〉 其二

華館春風起, 高城烟霧開. 雜花分戶映, 嬌燕入簾回.
一見能傾座, 虛懷只愛才. 鹽車雖絆驥, 名自漢廷來.

❖ 詩題

〈李監宅二首〉 其二

❖ 제1 · 2구: 華館春風起, 高城烟霧開.

註

▸高城: 城內에서 높이 솟은 建築物은 四方 城門의 門樓일 것이다. 長安 · 洛陽은 勿論 普通 平地에 建設된 大多數 城市에서 가장 뚜렷하고 우뚝한 것은 寺院의 塔이나 城門의 門樓인 것이다.

▸開: (안개 · 구름 따위가) 걷히다.

▸제1구의 館, 제2구의 城, 제3구의 戶, 제4구의 簾, 제5구의 座를 보면, 座 즉 李監의 位置를 향해 集中, 즉 遠境에서 漸次 接近해 감을 알 수 있다. 이 때에 城은 左右上下의 景物中에 어색하게 섞여있음을 알 수 있다. 따라서 城자는 樓 같은 李監宅 內部의 建築物이 되어야 妥當할 것이라 思料되나 우리 마음대로 고칠 수는 없고 不得不 1 · 2구가 倒置된 것으로 보아 城 → 館 → 戶 → 簾 → 座로 再配置함이 무난하겠다.

解說

아침 안개 · 내 걷혀 城門의 門樓는 우뚝하니 봄바람 일어나기 때문이다. 저택은 참으로 화려하구나.(館이 華해짐은 春風의 덕이고 春風으로 말미암아 제3 · 4구의 內容이 展開되는 것이다.)

❖ 제3·4구: 雜花分戶映, 嬌燕入簾回.

註

▸雜花: 雜. 衆也. 뭇 꽃들.

▸映: 비치다. 비추다. (밝게) 빛나다. 陸游: "柳暗花明又一村"의 明과 같다.

▸分: 當과 같다. (王鍈 ≪詩詞曲語辭例釋≫). 가리다. 막다. ~앞에 하다가 맞을 것이다. 當이 잘 쓰인 예 ⇨ 謝朓 〈直中書省〉: "紅藥當堦翻, 蒼苔依砌上. 작약은 섬돌 앞에 있어 꽃잎을 뒤집으며, 푸른 이끼 계단 따라 오르네."

▸入簾回: 발 안쪽으로 들어갔다가 돌아나감. 앞 句의 花映은 靜. 이 句의 燕回는 動.

解說

많고 많은 꽃들은 문 앞에 있어 환하게 빛나고, 귀여운 제비는 발에 들었다가 돌아나간다.

☛ 參考 ❶

王維 〈早朝. 이른 아침의 조회〉: "柳暗百花明, 春深五鳳城. 버들 우거져 어둡고 온갖 꽃피어 환하니, 봄이 무르익는구나, 오봉성이라 황성이여."

陸游 〈遊山西村. 山 西村에 노닐다〉: "山重水複疑無路, 柳暗花明又一村. 산은 겹치고 물은 갈라져 길 없는 듯하더니, 버들 우거져 어둡고 꽃 환한 곳 또 한마을이 있구나."

映이나 明이나 꽃이 환하게 빛남을 말하는 것이 틀림없다. 그러나 映이 다른 뜻으로 쓰임도 留念해야 할 것이다. 杜甫 〈蜀相〉의 "映階碧草自春色, 隔葉黃鸝空好音."에서 映은 蔽의 뜻이니 "찾아오는 사람 없어 섬돌을 덮은 푸른 풀은 절로 봄빛이 되었고"가 맞는다. ≪杜詩諺解≫처럼 "버텅에 비치었난 푸른 풀은……"하면 碧草가 무슨 수로 섬돌을 "비추는지" 납득이 가지를 않는다. 풀이 계단을 "가리다"가 꼭 맞는 말이다. 雨田선생님 노상하시는 말씀 "言各有當", 같은 글자 · 말이라도 제각기 해당되는 뜻이 있어 다르게 쓰인다는 것이다. 王維의 詩에서도 映이 蔽의 뜻으로 쓰이는 곳이 있다. ≪輞川集≫의 〈北垞〉을 보면 "雜樹映朱闌"이란 句가 있다. 여러 나무들이 우거져서 붉은 난간을 가리고 있다는 뜻이다. 〈早春行〉에서도 "愛水看妝坐, 羞人映花立. 화장을 잘 살피려 물을 사랑하듯이 물가에 앉았다가, 사람들이 부끄러워 꽃 속에 숨어(또는 꽃으로 가리우고)서 있네" 다시 ≪輞川集≫의 〈斤竹嶺〉을 보면 "檀欒映空曲. 후리후리하고 낭창낭창한 대는 空山의 모퉁이를 가리고(덮고)있다"라고 하는데 映이 모두 덮다, 가리다의 뜻으로 쓰였다고 하겠다.

☛ **參考 ❷**

제비가 발에 들어왔다 나감이 귀여울 수도 있지만 골치 아플 때도 있다. 〈絶句漫興〉 九首의 其三에서는 진흙 물고 다녀 琴과 書를 속속들이 더럽히고 벌레 잡는다고 사람하고 부딪친다고 아주 골칫거리로 치부하였다. 同一한 事物도 時間 · 場所에 따라 아주 다르게 쓰이고 다른 뜻으로 쓰였음을 잊지 말자. 雨田선생님 말씀: "그놈의 索引인지 인덱스인지 그것이 있는 덕분인지 탈인지 죄다 그것에 의존하여 資料를 뽑아내어 한데 뭉뚱그려 이러이러하다 저러저러하다 하는 것이 참 可觀이다. 제각기 다른 뜻으로 다른 용도로 쓰인 것을 모르고 겉이 같다고 속까지 같다고 착각 말아라."

❖ 제5 · 6구: 一見能傾座, 虛懷只愛才.

註

▸一見: 李監이 손님으로 맞아 즉 正式 招請을 받아 그의 손이 되면의 뜻이다. (李監이 正式으로 보기만 한다면)

▸傾: 壓倒. ~보다 낫다. 흠모하다. 우러러보다. 순종하게 하다. 복종하게 하다.

▸虛懷: 겸손하여 자만하지 않다. 겸허하여 자만하지 않다.

▸只: 늘. 결국. 절대로. 대개.

▸才: 才能. 人才.

☛ **參考: 제 5구의 由來 · 來歷 · 淵源**

① ≪史記 · 魏公子列傳≫을 보면 魏公子 · 無忌 곧 信陵君은 爲人이 仁而下士하여 士는 無賢不肖로 皆謙而禮交之하니 食客이 三千이 되었다한다.……隱士로 侯嬴(후영)이란 사람이 나이는 칠십, 가난하여 魏나라 서울 大梁城의 夷門의 문지기 노릇을 하고 있었다. 公子가 厚한 禮物을 주려했으나 거절하니 이에 크게 빈객을 초대하고 잔치를 베풀었다. 좌석이 다 정리되고 나자 공자는 車騎를 따르게 하고 상석을 비워놓고 직접 侯嬴을 모시러 갔다. 후영은 상석에 앉고 사양하지 않으며 공자의 안색을 살폈다. 공자가 직접 고삐를 잡고 수레를 몰며 더욱 공손한 태도를 가졌으며 도중에 후영이 푸주에 있는 朱亥(주해)란 사람을 만나자고 하여 시간을 지체하며 슬며시 살펴보았으나 공자의 안색은 더욱 온화하였다. 이때 滿堂한 魏나라 將相과 宗室 · 賓客은 공자가 오면 擧酒(즉 飮酒)하려 기다리고 있었다. 侯生 이때 朱亥와 헤어져 수레를 타고 비로소 공자의 宅에 이르러 공자가 侯生을 인도하여 上座에 앉게 하고 빈객들에게 두루 소개시키니 '賓客皆驚'이라. 酒酣하니 公子가 일어나 侯生 앞에 나가 獻壽하였다.

② ≪史記 · 司馬相如列傳≫을 보면 臨邛 땅의 富豪 卓王孫과 程鄭이 사또의 귀한 손님이 있다니 잘 차려 대접하자고 의논하여 결정하였다. 사또가 卓氏의 저택에 왔을 때 이미 손님이 백여명 와 있었다. 正午에 相如를 초대하였으나 相如는 병이라 핑계대고 거절하였다. 사또 감히 酒食을 들지 못하고 몸소 맞으러가니 相如는 부득이 억지로 가니 "一座盡傾"이라 滿座가 모두 압도당했다고 한다.

③ ≪三國志 · 王衛二劉傅傳≫

王粲 字는 仲宣……獻帝가 西遷하니(長安으로 董卓에 의해 强制로 遷都) 粲도 長安으로 옮겼다. 蔡邕이 보고 기특하게 여겼다. 이때 蔡邕은 才學으로도 著名하였고 벼슬로도 朝廷에서 莫强하여 찾아오는 車騎가 골목을 가득 채웠고 賓客이 자리에 가득했다. 王粲이 찾아와 문에 있다하자 "倒屣

迎之. 신을 거꾸로 신고 맞이함"라는 有名한 말이 생기게 그대로 行함. 들어온 것을 보니 나이도 아주 어린데다 외모도 短小하여 "一座盡驚"이라 滿座가 모두 놀랐다는 것이다.

반드시 어느 故事를 運用해야 하겠다는 酌定이 있어서가 아니고 머리 속에 混在된 여러 史實이 表出되었다고 보아야 하겠다. 簡單明瞭하게 정리하면 主人은 어질고 賢明하며 知人之鑑이 있다는 것이고 客은 英俊하며 才士라는 이야기이니 舊式으로 整頓하면 彼此가 "仲尼不死, 顏回復生"하는 셈이다.

解說

이 李監의 인정 된 바 되어 초대받고 이분을 한번 뵈면 滿座의 賓客을 完全히 壓倒하고 그들의 감복을 받을 수 있으니 이러한 일은 결국, 모두가 이분이 겸허한 마음으로 인재를 아끼시는 까닭인 것이다. (李監과 杜先生이 같이 "떳다 보아라"가 된 것임)

❖ 제7·8구: 鹽車雖絆驥, 名自漢廷來.

註

▸鹽車: 소금 실은 수레. 同一한 容積의 貨物中에서 아마 소금만큼 무거운 것도 드물 것이다. 이 鹽車를 끄는 일은 말의 일중에서 마지막 단계 곧 다른 곳에는 써먹을 데가 없는 마지막 人生이 아닌 馬生의 終着驛인 것이다.

▸絆: 얽다. 얽매다. 묶다.

▸驥(기): 千里馬. 名馬.

▸漢廷: 漢朝. 한나라 朝廷.

➡ 詩題가 〈李鹽鐵〉로 된 판본도 있다하고 詩句에 鹽車가 나오므로 或 李氏가 鹽鐵使와 관련이 있는 듯 해설도 하지만 (《杜詩鏡銓》에서 "漢有鹽鐵使. 故云"이라 함) 참으로 가당찮다. 于先 鹽鐵使라는 官職은 唐·肅宗 以後에야 나오며 重臣들이 兼職하였고 百姓들의 생활과 緊密

하게 연결된 소금과 쇠를 맡아 세를 거두는 要職中의 要職임은 그것이 金錢 즉 財政과 맞닿아 있음으로 쉽게 짐작 가는 일 일 것이다. 本詩의 內容上 千不當萬不當한 해석이다.

漢代에는 鹽鐵丞・鹽鐵官으로 불리워지는 名稱이 있었는데 常識으로 알 수 있으리라. 金錢과 關聯된 職責이나 部署中에 寒官이나 閒職이 世上에 어디 있는가를……

≪讀杜心解≫에서도 "言外見官居鹽鐵, 本無汲引之柄.……言外에 官이 염철이므로 본시 사람을 끌어 올릴 권세는 없으나……"했는데 빗나간듯 하다. 餘談이지만 淸代에 揚洲는 運河交通의 要地요 소금상인 등 富戶가 많아 아주 윤택한 大都會였다. 自然히 사람들이 물 묻은 바가지에 깨 붙듯 모였는데 화가들도 揚洲八怪라 하여 여덟 명의 (사람들 마다 거론하는 人物이 다른데 金農・鄭板橋는 꼭 끼지만 나머지는 確定되지 않았다) 괴짜가 活躍하였다. 그런데 畵壇의 戰功碑인지 무슨 武勇談인지 전해지는 것들은 某某한 화가가 富者(대개 상스럽게 그려짐)들에게 대단히 傲慢했고 도도했다는 內容이 대부분이다. 이런 유치하고 어수룩한 夢想과 속 보이는 希望事項은 ≪世說新語≫에서 벌써 마르고 닳도록 써먹은 手法이고 三尺童子도 웃을 지경인데 그렇듯 고고하고 도도한 인사들이 왜 深山大澤에서 創作活動에 專念할 것이지 돈독 오른 紅塵萬丈의 俗世에서 呼吸中인지. 꼭 철없는 일부 詩人들이 30年前쯤에 그렇게도 都市, 특히 서울을 嫌惡하고 詛呪하면서도 끝끝내 눌어붙어 있었던 것과 같은 꼴이다. 古猶今이니 唐代에도 그러하였음이라. 杜牧도 "人言歸去靑山好, 靑山曾有幾人歸. 사람들은 청산으로 돌아감이 좋다고 씨부렁거리지만, 청산에 일찍이 몇 놈이나 돌아갔었던고."(〈懷紫閣山〉. 다른 판본엔 "盡道靑山歸去好, 靑山能有幾人歸. 혹은 林下何曾見一人"으로 되어 있다)하고 날카롭게 지적 하였었다 속 시원한 말이니, 말이란 똑 이렇게 해야 쓸 것이다.

結論을 내자. 鹽車와 鹽鐵官은 절대 같은 血統의 단어가 아니다.

➡ ≪戰國策・楚策≫: "……夫驥之齒至矣, 服鹽車而上太行. 蹄申膝折,尾湛胕潰, 漉汁灑地, 白汗交流, 中阪遷延, 負轅不能上. 伯樂遭之, 下車攀而哭之, 解紵衣以冪之. 驥於是俛而噴, 仰而鳴, 聲達於天, 若出金石聲者, 何也, 彼見伯樂之知己也.……"

名馬 일할 나이에 이르니, 소금수레 끌고 태항산을 오르는데 발굽은 갈라지고 무릎은 굽었으며, 꼬리는 땀에 젖고 살갗은 터졌으며 스며 나온 땀은 땅을 적시고 虛汗(식은 땀. 진땀)은 뒤섞여 흐르는데 비탈 중간에서 미적거리며 시간만 끌고 수레채를 진채 오르지 못하고 있었다. 백락이 이 꼴을 보고 수레에서 내려 부여잡고 울면서 모시 웃옷을 벗어 덮어주었다. 名馬 이에 머리 숙여 콧김을 불어내고 머리들어 우니 그 소리는 하늘에 이를 지경으로 종이나 경쇠에서 나는 소리 같았으니, 왜나. 백락이 자기를 알아줌을 만났기 때문이리.……

➡ ≪戰國策・燕策≫: "人有告伯樂曰: '臣有駿馬欲賣, 連三旦于市, 人莫與言, 願子一顧之, 請獻一朝之費.' 伯樂乃環而視之, 去而顧之, 一旦而馬價十陪.……"

어떤 사람이 백락에게 고하였다. 제가 준마 있어 팔려는데 사흘을 계속 저자에 서있었건만 말거는 사람도 없소이다. 바라건대 선생께서 한번 돌아보시기만 하면 하루치 일당을 드리리나. 백락이 빙 놀아가며 살피고 가다가 뒤돌아보니 하루아침에 말 값이 열배가 되더라.……

➡ 歷代 王朝들은 戰爭에 對備하여 良質의 戰馬 確保에 注力하였다. 이것이 所謂 馬政으로 말의 飼養・品種改良・繁殖 等을 管掌하였음이라. 漢도 質좋은 말 구하기에 血眼이 되었으며 이에 關한 記錄이 ≪史記≫와 ≪漢書≫에 보이는데 ≪史記・樂書≫에 의하면 악와수(渥洼水)에서 神馬를 읻어 〈天馬歌〉를 지었다 하고 대원국(大宛國)에서 千里馬를 언어 이를 포소(蒲梢)라 부르고 〈天馬歌〉를 지었다 하며 ≪漢書・禮樂志≫에서도 악와수의 天馬와 貳師將軍 李廣利가 汗血馬를 가져와 〈西極天馬歌〉를 지었다는 기록이 있다.

解說

소금 수레가 비록 천리마를 얽어매고 있지만 본질이 어디로 가겠는가.

伯樂같은 知己를 만나면 그야말로 물 얻은 고기 구름 탄 용모양 크게 활약을 할 것이다. 저 먼 漢나라 朝廷에서도 千里馬를 구하려 안달이 나서 天馬·蒲梢天馬·汗血馬·西極天馬 이렇게 種種의 여러名稱의 駿馬·驥馬가 登場하고 있지 않느냐. 즉 여러 가지 종류의 驥馬는 끝없는 欲求의 產物인데 그 名稱이 漢庭이래로 지금까지 이어져오지 않느냐. 하루아침에 驥馬로 判明이 되면 이후는 坦坦大路일 것이다. 그러니 李監께서도 장차 크게 榮達하실 것이다.

남의 집에 가서 잘 얻어먹고 마시고 하면 이 정도의 德談은 詩人이면 누구나 하는 것이 常例일 것이다. 큰 特徵없는 作品이다.

17. 〈贈李白〉(五言古詩)

> 二年客東都, 所歷厭機巧. 野人對腥羶, 蔬食常不飽.
> 豈無靑精飯, 使我顔色好. 苦乏大藥資, 山林迹如掃.
> 李侯金閨彦, 脫身事幽討. 亦有梁宋遊, 方期拾瑤草.

❖ 詩題

〈李白에게 바치는 詩〉

李白에게 바치는 詩中에서 가장 이른 작품.

❖ 제1 · 2구: 二年客東都, 所歷厭機巧.

註

▸東都: 洛陽(長安의 동쪽에 있으므로).

▸所歷: 겪은 것. 지나온 것. 경험한 것.

▸厭(염): 실컷 먹다, 마시다. 만족하다. 충만하다, 널리 있다. 증오하다.

➡ 饜(염. yàn): 실컷 먹다. 만족하다. 물리다. 물려 싫증나다.

▸機巧: 재주(가 있다). 교묘(하다). 기민(하다). 요령(이 좋다). (機: 눈치 빠름. 기민함. 巧: 재주좋다. 교묘하다.)

解說

이년동안 洛陽이라 동쪽 서울에서 나그네살이 하자니 그 동안 겪고 지나친 것들이라니! 눈치 빠르고 재주 피우는 것에 질리고 물렸습니다.

❖ 제3 · 4구: 野人對腥羶, 蔬食常不飽.

註

▸野人: 平民. 庶民. 촌놈.

▶對: 음식을 대하다.

▶腥羶(성전): 비린 것과 누린 것. 腥은 보통 비리다로 풀이하여 물고기·자라 따위를 말하는데 피(血)도 비리다하고 날 콩도 비리다 하니 주의할 것.

▶蔬食(소사): 채식위주의 끼니를 말함.

▶疏食: ① 거친 재료로 만든 끼니, 음식. 즉 현미나 겉껍질만 벗기고 속꺼플을 쓿지 않은 쌀로 지은 밥. ② 채소와 곡류. ➪ ≪論語·述而≫: "飯疏食·飲水, 曲肱而 枕之, 樂亦在其中矣. 거친 밥 먹고 물마시고 팔 굽혀 베고 누웠어도 즐거움은 또한 그 가운데에 있다" ➪ ≪論語·鄉黨≫: "雖蔬食·菜羹, 瓜祭, 必齊如也." 〈鄉黨〉의 蔬食는 疏食로 된 곳도 있다. 아마 두 單語는 오래 전부터 混用되었으리라. 瓜祭는 必祭의 錯誤인 듯하다. 아무리 현미밥·나물국 들 때라도 반드시 고수레하며 또한 그때의 몸가짐은 齋戒할 때와 같았다는 뜻이다.

➥ ① 肉食이라고 해도 될 것을 굳이 腥羶으로 한 것은 아래의 青精飯·大藥·瑤草같이 道教의 清淨한 물품과 强한 對比를 하기 위함인 듯하다. 다른 시의 경우를 보자.

〈自京赴奉先縣詠懷五百字〉

朱門酒肉臭, 路有凍死骨.

붉은 대문 富하고 貴한 저택에는 (비단·모피의 고급의류가 삭아가고) 술·고기 썩는 내 진동하건만, 길에는 (굶어죽고) 얼어 죽은 시체 있도다.

〈奉贈韋左丞丈二十二韻〉

朝叩富兒門, 暮隨飛馬塵. 殘杯與冷炙, 到處潛悲辛.

아침저녁으로 돈 많은 애 녀석들 문 두드리고, 달리는 말꽁무니 먼지나 따르자니. 남은 술과 식어빠진 불고기에 가는 곳마다 슬픔과 쓰라림을 참았소이다.

두 경우 다 材料自體를 탓하지 않고 잘못되어 상했거나 이미 식었다는 것으로 本詩처럼 材料가 본래 비리네 누리네하고 탓하며 나무라지는 않았다.

② 肉食에 對해서는 微妙한 感情을 품고 있는 것 같다.

㉮ ≪左傳·莊公十年≫: "齊師伐我, 公將戰. 曹劌請見. 其鄕人曰: '肉食者謀之, 又何間焉.' 劌曰: '肉食者鄙, 未能遠謀.'" 楊伯峻注: "肉食蓋當時習語. 大夫以上之人, 每日必食肉也. ≪孟子·梁惠王≫論庶人云: '七十者可以食肉'. 是一般人民非至七十難食肉. 〈襄公二十六年傳〉載子稚·子尾之食, 云: '公膳日雙鷄' 〈昭公四年傳〉載頒氷之法, 云: '食肉之祿, 氷皆與焉' 〈哀公十三年傳〉亦云: '肉食者無墨.'"

≪좌전·장공십년≫: "제나라 군이 우리(魯나라)를 공격하니, 임금께서 싸우려 하다. 조귀(曹劌)가 임금을 뵈려하니 고향사람이: '고기 먹는 높은 자들이 의론하여 모색할 텐데 무얼 간섭 하려는가'하니 조귀가 '고기 먹는 녀석들 眼目이 형편없어 앞을 내다보는 깊은 생각이 없기 때문이오' 하고는 임금을 뵈었다." 양백준의 注에 "고기 먹는다는 말은 아마 당시의 관용어일 것이다. 대부이상은 매일 고기를 먹었다. ≪맹자·양혜왕≫ 편에서 庶人을 말할 때 '나이 칠십이면 고기를 먹을 수 있다' 했으니 일반 백성은 칠십 되기 전에는 고기 먹기가 어려웠으리라. ≪양공·이십년의 전≫에 자치·자미가 公家에서 公式的인 食事를 하는데 '公家의 公式 진짓상에는 하루 한 쌍의 닭을 올린다'라 하였으며, ≪소공·사년의 전≫에는 얼음 나눠주는 法度가 기록되어 있는데 '고기 먹을 수 있는 國祿을 받는 사람들은 모두 얼음분배에 참여할 수 있다'고 했고 ≪애공·십삼년 전≫에 또한 '고기 먹는 신분은 얼굴이나 살빛이 시커멓거나 어둡지 않다'고 하였다."

㉯ 漢·桓寬 ≪鹽鐵論·國疾≫: "婢妾衣紈履絲, 匹庶粺飯肉食."

한·환관 ≪염철론·국질≫: "천한 여인들이 고급비단 옷 입고 실크 슬리퍼 끌며 필부 녀석들이 白米밥에 고기 먹다니."

위의 例를 보면 自己같은 匹夫 野人이 智謀나 學識도 없이 肉食하며 호강하는 高位身分의 人物들에게 굳이 接近할 것이 수치스럽고 치사하다는 마음을 吐露하며 同時에 李白처럼 高傲하고 飄逸한 俊才를 仰慕

한다는 뜻이 隱然中에 나타났다 하겠다.

➡ 비린 것을 杜甫가 싫어하지 않았다는 例를 들겠다.

〈閿鄕姜七少府設鱠戱贈長歌〉는 黃河가 얼어 얻기 힘든 嚴冬에 생선회 대접받고 한껏 기분 좋아 지은 시인데 "無聲細下飛碎雪. 소리 없이 곱고 가늘게 썰어 내리니 흰 가루눈이 날리는 듯하다.", "放筯未覺金盤空. 신나게 젓가락 놀려 황금 큰 접시 비는 줄 모르네". "偏勸腹腴愧年少, 軟炊香飯緣老翁. 굳이 기름진 배바지 들라하니 젊은 양반들에게 면목 없고, 구수한 밥을 부드럽게 지은 것은 늙은 이 첨지 때문이리라." 하였다. 이로써 알 수 있는 것은 강고기로 회를 뜨는 것이 우리나라나 일본뿐 아니라 꼭 익혀 먹는다는 중국에도 있었다는 사실. 회를 가늘고 곱게 떴다는 사실(이 점은 閒堂 車柱環 先生께서 말씀하셨는데 우리나라는 보통 먹기 좋은 크기로 미리 양념에 버무려내고 중국은 실처럼 가늘게 썰고 일본은 깁처럼 얇게 저미는 것이 三國 생선회의 특징이란다) 제일 맛있어서 손님이나 연장자에게 권하는 부분이 기름진 배바지라는 古今不變의 사실. 이상이다.

解說

3·4구는 倒置로 봄이 좋겠다.

나같은 村 놈. 너무 쓿고 대끼면 헤실바실하다고 낟알은 겨의 껍질이나 벗겨 밥해놓고 시래깃국이나 끓여먹어도 노상 배곯던 이 村놈. 서울 와서 비린내·누린내 나는 생선이야 고기야 하고 식어 빠진 찌꺼기를 대하고 살다니……

❖ 제5·6구: 豈無靑精飯, 使我顔色好.

註

▸靑精飯: 靑精飿飯(청정신반). 烏飯(오반). ≪杜詩鏡銓≫에서 陶隱居(卽陶弘景)의 〈登眞隱訣〉을 引用하였는데 內容인즉 南燭草의 잎에 줄기 껍질을 섞어 끓여서 그 물에 쌀을 불리고 다시 밥을 지어 푸른색을 나

게 하고 볕에 말려 하루에 두 되씩 먹되 魚肉의 비리고 누린 것을 먹지 않으면 胃와 骨髓가 充實해지고 몸 안에서 禍를 일으키고 庚申日이면 天帝에게 사람의 過失을 고해바친다는 三尸를 없애준다는 道敎의 食糧이자 藥物이다.

➥ 靑은 젊음, 싱싱함을 나타내므로 예로부터 이것을 붙여서 말을 그럴듯하게 치장하였다. 老子가 타고서 涵谷關을 지나갔다는 靑牛는 본래 검은 소이며 우리나라 往年의 名歌手 백설희씨의 絶唱 〈봄날은 간다〉에서 "청노새 짤랑대는 역마찻길" 했는데 청노새는 검은 노새이다. 명아주 지팡이도 흰 명아주대로 만들건만 靑藜杖이라고(본시 藜杖이라 함) 아주 기분 좋게 몹시 신나게 부르는 것이다. 老人분들에게 靑이란 얼마나 感動的이고 希望찬 것이겠는가. 과일도 靑을 붙여서 靑果(物)하니 싱싱하고 풋풋한 과일이라고 强調함이라.

▶顔色好: 단순히 얼굴빛이 좋다는 뜻이 아니고 젊은 날의 싱싱한 얼굴을 그대로 머무르게 한다. 즉 不老長生한다는 의미로 쓰인다. 駐年·駐色·駐景·駐顔 等으로 쓰이니 三國·魏·嵇康의 〈答難養生論〉에서 "務光은 蒲韭로 長耳하고 邛疏는 石髓로 駐年하다"라고 했으며 ≪說郛≫의 卷31은 元·無名氏의 〈玄池說林〉을 引用하여 "立夏날에 세상 사람들은 오얏 먹기를 즐기는데 사람들 말이 立夏날 오얏 먹으면 顔色을 아름답게 한다 하니 이날 여인네들은 오얏계를 모아 오얏즙과 술을 섞어 마시며 이를 駐顔酒라 부른다"라 하였고 李商隱은 〈碧城三首〉의 其三에서 "檢與神方敎駐景, 收將鳳紙寫相思. 잘 檢點하여 神仙의 處方을 주어 얼굴이 光彩를 머물게 하며 金鳳紙 거두어 그리움을 써보지"라고 하였고 晉·葛洪은 ≪神仙傳·劉根≫에서 "草木의 諸藥은 百病을 治療하고 虛한 곳을 補하며 顔色을 駐히여 穀氣를 끊고 氣를 더하게 한다"라고 하였으며, 杜甫도 〈奉陪鄭駙馬韋曲二首〉 其二에서 "風塵豈駐顔"이라 하였다. 이룰 수 없는 所望은 그래서 너욱 애타고 안타

까운 법인데 이럴 때일수록 一刀兩斷으로 끝을 내야 시원한 법이다. 自古로 方法은 딱 한 가지가 쓰였으니 魏·武帝 曹操의 "唯有杜康"(〈短歌行〉)이 그것이다. 그러나 술이 養生하는데 도움이 못되고 명 재촉한다는 이야기는 널리 알려진 바로 이제 例를 들겠다.

① 劉伶이 술병이나 갈증이 심하자 아내에게 술을 달라하였다. 아내가 술을 버리고 술병 술잔 다 깨부수고 울면서 충고하길 "너무 많이 마시는 것은 攝生의 道가 아니니 꼭 끊어야 하시겠소." 伶이 말하길 "참 좋은 말이오. 그러나 스스로는 끊을 수 없으니 귀신에게 아뢰고 나 스스로 맹세해야 끊을 것 같소. 술과 고기를 장만하시오." 아내가 "분부대로 하리다." 하고 신 앞에 술·고기를 차려놓고는 伶에게 기도하고 맹세하게 하였다. 伶이 무릎 끓고 기도하길 "하늘이 劉伶을 내시니 술로 명줄을 삼게 하셨음이라. 한 번에 한 섬 마시고 해장은 닷 말, 부인네의 말은 행여 듣지 마소서. 天生劉伶, 以酒爲名(名, 命也). 一飮一斛, 五斗解醒. 婦人之言, 愼不可聽."하고는 곧 술을 들고 고기 집으니(引酒進肉) 기우뚱 벌써 취했구나.(≪世說新語·任誕≫) ≪晉書·劉伶傳≫에 의하면 劉伶은 외출할 때 항상 한 병의 술을 가져가며 종에게 鍤(삽)을 들고 따르게 했다. 이르기를 "죽으면 그대로 묻어라. 死便埋我" 했다. 그래서 "劉伶鍤"은 縱酒放達의 典故가 되었다.

② 量으로는 모르지만 質로야 陶淵明을 빼고는 이야기가 안 될 것이다. 그 自身도 술이 해롭다는 것을 披瀝하였으니 〈形影神三首〉中의 〈神釋〉에서 "老少同一死, 賢愚無復數. 日醉或能忘, 將非促齡具. 늙은이나 젊은이나 한번 죽는 것은 같고 잘난 놈 못난 놈 또한 (죽음 앞에는) 따질 것 없구나 이러한 사실을 매일 취하면 혹 잊을 수도 있겠지만 술이 어찌 명재촉하는 물건이 아니겠는가."한 것으로 알 수 있다. 그는 보통 自然과 合一된 아주 원만하고 거리낌 없는 성격으로 사람들은 파악하고 있지만 그것은 全作品을 안 보고 하는 이야기다. 그의 作品 속

에는 人生의 無常함 한번은 꼭 가야한다는 슬픔이 그치지 않고 登場하며 어쩔 수 없으니 술로 풀자는 內容이 充溢하고 있다. 勿論 知識人이고 修養을 잘하는 분이라 結局은 無念·無想·無畏로 歸着시키지만 말이다. 이 양반에게 유머 넘치고 해학이 가득한 참으로 珍奇하다 할 作品이 아나 있는데 〈止酒〉 一篇이 그것이다. 中國文學에서 말하는 俳諧體가 바로 그것이다. 二十句 每句마다 止를 썼는데 뜻이 여럿이다.

居止次城邑, 逍遙自閑止. 坐止高蔭下, 步止蓽門裏.
好味止園葵, 大歡止稚子. 平生不止酒, 止酒情無喜.
暮止不安寢, 晨止不能起. 日日欲止之, 營衛止不理.
徒知止不樂, 未知止利己. 始覺止爲善, 今朝眞止矣.
從此一止去, 將止扶桑涘. 清顔止宿容, 奚止千萬祀.

註

▷止: 棲息. 居住. 停止. 拘留. 阻止. 制止. 行動擧止. 僅, 只. 句의 끝에 쓰는 어조사.

▷居止: 居處.

▷次: 間. 際. 近傍. 부근.

▷蓽門: 사립문, 사립짝.

▷營衛: 血氣의 作用.

▷扶桑: 해 뜨는 곳.

▷涘: 물가, 강가. 가장자리.

▷祀: 祭禮. 제사 歲, 年. 世. 代.

▷제1·2구: 〈飮酒詩其五〉를 參考하시오. "結廬在人境, 而無車馬喧. 問君何能爾, 心遠地自偏. 사람 사는 곳에 오두막을 얽었는데도 수레나 말의 시끄러움 없구나. 어떻게 그럴 수 있느냐고 묻는다면 마음이 幽遠하면 땅은 지질로 외지고 그윽한 곳이 된다 하리라."

▷제3구: 《莊子·漁父》를 잠고. "人有畏影惡迹而去之走者, 擧足愈數而迹愈多, 走愈疾而影不離身. 自以爲尙遲, 疾走不休, 絶力而死. 不知處陰

而休影, 處靜而息迹, 愚亦甚矣. 그림자를 무서워하고 발자취를 싫어하는 사람이 있어 (그림자와 발자취를 떨어트리려고) 발걸음을 빨리 할수록 발자국은 더욱 많아지고 빨리 달릴수록 그림자는 몸에서 떨어지지 않았다. 스스로 아직도 느리다고 여겨 쉬지 않고 빨리 달리다 체력이 고갈되어 죽고 말았다. (그는) 그늘에 있으면 그림자를 쉬게 할 수 있고 고요함에 처하면 발자취를 쉬게 할 수 있는 것을 몰랐으니 우둔함도 이만하면 심한 것 이다."

▷ 제4구: ≪詩・陳風・衡門≫ 參考. "衡門之下, 可以棲遲. 막대기 가로질러 문 삼은 오막살이지만 편히 살리라"

▷ 제5・6구: 陶淵明 〈和郭主簿二首〉 其一참고. "園蔬有餘滋, 舊穀猶儲今. 뜰의 채소는 남아돌게 돋아나고, 지난해 거둔 곡식은 아직도 남아있네." "弱子戲我側, 學語未成音. 어린 아들 내 곁에서 노는데 말을 배우건만 아직 제 소리 못내고 있구나."

解說

사는 곳은 번잡한 城과 고을 안이건만, 나 소요하니 절로 한가하네.(閑止의 止는 語助詞) 앉아 머무는 곳은 높은 나무의 그늘아래요, 산보는 사립짝 안에 그치네. 좋은 맛이란 뜰의 아욱에 그치고(뿐이고), 큰 즐거움은 어린 아들에 그칠 뿐이네. 평소 술을 못 끊었으니 술 끊으면 마을에 기쁨이 없음이네. 저녁에 끊으면 편히 잠들지 못하고, 아침에 끊으면 起動을 못하네. 날마다 끊으려 해도 끊으면 血氣가 제대로 돌지를 않네. 그저 아는 건 끊으면 즐겁지 않다는 것이요, 끊으면 이롭다는 건 몰랐네. 끊는게 좋다는 걸 비로소 깨닫고 오늘 아침 정말 끊었네. 지금부터 한번 끊으면 장차(내일) 아침 해뜰 때까지는 끊겠네. 왜냐 맑은 얼굴은 이전 얼굴 그대로 머물겠지만, 어찌 그 얼굴이 천만년 머물겠는가. 젠장.

끝의 反轉이 재미있다. 술을 끊으면 확실히 맑은 얼굴은 예전의 얼굴처럼 환하고 찌든 모습이 아닌 것이 꼭 마음에 들기는 하는데 그렇다고 그 얼굴이 천만년 그대로 정지상태로 유지되는 것은 아니지 않는가. 결국 무슨 수를 써도 늙어가고 또한 長夜臺(영원한 밤의 세계 즉 무덤 속)로 들어갈 것이 분명하지 않느냐. 그러니 마누라 등쌀이나 가족 친구 성화에 몸에 좋다는 것 인정도 해주고 내일 아침까지는 끊겠다. 그러나 止가 끊다·정지하다는 뜻만 있는 것은 아니다. 머무르다·居住하다는 뜻도 있는 것이다. 禁止酒(술을 끊다)에서 棲止酒(술에 머무르셨노라)로 往來나 疏通이 自由自在한 것을 너희들은 모르리라. 結局 詩題는 술을 끊는다인지 술에 머문다인지 기연가 미연가 아리송해로 끝나고 말았다. 요즘 말로 깽판 그것이다. 마누라 보기에 말이다.

解說

내 얼굴빛 좋게 젊은 날의 모습 그대로 유지시켜 줄 青精飯같은 藥物이 어찌 없겠느냐. 있기는 있을 것이다.

❖ 제7·8구: 苦乏大藥資, 山林迹如掃.

註

▸苦: 대단히. 몹시. 전혀.

▸大藥: 金丹을 말한다. 晉·葛洪의 ≪抱朴子·金丹≫에 "金丹의 道를 보고나면 사람으로 하여금 시시한 方書(즉 醫書)에 다시는 관심을 두지 않게 하나 大藥은 끝내 成功하기 어렵다"하였다. 즉 金丹은 大藥인 것이다. 이 金丹이란 名詞는 ≪抱朴子·內篇≫에서 처음 보이니, 東漢末의 作品으로 推定되는 〈古詩十九首〉의 其十三에서는 "服食求神仙, 多爲藥所誤. 丹藥을 服用하여 神仙되길 구하지만, 대부분 藥에 그르쳐졌네"라 하였고, 三國·魏·嵇康의 〈養生論〉에서는 "呼吸吐納, 服食養身. 내뿜고 들이키고 묵은 것을 내고 새 것을 받아들이며(呼吸이나 吐納이나 모두 道家의 養生術임) 丹藥을 가지고 養身하다"라 하여 藥·服食으로 쓰였으며 丹藥·金丹의 名稱은 晉·葛洪에 가서야 나타난 것이다. 杜甫의 경우 大藥이란 偉大한·巨大한 가치를 지닌 藥으로 보아야 하겠고 그것은 바로 金丹인 것이다.

▸資: 錢財. 蓄積. 稟賦. 才質. 資料・材料. 해석상 곤란한 점이 있는 부분이다. 간단히 丹藥을 만들 돈 또는 資料하면 쉽게 해결될 것 같으나 끝句의 "方期拾瑤草"가 걸리는 것이다. 나에게는 金錢이나 資料가 없어 丹藥을 製造할 수 없으니 선배가 받은 退職金인지 餞別金인지 두둑할텐데 장차 그 德分・德澤으로 拾瑤草(靑精飯이나 大藥이나 瑤草나 다 不老長生・羽化登仙하게 하는 方便을 여러 名稱으로 바꿔 쓴 것이지, 그 하나 하나가 別途의 用處가 있는 것은 아니다) 할 수 있겠다. 곧 선배 당신만 믿겠소 하는 두둑한 배짱인지 염치하고는 담쌓은 격인지 그렇게 해석하면 참으로 杜先生을 위해서는 不利한 面이 多分히 있는 것이다. 그래서 不得已 해석을 달리 해 보았는데 "仙人이 될 丹藥을 만들 天賦의 才質이 不足한 이 몸" 정도로 하고 보태어 金錢 또한 缺乏한 이 村사람, 하여 두 가지 뜻이 重疊되었다고 쳐서 얼렁뚱땅・두리뭉수리로 뭉뚱그려 보았다. 그러나 "仙人이 될 稟賦(품부)・才質"은 根據가 있는 것이지 우리가 捏造(날조)한 것은 절대 아니다. ≪漢武內傳≫인지 ≪漢武故事≫인지에 依하면 漢 武帝는 不老長生하고 成仙 하기 위해 큰 努力을 傾注하였으니 仙人의 降臨을 바라며 아주 솔직하게 望仙宮이라는 宮도 세웠고 그들의 비위를 맞추기 위해 온갖 보석 따위로 치장한 甲帳을 만들었고 자신은 그 다음으로 좋은 乙帳에 머물러 謙讓과 屈從을 實踐하였겠다. 千辛萬苦 끝에 西王母가 三靑鳥를 앞세우고 왔으며 蟠桃(반도 복숭아)도 몇 枚 얻어먹었다. 거기까지는 좋았는데 西王母曰: 劉徹은 稟賦・資質이 雜穢(잡예. 불순하고 더럽다)하여 成仙하기는 어렵다나. 김새고 맥 빠지다가 열 받힐 일이다. 그러니 아무리 애쓰고 努力해 보아야 고칠 수없는 타고난 것을 가지고 까탈을 부리는 데야 武帝도 별 수 없었으리라. 우리는 杜甫의 詩句 해석에 借用하였을 뿐이다.

☛ **參考: 金丹이 부른 禍의 有名한 實例**

≪資治通鑑・唐紀・憲宗≫을 보면 中興의 英主인 憲宗도 晩年에 고만 神仙・長生놀음에 빠지고 말았다. 臣下들은 눈치가 빠른 법이다. 山人 劉泌을 薦擧하였고 劉泌은 興唐觀에서 드디어 煉藥하게 되었다. 그는 天台山이야말로 仙人들 集合所로 靈草 또한 많은데 알기는 하지만 이를 얻을 힘이 없으니 그 地方의 官吏를 시켜주면 可能하겠다고 하였다. 임금이 그를 台州刺史로 權知(臨時로 代理함)하니 諫官들이 이게 웬 떡이냐가 아니고 굶주린 매 꿩 만난 듯 덤벼들었으나 "人主의 長生을 臣子들이 왜 愛惜해 하느냐"라는 임금의 老獪(노회)한 말에 다 끝나고 말았다. 事件도 많았고 事故도 있었으나 迂餘曲折 끝에 약이 完成되고 임금이 이를 자시고는 日加躁渴(날로 煩熱症에 성마르게 됨)하게 되었다. 起居舍人으로 있는 裴潾이 後世에 까지 이름을 날리게 된 名言을 가지고 임금께 아뢰었으니 "天下의 害를 除한 者, 天下의 利를 受하고, 天下의 樂을 함께 한 者, 天下의 福을 享受함이니, 黃帝부터 文王・武王에 이르기까지 國君의 位를 오래 누림은 다 이런 道를 썼음이라 思料되나이다. 去歲이래로 處處에서 方士를 많이 推薦하여 서로를 밀어주고 당겨주어 그 숫자가 점점 많아지게 되었나이다. 설령 천하에 정말 신선이 있다 하여도 그들은 반드시 巖穴(암혈)과 丘壑(구학)에 깊이 숨어 世人이 알까 두려워할 것입니다. 權門勢家에 접근하여 시중들고 눈치 보며 기이한 재주 있다고 자랑하고 큰 소리쳐 사람들을 놀라게 하는 자들은 모두가 不軌(불궤)・不測(불측)하고 이익을 좇는 자들이거늘 어찌 그들의 言說을 믿고 그 약을 드십니까. 무릇 藥이란 그것으로 병을 치료함이요 朝夕으로 늘상 먹는 음식이 아닙니다. 하물며 金石의 藥材는 매우 强烈・激烈하고 독이 있는데 거기다가 火氣까지 보태었으니 (그렇게 藥을 만들었으니) 아마도 사람의 五臟이 견뎌낼 수 있는 것이 아닐 것입니다.(夫藥以愈疾, 非朝夕常餌之物. 況金石酷烈有毒, 又益以火氣, 殆非人五臟所能勝也.) 옛날에 임금이 약을 자심에 신하가 먼저 맛보았으니 바라옵건데 약을 바치는 자가 먼저 먹게 하소서. 일년이면 진위가 절로 가려질 것이옵니다." 상께서 노하사 江陵令으로 내쳤다. 結局 金丹을 계속 복용하여 추조와 분노가 걷잡을 수없이 생기고 左右의 宦官들이 노여움 끝에 죄를 얻어 자주

죽는 일이 생기니 사람들이 모두 아슬아슬해 하고 조마조마해 하더니 暴崩(突然死)하고 말았다. 모두들 內常侍 陳弘志가 弑逆했다고 여겼으나 同僚인 宦官들이 감추어 감히 범인을 파고들어 색출하지도 못하고 단지 藥發(藥의 副作用이 發生)이라 들러대니 대궐 밖의 사람들이야 糾明을 할 수 없었다. 所願은 長壽였는데 結果는 短命이었던 것이다. 한 마디로 줄이면 틀림없이 仙去(① 成仙而去 ② 死의 婉曲한 표현)한 것이다.

▸山林迹: 隱居의 行迹. 山林(隱居하는 場所)에 있어야 할 나의 발자취. 은거하면서 생기는 행동과 그 결과.

▸如掃: 빗자루로 쓸어버린 듯하다. 실천하여 이룬 것이 하나도 없다.

解說

不老長生・羽化登仙할 수 있는 金丹을 만들 天賦的인 깨끗하고 높은 資質을 못 갖췄고 또한 치사한 이야기지만 金錢的인 餘裕도 없었다오. 따라서 俗世를 떠나 山林으로 들어가 그곳에 나의 발자취를 찍고 고고하게 살았으면 했으나 어디까지나 희망일 뿐 빗자루로 쓴듯 아무 痕迹도 남길 수 없었다오. 이제 선배와 같이 玉骨仙風・世稱 謫仙을 만났으니 선배 덕분에 나도 이른바 附驥尾 즉 "蒼蠅附驥尾而致千里. 파리가 천리마 꼬리에 붙어 천리간다"라고 덕을 보게 생겼소이다.

❖ 제9・10구: 李侯金閨彥, 脫身事幽討.

註

▸侯: 公과 마찬가지로 敬稱이나 侯는 士大夫에 대한 尊稱으로 많이 쓰이고 公은 平輩사이나 윗사람이 아랫사람을 대할 때 일반적인 존칭으로 쓴다. 侯가 더 정중한 말이다.

▸金閨: 閨는 작은 문의 뜻이다. 따라서 金閨는 金門이니 金馬門을 가리킴. 金馬門은 漢代 宮門名이니 學士들이 待詔(임금의 명령을 대기함)

하던 곳으로 門옆에 銅馬가 있어 그렇게 부르게 됨.

➥ 朝鮮의 正宮인 景福宮의 正門 光化門 양 옆으로도 돌로 만든 아주 의젓한 해태(해치獬豸를 말함)가 是非·善惡을 잘 判斷한다고 하여 놓여 있다. 서울·경기지방의 언어·풍속 등에 해박한 지식을 갖춘 이훈종 선생의 말씀인즉 이 해태가 貪官汚吏를 보면 꽉 깨물어야 하는데 한번도 제구실을 한 적이 없어 사람들이 멍청한 사람, 즉 맹추를 볼 때 "해태눈깔"이라고 하게 됐다는 것이다.

➥ 待詔는 본래 詔命을 等待 한다는 뜻인데 나중에는 아예 官名으로 되었으니 ① 漢代에 인재를 추천받아 발탁하였는데 正式으로 관직을 받지 않았을 때 公車(官署의 이름임)에서 待詔하게 하였고 그 중에서도 특출한 인재는 金馬門에서 待詔하며 顧問에 응하게 하였는데 훗날 아예 官名이 된 것이라 한다. ② 대궐의 內廷에서 임금의 명을 기다렸다가 供奉하는 사람을 말함이니 文學人이나 經學人 이외에도 의술·占卜·技術者·藝人 等이 內廷의 別院에 대기하며 詔命에 따라 自己의 才能을 發揮하였는데 특히 文詞에 뛰어날 경우 翰林待詔라 하였고 뒤에 가서 翰林供奉이라 고쳐 불렀다. 李白이 바로 이 翰林供奉이었다. 世上은 翰林이란 단어에 혹하여 상당한 地位인 줄 알지만 供奉이란 글자그대로 某種의 技藝·甚至於 姿色으로 임금에게 서비스한다는 뜻이니 아무리 앞에 翰林과 같은 그럴듯한 말이 올라앉아도 同列에 선 同僚랄까 同期들이 다 그 당시의 賤職인 醫·卜·技·藝에 從事하는 人物들이라 대충 짐작이 갈 것이다. 임금님의 餘興내지 日常鎖事의 待機組에 속한다 할 것이다. 간단히 証明할 수 있으니 〈太眞外傳〉에 의하면 開元中에 모란을 沈香亭 앞에 심었는데 꽃이 만개하니 임금은 照夜白이란 名馬를 타고 眞妃는 步輦에 앉아 따랐으며 梨園弟子 중에서 우수한 자들을 뽑고 다시 당대의 명창 李龜年이 손에 檀板을 잡고 노래하려 할 때 임금이 "名花를 감상하며 귀비를 대하였는데 어찌 옛노래를 하랴"하여 금히 金花箋을 내려 李白에게 〈淸平樂詞〉 三章을 짓게 하였다 운운 했는데 간단히 말하자면 娛樂·餘興의 오분대기조인 셈이다. 杜甫가 〈飮中八

仙歌〉에서 "李白一斗詩百篇, 長安市上酒家眠. 天子呼來不上船, 自稱臣是酒中仙. 李白은 한 말 술 마시면 시 백편을 쏟아낸다. 長安의 번화가 술집에서 잠들어 천자께서 부르셔도 배에 오르지 않고 스스로 내세우길 신은 술로 한가락 하는 酒仙이나이다"라고 하여 그를 豪放・飄逸로 칭송했으나 誇張・美化된 것으로 보고 있으며 기왕에 稱臣했으면 그와 같은 言行은 도저히 있을 수 없다고 지적들 하였다. 말하자면 待機組가 勤務地를 離脫하여 自由行動하였으며 임금에게는 醉中아니라 死後라도 할 수없는 言行을 저지른 것인데 過去 君臣關係에서는 不可能한 일이라고들 말하였다. 만에 하나 事實이라면 李白을 치켜세울게 아니고 임금의 관용을 칭찬해야 할 것이나 左右의 臣下들이 于先 容納을 못했을 것이다. 中國의 文士들은 ≪世說新語≫이래로 이런 武勇談(?)을 捏造하길 즐겼다.

▸彦: 美士. 훌륭한 선비. 인재.

▸脫身: 골치 아픈 宮廷에서 몸을 빼냄. 高力士의 讒訴, 楊貴妃의 誹謗 등이 원인이라 하나 그것이 아니고 임금은 어디까지나 entertainer로 상대할 뿐이었는데 李白은 軍國機務・宗社의 大事에 參預, 平素의 抱負를 펴보고 싶었다. 이러니 서로간의 소위 利害得失이 全혀 맞을 수가 없었다. 從來 中國의 文士들은 다 政治에 干預하여 그들의 理想社會를 構築・具現하고자 했는데 職業官僚들은 픽 웃고 아예 상대조차 않았단다. 李白으로서는 自尊心을 상했고 또 있어 보아야 별 소득도 없으니 남은 일은 떠나는 것뿐이었다. 물론 거리낌 없는 행동거지가 문제된 점도 있었을 것이나 전체적으로 보면 些少한 일이었다.

▸幽討: 幽는 그윽한 일. 그윽한 장소. 討는 ① 探討, 硏究. ② 尋覓, 訪問. 신선되는 그윽한 일을 探討・硏究하고 은거할 그윽한 곳을 尋覓해 보자는 뜻.

解說

李侯께서는 金馬門의 文學擔當 人才中에서도 人才이셨는데 몸을 빼내서 俗世을 떠나 은거하고 신선되는 그윽한 일을 도모하시네.

❖ 제11・12구: 亦有梁宋遊, 方期拾瑤草.

註

▸梁宋: 지금의 開封 부근.

▸方: 비로소. 바야흐로. 이제. 막.

▸期: 기약하다. 기대하다.

▸瑤草: 玉芝. 즉 白色의 靈芝를 말한다. ≪杜詩詳注≫에서는 大藥은 無資하니 故로 瑤草를 생각할 따름이다.(大藥無資, 故思瑤草耳)라고 하여 次善策으로 提出한 意見인 듯 풀이하였다. 그러나 위의 青精飯・大藥・瑤草 모두가 不老長生・羽化登仙의 道具로 登場됐을 뿐 獲得의 難易度라던가 價格의 高下로 穿鑿함은 千萬不可요 千不當萬不當이다. 이 작은 편집(篇什)에 同一한 單語나 同一한 意味의 語詞를 重言復言할 수 없으니 바꿔서 쓴 것 뿐이다.

解說

先輩께서 나와 마찬가지로 開封쪽으로 여행하신다니 참으로 좋은 일입니다. 나도 이제 비로소 先輩의 德分으로 그 귀하다는 흰색 영지와 같은 貴物을 줍듯이 쉽게 얻을 수 있겠소이다.

☛ 參考 ❶

杜甫가 12년 연장자인 李白에게 준 시인데 앞의 8句가 모두 自己 이야기이고 뒤에 가서야 李白을 言及한 것으로 이를 통해 賓主의 虛實之法을 깨달을 수 있다.(≪杜詩鏡銓≫을 참조할 것) 李白이 主이고 自身은 賓인데 自身에 關해서 자세하고 李를 서술함은 소략하여 賓이 主가 되고 主가 賓이 된 듯 하나 사실상 自身을 서술할 때에 青精이니 大藥이니 하여 李를 爲하여 말을 끌어내었다. 마지막 부분에 몇 마디로 李를 언급하였는데 앞의 8句

는 안개·구름의 역할로 뒤 4句는 달이 되어 이로써 더욱 두드러져 보이게 하는 이른바 烘雲托月의 烘托法을 쓴 것이다. 主賓·彼此의 虛實之法을 분명히 알면 杜詩를 말할 수 있으리라.(≪讀杜心解≫)

☛ **参考 ❷**

杜甫가 靑精飯·大藥·瑤草하며 自己는 사실 별 관심 없는 物品을 나열하였는데 이것은 道敎에 心醉된 先輩를 배려함이며 무슨 阿諛도 아니요 그렇다고 愛國忠君에 傾倒된 杜甫가 將來의 抱負라던가 理想을 바꾼 것도 아니다. 낚시·바둑 좋아하는 先輩 만났을 때 낚시·바둑 좋아하지 않아도 그 방면을 이야기하며 기분을 맞춰줌은 사람 살아가는 도리일 뿐이다. 너무 심각하게 杜甫의 趣向·意志와 결부시키지 말자.

☛ **参考 ❸**

東漢末 즉 3세기에 나온 〈古詩十九首〉에서 벌써 藥의 禍를 言及한 이래로 수백년의 세월이 흐르며 차츰 物質로 不老長生을 追求함에 懷疑를 느껴 다른 手段方途를 講究하게 되었다. 導引法은 一種의 治療·養生法인데 關節이나 肢體를 屈伸·動作하여 摩擦(마찰)·呼吸吐納·長嘯(휘파람)등으로 所期의 目的을 達成하고자 하였다. 여기에서 內丹·外丹의 分派가 생기니 龍虎胎息·吐故納新하여 自己自身의 精氣를 단련하면 內丹, 金石의 藥材로 구워 만들면 外丹으로 區別하였다. 그러나 사람들은 아무래도 긴 훈련·수양보다는 간단히 한 알 먹으면 다 끝나는 丹藥에 대한 집착을 버리지 못하였고 둘을 함께 追求하였으며 淸代라는 比較的 開明한 時代에도 미련을 버리지 못하다가 미련하게 仙化(?)하는 일이 있었음은 ≪紅樓夢≫에서 寧國府의 賈敬이란 人物이 오로지 道에만 관심두어 “燒丹煉汞(소단연홍)” 이외에는 세상사에 일체 간섭하는 일없고 일찌감치 외아들 賈珍에게 襲爵시키고는 本人은 城밖에서 道士들과 어울려 지내며 丹藥을 硏究하다 끝내 直接製造한 丹藥을 먹고 그대로 가버렸다는 이야기로 알 수 있다. 唐代의 實存人物이라고도 하며 傳說上의 八仙中의 하나라고도 하는 呂巖(字가 洞

賓으로 呂洞賓으로 더 세상에 알려졌다)은 ≪全唐詩≫를 보면 꽤 많은 量의 시를 남겼는데—勿論 타인의 假托이 많을 것이지만 – 대부분 內丹・外丹에 관한 作品으로 八仙의 하나라는 高貴한 地位에 있으면서도 內丹・外丹을 同等하게 쳤음을 "內丹成, 外丹就, 內外相接和諧偶. 內丹 이루어지고 外丹 성취되어 內外가 서로 접하면 어울리는 짝이로다"(〈敲爻歌〉 중에서)라 한 것으로 알 수 있다.

宋代뿐만 아니라 긴 中國歷史上 聰明으로 알아주는 蘇東坡 또한 그러하였으니 〈送蹇道士歸廬山〉 시에서

物之有知蓋恃息, 孰居無事使出入? 心無天游室不空, 大鑿相攘婦爭席.
法師逃人入廬山, 山中無人自往還. 往者一空還者失, 此身正在無還間.
綿綿不絶微風裏, 內外丹成一彈指, 人間俯仰三千秋, 騎鶴歸來與了游.

萬物中 知覺을 가진 것은 모두 숨을 의지해 사니 그 누구인가 고요하고 무사한 가운데 있으며 이 지각 있는 것들의 숨을 들고 나게 하는 이는. (모든 것은 天・自然이라) 따라서 마음이 넓은 자연과 노님이 없으면 喜・怒・哀・樂・愛・惡의 六情이 다투어 일어날 것이며 또한 비유하면 방안의 공간이 부족하면 姑婦間에도 자리다툼하는 격이라. 法師는 그러한 인간세상 벗어나 廬山에 들었으니, 산중에는 본시 왕래하고 교제할 人種이 없음이라. 교제한다고 가면(往) 헛된 것이요 오면(還) 그릇된 것이니. 이 몸일랑 바로 往과 還이란 교제 없음에 두겠다고 했었음이라. 길고 길게 끊임없이 이어지는 산들바람 속에, 內丹・外丹은 손가락 튕기는 짧은 시간에 이루어지리라. 하늘나라 仙人의 하루는 下界의 일 년이라니 法師의 10년 3000일은 俗世의 나에게는 3000년이 될 터이니, 나는 人間世上에서 俯仰하며 갖은 行動 3000년 하다가 학 타고서 돌아가 그대와 노닐 것이니 그대 있는 廬山의 계산법으로 10년만 기다려주시오.

物之有知恃息, 大鑿相攘婦爭席.: ≪莊子・外物≫: "物之有知者恃息, 其不殷, 非天之罪. 天之穿之, 日夜无降, 人則顧塞其竇. 胞有重閬, 心有天遊. 室无空虛, 則姑婦勃谿. 心无天遊, 則六鑿相攘.

萬物의 知覺있는 것들은 숨을 의지해 살아가니, 그것이 왕성하지 않음은 하늘(自然)의 罪가 아니다. 하늘(自然)이 숨 쉴 구멍을 뚫어 주었으며 晝夜

로 막힘이 없게 했건만 사람이 그 구멍을 막아버린 것이다. 뱃속의 胎兒도 子宮과 胎兒사이에 胎盤이 있어 여유있게 자라고, 마음도 넓은 자연이 있어야 자유로운 노님이 있는 것이다. 방안에 空間이 부족하면 姑婦間에 자리를 다투는 것이다. 마음이 자연 속에 여유롭게 놀지 못하면 喜·怒·哀·樂·愛·惡의 六情이 다투어 일어나는 것이다."

▷孰居無事: ≪莊子·天運≫: "天其運乎? 地其處乎? 日月其爭於所乎? 孰主張是? 孰維網是?孰居无事而推行是? 하늘은 움직이는 것인가? 땅은 자리 잡고 있는 것인가? 해와 달은 제 자리를 지키려 서로 다투는가? 그렇지 않으니 서로 갈마들며 땅을 비추다가 또 사라지지 않는가? 그렇다면 누가 이것을 主宰하는가? 누가 이것을 維持하는가? 누가 고요하고 무사한 가운데서 이것을 추진하는가?"

東坡 特有의 衒學的인 詩로 相對가 道士인지라 老子·莊子의 內容으로 詩를 채웠지만 亦是 才氣潑剌은 여전하고 한 줄기 韻致도 빠지지는 않았다.(廬山은 僧과 道士의 寺院과 道觀이 竝存하는 곳이다) 東坡같은 聰明으로도 內丹에 겸하여 外丹을 이루기를 덕담이나마 하는 것을 보면 이것의 誘惑을 벗어날 사람은 거의 없었으리라.

18. 〈陪李北海宴歷下亭〉(五言古詩)

東藩駐皂蓋, 北渚臨淸河. 海右此亭古, 濟南名士多.
雲山已發興, 玉佩仍當歌. 脩竹不受暑, 交流空湧派.
蘊眞愜所遇, 落日將如何! 貴賤俱物役, 從公難重過.

❖ 詩題

註

▸陪: 輔佐. 모시다. 나이가 어리거나 지위가 얕은 사람이 연상자나 지위 높은 분을 모시거나 함께 할 때.

▸李北海: 北海太守 李邕을 말함.

▸李邕: 《文選》에 注를 단 李善의 아들로 當時 文壇의 領袖이며 碑文으로 著名함. 碑文 한 字當 蜀錦 한 匹을 받았다고 함. 《舊唐書·李邕傳》에 依하면 "時議以爲自古鬻文獲財, 未有如邕者. 그때 의론이 自古로 글을 팔아 재물을 얻음에 邕만한 사람이 없다."라 하였는데 後進을 養成하기 위한 方便일 뿐이라고도 한다. 結局 金錢問題에 連累되었고 平素 그를 猜忌하던 宰相 李林甫는 杖殺하고 말았다. 그의 나이 70여세였다.

➥ 北海: 漢末 孔融이 北海相으로 있었기 때문에 孔融을 稱할 때 많이 썼다. 즉 孔北海라고 하였다. 또한 그곳의 人物로는 漢初 經學의 大家 伏生과 後漢末 大學者인 鄭玄 世稱 鄭康成 先生이 著名하였다. 孔融이 크게 공경하여 그를 위해 마을을 만들고 鄭公鄕이라 했으며 그 里門을 通德門이라 하였다. 黃巾賊도 그를 보면 절하였고 地境을 범하지 않겠다 할 정도였다. 그러나 伏北海 鄭北海라 부르지는 않았으니 北海는 孔融·李邕의 代稱이었다. (王朝時代에는 벼슬이 제일이요 故鄕은 상관

이 없었던 것을 이로써 알 수 있다.)

▸歷下亭: 지금은 客亭이라 하며 濟南의 大明湖·歷山사이에 즉 面山背湖(歷山을 向하고 大明湖를 뒤에 둠)하여 있다. 本詩의 3·4句를 取하여 門聯(門에 붙이는 對聯)을 삼았다. 觀光客이 상당히 많은 名勝이다.

解說

〈李北海를 모시고 歷下亭에서 잔치하다〉

❖ 제1·2구: 東藩駐皀蓋, 北渚臨淸河.

註

▸藩(fān): 울타리. 중앙의 天子를 위한 울타리의 뜻으로 諸侯國을 藩國이라 하였다. 東藩은 동쪽의 諸侯國에 該當하는 北海땅을 말한다.

▸皀蓋: 太守는 皀蓋—검은 색의 수레덮개, 日傘—와 朱兩轓을 갖춘다(≪後漢書≫)함. ➪ 轓: 車廂(車體. 수레몸통)의 양쪽에서 흙이나 먼지를 막아내는 것.

▸臨淸河: 臨字는 凌字로도 되어 있다. 淸河는 곧 濟河로 강물의 이름임.

解說

東方의 諸侯시라. 검은 日傘머물더니, 이내 북쪽 물가에서 淸河를 건너 이 歷下亭에 이르셨다.

❖ 제3·4구: 海右此亭古, 濟南名士多.

註

▸海右: 바다의 서쪽. 右는 서쪽, 左는 동쪽. 예를 들면 江東은 江左임.

▸古: 오래되었다. 다음의 詩에 新亭이 나온다. 따라서 歷下亭은 옛부터 있던 오래된 亭子가 된다. 사람들은 대개 尙古하게 마련이다. 즉 역사와 전통을 자랑한다는 말이 된다.

▸名士多: 原注 "時邑人蹇處士等在座. 그때에 邑人인 蹇處士 等이 宴席

에 있었다"라 하였는데 今人뿐만 아니고 예로부터 人才와 名士가 많다는 所謂 地靈人傑(땅이 신령스러우면 걸출한 인물이 나온다)·地利人和(地理的 條件이 좋고 사람들은 화목하다)를 말한다.

解說

海右에는 이 亭子가 오래 되었고 濟南에는 名士가 많구나.

❖ 제5·6구: 雲山已發興, 玉佩仍當歌.

註

▸雲山: ① 구름과 산. ② 구름까지 솟은 산. ③ 塵世를 떠난 곳(隱居地).

▸玉佩: 玉佩를 찬 妓女를 말함. 侑酒人(유주인. 술 권하는 사람)을 말함.

▸當 (dāng): ~을 마주 대하다. ~을 向하다. 魏武帝 曹操의 〈短歌行〉에서 "對酒當歌, 人生幾何."라 함.

▸3句의 已, 6句의 仍: 이미 ~한데다 게다가 보태어, 또한.

➡ 두 가지 해석

① 5·6구를 對句로 볼 때: "已發雲山興, 仍當玉佩歌." 6구는 "玉佩찬 妓女가 노래함을 대하고"로 해야 되므로 5구는 당연히 "구름같이 많고 산처럼 큰 흥치가 일어난다"로 하야 한다.

② 古詩이므로 對句일 必要가 없다 하면 5구는 "구름이여 산이여 너는 우리의 흥치를 불러 일으킨다"로 하고 6구는 "玉佩한 妓女의 노래함을 대하다"로 해야 될 것이다.

解說

이미 구름같이 많고 산처럼 큰 홍치 일어났는데 게다가 보태어 玉佩한 妓女가 노래함을 대할 수 있다니.

❖ 제7·8구: 脩竹不受暑, 交流空湧派.

註

▶修竹: 길게 자란 대. 밋밋한(몸이 거침새 없이 곧고 길다) 대. ⇨ 王羲之〈蘭亭序〉: "茂林修竹". ⇨ 杜甫〈佳人〉: "天寒翠袖薄, 日暮倚修竹."

▶受暑: 中暑. 더위 먹다.

▶交流: 일제히(동시에) 흐르는 물. 歷水와 濼水(낙수)가 함께 鵲山湖(작산호)로 들어감을 말함.

▶湧: 솟구치게 함. ⇨ ≪杜詩詳注≫: "5·6·7·8句는 中間에 已·仍·不·空의 虛字를 使用하여 抑揚(가락의 高低·文勢의 起伏)을 주었다." ⇨ 7·8句는 ① 流水對이다(蕭滌非). ② 十字句法(十字格) — 五言律詩의 頷聯이나 頸聯의 每十字가 단지 하나의 意思를 描寫함 — 이다.(≪杜詩詳注≫) 그러나 이 詩는 律詩가 아니다.

解說

밋밋한 대있어 더위 먹을 일 없건만 함께 흐르는 저 강들은 부질없이 맑은 물결을(우리 시원하게 해주려는 듯) 솟구치는구나.

❖ 제9·10구: 蘊眞愜所遇, 落日將如何!

註

▶蘊(온): 품다. 내포하다. 간직하다.

▶蘊眞: ① 眞趣를 머금고 있다. 眞趣는 自然의 아름다움.(蕭滌非) ② 이 두 字는 包含하지 않음이 없다. 其人·其地·其景 모두가 眞趣를 蘊含하고 있는 것이다. 그래서 臨分逆計(이별에 닥쳐 미리 앞일을 따지며) 거듭 徘徊하는 것이다.(≪讀杜心解≫)

➡ 朝鮮의 군두목을 보면 별 해괴·기이한 것이 많은데 잡동사니를 이용해 安鼎福은 ≪雜同散異≫(同一한 종류를 섞어놓고 다른 것은 헤쳐 놓다)라고 書名을 붙여 상당히 재미를 봤는데 혹자는 비렁뱅이를 貧翁訪里라고 하여 사람을 웃겼다. 雨田선생님께서는 "온갖 것이"도 될 수 있다하

셨는데 蘊各居是(온각거시. 갖가지 물건을 싸서 여기에 두다)가 바로 그 것이다. 어지간히 심심하셨던 듯하다.

▸愜(협): 만족하다. 흐뭇하다. 마음에 맞다.

▸所遇: 만나는 것. ≪讀杜心解≫를 따르면 이 歷下亭에서 만난 人物, 주로 四圍의 江山 · 그리고 보이는 風景 모든 것을 말함.

▸落日將如何: 해가 저무니 어찌하랴. 원래 사람들은 말한다. "이 세상에 끝나지 않는 잔치는 없다"고. 徐人甫는 그의 ≪杜詩註解商榷≫에서 漢武帝 〈秋風辭〉의 끝부분 "小壯幾時兮奈老何"와 같은 感慨라고 하였으나 너무 나간 것 같다. 간난히 해 저물어 잔치 끝났다는 뜻이리라.

解說

이곳의 사람 · 강산 · 풍경 모두가 淳朴하고 質素하여 만나는 것마다 마음 흐뭇하게 하는데 저녁이로구나. 해는 지니 어쩌면 좋으냐.

❖ 제11 · 12구: 貴賤俱物役, 從公難重過.

註

▸貴賤: 貴한 분. 곧 李太守를 가리킴. 賤한 몸. 곧 自身을 말함.

▸物役: 世事 즉 世上의 雜務 · 雜事에 쫓김. (外物에 使役됨)

➡ 役자의 有名한 예를 보자.

陶淵明 · 〈歸去來辭〉 序: "飢凍雖切, 違己交病. 嘗從人事, 皆口腹自役. 주림과 추위가 절박해도 나를 어기면 갈마들며 병이 생김이다. 일찌이 人事(벼슬길을 말함)를 따랐으니 모두가 입과 배에 쫓긴 것이리." 本文: "旣自以心爲形役, 奚惆悵而獨悲. 이미 스스로 마음을 육신의 종으로 삼았으니 무엇 때문에 단지 비통해하고 슬퍼만한 단 말이냐.(행동으로 옮기자 전원으로 돌아가자.)"

▸從公: 公事에 참여하다. 公務를 살피다. 擴大하면 제가끔 자기의 일에 종사하는 것을 말함. 해석 시 公(즉 李太守를 따라) 운운하면 于先 李

太守를 公이라 부른 것이 어색하고 題에서 陪라 하였는데 다시 從이라 함 또한 거북하다.

解說

尊貴하신 어르신이나 卑賤한 이 몸이나 모두 世上事에 좇기니 避할 수 없는 일을 따르다 보면 다시 찾아오긴 어려울 것 같구나.

☛ **参考 ❶**

當歌는 曹操의 〈短歌行〉으로 말미암아 크게 알려졌으므로 여기에 全篇을 紹介한다.

〈短歌行〉 曹操

對酒當歌, 人生幾何. 譬如朝露, 去日苦多.
慨當以慷, 幽思難忘. 何以解憂, 唯有杜康.
青青子衿, 悠悠我心. 但爲君故, 沈吟至今.
呦呦鹿鳴, 食野之苹. 我有嘉賓, 鼓瑟吹笙.
明明如月, 何時可掇. 憂從中來, 不可斷絕.
越陌度阡, 枉用相存. 契闊談讌. 心念舊恩.
月明星希, 烏鵲南飛. 繞樹三匝. 何枝可依.
山不厭高, 海不厭深. 周公吐哺, 天下歸心.

▷當: ① (dāng) 마주대하다. 向하다. 對의 뜻임. 曹操의 다른 作品으로 〈對酒〉가 있는데 "對酒歌, 太平時, 吏不呼門.……" 하였다. 酒와 歌는 宴會에 함께 다니는 뗄 수없는 관계이므로 當과 對는 같다는 것이다. ② (dàng): 적당하다. 알맞다. 마땅하다의 뜻이다. 우리나라 사람처럼 노래하기 좋아하는 경우 이 해석이 더 마음에 들 것이나 이것은 현재 학계에서 少數意見이다.

➡ 점잖은 酒席에는 酒歌가 登場하며 肯定的으로 쓰이나 不良한 境遇가 있으니 酒色이다. 우리가 흔히 酒色雜技라 하여 술과 女色·여러 가지 노름을 싸잡아 말하는데 酒色에 대한 否定的 見解는 그 淵源이 꽤 오래다. 여기서는 曹操가 살았던 漢代에서 例를 들겠다.

≪漢書・薛宣・朱博傳≫: "博爲人廉儉, 不好酒色游宴. 自微賤至富貴, 食不重味, 案上不過三桮. 夜寢早起, 妻希見其面, 有一女, 無男.……주박은 위인이 淸廉하고 節約儉素하며 酒色과 游宴(즉 파티)을 좋아하지 않았다. 微賤함에서 富貴함에 이르렀는데도 식사함에 여러 종류의 반찬을 먹지 않았고 밥상에서는 석잔 술을 넘지 않았다. 밤늦게 자고 일찍 일어나니 아내도 그 얼굴 보는 일이 드물었다. 딸 하나 두었고 아들은 없었다."

일반 中國人들은 司馬遷을 참으로 높이 치지만 조금 글을 아는 사람들은 激越하며 强烈한 司馬遷에 比하여 緩曲하고 緻密한 班固 또한 아주 크게 보는 것이다. 위의 文章에서도 夜寢에서 無男까지의 布置가 사람들을 은근히 微笑짓게 한다. 筆名이 樸人의 著作인 ≪帝王生活≫(臺灣學生書局出版)에서도 班固의 유머에 대해 例를 들었는데 ≪漢書・佞幸傳≫의 讚에서 "柔曼之傾意, 非獨女德, 蓋亦有男色焉, ……然進不繇道, 位過其任, 莫能有終, 所謂愛之適足以害之者也. 아리땁고 고와서 사람 마음을 迷惑시키는 것은 오직 여색만이 아니요, 대저 男色도 있는 것이다.……그러나 進 (① 出仕. 벼슬함. ② 進見. 윗사람을 뵘. ③ 進食. 먹다. ④ 進奉. 바치다)함에 제 道(① 正當한 方法. ② 옳은 길. ③ 제 코스)로 하지 않았고 차지한 자리(일 담당한 자리)가 본래 맡은 所任을 벗어났으므로 제대로 죽은 자 없었으니 이른바 사랑함이 똑 해치기에 좋았다는 것이다"라 하였는데 제 길로 즉 바른 코스로 임금의 사랑을 받음이 아니고 제 길로 말미암아 임금께 바쳐진 것이 아니고 일을 맡은 부위가 본래 임무를 벗어났고 운운한 것을 쓸 때 이 謹嚴한 儒者도 아마 이 때에는 싱긋 웃었을 것이라나. ≪後漢書・楊震列傳≫을 참고하여 보자.

後漢에서 四世三公(4대 내리 삼정승의 지위에 오름)하면 楊家와 袁家를 든다. 楊家는 關西孔子와 四知로 有名한 楊震부터 三不惑으로 이름난 楊秉이 있고 孫子 楊賜는 宦官과 날카롭게 맞서 굴하지 않았으며 그가 세상을 떴을 때 天子가 素服하고 三日을 臨朝하지 않았으며 (즉 輟朝三日) 東園의 祕器를 내릴 정도였고 曾孫이 楊彪로 曹操가 눈엣가시로 여겨 거의 죽을 지경에까지 갔었는데 孔融이 平服한 채 맨발로 뛰어가 曹操에게 “周公이 管叔을 죽이며 成王의 命이고 나는 모른다 하면 누가 인정하겠느냐”라고 하여 가까스로 구해냈었다. 漢魏交替期 三國鼎足의 混亂期에서 아슬아슬하게 남아 魏나라 黃初六年에 84세로 “卒于家”할 수 있었던 人物이다. 玄孫이 才士로 이름난 楊脩로 世人들에게는 曹操의 鷄肋이란 模糊한 敎令을 알아낸 것으로 알려졌다. 남의 속을 너무 잘 알고 앞날의 일을 너무 잘 추측해낸 것과 袁術의 甥姪이란 이유로 後患을 걱정한 曹操에게 殺害당하였다.

班固는 讚에서 “楊氏載德, 仍世柱國. 震畏四知, 秉去三惑, 賜亦無諱, 彪誠匪忒, 脩雖才子, 渝我淳則. 楊氏의 德을 쌓음이여, 累代로 나라의 기둥이 되었다. 楊震은 金 열 근을 아무도 모르니 받으라 하자 天知・神知・我知・子知라 하며 물리쳐 四知를 두려워 할 줄 안다고 이름났으며 楊秉은 酒・色・財에 홀리지 않는다 하였으니 三惑을 버렸으며 楊賜는 宦官이나 不義・不正을 糾彈함에 꺼리는 것이 없었고 楊彪는 誠實하여 그릇됨이 없었다. 楊脩는 비록 才子라 하나 우리 楊家의 淳厚한 道德規範을 聰明과 技巧로 變質시키고 말았다.”라 하였는데 正鵠을 찌른 평이라 하겠다.

以上이 漢代에서 人物評價에 酒色이 尺度가 된 例이다.

▹去日苦多: ① 過去가 즉 지나온 날이 너무나 많다. 아침이슬 같이 짧은 人生에 거기다 산 날이 아주 많고 앞으로 살 날은 적다는 탄식. ② 아침이슬처럼 짧은 人生 거기다가 살아온 날들은 苦痛이 많았으니 앞날도 그러하지 않을까.

▹慨當以慷: 當以慨慷을 間隔用法(한 단어를 쪼개 사이를 두고 사용하는 법)으로 쓴 것임. 인생의 이러함에 마땅히 慷慨(강개. 감정이나 의기가 격양됨) 해야 한다.

▹幽思: 속 깊이 간직된 생각.

▹杜康: 처음으로 술을 빚었다는 사람. 여기서는 술의 뜻으로 쓰임.

▹青青子衿(청청자금): ≪詩・鄭風・子衿≫: “青青子衿, 悠悠我心. 縱我不往, 子寧不嗣音. 푸르른 그대 옷깃이여, 끝없이 이어지는 내 그리움이여.

내 비록 못 간다고 그대마저 音訊을 잇지 않는가(계속 소식 주지 않는가)" 본래 여자가 情人을 그리워하는 詩인데 ≪毛傳≫에서는 靑衿은 공부하는 즉 學生을 나타낸다 하였다. 따라서 本詩에서는 曹操가 天下를 制覇하기 위해서는 요즈음 말로 人材의 發掘이 急先務라 靑年 엘리트를 아주 깊이 생각한다고 봄이 옳겠다. 葉嘉瑩先生은 江東의 孫權과 荊州劉表의 嗣子인 劉琦를 말한다고 아주 確定的으로 말했는데 이 때 孫權과 劉琦는 27~8歲의 靑年이고 曹操는 54歲(이것은 本詩가 赤壁大戰 直前에 이루어진 것이라는 假定 아래에서 나온 것이다)로 內容이 잘 들어맞는다고 하였으나 斷言하기에는 좀 그렇다.

▷沈吟: 본래 망설이며 결정하지 못한다는 뜻과 낮은 소리로 음미한다는 뜻으로 쓰이나 여기에서는 깊이 생각하고 따져본다는 뜻으로 쓰였다.(王鍈 ≪詩詞曲語辭集釋≫)

▷呦呦鹿鳴의 4句: ≪詩・小雅・鹿鳴≫의 首章인 "呦呦鹿鳴, 食野之苹. 我有嘉賓, 鼓瑟吹笙. 매매하고 사슴 울며 들판의 쑥을 먹네. 나는 귀한 손님 모시고 슬 뜯고 생황부네"를 그대로 따온 것으로 본시 임금이 신하들과 먼 곳에서 온 賓客을 맞아 잔치하며 부르는 노래라 하였다. 四方의 뛰어난 人物들이 나에게 오면 사슴이 평화롭게 쑥을 뜯어 먹듯 잘 지낼 수 있을 것이며 나는 그들과 管樂・絃樂 연주하며 잔치하여 잘 대접하겠다는 뜻이다.

▷明明如月: 明明은 휘영청 밝다. ⇨ 달은 劉備를 말한다(葉嘉瑩) 如는 形容詞 뒤에 붙어 然과 같은 뜻이다. 然은 形容詞・副詞의 語尾로 狀態를 나타냄.

▷掇: ① 따다. 줍다. ② 輟也. 停止의 뜻.

▷中: 속. 內心. 內臟.

▷越陌度阡(월맥도천): 陌이나 阡 모두 밭길. 여기서는 그냥 길의 뜻. 俗諺에 "越陌度阡, 更爲客主. 넓은 평야의 밭길을 가다보면 서로가 주인도 되고 나그네도 된다." 자기 밭길을 간다고 주인 행세 너무 말고 남의 밭길 간다고 주눅 들지 말자. 세상의 길이란 喜悲・苦樂이 交叉되는 법이다.

▷枉用相存: 枉: 몸을 굽히다, 낮추다. 用: 以也. 存: 存問하다, 慰問하다.

살펴주다.

▷契闊(계활): 契는 합침. 모임. 闊은 멀어짐, 이별함. 여기에서는 契의 뜻만 쓰이고 闊은 그냥 따라다니는 것으로 이른바 偏義複詞이다.

▷談讌: 談笑하고 잔치를 베풀다.

▷繞樹三匝(요수삼잡): 繞는 감(싸고)돌다. 빙(글)빙(글)돌다. 匝은 돌다, 두르다, 둘레, 주위, (몇)바퀴 등의 뜻. 나무를 빙빙 여러 바퀴 돌다.

▷何枝可依: 何가 無로 된 곳도 많다.

이상은 曹操 自身이 아직도 人才를 다 거두지 못하고 功業도 完成시키지 못하여 彷徨하며 徘徊하는 까막까치처럼 쓸쓸하다는 것으로 해석한다. 英雄의 孤獨感이라나. 그러나 葉嘉瑩先生은 劉備나 孫權처럼 曹操가 차지하지 못한 南部地域을 근거로 버티는 人物들의 어려운 現在狀況을 비유한 것이라 보았다.

▷山不厭高, 水不厭深: 厭은 사양하다. 거절하다(王鍈 ≪詩詞曲語辭例釋≫). ≪管子・形勢解≫: "海不辭水, 故能成其大; 山不辭土石, 故能成其高; 明主不厭人, 故能成其衆, ……바다는 淸水・濁水를 거절 않음으로 그 廣大함을 이루고 산은 썩은 흙(糞土)・푸석돌(雜石)을 사양 않음으로 그 고원함을 이루며, 밝은 임금은 賢・不肖(불초)를 가리지 않으므로 衆多함을 이루니라."

▷周公吐哺: ≪史記・魯周公世家≫: "(周公)一沐三握髮, 一飯三吐哺, 起以待士, 猶恐失天下之賢人. 한 번 머리 감음에 세 번이나 젖은 머리 움켜쥐고 한번 밥 먹음에 세 번이나 (삼키려면 시간이 걸리므로) 그대로 뱉고 일어나 선비들을 접대하면서도 그래도 오히려 人材를 잃을까 두려워했다."

解說

술을 두고 음악을 대할 것이니. 왜냐 인생이 그 얼마나 됩니까. 비유하면 해뜨면 사라질 아침이슬 같이 하찮은 존재인데, 거기다가 살아온 날이 많지 살날은 얼마 안 남았지 않습니까. 인생이 이러하니 감정은 격앙됨이 마땅하고 깊이 간직한 생각(즉 인생에 대한 슬픔)은 잊기가 어렵습니다. 자 어떻게 시름을 풀지요 그저 술뿐이지요.

푸르른 그대들 옷깃이여 끝없이 그리워하는 내 마음이여, 그대들 때문에 오늘까지 생각을 거듭했습니다. (나에게 오시오 청년 엘리트들이여) 매매 사슴 울며 들판의 쑥을 먹으면 나는 귀한 손님 모시고 슬 뜯고 생황불어 그대들을 접대하며 인생을 즐기겠습니다.

휘영청 밝은 달 그 빛이 멈출 때가 언제리오. 절대로 그럴 리가 없겠지요. 마찬가지요. 나의 근심 속에서 솟아나니 끊을 수가 없습니다.

이 길 넘고 저 길 건너 수많은 인생의 길을 지나 몸소 이렇게 찾아오셔서 나를 위로해 주시니 오랜만의 모임 속에 담소하고 잔치하며 옛날의 은덕을 생각합니다. 그런대도 나는 왜 이리 고독을 느껴야합니까.

달이 밝아 별은 성긴데 남으로 꿈을 따라 가는 까막까치 나무를 빙빙 세 바퀴 돌아도 의지할 가지가 그 어디 있겠소. 나의 욕심이 너무 커서 그렇습니까. 포부라 해둡시다. 定天下하기까지 나는 끝없는 외로움을 느낄 것이요. 그러면 내가 갈 길은 어디냐고요.

산은 높아짐을 거절하지 않으며 바다는 깊어짐을 사양하지 않습니다. 周公이 吐哺하고 握髮하니 天下의 마음이 다 그에게 돌아가지 않았습니까. 내가 따라야 할 길이지요.

☛ 參考 ❷: 蘊眞에 대하여

〈登 江中孤嶼〉 南朝・宋・謝靈運

江南倦歷覽, 江北曠周旋. 懷新道轉迥, 尋異景不延.

亂流趨正絶, 孤嶼媚中川. 雲日相輝映, 空水共澄鮮.

表靈物莫賞, 蘊眞誰爲傳. 想像崑山姿, 緬邈區中緣.

始信安期術, 得眞養生年.

▷江南・江北: 흔히 말하는 長江의 南北이 아니고 溫州의 甌江(구강) 즉 永嘉江의 南北을 말함.

▷孤嶼(고서): 孤嶼山. 江中의 섬.

▷歷覽: 遍覽. 하나하나 차례(次例)차례 구경함.

▷倦: 싫증남, 물림.

▷曠: 荒廢. 비다. 뜸하다.

▷周旋: 왕래하다. 교제하다. 山水를 擬人化하여 江北의 山水와는 서로 往來하고 交際함에 한동안 뜨음했다는 뜻.

▷轉: 도리어, 반대로.

▷逈(형): 遠. 멀다. 새로운 곳을 생각하니 마음은 급한데 길은 도리어 달아나듯이 멀어 줄어들지 않는 듯하다.

▷景不延: 景은 日景. 기이한 곳을 찾는데 太陽은 나를 위해 그 빛을 연장해 주지 않는다.

▷亂流趨正色: ① 이전에는 "亂, 橫度也. 가로질러 건너다"에 따라서 흐르는 물을 가로지르다로 해석하였고, "趨는 추구하다, 향하다, 遵循하다"의 뜻을 따랐으며 "正絶"은 "바로·한창", "絶處(絶妙之處)"로 하여 "한창 절묘한 곳으로 물을 가로질러 나아가다"로 해석하였다. ② 그러나 ≪爾雅·釋水≫에 "正絶流曰亂"이라 하였고 刑邴의 疏에 "正, 直也. 橫絶其流而直渡, 名曰亂"이라 하였으며 古來로 "正絶"은 橫渡라는 뜻으로 쓰여졌다. 이렇게 된다면 "강물을 가로 지름이여! 어서 어서 강물을 곧장 가로지르자"로 해석이 되니 本作品의 內容을 볼 때 江물 가로 지름에 큰 의의를 두지 않았고 江中의 孤嶼가 主眼點이 되었는데 한 구 다섯 자에 두 번씩 같은 뜻을 강조할 필요가 없었으리라 생각된다. 물론 이럴 때 趨字는 (촉)으로 읽고 催促·急促의 뜻이 된다. ③ 따라서 亂流는 외형 그대로 해석하여 "세차게 멋대로 흐르는 물"로 하고 正絶에 가서야 가로 지르며로 해석함이 더 妥當할 듯하다. 그리고 正絶妙之處라는 풀이는 다음 句의 "孤嶼媚中川"에서 突然히 登場하는 孤嶼의 驚異로움을 위하여 그렇게 미리 모습을 공개하지 않는 것이 더 神秘感을 주지 않을까 생각된다. 여러 가지를 따져볼 때 세찬 물결 빨리 가로 길러 갑시다로 해석함이 좋겠다.

▷媚: 곱다. 아리땁다. 환영하다. 비위맞추다. 아양 떨다.

▷中川: 川中. 강 가운데.

▷輝映(휘영): 照耀. 映射. 밝게 빛나다. 밝게 비추다. ➪ 輝映淸 → 휘영청 (군두목?)

▷空水: 天空・虛空과 江水.

▷澄鮮(징선): 淸新. 맑고 뚜렷함. 雲日・空水 두 구는 唐 王勃〈滕王閣序〉에서도 가장 人口에 膾炙되는 "落霞與孤鶩齊飛, 秋水共長天一色. 지는 노을과 오리는 함께 날고, 가을 물과 먼 하늘은 같은 빛이라"와 어깨를 나란히 한다고 일러졌다.

▷表靈: 表는 밝히다. 드러내다. 보이다. 靈은 靈秀. 神靈함. 이 물섬이 밖으로 드러내는 신령하고 빼어난 모습.

▷蘊眞: 蘊: 품다. 간직하다. 眞: ① 人爲를 거치지 않음. (處女地. 神秘함) ② 假・僞와 相對되는 槪念. ③ 副・邪와 相對되는 槪念. 이 물섬이 안으로 간직하고 있는 아무도 모르는 신비함, 순결함.

▷區中緣: 속세의 인연. 區中은 俗世.

▷緬邈(면막): 아득함.

解說

永嘉江 남쪽은 하나 하나 돌아보아 이제 싫증이 났고 북쪽의 지역들과는 往來가 한동안 뜨음했었다. 새로운 곳을 생각하니 마음은 바쁜데 길은 도리어 갈수록 멀어지는 듯하고 기이한 곳을 찾는데 太陽은 나를 위해 그 빛을 더 늘려주지 않는다. 이 세차고 험하게 흐르는 물이 어찌 나를 막으랴. 어서 어서 질러서 건너자. 저 가운데의 물 섬이 어서 오라고 아양 떨지 않느냐. (드디어 섬에 올라섰다.) 이 물 섬에서 보면 구름과 태양은 환하게 빛나고 天空과 江水는 함께 맑고 깨끗하구나. 神靈한 모습 드러내도 알아주고 감상하는 人物은 없었고 순결하고 신비함 품었으되 그 누가 이것을 世上에 전해줄 것이냐(나 밖에 더 있느냐!). 神仙이 산다는 崑崙山(곤륜산)을 떠 올리게 하니 天地間宇宙中의 조그만 한 區域인 인간세상과의 인연은 절로 아득해지는구나. 내 이제 믿겠네, 수천년 살았다는 安期生의 道術 — 俗世떠나 이런 곳에서 노닐번 끝없는 壽命을 길러낼 수 있다는 — 그런 도술을.

謝靈運의 蘊眞에서 眞은 前人未踏의 自然으로 純粹하고 神秘하며 絶對人爲・人工・人迹이 加해지지 않았음이며 杜先生의 蘊眞에서 眞은 儼然히 觀光코스에 들어있는 歷下亭에 對한 評價이므로 人爲・人工・人迹은 이미 加해졌으나 나름대로 技巧·粉飾이 적은 淳樸·質素로 自然에 接近하였다는 뜻에 重點을 둔 것이라 思料된다.

☛ 參考 ❸

"眞"에 關해 여러 차례 言及하고 이것을 生活信條랄까 理想으로 내세운 사람으로 陶淵明을 들 수 있다. 전부 일곱 번 이 眞을 作品中에서 다루었는데 하나 하나 들겠다.

1) 〈勸農〉(四言詩)에서 抄.

悠悠上古, 厥初生民. 傲然自足, 抱朴含眞.……

아득한 옛날 처음 사람이 생겨났을 때 그들은 꿋꿋하고 떳떳하며 스스로 만족하고 남에게 빌붙고 바람이 없었으며, 淳樸을 안고 참됨(僞나 假없고 自然의 상태)을 머금고 있었다.

眞은 朴과 竝列되었으니 醇朴의 뜻과 같거나 그것에 접근하는 뜻이리라.

2) 〈連雨獨飮. 연일 오는 빗속에서 혼자마시다〉에서 抄.

故老贈余酒, 乃言飮得仙. 試酌百情遠, 重觴忽忘天.

天豈去此哉, 任眞無所先. 雲鶴有奇翼, 八表須臾還.

유식한 노인이 나에게 술을 주며 마시면 신선된다 하시네. 우선 한잔 들고 보니 온갖 시시한 감정이 멀어지고 거듭 들고나니 天地萬物을 잊게되네. 天地萬物이 어찌 여기를 떠났으랴, 眞에 맡기니 그보다 優位에 설 것이 없기 때문이겠지. 醉中에는 저절로 옛날의 仙人과 같은 것이…… 구름 속의 학 기특한 날개타고 天地 四方八方을 순식간에 휘돌아 올 수 있었네.

忘天은 天地萬物一切를 忘함이니 物我一體의 境地라 莊周 胡蝶夢의 物我兩忘이 이것이니 任眞하면 可能한 것이다. 즉 任眞은 自然에 맡기는 것이며 自然과 하나가 되는 것이다. 여기에서 眞은 自然의 뜻일 것이다.

李白도 〈月下獨酌四首〉의 其二에서 "三盃通大道, 一斗合自然. 세 잔에 大道와 통하고 한 말이면 自然과 합쳐진다."라 하였으니 大道란 莊周에게는 自然法則이고 道教에 있어서는 成仙之道라, 먼저 自然의 법칙을 알고 나서 다시 自然과 하나가 되는 것이다.

≪老子 · 25章≫ "人法地, 地法天, 天法道, 道法自然. 人은 地를 본받고, 地는 天을 본받고, 天은 道를 본받고, 道는 自然을 본받는다." 여기에서 道와 自然은 別個가 아니고 道自體는 宇宙萬物의 本源이며 自然은 道의 性質이니 결코 둘이 아니다.

陶潛의 〈晉故征西大將軍長史孟府君傳〉(晉의 孟嘉를 가리킴이니 陶의 母親이 그의 第4女로 다시 말해 陶의 外祖父가 된다)에 보면 "桓溫又問; '聽妓絲不如竹, 竹不如肉.' 答曰; '漸近自然.' 환온이 또 물었다. '妓生의 풍류를 듣는데 현악이 관악만 못하고, 관악은 肉聲의 노래만 못하니 왜 그럴까요.' 답하길: '차츰 자연에 가까워지기 때문이지요.'라 하였다." 自然에 가까워짐이 藝術에서도 窮極의 目標였던 것이다.

3) 〈始作鎭軍參軍經曲阿. 처음으로 鎭軍將軍의 參軍이 되어 曲阿땅을 지나며〉에서 抄.

目倦川塗異, 心念山澤居. 望雲慚高鳥, 臨水愧游魚.

眞想初在襟, 誰謂形迹拘. 聊且憑化遷, 終返班生廬.

水路와 陸路 자꾸 바뀜에 피곤하고 마음은 江山에 있는 내 집만 생각난다. 구름 보면 높이 나는 새에 창피하고 물에 다가가면 노니는 고기에 부끄럽다. 眞想이 처음부터 가슴 속에 있었으니 어찌 내 마음이 지금의 蹤跡에 얽매였다고 할 수 있겠는가. 어쩔 수 없이 잠깐 세상의 변화에 따라 벼슬살이하지만 종당에는 班固만한 어진 분 거처에 이웃하리라.

眞想은 〈飮酒其五〉의 "此中有眞意"의 眞意와 同一한 의미이리라. 거짓 없고 허위 없는 自然의 본래의 의미 · 내용일 것이다. 形迹拘는 〈歸去來辭〉의 "以心爲形役. 마음이 육신의 부림을 당함: 마음이 육신의 행동에 얽매임. 즉 마음대로 하지 못하고 몸을 세상에 맞춰 행동함이다"와 같은 뜻이다.

4) 〈辛丑歲七月赴假還江陵夜行塗口. 辛丑年 7月에 휴가를 갔다가 江陵으로 돌아가는데 밤에 塗口땅을 지나다〉에서 抄

投冠旋舊墟, 不爲好爵縈. 養眞衡茅下, 庶以善自名.

감투 던지고 고향 마을로 돌아가고 높은 벼슬에 얽매이지 말 것이……. 本性・타고난 天性을 잘 기르고 유지하면 잘 살고 잘 죽었다고 스스로 이름하기에 좋으리라.

養眞은 天性・本性을 잘 기르고 유지함이다. 衡茅는 衡門・茅屋이니 사립문 있는 초가집이다. 善은 王叔岷先生의 말씀에 의하면 ≪莊子・大宗師≫에서 "善吾生者, 乃所以善吾死也. 生을 잘함이 死를 잘하는 근본이 된다."라 하였으니 生과死가 제대로 편안한 것을 善이라 보면 된다고 하셨다. 즉 타고난 自然의 本性에 따라 잘 살고 잘 죽었다고 스스로 이름 지을 수(名) 있는 것에 가까운 것(庶)이란다.

5) 〈飮酒二十首〉 其五

結廬在人境, 而無車馬喧. 問君何能爾, 深遠地自偏.

採菊東籬下, 悠然見南山. 山氣日夕佳, 飛鳥相與還.

此中有眞意, 欲辨已忘言.

사람 벅적거리는 곳에 오두막 지었어도 수레・말의 시끄러움 없다오. 어떻게 그럴 수 있냐고 한다면 마음이 高遠하면 땅이야 절로 외진 곳이 된다 하지요. 동쪽 울 아래 국화 따고 그래서 술에 띄워 (汎此忘憂物〈飮酒其七〉) 한 잔 두 잔 하면 아득히 南山이 보이네요. 南山之壽라 더하여 "菊爲制頽齡. 국화는 시드는 나이를 막아준다"(〈九日閒居〉)이니 좀 좋소. 山의 날씨란 하루 중 저녁이 제일 좋은데 날던 새도 이제 쉴 때가 되어 서로 의지하고 더불어 돌아오는 때요. 이 모든 것 속에 眞意가 있으니 설명하려해도 이미 말을 잊은 지경이라오.

眞意는 앞에 나온 眞想 즉 "自然의 內容"일 것이다. 林文月教授께서 이것을 "眞의 힌트"라 번역한 洋人의 글을 보았다 하였다. 즉 眞의 內容까지는 敢히 들어 갈 수 없고 眞의 힌트를 준 것이니 各自 알아서 心得하라는 것이었다나. 그러나 眞을 너무 接近不可 乃至 接近不容易로 보지 않는 것이 옳은 일일 것이다. 陶先生도 그렇게 高踏的인 境地로 해석하시지는 않으셨으리라.

"欲辨已忘言"은 ≪莊子·外物≫의 "得魚忘筌, 得兎忘蹄, 得意忘言"을 引用하였을 것이다.

6)〈飮酒二十首〉其二十에서 抄

羲農去我久, 擧世少復眞. 汲汲魯中叟, 彌縫使其淳.

伏羲·神農이 우리 세상을 떠난 지 오래되니 온 세상을 털어 眞으로 돌아가는 이 적구나. 바쁘고 바쁘게 노나라 노인께서 이리 때우고 저리 깁고 淳樸하게 하셨구나.

여기에서 眞은 淳樸과 같거나 그에 接近하는 뜻으로 쓰였다.

7)〈感士不遇賦〉序

自眞風造逝, 大僞斯興, 閭閻懈廉退之節, 市朝驅易進之心.

眞風이 下直을 告하자 大僞가 일어나게 되었다. 여염이라 순진한 백성들의 골목에도 청렴·사양의 節操가 느슨해졌고 市朝라 獰惡(영악)하고 똑똑한 저자와 朝廷은 제 실력이 아닌 僥倖(요행)으로 쉽게 진출하려는 심보를 마구 놀아냈다.

여기에서 眞은 僞와 相對되는 槪念. 즉 虛僞와 詐欺와 相對되는 眞實·眞情·眞假의 眞이 될 것이다.

以上 陶淵明의 作品에 나타난 眞을 살펴보았는데 金昌煥先生은 그의 博士論文인〈陶淵明詩硏究〉에서 陶淵明의 天眞追求를 논할 때 아예 "性眞說"이라고 스스로 造語하여 道家의 人性觀을 說明하고 莊子에 나타난 것을 擧例하였으니 아래와 같다.

1)〈大宗師〉에서 子桑戶가 죽었을 때 그의 친구들이 한 말.

"而已反其眞, 而我猶爲人猗. 너는 이미 眞으로 돌아갔거늘 우리는 아직도 人間에 머물러있네"

2)〈秋水〉에서 "无以人滅天, 无以故滅命. 无以得殉名, 謹守而勿失. 是謂反其眞. 人爲로 天然을 훼손하지 말고 造作으로 性命을 훼손하지 말며 貪慾으로 名譽를 따르지 말지니라. 삼가 지켜 잃지 않으면 眞으로 돌아갔다

할 수 있느니라.

3) 〈漁父〉에서 "謹守而身, 愼守其眞, 還以物與人, 則无所累矣. 너의 몸을 잘 지키고 삼가 眞을 지키며 物과 人 모두 자연으로 돌아가게 한다면 잘못됨이 없으리라."

4) 〈繕性〉에서 "文滅質, 博溺心, 然後民始惑亂, 无以反其性情而復其初. 文飾이 質朴을 毁滅(훼멸)하고 博學이 心靈을 沈溺(침닉)시켜 그 뒤로부터 사람들이 迷惑·混亂되었으니 본래의 恬淡(염담)한 性情으로 돌아가 自然의 本初를 회복할 수 없게 되었느니라."

以上의 "反其眞", "守其眞", "復其初" 모두 自然 또는 自然의 醇樸(순박)·質素를 말함이니 陶선생의 뜻과 符合된다.

☛ 參考 ❹

本詩에서 "落日將如何"라 하였는데 落日을 보고 슬퍼하고 그리워하고 또한 休息을 期待하며 조용히 즐거워하고 또한 大自然의 嚴肅하고 莊嚴한 美에 感歎한 작품들을 다 網羅하여 冊으로 낸다면 可謂 汗牛充棟이라 할 것이다. 그러나 막상 머리 속을 정리하여 枚擧하자니 容易한 일이 아니었다. 內容別로 몇 개의 節目으로 나누어 한번 살펴보자.

1) 저녁 지는 해에서 흐르는 세월에 대한 無常感 나아가 不遇하고 貧寒함을 탄식함.

唐·劉廷芝〈代悲白頭翁〉(七言古詩)의 끝부분.

宛轉娥眉能幾時, 須臾鶴髮亂如絲. 但看古來歌舞地, 惟有黃昏鳥雀悲.

아리따운 아미 몇 때나 갈까, 잠깐사이 학발 즉 학같이 하얗게 센 머리는 실처럼 얽히리. 옛부터 가무가 그치지 않던 이 땅 황혼에 새들 슬피 우는 것 보일 뿐.

唐·杜甫〈乾元中寓居同谷縣作歌七首〉其一에서 抄.

歲拾橡栗隨狙公, 天寒日暮山谷裏. 中原無書歸不得, 手脚凍皴皮肉死.

한 해 다 가는데 원숭이 사육사 따라 상수리 주우니, 날은 차고 해 저무는 산골 속이라. 중원에서 소식 없어 못 돌아가는데, 손 발은 얼어 터지고 살갗은 죽은 빛이네.

唐・李白〈憶秦娥詞〉의 끝부분.

西風殘照, 漢家陵闕

가을바람 불고 저녁놀 비치는, 滅亡한 漢나라의 陵墓.

(闕은 陵앞의 牌樓이다)

唐・劉長卿〈秋日登吳公台上寺遠眺〉(五言律詩) 5~8句

夕陽依舊壘, 寒磬滿空林. 惆悵南朝寺, 長江獨至今.

옛날 堡壘에 닥치는 것은 석양의 빛이고, 잎 떨어진 숲에 가득 찬 것은 싸늘한 雲版의 소리. 처량하다 南朝의 寺院이여 애오라지 長江만이 오늘까지 흐르는구나.

唐・劉長卿〈逢雪宿芙蓉山主人〉(五言絶句)

日暮蒼山遠, 天寒白屋貧. 柴門聞犬吠, 風雪夜歸人.

해 저무니 검푸른 산 더욱 멀어 보이고, 날 추우니 지붕하얀 草家는 한층 가난해 보여. 사립문에 개 짖는 소림 들림은 눈보라 치는 밤 찾아드는 사람 때문이지.

◎ 附記

개 짖는 소리의 有名한 例를 이 김에 보고가자.

陶淵明〈歸園田居五首〉其一에서 抄

狗吠深巷中, 鷄鳴桑樹巓.

개는 깊은 골목 안에서 짖고, 닭은 뽕나무 꼭대기에서 운다.

陶先生의 이 두 句는 古辭의 "鷄鳴高樹巓, 犬吠深宮中"을 본받은 것이나 훨씬 圓熟해졌다.

이것은 한가하고 평화로운 분위기를 代辯한 것이고

王維〈春夜竹亭贈錢少府歸藍田〉(五言古詩)

夜靜群動息, 時聞隔林犬. 却憶山中時, 人家澗西遠.

羡君明發去, 采蕨輕軒冕.

밤의 고요, 움직이던 것들 다 쉬고, 때로 숲 저편 개 짖는 소리뿐. 회상한다, 산 속에 살 때, 그 때도 개울 서쪽 멀리 인가에서 개 짖었지. 부럽소, 그대 새벽 떠나면 고사리 뜯고 관용차·감투 우습게 볼 것이.

이것은 깊은 밤 靜寂을 깨는 먼 곳의 개소리가 더욱 靜寂을 强調하며 鷄犬과는 隔絶된 清淨한 竹亭과 벗을 보내는 아쉬움이 함께 어울린 作品이다. 우리나라나 中國의 王維詩選에는 안 들어가나 日本人들은 禪味가 밴 秀作이라고 아주 높이 친다. 國民性의 差異랄까 趣向의 問題랄까. 王維는 雄渾한 邊塞詩, 含蓄되고 婉曲한 送別詩도 있건만 유독 山水詩로 이름을 떨쳐 普通 이 部分이 强調되고 世人의 腦裏에 깊이 刻印되었으나 杜甫의 詩歌와 같은 사람 사는 生活問題를 깊이 다룬 作品과는 아주 동떨어져서 위의 作品에서 보듯 隔林하고 澗西遠하여 世人과는 바리케이트를 친 듯 그야말로 獨也青青이다. 좋아하는 사람들도 이 때문이지만 우리처럼 싫어하는 사람들도 이 때문이다. 謝靈運·孟浩然등도 비슷한 流派라 했는데 도대체 사람의 體臭라고는 느낄 수 없는 점이 特長이면서 短處라 하겠다.

唐·耿湋〈秋日〉(五言絶句)

返照入閭巷, 憂來誰共語. 古道少人行, 秋風動禾黍.

▷返照: 되비치는 빛. 즉 夕陽, 落照. 저녁놀.

▷禾黍: ≪詩·王風·黍離≫를 참조 할 것. 周나라 大夫가 遷都하여 지금은 荒廢해진 鎬京을 보고 탄식하며 읊은 것.

저녁 놀 마을 골목에 들 때, 시름차도 누구와 말 나누리. 옛 길 사람 다님은 거의 없고, 가을 바람 폐허의 나락을 흔들 뿐.

唐·莿叔〈題慈恩塔〉(五言絶句)

漢國山河在, 秦陵草樹深. 暮雲千里色, 無處不傷心.

漢나라는 망하여 山河만 남았고, 秦나라 가고 陵寢에는 草木만이 무성해. 저녁구름이 천리 아득한 풍경되니 상심하지 않을 곳이 없구나.

唐·李商隱〈樂遊原〉(五言絶句)

向晚意不適, 驅車登古原. 夕陽無限好, 只是近黃昏.

저녁나절 마음이 울적해, 수레 몰아 고원에 올랐다. 夕陽은 무한히 좋건만, 다만 黃昏에 가까워……

2) 思鄕. 落照가 鄕愁를 誘發.

唐・陳子昂〈晩次樂鄕縣〉(五言律詩)

故鄕杳無際, 日暮且孤征. 川原迷舊國, 道路入邊城.

野戍荒烟斷, 深山古木平. 如何此時恨, 噭噭夜猿鳴.

고향은 아득히 끝없는 곳인데, 해 저물 때 또 외롭게 길 가다니. 강물・들판, 어디가 고향 쪽인지, ……길은 고향 아닌 시골 성으로만 벋어. 들 가운데 堡壘에는 쓸쓸한 연기만 한 줄기 오르고, 저 먼 산에는 古木나무 조용히 늙어가네. 이때의 한을 어찌하랴, 밤 잔나비 나 대신 울어주는가.

▷噭噭(교교): 슬피 우는소리.

唐・崔顥〈黃鶴樓〉(七言律詩)에서 抄 尾聯.

日暮鄕關何處是, 煙波江上使人愁.

해 저문데 고향은 어느 곳인가, 강 위의 안개와 물결 사람을 시름차게 하니.

唐・韋應物〈夕次盱眙縣〉(五言古詩)

落帆逗淮鎭, 停舫臨孤驛. 浩浩風起波, 冥冥日沈夕.

人歸山郭暗, 雁下蘆洲白. 獨夜憶秦關, 聽鍾未眠客.

돛 내려 淮鎭에 머물고 배 멈춰 외딴 驛앞에 다다랐다. 아득하네, 바람이 일으키는 물결. 캄캄하네, 해빠진 저녁 사람들은 제길 돌아가고 산위 성곽은 거무스름. 기러기는 내려오네, 갈대 물섬 하얀 곳에. 고독한 밤 서울 땅 그리며 종소리 들으며 잠 못 이루는 나그네.

金・元好問〈壬辰十二月車駕東狩後卽事五首〉其三(七言律詩)

鬱鬱圍城度兩年, 愁腸飢火日相煎. 焦頭無客知移突, 曳足何人與共船.

白骨又多兵死鬼, 靑山元有地行仙. 西南三月音信絶, 落日孤雲望眼穿.

빽빽하게 城은 포위되어 두해를 넘겼으니, 속에 찬 시름과 굶주림의 불길은 날로 볶아대네. 焦頭爛額(머리를 태우고 이마를 데다)의 뒷북침을 칭찬할 뿐 미리미리 曲突徙薪(굴뚝을 굽히고 장작을 멀리 옮겨 놓음)하는 先見之明이 없었으며, 늙고 병든 장수가 오히려 발을 끌면서도 敵陣을 살피는데 그와 함께 배에 오를만한 사람은 없너다. (後漢의 創業功臣인 伏波將軍 馬援의 마지막 모습) 밟고 밟은 것은 백골이라 전투에 죽은 귀신들이거늘…… 본시부터 나몰라라네, 청산에는 팔자 좋은 땅을 걷는 신선이 살아있고……

서남쪽 고향 석 달 동안 소식 끊겼으니, 지는 해 외로운 구름 눈이 빠지게 바라만 볼 뿐.

蒙古軍이 侵入하여 汴京을 포위, 金의 哀宗은 가까스로 포위를 뚫고 東으로 달아남. 元好問은 左司都事란 職責을 맡아 籠城中 이때의 慘狀과 憂憤을 다섯 수의 시로 씀.

車駕東狩는 임금이 동쪽으로 巡狩함이란 뜻이니 차마 도망갔다고 할 수 없어 이렇게 쓴 것으로 蒙塵보다 더 감싸주는 말이다. 요즈음 식으로 표현하면 작전상 後方으로 前進·視察中이라고나 할까.

中國人들은 元好問이 만주족인 金나라에 벼슬하고 忠誠한 것이 조금 마음에 걸린다고 하고 또 사실 꽤 언짢아한다. 그러나 元好問의 생각은 金은 中原을 차지하고 있고 中原은 中國文物制度의 發祥地라 正統이 金에 있지 南宋에 있다고 보지는 않았던 듯하다. 自古로 正統에 關한 是非는 耳懸鈴·鼻懸鈴이요 녹비(鹿皮)의 가로 曰字라 대충 넘어가야 하겠다.

3) 思友. 지는 해가 벗님을 그리게 하네.

唐·孟浩然 〈夏日南亭懷辛大. 여름날 南亭에서 辛大를 그리며〉 (五言古詩)

山光忽西落, 池月漸東上. 散髮乘夕涼, 開軒臥閒敞.

荷風送香氣, 竹露滴淸響. 欲取鳴琴彈, 恨無知音賞.

感此懷故人, 中宵勞夢想.

산 속의 태양 빠르게 서쪽으로 지니, 못가의 달은 차츰 동으로 올랐네. 머리 풀어 저녁의 서늘함 즐기고, 창 열어 툭 트인 속에 누워도 보았네. 연꽃의 바람 향기를 보내주고, 대나무의 이슬 맑은 소리 내며 떨어져. 소리 좋은 琴을 타려해도, 한스럽군 知音 없음이. 이 때문에 벗님을 생각하니, 밤새도록 그리움의 꿈길이 바빴다네.

唐·王維 〈送綦毋潛落第還鄕〉

遠樹帶行客, 孤城當落暉.

아득한 나무들은 길손과 함께 가는데, 외로운 성은 지는 해를 마주한다.

唐・王維〈山中送別〉(五言絶句)

山中相送罷, 日暮掩柴扉. 春草明年綠, 王孫歸不歸.

산 속에서 전송을 마치고, 해 저문데 사립을 닫자니. 봄풀은 내년에 또 푸르련만, 그대는 올똥 말똥 하구나.

唐・王維〈臨高臺送黎拾遺〉(五言絶句)

相送臨高臺, 川原杳何極. 日暮飛鳥還, 行人去不息.

臨高臺에서 전송하자니, 벌판은 아득하여 끝이 없구나. 해 저물면 날던 새도 돌아오는데, 나그네는 가고 가 쉽이 없으리.

唐・李白〈送友人〉(五言律詩) 抄 3～6구(頷聯・頸聯).

此地一爲別, 孤蓬萬里征. 浮雲遊子意, 落日故人情.

이곳에서 한번 이별하면, 외로운 쑥대 만 리를 떠돌겠지. 뜬구름 정처 없음은 그대의 마음일 것이고, 지는 해 붉게 타는 노을은 옛 친구 이 사람의 우정일 것이네.

唐・杜甫〈春日憶李白〉(五言律詩) 抄 5～6句(頸聯).

渭北春天樹, 江東日暮雲.

長安이라 渭水의 북쪽에는 봄날의 나무 잎 피듯 내 그리움 피어나고, 江東이라 長江의 남쪽에는 저문 해에 물 들은 구름 일듯 그대의 마음이 일어나리.

唐・劉長卿〈餞別王十一南游〉(五言律詩)

望君烟水闊, 揮手淚沾巾. 飛鳥沒何處, 青山空向人.

長江一帆遠, 落日五湖春. 誰見汀州上, 相思愁白蘋.

떠나는 그대 보자니 안개와 물만 아득할 뿐, 내 할 수 있는 것은 손 흔들며 수건에 눈물 적시는 것. 나는 새 어느 곳으로 사라졌나, 青山만 부질없이 나를 바주힐 뿐. 長江의 외로운 돛 멀리 가는 그곳에, 지는 해 太湖는 봄날이 한창이겠지. 그 누가 알아주리 물가에서 흰 네가래에 그리움과 시름 부침을.

4) 休息 ― 하루를 무사히 보낸 安穩함.

晉・陶淵明〈飮酒二十首〉其五 (五言古詩)抄.

山氣日夕佳. 飛鳥相與還.

山의 날씨는 하루 중 저녁이 좋으니, 날던 새도 더불어 보금자리로 돌아가누나.

唐・王維〈渭川田家〉(五言古詩)에서 抄.

斜光照墟落, 窮巷牛羊歸. 野老念牧童, 倚仗候柴扉.

저녁노을 마을을 비추면, 깊은 골목길에 소・양은 돌아오네.

시골영감은 목동을 생각하며, 지팡이 짚고 사립에서 기다리네.

唐・王維〈輞川閒居贈裴秀才迪〉(五言律詩)抄.

倚仗柴門外, 臨風聽暮蟬. 渡頭餘落日, 墟里上孤烟.

〈망천에서 한가로운 삶을 그려 秀才 裴迪에게 줌〉

지팡이 짚고 사립문 밖에 서 보기도 하며, 바람맞으며 쓰르라미 소리도 들어보네. 나루에는 지는 해 남아있고, 마을에는 한줄기 연기 오르네.

唐・王維〈歸嵩山作〉(五言律詩)에서 抄.

荒城臨古渡, 落日滿秋山. 迢遞嵩高下, 歸來且閉關.

繁盛하던 時節 지난 荒凉한 성은 이제는 人跡 드문 옛 나루를 내려다보고, 찬란하던 빛 사라져가는 落日은 저무는 계절인 가을 산에 가득 찼네. 아스라한 嵩高山(숭고산) 아래, 돌아와서 또한 문마저 닫았노라.

➥ 荒・古・落・秋는 모두 盛時가 지났음을 말해준다. 때가 되면 돌아가 쉬고 끝날 날을 기다림도 좋으리라. 王維다운 達觀이라 하겠다.

5) 雄渾한 아름다움.

唐・王維〈使至塞上〉(五言律詩)에서 抄5・6句.

大漠孤煙直, 長河落日圓.

廣闊한 沙漠에 한 줄기 연기는 곧게 오르고, 悠長한 江물에 떨어지는 태양은 둥글어.

烽燧臺에서 낮에는 연기를 피우니 燧요 밤에는 불을 올리니 烽이라 한다. 낮의 연기는 狼糞을 사용하니 그 연기가 곧게 오르기 때문이다.

朝廷의 使命을 받들어 邊塞에 이르렀을 때의 작품이다.

唐・王維〈送刑桂州〉(五言律詩)에서 抄5・6句.

日落江湖白, 潮來天地青.

〈刑濟란 사람이 桂州都督이 되어 桂州로 떠남을 전송함.〉

해지면 (바람은 저녁부터 세차게 불기 시작하니) 그대가 가는 江南지역은 물의 고장이라 물결이 하얗게 일 것이요, 潮水가 밀려오면 江물이 불어나서 江南의 天地를 그 불어난 물이 다 뒤덮을듯하니 파랗게 될 것이다.

19. 〈同李太守登歷下古城員外新亭〉(五言古詩)
原注: 時李之芳自尚書郎出齊州製此亭

新亭結構罷, 隱見淸湖陰. 跡籍臺觀舊, 氣冥海嶽深.
圓荷想自昔, 遺堞感至今. 芳宴此時俱, 哀絲千古心.
主稱壽尊客, 筵秩宴北林. 不阻蓬蓽興, 得兼梁甫吟.

❖ 詩題

註

▸同: 他人의 詩詞의 題材・體裁 또는 韻을 따라 詩詞를 지음을 말한다. "和"와 같다.

解說

〈太守 李邕의 "登歷下古城員外新亭. 李邕의 作品에는 員外 밑에 孫字가 添附됨"이란 詩에 和作하다〉

❖ 제1・2구: 新亭結構罷, 隱見淸湖陰.

註

▸結構: 뼈대・틀을 얽고 엮어 建築物을 完成함. 얽어 만들다. 엮다의 뜻이니 木造建物의 특징이 드러남. 搆: 집을 얽어짓다. 造成하다. 構想하다.

▸罷: 끝남. 完了를 나타냄.

▸隱見: 隱은 숨다, 보이지 않는다. 見은 (현)으로 읽어서 드러나다. 나타나다의 뜻.

▸湖陰: 湖水의 남쪽. 湖는 鵲山湖임. ➪ 陰: 물의 남쪽, 산의 북쪽. 陽: 산의 남쪽, 물의 북쪽. 漢陽: 漢江의 北, 北漢山의 南.

解說

歷下에 본래 있는 古亭말고 員外가 새로이 계획한 亭子가 完成되니 꽤 높고 시원한 곳에 우뚝 서 있어서 맑은 湖水의 남쪽 끝이 안개 덮이거나 내 끼면 숨어서 보이지 않다가 다시 활짝 개이면 보입니다.

湖水一帶의 경치와 그 변화를 한 눈에 알 수 있게 亭子가 자리를 잘 차지하고 잘 지어졌다는 뜻임.

➥ 第2句는 謝靈運의 〈石壁精舍還湖中作〉의 第1·2句 "昏旦變氣候, 山水含淸暉. 아침저녁 날씨는 바뀌지만, 江山은 언제나 맑은 광채를 머금었다. 즉 湖水있는 곳은 하루에도 여러 번 날씨가 변덕스럽게 변화하는 법이다. 그러나 변하지 않는 것은 山水는 언제나 영광스럽고 찬란한 아름다움을 품고 있다"를 念頭에 두고 쓴 것이라 생각된다.

➥ ≪讀杜心解≫에서는 新亭이 막 完成되어 여러 사람이 함께 落(옛날 建築이 완성되면 고사를 지내는 것을 落이라 하였으며 이 때문에 建築의 竣工을 落成이라 부르게 됨)했다고 즉 落成式을 했다고 하였는데 딱 잘라 斷定하기는 어렵다.

➥ ≪杜詩詳注≫의 李邕詩 解說에서도 落成宴會라 하였는데 根據는 없다. 勿論 可能性은 있다.

❖ 제3·4구: 跡籍臺觀舊, 氣冥海嶽深.

註

▸跡: 李太守 詩의 "形制開古跡"에 맞춰서 쓴 것임. 즉 舊跡·遺跡(옛 사취·남긴 자취)이니 옛날 있던 建物의 터를 말한다.

▸籍: 자로 읽어야한다. 藉의 뜻으로 쓰인다. 빌리다. 꾸다. 가탁하다. 핑계삼다. 의지하다, 기대다. 3구를 이해하기 쉽게 整理하면 "籍臺觀之舊跡"이 된다.

▸氣: 氣象(大自然의 모습, 風趣).

▸冥: 暗合하다. 隱蔽·幽深. 어둑어둑하다. 여기서는 冥接 즉 암암리에 합쳐진다는 뜻으로 쓰였다.

▸海嶽深: 海嶽之崇深의 준말이다. 普通 世間에서는 "山海崇深"·"山崇海深"이라 즐겨 쓰며 이를 扁額으로 만들어 벽이나 문 위에 걸어둔다. (우리도 가지고 있다).

➥ 3句의 主語를 跡으로 하면 "跡은 臺觀의 舊를 빌리다"가 되어 亭子를 읊은 것이 아니고 亭子의 터를 읊은 것이 되고 4句의 主語를 氣로 하면 "亭子의 氣가 海嶽과 連結 되다"가 되어 海嶽의 氣가 亭子의 氣보다 처지게 된다. 따라서 4句 또한 整理하면 "冥接海嶽崇深之氣"가 圓滿하다.

解說

이 亭子 비록 새롭다 하나 옛 樓臺의 터를 빌렸으니 옛스러움을 절로 품고 있다 하겠고, 그 자리에 그 정자라 참으로 훌륭하니 海嶽의 즉 山海의 崇深한 氣象과 저절로 암암리에 混然一體가 되었습니다.

➥ 3句는 亭子의 外樣이 主가 되고 4句는 內涵이 主가 된다.

❖ 제5·6구: 圓荷想自昔, 遺堞感至今.

註

▸圓荷: 연잎을 말함. 둥글둥글한 연잎. ⇨ 參考: 杜甫 〈爲農〉: "圓荷浮小葉, 細麥落輕花. 둥글둥글한 연 작은 잎이 떠있고, 가느다란 보리 가벼운 꽃이 날려 떨어진다."

▸遺堞: 남아있는 성가퀴. 堞(첩): 성가퀴. 女墻. 성위의 낮게 쌓은 담.

▸至今: ① 오늘까지. 지금까지. ② 오늘에 이르다.

두 구를 쉽게 정리하면 "想, 荷自昔圓, 感, 堞至今遺."가 된다.

解說

지금 보이는 둥근 연잎은 옛날에도 그랬을 것이라 생각하고, 옛날 쌓았던 낮은 성가퀴는 지금까지 남아있다 느낍니다.

➥ 오늘의 연잎에서 과거로 돌아가고 옛날의 성가퀴에서 지금으로 내려오는 寫作上의 技巧임.

❖ 제7 · 8구: 芳宴此時俱, 哀絲千古心.

註

▸具: ① 준비하다. 충당하다. 완비하다. ② 마시고 먹는데 쓰는 그릇. 器物. 확대되어 筵席 · 酒宴의 뜻이 됨.

▸哀絲: 구슬픈 소리 내는 絃樂器.

▸千古: 久遠의 年代를 말하며 영원히 존재하는 가치를 갖추었다는 뜻으로 확대 됨. 즉 사람의 마음을 영원히 감동시키고 淨化시키는 불변하는 슬픈 絃樂의 소리.

▸두 구를 다시 정리하면 "此時之具, 乃芳宴. 感千古心之不變者, 乃哀絲"가 된다.

解說

이때에 격식에 맞게 차려진 것은 멋진 잔치자리이며 영원히 사람의 마음 감동시키고 깨끗하게 함은 구슬픈 현의 소리입니다.

➥ 最高의 美는 사람을 슬프게 한다. 가장 쉽게 느낄 수 있는 것은 아름다운 사람을 보면 누구나 감탄 끝에 슬픔을 느끼는 것이다. 또한 最高境地에 到達한 藝術作品도 사람을 슬프게 한다. 杜甫의 〈殿中楊監見示張旭草書圖. 殿中監으로 있는 楊氏가 張旭이 草書屛障을 보여 주시다〉에서 "滿目一悽惻"을 풀어 보라고 雨田先生님께서 하셨다. ≪杜詩鏡銓≫에서 "旭爲公舊友, 故云. 張旭이 公의 오랜 벗 옛 친구라 그렇게 말한 것이다"라고 하였다고 말씀드렸더니 "楊倫 ×을 쌀 놈. 그렇게도 인정 · 물정을 몰라서야" 하시는 것이었다. 선생님의 풀이는 이러하셨다. "至極한 美는 사람을 슬프게 만드는 법이다. 張旭의 草書를 척 보자니 눈에 보이는 글씨 모두가 애오라지 사람을 슬프게 하더라." 이렇게 해야 된다는 것이다.

漢武帝는 "歡樂極兮哀情多. 환락이 갈 때까지 가면 서글픈 감정도 깊어지네."(〈秋風辭〉)라 하였는데 우리는 經驗이 없어서 모르겠으나 天下의 난봉꾼·바람둥이·오입쟁이들은 한결같이 무릎을 치고 손뼉을 치며 點頭하면서 事實이 그렇다니 우리 같은 멍청이들이야 그런가보다 할 수밖에 없었다.

有識한 분들은 "物極則反, 人盛則衰"라 하여 갈 데까지 가면 다시 反對方向으로 되돌아 간다고 하였는데 꼭 이것을 말함은 아니지만 통하는 곳이 있는 것 같다. 以上의 이야기를 1960年代式으로 말하면 悲哀는 感情의 알파요 오메가라 하겠다.

❖ 제9·10구: 主稱壽尊客, 筵秩宴北林.

註

▸主: 主人役. 애들 文字로 호스트. 員外 李之芳을 가리킴.

▸稱壽: 稱觴上壽·稱觴擧壽를 말함. 稱은 擧, 觴은 杯이니 술잔을 들어 마시며 長壽을 기원하다, 長壽의 축복을 바치다. 獻壽·上壽로도 쓴다.

▸尊客: 尊貴하신 손님. 太守 李邕을 가리킴.

▸筵秩: 잔치의 자리가 질서 있다.

▸北林: 남쪽으로 湖水를 대하고 있는 亭子 뒤에 위치한 북쪽의 숲.

解說

身分·地位에 맞춰 秩序도 整然하고 次序도 分明하게 자리잡고 南으로 湖水를 보며 北쪽 숲속 亭子에서 잔치하니 主人은 잔을 들어 尊貴한 손님을 위해 長壽를 기원합니다.

❖ 제11·12구: 不阻蓬蓽興, 得兼梁甫吟.

註

▸蓬蓽: 蓬門蓽戶의 준말. 쑥으로 엮은 문과 싸리로 엮은 지게문. 貧居를

나타내니 여기서는 杜甫의 謙稱이다.

▸梁甫吟: ① ≪樂府詩集≫에 依하면 梁甫는 泰山 아래의 작은 산 이름이다. 〈梁甫吟〉은 죽은 사람을 이 산에 묻을 때 부르는 노래이니 말하자면 葬送曲이라 한다. 한편 〈琴操〉에서는 曾子가 泰山 아래에서 밭갈 때 하늘에서 눈과 얼음이 내려 열흘에서 한 달가량 집으로 돌아갈 수 없어 父母를 생각하며 梁山歌를 지었다 하였다. 지금 전해지는 작품을 살펴보면 ㉠ 蜀・諸葛亮의 作品은 齊나라 정승인 晏嬰이 勇猛하나 無禮한 田開疆・古冶子・公孫接 세 사람을 두 개의 복숭아를 이용해 자살하게 하였다는 내용을 읊은 것으로 (이른바 "二桃殺三士") 무엇을 말하려 했는지 不分明하고 現存하는 詩歌가 果然 完整한 것이지도 의문인 아주 모호한 작품이다. ㉡ 魏・曹植의 〈泰山梁甫行〉은 邊方 바닷가 貧寒한 百姓의 삶을 슬퍼한 것이며, ㉢ 晉・陸機의 〈梁甫吟〉은 쉬지 않고 흘러가는 세월을 슬퍼하며 信義와 順從도 버림받는 世上을 탄식하는 내용이고, ㉣ 梁・沈約의 〈梁甫吟〉은 陸機 작품의 內容을 그대로 따른 것이며, ㉤ 唐・李白의 〈梁甫吟〉은 懷才不遇를 읊은 것으로 세대로 人主를 만난 英雄豪傑들을 들어 그렇지 못한 人物들을 슬퍼하고 自己의 抱負가 實現되지 못함을 탄식한 것이다.

이상과 같은 내용은 杜甫가 잔치자리에서 읊을 內容은 아닌 것 같다. 우리 생각에는 和答을 하게 만든 李邕의 시에 "太山雄地理"라 하여 이 地域의 名山인 太山을 처드니 杜甫는 謙讓의 뜻으로 그 아래의 작은 山인 梁甫를 들어서 이 地域을 기리는 나의 작고 시시한 작은 作品이라는 뜻으로 썼다고 思料된다

解說

잔치가 얼마나 훌륭한지 쑥대문 싸리문 속에 사는 貧賤한 이 사람의 뻗치는 흥을 막지 못하였으며 동시에 이곳을 대표하는 名所인 泰山・梁甫地域에서 읊은 나의 작고 시시한 노래도 소득이라면 소득으로 얻게

되었습니다.

＊ 附: 李邕 <登歷下古城員外孫新亭>

吾宗固神秀, 體物寫謀長. 形制開古跡, 曾冰延樂方.

太山雄地理, 巨壑眇雲莊. 高興泊煩促, 永懷淸典常.

含宏知四大, 出入見三光. 負郭喜粳稻, 安時歌吉祥.

❖ 詩題

註

▷孫: 종손(從孫)의 항렬을 말한다.(≪杜詩詳注≫) 원외는 태수의 종손이다.(≪杜詩鏡銓≫)

解說

〈歷下 古城에 있는 員外郞인 從孫이 새로 지은 亭子에 오르다〉

❖ 제1 · 2구

註

▷宗: 宗族. 同族. 宗氏.(中國) ➪ 宗氏: 같은 姓으로 計寸하지 아니하는 겨레에 대한 稱號.(우리나라) ➪ 겨레: 한 조상에서 태어난 자손들의 무리. ➪ 겨레붙이: 같은 겨레를 이룬 사람.

▷固: 꼭. 반드시. 원래. 본래. 的確, 確實.

▷神秀: ① 신기하고 빼어나다. 신기하고 아름답다. 杜甫 〈望岳〉: '造化鍾神秀' ② 聰明 俊秀. 本詩에서는 이 뜻으로 쓰였음.

▷體物: 事物을 描寫하고 敍述함. 事物을 生動感있게 그려냄.

▷寫: 模仿. 摹寫. 描寫.

▷謀: 圖謀. 計算. 考察.

▷長(cháng): 長點. 特技. ~에 뛰어나다. 잘하다.

解說

나와 한 집안 從孫은 확실히 聰明하고 俊秀하네. 亭子의 外形을 잘 파악하여 그대로 본뜨고 圖謀함이 아주 뛰어났네.

요즈음 말로 亭子라는 建築物 外形의 正面圖·側面圖라던가, 靑寫眞·設計圖와 鳥瞰圖·平面圖·立面圖 등을 잘 計劃하고 考慮함에 아주 能力이 있었다는 뜻이리라.

❖ 제3·4구

註

▷形制: 形狀. 形은 形狀, 形體, 面貌의 뜻이고 制는 體制, 樣式, 法度의 뜻이다.

▷開: 建造. 開拓. 開創. ➪ 開古跡: '開拓舊基'(≪杜詩詳注≫)라 하였으나, 우리 생각에는 "옛터에 建造되었다"가 더 正確하다고 본다. ➪ 環境影響評價라던가 環境破壞라던가, 도롱뇽·땅강아지 죽는다는 문제가 없이 있던 터를 그대로 活用하였으니 터닦는 수고 생략도 되고 여러 가지로 보아 從孫은 聰明·俊秀하다고 할만하다. 이렇게 풀어도 될까?

▷曾氷: 층빙으로 읽어야한다. 層氷. 厚氷과 같은 뜻이다.

▷延: 迎入. 引入. 引導. 展開. 延長. 延續.

▷方: 方法. 方面. 方向. 地方. 地區. 境域.

➪ 延樂方: "夏時置氷, 乃引樂之方也. 여름에 얼음을 놓았으니 즐겁게 하는 방법이다."(≪杜詩詳注≫) 한여름에 얼음을 잔치에 쓴다는 것은 옛날에는 大書特筆할 만한 일이다. 事實이라면 杜甫가 이를 보고 그냥 지나쳤을 리 없다. 그러나 杜甫의 詩에는 이에 대한 言及이 없다. 또한 李邕의 詩를 보면 純全히 亭子와 四圍의 風景·氣象의 描寫일뿐으로—마지마 聯에서 牧民官의 姿勢를 잠시 보였을 뿐—筵席上의 陳設이나 놀이는 다 省略되있다. 이렇듯 얼음이라는 珍奇한 物品이 간단히 한 句로

끝나고 내리 亭子 自體와 周邊景物 그리고 亭子에서 느끼는 感興을 읊었다는 것은 常識밖의 일이다. 따라서 여기에서 말하는 層氷은 層氷을 쌓아놓은 房에서 느끼는 서늘함과 시원함이 우리들을 樂方(즐거운 地方)으로 영입하는 것같다로 해석함이 實情에 맞는 일일 것이다.

≪杜詩詳注≫에서 樂方을 위해 引用한 것을 보면 曹植의 〈鬪鷄詩〉 "衆賓進樂方"의 樂方은 娛樂의 方式이라 의미이고, 傅毅의 〈舞賦〉 "亢音高歌爲樂方"의 樂方은 音樂의 法度란 뜻으로 쓰였다. 따라서 樂方을 즐거운 地方으로 쓴다면 너무 동떨어진 단어가 아니냐고 할지 모르나 ≪詩・魏風・碩鼠≫를 보면 더러운 세상을 떠나서 가자는 곳이 樂土・樂國・樂郊로 土・國・郊字는 協韻上 그렇게 썼을 뿐 또한 協韻의 運이 닿았으면 樂方이란 단어도 나왔을 것이다.

≪詩・魏風・碩鼠≫ "……莫我肯顧…, 適彼樂土.……莫我肯德…適彼樂國.……莫我肯勞……適彼樂郊.…… 나를 안 돌보니 樂土로 가련다.……나에게 은혜 안 베푸니, 樂國으로 가련다.……나를 위로 안해주니 樂郊로 가련다.……" (顧, 土. 德, 國. 勞, 郊는 協韻)

➪ 얼음 쌓은 房은 그 根據가 있는 것으로 우리의 想像이나 臆測(억측)・臆度(억탁)이 절대 아니다. 豊富한 資料와 嚴格한 考證을 바탕으로 쓰여진 ≪蘇東坡新傳≫(李一氷著, 聯經出版事業公司)의 第14章 〈北歸〉篇을 보면 東坡의 아들인 蘇過는 畵才로 이름이 났었던 人物인데 宣和(宋・徽宗의 年號)中에 入京하여 景德寺의 僧房에 머물 때에 다음과 같은 일을 경험하였다 한다.

"어느 날 작은 가마를 가지고 사람들이 절에 와서 御命이라며 빨리 가잔다. 가마는 나는 듯이 십 여리를 가서 긴 낭하에 멈췄고 內侍 한 사람이 와서 그를 데리고 아담한 전각으로 갔다. 그 때에 皇帝는 벌써 자리에 있었는데 黃金色 褙子(배자)를 입었고 머리에는 青玉冠을 썼으며 한 무리의 宮女들이 좌우에서 둥글게 에워싸 그 수를 모르겠고 감히 머리를 들어 볼 수도 없었는데 마음 속으로 '崇高莫大之居'인 것을 알겠단다. 이때는 유월(음력)의 찌는 더위의 시절인데 殿閣안에 '積氷如山. 산처럼 얼음을 쌓음' 하였으며 뿜어 나오는 향기는 안개 같고 내 같아 감돌며 흩어지지 않았는데 冷氣는 사람을 덜덜 떨게 하였단다. 잠깐 눈을 들어 보니 모든 것이 형용할 수 없는 非凡한 景象들 뿐이었단다."(이하생략)

궁금해 하실 것 같아 간단히 덧붙이면 임금은 그의 그림을 알아주어 흰 벽에 그려달다는 것이었고 그는 잠깐사이에 完成하여 임금의 칭찬을 받았으며 宮人에 명하여 술 한 잔 죽 들이키라고 주었고 푸짐한 상을 내려 拜謝하고는 돌아왔단다.

이것은 물론 宋代의 일이다. 그러나 제왕들의 사치스러운 生活은 대개 어느 時代고 비슷하였을 것이다. ≪世說新語≫의 〈汰侈〉篇은 사치와 낭비의 각종 사건을 모아 놓은 것으로 그들 上層人士들 生活의 一端을 엿볼 수 있다. 宋의 宮廷에서 벌어지는 일은 唐에서도 있었을 것이고 이러한 冷房施設은 사람들에게 전파되어 耳濡目染이라 귀에 젖고 눈에 익었을 것이다. 따라서 "曾氷을 산처럼 쌓은 房'같이 亭子가 시원하고 서늘했다"는 描寫는 充分히 可能하다고 하겠다.

解說

밖으로 나타난 모습은 옛터에 시어진 亭子나 안으로 간직한 기운은 두터운 얼음 쌓은 듯 우리를 樂園으로 引導한다.

❖ 제5・6구

註

▷地里: 地理. 土地・山川 等의 環境・形勢.

▷巨壑: 巨大힌 골짜기. 여기에서는 湖水 卽 鵲山湖를 말함.

▷眇: (miǎo)로 읽으면 遼遠. 高. 微細. 稀少의 뜻이고. (miào)로 읽으면 妙와 통하여 精微, 奧妙의 뜻이다.

解說

이 고장은 멀리 太山이 있어 環境・形勢가 더욱 雄壯해졌으며 가까이

巨大한 湖水가 있어 구름 높이 솟은 山莊을 더욱 아득하고 높게 만든다. (莊은 山亭을 나타내는데 協韻上 부득이 莊字를 사용함.)

❖ 제7 · 8구

註

▷高興: ① 古文에 있어서는 古雅한 興致. 愉快하고 흥분됨의 뜻.② 白話에 있어서는 기뻐하다, 즐거워하다. 기쁘다, 즐겁다의 뜻.

▷泊: 淡泊함. 恬靜함. 薄字와 통하여 輕微함, 微少함의 뜻. ≪杜詩詳注≫와 ≪杜詩鏡銓≫에서는 蠲(견)으로 풀이함. 除하다, 免하다의 뜻.

▷煩促: 다급히 재촉하다. 촉박하다. 절박하다.

▷永懷: ① 길이 생각함. ② 咏懷. 즉 情懷를 펼쳐냄.

▷典常: 常道. 常法.

▷典: 常道. 準則. 制度.

解說

이곳은 사람에게 高尙한 興致를 갖게 만들어 俗世의 조급함·촉박함을 깨끗이 씻어주기에 족하고 淸淨의 표준이란 이러한 것이로구나 하고 길이 생각하게 한다.

❖ 제9 · 10구

註

▷含宏: 宏博(굉박)하고 敦厚(돈후)함을 包容하다. ≪易 · 坤≫ 彖曰: "至哉坤元, 萬物資生, 乃順承天. 坤厚載物, 德合无疆, 含宏光大, 品物咸亨.…… ≪易≫의 坤卦 · 彖에 이르기를: 至極하도다. 萬物의 으뜸(元)인 坤卦여. 萬物이 이것을 의지해 살아가니, 恭順히 天道를 받들었도다. 坤은 大地라 深厚함으로 萬物을 실어주도다. 坤의 德은 無限 無邊한 大地와 合一되었으며 宏博 · 光明 · 遠大함을 含藏하고 있구나……"

후에는 恩德이 널리 퍼지고 덮힌다는 뜻으로 쓰임.

▷四大: 道・天・地・人의 네 가지 위대한 것. ≪老子≫ 25章: "……故道大, 天大, 地大, 人亦大. 域中有四大, 而人居其一焉. 人法地, 地法天, 天法道, 道法自然. 따라서 道가 大하고, 天이 大하고, 地가 大하고, 사람 또한 大하다. 이 宇宙 속에는 四大가 있는데 사람이 그 하나를 차지하고 있도다. 사람은 地의 私載(사사로이 싣다)없음을 본받고, 地는 天의 私覆(사사로이 덮다)없음을 본받고, 天은 道의 萬物을 기르되 主人노릇 안함을 본받고 道는 自然을 본받음이다."

▷三光: ① 日・月・星. ② 日・月・五星(火星・水星・木星・金星・土星).

➩ 9・10구를 알기 쉽게 정리하면 "知含宏四大, 見三光之出入."이다.

解說

亭子가 있는 이곳 宇宙의 四大인 道・天・地・人 一切를 두루 안고 품고 있으며, 이곳으로 해・달・별의 찬란한 빛이 들고 남을 볼 수 있겠도다.(은근히 太平聖代를 말함이다.)

9구는 땅의 宏大함을 10구는 湖水의 燦爛함을 나타낸다.

➩ 杜甫〈登岳陽樓〉의 '乾坤日夜浮'도 "日月은 밤낮으로 湖水에 떠 있다"는 뜻인데, 이시 또한 湖水에 日・月・星의 찬란한 빛이 出入하듯 갈마들며 빛남을 말했을 것이다.

❖ 제11・12구

註

▷負郭: ① 城郭 가까이. 城郭에 接近하다. ② 負郭田의 준말. 負郭田은 가까운 郊外의 기름진 밭으로 良田의 泛稱이 되었다.

➩ ≪史記・蘇秦列傳≫: "且使我有負郭田二頃, 吾豈能佩六國相印乎. 아쉬운 대로 내게 洛陽의 負郭田 2頃(약 4만여평)이 있었다면 내 어찌 六

國 재상의 인을 찰 수 있었으랴." 司馬貞 ≪索隱≫: "負者, 背也. 枕也. 近城之地, 沃潤流澤, 最爲膏腴, 故曰負郭也. 負는 등지다, 베다의 뜻이다. 城에 가까운 땅은 潤澤함(거름기)가 부어지고 흘러들어 가장 기름지니 그래서 (좋은 땅을) 성곽에 가까운 땅이라 부르는 것이다." ➪ 沃潤은 肥沃潤澤이다. 그러나 여기서는 沃은 灌이니 沃流潤澤이 맞는다.

▷秔·稉·粳은 모두 (갱)이다.

▷秔稻: 메벼. 벼의 泛稱. ➪ 秔米: 멥쌀. ➪ 糯·穤·稬는 모두 (나)이다. ➪ 糯稻: 찰벼. 糯米: 찹쌀.

▷安時: 時運에 安居(安은 處의 뜻)함. 여기서는 이러한 태평성대에 居處한다는 즉 잘 살고 있다는 뜻.

▷吉祥: 祥瑞. 좋은 운을 미리 보여주는 징조. 즉 嘉禾(낟알이 많이 붙은 큰 벼. 大禾)가 나올 것을 노래한다는 뜻임. 嘉禾는 農耕社會에서 가장 重視하는 祥瑞로움이니 ≪書經≫以來 史書에 頻繁하게 登場하였다. 三國時代 吳나라는 이것의 출현을 기념하여 아예 年號로 삼았을 정도였다.

解說

城 가까운 良田沃畓의 벼가 잘된 것을 기뻐하며 이 太平時節에 살면서 嘉禾의 吉祥있을 것을 노래하노라. (李邕이나 李之芳 모두 牧民官으로 일 년 농사 잘되는 것이 그들이 가장 기뻐해야 할 일이라는 本來의 任務를 强調하며 끝을 맺었다.)

☛ **參考 ❶**

李白〈陪從祖濟南太守泛鵲山湖〉三首

〈從祖(할아버지의 형이나 아우)이신 濟南太守를 모시고 鵲山湖에서 뱃놀이하다〉

其一: 初謂鵲山近, 寧知湖水遙. 此行殊訪戴, 自可緩歸橈.

註

▷謂: ~라 여기다. 헤아리다.

▷鵲山: 鵲山湖의 北岸에 있는 산.

▷訪戴: 戴逵(대규)를 방문하다. ≪世說新語・任誕≫: "王子猷居山陰, 夜大雪. 眠覺, 開室, 命酌酒, 四望皎然, ……忽憶戴安道, 時戴在剡, 卽便夜乘小船就之, 經宿方至, 造門不前而返. 人問其故, 王曰: '吾本乘興而行, 興盡而返, 何必見戴.' 王徽之가 山陰에 살 때, 밤에 큰 눈이 내렸다. 잠에서 깨어 방을 열어놓고 술을 따르게 하고 사방을 둘러보니 온통 흰 빛이라…… 갑자기 戴逵가 그리웠다. 그 때에 戴는 剡(섬)땅에 있었지만 그대로 밤중에 작은 배 타고 나아갔다. 밤을 새워 겨우 이르렀는데 문에 가서는 들어가지 않고 되돌아갔다. 사람들이 까닭을 물으니 말하길 '본래 흥이 나서 갔는데 흥이 식어서 돌아간 것이니 왜 꼭 戴逵를 만나야 하나'" 하였다.

▷歸橈(귀요): 歸棹(귀도). 歸櫂(귀도). 歸艎(귀황). 歸帆. 歸舟. 되돌아가는 배를 말함.

▷自可: 본래 ~ 할 수 있다(해도 된다). 자연히 ~ 할 수 있다(해도 된다) 自는 本來이다.

解說

湖水 북쪽 언덕의 鵲山을 애초 만만한 거리라 여겼는데 어찌 알았으랴 鵲湖가 이리 아득한지를. (가까스로 鵲山에 이르렀는데) 이번 나들이는 戴逵를 찾던 것과는 다르니 (鵲山에 가자마자 빨리 돌아오지 말자), 돌아가는 뱃길을 자연히 늦추어도 괜찮을 것이네.

其二: 湖闊數十里, 湖光搖碧山. 湖西正有月, 獨送李膺還.

註

▷闊: 폭. 너비. 넓다, 광활하다.

▷湖西月. 새벽에 지는 달. 落月. 殘月.

▷李膺: ≪後漢書・郭太傳≫에 "郭太(字는 林宗)가 洛陽에 처음 가서 河

南尹 李膺을 뵈었다. 李가 크게 奇特히 여겨 드디어 아주 친하게 되었다. 이에 명성이 서울 땅을 진동 시켰다. 뒷날 고향으로 돌아가는데 점잖은 양반계급이 황하 가에 전송 가 수레가 수 천대이건만 郭林宗은 단지 李膺하고 둘이서만 배를 타고 건너가니 뭇 賓客들은 神仙으로 여겼다(林宗惟與李膺同舟而濟. 衆賓客望之, 以爲神仙焉)"라고 하였다. 여기서는 李白의 從祖는 당연히 李氏이므로 李膺을 登場시켜 그처럼 대단한 인물이라고 추킨 것이다. 마침 배를 탄 것도 故事引用에 適當하였겠다.

解說

湖水는 東西와 南北이 수 십리 크기인데, 그 때문에 물빛은 巨大한 碧山의 물속 그림자를 마음대로 흔들어 주는가. 湖水의 西쪽 바야흐로 잠기려는 달만이, 모든 것이 고요한 새벽 李膺의 돌아감을 전송하는구나.

其三: 水入北湖去, 舟從南浦回. 遙看鵲山轉, 卻似送人來.

註

▷水: 歷水, 濼水(낙수)等. 湖水의 北쪽으로 流入됨.

▷從: 向하다. 따르다. 나아가다.

▷南浦: 본시 이별의 포구란 뜻. 여기서는 李白일행이 出發하였던 鵲湖의 南쪽 물가라는 뜻.

▷轉: 搖動, 飄動. 鵲山의 그림자가 湖水에 잠겨 물결 따라 흔들거림.

▷送人來의 來: 뜻 없는 語助詞.

解說

江물들은 湖水의 北으로 흘러들고 우리 실은 배는 본래 우리가 이별하고 떠난 즉 출발한 호수의 南을 向해 돌아간다. 멀리서 보니 鵲山의 그림자 물속에서 물결따라 흔들거려 꼭 우리를 배웅하며 손 흔드는 것 같구나.

☛ 參考 ❷

鵲山과 華不注山을 中心으로한 가을날의 風景을 그린 趙孟頫의 傑作이 〈鵲華秋色圖〉이다. 한마디로 말해 華奢(화사)한 그림이다.

☛ 參考 ❸: 얼음에 관한 이야기

1) 《禮記·月令》: "季冬之月.……氷方盛. 水澤腹(腹,複之訛也)堅. 命取氷, 氷以入. 섣달(음력12월). 얼음이 한창 얼 때라, 못에서 두껍고 단단하게 언다.…… 얼음 채취를 명하고 氷庫에 들여 놓는다."

《禮記·月令》: "仲春之月.……天子乃鮮(鮮,獻의假借)羔開氷, 先薦寢廟. 중춘(음력2월)…… 천자는 염소를 제물로 바치고 얼음창고를 열어 얼음을 바치는데 (즉 염소 바쳐 창고 열고 얼음을 제물로 바치는데) 먼저 寢廟(宗廟의 正殿이 廟이고 後殿이 寢이다. 간단히 말해 宗廟다)에 바친다."

2) 《周禮·天官·凌人》: "凌人, 掌氷. 능인은 얼음을 담당한다."〈鄭玄注〉: "掌氷政, 主藏氷之政也. 얼음에 관한 일을 담당하니, 얼음저장 일을 주업무로 한다."

3) 《詩·豳風·七月》: '二之日鑿氷冲冲, 三之日納于凌陰, 四之日其蚤, 獻羔祭韭.

▷一之日은 음력 11일, 즉 동지달. 二之日은 음력 12월 즉 섣달. 三之日은 음력 정월. 四之日은 음력 2월, 즉 仲春.

섣달에 탕탕 얼음 캐내고 正月에는 氷庫에 들인다네. 이월이라 중춘의 이른 아침, 염소 부추 바쳐 祭지내고 나서야 얼음창고 문 여네.

4) 《禮記·喪大記》: "君設大盤造(造,納氷의뜻)焉, 大夫設夷盤造氷焉, 士倂瓦盤無氷, ……"

▷大盤: 너비 8사 길이 12자 깊이 3자의 木製桶. 夷盤은 大盤보다 규모가 작은 것.

國君이 死亡하면 목욕시킨 후 寢牀아래 大盤을 두고 얼음을 채우며, 大夫는 夷盤에 얼음을 채우고, 士는 瓦盤을 두 개 나란히 놓되 물을 채울 뿐 얼음은 쓸 수 없다.

5) 頒氷: 나라에서 여름에 임금의 宗親·外戚·功臣·高位官吏들에게

얼음을 나누어 줌. 또한 그 얼음자체를 가리킴.

≪周禮・天官・凌人≫: "夏, 頒氷, 掌事. 秋, 刷. 여름에 얼음 나누어 줄 때 그 일을 담당함. 가을에는 氷庫를 청소하여 겨울 새 얼음 받을 준비함."

〈唐・韋應物・氷賦〉: "睹頒氷之適至, 喜煩暑之暫淸. 베푸신 얼음 마침 도착함을 보고, 찌는 더위 잠시 시원해질 것을 기뻐한다."

➪ 雨田선생님께서 들으신 것을 말씀해 주신 것.

여름에 얼음을 받는 일은 家門의 榮光이라 할 수 있었던 것으로 一家親戚이 모두 모여 얼음의 도착을 기다렸단다. 그리하여 花菜등을 만들어 모두 한 그릇씩 시원한 얼음물을 먹고는 優渥한 聖恩에 感泣을 하였는데 여기에 못 끼는 것은 대충 별 볼일 없는 화상들 이었단다. (얼음이 많거나 다음날 또 感泣하고 싶으면 퐁퐁 솟는 샘 옆에 달아매면 하루는 더 간다고 하셨는데 자세한 방법은 그런 줄 알라며 이상 끝 하셨다.)

6) 飮氷: 아주 두렵고 놀랍고 초조한 일을 당한 것을 형용함.

≪莊子・人間世≫: "今吾朝受命而夕飮氷. 나는 아침에 어려운 使命을 받고 저녁에 얼음을 먹었다."

淸末・民國初 梁啓超는 어지러운 時局을 걱정하고 勞心焦思함을 아주 露骨的으로 表現, 堂號를 飮氷室이라 하였다.

7) 新羅・智證王 때 石氷庫를 만들었는데 지금 慶州에 남아 있다.

8) 朝鮮朝의 氷庫.

氷庫는 얼음을 넣어두는 倉庫로 凌室・氷室이라고도 불렀는데 朝鮮時代에는 藏氷에 關한 事務를 맡아보던 禮曹에 딸린 官衙를 말하기도 하였다. 朝鮮初에 設置되어 高宗 3년까지 있었는데 거기에 別座・別提・別僉을 두었었다. 朝鮮의 氷庫는 奉常侍主管의 國家 祭祀用의 얼음을 貯藏하는 東氷庫와 宮中用과 下賜用 얼음을 貯藏하는 西 氷庫가 있었는데 氷牌에 依하여 얼음을 냈다.

9) 採氷은 아주 힘든 勞役으로 百姓들에게는 큰 憂患거리로 그들의 辛苦를 조금이나마 덜어주고자 애를 쓴 記錄이 史書에 보이나 큰 効果는 못 본 듯하다.

10) 玉壺氷(옥호빙)과 또 다시 飮氷에 관해.

一)

南朝・宋・鮑照〈代白頭吟〉: "直如朱絲繩, 淸如玉壺氷. 곧기는 붉은 명주실로 꼰 시울 같고, 맑기는 玉壺에 담긴 얼음 같다."

唐・王昌齡〈芙蓉樓送辛漸〉(七言絶句의 3・4句): "洛陽親友如相問, 一片氷心在玉壺. 洛陽의 벗님들이 내 소식 묻거든, 한 조각 얼음의 심이 玉壺에 있다 하시오."

▷心: ① 마음. ② 나무・풀의 고갱이. ③ 속에 들어 있는 물건.

⇨ 鮑照의 詩에 "玉壺氷"이 登場한 後 그 淸潔함의 겹치고 포개지며 重疊됨이 깊은 印象을 주었으며 支配層의 立場에서는 敎化에도 裨補(비보)함이 클 것이고 또한 아랫것들과 女子들에게 拒否感없이 淸淨無垢한 志操와 行實을 은근히 督勵(독려)할 수 있어서 그야말로 안성마춤에 兩手兼將이고 一石二鳥며 꿩 먹고 알 먹고라. 이를 科擧의 試題로 착실하게 써먹었다.

禮部試〈淸如玉壺氷〉唐・王維

玉壺何用好, 偏許素氷居. 未共銷丹日, 還同照綺疏.

抱明中不隱, 含淨外疑虛. 氣似庭霜積, 光涵砌月餘.

曉凌飛鵲鏡, 宵映聚螢書. 若向夫君比, 淸心尙不如.

玉壺는 어떻게 쓰이 좋을까. 두병한 얼음 넣어둠만 하네. 보통의 일음같이 붉은 태양에 녹지 않으며, 아주 흡사하기는 하얀 달이 꽃살창에 비추는 것이네. 밝음을 안아 속속들이 투명해 감추는 것이 없고, 깨끗함 머금어 바깥까지 휜한듯하네. 기운은 뜰에 서리가 쌓인 듯하고, 광채는 섬돌에 넘치는 달빛 적신 듯. 새벽에 까치무늬 거울을 마주한 듯, 한밤에 반딧불이 떼에 책을 비추는 듯. 만약 벗님들과 비한다면, 깨끗한 마음 이 보다는 못하리.

▷偏: 일부러. 꼭. 마침. 공교롭게.
▷許: 인정하다. 승낙하다.
▷共銷: (보통의 얼음과)함께 녹다.
▷綺疏: 窓戶에 새겨진 꽃무늬. 꽃무늬 새겨진 窓戶. 꽃살문.
▷中: 가운데. 속속들이.
▷疑: 似.
▷涵: 용납하다. 담그다. 적시다.
▷餘: 남다. 남아 돌 만큼 많다.
▷淩: 맞이하다. 무릅쓰다.
▷飛鵲鏡: ≪神異經≫에 夫婦가 이별할 때 거울을 쪼개 반씩 가지고 信標로 삼았다. 아내가 간통하니 거울조각이 까치가 되어 남편에게 날아갔고 남편은 사실을 알게 되었다. 後世의 사람들이 이로 말미암아 거울을 만들 때, 까치를 새겨 넣었다고 하였다.
▷聚螢書: 晉나라 車胤이 가난하여 등불 기름을 구할 수 없자 깁으로 만든 주머니에 반딧불이 수십 마리를 넣어 그 빛으로 책을 보았다고 한다.
▷夫君: 朋友. 벗님.
▷末二句: 벗님의 마음이 玉壺氷의 淸淨·高潔함만 못하다는 뜻. 이것은 鮑照의 〈代白頭吟〉이 君臣·朋友·夫婦의 情이 끝끝내 변하지 않는 것이 아님을 그려낸 것을 王維의 詩가 이어 받았기 때문이다.

禮部試〈淸如玉壺氷〉唐·盧綸
玉壺氷始結, 循吏政初成. 旣有虛心鑑, 還如照膽淸.
瑤池慚洞澈, 金鏡讓澄明. 氣若朝霜動, 形隨夜月盈.
臨人能不蔽, 待物本無情. 怯對圓光裏, 姸蚩自此呈.

晶瑩(정영)한 玉壺에 비로소 淸潔한 얼음이 얼 듯, 忠實한 官吏라야 이에 좋은 實績을 올리는 법이네. 이 玉壺氷으로 말하자면 속을 깨끗이 비운 겸허한 마음의 거울을 가졌음이며, 肝膽(간담)도 환하게 비추는 거울과도 같음이 있네. 맑은 西王母의 瑤池도 이 玉壺氷의 환하게 통함에는 부끄러워 할 것이고, 金銅의 빛나는 거울도 이 玉壺氷의 淸澄하고 밝음만 못하네. 기운은 새벽서리가 피어남 같이 서늘하고, 모양은 한밤중 달이 꽉 찬 것 같이 둥그네. 사람을 향하여도 능히 가리고 숨김없으며, 사물을 상대해도 본시 삿된 마음 없네. 怯(겁)나지요 둥글고 빛나는 玉壺氷을 마주하자니, 나의 곱고 추함이 이로써 드러나니까요.

▷循吏: 法度를 잘 지키며 職務에 忠實한 官吏.

▷成政: 實績・功績을 올림.

▷虛心鑑: 마음속을 비운 즉 先入見이나 固着觀念없이 만나는 대로 부딪치는 대로 비추어 주는 거울.

▷照膽(조담): ≪西京雜記≫에 秦始皇은 心과 膽을 비추는 네모난 거울이 있어 宮女중에 邪心이 있는 자는 膽(쓸개)이 커지고 心(염통)이 떨리므로 죽였다고 하였다.

▷瑤池: 西王母의 瑤池는 맑기가 거울 같다 함.

▷洞澈(통철): 환하게 통함.

▷金鏡: 銅鏡을 그럴 듯하게 말하는 것.

▷讓: 못하다. 못 미치다. 遜色이 있다.

▷盈月: 滿月. 圓月. 보름달.

▷無情: 無私情. 삿된 마음이 없음. 개인적인 감정이 없음.

▷蚩(치): ①어리석음. ② 媸(치)字와 같음. 醜惡함. 醜陋함.

▷末聯: ① 玉壺의 氷이여 너의 둥글고 빛나는 모습 대하기 겁나는 구나, 나의 고음・추함이 이로써 들어날 것이니. ② 이 玉壺氷이란 時題를 對하여 나의 재주를 忌憚없이 펴내자니 겁나는구나, 내 學識의 深淺과 稟性의 高下가 그대로 드러나니.(또한 率直히 말해 及第與否가 이로써 결판이 나니까)

〈玉壺氷〉 王季友

玉壺知素結, 止水復中澄. 堅白能虛受, 淸寒將自凝.

分形同曉鏡, 照物掩宵燈. 壁映圓光入, 人驚爽氣凌.

金罍何足貴, 瑤席幾回升. 正値求珪瓚, 提攜共飮氷.

玉壺의 平素의 벗을 알 수 있으니 바로 물이 그것이라. 玉壺는 물을 고요히 멈추게 하고 또 맑음에 이르도록 하도다. 玉壺, 굳고 희어 능히 겸손하게 속을 비워 (물을) 잘 받아들이며, 玉壺, 맑고 차가워 또한 본시 (물을) 얼고 뭉치게 하도다. 생긴 形體를 알아낼 수 있으니 새벽에 단장하려 꺼내는 거울과 같고, 하는 작용을 보면 물체를 비춤이 밤중의 등불을 압도·능가하도다. 바람벽에 어른거림은 둥근 달빛 들어 온 듯하고, 사람이 놀라네 颯爽(삽상)한 기운이 스며서, 玉壺에 비하면 금뢰라 구리 술동이도 귀할 것이 없고, 구슬 깐 자리 높으신 어른 계신 곳에 몇 번이나 올라갔던고. 마침 딱 맞았네 珪玉 자루달린 鬱鬯酒 담는 술그릇 구한다는 일을.(나라에서 棟梁之材를 구한다는 일을 말함) 그러니 이 玉壺氷 가지고 가서 골치 아픈 國事 다스리느라 타는 속을 이 얼음 마셔서 식히세.

及第하여 國事擔當하면 飮氷 할 것이라는 뜻으로 玉壺氷을 巧妙하게 驅使하였다.

▷王季友: 不詳이나 杜甫詩에 登場하니 대략 그 때 쯤의 인물일 것이다.

▷素結: 平素의 結交(교제하다, 치구가 되다, 친교를 맺다). 옛 친구.

▷止水: 靜止된 물.(거울을 삼을 수 있다). 여기에서는 물을 고요히 멈추게 하다로 쓰임.

▷中: 符合하다. 도달하다, 이르다. 적합하다, 합당하다.

▷虛受: 謙虛(겸허)한 마음으로 接受하다. ≪易·咸≫: "山上有澤, 咸. 君子以虛受人. 山위에 못이 있는 것이 咸卦(함괘)다. 君子는 이것을 본받아 겸허한 텅 빈 마음으로 남을 받아들인다."

▷凝: 凝結(응결). 얼다.

▷分: 辨別하다. 區分하다.

▷掩(엄): 超過하다. 壓倒하다. 능가하다.

▷圓光: 둥근 달빛.

▷淩(능): 侵犯하다. 맞이하다. 무릅쓰다.

▷金罍(금뢰): 구리로 만든 항아리 모양의 술동이.

▷瑤席: 玉으로 장식한 자리. 또는 華麗하고 高貴한 자리.

▷珪瓚(규찬): 珪玉으로 자루를 단 鬱鬯酒(울창주)를 담는 그릇. 큰 人材를 비유함.

▷飮氷: ① 玉壺氷을 마시다.② 나아가 官吏가 되어 國事를 맡아 人主의 근심을 나누어 짐.

以上 科擧의 試題로 나온 玉壺氷을 두고 지은 詩 몇 首를 살펴보았다. 作者의 生存·活躍時期를 따져보면 數十年 동안에 이 試題가 여러 차례 登場하였음을 알 수 있다. 內容이나 表現技法은 雅淡·溫和하여 特異라던가 奇警(기경)하고는 담을 쌓은 격이니 穩健(온건)하고 無難하여서 試驗官에게 責잡히지 않는 것을 于先 考慮한 다시 말해 安全第一主義로 나아간 작품들이다. 따라서 科擧及第詩는 예로부터 좋은 評價를 받지 못하였고 또 큰 期待도 하지 않는 것이 常例요 通例였다.

天才 特有의 奇拔(기발)·靈秀(영수)는 자칫하면 輕薄(경박)·怪誕(괴탄)으로 몰리기 쉬워 조심 一邊倒로 나아갈 수밖에 없는 것이었다. 着想이 奇特하고 反轉이 뛰어난 天才들 例컨대 孟浩然·王昌齡·錢起·李商隱等은 平素의 詩作은 뛰어났지만 省題詩는 이른바 손방인지 아니면 주눅이 들었던지 엉성한 作品을 내놓곤 하였다.

二)

① 日本의 著名한 中國文學者인 石田幹之助의 ≪長安의 봄≫(이동철·박은희 옮김, 이산출판사)을 보면 〈장안의 여름풍경〉 一章에 희한한 글이 실려 있다. "唐·李程의 詩 〈玉壺氷〉은 題目이 〈詠冰壺〉로 달려있는 곳도 있다던데 冰壺란 집집마다 있던 얼음 저장용기를 말하는 것이다. 아이스박스정도라고나 할까." 이것은 完全한 錯覺이니 鮑照以來로 玉壺氷은 實在하는 事物이 아니고 하나의 象徵이요 比喩일 따름인 것이다. 李程의 詩自體도 앞에서 言及한 王維·盧綸等의 作品과 內容이나 表現方式 모두 千篇一律·大同小異로 壺氷을 實在의 事物로 받아들이기는 어렵다. 勿論 唐代에는 오늘날 우리가 편리하게 이용하는 洋銀·알루미늄·스테인리스 鋼(不銹鋼)·플라스틱은 없었을 것이나 그렇다고 玉이 一般人들의 常用器가 될 수도 없었을 것이다. 또한 얼음 大量消費를 감당할 物量確保와 供給體系도 따져야 할 문제일 것이다. "집집마다 있던 ……아이스박스"는 너무 지

나친 飛躍이고 臆測이다. 或 宮안이나 貴族의 집에서 玉器에 얼음을 담아서 멋을 낼 수는 있었을 것이다. 그러나 앞에 나온 盧綸과 王季友의 詩에서는 玉壺에 얼음을 貯藏함을 말하지 않고 玉壺 속에서 물이 얼어서 얼음이 된다고 하였다. 하나의 象徵일 뿐인 또 하나의 근거가 이것이다. 왜냐? 玉이나 유리 또한 돌은 담긴 물이 얼면 팽창하고 따라서 容器는 깨지던가 最小限 금이 가는 법이다. 그리고 冷凍技術이 없던 唐代에 어떻게 玉壺의 물을 얼게 한단 말인가. 比喻일 뿐인 또 하나의 이유가 이것이다. 玉이나 얼음 모두 透明·晶瑩(정영)의 代表走者라 이 둘을 兼하여서 淨潔의 象徵으로 하였을 뿐인 것이다.

② 같은 章에서 "飮氷"이란 말을 설명하였는데 "얼음 자체를 먹지 않았을까 싶다" 하였다. 勿論 充分히 可能한 일이다. 그러나 ≪莊子≫에서 쓰인 以來로 앞의 王季友의 詩 〈玉壺氷〉의 飮氷 또한 얼음을 먹는 行爲自體를 말함이 아니고 어려운 일을 당하였다는 뜻으로 쓰였다. 이것은 參考三 第6)에서 이미 記述하였다.

石田幹之助는 泰山北斗까지는 몰라도 分明히 學界의 巨木이었다. 그 自身의 말을 보면 "太平廣記 500卷·全唐詩 4萬8千首를 모조리 읽어보았는데도 문제에 따라서는 찾아낸 자료가 이것뿐인가 싶어 어처구니가 없기도 하다"라 하였는데 정말 어처구니가 없다. 일찍이 세 살에 글을 깨우쳤다는 神童을 본 적이 있다. 신문을 줄줄 읽어내려 갔는데 內容을 제대로 把握·깨닫고 있는지는 글쎄올시다였다. 全唐詩 4萬8千首를 읽는 것은 可能하나 제대로 해석을 하였는지는 정말로 의문인 것이다.

20. 〈暫如臨邑, 至嶆山湖亭, 奉懷李員外, 率爾成興〉(五言律詩)

野亭逼湖水, 歇馬高林間. 鼉吼風奔浪, 魚跳日映山.
暫遊阻詞伯, 却望臨青關. 靄靄生雲霧, 惟應促駕還.

❖ 詩題

▸律詩이면서 古意를 띠고 있다.(≪讀杜心解≫)

▸公의 律詩는 매양 古意를 띠고 있나.(≪杜詩鏡銓≫)

註

▸如: 가다.

▸臨邑: 고을 이름. 〈臨邑舍弟書至苦雨黃河泛溢隄防之患簿領所憂因寄此詩用寬其意〉의 詩에서 公의 아우가 일을 보고 있던 고을을 말한다. 그때에 洪水가 났었다는 글이 왔는데 지금 직접 동생을 보러 가는 것이다.

▸嶆山湖亭(작산호정)은 鵲山湖亭이다. 〈同李太守登歷下古城員外新亭〉의 詩에 나오는 歷下古城員外新亭이다.

▸奉: 恭敬을 나타낼 때 붙인다.

▸率爾: 率然. 문득. 갑자기.

▸成興: 成: 完成. 實現. 누루 갖추다. 興: (xīng. 평성) 産生. 作(반늘다). 設立. 製造. (xìng. 거성): 譬喩. 興致. ➪ 感興: 感物寄興. 外物에 느껴서 생긴 감정을 바탕으로 作品에 深刻한 寓意를 담음. 이때 감정은 喜·怒·哀·樂 等으로 多樣할 것이다.

① 成興을 해석할 때 흥이 나나, 흥이 이루어지다 하면 문제가 있는 듯하다. 흥은 "재미나 즐거움을 일어나게 하는 감정"이라고 ≪국어대사

전≫에서 풀이 하였다. 그러나 杜甫의 本詩는 그 內容을 보면 서운해 하거나 쓸쓸해 하는 느낌이 나타날 뿐이지 재미, 즐거움과는 전혀 상관 없는 듯하다. 그냥 外物에 느껴서 생긴 서글픈 감정을 말함이다. 그것으로 작품을 완성했다는 말이다.

② 다음으로 ≪文選≫에 실려있는 潘岳의 〈秋興賦〉를 살펴보자. 李善의 注는 "興者, 感秋而興此賦. 故因名之. 興은 가을에 느껴서 이 賦를 興(創作, 生産, 製造)한다는 것이다. 그래서 그것을 따라 이름을 붙였다"라고 하였다. 李善의 말대로라면 "興"은 平聲이며 興致(去聲)의 興과는 別個임을 알 수 있다. 이것을 考慮한다면 "成興"은 詩를 "이루고 지었다"는 뜻이 될 것이다.

③ 다른 角度에서 따져보자. 먼저 〈秋興賦〉의 序를 보자.

"晉十有四年, 余春秋三十有二, 始見二毛.……僕, 野人也, 偃息不過茅屋茂林之下, 談話不過農夫田父之客, 攝官承乏, 猥厠朝列, 夙興晏寢, 匪遑底寧. 譬猶池魚籠鳥, 有江湖山藪之思, 於是染翰操紙, 慨然而賦, 于時秋也, 故以秋興命篇.

晉 開國, 治天下 14년에 내 나이는 서른 둘인데 막 희고 검은 두 가지 머리카락이 보이기 시작하였다.…… 이 몸은 한낱 예절도 교양도 없는 촌놈으로 자고 쉬는 곳은 초가집·울창한 숲 아래였으며 대화상대는 농사꾼·농투성이였었다. 인재가 없다 보니 나 같은 사람이 官職을 임시로 대리하여 외람되게 朝廷 臣下의 班列에 섞였으나 일찍 일어나고 늦게 잠드느라 편안할 겨를이 없었다. 비유하면 못 속의 고기요 장 속의 새라 江湖와 山澤의 그리움 있어 이에 붓을 적시고 종이를 잡아 섧고 답답함이 복받치는 마음으로 賦를 지으니 때가 가을이라 그래서 〈秋興〉으로 이 한 편의 이름을 붙였다."

▹十有四年, 三十有二의 有는 又의 뜻이다.

▹十四年을 李善은 晉武帝 泰始14年이라 했는데 그렇지 않다. 泰始는

10年까지 있고, 다시 咸寧이 5年 그 다음 太康 10년이 있다. 14年은 晉武帝 卽位14年이니 咸寧4年이 될 것이다.

▷攝官(섭관): 임시, 代理의 뜻이나 여기서는 謙讓의 뜻으로 썼을 뿐이다.

▷承乏: 마땅한 인재가 缺乏함을 당하다. 따라서 攝官承乏은 마땅한 인재가 없어서 나같이 못난 몸이 잠시 대리로 벼슬을 한다는 뜻이다.

▷猥: 외람(猥濫)되게.

▷厠: 次(~에 있다. ~에 이르다). 雜(뒤섞이다).

▷朝列: 朝班(臣下들이 朝見할 때 品階에 따라 班을 나누고 줄을 서는 차례). 또한 百官들의 班列이라고 간단히 쓰기도 한다.

▷靡遑: ~할 겨를이 없다.

▷底寧: 安寧하다. 편안하다. 底는 厎와 같으니 "至"字와 同音同義로 쓰인다.

▷藪: 湖沼. 沼澤地. 늪지대.

▷染翰: 새 깃을 적시다. 깃을 가지고 만든 붓에 먹물을 묻히다. ➪ 感慨: 어떤 감동이나 느낌이 마음 깊은 곳에서 배어 나옴.(≪국어대사전≫) ➪ 慨然: ① 感慨한 모습. ② 感情이 激昂된 모습.(≪漢語大詞典≫) ③ 억울하고 원통하여 몹시 분함.(≪국어대사전≫)

以上 序文을 살펴보면 이때의 秋興은 가을날의 섧고 답답하고 복받치는 마음이 된다. 즉 興은 慨然한 마음, 感慨라고 풀어낼 수 있는 것이다. 따라서 "成興"은 感慨가 나타나다, 드러나다라고 하면 될 것이다. "成興"을 정리하자. ① 外物에 느껴 생긴 (서글픈)감정으로 作品을 이루다. ② 詩를 完成하고 지어냈다. ③ 섧고 답답한 마음이 복받쳤다, 드러냈다. 이상의 셋이 될 것이다.

➡ 杜甫의 傑作인 〈秋興〉 八首는 悲哀와 淒切의 結晶인데 이것을 가을날의 興, 興致, 情趣로 해석할 수는 없을 것이다. 分明히 가을날에 복받치

는 설움, 답답함을 말함이리라. 參考하시길 바란다.

解說

〈잠시 임읍을 가게 되었다. (그 김에) 嵎山湖의 亭子에 이르니 李員外를 생각하게 되고 문득 쉽게 복받치는 바가 있어 시를 읊게 되었다〉

❖ 제1 · 2구: 野亭逼湖水, 歇馬高林間.

註

▸野: ≪爾雅 · 釋地≫: "邑外謂之郊. 郊外謂之牧. 牧外謂之野. 野外謂之林. 林外謂之坰." 따라서 野亭은 郊外에 있는 亭子의 뜻이다. 鵲山湖亭은 湖水와 山사이에 있다. 그러므로 野亭은 들의 亭子가 아니다. 들은 산이나 골이 아닌 평평하고 넓은 땅을 가리키기 때문이다.

▸歇: 停止하다. 여기에서 발전하여 휴식하다의 뜻도 된다.

▸高林: 高는 深, 盛大다. 따라서 울창한, 무성한 숲의 뜻이 된다. 앞 19의 詩中에서 "筵秩宴北林"이라 한 것을 참고 할 것.

解說

郊外의 亭子는 湖水와 바특한데 울창한 숲속에 타고 온 말을 멈추어 쉬게 하였습니다. ―亭子에 오르려 숲에 말을 멈추었으니 亭子가 湖水와 숲 사이에 있다는 뜻이다.

❖ 제3 · 4구: 鼉吼風奔浪, 魚跳日映山.

註

▸鼉(타): 揚子江 鰐魚(악어)를 말함. 그 가죽으로 북을 메운다 함.

▸鼉鼓: 악어가죽으로 북을 메우면 그 소리가 악어 울음소리와 같다고 하였다. ≪詩 · 大雅 · 靈臺≫: "鼉鼓逢逢. 악어 북 둥둥 울리다", "鼉吼風奔浪(타후풍분랑)"은 鰐魚가 울면 바람이 생겨 물결이 인다는 뜻임. 옛사람은 氣가 같으면 서로 따르고 作用한다고 보았다. ① ≪易 · 乾≫:

"'九五曰 飛龍在天, 利見大人,何謂也.' 子曰: '同聲相應, 同氣相求. 水流濕, 火就燥, 雲從龍, 風從虎. 聖人作而萬物睹. 本乎天者親上, 本乎地者親下, 則各從其類也.'" ≪역 · 건≫: "〈구오〉에서 말한 飛龍이 하늘에 있으니 大人을 얻는데 이로울 것이라고 한 것은 무슨 말입니까? 孔子가 말하길 '같은 소리끼리 서로 응하고 같은 기운끼리 서로 구한다. 물은 축축한 곳으로 흐르고 불은 메마른 곳으로 번진다. 구름은 용을 좇고 바람은 범을 좇는다. 성인이 일어나니 萬物이 闡明되었다. 하늘에 그 근본을 둔 것(動物)은 위로 친하고(움직이고), 땅에 그 근본을 둔 것(植物)은 아래와 친하다(고정되어 있다). 이는 같은 무리(同類)를 따르기 때문이다'라고 했다." ② ≪北史 · 張定和傳≫의 〈論〉: "虎嘯風生, 龍騰雲起. 범이 길게 울부짖으면 바람이 생기고, 용이 튀어 오르면 구름이 일어난다." ③ 梁 · 劉孝標 〈辯命論〉: "夫虎嘯風馳, 龍興雲屬. 범이 길게 울부짖으면 바람이 빠르게 지나가고, 용이 일어나면 구름이 모여든다." 以上의 例에서 보듯 龍 · 虎와 같은 靈物은 같은 氣의 雲 · 風과 서로 따르는데 여기에서 發展하여 鼉도 하나의 靈物로 보고 鼉가 크게 울면 바람이 생기고 바람은 다시 물결을 일으킨다고 詩句가 次序分明하게 展開된 것으로 생각할 수 있다.

▶奔: 奔波. 奔騰하는 波濤. 奔騰: ① 水波가 洶湧(흉용)함. ② 人 · 馬가 飛奔急馳(비분급치)함. 제3구는 억지로 꿰맞춘 듯하나 "奔"자는 잘 쓴 것이다.(≪杜臆≫)

▶제3구는 저녁 무렵에 바람이 세게 이는 모습을 그린 것으로 鼉는 虛에 屬하고 제4구 또한 저녁나절의 고기 뛰는 모습을 묘사한 것으로 魚는 實에 屬한다. 저녁이면 바람이 거세지는 것은 앞의 〈宋之問別莊〉을 찾는 詩 "日暮悲風多"句의 注에서 자세히 다루었으므로 여기에서는 다른 간단한 예를 들겠다.

陶潛 · 〈歲暮和張常侍. 세밑에 張常侍의 詩에 和함〉

向夕長風起, 寒雲沒西山.

저물녘 길게 부는 바람 일어나고, 찬 겨울의 구름은 서산에 잠긴다.

宋・王禹偁・〈村行〉詩(七言律詩의 3・4구)

萬壑有聲含晚籟, 數峯無語入斜陽.

일만 골짜기 소리 있음은 저녁바람 소리를 품었기 때문이고, 몇 개의 봉우리는 말없이 夕陽아래 서 있다.

▶제4구의 물고기가 몸을 솟구쳐 튀어 오름은 저녁에 자주 볼 수 있는 것으로 陶潛・〈遊斜川〉・序에서 "魴鯉躍鱗於將夕, 水鷗乘和以翻飛. 저물녘에 魴魚와 잉어의 비늘 덮인 몸이 뛰어오르고 갈매기는 따뜻한 기운 타고 뒤집으며 난다."가 그 例라 하겠다.

▶"日映山"은 歷代注家들의 說이 紛紛한데 ① 于先 九家注에서 "魚跳當日暖映山之時也. 고기가 뜀은 해가 따뜻하게 산을 비출 때이다"라 하였는데 해가 비추는 것에 山 비추는 때 江 비추는 때 平野 비추는 때 村落 비추는 때가 따로 있단 말인가. 계곡이나 산골의 일조시간은 짧아도 일조범위는 같을 것이다. 해는 모든 것을 두루두루 비추는 법이다. 勿論 例外는 있다. 晉・葛洪 ≪抱朴子・辨問≫에 "是責三光不照覆盆之內也. 이는 엎어 놓은 대야 속에 해・달・별의 빛이 비추지 않는 것을 따지는 것이다"라 하였으니 엎어놓은 그릇 속 말고는 모든 것을 골고루 다 비춘다는 말도 되겠다. 해가 산을 비출 때라는 것은 語不成說이다. ② ≪杜詩詳注≫에서는 "鼉吼乘風, 故激波生浪; 魚跳水動, 故日光映山. 악어의 울부짖음은 바람을 (빌려)타니 그래서 파도를 일으키고 물결이 생기게 하며, 고기가 뛰니 물이 움직여 그래서 물에 반사된 햇빛이 산에 비친다"라 하였는데 첫째 악어 운운한 것은 實際로 일어난 일을 말함이 아니다. 이 정도의 큰 바람 그리고 물결이 일어나려면 아마도 악어가 울부짖어야 可能할 것이다 하는 假定인 것이다. 둘째 고기가 뛰어 물이 움직여 云云하였는데 물의 움직임이 빛을 반사한다면 고기가

뛴 것보다는 風奔浪의 물결이 規模나 動作으로 보아 더 크고 활발하여 反射하기도 더욱 좋을 것이다. ③ "日映山"은 우리가 보기에 日映於西山이 더 妥當性이 있다. 앞에서 말했듯이 고기는 저물녘에 잘 뛰어오른다. 즉 해가 西山에서 찬란한 노을을 만들며 질 때 뛰어오른다는 내용이다. "山"이 어떻게 "西山"으로 遁甲을 할 수 있느냐 하겠지만 雨田선생님처럼 杜甫詩를 다 외우시며 朝鮮 五百年동안의 杜詩解釋의 노하우·비결을 集大成하신 분의 말씀에 따르면 어떠한 字가 그 字 자체의 뜻이 아니며 省略된 字를 찾아서 보태야 제대로 해석되는 경우가 杜詩에서는 드문 일이 아니란다. 이미 우리가 본 〈登兗州城樓〉에서 "古意"가 "鑑古之意"의 壓縮이고, 〈夜宴左氏莊〉에서 "張"이 "弛張"의 省略이며 〈同李太守登歷下古城員外新亭〉에서 "海嶽深"은 "海嶽深崇"의 준말이며 〈空囊〉의 "衣"는 "寢衣(작은 이불)"를 簡略化한 것이고 앞으로 읽을 〈乾元中寓居同谷縣作歌七首〉의 其一에서 "歲拾橡栗隨狙公. 세밑에 상수리 주우러 원숭이 飼育人인지 調練師인지를 따르자니……" 했는데 "歲"는 分明히 "歲暮"의 略語일터 무슨 불만이 있을 수 있을 것인가. 제대로 찾아내야지.

解說

큰 소리 잘 내 북메우기에 십상이라는 鰐魚가 울부짖었나 거기에 맞춰 바람이 일었나. 그 바람은 다시 물결을 세차게 일으켰군요. 勿論 鰐魚는 내 혼자 생각이라오, 히도 저녁이 되자 바람이 세차게 부니까 말이요. 그리고 고기가 물위로 점프하는 것 좀 보시오. ≪詩經≫의 "鳶飛魚躍", 즉 ≪詩·大雅·旱麓≫에서 "鳶飛戾天,魚躍于淵."이리 한 것만이 아니요 美國人 거슈인(Gershwin, George)의 뮤지컬 〈포기(Porgy)와 베스(Bess)〉에 나오는 名曲 〈서머타임〉에도 fish는 뛰고라고 노래하지 않았습니까, 그러고 보니 어느새 해는 서산에서 붉게 타오르는구려. 공연히 서글퍼지는군요. 사람이 그리워지는군요.

❖ 제5 · 6구: 暫遊阻詞伯, 卻望臨青關.

註

▶阻: 막히다. 隔絶되다. 斷絶되다. 이 詩에서는 사람과 사람사이가 積阻(적조)하다. 隔阻(격조)하다는 뜻으로 쓰였다.

▶詞伯: 詞宗. 詩文에 능한 사람이나 文士를 높여 이르는 말. 여기서는 李之芳을 가리킨다. ➪ 詩伯: 詩로써 이름이 높은 大家. 詩人을 높여 이르는 말.

▶卻望: ① 回頭遠看(머리 돌려 멀리보다)이라고 ≪漢語大詞典≫에서 풀이 하였으며 例로 이 詩句를 들었다. ② 우리 생각은 다르다. 卻은 ⓐ 다시. 거듭. ⓑ 반대로. 도리어. ⓒ 마침. 바로의 뜻이 있으며 望은 ⓐ 보다. ⓑ 希望하다. 期待하다. ⓒ 간절히 바라다의 뜻이 있는데 卻望은 다시 간절히 바라다. 마침 간절히 기대했다의 뜻으로 해석함이 좋겠다. 이유는 青關에서 자세히 설명하겠다.

▶青關: 關은 門의 뜻이다. 따라서 青關은 青門이며 協韻上 "門"字 대신 "關"字를 놓았을 뿐이다. 青關이 青州의 關이라던가 青州의 穆陵關이라는 말은 說得力이 떨어진다. 첫째 青關이 李員外 있는 곳이라 한 곳(≪杜詩鏡銓≫에 引用한 朱注)이 있는데 根據가 없으며 ≪讀杜心解≫에서는 齊州를 가리킨다 했는데 青州가 어떻게 齊州나 青關이 될 수 있는지 모르겠다. 둘째, 青州의 穆陵關이라고 ≪杜詩鏡銓≫에서 或者가 말했다 하고 引用했는데 이런 式으로 縮約한 例를 본 적이 없다. 우리생각에 青門이 가장 그럴듯하다. ➪ 青門: 漢나라 長安城의 東南門. 本來는 霸城門이라 불렀는데 門이 青色이라 세상에서 青門이라 부르게 되었다 한다. 이 문밖에 霸橋가 있으며 사람들은 이곳에 이르러 버들을 꺾어 떠나는 사람에게 주었다 한다.(〈三輔黄圖 · 橋〉에서 抄함) 後에는 이 때문에 青門은 놀기 좋고 이별하기 알맞은 場所란 뜻으로 쓰이게 되었다. 南朝 · 梁 · 何遜의 〈車中見新林分別甚盛. 수레 속에서 新林

浦의 이별하는 場面이 아주 성대한 것을 보고서〉이란 詩의 1·2句에서 "金谷賓游盛, 靑門冠蓋多. 晉나라 石崇의 洛陽 郊外에 있던 金谷의 놀이동산처럼 유람객도 많고, 漢나라 長安의 靑門인가 감투 쓰고 수레 덮개 한 餞送客도 많네."하여 江南 建康땅의 新林浦를 읊을 때도 長安·洛陽의 金谷·靑門이란 地名을 놀기 좋고 이별하기 알맞은 곳으로 借用하였다. 때로는 靑綺門이라고도 하였는데 李白의 〈送裴十八圖南歸嵩山二首. 裴氏집안 18번째 裴圖南이 嵩山으로 돌아감을 餞送하며〉의 其一 제1·2句에서 "何處可爲別, 長安靑綺門. 어느 곳에서 이별함이 그럴듯한가, 長安의 靑綺門이지"라 하였다. 같은 例로 南浦는 ≪楚辭·九歌·河伯≫: "送美人兮南浦. 南浦에서 님 보내네"에서 離別의 場所로 쓰인 이래 東쪽 물가던 北쪽 물가던 그저 이별하는 場所의 代名詞이지 남쪽 물가라고는 해석하지 않는 것과 같다. 本詩에서도 靑關은 杜甫와 李之芳이 잘놀고 이별하던 곳을 가리킬 것이다.

解說

짧은 시간 함께 즐겁게 보낸 뒤 文藝의 巨匠인 그대와 꽤 격조(隔阻)했소이다. 그래서 이번에 臨邑가는 길에 옛날에 함께 놀고 헤어졌던 鵲山湖에 枉臨하시길 그래서 다시 한 번 뵙기를 간절히 바랐습니다. 그러나 오시지를 못하셨군요.

❖ 제7·8구: 靄靄生雲霧, 惟應促駕還.

註

▸靄靄(애애): 안개·구름이 자욱하게 낀 모습.

▸雲霧: 시름. 서러움(설움) 즉 섧게 느껴지는 마음. 정처 없는 처량함. 답답한 마음의 상징. 擧例하면: ① 李白 〈送友人. 벗님 보내며〉(五言律詩)의 5·6구: "浮雲游子意, 落日故人情. 뜬 구름 정처 없이 흘러감은 떠나는 그대의 心情이며, 온 하늘 붉게 물들이며 가라앉는 해는 그대

보내는 친구의 정이네.” ② 杜甫〈春日憶李白. 봄날 李白을 그리며〉(五言律詩)의 5·6句: “渭北春天樹, 江東日暮雲. 渭水 北쪽인 長安에는 봄날의 나무가 부드럽고 하 많은 이파리를 피어내듯 내 그리움 자욱하게 피어오르고, 江東이라 그대가 있는 곳에는 해 저물녘의 구름처럼 외로움과 정처 없이 떠돎이 있을 뿐이오.” ③ 李商隱〈寄令狐郎中. 郎中으로 있는 令狐綯에 부침〉(七言絶句)의 1·2구: “嵩雲秦樹久離居, 雙鯉迢迢一紙書. 嵩山있는 洛陽땅에서 나의 정처 없는 처량함은 구름이 되었고 옛 秦나라 땅 長安에서 그대는 그리움을 나뭇잎 피어내듯 피어내며 우리는 이렇게 오래 떨어져 살며 그리워하였는데. 옛날의 한 쌍 잉어가 전해주던 소식을 지금 한 장 편지에 부쳐주셨구려.” ④ 李商隱〈自南山北歸經分水嶺〉(五言律詩)의 1·2·3·4句: “水急愁無地, 山深故有雲. 那通極目望, 又作斷腸分.”〈李商隱의 스승이자 後見人 兼 後援者인 山南節度使 令狐楚가 危篤하여 李商隱을 급히 부르고 自己 代身 朝廷에 올릴 表文을 짓게 하고 이내 殉職함. 靈柩를 모시고 南山 즉 山南節度使의 興元府를 떠나 북쪽 長安으로 돌아가는 길에 分水嶺(지금 陝西省 强縣 北쪽의 嶓冢)을 지나며 지음〉
물 급히 흐름은 마치 지금 이곳이 아니면 흘러가는 곳이 없을까 걱정하듯이 급히 흘러가고(나의 스승도 그 때 그곳 아니면 가실 곳 없을까 걱정되셔서 그리 급히 가셨는가), 산이 깊으면 본시 구름이 있게 마련 (나의 깊은 마음 속은 또한 그래서 구름 같고 안개 같은 근심·서러움이 잔뜩 끼게 마련인가. 나의 스승이며 後援者가 가시다니). 하물며 한껏 눈을 떠 두루 널리 바라보아도 안개와 구름뿐이며, 거기다가 嶺마루에서 나뉘는 물소리는 斷腸의 이별이로구나. (내 마음의 안개와 구름이여, 分水嶺에서 물이 나뉘어 가듯 흘러가버린 생명이여.)

▹故: 본시. 확실히.

▹那: 황차. 하물며.

▷通望: 널리 두루 살펴보다.

▶促駕: 수레를 재촉하여 빨리 가다.

解說

자욱하게 시름의 안개・구름 피어나니, 그저 수레를 재촉하여 이곳을 떠나 내 갈 길로 돌아감이 마땅할 뿐이겠지요.

☛ 參考 ❶: 저녁바람에 관한 詩

〈村行〉(七言律詩) 宋・王禹偁

馬穿山逕竹初黃, 信馬悠悠野興長. 萬壑有聲含晩籟, 數峯無語立斜陽.

棠梨葉落胭脂色, 蕎麥花開白雪香. 何事吟餘忽惆悵, 村橋原樹似吾鄕.

註

▷穿: ① 通過하다. ② 貫通하다.

▷信: 맡기다.

▷野興: ① 山野・郊外에 노닐 때 생기는 情趣. ② 自然景物을 대할 때 생기는 情趣.

▷長: ① 長點. 좋은 점. ② 뛰어남. 정확함. ③ 크다. 대단하다.

▷晩籟(만뢰): 저녁에 일어나는 바람의 소리.

▷棠梨(당리): 甘棠. 팥배나무. ➪ 棠棣(당체): 산앵도나무. ➪ 山査(산사): 아가위나무. 세 종류 다 비슷한데 말맛(語感)을 고려하여 셋 다 아가위로 번역들 한다.

▷餘: ~한 뒤. ~以後.

▷原: 벌판. 들판.

解說

말 타고 산길을 지날 때 댓잎은 막 누렇게 되는 때이니, 말 가는대로 맡기면 느긋하구나 교외의 정취 대단하고말고. 일만 골짜기에 소리 있으니 저녁바람을 품었기 때문일 터이고, 몇몇 봉우리 말 없으니 석양 속에 서 있을 뿐이라. 아가위나무 잎 져 연지 같은 빛깔 좋고, 메밀 꽃 피어서 백설에서 향기 풍기는 듯. 무엇 때문인가 잘 읊고 난 뒤에 느닷 슬퍼짐은, 마을의 다리 벌판의 나무 내 고향과 비슷한 때문이지.

☛ 参考 ❷: 鼉鼓에 관한 詩

〈將進酒〉 唐・李賀

琉璃鍾, 琥珀濃, 小槽酒滴眞珠紅.
烹龍炮鳳玉脂泣, 羅幃繡幕圍香風.
吹龍笛, 擊鼉鼓. 皓齒歌, 細腰舞.
況是青春日將暮, 桃花亂落如紅雨.
勸君終日酩酊醉, 酒不到劉伶墳上土.

註

▷將: 請하다.

▷進: 먹다. 마시다. 進食. 進酒.

▷鍾: 술 담는 그릇. 보통 우리가 보는 술병을 배는 뚱뚱하고 목은 가늘며 입은 다시 넓게 만들어 상상하면 된다. ➪ 찻종(茶鍾): 지금은 안 쓰는 말이나 30・40년 전까지 쓰였다.

▷小槽: 작은 술 압착기(壓搾機). 작은 술 누름틀.

▷眞珠紅: 술 방울이 모양은 진주 빛깔은 붉다는 뜻임.

➪ 葉葱奇선생은 "琥珀濃"・"眞珠紅"이 당시의 술 이름이 아닐까 추측한다.

▷烹: 삶다. 졸이다.

▷炮: 볶다.

▷玉脂泣: 흰 옥 같은 비계는 흐느낀다. (비계가 지글지글하다는 뜻) "泣"字를 쓴 것은 그의 怪異함을 좋아하는 所謂 獵奇的인 性品에 起因하며 神秘한 雰圍氣造成에 한 몫을 한다.

▷龍笛: 笛. 저. 젓대. 소리가 물 속 龍의 울음소리와 흡사하다 하여 그렇게 부름.

▷鼉鼓: 악어가죽을 메운 북.

▷青春: 青은 五行에 근거한 色에 따라 붙인 것으로 번역할 필요가 없다. 四

季節을 부를 때 靑春·朱夏·素秋·玄冬이라 하였다. 정리하면 ① 봄(春). 東쪽. 푸른색(靑). 木. ② 여름(夏). 南쪽. 붉은색(朱). 火. ③ 가을(秋). 西쪽. 흰색(素·白). 金. ④ 겨울(冬). 北쪽. 검은색(玄). 水. 以上과 같다.

▷桃花亂落: 亂: ① 混亂. 無秩序. ② 彌漫(가득하다). 鮑照〈代陽春登荊山行〉: "花木亂平原, 桑柘盈平疇. 꽃·나무 平原에 가득하고, 뽕·산뽕 평평한 밭에 찼다." ③ 분분하다. 많고 어지럽다.

▷酩酊(명정): 곤드레만드레 취하다. 만취(漫醉·滿醉)하다. 대취(大醉)하다. 난취(爛醉)하다.

▷劉伶: 앞에서 나온 晉나라 人物. 〈酒德頌〉을 지음. 술 좋아하기로 이름났고 "劉伶鍤"(自身은 술병을 들고 다니며 사람에게 삽을 들고 따르게 함. 말하기를 죽으면 그 삽으로 땅파 그대로 묻어라 하였다)이란 말로 有名하다.

解說

유리종에는 호박 속에서도 짙은 호박 빛깔 술이 담겨있고, 작은 누름틀의 술은 진주 중에서 붉은 진주가 있다면 그것이 방울방울 떨어진 것이다. 용을 삶고 봉을 볶으면 옥 같은 기름은 흐느끼는데 꽃내음 있어 그러한가 봄이라 그러한가 향기로운 바람 속에 비단 휘장 수놓은 장막이 우리의 놀음판을 에워싸고 있네. 용의 젓대 불고 악어 북 두드리며 가수의 하얀 이는 노래하고 무희의 가는 허리는 춤을 추네. 하물며 봄날 또한 저물어가고 복사꽃은 붉은 비되어 가득히 쏟아짐에랴. 그대여 하루 종일 곤드레만드레 취하게나. 아무리 바늘 가는데 실 가듯 바람 가는데 구름 가듯 劉伶 가는데 술 간다지만 한번 죽으면 그만이기 劉伶의 무덤 흙에는 술이 가지 않는 법이라네.

〈贈所知〉 唐·許渾

因釣鱸魚住浙河, 挂帆千里亦相過. 茅簷夜醉平階月, 蘭棹春歸拍岸波.
湖日似陰鼉鼓響, 海雲纔起蜃樓多. 明時乂作閒居賦, 誰薦東門策四科.

註

▷所知: 아는 사람. 친한 사람. 가까운 벗.

▷淛(절): 浙과 같은 글자. 浙江(浙江省에 있는 江이름).
▷挂帆(괘범): 돛을 달다. 돛을 올리다. 배를 띄우다는 말임.
▷過: 방문하다. 찾아가다. ➪ ≪晉書·嵇康傳≫: "東平呂安服康高致, 每一相思, 輒千里命駕, 康友而善之. 東平의 呂安은 嵇康의 高雅한 情趣에 반하여 매양 한번 그리워졌다 하면 그대로 천리 먼 길일지라도 수레를 메우게 하였으며 嵇康도 友好的으로 친하게 대하였다." 本詩에서는 이것을 借用하여 농어 낚느라고 浙江에 붙박이처럼 살지만 마음에 맞는 벗은 천리 먼 길이라도 돛을 올려 또한 찾아간다고 하였다.
▷平階月: 하늘에서 내려와 섬돌과 하나가 되어버린 달(빛).
▷拍岸波: 기슭을 치는 물결. 기슭에 끊임없이 다가가는 물결.
▷似: 아무 뜻 없이 쓰이는 어조사.(王鍈 ≪詩詞曲語辭集釋≫)
▷鼉鼓響: 악어 북소리라는 뜻이나 本詩에서는 악어의 울음소리로 쓰임.
▷明時: 政治가 清明한 時代. 자기가 살고 있는 시대를 대접하여 그렇게들 부른다. 清時라고도 한다. 아주 露骨的으로 聖代라고 할 때도 있다.

〈將赴吳興登樂遊原一絶〉의 1·2구 唐·杜牧

清時有味是無能, 閑愛孤雲靜愛僧.

〈湖州刺史가 되어 吳興으로 赴任하러가며 樂遊原에 올라 지은 絶句 한 수〉

清明한 時代는 社會에 進出하여 크게 일을 할 때이나 나에게 있는 趣味는 無能에 속하는 것이니, 바로 孤雲의 한가함을 사랑하고 승려의 고요함을 사랑함이네.

〈送綦毋潛落第還鄕〉(五言古詩)의 1~4구 唐·王維

聖代無隱者, 英靈盡來歸. 遂令東山客, 不得顧採薇.

〈綦毋潛이 科擧에 落第하여 還鄕함에 그를 餞送하면서〉

聖人이 다스리는 時代에는 隱者가 없으니, 英特하고 俊秀한 人才 모두 조정에 歸附하도다. 드디어 謝安처럼 東山에 숨었던 人物로 하여금 首陽山에서 고비 뜯던 伯夷·叔齊를 생각하지 않게 하였도다.

▷明時·清時·聖代는 당시의 사람들에게는 무슨 阿諂의 言辭가 아니고 臣子의 道理로써 관용적으로 그렇게 말한 것이다.

▷閒居賦: 晉・潘岳의 작품. ≪文選≫에 실려 있다. 벼슬하기 어려움, 세상 살기 어려움을 절절히 呼訴하였고 紅塵萬丈의 宦路를 벗어나 ≪論語・爲政篇≫에서 孔子가 ≪書經≫을 引用하여 "그저 父母에게 孝道하고 兄弟間에 友愛있다면 그리하여 그것을 政治에 적용한다면 꼭 政治에 參與하거나 벼슬하지 않아도 政治에 參與한 것과 같다"고 한대로 나 같은 못난이(拙)는 못난대로 孝道하고 友愛있게 사는 것이 곧 政治參與 요즈음 말로 現實參與라고 할 수 있겠다(拙者之爲政)고 하였으며 한가하게(閒) 사는(居) 글(賦)을 지어 나의 사는 일을 노래하고 그 뜻을 따라가겠다고 하였다. ➪ 中國의 著名한 園林의 하나인 蘇州의 拙政園의 이름은 여기에서 借用한 것이다.

▷東門: 漢이나 唐이나 首都가 西쪽 長安이라 天下 大部分의 州郡은 京師의 東쪽에 자리 잡은 形局이었으니 士大夫들이 서울로 벼슬 구하러 가려면 長安의 東門을 지나야만 되었다. 朝鮮時代에 남쪽의 선비들이 서울로 과거보러 올 때 果川이나 말죽거리를 꼭 지나야 하던 것과 같다고 하겠다.

▷策: 옛날 人才를 뽑을 때 시험을 보았으며 그 시험문제의 答案을 策이라 함.

▷四科: ① 漢代 인재를 뽑던 네 가지 기준. 質樸. 敦厚. 遜讓. 有行(有德行이다). (너무 두루뭉수리 함이 흠이다) ② 唐・高宗時 인재를 薦擧할 때의 네 가지 기준. 孝悌力行. 經史儒術. 藻思詞鋒. 廉平强直. (첫째와 넷째는 구름잡듯 아리송함이 탈이다) ③ 孔子 門下의 네 科目. 德行. 言語. 政事. 文學.

解說

농어를 낚느라고 浙江에 머물지만 벗님이 그리우면 그대로 놓닫고 천리라도 찾아간다오. 띠풀 처마 밑 밤중, 섬돌에 내려와 하나 된 달에 취하고 木蘭 노 저어 봄날, 기슭 찾는 물결타고(따라) 나 돌아간다오. 호수의 太陽이 구름에 가려 음산하면 악어 울음소리 남들이야 뭐라 해도 나는 웅장하고 숙연한 맛이 있어 좋고, 바다의 구름이 막 피어오르면 蜃氣樓(신기루)가 신비하고 굉장하여 좋다오. 이렇게 淸明한 時代에는 晉나라 潘岳처럼 또 〈閒居賦〉를 지을 만하니 누가 長安 東門에 가서 가지가지 시험에

答案을 올려 벼슬 구하겠소

☛ **參考 ❸: 靑門에 관한 詩**

〈車中見新林分別甚盛〉 南朝・梁・何遜

金谷賓游盛, 靑門冠蓋多. 隔林望行幰, 下坂聽鳴珂.

于時春未歇, 麥氣始淸和. 還入平原徑, 窮巷可張羅.

註

▷金谷: 晉나라 石崇의 洛陽 郊外에 있던 놀이동산.

▷靑門: 漢나라 長安城의 東南門. 本來는 霸城門이라 불렀는데 門이 靑色이라 세상에서 靑門이라 부르게 되었다 한다.

▷冠蓋: 감투와 수레 덮개.

▷幰(헌): 수레의 휘장. 尊貴한 사람의 수레에 단다.

▷珂(가): 말 재갈에 다는 장식품. 玉이나 大貝(큰 조개껍질)로 만들며 움직이면 소리가 나는데 이를 鳴珂라 한다.

▷麥氣: 보리 익는 냄새.

▷淸和: ① 날씨가 淸明하고 溫和함. ② 陰曆 4月 즉 초여름을 가리킴. 宋나라 王安石도 〈初夏卽事〉 絶句에서 읊었다. (抄3・4구) "晴日暖風生麥氣, 綠陰幽草勝花時. 활짝 개인 날 따듯한 초여름 바람에 보리 익어가는 내음 피어나니, 綠陰과 芳草가 온갖 꽃 찬란하게 피는 때(즉 봄)보다 낫고 말고."

▷平原: 넓은 벌판. 郊外의 벌판. 何遜이 사는 곳을 가리킴.

▷窮巷: 陋巷. 요즈음 말로 貧民窟.

▷張羅: 門前張羅. 문 앞에 오가는 사람 없어 새들이 안심하고 모여드니 새 잡는 그물을 펼칠 수 있다는 말. 極度로 별 볼일 없고 썰렁한 집을 말함. 門可羅雀(문에서 참새를 그물질 할만하다)과 같고 門前成市・門庭若市와 反對되는 말이다.

解說

〈수레 속에서 新林浦의 이별을 보니 참으로 盛大하였다〉

洛陽의 金谷인가 유람객도 많고 長安의 靑門인가 감투·수레덮개 와글와글. 숲 넘어 달리는 고급 휘장 단 수레 보이고 언덕 아래 재갈의 자개장식 울리는군. 이때는 봄이 아직 다할 때가 아니건만 보리 내음 풍기니 막 초여름 되는 것인가, 이 번화한 新林浦 지나 郊外 벌판 길로 들어오니 내 사는 陋港은 참새그물 펼칠만하군.

21. 〈贈李白〉(七言絶句)

秋來相顧尙飄蓬, 未就丹砂愧葛洪.
痛飮狂歌空度日, 飛揚跋扈爲誰雄?

❖ 제1 · 2구: 秋來相顧尙飄蓬, 未就丹砂愧葛洪.

註

▸秋來: ① 가을이 오다. 李賀(이하)도 〈秋來〉라는 詩가 있다. ② 가을에. 例: 夜來: 夜中. 夜裏. 朝來: 朝中. 朝裏. 다음은 詩에 쓰인 例이다.

〈春曉〉 唐 · 孟浩然

春眠不覺曉, 處處聞啼鳥. 夜來風雨聲, 花落知多少.

▹多少는 多의 뜻만 있는 偏義複詞이다.

〈봄날 새벽〉

봄은 원래 나른하고 노곤한 계절이라 새벽 날 밝는 줄 모르고 잠들었었는데, 여기저기서 새(아마 참새가 가장 먼저 활동할 것이다) 우는 소리 들려 깼다. 가만히 누워 생각해보니 밤중에 비바람 소리 들렸던 듯하다. 흠 상당히 많은 꽃들이 졌겠군.

〈秋風引〉 唐 · 劉禹錫

何處秋風至, 蕭蕭送雁群. 朝來入庭樹, 孤客最先聞.

▹何處는 何時의 뜻이다.

〈가을바람 노래〉

언제 가을바람이 벌써 와, 휘휘 부는 그 속에 기러기 떼 보내주었나. 아침에 뜨락 나무에 들어 왔을 때, 외로운 나그네가 제일 먼저 들어 알았지.

▸相: 둘 이상 사이에 일이 발생할 때 쓰는 語助詞. 해석할 필요도 없고

해석할 수도 없다. 예를 들어보겠다.

〈竹里館〉 唐・王維

獨坐幽篁裏, 彈琴復長嘯. 深林人不知, 明月來相照.

▷深은 무성하다. 울창하다의 뜻이다.

홀로 그윽한 대숲에 앉아 琴을 타고 다시 휘파람 부네. 무성한 대숲이라 사람들은 알지 못하고 밝은 달만 와서 나를 비출 뿐.

➡ 많은 사람들이 서로 비춘다고 하여 자세히 뜻을 캐물으면 난처한 나머지 왕유가 대머리라 서로 비춘다고 해도 된다고 우스갯소리로 얼버무린다. 옛사람들은 항상 무엇을 썼다 冠이든 巾이든 笠이든 帽든 그러니까 대머리 핑계는 곤란하다.

▸顧: ① 訪問하다. 問安하다. ② 돌보아주다. 살펴주다. ③ 돌아보다. 반성하다. 이 "顧"는 杜甫의 一方的인 行動이다. 李白과 杜甫의 關係는 兩人의 詩를 통해서보면 杜甫는 李白에게 큰 關心이 있었으나 李白은 杜甫에게 冷淡까지는 아니라도 덤덤한 편이었다.

▸尙: 아직도. 그래도. 여전히.

▸飄蓬(표봉): ① 날고 있는 쑥대. ② 정처 없이 떠돌아다님의 상징. 같은 뜻으로 飛蓬, 轉蓬, 蓬飄라고도 쓴다.

▸未就: 아직도 完成하지 못하다. 就는 成就. 成功. 完成의 뜻.

▸丹砂: ① 朱砂. 鑛物名. 藥材이다. ② 丹砂를 써서 만든 丹藥을 말한다.

▸葛洪(갈홍): 晉나라 사람. 스스로 抱朴子리 號를 붙임. 神仙・導養(攝生・養生을 말함)術을 좋아하였고 煉丹術(金丹・丹藥을 만드는 법)을 익혔다. 交趾(교지)에서 丹砂가 生産된다는 것을 듣고 勾漏令(구루령)을 自願하였으며 羅浮山에 이르러 煉丹, 丹藥이 完成되어 尸解 —≪晉書・葛洪傳≫에 의하면 葛洪은 대낮까지 앉아 있다가 兀然(올연, 靜止된 모습. 홀로 있는 모습)히 잠든듯 卒하였다……顏色은 살아 있을 때

와 같았고 尸身도 柔軟하였으며 入棺할 때 아주 가벼워 몸이 없는 텅 빈 衣裳 뿐인듯 하여 세상에서는 尸解得仙(形骸는 남겨두고 神仙이 되어 갔다)하였다 함—하였다고 傳해진다. 著書로는 ≪抱朴子≫, ≪神仙傳≫ 등이 있다.

解說

가을날에 그대를 찾아뵈오니 아직도 여전히 날아다니고 굴러다니는 쑥대같이 제자리를 잡지 못하고 계시군요. 가을은 쓸쓸하고 처량한 계절이라지만 또한 收穫·成就의 계절이기도 한데 이래서야 되겠습니까. 自信滿滿하시던 金丹의 完成은 안하시는 건지 못하시는 건지 不知何歲月이니 大先輩인 葛洪에게 부끄러워해야 할지 葛洪이 이런 엉뚱한 後輩를 둔 것을 부끄러워해야 할지 모르겠소이다. (내가 金丹을 꼭 찬성하는 것은 아니지만 그것이나마 熱中하고 努力하며 사시는 것이 옳다고 여겨집니다.)

❖ 제3·4구: 痛飮狂歌空度日, 飛揚跋扈爲誰雄?

註

▸痛: 몹시. 대단히. 심하게. ➪ 痛快: 아주 기쁘게, 아주 신나게. ➪ 日本이 우리에게 사과한답시고 "痛惜의 念을 禁 할 수 없다" 했는데 世間에서는 "痛"字가 들어간 것을 보고 그럴듯하게 여겼으나 사실은 다르다. "痛惜"은 心痛惋惜의 준말이니 心痛은 아쉽다, 속이 쓰리다, 마음이 아프다 이며 惋惜(완석)은 (남의 불행·슬픔에) 애석해하거나 안타까워하거나 아쉬워한다는 것이다. 日人들의 巧言詭詞일 뿐이다.

▸痛飮: 한껏·마음껏 飮酒함. 痛醉: 한껏 술 마셔 醉함.

▸狂歌: 마음껏·한껏 노래하다. 狂은 ① 미친 병. ② 放蕩. 狂放. ③ 방자하게. 제멋대로(縱情)등의 뜻이 있다.

▸度日: 날을 보내다. 생활하다. 살아가다.

▸飛揚: ① 날아오르다. ② 放縱하다. ③ 들까불다. ④ 心神이 불안하다(魂魄飛揚).

▸跋扈(발호): ① 倨慢하고 橫暴하다. ② 용감하고 씩씩하다. ③ 고기나 새우가 튀는 모습. 扈는 죽방. 가두리. 바다에 대나무 등으로 울타리 쳐서 물고기를 잡는 장치.

▸飛揚跋扈: ① 倨慢하고 橫暴하며 제멋대로 임. ② 意氣와 擧動이 常軌(떳떳하고 바른 길)를 벗어나고 拘束이나 制約을 받지 않음. ➪ 李白은 칼쓰기를 좋아하고 義俠心많다고 史書에 나옴.

▸誰: ① 무엇(何). ② 누구. 어느 사람.

▸雄: ① 勇猛함. ② 剛健함. 豪放함. ③ 雄壯함. ➪ 너무 나쁘게 쓸 수 없어서 "雄"字를 쓴 것이지 사실은 비난의 뜻이다.

➥ 제4구는 李林甫(當時의 宰相)와 安祿山의 跋扈함을 指摘함이라고 ≪補注≫에서 말했는데 〈贈李白〉의 內容과 어떻게 그 脈絡이 通할 수 있는지 의문이다.

解說

마음껏 마시고 한껏 들이키고 신나게 노래하고 마음껏 뽐아내면서 멋있게 산다고 하시지만 내 보기엔 헛되이 세월을 보내고 계시다고 할 수 밖에 없소이다. 그리고 그렇게 날아오르듯 뛰어오르듯 칼도 쓰시고 義俠心도 많게 사시는 것이 좋다고 칩시다. 그러나 지금 목적이 무엇이고 목표가 어디입니까. 煉丹하여 成仙하자는 것입니까 救世濟民입니까. 아니면 나 같은 拙丈夫는 敢히 헤아릴 수도 없는 大鵬이 큰 뜻이 따로 있단 말입니까 도대체 누구를 위한 헌걸참인지 알 수 없으니 답답합니다.

➥ 李白과 杜甫사이에 주고받거나 서로 그리워한 詩作을 보면 李白은 "심드렁하다"까지는 아니라 해도 좀 거시기하다. 杜甫는 상당히 眞摯한 感情과 傾倒된 心思를 드러내고 있었다. 本詩는 杜甫로서는 失望되는 部分도 있고 거정되는 點도 있어서 作心하고 한마디 한 것이다. 또한 제2

구의 "丹砂"云云한 것을 杜甫가 李白과 함께 金丹을 만들지 못해 부끄러워한다는 것 같은 해석은 千不當萬不當이며 該當無다. 杜甫와 金丹이라니! 중의 상투요, 처녀의 불알 같은 일이다.

☛ 参考 ❶: ① 가을 詩

〈秋來〉 (五言古詩) 唐·李賀

桐風驚心壯士苦, 衰燈絡緯啼寒素. 誰看青簡一編書, 不遣花蟲粉空蠹.
思牽今夜腸應直, 雨冷香魂弔書客. 秋墳鬼唱鮑家詩, 恨血千年土中碧.

註

▷桐風: 가을을 象徵하는 것은 梧桐잎 지는 소리. 오동잎을 기어코 떨어뜨리려고 부는 바람.

▷壯士: 勇士. ≪戰國策·燕策≫에 荊軻가 秦王을 죽이려고 떠날 때 易水(역수)가에서 부른 노래가 "風蕭蕭兮易水寒, 壯士一去兮不復還."임. 아무리 씩씩하고 용감한 壯士라도 가을바람 불면 이룬 것 없이 세월이 가는 것을 견디기 어려울 것이라는 뜻.

▷衰燈: 가물가물 꺼져가는 등불.

▷啼寒素: ① 啼於寒冷之素秋. 찬 가을날 울고 있다. ② 啼於寒日之素絹 ⓐ 가을날 흰 깁 짜며 운다. ⓑ 가을날 흰 깁 장막에서 운다. 베짱이의 울음은 베짜는 소리 같다. 따라서 깁짜는 소리를 내며 운다는 뜻 또는 추운 가을 울음을 짜낸다.

▷青簡: 殺青(푸른색과 미끈거리는 기름기를 빼냄)한 대쪽. 그 위에 글을 써서 여럿을 묶은 것이 冊이다.

▷編: 엮다. 殺青하여 글을 써놓은 대쪽을 죽 엮은 冊을 編書라 하겠다.

▷不遣: 不使. 不令. ~하지 않게 하다.

▷花蟲: 좀벌레. 몸에 은빛 비늘이 곱게 덮여 윤이 난다. 그래서 이렇게도 부른다.

▷粉: 책이 (좀먹어) 가루가 되다.

▷蠹(두): 좀벌레. 여기서는 좀먹다는 뜻으로 쓰였다.

▷牽: 腸을 잡아당기다. 焦燥不安할 때에는 장이 뒤틀린다고 回腸이라고 썼었다. 司馬遷〈報任少卿書〉: "是以腸一日而九廻." 그러나 여기서는 腸이 꼿꼿해진다 하여 굽히지 않는 氣概·意志를 나타냈다. 古人은 腸으로 感情의 狀態를 표현하였다. ⇨ 直腸: 마음이 곧은 것. 시원한 것을 比喩함.(≪漢語大詞典≫)

▷香魂: 아름다운 詩文을 썼던 옛 作家들의 魂. 詩人의 魂.

▷弔: 慰問하다. 同伴하여주다. 벗하여주다.

▷書客: 讀書人. 書生.

▷鮑家詩: 鮑照의 詩에 〈代蒿里行〉이 있다. 간단히 말하면 옛날에 있던 〈蒿里曲〉의 內容을 모방하여 지은 葬送의 노래다. ⇨ ≪古今註≫에 의하면 〈薤露歌〉와 〈蒿里曲〉은 田橫의 門人들이 지었다 한다. 田橫이 自殺(漢·高祖·劉邦이 天下를 統一할 때 田橫은 降伏하기 부끄럽다고 自決함)하자 門人들이 슬퍼하며 悲歌 2章을 지었는데 漢武帝 때 李延年이 두 曲으로 나누어 王公貴人의 喪事에는 〈薤露歌〉를 士大夫·庶人의 葬送에는 〈蒿里曲〉을 불러주게 했다 한다. 輓歌 즉 상엿소리다.

〈薤露歌〉 漢·無名氏

薤上露, 何易晞. 露晞, 明朝更復落.

人死一去何時歸.

▷薤(해): 염교. 부추의 옛 이름. 잎이 두툼하지만 실처럼 길어 이슬이 매달려있기 어렵다.

〈부추 위 이슬 같은 인생의 노래〉

부추 위 이슬, 어찌 그리 쉽게 마르던가. 이슬이야 마르면 내일아침 다른 이슬이 갈마들어 또 방울져 부추 위에 떨어지지만, 사람 죽어 한 번 가면 어느 때 돌아올까.

〈蒿里曲〉 漢·無名氏

蒿里誰家地, 聚斂魂魄無賢愚.

鬼伯一何相催促, 人命不得少踟躕.

▷蒿里: 地名이라고 한다. 그러니 우리에게 쑥대밭이라는 말이 있어 거친 땅. 荒凉한 땅. 무덤 있는 곳으로 불리듯이 그런 뜻으로 봄이 좋겠다.

▷鬼伯: 鬼王. 閻羅大王.

〈쑥대밭의 노래〉

쑥대밭은 누구의 고장인가. 魂魄을 긁어모으는데 잘나고 못나고 가림이 없이 공평하다네. 鬼伯은 어찌 그리 재촉하시는가, 목숨이 조금도 머뭇거릴 수 없다니.

➪ 現 中國의 著名한 古代詩歌 硏究家인 蕭滌非先生에 依하면 東漢 즉 後漢에서는 結婚의 祝賀宴會에서 이 〈薤露〉, 〈蒿里〉를 즐겨 불렀다 한다. 사람들은 常軌를 逸脫할 때에 큰 快感을 느끼는 것 같고 하나의 獵奇的인 趣向이라고 볼수 있는데 古今이 같다. 淸나라 마지막 임금인 宣統帝(愛新覺羅 溥儀)가 成年이 되어 婚姻을 하는데 先皇의 妃嬪들이 모두 當時 最高의 旦役(단역. 경극에서 남성배우가 맡는 여주인공 역)인 梅蘭芳이 出演하는 히트작 〈霸王別姬〉를 굳이 結婚祝賀宴에서 보기를 원하였다. 元老大臣들이 反對하였지만 遜帝(퇴위한 皇帝)는 젊은지라 介意치 않는다 하여 그대로 公演하였다. 모든 부인들이 楚霸王과 虞姬의 結末을 보며 흐느낌 끝에 紛紛히 눈물을 뿌려 滿洲族 王公貴人들이 祥瑞롭지 못한 兆朕이라며 탄식・鬱鬱不樂한 속에 잔치는 끝났다고 한다.

▷恨血. 碧: ≪莊子・外物≫: “萇弘死於蜀, 藏其血, 三年而化爲碧. 周靈王의 賢臣인 萇弘이 蜀으로 쫓겨나자 배를 가르고 죽었다. 그 피를 보관하니 3년이 되자 碧玉으로 변하였다.” 따라서 碧血(碧玉이 된 피)은 忠臣・烈士・志士들의 不屈의 精神을 상징한다.

▷土中: 地下. 墳土中.

解說

梧桐에 부는 바람 마음을 놀라게 하니 세운 공 없이 허무하게 흘러가는 세월에 壯士도 괴로운데. 가물가물 꺼져가는 등불에 베짱이는 찬 가을날을 짜내며 울고 있다. 그 누구일까 푸른 기운 가신 대쪽 엮은 한 권 나의 詩集을 보아주어 은빛 벌레가 먹어 가루로 만들고 좀슬게 하지 않을 사람이. 나의 꼿꼿하고 변하지 않는 마음은 창자를 끌어당겨 오늘밤 곧게 뻗칠 것이니 비 차가울 때 옛 시인들의 아름다운 넋은 이 書生을 위로하고 벗하리라. 그 넋은 그리고 가을날 무덤에서는 鬼神되어 鮑照의 挽歌를 부를 것이며 한 맺힌 피는 흙속에서 碧玉되어 千年을 갈 것이다.

② ≪楚辭≫에 실린 〈九辯〉에서 宋玉이 가을을 더 이상 써낼 수 없게 曲盡하게 그렸건만 그 以後로도 많은 사람들이 비슷비슷한 內容을 읊었다. 魏·文帝·曹丕도 〈燕歌行〉 二首의 其一에서 "秋風蕭瑟天氣凉, 草木搖落露爲霜. 群燕辭歸雁南翔, 念君客遊多思腸.…… 가을바람 휘휘불고 날씨는 서늘한데 초목은 시들어 잎 떨어지고 이슬은 서리된다. 제비떼는 간다고 하직하고 기러기 남으로 날아가는데 타향 떠도는 그대를 생각하니 그리움의 속마음 깊이라.……" 하여 再湯을 着實히 하였으니 그 以後의 文士들은 가을의 슬픔에 관한한 擱筆(각필)을 해야 마땅하거늘 如前히 슬프다는 둥 고독하다는 둥 처량하다는 둥 외롭다는 둥 千篇一律로 읊어대니 千首가 한 首같고 한 首가 千首라 卷頭가 卷尾요 卷末이 卷首같은 作品이 汗牛充棟에 五車書 맞잡이에 이르러 그야말로 넌덜머리나고 진절머리 칠 일이었다. 그 사이에 새로운 길을 開拓한 것도 있으니 첫째 九月九日重陽節과 菊花酒를 읊은 것, 둘째 農家의 收穫을 그린 것이 그것이다. 唐代의 反骨이요 改革派인 劉禹錫은 그래서 가을에 관한 詩도 舊套를 벗어나고 日常의 가락을 넘어서는 作品을 남겼다. 亦是 改革派는 달라도 무엇이 다르다는 것을 느끼게 한다.

〈秋詞〉 二首 其一 唐·劉禹錫

自古逢秋悲寂寥, 我言秋日勝春朝. 晴空一鶴排雲上, 便引詩情到碧霄.

▷言: 知. 料. 알다. 헤아리다.

解說

옛부터 가을이 되면 고요하고 쓸쓸함이 슬프다고들 하였지만, 나는 가을이 봄보나 낫나고 생각한나. 밝게 개인 허공을 학 한 마리 구름차고 오르면, 그대로 우리의 詩情까지 끌고 푸른 하늘에 닿게 하니.

其二

山明水淨夜來霜, 數樹深紅出淺黃. 試上高樓淸入骨, 豈知春色嗾人狂.

▷試: 해보다.

▷骨: 江掩 〈別賦〉: "心折骨驚." 李善注 "亦互文."에서 보듯이 心과 骨, 折과 驚은 같은 뜻이니 원래는 心神, 心意의 뜻으로 쓰였으나 뼛속으로 해석함이 더 절실하게 느껴진다.

▷嗾(주): 추기다. 선동하다. 使嗾하다.

解說

여름의 안개구름 걷힌 산은 밝고 여름장마의 더러운 것 가라앉은 물은 깨끗한데 밤에 서리까지 내리니, 淺黃色(연한 누른 빛) 숲에서 眞紅 빛 나무가 몇몇이 나타났네. 높은 樓閣에 올라보면 맑음이 뼛속까지 스며드니 어찌 봄경치가 사람을 미치게 추기는 것 같으리.

➪ 北京의 西郊에 있는 頤和園은 西太后가 海軍 증강에 쓰일 이른바 國防費를 일부 꿀꺽하여 (그리고 清日戰爭에서 깨졌다) 重修한 離宮인데 萬壽山을 中心으로 排雲殿·佛香閣等의 建物과 그 有名한 長廊이 있으며 昆明湖와 十七孔橋가 아름답기 짝이 없다. 그 곳의 排雲殿이 劉氏의 〈秋詞〉에 나오는 "晴空一鶴排雲上"에서 따온 것인지 궁금하여 찾아보니 "排雲"은 晉·郭璞의 〈游仙詩〉, 南朝·梁·沈約의 〈咏孤桐〉에서 이미 써먹은지라 조금 섭섭했으나 詩속의 쓰임새는 다 劉氏만 못하여 약간 그런대로 위안이 되더라.

➪ 봄의 處地에서는 조금 억울한 점이 있을 것이다. 자꾸 비교하면서 깎아내리니까 말이다. 劉氏는 봄이 사람을 미치게 추긴다고 非難調로 말했고 唐·杜牧은 그의 〈山行〉(七言絶句)에서 "霜葉紅於二月花. 서리맞은 잎이 이월 仲春 한참인 때의 봄꽃보다 더 붉다. 뛰어나다."라고 아예 봄의 判定敗를 宣言했고, 宋·王安石은 〈初夏卽事〉(七言絶句)에서 "綠陰幽草勝花時. 綠陰芳草가 꽃의 계절 즉 봄보다 낫다."라고 露骨的으로 초여름의 역성을 들었다. 그러나 이것은 모두 봄을 强力한 라이벌·맞수로 본다는 증거고 그만큼 봄이 高地를 先占하고 있다는 標識라 슬퍼할 것도 애통할 것도 없다. 돈 한푼 안들이고 廣告도 되고. ≪莊子≫를 보면 孔子를 그야말로 떡이 되도록 두들기는데 孔門의 애송이는 불끈거리고 시뻘건 얼굴을 하지만 山戰水戰 두루 겪은 능구렁이는 莞爾而笑(완이이소)라 빙그레 웃기만 한다. 같은 이치일

것이다.

世間에서는 世界第一의 名門은 孔子의 家門이라 하고 西洋第一의 家門은 합스부르크(Habsburg)家라고 말한다. 孔門의 宗孫인 孔德成 教授는 옛날로 치면 衍聖公인데 이른바 名士라 글씨를 얻으려는 사람이 많다. 汪中 선생님 댁에서 차를 마시며 한담을 하는데 한 학생이 孔先生님의 글씨를 얻었다고 자랑하기에 보여 달라니까 펴놓는데 "吉羊止止"(羊은 祥과 通한다)였다. ≪莊子・人間世≫에 "虛室生白, 吉祥止止"라 했는데 바짝 줄인 모양이다. 다들 아니 儒家의 글에도 써줄 것이 하고 많은데 웬 ≪莊子≫하며 失笑하는데 汪中선생님만이 燕雀이 어찌 鴻鵠의 뜻을 알리(≪史記・陳涉世家≫에 나오는 말이렸다) 하시듯 點頭하시는 것이었다.

⇨ 宋詞를 보니 辛棄疾(신기질)의 가을의 詞 한 首가 괜찮았습니다.

〈醜奴兒〉

少年不識愁滋味, 愛上層樓, 愛上層樓. 爲賦新詞强說愁.

而今識盡愁滋味, 欲說還休, 欲說還休. 却道天凉好個秋.

젊은 날에는 시름의 맛을 모르면서, 높은 누각에 오르길 좋아했으니, 높은 누각에 오르길 좋아함은 새로운 사를 지어 시름을 억지로 짜내기 위함이었지.

지금은 시름의 맛을 다 알아버려, 말하려다 그만두니. 말하려다 그만두고 도리어 날씨 한번 시원한 좋은 가을이군 할 뿐이지.

☛ **參考 ❷: 쑥대에 관해서**

① 蓬頭・蓬首

≪詩・衛風・伯兮≫: "自伯東兮, 首如飛蓬. 님께서 동으로 가시고 난 후, 내 머리는 쑥대 같아."

▷飛蓬・轉蓬: 뿌리는 약하고 줄기・잎은 발달하여 크기 때문에 바람 한번 불면 쉽게 뽑혀 굴러가거나 나르므로 "轉"・"飛"를 으레 붙인다.

〈登徒子好色賦〉에서 抄. 戰國・楚・宋玉

天下之佳人莫若楚國, 楚國之麗者莫若臣里. 臣里之美者莫若臣東家之子. 東家之子, 增一分則太長, 減一分則太短, 著粉則太白, 施朱則太赤.

眉如翠羽, 肌如白雪, 腰如束素, 齒如含貝. 嫣然一笑, 惑陽城・下蔡.

然此女登牆, 闚臣三年, 至今未許. 登徒子則不然. 其妻蓬頭攣耳, 齞脣歷齒. 旁行踽僂, 又疥且痔. 登徒子悅之, 使有五子. 王孰察之, 誰爲好色者矣.

▷分(푼): 普通 0.3㎝ 정도이나 時代에 따라 다르다. 宋玉의 戰國時代에는 0.23㎝이다.

▷朱: 紅色物品의 뜻. 여기서는 胭脂를 말함.

▷束素: 한 묶음의 비단. 가늘고 희고 매끈함의 세 가지 뜻을 포함함.

▷嫣然: 방긋이. 웃는 모습.

▷陽城・下蔡: 楚나라 上流階層의 封地. 안목이 높고 사치하는 사람들이 사는 곳. 따라서 어지간한 人物이나 事物에 감동하지 않는다는 뜻임.

▷蓬頭: 쑥대머리.

▷攣(련): 오그라들다. 꼬부라지다.

▷齞(언)脣: 입술이 이를 가리지 못함. 아무리 애를 써 다물어도 헤벌린 입술사이로 이가 보이는 것.

▷歷齒: 듬성듬성한 이.

▷踽僂(우루): 傴僂(구루). 곱추. 곱사등이.

▷旁行: 걸음이 비뚤어짐.

▷疥(개): 옴.

▷痔(치): 치질.

▷悅: 사랑하다.

▷孰: 熟과 같다. 자세히.

解說

天下의 아름다운 사람은 楚國의 아름다운 사람보다 나은 이 없고, 楚國의 고운 사람은 臣의 마을 고운 사람만한 이 없으며 臣의 마을 예쁜 사람은 臣의 東쪽 이웃 여자에 견줄 이가 없습니다. 東쪽 이웃의 여자는 2밀리를 보태면 너무 크고 2밀리를 줄이면 너무 작고 분바르면 너무 희고 연지 칠하면 너무 빨갛습니다. 눈썹은 푸른 깃 같고 살결은 흰 눈 같으며 허리는 한묵음의 비단 같고 이는 자개를 물고 있는 것 같습니다. 방긋이 웃으면 눈 높고 세련된 陽城·下蔡 사람들도 홀려버립니다. 그러나 이 여자가 담장에 다가서서 臣을 엿 본지 3년이나 臣은 지금까지 허락하지 않았습니다. 登徒子는 그렇지가 않습니다. 그의 아내는 쑥대머리, 도르르 말린 귀, 아무리 다물어도 이가 보이는 입술, 듬성듬성한 이빨에 비뚤대고 걸으며 곱추처럼 굽었는데 거기다가 옴이 오르고 또 치질까지 있습니다. 그래도 登徒子는 사랑하여 자식을 다섯이나 두게 하였습니다. 임금님께서는 자세히 살피소서, 누가 好色하는 사람입니까!

➪ 쑥대머리: 판소리 춘향가 가운데 한 대목. 춘향이 옥 중에서 이도령을 그리워하는 내용이다. 名唱 임방울은 타고난 좋은 목청으로 界面의 대가가 되었는데 특히 춘향가가 뛰어났고 그중의 白眉가 쑥대머리였다. "쑥대머리 귀신 형용 적막옥방 찬 자리에 나느니 님 생각뿐이로구나. ……"

➪ 작소(鵲巢)머리: 까치집 모양으로 헝클어진 머리를 말한다. 1930~40年代에는 쑥대머리가 아닌 작소머리가 유행하였다.

② 轉蓬·飄蓬·蓬飄

〈雜詩〉 六首 其二 三國·魏·曹植

轉蓬離本根, 飄颻隨長風. 何意迴飆擧, 吹我入雲中.

高高上無極, 天路安可窮? 類此遊客子, 捐軀遠從戎.

毛褐不掩形, 薇藿常不充. 去去莫復道, 沈憂令人老.

▷離: 뿌리박고 살던 땅을 떠남.

▷本根: 줄기와 뿌리.

▷飄颻: 나부끼는 모습. 날아가는 모습. 떠다니는 모습.

▷長風: ① 먼 곳에서 불어오는 바람. ② 暴風.

▷飆(표): 회오리바람. 旋風·迴飆도 같은 뜻임.

▷天路: ① 하늘을 날 때 길이 있어 그것을 따라간다고 해서 부르는 말. ② 높고 아득한 곳에 있는 길

▷捐軀: 捐身.(숭고한 일·正義·국가를 위해) 목숨을 바치다. 목숨을 버리다.

▷從戎: 從軍.

▷毛褐(모갈): 거친 털옷. 거친 베옷.

▷薇藿(미곽): 고비(고사리와 비슷함)와 콩잎. 粗食(험한 음식, 거친 음식)을 나타냄.

▷充: 充足·充滿의 뜻. 그러나 앞의 "不掩形"과 짝을 맞춰 不充腸·不充腹·不充飢로 봄이 좋다. 따라서 充은 實(채우다)의 뜻이 된다.

▷去去: 樂府詩의 常套語. 그만두자. 내버리자. 중단하자. 던져버리다.

▷沈憂: 深憂.

解說

쑥대, 툭하면 뽑혀 잘 구르고 잘 날아 이름마저 轉蓬·飛蓬이 되고만 쑥대라네. 줄기와 뿌리가 땅을 떠나 먼 곳에서 불어오는 바람 따라 날았네. 어찌 생각했겠는가. 회오리바람이 높이 올려 나를 구름 속에 넣을 줄을. 높이 높이 올라 끝이 없으니 하늘의 길이 어찌 다함이 있겠는가.

나그네, 나그네는 쑥대와 비슷하지. 목숨 바쳐 멀리 從軍하네. 거친 털옷이나마 몸뚱이를 가려주었으면, 고비·콩잎의 험한 먹을거리마저 주린 배 못 채우네. 그만두자, 더 말하지 말자. 깊은 근심은 무슨 효과도 없이 사람을 늙게 할 뿐이다.

〈送友人遊塞〉 唐·賈島

飄蓬多塞下, 君見益潸然. 迥磧沙銜日, 長河水接天.

夜泉行客火, 曉戍向京煙. 少結相思恨, 佳期芳草前.

▷遊塞: 변새를 전전하다. 전방을 이리저리 다니다.

▷飄蓬: 날고 있는 쑥대. 정처 없이 飄泊·漂泊(유랑·방랑)함의 상징.

▷塞下·塞上: 邊塞附近·邊境地域. 一線地帶. 예: 鄴下. 稷下. 都下. 世上. 路上. 天上. ⇨ 上·下 모두 名詞 뒤에 붙어 一定場所·範圍等을 나타낸다.

▷潸(산)然: 눈물을 줄줄 흘리는 모습.

▷磧(적): 모래벌판. 사막. 자갈밭.

▷戍: 변방을 지키는 일. 그 일을 맡은 士兵. 邊方의 防禦(邊防)을 위한 堡壘·營壘.

▷少: 命令文에서 삼가라는 뜻으로 쓰임.

▷佳期: 애인 · 친구를 만나는 때.

▷芳草: ① 봄날 향기로운 풀. ② 초여름의 푸르고 향내 나는 풀.

解說

날고 있는 쑥대는 변경일대에 많아 그대 정처 없이 굴러다니는 쑥대 보면 제 신세 같아 더욱 눈물 흘릴 것이네. 아득히 펼쳐진 사막! 모래밭이 붉은 태양을 꿀꺽 삼킬 듯 머금고 품으며, 길고 길게 흐르는 黃河! 그 물은 멀리 하늘과 착 붙어있으리. 밤에는 오아시스에 카라반(隊商)의 불빛이 밝을 것이고, 새벽에는 堡壘에서 서울 쪽으로 상황을 알리는 烽燧연기 오를 것이네. 그리움의 한일랑 뭉쳐 두질 말길, 우리 만날 멋진 날은 芳草의 세설前 이니까.

〈送修武元少府〉 唐 · 錢起

寸祿榮色養, 此行寧歎惜. 自矜黃綬采蘭時, 不厭丹墀芳草色.

百戰荒城復井田, 幾家春樹帶人煙. 黎甿久厭蓬飄苦, 遲爾西南惠月傳.

▷修武: 고을이름.

▷少府: 縣尉. 縣令 다음가는 地方官.

▷榮: 榮光. 칭송.

▷色養: ≪論語 · 爲政≫編에 나오는 말로 諸說이 紛紜하나 "자식이 온화하고 기쁜 얼굴빛으로 父母를 奉養한다. 또는 父母의 얼굴빛을 살펴 속마음을 헤아리고 알아차려 잘 奉養한다"라고 보면 된다.

▷黃綬: 漢代에 二百石의 祿을 받는 官吏는 銅印에 黃色印綬를 찬다 하여 낮은 官吏를 말한다.

▷采蘭: ≪文選 · 束晳 · 補亡詩≫ 六首의 其一이 〈南陔. 남헤〉인데 "循彼南陔, 言采其蘭. 남쪽 밭두둑을 따라가며 쉽싸리 꺾도다"하였다. 李善은 注에서 밭두둑 따라가며 香草를 꺾어 父母님을 供養함이라 하였다. ⇨ 이 束晳의 〈補亡詩〉는 ≪詩 · 小雅≫의 名目만 있고 詩는 없어진 〈南陔〉, 〈白華〉, 〈華黍〉 등 6篇을 지기가 상상하여 지은 것인데 〈南陔〉, 〈白華〉는 孝道에 관한 것이다.

▷丹墀: 본래 宮殿의 붉은 계단이나 官府를 나타내기도 한다. 요즈음 알기

쉽게 말하자면 붉은 카펫 깔린 청사.

▷芳草: ≪楚辭・招隱士≫: "王孫遊兮不歸, 春草生兮萋萋. 님은 떠돌아 돌아오지 않는데, 봄풀은 어김없이 돋아 더부룩하다"에서 그 뜻을 따왔다. 他鄕의 관청에서 관리노릇 하느라 세월이 흘러 芳草는 푸르러도 故鄕 못 간다고 너무 벼슬살이를 싫어하지 말고 견디라는 뜻임.

▷井田: 옛날의 제도. 아홉 구역으로 밭을 나누어 여덟 집이 한 구역씩 갖고 가운데 한 구역을 공동으로 경작하여 그 生産된 것을 나라에 바치는 제도. 後에는 단순히 耕作을 뜻하였다.

▷幾家: 家는 場所・處所의 뜻이다.

▷人煙: 사람 사는 집에서 오르는 밥짓는 연기. 따라서 人家・民家를 뜻하기도 한다.

▷黎甿(여맹): 黎는 무리, 많다는 뜻이고 甿은 농사짓는 백성. 人民. 黎甿은 많은 百姓.

▷遲爾: 그대를 기다리고 있다. 遲를 (chí)로 읽으면 늦다, 더디다의 뜻이고 (zhì)로 읽으면 기다리다, 바라다. 초대하다의 뜻이다.

▷惠: 百姓에 대한 仁愛・寬厚・恩惠를 말한다. 따라서 地方官 즉 牧民官의 政績이나 敎化를 나타낼 때 "惠化"라 하였고 백성을 이롭게 하고자 하는 마음을 "惠心"이라 하였다.

解說

〈修武縣의 縣尉로 가는 元氏를 전송하며〉

마디만한 녹봉이라도 孝道할 수 있는 榮光된 길이거늘, 이번 길을 어찌 탄식하고 아쉬워하시는가. 黃色 印綬(인끈)차시고 옛 사람이 香草꺾어 부모님께 바치듯 孝道 행하심에 긍지를 가지셔야지. 붉은 섬돌 관청에 봄풀 푸르러도 고향 못 간다고 벼슬살이 싫증내지 마시게, 하 많은 戰亂에 荒凉해진 성에 다시 밭갈이에 힘쓰셔야 하겠는데, 몇 곳이나 될런지 봄 돌아온 나무에 밥 짓는 연기 걸린 데가. 뭇 백성들이 쑥대 날리듯 이리저리 쫓기는 고통을 오랫동안 슬카장 겪었으니, 그대가 西南地域에 恩惠와 寬厚의 두루 비추는 달되어 그 빛 전해주길 기다리고 있을 것이네.

☛ 参考 ❸: 跋扈에 대하여

後漢 順帝의 梁皇后 오라비인 梁冀는 名門의 子弟로—後漢의 開國功臣이랄 梁統의 曾孫이 梁商으로 順帝의 장인이 되었으나 謙遜하고 禮儀凡節이 分明하였으며 어진 人才를 적극 推薦하여 이름났었다—父親인 梁商이 죽자 장사도 치르기 前에 順帝는 그를 大將軍으로 삼았다. 그만큼 임금의 信任이 두터웠다는 이야기인데 妻男·妹夫사이인 점이 크게 作用했을 것이다. 그런데 아무리 勝者의 記錄이지만 敗北者에겐 손톱만큼도 私情이 없는 程度가 아니라 造作이 심하지 않나하는 느낌을 지울 수 없는 것이다.

梁冀에 대한 描寫를 보면 말더듬고 가까스로 할 줄 아는 것이 글자 쓰고 산가지 놓는 것 뿐이었단다. 그러면 능한 것이 무엇이냐. 술 먹는 것, 强弓을 당길 수 있는 것, 彈棊(요즈음의 알까기(?) 비슷), 格五(바둑·장기와 유사함), 六博(윷놀이와 유사함), 蹴鞠(축국. 공을 땅에 떨어뜨리지 않고 차는 놀이), 意錢(주사위로 하는 노름)이요, 좋아하는 것이 무엇이냐. 팔뚝에 매 앉히고 사냥개 달려 사냥함이며 말달리고 鬪鷄(즉 닭싸움)함이었단다.

順帝가 죽고 沖帝가 卽位랍시고 하였는데 襁褓(강보)에 싸인 두 살짜리 아이였다. 太后가 政事를 보니 자연히 오라비 梁冀가 得勢하게 되었는데 세 살에 沖帝가 죽자 質帝를 세웠는데 여덟 살이었나. 그런데 이 여덟 살짜리 皇帝가 의외로 총명하여 梁冀의 橫暴를 알아채고 群臣들과 朝會 하였을 때 "跋扈將軍"이라고 梁冀를 評하였다. 아무리 총명해도 역시 어린아이라 口是禍門을 몰랐던 것인지 너무 쉽게 發說하여 禍를 自招하였다. 梁冀가 이 말을 듣자 左右의 侍從들로 하여금 煮餠(즉 湯麵, 湯餠이라고도 함. 국에 만 국수, 떡이 아님)에 독을 넣어 올리니 그날로 세상을 떴다. 아홉 살이었다. 다시 桓帝를 세웠다. 그는 20여년 權勢를 휘둘렀는데 住宅과 庭園을 십리에 걸쳐 만들고 奢侈의 極을 누렸다. 그 家門에서 7封侯·3皇后·6貴人·2大將軍·夫人과 딸로 君이라 불린者 7人·尙公主하여 駙馬된 者 3人·그 나머지 卿·將·尹·校된 者 57人이라는 大記錄을 세웠다.—朝鮮의 경우 淸陰·金尙憲의 子孫으로 王后가 셋, 駙馬가 둘, 政丞이 열다섯, 判書가 오십일, 觀察使가 사십육, 謚號받은 이가 사십구라는 診記錄이 나왔다.—結局 孤立無援의 桓帝가 믿을 사람이라고는 左右의 宦官뿐이었다.

朝廷은 梁冀의 心腹이 아니면 敢히 抵抗은 생각지도 못하는 臣僚들로 채워져 있었기 때문이다. 中常侍 單超(선초)・具瑗・唐衡・左悺・徐璜 等 宦官 5人과 謀議 그의 집을 包圍 大將軍 印綬를 회수한다며 압박하니 자살로 끝이 났다. 결국 權力은 이렇게 또 宦官에게 넘어간 것이다.

그런데 우리는 원래 "跋扈將軍"이라는 有名한 말을 먼저 들은 것이 아니었다. 사실은 그의 妻인 孫壽를 통해 梁冀를 알게 된 것이다. 孫壽는 美色일 뿐 아니라 妖態(요망하고 간사스러운 태깔)를 잘 짓는 것으로 이름났다. 그리하여 史上不滅의 이름을 얻게 되었다. 그가 만든 것은 愁眉(근심을 띤 눈썹이니 가늘고 굽은 모양이었다), 啼粧(제장. 눈 아래 부분의 분을 엷게 지워 울고 난 흔적을 만듬), 墮馬髻(타마계. 틀어 올린 머리가 한쪽으로 치우쳐 이마 한쪽을 가림), 折腰步(모델들이 左右로 허리 꺾어 걷는 걸음을 생각하라), 齲齒笑(齲(구): 충치먹다. 齒痛을 앓으며 억지로 웃는 모습)等으로 이로써 사람들을 홀렸는데 말하자면 社交界의 女王이요 패션界의 리더라고 해야 금방 이해가 갈 것이다. 그리하여 史學界에서는 跋扈將軍이라는 稱號 때문에 梁冀를 기억하지만 文學界에서는 上記의 다섯 妖態로 孫壽를 떠올리게 되는 것이다.

☛ 參考 ❹: 爲誰雄에 對하여

李白에 대하여 杜甫는 그가 抱負를 펴지 못하고 雄志를 가진 채 痛飮狂歌함에 안타까움을 느꼈으리라. 馮夢龍이 編한 ≪列國志≫에 비슷한 例가 나온다. 戰國末 魏公子 信陵君 無忌가 猜疑와 牽制속에 憂鬱하게 酒色으로 末年을 보낸 것을 史臣이 嘆息한 詩가 그것이다.

俠氣凌古今, 威名動鬼神. 一身全趙魏, 百戰却嬴秦.

鎭國同堅礎, 危詞似吠狺. 英雄無用處, 酒色了殘春.

▷狺(은): 개짓는 소리. 으르렁거림.

▷危詞・危言: 直言.

解說

義俠의 기운은 古今을 능가하고 위엄을 떨친 이름 귀신도 놀라게 했다.

한 몸으로 趙·魏 두 나라를 保全했고 백번 싸워 강한 嬴氏(영씨)의 秦을 물리쳤다. 나라를 평안하게 함은 굳은 주춧돌 같고 直言은 忠犬이 으르렁거림 같았다. 英雄이 쓰일 곳 없으니 酒色으로 남은 봄을 끝냈다.

22. 〈與李十二白同尋范十隱居〉

李侯有佳句, 往往似陰鏗. 余亦東蒙客, 憐君如弟兄.
醉眠秋共被, 攜手日同行. 更想幽期處, 還尋北郭生.
入門高興發, 侍立小童淸. 落景聞寒杵, 屯雲對古城.
向來吟橘頌, 誰欲討蓴羹? 不願論簪笏, 悠悠滄海情.

❖ 詩題

註

▸范十: 未詳. 李白의 〈尋魯城北范居士, 失道落蒼耳中, 見范置酒摘蒼耳作〉이란 詩에 登場하는 范居士와 同一人인듯 함.

▸隱居: ① 세상을 피하여 숨어 삼. 隱淪. 隱棲. 棲隱. 隱逸. 隱處로 쓰인다. 다만 隱處는 이때 (yǐnchǔ)로 읽는다. ② 세상을 피하여 숨어 사는 곳. 隱處. 이때는 (yǐnchù)로 읽는다. ⇨ 隱居하는 사람: 隱人. 隱士. 隱民. 隱逸. 隱君子. 隱淪客.

解說

〈李氏 집안 兄弟中 열 두째인 白과 함께 范氏 家門 兄弟中 열째인 사람의 세상 피해 숨어사는 곳을 찾아가다〉

❖ 제1 · 2구: 李侯有佳句, 往往似陰鏗.

註

▸侯: 옛날 士大夫의 尊稱임.

▸佳句: 詩文中의 精彩 있는 句. 全篇이 아님을 알 수 있다.

▸往往: ① 가끔. 이따금. 때때로. ② 늘. 항상. 여기에서는 ①의 뜻으로 쓰였다. 恒常 그렇지는 않다는 것을 알 수 있다.

▶似: 類似함. 좋게 말하면 거의 같은 水準의 뜻이나 率直하게 말하면 不及(미치지 못함)이고 凌駕하지 못했다는 뜻이다.

▶陰鏗의 詩는 特輯에서 한 首 한 首 吟味할 것인데 우선 말하자면 상당한 수준으로 杜甫는 배울 바가 많은 作家로 보았다. 그의 〈解悶十二絶句〉의 七에서 "孰知二謝將能事, 頗學陰何苦用心"이라 하여 謝靈運, 謝朓, 陰鏗, 何遜을 竝擧하였고 〈秋日夔府詠懷一百韻〉에서 "陰何尙淸省, 沈宋欻聯翩"이라 하여 陰鏗, 何遜, 沈佺期, 宋之問을 相對方의 詩作 칭찬에 列擧하였다. 본래 사람은 尙古하는 傾向이 多分하고 當代의 人物評價는 往往 古人에 比하면 遜色이 있는 것 같이 생각하는 법이다. 後世의 사람들은 李白과 陰鏗하면 어떻게 李白을 陰鏗과 同列에 놓느냐고 흥분하지만 當代의 作品을 後代가 아닌 當時에 評價하기는 어려웠을 것이다. 安史亂以前의 杜甫作品은 강건(剛健)이나 주경(遒勁)하다고 할 수는 없다. 誇張되게 말하면 陰氏의 詩風과도 接近하는 點이 꽤 된다고 볼 수도 있다. 너무 無理하게 推理한 것이 아니냐고 나무랄 수도 있겠지만 "李白 詩中의 一部, 내가 보기에 잘된 句는 가끔 陰鏗과 비슷한데 陰鏗의 作品은 내가 본받고 나도 그런 作品이 좋다고 본다" 이렇게 정리될 수 있겠다. 더 簡單히 줄이면 李의 佳句는 가끔 나의 詩句에 接近한다는 말이 되겠는데 李白이 보기에는 語不成說, 상말로 이런 죽일 놈이 있나가 되겠다.

解說

李侯 詩篇中의 썩 뛰어난 句는 이따금 陰鏗과 비슷하다.

❖ 제3·4구: 余亦東蒙客, 憐君如弟兄.

註

▶東蒙: 동쪽에 있는 蒙山

▶憐: 사랑하다는 뜻 외에 서로를 불쌍히·가엾이 여기고 동정한다는 뜻

이 있다.

➥ 이 두 句는 나그네가 나그네의 처지와 심경을 제일 잘 이해해준다는 뜻인데 거기에 보태 詩句까지 내 마음에 드니 더욱 더 친해질 수 있어 형제처럼 사랑하게 되었다는 뜻이다. 사람은 故鄕을 떠나 客地를 떠돌다 보면 외롭고 쓸쓸하여 마음에 꼭 들지 않는 사람과도 상대하게 되는 법이다. 例를 들겠다.

➥ 唐·孟浩然〈除夜〉

漸與骨肉遠, 轉於僮僕親.

▷轉: 도리어. 반대로. 점점.

▷於: 對하다. 向하다.

▷僮僕: 어린 종. 종놈.

〈섣달 그믐날〉

점점 骨肉과는 멀어지고 도리어 僮僕과 가까워지네.

➥ 唐·王維〈宿鄭州〉

他鄕絶儔侶, 孤客親僮僕.

▷儔: 同類. 짝. 패. 동아리.

▷儔侶(주려): 짝. 패. 벗. 동아리.

〈鄭州에서 宿泊하며〉

他鄕이라 벗님과는 딱 끊어졌고, 외로운 나그네라 종놈과 친해질 수밖에. 그러나 종과 친해지는 것은 약과다. 亂世가 되면 친하고 싶어도 친해질 수 없고 당하는 수가 생긴다.

➥ 唐末 五代·李山甫〈自歎拙〉

自憐心計拙, 欲語更悲辛. 世亂僮欺主, 年衰鬼弄人.

鏡中顔欲老, 江上業長貧. 不是劉公樂, 何由變此身.

▷欲老의 欲은 이미, 벌써의 뜻임. (王鍈 ≪詩詞曲語辭例釋≫)

〈못난 것을 스스로 탄식함〉

大先輩인 陶淵明도 "守拙歸園田. 못난 것 지키고 살려고 田園으로 돌아왔다"라고 했는데 내 자신이 생각해도 生活의 對策이 참 엉성해서 말을 하려니 더욱 슬프고 쓰라려. 亂世가 되니 종놈이 주인을 무시하고 우습게 보며 老年이라 鬼神이 사람을 가지고 노네. 거울 속 얼굴은 이미 벌써 늙었는데 강가의 家業인 땅뙈기 있어도 언제나 가난하네. 〈酒德頌〉지은 술고래 劉伶의 마시는 즐거움이 아니었다면 그나마 이 몸을 무엇으로 편하게 바꿨겠는가!

解說

그대와 마찬가지로 나 또한 東蒙의 나그네다. 나그네 되면 종놈과도 친해진다고 先輩인 孟浩然·王維 두 분이 이미 說破하셨는데 종놈은커녕 大闕에서 活躍하셨고 詩句도 썩 잘된 놈은 때때로 陰鏗과 비슷한 그대를 민났으니 어찌 형제처럼 사랑하지 않을 수 있겠는가.

이렇게 解說하면 李白·杜甫 모두 펄쩍 뛰겠지만—≪淮南子≫式 表現으로 둘이 뛰는 행동은 같으나 그 이유는 다른 것이다. ≪淮南子·說山訓≫: "狂者東走, 逐者亦東走. 東走則同, 所以東走則異. 溺者入水, 拯之者亦入水, 入水則同, 所以入水者則異. 미친 사람이 동쪽으로 뛰면, 그를 쫒는 사람도 동쪽으로 뛴다. 동쪽으로 뛰는 것은 같지만 동쪽으로 뛰는 이유는 다르다. 물에 빠진 사람이 물 속으로 들어가면 그를 구하려는 사람도 물 속으로 들어간다. 물 속으로 들어간 것은 같지만 물 속으로 들어간 이유는 다르다."—어쨌든 1句에서 4句까지의 대강(大綱)·요지(要旨)는 얼추 비슷하다.

➡ 杜甫의 이 第 1句에서 第4句까지의 20字는 마음먹기에 따라 얼마든지 악랄(惡辣)하게 해석 할 수 있는 것이다. 雨田선생님께서 "웬만하면 글을 남기지 말아라. 朝鮮선비들 중에 글 안 남긴 선비가 얼마나 많았다고……. 공연히 책 만든다고 나무나 찍어내지 말고."하신 것이 다 이유가 있는 것이다.

➡ 二字로 혼이 난 例

말이고 글이고 그놈을 꼭 잡아 옭아매야겠다고 버르면 더 걸려들게 돼 있다. 그래서 옛사람 중에는 글도 안 남기고 말도 안한 양반들이 꽤 있었다. 聰明으로 말하면 宋의 蘇東坡만한 이가 없을 것이다. 그러나 글을 재주부려 비틀어 써 내리고 입을 너무 재게 놀려대서 쓸데없이 禍를 自招하곤 하였다. 그 自身도 잘 알아 〈洗兒戲作. 아들 생후 한 달에 치르는 의식 겸 잔치에서 장난스레 짓다〉에서 "人皆養子望聰明, 我被聰明誤一生. 惟願孩兒愚且魯, 無災無難到公卿. 남들은 자식 기르며 총명하길 바라나, 나는 총명으로 일생을 그르쳤다. 그저 바라기는 아이가 愚直하고 魯鈍하여 災難없이 公卿에 이름이네." 그래서 世間에 "聰明反被聰明誤. 총명한 사람이 도리어 총명 때문에 그르쳤다"란 말이 생겼는데 아무리 戲作이라지만 公卿은 愚直·魯鈍하다니……, 참 죽어도 못 고치는 병이로구나.

➥ 三字로 잡아넣은 例

中國에서는 岳飛를 大忠臣으로 기리는데 秦檜가 그를 덮어씌우려 하니 韓世忠이 不平滿滿하여 캐물었다. 秦檜가 가로되 岳飛 아들의 편지 내용이 확실치는 않지만 情況上 "莫須有"라 하였다. "莫須有"는 "아마도 있을 것이다"라는 뜻이다. 不忠의 뜻이 아마도 있었을 것이다 하고 밀어붙이니 勢力없는데 어떻게 할 것인가. 당할 수밖에.

❖ 제5·6구: 醉眠秋共被, 攜手日同行.

註

▸秋: 가을철이라는 것은 아래에 "落景聞寒杵"에서 확실히 알 수 있다.

▸醉眠: 취하여 잠들 때는 더워서 이불을 안 덮는 수가 많다. 그러나 술 깰 때만큼 추운 때도 없다. 안 그런 경우는 南方이다. 李商隱이 桂林에 있을 때 지은 〈北樓〉에서 "酒竟不知寒. 술기운에서 깨어나도 추운 줄 모른다"고 南方의 기후를 언짢아하였다. 가을이라 술 취해 잠들 때도 이불을 덮는데 한 이불을 덮었다는 뜻이다.

≪後漢書·周·黃·徐·姜·申屠列傳≫: "姜肱字伯淮, 彭城廣戚人也. 家世名族, 肱與二弟仲海·季江, 俱以孝行著聞. 其友愛天至, 常共

臥起. 及各娶妻, 兄弟相戀, 不能別寢, 以係嗣當立, 乃遞往就室. 姜肱(강굉)은 字가 伯淮요 彭城의 廣戚사람이다. 代代로 이어오는 家門은 名門巨族으로 肱과 두 아우인 仲海·季江 모두가 孝行으로 이름났다. 그들의 友愛는 타고난 天性이니 (努力이나 애써 된 것이 아님) 언제나 같이 눕고 일어나는 등 日常生活의 모든 일을 같이 하였다. 제각기 아내를 맞이함에 이르러서도 형제가 그립고 아쉬워하여 따로따로 자지를 못하였으나 後嗣를 세워야 했기 때문에 교대로 가서 夫婦가 同寢하였다." 이런 제기랄!

▷家世: 代代로 전해오는 家門.

▷天至: 타고난 天性.

▷係嗣: 後嗣.

▷就室: 就는 成就하다. 이루다. 室은 夫婦가 同寢함, 合房함.

雨田선생님께서 恒常하시는 말씀 "人情·物情에 어긋나면 무엇인가 잘 못된 것이니 잘 조사하고 다시 해석해 보라"하셨겠다. 그래서 唐代에 단 注를 보니 三國時代·吳의 謝承이 撰한 ≪後漢書≫를 인용했다. "肱性篤孝, 事繼母恪勤. 母旣年少, 又嚴厲. 肱感〈愷風〉之孝, 兄弟同被而寢, 不入房室, 以慰母心."

"姜肱의 성품이 대단히 효성스러워 계모 섬기는데 정성을 다해 부지런히 힘썼다. 계모는 나이가 젊은데다가 엄격하고 매서웠으나—이것은 좋게 말한 것 일뿐 시실은 지랄같은 성미에 히스테리·질투가 내단했다는 뜻일 것이다—姜肱은 어머니에게 孝道를 하사는 ≪詩經·凱風≫篇에 감동하여 형제가 한 이불 덮고 자며 각자의 방에는 들어가지 않는 것으로 계모의 마음을 위로하였다."

▷篤: 성실하게. 深厚하게.

▷恪勤(각근): 정성을 다해 부지런히 힘씀.

▷嚴厲: 엄격하고 사나움·매서움.

▷愷風(개풍): ≪詩經≫의 〈邶風〉에 〈凱風〉이 있다. ⇨ 注의 愷風은 아마도 잘못인 듯하나 ≪後漢書≫ 注를 따를 수밖에 없다. '凱風自南, 吹彼棘心. 棘心夭夭, 母氏劬勞.……有子七人, 母氏勞苦.……有子七人, 莫慰母心. 따뜻한 凱風이 南에서 와 — 어머니의 사랑을 나타냄 — 저 대추나무의 어린 새싹에 — 자식들을 나타냄 — 분다. 대추나무 싹은 나긋나긋하니 어머님께서 힘드셨으리라.……자식 일곱이 있었으니 어머님 애쓰셨으리라.……자식 일곱이 있건만 어머님 마음을 위로하지 못하네.'

이렇게 되면 무슨 뜻인지 금방 알 수 있는 것이다. 계모를 정신과 치료를 받게 하던가 그것도 사실 근본적인 대책은 못 될 것이니 아예 시집을 보내면 원형이정(元亨利貞) 일은 깨끗이 끝나 그야말로 萬事亨通일 것이다. 南朝・宋・范曄의 ≪後漢書≫原文이 하 기가 차니 三國・吳・謝承의 지금은 散佚된 ≪後漢書≫를 唐代의 注에서 引用하였으리라. 兄弟가 한 이불 덮는다는 것이 苦肉之策이었는데 後世에는 무슨 友愛의 極致인 듯 誤認되고 득달같이 이를 본받으려 하였으니 이 또한 可觀이 아닐 수 없다. 내막이 어떻든 속사정이 무엇이었든 後世에는 大被(큰 이불)로 兄弟友愛를 나타냈다.

➡ 中國의 孝子들을 보면 계모에게 생선을 드리려고 한겨울 얼어붙은 강위에 옷을 벗고 엎드려 있으니 얼음이 갈라지며 잉어가 나왔다는 晉의 王祥, 겨울에 죽순이 먹고 싶다는 어머니 때문에 竹林에 가서 통곡하니 하늘이 감동하여 몇 줄기 죽순이 솟아났다는 晉의 孟宗, 가난하여 모기장을 마련하지 못하니 父母대신 나를 물라고 옷통을 벗고 부모님 방에 가 있었다는 晉의 吳猛, 어머니의 음식을 축낸다고 세 살짜리 아들을 땅에 파묻으려한 漢의 郭巨 等等 모두 제정신이 아니고 非正常인데 대체로 父母가 주책이 없다던가 망령이 들어도 단단히 들었다는 환경 속에서 효자가 나온다는 것이다. 그래서 우리들은 ≪論語≫의 子曰에 셋이 빠

졌다고 감히 말한다. 子曰: 임금은 신하를 충신으로 만들지 말 것. 부모는 자식을 효자로 만들지 말 것. 남편은 아내를 열녀로 만들지 말 것. 이 셋을 그대로 믿고 시행해 나가면 그 나라는 庶幾乎인저!

▸共被는 第4句의 如弟兄을 敷衍한 것이라 보면 될 것이다.

▸攜手日同行: ≪詩・邶風・北風≫: "惠而好我, 攜手同行. 나를 사랑하고 좋아하는 이와 손잡고 같은 길을 가리라." ① ≪詩經・北風≫에서 同行은 동항으로 읽으며 行은 路・道의 뜻이다. (háng)으로 읽고 陽韻에 속한다. ② 그러나 杜甫의 本作品은 庚韻으로 일관하니 동행으로 읽어야 하며 行은 (xíng)으로 읽어 가다의 뜻으로 해야 協韻이 된다. 뜻도 함께 가다로 해석해야 맞는다. ≪詩經≫에서 따왔으나 音과 뜻이 변한 것이다. 攜手日同行은 惠而好我가 前提이므로 同病相憐의 나그네를 그린 第3句를 敷衍하였다고 보면 된다.

解說

쌀쌀한 가을날. 술 취해 더울 때에도 이불이 필요한 계절인데 옛날 姜肱兄弟처럼 한 이불 덮었으며 나를 아껴주고 사랑해주시니 날이면 날마다 손잡고 함께 다녔다. 낮에는 함께 놀러 다니고 밤에는 함께 자니 밤낮 붙어 다녔다는 뜻이다.

❖ 제7・8구: 更想幽期處, 還尋北郭生.

註

▸更(gèng): 再. 又. 다시. 또.

▸還(hái): ① 再. 又. 다시. 또. ② 更加. 더욱 더. 한층(생각만이 아니고 더욱 더 실천에 옮김.)

▸幽期: 그윽한 곳에 은거하겠다는 기약.

南朝・宋・謝靈運〈富春渚〉: "平生協幽期, 淪跌困微弱."

▹平生: 平素.

▷協: 합치되다. 조화 이루다. 어울리다.

▷淪跌: 실의에 빠짐. 고달픔.

▷困: 어떤 障碍에 걸리다. 어떤 일로 곤경에 처하다.

▷微弱: 意志와 力量이 微弱함.

謝靈運이 中央에 있지 못하고 永嘉郡으로 赴任하러 갈 때 〈富春江의 물섬을 보며 느낀 것〉을 이렇게 썼다. "평소 그윽한 곳에 은거하겠다는 마음에 꼭 맞아 떨어지는 곳, 그렇게 아름답고 조용한 곳이다. 그동안 은거하지 못하고 내 여지껏 실의에 빠져 고달펐던 것은 意志와 力量의 微弱함이란 障碍에 걸려서 헤어나질 못했기 때문이었다."

⇨ 謝氏의 詩를 보면 늘 隱居·退居를 입에 달고 다녔지만 어디까지나 口頭禪이요 詩라는 珍味의 웃기일 따름이었다. 陶淵明처럼 實踐에 옮기기가 참으로 어려웠다는 것은 전에도 紹介했었지만 唐·杜牧의 〈懷紫閣山〉 詩에서 "人道青山歸去好, 青山曾有幾人歸. 사람들은 말한다 青山에 돌아감이 좋은 것이라고, 그러나 青山에 일찍이 몇 명이나 돌아갔던고."라고 말한 것이 그 증거다. 말한 놈은 많으나 실행한 분은 거의 없었다는 뜻이다. 예나 이제나.

▸幽期處: 은거의 기약을 실천할만한 곳. 은거의 기약을 실천하고 있는 곳.

▸北郭生: ① ≪韓詩外傳≫ 卷9를 보면 北郭先生을 楚莊王이 초빙하자 아내와 의논하니 아내가 말하기를 "지금 수레에 네 필 말을 매고—즉 四頭馬車 부리고—騎馬 侍從을 줄 지어놓고—요즈음의 오토바이 호위대가 빙 둘러싼 것을 생각하라—해봤자 편하게 있을 곳은 무릎 들여놓는 곳에 불과할 따름이며, 앞에다 사방 열 자짜리 큰 식탁에 잔뜩 차려놓고 먹어도 입에 맞는 것은 한 점 고기에 불과할 따름이다. 무릎 들여놓는 편안함과 한 점 고기의 맛으로 楚나라의 근심을 맡아 몸을 버림이 옳은 일인가. 北郭先生妻曰: '今如結駟列騎, 所安不過容膝; 食方丈

於前, 所甘不過一肉. 以容膝之安, 一肉之味, 而殉楚國之憂, 其可乎.'" 하니 結局 隱居로 결말이 났다. 윗글을 보면 본래 北郭先生은 楚莊王에게 갈까 말까하고 망설인듯하고 決斷을 促求한 것은 아내이니 칭찬할 대상이 잘못된 듯하다. 然이나 自古로 서로 친하며 가까운 것은 갈매기(杜甫의 〈江村〉: "相親相近水中鷗")뿐 아니라 임금과 신하 亦然하며(杜甫 〈詠懷古跡〉 五首 其四: "一體君臣祭祀同") 夫婦 또한 一心同體니 北郭先生妻 대신 北郭先生을 높인들 그게 무슨 대수냐.

② ≪後漢書·方術列傳上·廖扶≫를 보면 父親이 官吏였다가 獄死한 것에 衝擊을 받은데다 "名譽와 生命(肉身)중에 어느 것이 더 중요한가.(名與身孰親) ≪老子≫ 第44章"라는 老子의 가르침에 따라 名利 等 世俗的인 뜻을 버리고 공부만 하였는데 內容이 天文·讖緯(참위. 讖은 一種의 隱語 豫言으로 將來의 吉凶을 나타내는 徵兆로 쓰이는 것이며 緯는 方士로 變質된 儒生들이 모으거나 造作하여 儒家經傳에 덧붙인 各種의 著作을 말한다) 風角(宮·商·角·徵·羽의 五音으로 四方의 바람을 점쳐 吉凶을 判斷하는 것), 推步(氣象豫測과 曆法計算)따위니 儒家에서 方士로 所謂 發想의 轉換을 한 結果인 儒敎와 道敎와 迷信이 뒤섞인 좀 야릇한 공부였다는 것을 알 수 있다. 勿論 그가 〈方術列傳〉에 記載된 것으로 이미 짐작은 할 수 있었지만 말이다. 世人들이 그를 北郭先生이라 불렀다는데 아무리 벼슬하라고 불러도 응하지 않은 점은 前述한 春秋時代의 北郭先生과 같으나 그가 汝南·平輿 사람이라는 것 외에 北郭에 살았다는 記錄이 없는 점으로 미루어 보아 아무래도 春秋時代 北郭先生이 이 呼稱의 元祖가 틀림없으며 廖氏는 結局 複製品이고 特許는 抛棄해야하리라.

③ 本詩의 北郭生 范氏. 名利를 떠나고 俗世를 벗어나 隱居하므로 北郭生이라 부르는 것이 조금도 틀린 일은 아니다. 그런데 工巧하게도 同一人을 對象으로 하였다고 알려진 李白 詩의 詩題에 "魯城 北의 范

居士를 찾아가는데……"가 나오며 詩句에 "酸棗垂北郭"이 있는 것으로 보아 北郭 즉 城北에 사는 사람이었던 것도 事實인 듯하다.

☛ 參考 ❶

城과 郭은 嚴密하게 區分하면 內城·外郭이나 普通 混用한다. 그런데 單語 運用時 慣習上 그 位置가 반대였다. (勿論 例外도 있긴 하다) 東郭·西郭·南郭·北郭은 城東·城西·城南·城北과 같은 뜻으로 쓰인다. 例컨대 城東, 東郭은 모두 城郭의 동쪽을 말함이지 東郭이라고 해서 東쪽에 있는 城郭을 가리키는 것은 아니다. 李白의 秀作 〈送友人〉(五言律詩)의 1·2句를 보면 "青山橫北郭, 白水繞東城. 푸른 산은 城郭의 北쪽을 가로질러 뻗었고, 맑은 물은 城의 東쪽을 감돌아 흐른다"라 했는데 北郭은 城北의 뜻이고 東城은 城東이나 協韻上 그렇게 不得已 쓴 것이다. 그렇지 않으면 東쪽에 따로 城이 하나 더 있게 되는 것이다.

☛ 參考 ❷

옛사람들은 꾸밈이 없고 質朴하여 사는 곳으로 그대로 이름을 삼았다. 그래서 北郭先生이라는 말이 생겼는데 이름 앞에 사는 곳을 붙이기도 하였으니 南郭에 산 사람으로 꽤 有名한 이가 있다. ≪莊子·齊物論≫에 나오는 南郭子綦가 그인데 "隱机而坐. 기댈 상에 의지해 앉아서"하며 "形如槁木. 몸은 마른 나무 같고"하고 "心如死灰. 마음은 꺼진 재 같으며"하며 "吾喪我. 육신의 나를 잊었다"라 한 그 사람이다. 後世에 "物我兩忘, 淸高淡泊"의 典型으로 받들어 모셨다.

四方의 첫 머리인 東이 빠질 수 없다. ≪史記·滑稽列傳≫에 東郭先生이 나온다. 武帝때 齊人인 東郭先生은 方士로 公車(官署의 이름)에 待詔(正式의 官職이 없는 官名. 公車待詔중에 特出한 경우 金馬門待詔가 되어 정부의 諮問에 應함)로 오랫동안 있었다. 가난하여 춥고 굶주렸으며 옷은 해어지고 신발은 떨어졌다. 눈길을 걷는데 신발이 위는 있고 밑창은 없어 맨발바닥으로 땅을 밟고 갔다. 길 가던 사람들이 웃으니 東郭先生이 대꾸하길

"어느 누가 눈길을 걸으며 사람들에게 맨발의 위는 신발 같고 신발의 밑은 맨발 같은 모양을 보여줄 수 있겠냐?"하였다. 후에 二千石(郡守의 자리)으로 크게 출세하였다.

解說

여기저기 실컷 놀러다니다 싫증이 날 때쯤 크게 出世하지 못한 즉 世上에서 말하는 立身揚名하거나 飛黃騰達하지 못한 知識人들이 한번은 생각해보는 隱居의 期約을 實踐하는 문제를 떠올리게 되었으리라. 마침 가까운 城北에 范氏라는 春秋時代 北郭先生의 追從者가 있어 직접 찾아가기로 하였다. 隱遁을 深刻하게 생각하고 있는 李白으로서는 事前踏査의 性格이 强하겠지만 杜甫는 친구 따라 강남 가는 義理 절반, 好奇心 구경 절반이었을 것이다.

☛ **제9 · 10구: 入門高興發, 侍立小童清.**

註

▸高興: ① 高雅한 興致. ② 愉快하고 홍분됨. 入門, 겨우 문에 들어섰는데 이미 高雅한 興致를 感知할 수 있으니 그 안쪽은 가히 짐작할 수 있지 않겠느냐 하는 뜻.

▸小童: 小僮과 같다. 나이 어린 남자 종. 主人을 모시고 서있는 어린 종이 저렇게 맑은 기품(氣稟)을 가졌다면 그 主人은 어느 정도인지 알 수 있지 않겠느냐의 뜻. 入門과 小童으로 居所와 主人을 擧論하지 않고 讀者에 맡겼으니 일종의 "以小見大" 手法이라 할까, 궁금증을 자아내는 豫告篇이랄까.

解說

막 문에 들어섰는데 이미 高雅한 興致가 감돌고 피어나고 있으며 모시고 서있는 어린 종마저 저토록 맑고 깨끗한 기품(氣稟)을 가지다니……

乞期待! 開封迫頭!

❖ 제11 · 12구: 落景聞寒杵, 屯雲對古城.

註

▸落景: 落照. 落暉. 夕陽. 殘陽. 殘照. 殘暉.

▸寒杵: 杵는 ① 다듬이 방망이. ② 절굿공이(舂杵). 寒杵는 차가운 가을날 겨울철의 의복을 만들기 위해 옷감을 다듬이질 하는 소리. 이것으로 나그네의 외로움, 그리움, 고향생각을 代辯한다. 例를 든다.

① 唐 · 李白 〈子夜吳歌〉 四首 其三

長安一片月, 萬戶擣衣聲.

長安이라 대 서울을 가득 채우는 휘영청한 달빛, 그리고 萬戶라 수많은 집에서 울려 퍼지는 군인 간 사람 겨울 옷감 다듬는 다듬이 소리.

視覺 · 聽覺의 超滿員은 또한 그래로 그리움의 超滿員이렸다.

② 唐 · 岑參 〈宿關西客舍, 寄東山嚴 · 許二山人……〉

孤燈然客夢, 寒杵搗鄕愁.

외로운 등불은 나그네의 끝없는 꿈을 사르느라 꺼질듯 다시 환해지고, 차가운 날의 다듬이 방망이는 한없는 고향생각을 일깨우려 줄곧 두들겨대는가.

그대로 나그네의 외로움, 고향생각이다.

③ 唐 · 李商隱 〈出關宿盤豆館對叢蘆有感〉 第1 · 2, 7 · 8句

蘆葉梢梢夏景深, 郵亭暫欲灑塵襟.……

淸聲不逐行人去, 一任荒城伴夜砧.

▹砧(침): 다듬잇돌.

갈대 잎에 쏴쏴 바람 부니 여름의 풍성한 陽光도 이제 막바지인데, 잠시 시골 간이역에서 먼지 낀 옷깃(衣襟)과 마음(胸襟)을 털어보려네.……저 갈대 잎의 맑은 소리는 나그네들 따라가지 않고 머무니, 이 밤 荒凉한 城안 가을을 재촉하는 다듬이 소리와 어울려 동무하라고 더 이상 신경 쓰지 않고 내버려두려네.

서울 떠나가는 사람의 서러움과 외로움이 짙게 배어 있다.

▶屯雲(둔운): 積聚之雲. 잔뜩 쌓이고 모인 구름.

▶屯: ① (둔. tún): 쌓이다. 모이다. 둔치다(많은 군대가 모여 진을 침). ② (준. zhūn): 艱難. 周易의 卦이름.

解說

이 隱居에서 귀에 들리는 것은 가을날 夕陽中의 겨울을 재촉하듯 두들겨대는 다듬이 방망이 소리며 눈으로 볼 수 있는 것은 구름만 잔뜩 낀 옛날에 지은 오래된 城뿐이다.

가을이요 거기다 다듬이 소리는 鄕愁를 일으킬 수 있는 것. 杜甫 또한 고향생각 났을 터. 그리고 또한 가을하면 떠오르는 人物이 張翰으로 世人들은 그의 호탕(豪宕)함과 放逸함을 쳐주니 자연스레 人物評이 오고 갔는데 范居士의 생각은 世人과는 아주 달랐다. 그리고 그의 自負心 또한 대단했다. 그것이 제13구에서 제16구까지의 內容이다.

☛ **參考**

張翰, 晉代 사람. 齊王 司馬冏(사마경)의 東曹掾으로 있었으나 齊王이 敗亡할 낌새를 미리 알아채고는 가을바람이 불자 고향땅의 菰菜(고채. 菰는 줄이라는 뜻이나 물가에 나는 풀로 어린잎은 식용하며 穎果는 菰米라 하며 救荒食物로 쓰이는 救荒植物이다)·蓴羹(순갱. 蓴菜라 부르며 睡蓮科의 여러해살이 수초로 어린 잎은 식용한다)·鱸魚膾(노어회)가 생각난다는 핑계로 돌아갔다.

① ≪世說新語·識鑒≫: "張季鷹辟齊王東曹掾, 在洛, 見秋風起, 因思吳中菰菜羹·鱸魚膾(≪晉書·張翰傳≫에는 菰菜·蓴羹·鱸魚膾로 되어있다), 曰: '人生貴得適意爾, 何能羈宦數千里以要名爵?' 遂命駕便歸. 俄而齊王敗, 時人皆謂爲見機."

"張翰이 齊王의 東曹掾으로 임명되어 洛陽에 있을 때 가을바람이 불자 고향인 吳郡의 菰菜羹과 鱸魚膾가 생각났다. 그래서 말하길 '人生에서 소중한 것은 마음이 편한 것, 쾌적한 것일 따름이니, 어찌 수 천리 밖 타향에서 벼슬살이하며 名聲과 爵位를 求할 것인가?' 하고는 드디어 말에 수레를 메우게 하고 곧 돌아가 버렸다. 오래지않아 齊王이 敗亡하니 당시 사람들은 모두 낌새를 잘 알아챘다고 말하였다."

② ≪世說新語·任誕≫: "張季鷹縱任不拘, 時人號爲江東步兵. 或謂之曰: '卿乃可縱適一時, 獨不爲身後名邪?' 答曰: '使我有身後名, 不如卽時一杯酒.'"

"張翰이 放縱·本性대로 살며 禮儀凡節에 拘礙받지 않으니 당시사람들이 江東의 步兵校尉 阮籍이라 불렀다. 어떤 이가 말하길 '그대가 한 때 마음대로 하는 것은 可하다 하나, 어찌 죽은 뒤의 名譽를 위하지는 않는가?' 하니 대답하길 '나에게 가령 죽은 뒤의 名譽가 있다한들 당장 한잔 술만 못하다네.' 하였다."

▹獨: 豈也.

▹使: 假使. 假令.

❖ 제13·14구: 向來吟橘頌, 誰欲討蓴羹?

註

▸向來: 向字는 自字와 外形이 비슷하여 잘못된 것이다. 杜甫詩에는 自와 誰가 對文된 例가 아주 많다. 〈秋日寄題鄭監湖上亭〉 三首의 其二: "自須開竹徑, 誰道避雲蘿." 〈陪鄭廣文游何將軍山林〉 十首의 其十 "自笑燈前舞, 誰憐醉後歌." 〈贈特進汝陽王二十韻〉: "自多親棣萼, 誰敢問山陵." 以上 모두 前句는 肯定이고 後句는 否定으로 本詩 또한 그렇다고 여겨지는 것이다. (徐仁甫 ≪杜詩注解商榷≫)

▸自來: 由來. 歷來. 원래부터. 전부터. 여태까지.

▸橘頌: ≪楚辭·九章≫中의 한 篇名. 一句 四字를 基調로 하였으며 放

逐된 怨望과 憤怒가 없어 屈原의 早期作品으로 여겨진다. 內容은 頌橘 卽 橘의 "뜻이 天性을 거스르지 않고 몸이 故土를 떠나지 않음"을 稱頌한 것이다. 篇中의 "受命不遷, 生南國兮. 深固難徙, 更壹志兮. 天地自然"에서 命(生命·命運)을 받아 堅忍不拔, 뜻을 안 바꾸며 南國에서 生長한다. 根深蔕固 (뿌리는 깊고 그루는 단단해. 蔕는 꼭지라는 뜻이나, 여기서는 柢의 假借이다. ≪老子·59章≫에 "深根固柢"라는 말이 그 證左요 證參이다.) 하여 옮기기 어려우니 정말로 專一(한결같음)하고 純一(순수한)한 뜻이로다"가 大旨이니 굳고 곧은 貞操와 變心하여 世俗을 좇지 않음을 표현하였다.

▸誰: 何也. 어찌. 왜.

▸討: 尋覓. 찾다. 謀取. 도모하다. 꾀하다. 請求. 바라다. 요구하다. 부탁하다.

▸誰欲討蓴羹: 故鄉 떠난 일 없고 허황된 名利 구한 적 없는데 어찌 고향음식인 순나물 국, 농어회 찾으려 하겠는가. 나와는 상관없는 일이요!

解說

나는 예전부터 지금까지 天性을 어기고 浮華輕薄한 世俗을 따라 名利를 구한 적도 없고 名譽와 爵位를 얻기 위하여 故土를 떠난 적도 없다. 戰國·楚의 屈原이 지은 〈橘頌〉을 내가 읊고 좋아함은 바로 내 뜻과 몸가짐에 符合하기 때문이다. 벼슬하러 고향 떠났다가 고향 맛인 순나물 국 찾은 일이 대견하고 그럴듯하다고 세상은 칭찬하고 기리는 모양인데 애당초 벼슬하러 고향 떠나지 않고 初志一貫한 사람에게는 다시 새로이 찾을 고향 옛맛도 存在하지 않는 법이렸다. 지금 이 자리가 故土요 지금 먹는 것이 옛맛이 아니던가. 改過遷善하면 모두들 잘했다고 하는데 고칠 過失없이 올곧은 善한 사람을 고려한다면 우습고 딱하기까지 한 일이구나. 내말이 글렀소. 말 좀 해보시오.

❖ 제15 · 16구: 不願論簪笏, 悠悠滄海情.

註

▸簪: 옛날에 여인의 쪽이나 남자의 冠에 꽂던 긴 針모양의 물건. 후세에는 오로지 女人의 쪽을 고정시키거나 머리의 장식으로 꽂던 물건을 가리켰다. ➪ 參考: 다리가 하나면 簪, 다리가 둘이상이면 釵라 하였다. 本詩에서는 官吏의 冠에 꽂는 비녀를 가리키며 갓끈과 함께 쓰여(즉 簪纓) 高貴한 신분을 나타냈으며 대대로 벼슬한 가문을 말할 때 "簪纓世族. 잠영세족"이라 하였다.

➥ 晉 · 陶淵明 〈和郭主簿〉 二首의 其一

此事眞復樂, 聊用忘華簪.

여름날 대청 앞 수풀이 만든 그늘, 남풍이 불어 내 옷깃 젖히는 것, 세상과 담쌓고 琴과 書를 즐기는 것, 뜰의 푸성귀 풍성하고 지난 해 거둔 곡식 아직도 남아있는 것, 술 빚어 내손으로 따르는 것, 어린아이 내 옆에서 노는데 말 배우지만 제소리 못내는 귀여움, 이상의 모든 일들은 너무 즐거워 그런대로 화려한 冠簪의 욕심을 잊을만하구나.

▸笏(홀): 臣下들이 임금을 뵐 때 손에 잡는 길고 좁은 板. 玉 · 象牙 · 대 · 나무로 만들었으며 手板이라고도 한다. 品階(正一品에서 從九品까지 18段階)를 가진 이른바 品官이 쓰던 것이다.

▸悠悠: ① 한가하고 여유가 있는 것. 悠悠自適은 俗世를 떠나 아무 束縛없이 조용하고 편안하게 사는 것이다. ② 한없이 멀고 아득하며 끝이 없는 것. 悠悠蒼天은 한없이 멀고 푸른 하늘. 本詩에서는 두 가지 뜻을 겹쳐 썼다고 볼 수 있다.

▸滄海: ① 大海. ② 中國의 東쪽에 있는 바다를 가리킨다.

解說

華簪이요 牙笏이요 하며 出世하고 벼슬하는 이야기는 하고 싶지 않다. 言及不可! 오직 나에게는 悠悠한 滄海같은 心情만 있을 뿐이니…….

알겠느냐? 알긋다!

☛ **參考**

≪杜詩詳注≫, ≪杜詩鏡銓≫, ≪讀杜心解≫ 모두 "隱者를 訪問하고 世俗을 벗어나고자 하는 心思가 생긴 것이다" 하였는데 杜甫 平素 志向하던 바와 너무 어긋난다. 勿論 사람들은 우스갯소리로 학교 가면 선생 하고 싶고 군대 가면 장군이 그럴싸하고 병원 가면 의사가 소원이고 법정에 가면 판사가 딱이로구나 한다. 雰圍氣에 쏠리면 그럴 수도 있는 것이다. 그러나 杜甫처럼 嚴格한 儒家로 抱負와 志趣가 뚜렷한 사람이 一時的으로나마 그리되었다고 보기 어렵다. 後의 4句는 范氏의 말을 그대로 敍述하고 判斷이나 評價는 讀者諸位에게 一任한다는 形式을 取하였다고 본다.

23. 〈鄭駙馬宅宴洞中〉(七言律詩)

主家陰洞細烟霧, 留客夏簟青琅玕.
春酒杯濃琥珀薄, 氷漿椀碧瑪瑙寒.
悞疑茅堂過江麓, 已入風磴霾雲端.
自是秦樓壓鄭谷, 時聞雜佩聲珊珊.

❖ 詩題

註

▸鄭駙馬: 詩書畵 三絶로 이름난 廣文博士 鄭虔(정건)의 조카인 鄭潛曜(정잠요)는 明皇 卽 玄宗의 딸인 臨晉公主와 結婚하여 駙馬가 되었다. 杜甫는 鄭虔과 切親한 덕에 駙馬宅 卽 公主家에 손님이 되어 놀게 된 것이다.

▸洞中: 洞窟 안. 여름에도 동굴 안은 시원하고 서늘하므로 술 마시고 놀기에는 아주 십상이다. 장차 소개하겠지만 王維의 詩를 보면 玉眞公主의 山莊에도 洞窟이 있어서 要緊하게 쓰였음을 알 수 있다. 當時에는 避暑用으로 自然洞窟인지 人工으로 된 것인지는 不分明하지만 하여튼 동굴이 公主와 같이 財力있고 高貴한 身分의 邸宅이나 別墅에 存在하였음을 알 수 있다.

➥ 蓮華洞: 錢牧齋 注에서 ≪長安志≫를 引用하여 "蓮華洞은 神禾原에 있으니 곧 鄭駙馬가 사는 곳으로 이른바 主家陰洞이다"라 하였다. 많은 사람들이 蓮華洞과 主家陰洞을 混同하고 헷갈려서 區分을 못하는데 자세히 설명하겠다.

洞은 同穴, 洞窟을 뜻하는데 그 속이 자못 奇異하고 神秘한 雰圍氣인지라 道家에서는 神仙이 사는 곳을 洞天, 洞天福地라 불렀다. 그 뜻은

洞안의 別有天地라는 것이며 洞府도 같은 의미로 쓰였다. 또한 天字 自體가 神仙들이 사는 곳이라는 뜻을 가졌으니 洞 안의 別有天地라는 말 외에 洞 안의 神仙들의 거처라는 말도 되는 것이다. 이것이 發展, 擴大되어 道家에서는 神仙이 살만한 곳 또는 사는 곳이라는 뜻으로 洞字를 썼으니 우리나라 지리산의 青鶴洞이 그 例가 되겠다. 즉 特定한 地域를 가리킬 뿐 洞窟과는 별개인 것이다.

간단히 정리해 보자. 長安에 神禾原이 있고 神禾原에 蓮華洞이 있다. 蓮華洞에 駙馬宅 즉 公主家가 있고 家·宅속에 詩題에서 말한 잔치를 연 洞(동굴)이 있게 되는 것이다. 詩題에 따르면 駙馬宅이 있고 그 속에 다시 洞이 있는 것이 뻔한데 만일 洞이 蓮華洞이면 駙馬宅 속에 어떻게 蓮華洞이 끼어들 수 있겠는가.

解說

〈鄭駙馬宅 동굴에서 잔치하다〉

☛ 參考

唐·王維〈奉和聖製幸玉眞公主山莊, 因題石壁十韻之作, 應制〉의 7~10句를 抄.

洞中開日月, 窗裏發雲霞. 庭養冲天鶴, 溪留上漢査.

唐·王維〈玉眞公主의 山莊에 납시어 石壁에 題하신 十韻의 詩 聖上의 御製에 和하니, 應制詩입니다〉

동굴 속에는 別天地, 또 다른 나날이 展開되고 있으며, 창문 안에서는 또 다른 세상의 구름과 노을이 피어납니다. 마당에는 王子喬를 태우고 하늘로 솟았던 두루미를 기르고, 개울에는 張騫싣고 銀河水로 올랐던 떼가 머무나이다.

▷玉眞公主: 睿宗의 딸로 玄宗의 同腹누이. 출가하여 道士가 되었다.

▷洞中: 洞穴之中

▷日月: 또 다른 나날들, 세월. 또 다른 천지, 세상. 日月이 天地·乾坤으로 쓰인 例. 唐·鄭畋〈馬嵬坡〉: "玄宗回馬楊妃死, 雲雨難忘日月新. 終是

聖明天子事, 景陽 宮井又何人.", "현종이 말 돌리고 양귀비는 죽었다, 雲雨의 情이야 잊기 어렵지만 그렇게 결단내린 덕에 唐나라는 새로운 날들 새로운 天地를 만들 수 있었다. 결국 聖明한 天子가 제대로 일을 처리하심이니, 南朝·陳의 後主인 陳叔寶를 보라 끝끝내 사랑하던 張麗華·孔貴嬪과 함께 景陽宮의 우물 속에 숨던 한심한 爲人은 어떤 인간이었던가." ➪ 林語堂은 그의 ≪生活의 藝術≫에서 西洋人들이 玄宗이 楊貴妃를 지켜주지 못하고 데모하는 禁衛軍에게 屈服, 죽게 한 것에 너무 失望, 憤慨하며 中國人의 사랑이 너무 시시하다고 評하자 對答하길 원래 人生이란 그렇게 시시하다며 얼버무렸다. 지금의 눈으로 보면 玄宗은 아주 利己的이었고 陳後主는 사랑에 상당히 忠實·誠實하였다고 해도 할 말이 없으리라.

▹庭養……, 溪留……: 陰鏗의 〈遊始興道觀〉詩中 "庭舞經乘鶴, 池遊被控魚."를 參考하시라.

❖ 제1·2구: 主家陰洞細烟霧, 留客夏簟青琅玕.

註

▸主家: ① 公主의 집. ② 主人의 집.

▸陰洞: 陰은 볕이 들지 않는 곳을 말함. 洞은 洞窟.

▸細烟霧: 細는 곱다. 부드럽다. 엷다. 烟霧는 연기·구름·안개·내 等을 두루 가리킴. 詩題에서 分明 駙馬宅이라 해놓고는 지금 슬쩍 主家라 하며 능청을 떠니 웃음을 참을 수 없다. 陰洞이라 해야 하겠는데 駙馬의 陰洞 더 直說的으로 한다면 男子의 陰洞이라니 이 무슨 당찮은 말이냐. 부득이 女子인 公主를 내세울 수밖에! 거기에 잇닿은 細烟霧는 누구에게나 고대 巫山雲雨·陽臺의 朝雲暮雨를 떠올리게 할 것이다. 勿論 主家를 主人의 집이라는 뜻이라고 딱 잡아떼면 할 수 없으나, 답답하기로는 心證은 있으나 物證이 없을 때 보다 物證은 있으나 心證이 없는 境遇만한 것이 없다는데, 지금 心證·物證이 다 있으니 萬事는

OK이다. ≪杜詩詳注≫에서 陶開虞란 양반의 말을 引用하였는데 曰: "主家陰洞四字, 若今人爲之, 近於諧謔矣. 主家陰洞의 네 글자는 만약 지금사람이 그리 썼다면 諧謔에 가까우리." 이해가 간다. 天下의 杜甫가 썼으니 절대 그럴 리 없고 없어야 된다고 擁護, 쉽게 말해서 두둔하고 편들어 지켜주고 싶은 그 心情을 말이다. 그러나 杜甫가 하면 浪漫的인 로맨스(romance)요 만약 今人이 하였다면 지랄 같은 不倫이다. 이렇게 말해서 설득될 인사가 몇이나 되겠는가. 그냥 杜先生도 제법 이 방면에서 한가락 하는 양반이며 좀 짖궂은 면이 多分히 있다고 보면 되는 것이다.

▸留客: 사람으로 하여금 헤어지기 섭섭해 계속 머무르게 하며 돌아가는 것을 잊게 함(使人留戀忘返). ≪楚辭・大招≫: "長袂拂面, 善留客只. 긴 옷소매 이리저리 휘두르고 춤추며 사람들의 얼굴을 스치고 향기를 풍기니, 사람들을 즐겁고 황홀하게하며 넋이 나가 머물러 돌아가는 것을 잊게 한다." ⇨ 원래 긴 옷소매는 춤 솜씨를 실력이상으로 발휘하게 한다. ≪史記・范雎・蔡澤列傳≫에서 ≪韓非子・五蠹≫에서 引用한 鄙諺 즉 속담을 再引用한 바 "長袖善舞, 多錢善賈. 긴 소매 춤 잘 추고, 많은 밑천 장사 잘하지,"라 하였다. 장사만이 아니다, 노름에도 해당된다

▸夏簟(하점): 여름에 쓰는 竹席, 즉 대자리. ≪文選≫의 江淹 〈別賦〉에 李善이 注를 달 때 張儼의 〈席賦〉를 引用하였다. "席爲冬設, 簟爲夏施." 席은 겨울용, 簟은 여름용이라는 말이다. 그러나 本詩에서는 꼭 대자리가 아니고 여름에 시원하게 쓰이는 여름용 자리라는 뜻이며 재료도 꼭 죽이라는 뜻은 아니다.

▸琅玕: ① 玉과 비슷한 돌. ② 대나무를 멋있게 부르는 말. 만약 푸른 대자리라면 사람의 넋을 나가게 하고 떠나기 싫게 할 만큼 진기하지는 않을 것이다. 푸른 옥돌로 만든 즉 요즈음 말로 "옥돌매트" 종류일 것이다.

解說

駙馬宅은 男子의 기죽지 말라고 불러주는 칭호요 실질적인 主人은 公主일 것입니다. 그리고 그늘지고 서늘한 洞窟·孔穴이야 말할 것 없이 女子 몫이지 男子에게는 당찮은 말입니다. 앞에 내건 鄭駙馬宅宴洞中에 있어 要旨는 宴洞中이니 不得已 主家를 내세웠소이다. 뭐 不滿있소. 事實이 그러한데. 동굴이 아주 서늘하고 약간은 陰濕하여 엷은 안개인지 내인지 낀듯하오. 손님들 앉으라고 펴놓은 여름용 자리를 얼핏보니 푸른색이 싱싱한 대나무 같으나 영롱한 옥돌을 이어 만든 것이라나 같은 촌놈·가난뱅이 너무 황홀하고 넋이 나가고 얼이 빠져 저 더럽고 지저분한 세상 나가기 딱 싫어졌다오.

❖ 제3·4구: 春酒杯濃琥珀薄, 氷漿椀碧瑪瑙寒.

註

▸春酒: ≪漢語大詞典≫에 의하면 겨울에 빚어 봄에 익은 술. 또는 봄에 빚어 가을·겨울에 익은 술이라고 하였다. 그러나 本詩는 여름날 잔치를 읊었으므로 해당하지 않는다.

　唐代에는 좋은 술을 春이라 하였으며 後에도 이를 이어 받아썼다. 唐·李肇(이조) ≪唐國史補≫ 卷下에 보면 "酒則有滎陽土窟春, 富平之石凍春, 劍南之燒春. 술은 형양(滎陽)땅의 토굴춘(土窟春), 부평(富平)고을의 석동춘(石凍春), 검남(劍南)고장의 소춘(燒春)이 있다."라 하였으니 名酒·銘酒를 가리킬 때에는 의례 春字를 使用하였다. 汪中教授께서는 마음에 썩드는 술을 말씀하실 때에는 꼭 "이 春酒로 말하자면 云云"하시니 그야말로 名稱의 歷史와 傳統이 참으로 悠久하다고 하겠다. 참고로 덧붙이면 名酒는 이름난 좋은 술이고 銘酒는 특별한 제조법으로 빚어 고유한 상표를 붙인 좋은 술이다.

▸琥珀濃(호박농): 짙은 琥珀빛 술을 말한다. 唐代에는 꽤 유행하던 술

빛인 듯하다.

① 唐·李白〈酬中都小吏携斗酒雙魚于逆旅見贈〉

魯酒若琥珀, 汶水紫錦鱗.

〈中都고을의 小吏가 한 말술과 한 쌍의 고기를 旅舍에 가져다줌에 答한다〉

옛날 魯나라 땅인 中都 고을의 술은 琥珀빛인데, 문수(汶水)에서 잡은 고기는 보랏빛 비단 같은 비늘이 찬란하네.

② 唐·李賀〈將進酒〉

琉璃鍾. 琥珀濃. 小槽酒滴眞珠紅.

〈술 드시기를 청하며〉

유리잔의 짙은 琥珀빛 액체. 작은 누름틀에서 떨어지는 붉은 진주 같은 술방울.

▶氷漿: 얼음을 넣은 음료. 公主·駙馬의 집이면 여름에 나라의 氷庫에 貯藏된 얼음을 가져다 쓸 수 있었을 것이다.

▶碧瑪瑙: 얼음을 탄 음료가 푸른빛 마노와 같다는 뜻임. 瑪瑙는 본래 赤褐色이나 흰무늬를 띠며 紫瑪瑙가 第一 이름났다. 그러나 푸른색은 없다. 아마도 푸른빛의 유리 또는 옥돌로 된 그릇일 것이나 앞句의 琥字와 짝을 맞추기 위해 瑪字를 苦心 끝에—虎와 馬가 되니까—억지로 써서 푸른 마노라고 한듯하다.

이 두 句는 相當히 特異하게 글자를 排列하였고 사람들을 困惑스럽게 하였다. ≪讀杜心解≫에서 "琥珀은 술이며 杯이고 瑪瑙는 漿이고 椀이다. 雙關으로 精麗함을 드러냈다"고 하였는데 일리가 있기는 하다. 그러나 우리생각에는 너무 어렵게 볼 것 없이 果敢한 省略法을 쓴 것이라 보면 더 쉽게 풀어낼 수 있다고 본다. 卽 "春酒與杯, 濃琥珀與薄琥珀. 氷漿與椀, 碧瑪瑙與寒瑪瑙. 좋은 술과 잔은 하나는 짙은 호박 빛이고 하나는 엷게 다듬은 호박이며, 얼음 넣은 음료와 그릇은 하나는 푸른 마노 빛 하나는 차게 된 마노그릇이다."

李商隱의 경우: 〈小園獨酌〉: "半展龍鬚席, 輕斟馬腦杯. 용수초 자리 반쯤 펴고, 마노 술잔을 가볍게 기울인다." 용의 수염 같이 생긴 풀을 龍鬚草(용수초)라 하는데 왕골 비슷하며 자리를 치는데 쓴다. 옥돌의 무늬가 말의 골같다 하여 馬腦(마뇌)라 한다는데 보통 瑪瑙(마노)라 쓴다. 중국음으로는 둘 다 (mǎnǎo)로 읽고 모두 聲까지 上聲으로 완전히 일치한다. 李의 경우는 더 노골적이며 장난·유희에 가깝고 詩라 보기는 더욱 어려우리라.

≪杜詩詳注≫에서는 이 두 句를 "化腐爲新. 陳腐한 것을 바꿔 斬新하게 만들었다."이라 칭찬했고 ≪讀杜心解≫는 "以雙關見精麗"라고 추어올렸는데 우리가 보기에는 지나친 듯한 技巧와 너무나 果敢한 省略法을 쓴 것이 아닌가 하는 생각이 드는 것이다.

解說

좋은 술과 잔이네! 짙은 호박 빛 액체와 얇은 호박으로 된 잔이 一體가 되었으니. 찬 얼음 음료와 그릇이군! 푸른 마노 빛 액체와 차게 변한 마노 그릇이 한데 어울렸으니.

❖ 제5·6구: 悞疑茅堂過江麓, 已入風磴霾雲端.

註

▸悞: 誤와 같다.

▸疑: 似. 흡사하다. 닮았다.

▸茅堂: 띠풀로 지붕을 이은 집. ⇨ 茅屋: 초가집. 本詩에서는 일부러 소박하게 만든 동굴안의 작은 정자를 말한다. 지금 빌딩 안에 지어놓은 작은 정자나 草家가 색다른 운치를 손님을 끌어 모으는 것을 생각하면 될 것이다.

▸江麓: 강기슭. 강물에 잇닿은 가장자리의 땅.

▸風磴(풍등): 磴은 돌계단. 風磴은 높은 곳에 자리 잡아 항상 바람을 받

으므로 風字를 쓴 것으로 높은 곳 바람 많은 곳의 돌계단이라는 뜻임.

▸霾(매): ① 황사 현상. 황사로 태양이 빛을 잃고 부옇게 되는 현상. ② 어두운 모습. 模糊하여 뚜렷하지 않은 모양.

▸霾雲: 높은 곳에 있어 어둑어둑하고 모호하며 분명하지 않은 구름.

解說

동굴 안 아담한 풀 지붕의 亭子가 얼마나 시원한지 흡사 바람 불고 서늘한 강기슭을 지나고 있는가 오해 · 착각할 지경이라는데, 사실 우리는 아까 바람속의 높은 돌계단 밟고 이 동굴에 올라올 때 이미 저 아득한 뿌연 구름 속에 들어간 듯 했다오. 여러 손님들 안 그렇소. 낮은 강가보다야 높은 하늘 위 구름 끝이 더 적절하지 않소.

❖ 제7 · 8구: 自是秦樓壓鄭谷, 時聞雜佩聲珊珊.

註

▸自是: 본래. 원래.

▸秦樓: 秦 穆公이 딸 弄玉을 위해 세운 누각으로 鳳樓라고도 한다. 전해지는 말이 弄玉이 음악을 좋아했는데 蕭史라는 남자가 簫를 잘 불어 鳳凰소리를 냈다 한다. 그래서 穆公이 둘을 짝 지워주고 그들을 위해 鳳樓를 세워준 것이라 한다. 그러다가 두 사람은 봉황을 타고 날아가 버렸다 한다.(漢 · 劉向 《列仙傳》에서) 本詩에서는 臨晉公主가 사는 집을 가리킨다.

▸鄭谷: 鄭子眞이 살던 谷口.

▸鄭樸(정박): 字가 子眞으로 谷口 사람이다. 修道하고 靜默(고요히 沈默하며 말을 하지 않음)하니 世上이 그의 淸高함에 感服하였다. 成帝 때 임금의 큰 외삼촌인 大將軍 王鳳이 禮를 갖춰 불렀으나 결국 그의 뜻을 굽힐 수는 없었다. 揚雄이 그의 德을 極口稱讚 "谷口鄭子眞"이라 하였다. 높은 바위 절벽아래에서 밭 갈아 사니 이름이 서울에 떨쳤다.

…… "鄭樸, 字子眞, 谷口人也. 修道靜默, 世服其淸高. 成帝時, 元舅大將軍王鳳, 以禮聘之, 遂不屈. 揚雄盛稱其德, 曰谷口鄭子眞. 耕于巖石之下, 名振京師.……" (皇甫謐 ≪高士傳≫ 卷中)

≪漢書≫ 卷72 〈王・貢・兩龔・鮑傳〉의 앞부분에서도 鄭을 잠깐 언급하였다. 大部分의 境遇 그가 谷口人이라고 하지 않고 나중에 谷口에 은거하여 밭 갈며 살았다고 하며 谷口에 隱居하였다는 것이 通說로 되어 谷口는 隱者의 居處라는 뜻으로 쓰이게 되었다. 흔히 "谷口子眞", "谷口眞", "谷口耕", "谷口隱"이라 한다. ➪ 谷口: 본래 山谷의 出入口(산골짜기의 어귀)라는 뜻인데 아예 地名으로 굳어진 경우도 있다. 鄭子眞이 隱居한 곳이 그러하니 지금의 陝西省 淳化 西北에 있다.

▸雜佩: 여러 종류의 옥을 엮어서 한 벌을 이룬 佩玉(차는 옥).

▸珊珊(산산): 佩玉이 서로 부딪쳐 쟁그렁거리는 소리.

➥ 앞에서 陰洞이라 하더니 뒤에서는 樓壓谷이라 하였다. 普通 世間에 알려진 점잖고 엄숙한 이미지와는 딴판인 짓궂고 익살맞은 또 다른 杜先生이 나타났다고 하겠다. 사실 높고 우뚝한 樓와 골짜기는 陽과 陰, 凸과 凹가 너무나 자연스럽게 연상되는데 문제는 身分이라 公主가 樓요 凸이 되었고 鄭은 어쩔 수 없이 鄭氏中에 가장 많이 引用되는 鄭康成과 鄭子眞 중에서 陽이요 男子건만 下位에 處하게 되고 陰인 女子를 위로 받들어 모시게 되는 處地를 아주 적절하게 드러낸 谷口를 제대로 뒤집어쓰게 된 것이다.

➥ 1960年代 中半에 河南 崔仁旭씨가 발표한 歷史小說 ≪임꺽정≫(全5卷)에는 類似하나 더 赤裸裸한 이야기가 있다. 公主가 시집갔는데 자기보다 身分이 낮은 駙馬밑에 金枝玉葉의 公主가 있을 수 없다고 이른바 女性上位를 選擇했단다. 상스러운 말로 "감투거리"라 하는데 河南은 "괘관요"라고 표현했었다.

▸壓字는 너무 露骨的인데 ≪讀杜心解≫에서는 〈杜闡〉의 評을 引用하였다. 즉 "壓字는 諧詞다."(壓字는 익살・농담이다.) ≪杜詩詳注≫에서는

"高樓가 鄭谷을 아래로 내려다보는데 허공에서 잡패소리 들리니 황홀하기가 몸을 仙界에 둔듯하다. 高樓下臨鄭谷, 空中雜佩聲聞, 恍如置身仙界矣"라 하였는데 仇氏는 秦樓라든가 鄭谷을 實在하는 建造物과 場所로 본 듯하다. 우리는 어디까지나 象徵 · 譬喩로 보았는데 누가 꼭 옳고 누가 그르다고야 할 수 있겠는가. 다만 物情 · 實情에 맞도록 해석하려고 노력할 뿐이지. 또 ≪杜臆≫에서도 "佩玉소리 멀리서 전해질 때 이르러 비로소 몸이 公主家에 있음을 알았다. 迨佩聲遙傳, 始知身在主家也"라 했다. 王嗣奭先生도 仇氏처럼 소리를 實在의 音響으로 把握하였는데 우리는 물론 이것도 하나의 譬喩일 뿐이라고 본다.

解說

本來 至尊의 따님이신 公主는 金枝玉葉이시라 秦穆公의 弄玉이 居處하던 秦樓만큼 당연히 높으시며 駙馬가 아무리 出衆해도 一個 臣民이라 高尙과 有德의 特許를 땄다는 鄭子眞이 隱居하는 谷口처럼 낮으니 形勢上 自然히 樓는 谷을 덮고 누르게 되지요. 너무 야하다구요, 원래 부처 눈에는 부처만 보이고 夜叉(야차) 눈에는 夜叉만 보인다지요. 역정 내지 마시오. 있는대로 느낀대로 말했을 뿐이니. 그리고 지금 우리 洞中에서 한잔하는데 저 높은 곳에서 佩玉의 쟁그렁하는 소리 들리지 않소. 안 들린다고요. 잘 들어보시오. 駙馬가 坐定하신 이곳보다 한층 높은 곳에서 이 아래쪽으로 들려온다니까. 아니 그렇소.

➡ 杜甫와 鄭虔은 莫逆한 사이라고 다들 알고 있는데 그의 조카인 駙馬와도 아주 흉허물 없는 관계인 듯하다. 친하던 사이라도 일단 출세하면 안면을 바꾸고 태도가 돌변하는 것이 보통사람들인데 駙馬는 상당히 修養이 잘 되있고 德이 있으며 어질었던 인물로 보인다. 근엄한 杜甫가 이런 시를 지어낼 수 있었으니 말이다.

☛ 參考

壓字는 詩에 쓰기에는 어렵고 거북하여 險字라고 부를 수 있겠는데 능란(能爛)한 사람들에게는 실력 발휘할 수 있는 좋은 거리가 되었다. 모든 것이 쓰기 나름이니 말하자면 좀 빗나가긴 하지만 廢物도 利用하기 나름이라는 말도 있지 않은가. 몇몇 詩人들의 成功的인 壓字 使用例를 들어보겠다.

① 唐·李白〈金陵酒肆留別〉

風吹柳花滿店香, 吳姬壓注喚客嘗.
金陵子弟來相送, 欲行不行各盡觴.
請君試問東流水, 別意與之誰短長.

바람은 불고 버들 솜은 날고 주점 안은 술향기 가득하니, 南國의 女人은 잘 익은 술을 꾹꾹 눌러 짜며 손님을 부른다. "와서 맛 보세요". 金陵의 젊은이들 와서 나를 전송하는데 이별의 자리라 바람 좋고 버들솜 고와도 침울(沈鬱)할 뿐, 가려는 사람이나 안 가는 사람이나 모두 잔만 비울뿐이다. 젊은이들이여, 아득히 바다로 달려가는 강물에 한번 물어보시오, 離別의 情과 강물 어느 것이 더 긴지를.

▷留別: 離別할 때 지어서 紀念으로 남기는 詩文.

▷柳花: ① 본래 버들의 꽃으로 엷은 黃色을 띠고 있다. 꽃이 지고난 뒤에 씨를 맺으면 흰 솜처럼 날리는데 이것을 柳絮라 한다. 따라서 柳花와 柳絮는 別個의 事物인데 混同하여 사용한다. 本詩에서도 柳花는 柳絮를 가리킨다. ② 竹葉이 술 이름이듯 柳花도 술 이름이라는 말도 있다.

▷壓酒: 술을 빚어 익은 후 누름틀에 넣고 짜 술과 지게미로 나누는 것.

▷子弟: 아들과 동생으로 쓰일 때에는 父兄과 짝이 되지만 여기에서는 청년들, 젊은이들로 父老와 對가 되는 말이다. 本詩에서는 金陵의 李白 熱誠팬(fan)을 가리킨다.

▷欲行不行: 떠나려는 사람 즉 자기와 떠나지 않고 남아있는 사람들, 즉 열성팬.

▷各: 모두. 전부. (王鍈의 ≪詩詞曲語辭集釋≫)

▷東流水: 中國의 河川은 東쪽으로 흘러 바다로 들어간다. 그래서 바다로

흘러가는 물이라고 하면 될 것을 꼭 東流水라 한다. 앞에서 이미 紹介한 淸의 皇族이고 著名한 書畵家인 溥心畬先生이 景福宮의 慶會樓를 두고 지은 詩에서도 "依舊淸波東逝水"라 하였으니 宮의 御溝들이 청계천으로 가 다시 한강과 합쳐 결국은 西海로 가건만 依例 바다로 가는 물이라는 뜻으로 東逝水라 한 것이다.

▷誰短長: ① 어느 것이 짧고 어느 것이 긴가? (高下나 優劣도 뜻함.) ② 短長은 長의 뜻만 있는 偏義複詞로 어느 것이 긴가의 뜻임.

② 唐・杜甫〈江畔獨步尋花七絶句〉其六

黃四娘家花滿蹊, 千朵萬朵壓枝低. 留連戲蝶時時舞, 自在嬌鶯恰恰啼.

黃四娘 집의 꽃은 길을 가득 채웠으니, 천 송이 만 송이 가지를 눌러 처지게 한다. 아쉬워 못 떠나는 가, 까불이 나비는 줄곧 춤추고, 거리낌 없이 제멋대로군 애교꾸러기 꾀꼬리는 내리 울어 댄다.

▷黃四娘: 酒樓를 運營하는 退妓를 가리키는 듯하다. 娘은 女人의 尊稱이 된다 하나 옛날 남의 집을 가리킬 때 男子의 이름, 職銜을 안 쓰고 女人을 代表로 하는 것은 風俗・習慣上 짐작이 갈만한 곳이다. 오늘날 마담이란 말도 원래는 존칭이나 市井에서 쓸 때에는 그 뜻이 다르지 않은가.

▷留連: 헤어지기 섭섭하여 계속 머무는 것.

▷時時: 항상. 계속. 줄곧.

▷自在: 제멋대로(拘束없는 모양). 거리낌 없는.

▷恰恰: 내리(잇달아 계속). 잇달아 쉬지 않고.

▷戲蝶(까부는 나비) 嬌鶯(아양 떠는 꾀꼬리)는 舞姬와 歌手를 나타낸다고 볼 수도 있다.

③ 唐・李賀〈鴈門太守行〉

黑雲壓城城欲摧, 甲光向日金鱗開. 角聲滿天秋色裏, 塞上燕脂凝夜紫.

半卷紅旗臨易水, 霜重鼓寒聲不起. 報君黃金臺上意, 提攜玉龍爲君死.

시커먼 구름 성을 내리눌러 성은 꺾어지고 부서질 듯하더니, 갑옷의 광채여. 석양 속에서 금빛비늘을 드러낸다. 신호나팔 소리 하늘에 가득하다. 가을의 서글프고 맑고 엄숙한 기운 속에, 그리고 변방의 흙은 연지 빛인데 지금 한밤에는 보랏빛으로 엉겼다. 붉은 깃발 반쯤 감아 가볍게 들고 나는 듯이 역수(易水) 물가에 다다랐다. 된서리에 북도 추워 얼었나 소리는 높이 일어나지 못해. 임금님의 황금을 버리고 인재 높이시는 뜻에 보답하려 玉龍劍들고 임금님 위해 죽으련다.

▷雁門: 지금의 山西省 代縣. 雁門關: 代縣 西北 30里에 있다.

▷行: 歌行이니 노래라는 뜻이다.

▷壓: 내리누르다. 學者들과 文人들은 이러한 문제로 티격태격한다. 즉 "구름은 무게가 거의 없는데 무슨 수로 누르느냐, 뒤덮다로 해석해야 옳다"하고 學者들은 注를 달아 이렇게 뜻을 바꾼다. 싸움은 끝이 없다. 말이 나온 김에 例를 들겠다.

ⓐ 聞香: "香氣를 들을 수는 없다. 聞에는 嗅(냄새 맡을 후)라는 뜻이 따로 있느니라", "정말이냐", "그렇다. 내가 근자에 발견했다."

ⓑ 走邯鄲路: "한단(邯鄲)으로 달아나는·달리는 길이라면 멋은 있겠지만 이치에 안 맞는다. 走는 向이라는 뜻이다. 즉 邯鄲으로 향하는 길이니라. 알겠느냐!", "쳇!"

ⓒ 樓枕江: "樓閣이 어떻게 강물을 베고 누울 수 있겠는가. 枕은 다가가다, 접근하다는 뜻으로 봐야 한다", "그런 뜻이 정말 있었느냐?", "그래, 내가 요사이 새로 찾아냈다. 어쩔래."

ⓓ 飮劍: "어떻게 刀劍을 먹고 마시느냐. 칼이 몸에 들어간다는 뜻이니, 칼로 목을 그어 즉 頸動脈을 끊어 죽는다가 옳다. 이 화상들아!"

ⓔ 飮恨: "어떻게 恨을 마시니! 含忍(참고 견디다)이라 해야 해석이 제대로 되는 것이다", "누가 이기나 해보자."

朝鮮時代 道學派와 詞章派도 아마 이런 식으로 다투지 않았나 생각된다. 文人들은 끊임없이 奇拔하게 語彙를 驅使할 것이고 學者들은 괴상한 글을 막아야 한다며 죽을힘을 다해 이치에 맞도록(?) 해석할 것이다.

▷甲光: 갑옷의 빛.

▷向日: 向은 在의 뜻. (王鍈 ≪詩詞曲語辭集釋≫) 日은 夕陽을 가리킨다.

▷金鱗: 금빛 비늘. 즉 갑옷의 비늘을 말한다. 갑옷은 본래 판갑(板甲, 短甲

이라고도 한다)으로 금속의 판으로 만들어 행동하기에 불편하였다. ―西洋 中世 騎士들의 갑옷은 이 형식이다.― 그리하여 행동하기에 편하도록 찰갑(札甲) 즉 비늘 갑옷으러 개량하였다. 이 비늘 갑옷의 비늘들을 金鱗이라 한 것이다.

▷角聲: 角은 號角 즉 나팔을 말한다. 角聲은 신호용 나팔소리다. 한편 號角에는 다른 뜻도 있는데 초등학교 다닐 때에 지겹도록 들은 호루라기를 말한다.

▷燕脂: 北方 邊塞 즉 일선지대의 흙은 붉은 빛이라 한다. 따라서 그럴 듯하게 燕脂色 흙이라고 하는 것이다.

▷半卷紅旗: 천천히 進軍하는 것이 아니고 간편하게 무장한 군인들이 날쌔게 행동함을 이것으로 나타낸다. 절반쯤 감은 붉은 기 번쩍 들고 빨리빨리 나아감이란 뜻이다.

▷易水: 강 이름.

▷霜重: 重은 濃의 뜻. ➪ 嚴霜: 된서리.

▷黃金臺: 戰國時代 燕・昭王이 千金을 쌓아놓고 天下의 선비들을 맞아들이던 곳.

▷玉龍: 劍을 가리킨다.

④ 詩가 아닌 小說도 하나 들어야겠다.

≪水湖傳≫ 第50回 〈揷翅虎枷打白秀英〉에서 鄆城縣(운성현) 都頭(州・縣의 도둑 잡는 下級官吏)인 雷橫 ―別名이 揷翅虎(삽시호, 즉 날개 돋친 범―이 知縣의 옛 애인인 歌手 白秀英, 그의 아비 白玉喬와 다툼이 있었고 雷都頭의 母親이 白秀英을 辱한다. "你這千人騎, 萬人壓, 亂人入的賤母狗!. 너 이 천인이 타고 만인이 누르고 미친놈이 들어간 천한 암캐야!" 너무 남의 민을 까발리는 지독한 욕이라 아무리 적절하게 썼다지만 옥신각신하다 결국은 살인으로 끝을 맺었다.

▷雷橫은 雷衡으로도 쓰는데 中國音은 같다.

24. 〈飮中八仙歌〉(七言古詩)

知章騎馬似乘船, 眼花落井水底眠.
汝陽三斗始朝天, 道逢麴車口流涎,
恨不移封向酒泉. 左相日興費萬錢,
飮如長鯨吸百川, 銜杯樂聖稱避賢.
宗之蕭灑美少年, 擧觴白眼望靑天,
皎如玉樹臨風前. 蘇晉長齋繡佛前,
醉中往往愛逃禪. 李白一斗詩百篇,
長安市上酒家眠, 天子呼來不上船,
自稱臣是酒中仙. 張旭三杯草聖傳,
脫帽露頂王公前, 揮毫落紙如雲烟.
焦遂五斗方卓然, 高談雄辯驚四筵.

❖ 詩題

註

▸飮: 마시다. 名詞로 쓰이면 酒, 水.

▸仙: 普通・凡常함을 超越하는 사람이나 물건을 가리킴. 道家에서 말하는 神仙, 仙人과는 다른 뜻임. 例: 酒仙. 劍仙.

➡ 中國人은 八字를 아주 좋아하며 道敎에서도 八仙이라 하여 漢鍾離・張果老・呂洞賓・李鐵拐・韓湘子・曹國舅・藍采和・何仙姑 等이 唐・宋・元人의 記錄에 나타난다. 本詩에서도 酒黨의 많은 人物中에서 부르기 좋게 여덟을 뽑은 것일 뿐이며 또한 同時代의 人物이 아니고 모두 함께 長安에 있었던 것도 아니다. 마치 竹林七賢이 同時・同一場所에서 노닐지 않은 것과 같다. 많은 술꾼 중에 詩人이 노래하기 적당한 人

物을 任意로 선택하였을 뿐이다.

➡ 22句로 一篇을 이루었으며 每句 押韻(平聲의 先韻)하였으며 船字 2번, 眠字2번, 天字 2번, 前字 3번으로 韻을 重複하여 썼다.

➡ 蕭滌非先生의 ≪杜甫詩選注≫에서 가려 뽑는다.

"이 詩는 體裁上 하나의 創格이다. 얼핏 보기에는 어수선 한 듯하나 其實 條理가 있다. 八人中 何知章의 資格이 元老라(李白보다 41년, 杜甫보다 52년 위임) 맨 앞에 놓았다. 그 다음은 官爵에 따라 王公宰相부터 布衣로 읊어나갔다. 李白을 描寫할 때 홀로 1句가 많음은 私的인 交分 때문이 아니고 여덟 명 중에 李白이 가장 傑出한 人物이라 일부러 그에게 重點을 둔 것이다. ≪開元・天寶遺事≫권3 〈顚飮. 전음〉條를 보면 '長安進士鄭愚・郭保衡・王冲・張道隱 等 十餘輩가 禮節에 拘礙받지 않고 傍若無人으로 행동, 매양 봄이면 고운 기생 서너 명을 뽑고 작은 소달구지타고 이름나고 뛰어난 동산이나 구불구불하고 오밀조밀하게 생기고 꾸민 연못을 찾아가(詣名園曲沼), 풀 깔고 앉아 알몸이 되어(藉草裸形), 頭巾이고 帽子 다 벗고(去其巾帽), 소리 지르고 웃고 떠들썩하게 외치니(叫笑喧呼) 이를 顚飮(제멋대로 구속받지 않고 미친 지랄같이 마시다)이라 하였다'고 하였으니 足히 當時의 縱酒之風(마구 처마시는 풍속)을 알 수 있다."

➡ 樹州 卞榮魯 詩人의 ≪酩酊四十年≫을 보면 우리나라 대표적인 문인 여럿이 裸體로 남의 집 소를 타고 혜화동 로타리까지 進出하였다고 되어있다. 古今同이다.

解說

〈酩酊界 여덟 괴짜의 노래〉, 〈酒黨 여덟 傑物의 노래〉, 〈飮酒界 여덟 걸작의 노래〉 등의 해석이 가능한데 괴짜는 괴상한 짓을 잘하는 사람을 속되게 이르는 말이고, 걸물(傑物)은 뛰어난 사람이나 잘난 사람을 비유적으로 이르는 말이며, 걸작(傑作)은 우스꽝스럽거나 유별나서 남의 주목을 끄는 사람・사물이니 두루 綜合하여 整理하면 〈酩酊界 여덟 傑物

의 노래〉가 妥當할 듯하다. 勿論 肯定的으로 評價할 때의 해석이다.

❖ 제1·2구: 知章騎馬似乘船, 眼花落井水底眠.

註

▸騎馬, 乘船: ≪杜臆≫이 제대로 해석하였다. "阮咸이 일찍이 술에 취해 말을 탔는데 몸이 기우뚱하니 사람들이 '영감이 꼭 배타고 물결위에서 노는 듯하군' 하였다. 賀知章云云은 그 말을 借用한 것이다. 阮咸嘗醉, 騎馬傾欹. 人曰'箇老子如乘船遊波浪中.' 知章借用其語……"

➥ 賀氏가 江南人이라 乘船云云의 말이 생겼다고 하는 등 여러 말들이 많은데 穿鑿이다. 該當되지 않는 말이다. 參考로 밝히면 ≪淮南子·齊俗訓≫에 "胡人은 말(馬)에 능숙하고 越人은 배(舟)를 잘 탄다. 胡人便於馬, 越人便於舟. (▷便은 뛰어나다. 잘하다라는 뜻이다.)"라 하여 "南航北騎"라는 말이 나왔고 더 쉽게 "南船北馬"라 하였다. 이 말이 너무 귀에 익어 이 句의 해석에 장애가 된 듯하다.

➥ 事實上 騎馬·乘船은 危險한 일이라 注意를 要하며 발이 땅에 닿을 때까지 緊張하여야 하는 법이다. 그래서 中國에는 "乘船騎馬, 去死一分. 배타고 말 달림은 죽음과 거리가 일분(2~3mm)으로 아주 가깝다. (1尺은 10寸 1寸은 10分)"는 말이 있다. 賀知章의 경우 大醉하여 떨어질듯 말듯 아슬아슬하게 말을 타고 가는 것이니 그것으로 注意·緊張은 아주 먼 나라의 일이고 沈湎(침면, 술에 절어 헤어나지 못함)함을 나타내고 있는 것이다. 덧붙이면 清·趙翼의 ≪陔餘叢考·成語≫에 "乘船走馬三分命. 배타고 말 달림은 30%짜리 목숨이다(3分은 10분의 3이다)"라는 말이 있고 杜甫의 〈戲贈友二首〉에서 말에서 떨어져 입술이 찢어지고 앞니가 빠지고 왼팔 부러지고 얼굴이 먹빛이 된 친구들을 놀렸다. 走馬는 쉬운 일이 아닌 것이다.

▸眼花: ① 눈앞이 아물아물하다. 눈이 침침하다. 눈앞이 어질어질 하다. 이것은 本人 自身의 狀態를 말함이며 他人으로서는 알 수 없는 바요

主觀的이다. ② 눈이 게슴츠레하다. 이것은 즉 술에 취해 눈이 정기가 풀리고 흐리멍덩하여 거의 감길듯한 모양이니 他人이 보아서 그대로 한 눈에 알 수 있는 狀態로 客觀的이다.

▶落井: ≪杜詩詳注≫ 胡夏客의 "賀氏의 정말 있었던 일이니 혹 우연히 失足하여 빚어낸 일이다"라고 말을 引用하였다. 今人인 鄭文의 反駁을 보자. "일반적으로 우물은 입이 작고 물은 비교적 깊다. 입이 작으니 떨어져 들어가기가 어렵고 물이 깊으니 그 바닥에서 잠들 수 없다. 잠들면 목숨을 잃기 쉽다……知章은 秘書省의 長官으로 保護侍衛하는 사람들이 있을 것인데 비틀거리고 우물에 다가가도록 두고 말리지 않았단 말인가……"(≪杜詩檠詁≫)

▶水底眠: 또한 이 책에서는 "≪抱朴子 · 內篇 · 釋滯≫에서 말하는 閉氣胎息 즉 코나 입으로 呼吸하지 않고 丹田呼吸 ─ 胎兒가 어머니 뱃속에서 하는 內呼吸과 같은 것 ─ 을 말한 것이니 이것은 道家의 修煉이 높은 경지에 達한 것으로 杜甫는 이 典故로 賀氏의 醉態를 描寫했고 이는 賀氏의 學道求仙하는 생각이나 晩年에 上疏하여 道士가 되려한 經歷과 合致되는 것이다. 여름날 취한 뒤 깊은 물속에 들어갈 수 있음은 바로 閉氣胎息할 수 있는 덕분이다. 眼花落井水底眠 1句는 賀氏의 취한 뒤 물밑에서 편안하고 自由自在하는 것을 십분 具體的으로 그려냈으니 아주 適合한 자리를 얻었다 하겠다. 云云"하는 劉紹曾의 說을 引用하였다. 21世紀에 이런 橫說竪說을 볼 수 있는 것은 참으로 眼福이 있다 해야 할지, 원! 鄭文氏도 길게 論駁하지 않고 넘어갔다. 그런 價値가 없으니까.

≪錢牧齋箋注杜詩≫에서는 "眼花落井하여도 井底에서 安眠할 수 있듯 편안하다는 것은 '得全於酒, 술에 취해 정신이 凝聚되었다는 말로 ≪莊子 · 達生≫에 나오는 말이다' 때문이니 어느 곳을 가던 잠들지 않을 곳이 없음을 말함이다 云云"하였다. 도대체 至人 · 眞人이 아닌 凡人

으로서 어느 곳을 가던 잠들지 않을 곳이 없다니 물 속에서도 잠들 수 있을 뿐 아니라 불 속에서도 잠들 수 있다는 말이 되겠다. 길게 말하지 않겠다.

"得全於酒"는 이미 앞의 〈題張氏隱居〉 二首에서 言及하였는데 무슨 일이든 정도가 있는 법이다. 熱湯에 빠지고 烈火에 들고 千丈에서 떨어지면 至人·眞人이 아니면 得全於酒하기에 어려우리라. 또한 果然 至人·眞人이 우리의 눈에 띌 수 있는지도 의문이고 老莊의 象徵·比喩를 잘못하여 虛荒·虛無孟浪으로 떨어뜨리지 말아야 할 것이다. 쉬운 일은 아니지만……. 사람들은 本句의 誇張이나 假定에 너무 無知한 듯하다. 아니면 너무 유식해서 탈이다. 간단히 풀면 "물은 시원하므로 술을 빨리 깨게 하는 효과가 크고 물 중에서도 우물물이 더욱 시원하니, 자 우물에 빠졌다 치자. 그래도 醉氣가 未醒이라 허우적거리지도 않고 그대로 가라앉아 조용히 물밑에서 잠들어버릴 지경으로 취했구나. 한참 걸리겠구나. 깰려면!" 이렇게 하면 그만이다. 도대체 ≪抱朴子≫, ≪莊子≫의 "閉氣胎息", "得全於酒"가 무슨 가당찮은 말씀인가.

解說

賀知章 말 탄 모습, 몸은 건들건들 흔들리고 고개는 꺼떡꺼떡 꼭 파도가 일어 배가 출렁거릴 때 그 위에 탄듯하니 너무 취해 아주 갔구먼. 눈이 게슴츠레하니 정기가 다 풀리고 흐리멍텅하며 감길 듯 말 듯 조는 듯 자는 듯 아마 우물에 빠져도 허우적거리지도 않고 그 자세 그대로 가라앉아 물밑에서 잠들지 않을까? 모르지. 찬물에 정신이 조금 들면 "여기 술 한 되 안주 한 접시 추가" 할런지. 에이 여보시오 설마 그렇게까지야!

＊ 賀知章: 秘書省의 長官인 秘書監. 賀知章과 有關한 詩

㉠ 李白 〈對酒憶賀監〉 二首 幷序

太子賓客賀公於長安紫極宮一見余, 呼余爲謫仙人,
因解金龜換酒爲樂, 悵然有懷, 而作是詩.
〈술을 대하니 賀秘書監이 생각난다〉
태자빈객인 賀公이 長安의 紫極宮에서 나를 한 번 보자 謫仙—하늘나라에서 俗界로 귀양 온 신선—이라 부르고 금 거북장식을 풀러 술과 바꿔 즐겁게 놀았었다. 지금 그분은 가고 술을 대하니 아쉽고 그리워 이 詩를 짓는다.

其一: 四明有狂客, 風流賀季眞. 長安一相見, 呼我謫仙人.
昔好杯中物, 今爲松下塵. 金龜換酒處, 却憶淚沾巾.
四明山의 진정한 自由人, 풍류로 이름난 賀季眞. 長安이라 서울에서 보자마자 나를 적선이라 불렀지. 예전에는 글라스에 넘치는 액체깨나 좋아하시더니, 이제는 소나무 아래 진토로 변하셨지. 금 거북장식 끌러 술 바꾸던 그때 그 시절이여, 돌이켜 회상하니 눈물은 수건을 적시누나.
▷狂客: 얽매이지 않는 사람. 요즈음 말로 보히미안. 自由人.
▷季眞: 賀知章의 字. 李로 미루어 형제 중 네 번째인 것 같다. (伯・仲・叔・季・幼).
▷杯中物: 잔속의 액체. 술. 요즈음말로 글라스에 넘치는 액체라고나 할까. 陶淵明〈責子〉"且進杯中物. 어쩌겠는가 그저 술이나 들이켜야지."
▷換酒處: 處는 時의 뜻. 술 바꾸던 그때 그 시절.
▷却憶: 돌이켜 회상하며.

其二: 狂客歸四明, 山陰道士迎. 敕賜鏡湖水, 爲君臺沼榮.
人亡餘古宅, 空有荷花生. 念此杳如夢, 淒然傷我情.
광객이 드디어 四明山으로 돌아가니, 山陰땅 道士들이 자기들과 같은 길을 간다고 환영하였었다. 님께서 鏡湖 안 굽이 내리시니 이분 때문에 樓臺와 湖沼도 榮光스럽게 되었네. 사람은 가고 옛집만 남고 속절없이 또 연꽃은 자라나네. 이런 일 저런 일을 생각하니 아득하기가 꿈이라, 처량하네, 내 마음만 상할 뿐.

▷歸四明, 道士迎, 敕賜云云: 《新唐書·賀知章傳》에 의하면 天寶初에 병이 나서 꿈에 上帝 계신 곳을 노닐다가 며칠 만에 깨어났다. 이에 道士가 되어 故鄕으로 돌아가길 임금께 청하였다. 上께서 許하시고 그 집을 千秋觀으로 하고 거처하게 하였으며 鏡湖·剡川의 한 굽이를 하사하였다. 출발함에 上이 詩를 지어 내리고 皇太子以下 百官들이 餞送하였다. 鄕里로 돌아가 얼마 안돼 세상을 버리니 그때 86세였다.

▷有: 又也.

➡ 謫仙에 너무 큰 의미를 부여하지 말자. 後輩·後學이 대견할 때에 흔히 하는 말이니까. 雨田선생님께서도 마음에 드는 제자를 대하면 말씀하시길 '하느님이 내 暮年이 너무 쓸쓸하니 나를 慰勞하려고 너를 보냈구나.' 하시니 즉 당신은 하느님의 관심 대상이고 고려하는 인물이시라는 뜻이 당연히 있으나 弟子는 죄를 짓고 귀양 온 것이 아니라 특별히 파견된 신선이니—하늘의 存在物은 다 仙種이니 개나 닭도 仙犬·仙鷄라 하는 법이다—謫仙보다는 훨씬 윗길이라는 뜻도 있느냐고 하면 그렇지 않다고 고개를 홰홰 내저으시며 그냥 말이 그렇다는 것이라 하셨다. 참고로 《西遊記》에 나오는 豬八戒도 원래는 銀河水의 水軍提督이었는데 有能했으나 술을 너무 밝히고 여자를 지나치게 바쳐 어느 때인가 玉皇上帝가 베푼 큰 파티에서 大醉하여 평소 사모하던 달의 여신·홀로 사는 嫦娥를 집적거리다 上帝의 노여움을 사 刑杖을 죽도록 맞고 下界로 쫓겨났는데 所謂 昨醉가 未醒인지 맷집이 덜 좋았던지 멍한 가운데 運사납게 암돼지 태에 몸을 맡겨 돼지의 탈을 쓰고 태어나게 되었단다. 結論인즉 豬八戒도 謫仙 조금도 틀림없는 謫仙인 것이다. 너무 높게 치지말자.

ⓛ 賀知章의 詩作

《全唐詩》에 收錄된 賀氏의 詩는 20首가 채 못된다. 그 중 절반가량은 본인의 感情이나 意志와 별 관계없는 儀式과 상관된 作品이라. 제대로 된 詩는 10首정도라 하겠다. 그 중에 세상에 알려지고 情感이 풍부한 作品을 보겠다.

〈題袁氏別業, 袁氏의 別莊에 題하다〉

主人不相識, 偶坐爲林泉. 莫謾愁沽酒, 囊中自有錢.

주인하고는 아는 사이도 아닌데(面識도 없는데), 우연히 여기 앉음은 나무라 샘이라 風趣가 좋기 때문이라네. 술을 어떻게 사올까 공연히 걱정 마시게, 主人丈 ! 내 주머니에 본래 돈이 좀 있으니까.

▷爲: 때문에.

▷謾: 공연히, 쓸데없이.

▷自: 本來.

상당히 운치있는 내용이나 척 보았을 때 旣視感과 역겨운 기분이 나는 것을 막을 수 없다. 왜냐 ≪世說新語 · 簡傲篇≫에 "王子猷(즉 王徽之)가 어떤 양반집에 아주 좋은 대가 있는 것을 보았겠다. 그 집 主人은 王이 반드시 오리라 여기고 청소하고 늘어놓고 하여 준비완료하고 대청에서 기다리는 판이었다. 王이 肩輿 타고는 곧장 대나무 있는 곳으로 가서 시 읊고 휘파람 불고 혼자 좋아 시간을 끄니 主人은 이내 실망하였으나 그래도 主人 뵙기를 청하기 않을까 기대 반 근심 반이었는데 그냥 가버리려는 것이었다. 주인이 더 참을 수 없어 아랫것들에게 문을 때려 잠그고 못나가게 하였다. 王은 이 때문에 주인을 다시 보게 되어 머물러 신나게 놀다갔다"라는 대목이 있다. 名士가 되면 이렇게 無禮하여도 통하는 世上이니 참 기가 막힌다. 그러나 世人들은 名士와 交際하기를 그야말로 타는 목마름으로 하니 별 수 없다. 다 自作之孼(자작지얼)이요 自招之禍인 것을. 요즈음도 某某한 나라는 藝術的이라는 등 멋쟁이의 나라라는 등 하며 앉아서 명품이라는 물건을 팔면서시 굽신거리고 사며 팔아주시는 것만 해도 다행이라는 식으로 굽실 굽실하는 것이 이 대나무 主人과 다를 것이 무었이 있겠는가. 숙빈 맹추는 東西古今에 쌔고 쌨다 하겠다.

却說하고 賀氏의 作品은 ≪世說新語≫의 意境을 그냥 借用하여 만든 것으로 化腐爲新(陳腐함을 淸新하게 함)이라 하기도 어렵고 그렇다고 活剝生呑(산채 벗기고 날로 삼킴)이라 하기도 그렇고 모호한데 ≪世說新語≫를 모르고 보았으면 참 그런대로 괜찮은 作品인데 꼭 맞는 말은 아니지만 우리의 경우도 아는게 병이요 識字憂患이라 하였겠다.

〈咏柳, 버들을 읊다〉

碧玉妝成一樹高, 萬條垂下綠絲條. 不知細葉誰裁出, 二月春風似剪刀.

한 그루 높은 나무 벽옥으로 치장한 듯하나, 일만 가지 밑으로 드리운 건 푸른 실이요 끈이라. 몰랐었죠 자잘한 잎 그 누가 마름질했는지, 나 이제 알겠네 이월이라 仲春의 바람이 가위와 같은 줄을.

詩를 하는 사람은 누구나 다 二月春風似剪刀를 알고 있다. 雨田선생님 曰: "이 한 句만으로도 밥값은 하고 갔다."

〈采蓮曲 연 따는 노래〉

稽山罷霧鬱嵯峨, 鏡水無風也自波. 莫言春度芳菲盡, 別有中流采芰荷.

회계산은 안개 걷히자 울창하고 우뚝하며, 鏡湖는 바람 없어도 잔물결일어. 봄이 가고 향기로운 것들은 다 끝났다고 말하지 말 것이. 따로이 물 한가운데 마름·연따는 청춘의 아가씨들 있거늘.

▷稽山: 會稽山.

▷罷 (피. pí): 分散. 離散. 曹植〈游觀賦〉"罷若雲歸, 會如霧聚. 흩어짐은 구름이 돌아가는 것 같고(無로 돌아감), 모임은 안개가 엉긴 것 같다."

▷無風也自波: 後日 蘇東坡: '無風香自遠. 바람도 없는데 향기는 절로 멀리까지 퍼지네'의 연원이 된 듯하다. ➪ 景福宮의 香遠亭: ① 周敦頤〈愛蓮說〉'香遠益淸'에서 따왔다. ② 蘇東坡 '無風香自遠'에서 따왔다.

▷度: ① 渡와 통용. 강이나 호수를 건너다. ② 時間·空間을 지나가는 것을 가리킨다.

▷芳菲: 花草. 花草의 芳香. 花草가 盛하고 아름다움.

〈回鄕偶書 고향에 돌아와 우연히 짓다〉二首

其一:

少小離鄕老大回, 鄕音無改鬢毛衰. 兒童相見不相識, 問客從何處來.

젊고 나이 적을 때 고향 떠나, 늙고 나이 많아 돌아오니. 고향의 사투리는 끈덕지게 안 변했건만 귀밑머리는 의리 없이 하얗게 셌네. 아이들은 당연히 나 떠나있을 때 태어났으니 몰라보고 묻네. 나그네께서는 어디서 오셨습니까.

▷少: 젊다.

▷小: 나이가 적다.

▷老: 늙다.

▷大: 나이가 많다.

▷鄕音: 고향의 말투. 사투리. 고향의 말소리(≪국어대사전≫).

其二:

離別家鄕歲月多, 近來人事半銷磨. 唯有門前鏡湖水, 春風不改舊時波.

고향 떠나 그 많은 세월 흘렀는데, 근래에도 온통 시시한 세상일로 다 세월을 보냈구나. 그러면 나에게 무엇이 남았느냐 꼭하나 있구나. 문 앞의 鏡湖의 물 봄바람에 일렁거리는 물결은 꼭 옛날의 모습 바뀌지 않았구나.

▷人事: ① 人間世事. ② 사정 이야기하고 청탁하며 교제하고 응수함. ③ 보내고 받는 예물.

▷半: 俱. 全.

▷銷磨: ① 精力이나 意志를 소모하다. 약화시키다. ② 시간 · 세월을 헛되이 보내다. ➩ 銷磨歲月: 허송세월하다.

〈答朝士 朝士들의 궁금해 하는 편지들에 답함〉

鈒鏤銀盤盛蛤蜊, 鏡湖蓴菜亂如絲. 鄕曲近來佳此味, 遮渠不道是吳兒.

나 요즘 이렇게 산다오. 금은 박고 새긴 은쟁반에 동죽조개 가득 담고 鏡湖의 순나물은 실처럼 잔뜩 엉클어져 국거리로 딱 좋고, 외진 촌구석 요즈음이 맛이 제일 좋을 때라오. 서울 사람들이 남쪽 吳나라 촌놈이라고 잘 알지 못하고 있으면 그대로 좋을대로 두지요.

▷朝士: 朝官. 朝臣. 조정에서 근무하는 신하.

▷鈒: 鏤也.

▷鈒鏤(삽루): 金銀으로 그릇을 상감하고 새겨 넣음.

▷盛(chéng): 담다. 채우다.

▷蛤蜊(합리): 새조개. 동죽조개.

▹蓴菜(순채): 순나물. 물속에서 자라며 睡蓮科에 속함. 어린잎을 식용함. 국거리와 데쳐 먹는 용도로 쓰임.

▹鄕曲: ① 고향. ② 고향사람. ③ 외진 촌구석.

▹遮渠: 내버려두다.

▹不道: 不料. 헤아리지 못하다. 遮渠不道로 함께 쓰여 사람들이 아무리 생각해도 잘 이해하지 못하니 내버려두다의 뜻임.

❖ 제3·4·5구: 汝陽三斗始朝天, 道逢麴車口流涎, 恨不移封向酒泉.

註

▸汝陽王: ≪舊唐書≫에 의하면 讓皇帝의 長子인 璡은 汝陽郡王에 封해졌는데 賀知章·褚庭誨와 詩酒로 친했다 한다. ➪ 讓皇帝: 唐 玄宗의 兄인 憲은 太子자리를 玄宗에게 讓步했다한다. 그래서 죽은 뒤에 讓皇帝라 追謚하였다. 太子자리를 군말없이 선선히 양보한 형님이 맏아들이니 玄宗의 寵愛가 대단했으리라 짐작이 간다. 또한 唐·南卓의 ≪羯鼓錄≫에 따르면 그의 어릴 적 이름이 花奴였는데 갈고(羯鼓. 크기·모양이 장구와 비슷하나 양면을 말가죽으로 메워 臺위에 올려놓고 두개의 채로 친다.)를 잘 쳤다 한다. 玄宗의 성격이 씩씩하고 豪放하여 琴소리를 아주 싫어하였다 한다. 일찍이 琴彈奏하는 것을 듣다 채 끝나지 않았는데 彈奏者를 꾸짖어 내보내며 "待詔(대궐안에서 御命을 기다렸다 자기의 재주·기술을 바치고 올리는 사람들. 文詞·經學뿐아니라 醫術·占卜을 하는 무리들도 內延의 別院에서 대기하였다. 그래서 醫待詔·畵待詔의 名稱도 있었다)는 나가거라!"하고 內官에게 "빨리 花奴불러 羯鼓를 가져와서 내 더러워진 것(귀·청각)을 풀어 없애게 하라"고 하였다. 嗜好(기호)가 같으니 아주 친한 叔姪사이로 嚴格한 君臣關係를 넘었다는 느낌이 든다. 이러한 背景을 理解하면 맑은 정신으로 肅

然하게 至尊이신 天子를 뵙는 것이 아니라 해장술 얼큰하게 취해서도 능히 조현(朝見)할 수도 있겠다고 볼 수 있다. 또 한 가지 엿볼 수 있는 것은 이때가 아주 平和로운 時節이며 天下가 太平烟月을 謳歌하는 時代였다는 것이다. 朝見할 때 알콜냄새가 진동했으니 말이다. 睿宗의 卽位에는 玄宗(李隆基)의 功이 至大하였으니 李憲으로서는 太宗(李世民)과 兄弟인 建成·元吉 間의 骨肉相爭인 所謂 "血濺玄武門"의 過去가 떠올랐을 것이며 臥席終身하기 위해서라도 太子자리를 동생에게 군말 없이 얼른 양보함이 上之上策이었을 것이다. 睿宗 또한 在位 3年에 帝位를 아들 玄宗에게 물려주고 뒷방으로 갔다. 權力에는 父子·兄弟가 없는 법이다. 모든 것을 차지하여선지 天性이 그러한지 玄宗은 兄弟間의 友愛가 좋다고 소문이 났고 또는 소문을 낸 것인지 모르지만 하여튼 ≪舊唐書·讓皇帝憲傳≫에 의하면 興慶宮 西南에 樓閣을 세우고 西面에 "花萼相輝之樓"라 題하였으며 때로 이 樓에 올랐다가 諸王들이 풍악을 울리는 소리 들으면 모두 이 樓에 불러 모으고 함께 자리에 앉아 즐겼으며 간혹 諸王의 집에 납셔 金帛을 나눠주어 그들의 기쁨을 크게 하였다 한다.

➡ 樓의 이름은 ≪詩·小雅·常棣≫에서 따온 것이다.

≪詩·小雅·常棣≫

常棣之華, 鄂不韡韡. 凡今之人, 莫如兄弟

아가위 꽃이여 꽃받침이 있어 더욱 빛나고 아름다워, 지금 사람들 중에 언니 아우만한 이가 없지.

▷常은 당으로 읽으면 棠과 같다. 전에도 말했지만 棠棣는 산앵도, 甘棠·棠梨는 팥배, 山査는 아가위인데 다 비슷하니 대개의 경우 語感이 좋은 아가위로 번역을 한다.

▷鄂은 萼(악) 꽃받침, 不(부)는 柎(부) 꽃받침이다. 꽃받침이 있어야 꽃은 維持되고 그 모양과 빛깔이 더욱 더 살아나는 법이다. 이로써 兄弟가

서로 돕고 살아야 더욱 발전하고 昌盛함을 比한 것이다.

▷韡韡(위위): 환하다. 빛나다.

▶朝天: 天子를 조현(朝見)함.

▶三斗始: 解酲술 三斗 연후에 天子를 朝見하러 갈 수 있었다. 술꾼은 술을 안마시면 모든 생활이 힘들기 마련이다. 陶潛도 〈止酒〉에서 "暮止不安寢, 晨止不能起. 저녁에 술 안마시면 편안하게 잠들 수 없고, 새벽에 술 안마시면 거동할 수 없다.", "日日欲止之, 榮衛止不理. 매일매일 끊으려 하지만, (술 끊으면)기력 (순환이) 조절되지 않는다."하였다.

▶麴車: 麴(국)은 麯(국)으로 ① 누룩. ② 술의 代稱이다. 麴車는 載酒之車라 하여 술 싣고 운반하는 수레를 말한다. 酒車 즉 술 配達하는 수레라는 말은 漢代에 이미 通用되고 있었으니 漢・班固의 〈西都賦〉와 張衡의 〈西京賦〉에 벌써 나타났다. 蕭滌非先生은 물론 ≪漢語大詞典≫도 麴車는 酒車라고 풀이 하였다. 우리로서는 俗談에 "밀밭만 지나가도 취한다"라 하듯이 술이 되려면 한참 걸리는 누룩만 보아도 침을 흘리는 것이 술꾼을 아주 익살맞지만 또한 逼眞하게 그린듯하여 마음이 쏠렸지만 한편으로는 諸王의 府邸와 대궐사이의 길에는 酒車는 있을 수 있겠지만 누룩수레는 釀造場가는 길이 아닌 곳에서 만나기는 어렵지 않을까 하는 생각도 든다.

▶移封: 封地・封號를 改換함. 移는 改變・變動의 뜻으로 쓰인다.

▶酒泉: 甘肅省의 고을이름. 應劭의 ≪地理風俗記≫에 의하면 "酒泉郡, 其水若酒, 故曰酒泉也"라 하였다. 술맛 나는 샘 때문에 아예 고을이름으로 삼았다는 것이다.

解說

汝陽王은 아침에 해장 핑계로 술 세말 마시고 나서야 天子를 뵈러 王府를 나서는데 가는 길에 酒類運搬車輛을 보면 또 마시고 싶어서 침 흘리며 封地・封號를 지금 中原하고도 가장 中心이라는 汝陽땅에서

술샘이 솟는다는 酒泉고을로 바꿨으면 좋겠는데 威信・體統上 어떻게 그런 서쪽변방 촌구석으로 바꿀 수 있겠냐고 보나마나 안 된다 할 것이니 부러울 것 없는 몸이지만 그것 하나 한스럽군 한다네.

❖ 제6・7・8구: 左相日興費萬錢, 飮如長鯨吸百川, 銜杯樂聖稱避賢.

註

▶左相: 左丞相 李適之를 말한다. ≪舊唐書・李適之傳≫에 의하면 隴右節道使 皇甫惟明・刑部尙書 韋堅・戶部尙書 裴寬・京兆尹 韓朝宗 等과 친하였는데 李林甫가 일을 꾸며 죄를 만들고 줄줄이 좇아내니 李適之는 두렵고 不安하여 自願하여 閑職으로 물러났고 술자리에서 "避賢初罷相, 樂聖且銜杯. 爲問門前客, 今朝幾個來."(▷避賢: 讓賢. 어진이에게 자리를 물려줌. 길을 내줌. ▷賢과 聖: 三國時代이래 濁酒・淸酒를 가리키는 말로 쓰였음.)라 읊었다. 이 詩를 보고 李林甫는 怒氣衝天・憤氣撑天했으리라. 그 덕분(?)인지 宜春太守로 내쳐졌고 赴任하자마자 藥마시고 죽었다. 詩로 비꼬는 것이 東坡의 先驅라 하겠다. 詩를 해석해 보자. 보기에 따라서는 두 가지로 해석이 된다.

① 賢者에게 길을 열어주려 막 宰相을 그만두었으니 이제는 聖人과 즐겁게 지내려고 술잔을 입에 대노라. 그래서 묻노니 문 앞에 賓客이 오늘 아침에는 몇이나 왔는고.

② 흐리고 뿌연 濁酒를 피하려고 막 재상을 그만두었으니 이제는 맑고 깨끗한 淸酒를 즐기려 잔을 입에 대노라. 그래서 묻노니 濁酒같은 賢人들은 나 대신 벼슬하러 朝廷에 갔을 것이고 내가 좋아하는 淸酒같은 聖人 손님은 오늘 아침에 내 문 앞에 몇이나 왔는고.

➡ 李林甫는 모질고 독하며 아주 악랄(惡辣)하기로 唐代第一로 손꼽힌다. 나쁜 쪽 智謀가 아주 發達하여 겉으로는 부드럽고 솔직한 듯하나 속으

로는 내숭스럽고 음흉한 陰險의 代表的 人物로 當時에 그를 말할 때 "口蜜腹劍. 구밀복검"이라 하였다. 그에게 걸리면 그것으로 끝장이었다. 天寶年間에 玄宗이 政治에 염증을 느껴 聲色에 빠진 동안 莫强한 權力을 휘둘렀고 수많은 忠良이 죽어나갔다. 그러나 그에게도 드디어 天敵이 出現하였으니 楊國忠이 바로 그다. 楊貴妃의 사촌 오라비뻘이라는 그는 最小限의 體面이나 禮節도 없고 莫無可奈로 그냥 밀어붙이니 外樣이나마 法度·形式을 갖춰 힘을 휘두르던 그 무서운 李林甫도 그의 무데뽀와 背後의 楊貴妃가 두려워 결국 양보하였다.

➥ 唐代에 또 하나 陰險으로 號가 난 人物로는 李義府가 있는데 이번에는 꿀(蜜)이 아니라 웃음(笑)이었다. 그래서 그를 말할 때 "笑中刀", "笑中有刀", "笑裏藏刀"라 하며 지금에 이르도록 그 名聲을 날리고 있는 것이다.

▸興: 신이 나다. 흥이 나다. 술꾼들은 슬퍼서 한 잔, 기뻐서 한잔, 일없어 일 있어 한 잔하고 매일매일 술 마시며 흥을 낸다.

▸費萬錢: 晉나라 何曾의 하루 食費萬錢을 따다 썼을 뿐 실제 날마다 萬錢을 썼는지는 의문이다.

➥ ≪晉書·何曾傳≫

奢侈·浪費의 性格으로 힘쓰는 것은 華麗·豪奢였으니 帳幕·수레·의복 따위는 綺麗를 다하였고 廚房의 음식·반찬 맛은 帝王의 것보다 훌륭했다. 임금님과의 私的인 모임에서도 宮中 수라간(水剌間)에서 풍성하게 차린 요리를 안 먹었고 임금님도 번번이 제 것을 갖다 먹으라하였다. 증편(쌀가루를 탁주 탄 더운 물로 반죽하여 더운 곳에서 부풀렸다 찐 떡)은 위가 열十字로 터지지 않은 것은 안 먹었다. 먹는 것에만 하루에 萬錢을 썼건만 오히려 젓가락 댈 곳이 없다고 하였다. 性奢豪, 務在華侈, 帷帳·車服, 窮極綺麗. 廚膳滋味, 過於王者. 每燕見, 不食太官所設. 帝輒命取其食. 蒸餠上不拆十字不食. 食日萬錢, 猶曰無下箸處.

▹奢豪: 奢侈와 浪費.

▷華侈: 豪華奢侈.

▷車服: 자동차와 의상.

▷膳: 음식. 반찬. 요리.

▷燕見: 帝王이 朝廷에서 便殿으로 들어와 편하고 한가하게 休息하며 私的으로 臣下를 만나는 것.

▷設: 효찬(肴饌. 생선·육류가 중심이 된 비교적 풍성한 연회의 음식).

▷輒: 번번히. 매양.

▷蒸餅: 찐떡. 증편. 요즈음의 찐빵을 보면 잘 부푼 것은 위가 열十字로 터졌다. 아마 이와 같은 모양이었을 것이다.

➡ 何曾은 奢侈中에서도 먹는 奢侈로 이름을 날려 지금까지 "何曾食萬"이란 成語로 世上에 存在하고 있다.

➡ 입맛이 까다로운 美食家를 描寫·形容하는데 蒸餅上拆十字로 한 것을 보면 史臣들의 익살·諧謔이 딱딱한 正史의 嚴한 文章에 조금이나마 숨통을 틔우는 役割을 한 듯하다.

▶長鯨: 長은 大의 뜻이다. 긴 것과 먹성은 별개문제다. 길기로는 장어나 갈치를 치나 얼마나 먹겠는가.

▶百川: 川은 河流의 뜻으로 쓰인다. 百川은 수많은 江河를 말한다. ≪淮南子·氾論訓≫: "百川異源, 皆歸於海. 수많은 강물 그 源泉은 다르나, 모두 바다로 돌아간다." ≪詩·小雅·沔水≫: "沔彼流水, 朝宗於海. 넘실넘실 흐르는 물이여 바나로 향하여 가네."

▷沔(면): 물이 가득한 모양.

▷朝宗: 諸侯가 天子를 朝見함이니 봄에 뵙는 것이 朝, 여름에 뵙는 것이 宗이다. 이로써 百川이 入海함을 나타내었다. 바다는 모든 물의 終着處이며 百川은 바다의 構成根源이다. 결국 百川의 물이 바닷물이라는 이야기가 되니 百川을 마심은 곧 바다를 다 마심과 같다.

➡ 後에 어마어마하게 많이 마심을 "鯨吸", "鯨飮"이라하게 된 것은 이 句 때문인 듯하다.

▶銜杯: 술잔을 입에 물다. 술잔의 內容物을 입에 머금다. 입에 물다가 어색한 듯하나 술보다 유래가 아주 짧은 담배의 경우에도 살담배를 채워 피우는 곰방대나 궐련을 꽂는 물부리 어느 것이나를 막론하고 愛煙家를 나타낼 때 물고 다닌다고 한다. 술잔이라고 안 될 것이 없다.

▶樂聖稱避賢: 앞에 나온 李適之 詩句를 따다 쓴 것이다. 雙關으로 局外者 보기에는 재미있지만 當事者에게는 아주 얄밉고 不快할 것이다.

解說

左丞相은 매일 매일이 술 마실 일이 있어 신이 나고 그 바람에 金錢께나 쓰셨단다. 마시는 것으로 말하면 거대한 고래가 천하 온 강의 물 아니 바닷물 전부를 들이켤 듯 했단다. 잔을 입에 물고는 聖人과 즐겁게 살려고 맑은 술 마시며 賢者에게 자리를 피해주고 양보하려 흐린 술은 그만 두겠다 했었지.

❖ 제9 · 10 · 11구: 宗之蕭灑美少年, 擧觴白眼望青天, 皎如玉樹臨風前.

註

▶宗之: ≪舊唐書≫에 의하면 崔日用의 아들로 齊國公의 자리를 襲爵하였다 한다. 〈李白傳〉에 따르면 侍御史 崔宗之가 金陵으로 폄적(貶謫)되었을 때 李白과 함께 詩酒를 唱和하였다 한다. ≪全唐詩≫와 ≪李白集校注≫를 보면 崔가 李에게 준 〈贈李十二白〉 한 首만이 崔의 作品으로 남아있다. 李白의 作品으로는 이에 答한 〈酬崔五郎中〉과 〈贈崔郎中宗之〉·〈月夜江行寄崔員外宗之〉·〈憶崔郎中宗之遊南陽遺吾孔子琴撫之潸然感舊〉 等이 있다.

▶蕭灑(소쇄): ① 외모는 말쑥하고 멋스럽고 ② 행동거지는 시원스럽고 소탈하며 ③ 전체적으로 풍기는 기운은 맑고 깨끗하다.

▶美少年: 아름다운 青年. 少年은 老年과 相對되는 말이니 즉 젊은이와

늙은이가 되겠다. 우리말의 소년은 아직 성숙하지 않은 어린 남자아이를 말함이니 성인, 어른과 相對되는 말이다. 注意를 요한다. 崔는 齊國公이라는 身分에 外貌는 아름다우나 일찍 세상을 떴으므로 老醜의 모습을 안 남겼다. 따라서 이때의 해석은 중복, 강조하여 "영원히 아름다운 청년 귀공자"가 적당하겠다.

▶擧觴白眼望青天: ▷ 白眼: ≪晉書・阮籍傳≫: "籍又能爲青白眼, 見禮俗之士, 以白眼待之. 阮籍은 또 青白眼을 할 줄 알았으니 禮俗之士를 보면 白眼으로 대하였다." ≪世說新語・簡傲≫: "嵇康與呂安善. 혜강과 여안이 친했다."에 劉孝標의 注가 引用한 ≪晉百官名≫에 "嵇喜字公穆, 歷揚州刺史, 康兄也. 阮籍遭喪, 往弔之. 籍能爲青白眼, 見凡俗之士, 以白眼對之. 及喜往, 籍不哭, 見其白眼, 喜不懌而退. 康聞之, 乃齎注挾琴而造之, 遂相與善."

"혜희의 字는 公穆으로 揚州刺史를 지냈으니 嵇康의 兄이다. 阮籍이 喪을 당하니 가서 弔問하였다. 阮籍은 青白眼을 할 줄 알았으니 凡庸하고 世俗的인 人士를 보면 白眼(하얗게 눈을 흘김)으로 대하였나. 혜희가 弔喪을 감에 있어 阮籍은 哭도 하지 않았고 白眼을 드러냈다. 혜희가 언짢아 물러나왔다. 혜강이 이를 듣고는 술차고 琴끼고 찾아가니 드디어 서로 친근하게 되었다."

▷歷: 前後로 各種 官職을 擔當함.

▷哭: 弔喪하는 사람이 오면 喪主가 哭을 함이 禮였다.

▷懌(역): 기뻐하나.

▷齎: ① (재) 가져가다. ② (제) 가져가다. 휴대하다. ③ (자) 資와 통함. 재물.

이 句는 여태까시 "잔들고 白眼으로 青天을 바라본다."로 해석하여 왔다. 그러나 中國人들은 옛날에 하늘에 대해 탄식・하소연을 많이 하였고 너무나 답답할 때에도 푸념정도로 그쳤다. 그러다가 人智가 發達

하여 차츰 하늘에 대한 畏敬心이 엷어졌고 이에 하늘에 대고 詰問도 하고 反駁도 하며 거의 怨望하는 水準에까지 이르렀는데 이는 天道에 대한 期待나 希望을 버리지 않았다는 證據일 것이다. "白眼으로 望"한다는 賤視・下視는 焉敢生心 꿈도 못 꿀 일이라 하겠다. 例를 들겠다.

① ≪詩・王風・黍離≫

彼黍離離, 彼稷之苗. 行邁靡靡, 中心搖搖.……

悠悠蒼天, 此何人哉.

저 차기장 길게 길게 자라고, 저 메기장도 커가는구나. 내 걸음 더디고, 내 마음 붙일 데 없네.…… 아득하고 푸른 하늘이여! 누가 이렇게 했단 말입니까.

周나라가 서쪽 鎬京(호경)에서 동쪽 洛邑으로 遷都한 뒤 즉 西周에서 東周로 바뀐 뒤 大夫가 일보러 鎬京에 가서 보니 옛날의 宗廟・宮殿이 있던 곳은 모두 밭으로 변하였다. 그래서 하늘을 보고 탄식・하소연한 것이다.

② ≪詩・秦風・黃鳥≫

……彼蒼者天, 殲我良人. 如可贖兮, 人百其身.

……저 푸른 하늘이여, 우리의 훌륭한 분을 죽이시다니. 만약 代贖할 수 있다면, 사람 백 명으로 그 몸을 바꿀 텐데.

秦・穆公이 세 명의 훌륭한 臣下를 遺命으로 殉葬하게 하니 나라사람들이 哀惜・哀痛하여 하늘을 보고 탄식한 것이다.

③ 戰國時代 楚의 屈原은 〈天問〉에서 하늘에 대해 天地萬物・造化變遷・存亡興廢・賢愚善惡・等等의 種種 問題에 一百七十二項의 疑問點을 提起하고 그로써 所以를 밝히고 因果를 探索하여 天理의 뚜렷함, 天道의 是非를 말하고자 하였다. 畏敬의 對象이며 尊嚴한 하늘에 자기 가슴속 不平・怨恨・苦痛・抑鬱을 주절주절 그러나 차근차근 캐물으며 따졌다.

어리숙하고 착한 黎民(여민)・黔首(검수)가 아닌 知識人이고 政治・外交를 擔當하던 實力者로써 따질 것은 따지고 승복할 것은 승복하며, 억울한 것은 불평하고 슬픈 것은 하소연하겠다는 姿勢다. 하늘이라고 못 따질 것이 무엇이냐. 以前의 諦念과는 確然히 區分된다.

④ 漢 司馬遷은 ≪史記·伯夷列傳≫에서 自己가 당한 屈辱과 慘酷한 厄難·禍害를 露骨的으로 言及하기 어려워 伯夷·顔回·盜蹠(도척)을 登場시켜 老子가 말한 "天道無親, 常與善人. 天道는 사됨이 없이 언제나 善人을 돕는다."에 極度의 懷疑를 나타내고 善人이 못되고 惡人이 잘되니 "儻所謂天道, 是邪非邪? 만약에 그러한 것이 所謂 天道라면 果然 天道는 옳은 것인가 틀린 것인가?"라고 부르짖었다.

司馬遷이나 屈原은 모두 當代 最高의 知識人이고 明敏한 頭腦·銳利한 判斷力의 所有者들이니 하늘의 뜻이라고 順從하거나 諦念하기는 어려웠을 것이다. 그러나 疑問을 提起 不平을 吐露함은 하늘에 期待·希望을 버리지 않았다는 것이며 飛躍하여 말한다면 하늘도 方法을 좀 바꿨으면 좀 不敬하게 敍述하면 정신 좀 차리라 던지 是非善惡의 결과에 一貫性이 있기를 責求한다고도 볼 수 있겠다. "白眼"과는 次元이 틀린 것이다.

⑤-ⓐ 唐·李商隱〈哭劉蕡〉

上帝深宮閉九閽, 巫咸不下問銜冤.

하느님의 깊은 궁궐 아홉 겹 문이 닫혔으니, 신령한 무당도 내려와 억울·원통을 묻지 않았다.

劉蕡이라는 忠良之士가 排斥받아 失意, 술에 沈湎(침면), 아마도 肝硬變症으로 夭折한 듯하다. 劉는 當時 改革을 바라는 젊은 知識人들의 尊敬·思慕의 對象으로 거의 偶像視되던 人物이었다. 李商隱같은 사람들은 크게 슬퍼하였고 깊은 挫折感에 빠졌으며 喪失感을 到底히 克服할 수 없었다. 努力해야 所用없는 現實에는 抛棄와 諦念으로 나아갔으나 그래도 하늘의 無心함에는 답답함과 섭섭함으로 感情을 發散하며 烏有로 돌아간 改革人士의 希望·抱負를 哭하였다. 아마도 現實의 不可能을 無意識中에 하늘에 期待했었다는 뜻이리라.

⑤-ⓑ 唐·李商隱〈哭劉司戶〉二首 其一

一叫千廻首, 天高不爲聞.

크게 울부짖으며 천 번이나 머리 돌려보아도, 하늘은 높아 들리지 않나보다.

⑤-ⓒ 唐・李商隱〈哭劉司戶蕡〉

江闊惟廻首, 天高但撫膺.

劉氏는 江건너 땅에서 갔으니 넓은 강은 건널 수 없어 그저 머리만 돌려 보고, 하늘은 너무 높으셔서 아실 리 없으니 내 가슴만 두드릴 뿐이다.

⑤-ⓑ ⑤-ⓒ를 보면 하늘에 대해 원망보다는 어쩔 수 없다는 諦念 그리고 섭섭하고 아쉬운 마음이 짙게 배어있다. 그러나 白眼하고는 전혀 다른 態度・姿勢다. 어쩔 수 없이 이 쓴 잔을 받겠다하는 受容하는 뜻도 담겨져 있다고 하겠다.

李商隱의 境遇 아무리 劉蕡에게 期待걸고 그를 激勵했다고 하나 結局 直接 禍를 當하지는 않았으니 江건너 불까지야 아니더라도 當事者만큼 격렬(激烈)・切實하지는 않았으리라. 속담에도 "남의 염병이 나의 고뿔만 못하다"했으니 그렇게까지는 아니더라도 屈原이나 司馬遷같은 强한 詰問(힐문) 激한 反撥은 애당초 기대하기 어려울 것이다.

崔宗之는 타고난 아름다움과 齊國公이라는 社會的 身分을 놓고 客觀的으로 보면 하늘을 白眼으로 望하기는커녕 푸념이나 하소연하는 것도 과하다는 생각이 들 處地에 있다고 보인다. 勿論 그의 胸中에 무슨 區區한 事緣・切切한 心事 있는지야 어떻게 남이 헤아리고 짐작하랴만 남이 보아도 그럴듯하고 首肯할 만한 까닭이 있어야 하지 않겠는가. 客觀的 條件에 充足되지않는 行動은 어리광에 불과할 따름일 것이다. 그럴만한 까닭, 이유도 없이 어떻게 대뜸 "白眼望青天"이라고 쓸 수 있겠는가.

▸擧觴白眼: 擧觴이라는 行動과 白眼이라는 行爲가 연결이 잘 되지 않는 점을 지적하겠다. 酒黨들은 뜻 맞는 友人들과 술 마시기를 좋아하나 與件이 許諾하지 않을 때는 차라리 혼자 마실지언정 싫어하는 사람들과는 어울리지 않는 법이다. 劉伶・陶淵明・李白같은 酒豪들의 獨酌에 관한 記錄이 있지 않은가. 또한 슬픔・근심 속에서는 술을 들어도 기분이 나지 않는다던가, 홍이 일지 않는다던가 즉 상말로 김이 새고 술맛 떨어지는 對象이나 事件이 있을 때는 안 마신다, 아니 못 마신다. 백보

양보해서 白眼望靑天을 우리가 容納해도 擧觴과는 絶對 연결이 不可能하다고 우리는 敢言한다.

연결이 안 되면 方法은 하나, 떼어놓은 채 各各 獨立된 內容으로 보면 간단히 해결될 것이다. 崔의 特徵을 縮約하면 첫째 술잔을 들고 사는 것, 詩題에 맞췄으니 左相의 銜杯와 酷似하다고 보면 된다. 둘째 凡俗之士를 도저히 못 참아내는 것으로 말하기도 싫다. 그냥 눈을 하얗게 흘기는 것이다. 이것으로 崔의 超俗함, 世上과 어울리지 못함을 나타냈다. 셋째 塵世에는 눈을 돌리지 않고 저 푸른 하늘을 보며 그야말로 한 점 부끄럼 없이 사는 것. 그의 孤高함·高尙함을 이로써 表現했다. 이 句는 앞 句의 蕭灑함을 敷衍한 것이고 皎如玉樹云云은 앞 句의 美少年을 重複嘆賞한 것으로 보면 된다.

▶皎如玉樹臨風前: ▷皎: ① 潔白. 깨끗하고 희다. 해말끔하다(살빛이 희고 말끔하다). ② 光明. 밝다. 환하다. ▷玉樹: ① 神仙이 있는 곳의 나무. ② 珍貴한 玉·寶石 등의 材料로 만든 裝飾用 樹木形態의 물건. ≪漢武故事≫를 보면 오늘날 中國 博物館에서 볼 수 있는 것과 大同小異하다. 산호로 큰 나무모양의 틀을 세우고 碧玉으로 잎, 紫水晶·珍珠·瑪瑙 等으로 꽃·열매를 만들어 붙인다. ③ 아름답고 볼품 있는 나무를 이렇게도 부른다. ④ 눈이 하얗게 덮여 아름답게 된 나무를 가리킨다. 白雪이 滿乾坤하면 天地는 失玄黃하니 모든 것이 仙界의 風景으로 변한다. 秋史가 中國을 갈 때 薊門(계문, 즉 薊丘로 지금의 北京城 西쪽에 位置한다)에서 눈경치를 읊었다.

〈薊門雪中〉(七言律詩의 5-8句)

妃子祠邊珠欲碎, 仙人田畔玉成堆. 憑誰畵取荒凉景, 雜樹圍村倂是梅.

엉성하던 집 한 채도 눈을 쓰니 王妃의 祠堂처럼 변하여, 그 가장자리는 珍珠가 바서진 듯하고. 시시하던 밭뙈기도 눈이 쌓여 神仙의 밭이 된듯하니 그 언저리에는 玉구슬이 무더기로 쌓였구나. 누구에게 이 사람자취 없는 고요한 풍경을 그려내게 할까, 마을을 둘러싼 뭇나무 모두가 매화로 바뀌었는데.

▷欲: 似, 如의 뜻.

▷取는 보어. 聽取・看取가 예이다.

▷雜樹: 衆樹.

이 句의 皎如玉樹는 崔宗之가 눈 덮인 흰 나무처럼(따라서 白玉의 나무도 된다) 해말끔하게 생긴 것을 말함이다. 우리나라・中國・日本 모두 흰 살빛을 좋아하였으며 日本의 속담에 "흰 살결은 백가지 결함(缺陷)을 덮어준다"는 말도 있다한다. 中國에서의 例를 들어보겠다.

① 三國・魏・何晏은 容貌・儀態가 아름답고 얼굴이 너무 희어 魏・文帝(曹丕)는 분바르지 않았나 의심하여 한창 더운 여름날 뜨거운 湯餠(떡이 아니고 국수를 말한다)을 한 그릇 내렸다. 먹자니 땀이 흐르듯 나오는데 朱衣로 닦으니 얼굴빛이 더욱 맑고 환해졌다. (≪世說新語・容止≫) 그래서 "傅粉何郞"이라는 말이 생겼고 이 말은 美男을 稱할 때 썼다.

② 三國・魏・明帝(曹叡)가 毛皇后의 오라비 즉 자기의 妻男인 毛曾(容貌와 行動이 거칠고 조잡했다한다)을 當時의 名士인 夏侯玄(淸談에 能하고 아름다운 外貌로 날리던 인물)과 함께 앉게 하였다. 당시 사람들이 評하였다. "갈대・억새가 玉樹・瓊枝(경지)에 기댔군. 蒹葭倚玉樹."(≪世說新語・容止≫) 玉은 당연히 白玉을 簡稱한 것이다. 玉에는 靑玉・碧玉・黃玉・翠玉・墨玉 等 여러 가지가 있는데 사람의 外貌를 稱讚할 때 그저 玉 같다면 무슨 색의 옥이던 옥처럼 아름답다는 뜻도 可能하지만 白玉이라하면 玉처럼 아름답고 또 겸하여 희다는 뜻이 있게 되니 其他의 玉도 아름답기야 하지만 아무래도 白玉을 隱然中 말하는 것이리라.

③ 嵇康은 三國時代 孤高하고 氣稟있으며 外貌 멋있기로 第一 有名한 人物이었다. 山濤가 말했다. "嵇叔夜의 爲人됨은 品格의 높음이 孤松이 홀로 우뚝한 듯한데, 그가 술에 취했을 때는 기우뚱 마치 玉山이 무너지려는 듯하다. 傀俄若玉山之將崩."(≪世說新語・容止≫)

④ 王衍은 容貌가 端正하고 姿態가 말쑥하였으며 淸談을 잘해 항상 白

玉으로 자루를 한 주미(麈尾. 六朝時代에 流行하던 일종의 먼지떨이 겸 부채효용의 기구를 말함)를 들고 있었는데 白玉과 흰 손이 구분이 안 되었다. 恒捉白玉柄麈尾, 與手都無分別. (≪世說新語 · 容止≫)

⑤ 어떤 이가 王戎에게 "嵇紹(혜소)는 뭇 사람 중에 홀로 우뚝하니 마치 野鶴이 닭들 속에 있는 것 같더이다"하니 王戎이 答하길 "당신은 그 사람의 아버지(嵇康)를 못 보았으니까……"(≪世說新語 · 容止≫) "野鶴之在鷄群"은 아주 그럴듯한 評인지라 "鶴立鷄群"이란 成語가 되었고 우리나라에서는 "群鷄一鶴"으로 더 알려졌다. 이때 鶴은 희고 우뚝함의 表象일 것이다.

⑥ 潘岳(悼亡詩로 유명)과 夏侯湛은 둘 다 아름다운 容貌 · 姿態를 가졌는데 함께 다니기를 좋아하여 사람들이 연벽(連璧. 聯璧. 두개를 함께 사슬처럼 꿴 한 쌍의 구슬)이라 불렀다.

⑦ 裴楷는 뛰어난 容貌라 當時사람들이 玉人이라 불렀다. 그를 본 사람들은 말했다. "裴楷를 보면 玉山위를 가는 것 같아! 光彩가 사람을 쏘거든." (≪世說新語 · 容止≫) 玉山은 눈 덮인 흰 산일 것이다.

⑧ 어떤 이가 太尉 王衍을 병문안했는데 자리에 마침 王戎 · 王敦 · 王導가 있었다. 별채에 가니 거기서 또 王詡(왕후) · 王澄(왕징)을 볼 수 있었다. 돌아와서 사람들에게 말하길 "오늘 나들이에 눈에 보이는 모든 것이 琳琅珠玉이더군"했다. (≪世說新語 · 容止≫) 琳琅滿目(임랑만목)이란 成語가 여기에서 생겨났다 한다.(琳 · 琅 모두 아름다운 옥이다.)

⑨ 大將軍 王敦이 太尉 王衍을 칭찬했다. "뭇 사람 속에 있으면 꼭 珠玉이 瓦礫(와륵. 깨진 기왓장과 자갈) 속에 있는 것 같아."(≪世說新語 · 容止≫) "似珠玉在瓦礫間"이니 "野鶴之在雞群"이니 그게 그것인데 우리 같은 사람이야 닭이 되고 깨진 기왓장 · 자갈도 되고 때에 따라서는 갈대 · 억새도 되니 사실이 그래도 좀 심하다는 생각이 든다. 남을 올리는 것은 좋지만 다른 쪽을 턱없이 깎아내리지는 말았으면 싶다.

▶臨風前: 臨의 해석이 어렵다. ① (어떤 곳에)임하다. 向하다. 面하다. 내려다보다. ② 이르다. 오다. ③ 맞다. 맞이하다. ④ 다가가다. 접근하다.

⑤ 비추다. 비치다.

본래 臨風이란 有名한 말이었다. ≪楚辭·九歌·少司命≫에서 "悲莫悲兮生別離, 樂莫樂兮新相知.…… 與女沐兮咸池, 晞女髮兮陽之阿. 望美人兮未來, 臨風怳兮浩歌.…… 슬픔이란 생이별만큼 슬픈 것이 없으며(님이 가시고 나는 알았다), 즐거움은 새로 님을 사귀었을 때만큼 즐거운 것이 없었다.(예전 님 사귈 때가 생각난다)…… 님과 함께 太陽이 沐浴하는 咸池에서 머리감고, 님의 머리카락을 太陽이 맨 처음 비치는 양지바른 언덕에서 말려주고 싶었다. 님을 기다려도 오지 않으니, 온 몸으로 바람맞으며 실망으로 정신은 아득해도 목 놓아 슬픈 노래 부르노라."라 하였기 때문이다.(▷晞(희): 말리다. ▷怳(황): 실망한 모습.)

그래서 臨風은 바람을 안다, 바람을 맞받다, 바람을 향하다로 해석해 왔다. 그러나 本句에는 前字가 있어서 그렇게 해석할 수가 없다. 不得已 省略法으로 보아 臨風於風前으로 볼 수밖에 없었다. 그렇지 않으면 臨을 비추다, 비치다로 보아 皎如玉樹照耀於風前으로 하여 玉樹가 바람 앞에서 환히 비추듯 희고 깨끗하다로 해야 할 것이다. 그러나 바람 앞에 있어야 비추듯 빛난다는 前提나 條件이 너무 어색하다. 그리고 本句 全體를 볼 때에도 大部分 해석을 "깨끗하기가 玉樹가 바람 앞에 있는 듯하다"로 해왔다. 그러나 臨에는 ~에 있다는 뜻이 없다. 그리고 바람 앞에 있다쳐도 顯著한 그러니까 뚜렷이 들어나는 점은 둘이다. 하나는 風雪 속에서도 늠름(凜凜)한 낙락장송(落落長松)같은 기상(氣像)과 기개(氣槪)요 또 하나는 휘청거리고 흔들리며 사무치는 멋과 끼를 유감없이 아낌없이 드러냄이다. 皎 (깨끗하다. 해맑다)字는 이 두 가지 어느 곳에도 해당된다고 보여지지 않는다. 그래서 우리는 이미 앞에서 皎如玉樹로 끊어버린 것이다. 總整理하면 "해맑끔하기는 白雪덮인 나무·白玉이 된 나무 같고, 늘씬한 몸매는 그 玉樹가 바람 앞에서 온몸으로 바람 맞으며 흔들리듯하니 一醉한 모습이라고 ≪杜詩詳注≫에서 풀었는데 그것도 괜찮다—멋과 끼가 참으로 사무치는구나!" 이렇게 省略되고 壓縮된 것을 다시 풀어내어 해석함이 좋으리라. "皎如玉樹皓潔, 搖如玉樹, 臨風於風前"

解說

崔宗之. 외모는 말쑥하고 멋스러우며 행동거지는 시원스럽고 소탈하며 전체적으로 풍기는 기운은 맑고 깨끗한 영원히 아름다운 청년 貴公子. 酩酊界에 끼일 만큼 잔 들고 있는 것이 生活化되었고 本詩의 八仙에 堂堂히 들어설 수 있었으며, 世上의 凡庸하고 俗된 사람들과는 對話自體를 꺼려 白眼으로 대하였으니 아하. 좋게 말하면 超俗이지만 이 風塵世上에 너무 남들과 和諧되지 못하여 害를 당할 수도 있겠으며, 理想은 높고 맑아 언제나 푸른 눈 들어 한 점 부끄럼 없이 靑天을 바라보는 孤高하고 高尙한 生活을 營爲하였다. 전체적으로 崔宗之를 말하면 해맑끔하기는 白雪이 덮인 나무, 白玉같이 된 나무요, 늘씬한 몸매는 玉樹가 바람 앞에서 온 몸으로 휘청휘청하는 듯하니, 좋구나! 멋과 끼가 사무치는구나! 絶世의 美男이요 稀代의 風流兒로구나.

☛ **參考**

앞에서 이미 말했듯이 崔宗之의 詩作은 ≪全唐詩≫에 꿀 발라 단 한 首 실려 있다. 그리고 李白이 崔를 두고 지은 詩는 旣述한 대로 네 首가 있다. 우선 崔의 작품을 보자.

唐・崔宗之〈贈李十二白〉

涼秋八九月, 白露空園亭. 耿耿意不暢, 梢梢楓葉聲.
思見雄俊士, 共話今古情. 李侯忽來儀, 把袂苦不早.
淸論既抵掌, 玄談又絶倒. 分明楚漢事, 歷歷王霸道.
擔囊無俗物, 訪古千里餘. 袖有匕首劍, 懷中茂陵書.
雙眸光照人, 詞賦淩子虛. 酌酒絃素琴, 霜氣正凝潔.

平生心中事, 今日爲君說. 我家有別業, 寄在嵩之陽.

明月出高岑, 淸溪澄素光. 雲散窗戶靜, 風吹松桂香.

子若同斯游, 千載不相忘.

서늘한 가을 팔구월에 휑한 뜰 정자에는 하얗게 된 이슬뿐. 답답하고 산란하여 속이 시원하지 않은데, 쐬쐬 이파리에 바람 부는 소리. 헌걸찬 大丈夫 만나 古今의 實情・내막을 함께 이야기하고 싶어 했소이다. 李侯께서 홀연히 의젓하게 오셨으니, 소매 잡는 친한 기회 왜 그리 더디 왔는지. 맑은 말씀에 손뼉을 쳤거니와 老・莊과 周易의 奧妙한 의론에 감탄 敬服하여 쓰러졌소이다. 楚・漢의 일은 分明하게 아셨고 王道와 霸道의 區分도 뚜렷하게 아시더이다. 메고 온 자루에는 상스런 물건 없었고 千里 먼 길 古跡을 찾아오셨음이라. 소매 속에는 비수(匕首)가 있었고 품안에는 漢나라 司馬相如가 茂陵에 살며 지은 글과 맞잡이 될 文章가졌음이라. 두 눈동자 光彩가 사람을 쏘고 詞賦는 司馬相如의 傑作인 〈子虛賦〉를 凌駕하셨소이다. 술 따르고 裝飾없는 조촐한 琴의 絃을 타니 그 소리 서릿발 치듯 莊重하고 高潔하였음이라. 平素 품고 있던 心中의 일을 오늘 그대 위해 말씀드리겠노라. 우리집에는 별서(別墅)가 있어 嵩山의 남쪽에 자리 잡았는데 밝은 달은 높은 봉우리에서 솟아오르고 맑은 시내는 투명하며 환히 빛나고 있소이다. 구름마저 흩어지고 나면 창문은 고요 그대로이며 바람이 불면 소나무 계수나무 향기가 풍겨옵니다. 그대 만약 함께 여기에 노니실 수 있다면 千年의 시간이 가도록 잊지 않겠나이다.

李白은 〈酬崔五郎中〉을 지어 이 詩에 答했는데 먼저 自己의 不遇를 嘆息했고 英雄豪傑을 찾아나셨다가 崔와 같은 뛰어난 人材를 만났다는 것, 그리고 崔가 "緬邈靑雲姿. 면막청운자"를 가졌으며 作品을 "制作參造化"라고 極讚하였다. 그리고 신나게 논 것을 敍述하고 마지막으로 자기는 神仙世界에 놀아 蓬萊山에서 쉬고 滄海에 濯足하며 해와 달을 밑으로 내려다보는 仙人이 될 것이니 꼭 嵩山에 가야만 되냐고 婉曲하게 拒絶하였다. 紙面關係로 李白이 이미 世上버린 崔를 생각하며 지은 作品 하나만 紹介해야 하겠다.

〈憶崔郎中宗之遊南陽遺吾孔子琴撫之潸然感舊〉

昔在南陽城, 唯餐獨山蕨. 憶與崔宗之, 白水弄素月.

時過菊潭上, 縱酒無休歇. 泛此黃金花, 頹然淸歌發.

一朝摧玉樹, 生死殊飄忽. 留我孔子琴, 琴存人已沒.

誰傳廣陵散, 但哭邙山骨. 泉戶何時明, 長歸狐兎窟.

〈생각난다! 郎中 崔宗之가 南陽땅에 노닐 때 나에게 孔子琴 준 일이. 지금 이것을 타니 눈물은 흐르고 옛정을 느끼노라〉

옛날 南陽城에 있을 때 오로지 獨山의 고사리만을 먹었다. 생각난다. 崔宗之와 함께 白水에서 흰 달빛을 감상했고 때로 菊潭가를 찾아 마음껏 술마셔 쉴 틈이 없었지. 황금빛 꽃잎을 술에 띄웠고 취해서 비틀비틀 기우뚱. 맑은 노래 내놓았지. 하루아침에 玉樹는 꺾였고 순시간이었네. 生과 死를 달리함이. 나에게 孔子琴을 주었는데 琴은 있는데 사람은 갔다네. 이제 그 누가 廣陵散같은 그의 才能·學識을 傳授하리. 그저 北邙山에 묻힌 뼈를 痛哭할 뿐. 黃泉의 門에는 언제나 새벽의 밝은 빛이 비칠까. 영원히 여우·토끼의 굴로 귀착되고 말았는데.……

슬프십니까! 우리도 슬픕니다.

▷遊南陽: 앞에서 다룬 崔宗之의 시는 南陽에서 李와 崔가 처음 만났을 때 지은 것이니 南陽은 그들의 최초 만남의 고장이었다.

▷孔子琴: ≪文獻通考≫에 의하면 琴은 18樣式이 있었다 하나 正式法度를 따져보면 伏羲·大舜·孔子·靈開·雲和 다섯 종류에 不過할 따름이란다. 孔子樣式은 길이가 三尺六寸四分이란다. ≪說略≫에 의하면 古琴은 孔子·列子 두 樣式이며 모두 양쪽가가 처지고 넓으니 지금의 솟아오르고 좁은 것과는 다르다. 오직 이 두 樣式만이 古制에 合致된다.

▷撫: 彈奏.

▷潸然(산연): 눈물 흘리는 모습. 눈물 글썽이다.

▷感舊: 옛정을 생각하다.

▷獨山蕨(독산궐): 南陽땅에 獨山이란 산이 있다. 李白은 伯夷·叔齊처럼 그 산의 고사리만 캐 먹었다고 즉 깨끗한 삶을 살았다고 自負하고 있다.

▷白水: 江 이름. 淯水(육수)라고도 한다.

▷弄素月: 弄은 玩賞의 뜻임. 그러나 흰 달빛 밟고 장난했다고 해도 된다.

▷菊潭: 南陽땅에 있으며 그곳 사람들이 이 물을 마시고 長壽하였다고 전해진다. 過菊潭의 過는 訪問·찾아가다의 뜻임.

▷縱酒: 마음껏 술 마심. 제멋대로 실컷 마심.

▷泛此黃金花: 黃金처럼 노란 菊花를 술에 띄워 마심. 陶淵明 〈飮酒〉 二十首 其六: "秋菊有佳色, 裛露掇其英. 汎此忘憂物, 遠我遺世情.…… 가을 국화 고운빛띠니, 이슬에 젖은 그 꽃을 따노라. 근심 잊게 하는 술에 띄워, 내 세상 버린 마음 더욱 멀게 하노라.……"

▷頹然: 취하여 비틀거림. 몸이 기울음.

▷摧玉樹: 杜甫 詩句와 暗合함.

▷生死殊飄忽: 飄忽殊生死임. 飄忽은 빠른 것을 말함이니 光陰이 빨리 지나감. 시간이 짧음을 뜻한다. 殊는 다르다. 즉 生과 死를 달리하다의 뜻. 나는 살고 너는 죽어 서로 달리하다는 뜻임.

▷琴存人已沒: 李商隱도 죽은 아내를 슬퍼하며 〈房中曲〉에서 "歸來已不見, 錦瑟長於人. 地方의 勤務地에서 돌아오니 이미 볼 수 없었고 다만 그대가 즐겨 타던 곱디고운 瑟이 사람보다 오래가는구나"하고 읊었다.

▷廣陵散: 琴曲의 이름. ≪世說新語·雅量≫에 따르면 "中散大夫인 嵇康이 東市에서 죽음을 앞에 두고도 神色이 변하지 않았으며 琴을 달라하여 타는데 〈廣陵散〉을 彈奏하였다. 曲이 끝나자 '袁孝尼(원효니)가 일찍이 이 曲을 배우겠다고 청했으나 너무 아까워 굳이 傳授하지 않았다. 〈廣陵散〉은 이로부터 끊어져 버리는구나'하였다. 嵇中散臨刑東市, 神氣不變, 索琴彈之, 奏廣陵散. 曲終, 曰: '袁孝尼嘗請學此散, 吳靳固不與, 廣陵散于今絶矣."

▷靳(근. jìn): 아끼다. 애석해하다. 本詩에서는 崔宗之 特有의 재주와 才能을 말한다.

▷泉戶: 黃泉의 門戶. 즉 墓의 門.

▷歸: 歸着되다. 歸屬되다.

❖ 제12·13구: 蘇晉長齋繡佛前, 醉中往往愛逃禪.

註

▸蘇晉: 玄宗때의 人物. 史書에 실린 事績은 남보다 특히 나을 것도 못할 것도 없다. 杜甫가 본시에 選한 것은 반드시 特異한 點이 있었을 것이다.

▸長齋: 長: 항상. 늘. 수시로. 齋: ① 中國에 있어서 옛날 祭祀나 儀式擧行 前에 淸心寡慾하고 淨身潔食하여 嚴肅함 恭敬함을 나타내는 것. ② 佛敎에 있어서 僧侶나 信徒들이 佛經을 읽고 懺悔하며 禮拜하고 복을 비는 것. 또 小乘佛敎에서 午時(11~13시)를 넘으면 먹지 않는 것. 또 小乘佛敎에서 午時를 넘으면 먹지 않으나 肉食을 禁하지는 않으니 大乘佛敎에서는 누린 것, 비린 것을 안 먹는 素食을 齋라 하기도 한다.

▸繡佛: 수놓아 만든 부처. ≪舊唐書・蕭瑀傳≫을 보면 蕭瑀(소우)가 佛道를 좋아하니 太宗이 그에게 繡佛像 한 구(軀)를 下賜하였다 한다. 專門的・正式의 寺刹用이라기 보다 個人이 家庭에서 모시고 供養하는데 쓰였으니 篤實한 信心을 가진 사람이 언제나 부처를 모시기 위해 쓰였다고 보여 진다. 이것은 西藏 즉 티베트의 영향인 듯하다.

▸往往: ① 늘. 항상. 흔히. ② 때때로. 이따금.

▸愛: ~하기를 좋아하다.

▸逃禪: 參禪・坐禪에서 달아나 버림, 도망가 버림. 醉中에 參禪하기는 어려울 것이다. 勿論 朝鮮末 大禪師였던 鏡虛(俗名 宋東旭)스님은 고기를 씹고 술을 마셨으나 몰래 엿 본 사람의 말에 의하면 깊은 밤 醉中에 大雄殿에서 목에 匕首를 대고 禪 三昧에 들어있었다 한다. 그러나 蕭晉의 境遇 杜甫의 飮中八仙에 들어간 것부터 이것과는 거리가 멀다. 아무리 기를 쓰고 용을 써서 변호해 주려해도 醉中에 參禪하는 것은 거의 不可能・자리를 지켜보았자 睡魔에게 屈服당하였을 것이다. 따라서 往往의 해석도 本句에서는 늘, 항상으로 하여야 할 것이다. 醉中에 이따금 逃禪함은 情況으로 미루어 볼 때 어렵고 恒常, 늘 逃禪함이 合當

할 것이다.

➡ 두보처럼 행동·성격이 까다로울 만큼 빈틈없고 차분하고 착실하고 조심스러운 詩人이 八仙에 蘇晉을 꼽은 것은 分明히 까닭이 있을 것이다. 우리생각에 蘇氏는 아예 집에다 繡佛을 모셔놓고 有別나고 유난스럽게 佛道를 着實하게 믿는다며 사람들에게 허풍을 친 듯하다. 믿사옵니다. 댁들도 어서 믿으슈 하고 말이다. 公式席上에서나 宴會場所에서 내숭떨고 두부나 죽순·버섯 따위 素食을 하며 사람들에게 殺生이 어떻고 齋가 어떻고 하며 長廣舌을 늘어놓곤 하며 사람들이 고기나 생선 먹기 꺼림칙하게 만들고는 속으로 좋아했을 것이다. 그러나 自身은 參禪·坐禪한다며 술 먹고 먹으면 醉하도록 먹고 항상 禪에서 도망가 버리고 繡佛앞에는 빈자리만 남겨두었을 것이다. 이것이 杜甫에게 뽑힌 까닭 아닐까.

➡ 刺繡는 아주 어려운 作業이다. 이것으로 佛을 만든다는 것은 至難한 일이 틀림없다. 그러나 사람들은 어려운 것을 이루어야 더욱 功이 높고 믿음이 더욱 깊다고 여겼음이 틀림없다. 그러나 스스로 하기에는 힘이 드니 결국 몫은 貧寒한 女人들의 차지였다. 淸나라 沈復의 ≪浮生六記≫를 보면 卷三 〈坎坷記愁〉에 沈復의 아내 芸이 ≪心經≫ 1部를 繡놓는다는 것이 나온다. 病弱한 몸이지만 첫째 佛經을 수놓으면 災難을 없애고 福을 받을 수 있으며 둘째 그 삯이 아주 컸기 때문이다. 일은 貧寒한 病든 女人이 하고 생색은 부유한 信徒의 차지였다.

➡ 嗜酒한다고 다 땡추는 아니다. 朝鮮 仁祖때 震默大師는 술 잘 마시기로 有名하였고—그러나 술이라 부르지 않고 곡차(穀茶)라 하였으며 이로부터 穀茶란 이름이 생겨났다—神通力으로 많은 異跡을 行하였으며 釋迦의 小化身으로 추앙받았다.

解說

蘇晉은 수놓은 부처 앞에서 항상 齋한다고 떠들고 풍을 치지만 가보면 거의 언제나 취해있었고, 늘 언제나 취했다고 핑계대고 參禪·坐禪을 잠시 있다 하겠다며 달아나 버리곤 하였다. 이만하면 酩酊界의 괴짜 되기에 充分하지 않겠소이까?

❖ **제14 · 15 · 16 · 17구: 李白一斗詩百篇, 長安市上酒家眠, 天子呼來不上船, 自稱臣是酒中仙.**

註

▸李白은 中國歷史上 第一流의 詩人이므로 긴 설명 除하고 本四句에 關한 背景만 추려보겠다.

天寶元年(AD 742). 李白 42歲. 長安에 와서 賀知章을 만났다 함. 賀氏는 그의 〈蜀道難〉을 보고 "謫仙. 하늘에서 下界로 귀양 온 神仙"이라 하였고 〈烏棲曲〉을 보고는 "可以泣鬼神. 귀신도 울게 할 만 하군" 하였다 한다. 一說에는 李를 보자 "非人世之人, 可不是太白星精邪. 인간세상의 사람이 아니고 太白星의 精이 아니겠는가"하였다 한다. 賀氏는 李白보다 41年이나 年上이니 이러한 遭遇에서는 競爭心 · 嫉妬心은 다 남의 일이요 아무리 편협(偏狹)하고 옹졸(壅拙)한 사람일지라도 그저 後輩가 대견하고 든든하게만 여겨지며 어지간한 水準의 작품도 다 가상(嘉尙)하게만 보였을 뿐이었을 것이다. 勿論 이 작품들은 다 秀作이지만 이에 匹敵할 만한 作品도 많이 있는 것이 또한 儼然한 事實이다. 無責任한 野史 · 野談類에 너무 眩惑되거나 左右됨은 바람직하지 않으며 너무 神秘化하는 것도 좋은 일은 아니라고 본다.

1) 天寶三年 (AD 744) 李白이 翰林院에 있었던 것으로 알려졌는데 問題는 그를 翰林學士 · 翰林供奉 等 一定하지 않은 官職으로 부르고 또한 그의 行跡이 너무나 實情 · 物情과 어긋난다는 점이다. 하나하나 따져보자.

翰林院: 官署名. 唐初(7세기 初)에 設置함. 本來의 任務는 各種 文藝의 재주로 內廷(外部에 있는 朝廷과 相對하여 宮內라는 뜻으로 쓰

임)에서 임금께 供奉하는 것이었음.

供奉: 各種 技藝 또는 姿色으로 帝王을 모심. 供: ① (gōng): 공급하다. ② (gòng): 侍奉하다. 모시다.

翰林學士. 翰林供奉:

처음 翰林學士는 翰林院 所屬의 文士들로 政事와는 無關한 文詞擔當이 主業務였다. 그러다가 玄宗의 開元(元年이 AD 713으로 이후 開元29年 즉 AD 741年까지 지속됨) 初에 宰相級인 張九齡·張說(장열)·陸堅 等으로 하여금 天下 四方에서 올라오는 表·疏에 대한 批答·應答의 文章을 管掌하게 하였고 이들을 翰林供奉이라 불렀으며 集賢院과 더불어 詔書의 起草나 皇帝의 各種 文字를 分擔하게 하였다. 또한 이때에는 임금 즉 玄宗이 政治·軍國大事를 直接 裁決할 때였다. 당연히 翰林供奉의 地位·權力은 莫强했다고 보여진다.

그러다가 開元26年(AD 738)에 다시 翰林學士로 돌아갔다. 이때쯤 임금은 政事에 차츰 興味를 잃어가고 있었다.

天寶元年(AD 742) 李林甫가 宰相이 됨. 政事는 李林甫가 左之右之, 專斷하였으며 翰林學士는 임금의 娛樂·餘興을 위한 詩文 製作이 主任務가 되었다. 天寶3年에는 翰林供奉이란 官職은 이미 없던 때인데 많은 사람들이 李白을 翰林供奉이라 부르는 것은 맞지 않는다. 물론 過去의 官名을 쓰는 것이 尙古하는 趣味에 맞으므로—예컨대 朝鮮時代 刑曹判書나 參判을 예스럽게 刑部尙書·侍郎으로 더 예스럽게는 大司寇·小司寇로 부르기도 하였다.—꼭 안 된다고 할 수는 없으나 嚴密하게 따진다면 그렇다는 것이다. 그리고 이때의 翰林學士는 무슨 權限이 있었던 때도 아니다. 李林甫는 이때쯤 地位를 鞏固히 다지던 때였으며 李林甫와 아무런 유착(癒着)이 없던 李白이 해야 할 일이란 뻔한 것이다. 그가 醉中에 草稿도 없이 단박에 完成했다는 〈出師詔〉(軍隊出動詔書)는 남아있지 않아서 유감이라 하나 當時 玄宗의 國政에 대한 염증(厭症)과 성색탐닉(聲色耽溺), 李林甫의 능수능란(能手能爛)한 政事料理를 考慮하면 애당초 存在하지 않았을 것이란 생각도 든다. ≪全唐詩≫, ≪李白集校注≫, ≪李太白全集≫에 뚜렷하게 남아있는 宮中活動時 作品은 〈宮中行樂詞〉 八首(본래 十首였다 하나 現在 八首만 있다)와 〈淸平調詞〉 三首뿐인데 이를 통해 알 수 있는 것은 그가 徹底히 娛樂·餘興擔當 文士였다는 것이다. 佳作이라고 ≪唐詩三百首≫에도 收錄된 〈淸平調詞〉 三首는 評價가 極에서 極으로 나뉘는데 其一의 首句 "雲想衣裳花想容. ▷想은 似, 如의 뜻. 즉 ~과 같다. ~과 흡사하다."은 比喩가 獨特한데 과거에는 "의상은 구름 본받아 만들고 얼굴은 꽃을 보고 단장한다"고들 써왔었는데 李白은 지금 "구름이 貴妃의 衣裳을 닮았고 牡丹花가 貴妃의 얼굴과 흡사하다"고 한 것이다. 그러나 그럴듯하지만은 않다. 바로 얼마 前 則天武后時代 武后의 사랑을 받던 젊고 아름다운 靑年들이 있었다. ≪唐書·張易之傳≫에 의하면 그 동생 昌宗도 武后를 모셔 兄弟가 모두 寵幸을 받아 禁中을 自由롭게 出入하며 그 威勢를 천하에 떨쳤는데 그들의 兄弟 順序에 따라 易之는 五郞, 昌宗은 六郞으로 불렀다 한다. 그런데 일은 楊再思에게서 發生했다. ≪唐書·楊再思傳≫에 의하면 "楊은 '사람들은 六郞을 蓮花처럼 곱다지만, 틀린 것이다. 蓮花가 六郞같이 곱다고 해야 한다' 하였으니 그의 巧妙한 阿諛(아유)와 無恥가 이와 같았다"하였다.

李白의 本句는 楊再思의 이 有名한 阿諛之辭를 그대로 借用한 것이다. 背景이 너무 醜雜하고 鄙陋하니 입맛이 쓰게 느껴진다. 古人께서 "그 사람 때문에 좋은 말까지 버리지 말라. 不以人廢言. (≪論語·衛靈公≫)"하였지만 借用한 것이 좋은 말이 되는지도 사람마다 의견이 不一致할 것이다. 結局 翰林院에서 지었다는 것으로 現存하며 뚜렷한 證據가 되는 이런 作品은 따분한 宮中의 無聊한 生活을 잠시나마 벗어나게 해주고 聲色一邊倒가 아니고 제법 高尙하고 韻致있는 生活을 營衛하고 있으니 너무 奢侈浪費한다고 辱하지 말라는 하나의 방패막이 역할도 톡톡히 한 것이 아닐까. 그리고 그는 그 役割을 한 것 以外에 各種奇異하고 別난 突出事件을 일으킨 것으로 되어있는데 어느 記錄이던지 橫說竪說・說往說來・甲論乙駁으로 사람들에게 是耶非耶, 其然가 未然가라는 嘆息을 하게 만드는데 모두 宮廷의 生活・慣習・禮法・秩序는 깡그리 무시하고 道聽塗說・流言蜚語・浮言浪說만이 亂舞할 뿐이나 李白을 美化 乃至 神秘化 하려는데 그 目的이 있음은 同一하다고 보여진다.

다시 强調하는데 李白이 翰林院에 있을 때는 前의 翰林供奉이 누리던 權勢도 없었고 뒷날 德宗以後 翰林學士들의 權威와 待遇도 없었던 시시하달지 한가하달지 해야 할 閒官・閑職의 시대였다.

그러다가 德宗(在位 780~804)以後 翰林學士는 皇帝와 가까운 顧問겸 秘書官 노릇을 하며 恒常 內廷에서 宿直하면서 御命을 받아 將相의 任免・皇后나 太子의 冊立(參考: 皇貴妃・貴妃・親王・親王의 世子・藩國에 대하여는 冊封이라 하여 冊立과 區分하였다) 等 重大事의 發布文을 撰(찬)하였다. 그래서 內相(밖의 朝廷과 相對되는 內廷의 宰相이라는 뜻이겠다.)이라 불려졌다. 그리고 다시 往往 翰林學士가 宰相으로 拔擢되는 일이 생겼다.

閭巷・市井・坊間・村中 모두가 開元 盛世 翰林供奉의 權威, 德宗貞元年間 以後 翰林學士의 威勢가 머리속에서 한데 뒤섞여 翰林하면 글 잘 할뿐 아니라 權力도 掌握하고있으며 將次 宰相까지도 될 수 있는 捷徑으로 誤解하고 있었던 것이다. 어느 時代 어느 때인지는 따지지 않았고 다 그렇다고 여긴 것이다. 다음으로 李白의 奇行을 들겠다.

民間에 떠도는 이야기의 荒唐함은 東西古今이 다 같으니 無責任하기에 마음대로 지껄이는 듯하다. 흔히 民心은 天心이라고 하지만 愚衆이나 烏合之衆이란 말로 罵倒할 때도 있는 것이다. 金用淑 著 ≪朝鮮

朝宮中風俗硏究≫를 보면 당시 백성들은 "宮안의 높으신 분들은 뒤를 보고 면주(綿紬, 즉 明紬임) 한 필(疋)을 쓴다"고 믿고 있었다 한다. 그러나 著者가 調査·硏究할 때 놀란 점이 宮中生活의 대단한 儉約이었다 한다. 따라서 市井의 말은 걸러듣고 추리고 골라 참고해야 할 것이다.

2) 翰林院 在職時 發生한 奇行·醉態에 대하여

먼저 高力士를 紹介하겠다. 그는 宦官이었다. 睿宗때 內給事였는데 蕭岑(소잠)을 誅殺한 功으로 右監門衛將軍이 되었고 內侍省의 일을 知(主管)하였다 한다. 玄宗 卽位後에 寵愛와 보살핌을 독차지 四方의 奏請(上奏하여 請求함)은 먼저 살펴본 뒤에 朝廷에 올렸다(先省後進). 이에 힘있는 文臣 억센 將帥들이 다투어 서로 交分을 맺고 交際를 트니(權臣豪將, 競相結納), 그의 拔擢·薦擧를 얻으면 모두 원하는 대로 되었다 (得其援引, 皆如所欲). 이에 그 勢力이 朝廷의 內外를 壓倒하였다(勢傾中外). 累官(功이 쌓이고 그에 따라 升官)하여 驃騎大將軍이 되었고 齊國公에 封해졌다. 肅宗때 李輔國이 彈劾, 巫州로 流配되었고 代宗의 寶應 初에 赦함을 받았으나 玄宗·肅宗은 이미 죽었고 그들의 遺詔를 보자 피를 토하고 통곡하다 죽었다 한다. 그때 나이 79세였다.

그는 너무나 莫强하여 皇太子도 兄이라 불렀다고도 전해지는데 이런 이야기는 크게 믿을 바 못된다 하나 ≪資治通鑑·唐紀·玄宗·天寶三年≫을 보면 다음과 같은 記錄이 있다.

上從容謂高力士曰: "朕不出長安近十年, 天下無事. 朕欲高居無爲, 悉以政事委林甫何如." 對曰: "天子巡狩, 古之制也. 且天下大柄, 不可假人. 彼威勢旣成, 誰敢復議之者." 上不悅, 力士頓首自陳. "臣狂疾發, 妄言罪當死." 上乃爲力士置酒, 左右皆呼萬歲. 力士自是不敢深言天下事矣.

上께서 조용히 高力士에게 말했다. "朕이 長安을 나서지 않은지 십년 가까이 되었는데도 天下는 탈이 없구나. 朕은 그저 임금자리에 높이 앉아 '無爲而治. 賢人을 任用하고 德으로 百姓을 敎化하여 국가를 다스리는 것'하려 하니 모든 政事를 李林甫에게 맡김이 어떠할꼬" 高力士가 對答하길 "天子가 天下四方을 巡狩함은 예로부터 내려오는 제도입니다. (그러니 廢止하지 않으심이 옳은 것이 옵니다. 즉 天子가 直接 天下를 돌아다녀야 할 것이라는 뜻임. 이때 玄宗이 巡幸에 厭症을 내고 있을 때이므로 高力士가 말은 간단하나 뜻은 깊게 말 한 것이다.) 또한 天下를 다는 저울추(權)와 다듬는 도끼자루(柄), 權柄 즉 權力은 남에게 빌려줌이 불가하나이다. 그의 威勢가 이미 이루어진 뒤에는 누가 감히 非議(즉 非難)하거나 異議를 달겠습니까"하였다. 上께서 불쾌해 하시니 高力士가 머리를 조아리고 아뢰었다. "臣의 미친 병·실성기가 도져 妄言을 아뢴 것은 그 罪가 죽어 마땅하나이다." 上께서 이에 高力士를 위해 酒宴을 베푸시니 左右가 모두 萬歲를 불렀다. 高力士가 이로부터 天下事에 대해 감히 深刻하거나 深切하고 솔직한 말을 하지 않았다. (그전에는 꽤 干預(간예)하였다는 말도 되겠다.)

高力士의 官爵·地位·威勢 等은 李白같이 布衣에서 特別採用된 翰林院의 一個學士따위로는 比較할 수가 없는 것이다. 그러나 世間에 널리 퍼진 이야기를 보면 唐이라는 大帝國의 皇宮안에는 皇帝인 玄宗과 楊貴妃·高力士 그리고 李白 넷뿐인 듯하다. 至尊의 御前에서 學士가 皇帝와 直接去來·疏通하며 들러리인 楊貴妃는 벼루를 들고 서있고 또 하나의 助演인 高力士는 李白의 長靴를 벗긴다는 식이다. 漢에서 清까지 歷代 皇宮안에는 內侍·宮女들이 각각 적게는 삼 사 천명 많을 때는 일만이 넘었다 한다. 內侍·宮女들도 嚴格한 位階秩序에 따라 맡은 任務가 달랐으며 높은 地位에 오른者들은 王侯將相도 두려워하였다. 李白이 신을 벗기라고 醉中에 妄言을 했다 하여도 그것을 들을 수 있는 者들은 그의 周圍에 있던 小閹人(소엄인)이나 宮女·末端의 侍衛들이지 저 높은 곳에 있는 皇帝나 高力士는 잘 알아듣지도 못했을 것이다. ≪唐・國史補≫를 보면 高力士에게 脫靴하라 하자 "上令小閹排出之. 上께서 小內侍에게 밀어내게 하였다."라고 하였는데 임금이 어질어서 御前에서 醉하여 醜態를 보인 것에는 寬大할 수 있으나 자기의 心腹에게 侮辱을 加함은 참을 수 없었을 것이다. 이를 容認・放置하면 그 누가 自己의 心腹노릇을 하겠는가.

≪酉陽雜俎≫에는 李白이 御前에서 退出한 뒤에 임금이 高力士에게 "此人固窮相. 이 사람은 확실히 貧賤한 相貌로군"이라 했다 한다. 임금이 李白에게 完全히 傾倒되었다는 것과 아주 다른 이야기다. 范傳正의 〈翰林學士李公新墓碑〉에서는 임금이 白蓮池에서 놀 때 몹시 즐거웠는데 李를 불러 글을 짓게 하려 했던 바 李가 너무 醉해서 高將軍으로 하여금 부축 배에 오르게 했다 云云하였다. 可能한 일이다. 白蓮池는 宮안의 못이니 넓어 보았자 어느 정도 이내일 것이고 그 위에 띄운 배라야 임금과 양귀비 및 마음 편한 心腹 몇몇을 收容할 정도였으리라. 李를 꼭 태우고 싶으면 高將軍아니라 더한 사람도 그를 부축하거나 손잡아 주는 것이 人之常情이지 그것 때문에 威嚴이 損傷되거나 體統에 累가 되지는 않았을 것이다. 그러나 輕薄浮躁한 文士들은 대단한 人物이 自己를 위해 몸을 굽히고 犧牲한 듯이 떠벌리고 이것이 擴大再生産되어 어마어마한 業績을 세운 듯 되고만 것이다. 根據는 있다. 앞에서 引用한 〈翰林學士李公新墓碑〉에서는 李白의 성격이 꼼꼼하거나 謹愼하지 못하여 "溫室之樹"—≪漢書・孔光傳≫에 의하면 孔光은 아주 조심성 있고 삼가하는 성품이라 休暇에 집에 돌아와 쉴 때 兄弟나 妻子와 잡담을 하여도 朝廷에 관해서는 言及하지 않았다 하며 심지어 溫室殿 안에 무슨 화훼・수목이 있는가 물어도 입 다물고 그저 모르쇠로 일관하였다 한다. 이로부터 溫室樹는 宮禁안의 일을 나타내게 되었다.—를 漏泄한 嫌疑가 있었으리라는 것이다. 이는 충분히 가능한 일이나. 本來 宮中안에는 浴堂이 있는데 임금이 沐浴하고 休息하며 가벼운 마음

으로 항상 文人·翰林院 뭇 學士들을 召見하던 곳이다. 일반 朝臣들은 君臣間에 嚴格히 禮를 지켰으나 이곳에서는 그럴 필요가 없는 文人·翰林院 諸學士들을 불러 休息도 할 겸 閒談도 나누며 隔意없이 行動하였다 한다. ≪新唐書·文藝傳中·李白≫에 보면 임금이 賜食하며 親爲調羹(친위조갱. 직접 손수 국의 간을 맞춤)하였다 했는데 淸末 西太后를 보아도 먹어보고 맛이 괜찮거나 잘 아는 臣下가 좋아할 듯한 것은 덜어서 나눠주곤 하였는데 元世凱가 제일 많이 얻어먹었다는 말도 있다. 浴堂처럼 옷차림도 簡便하게하고 格式을 따지지 않는 곳에서는 얼마던지 그 순간만은 흉허물없이 트고 지낼 수도 있었으리라. 그러나 場所와 時間이 바뀌면 自動的으로 君臣間으로 되돌아가야 하는 것이 마땅한데 李白은 아마도 그러지를 못한 것 같다. 外部에 나가 이러한 秘事를 公開하고 衆人環視中에도 浴堂에서 하듯 行動한 듯하다. 좋게 말해 순진하고 行動에 一貫性이 있다 할 수도 있으나 그렇다면 朝廷이나 官廳 體質은 결코 못되니 放浪詩人·山林處士 이것저것 다 안 되면 俠客이 제격이었을 것이다.

➥ 參考로 말하면 大韓民國의 副統領을 지낸 함태영(咸台永)先生은 大韓帝國 시절에 高宗皇帝를 獨對한 일이 있었다 한다. 記者들이 그 당시의 일을 執拗하게 캐물어도 緘口, 그야말로 모르쇠로 일관하며 말하기를 臣子는 임금과 獨對한 일의 內容을 外部에 漏泄·發說하지 않는 것이 道理라 하였다. 民國의 副統領을 지냈어도 過去 帝國時代 臣下였을 때의 일은 또 나름대로의 法度에 따른 것이다.

▸一斗詩百篇: "한 말 술에 백편의 시"라 하면 간단하지만 따져보면 단순한 內容이 아니고 꽤 복잡한 사연이 들어있다.

① 本來 술·痲藥은 사람을 興奮시키고 幻覺에 빠지게 하며 想像力을 刺戟, 藝術家들의 創作活動에 큰 도움을 주었다. 그래서 표면적으로 보면 平常時보다는 술을 마실 때 多數의 좋은 詩篇이 나왔다는 말이

되겠다.

② 그러나 諸記錄을 보면 위의 해석에 문제가 있다. 本詩는 杜甫가 長安에서 酒豪 즉 酒仙으로 이름난 여덟 명을 골라 그들의 적나라한 행동을 描寫한 것이다. 李白의 飮酒後 創作의 例를 列擧하겠다.

ⓐ ≪唐摭言. 당척언≫: "應詔하여 〈白蓮花開序〉와 〈宮辭〉 十首를 짓는데 그때 大醉하였으므로 中貴人(임금을 侍從하는 크게 出世한 高位宦官)이 冷水를 부어 조금 깨어나자 이에 御前에서 붓을 달라하여 一筆揮之, 글을 不加點 — 追加로 點竄(점찬)하지 않았다. 點은 잘 못된 곳을 지우고 뭉개는 것, 竄은 마음에 안 드는 곳을 고치고 바꾸는 것을 말한다. 不加點을 點 하나 안 보태고 글을 완성하였다고 誤譯하는 일이 많다. — 으로 完成하였다.

ⓑ ≪唐國史補≫: "李白이 翰林에 있을 때 대부분 취해 있었다. 玄宗이 樂詞를 짓게 하였으나 취해있었다. 더 기다릴 수 없어 물을 부으니 李白이 조금 움직일 수 있게 되었다. 붓을 달라더니 一筆揮之, 十餘章(十餘首와 같음)을 지었는데 글이 不加點으로 完成되었다.

ⓒ 范傳正의 〈翰林學士李公新墓碑〉: "李白이 翰林院에서 供奉으로 있을 때 술친구들과 市中에서 醉하였다. 帝는 沈香亭에 계시다가 마음속에 느끼는 바 있어 李白의 樂章을 얻으려 하였다. 불렀으나 李白은 이미 취해있어서 左右의 侍從들이 물로 얼굴을 씻겼다(以水頮面. 頮(회) 세수하다, 낯씻다). 조금 취기가 가시자 붓을 잡아 글을 이루었는데 아주 婉曲하고 美麗하며 正確하고 適切하여 생각이 막히거나 걸림이 없었다(婉麗精切無留思).

ⓓ 唐・孟棨(맹계)의 〈本事詩〉: "玄宗이 宮人들과 行樂할 때 '이 좋은 시절 아름다운 風景(良辰美景)을 대함에 어찌 다만 歌手・舞姬(聲伎)만으로 즐길 것이야? 만약 재주가 뛰어난 詩人이 이 일을 읊어 낼 수 있다면 후세에까지 빛나고 자랑할 수 있지 않겠느냐!'하여 李白을

불렀다. 그때 寧王이 李白을 초대하여 술에 취해있었으므로 御前에 이르렀는데 절하고 舞蹈(拜舞: 임금을 뵐 때 행하는 예절임)하는데 비틀비틀 넘어질 듯하였다. 임금께서는 그가 聲韻·格律(聲律)에 서투른 것을 아시고 그의 長技가 아닐 것이라 여기셔 〈宮中行樂〉 五言律詩 十首를 지으라 하였다. 李白이 머리를 조아리며 '寧王이 臣에게 술을 내리사 이미 취했나이다. 만약 폐하께서 臣에게 無畏(임금이 臣下가 御前에서 거리낌 없이 솔직하게 말하도록 허락하는 독특한 待遇를 말함)를 下賜하신다면 그때 비로소 臣의 시시한 재주를 다 할 수 있겠나이다.' 하였다. 임금이 可하다 하니……붓을 잡고 구상하더니(取筆抒思) 거의 쉬거나 멈추는 일없이(略不停綴) 열 首를 즉각 完成(十篇立就)했는데 다시 點竄함이 없었다(更無加點)."

ⓔ ≪松窗錄〉: "開元中……興慶池 東 沈香亭 앞에 紅色·紫色·淡紅(淺紅: 粉紅)·純白(通白)의 牡丹 四本을 심었다. 꽃이 활짝 피니 上께서는 名馬인 照夜白을 타시고 太眞妃는 步輦을 타고 따랐다. 梨園弟子중에서도 뛰어난 자를 골라 열여섯 종의 악기를 갖추고 또한 名唱 李龜年은 當代第一이었으므로 檀板을 잡고 뭇 악사들을 통솔하여 앞에 나와 노래하려 하였다. 上께서 '名花을 玩賞하고 妃子를 對하는데 어찌 옛 歌詞를 쓸 수 있겠느냐' 하시고 李龜年에게 金花箋을 가져가 翰林供奉 李白에게 내리고 즉시 〈淸平調辭〉 三章을 올리도록 명하셨다. 白은 欣然이 御命을 받들었는데 그래도 宿醉가 未醒인듯 하였지만 붓을 잡아 읊었다……"

以上 다섯 記錄을 보면 그가 翰林院에 있을 때 創作環境과 雰圍氣는 世人들의 想像 乃至 希望과는 判然히 다른 것을 알 수 있을 것이다. 李白하면 의례 靑山이나 綠水사이에서 꽃을 대하고 明月을 보며 淸風맞이하고 古琴소리 들으며 友人들과 一杯一杯 復一杯하니 醉興은 滔滔하고 談話는 高尙한데 餘裕있게 붓 잡아 한 首 한 首 이렇게 끝없이

感懷나 興致를 그려내는 사무치는 멋과 끼의 浪漫的 詩人을 聯想할 것이다.

그러나 그는 술에 취해 마음대로 休息도 睡眠도 못했고 싸움질하는 개도 아닌데 물벼락이나 맞고 自己가 쓰려는 것과는 거리가 먼 詩想을 쥐어짜 빨리 完成 ― 世間의 速成證明寫眞처럼 ― 해야만 하였다. 勿論 지금의 눈으로 王朝時代를 輕率히 判斷하는 것은 禁物이다. 聖上께서 물을 끼얹는 것이나 생선국을 주는 것이나 똑같이 聖恩이 罔極한 것이며 그의 聲價를 크게 올리는 일이 되는 것이다. 비양하고 빈정거리며 이죽거리는 데에는 世界一流라 할 魯迅의 말씀에 따르면 "未莊 마을에서 一定한 職業도 없이 날품팔이꾼으로 먹고 살며 자는 곳은 土地神을 모신 祠堂(土穀祠)인 阿Q가 가까스로 이름을 날리게 된 것은 마을의 有志이며 勢力家인 趙氏어른(趙太爺)에게 따귀를 맞고 난 뒤였다 한다. 이 일이 있은 뒤 마을사람들은 각별히 그를 존경하는 것 같았단다. 未莊 마을의 通例를 보면 阿七이가 阿八이를 때렸다던가 李四가 張三을 쳤다는 것은 從來 사건이 되지를 못했단다. 반드시 趙氏어른 같은 有名人士와 상관이 있어야 비로소 마을사람들의 口碑에 오를 수 있다는 것이다. 한번 口碑에 오르면 때린 분이 有名人士라 맞은 놈도 그 덕분에 이름이 난다는 것이다. 잘못이 阿Q에게 있는 것은 말할 필요도 없으니 그 연유(緣由)는 무엇이냐 趙氏어른은 잘 못이 있을 리 없기 때문이다. 그러넌 阿Q에게 잘못이 있는데도 왜 마을사람들이 각별히 그를 존경했을까…… 孔子廟에 祭物로 올린 소·양·돼지(太牢. 태뢰)같은 짐승도 聖人께서 젓가락을 대셨으니 先儒들도 감히 妄動하지 못함과 같은 것이리라……" (魯迅의 ≪阿Q正傳≫을 보시면 잘 알게 될 것이다.)

李白이 長安에 있을 때 지은 作品으로 괜찮은 것은 ≪唐詩三百首≫에도 收錄된 〈下終南山過斛斯山人宿置酒〉 정도다. 한 말 술에 大醉해도 백 편은 몰라도 열 편은 지어내는 민첩함이 놀랍다는 뜻이다.

▸市上酒家眠: ▹市: 長安城에는 東市(利人市라 함)와 西市(都會市라 함) 두 市長이 있었다. ▹上: 一定한 處所나 範圍를 나타낸다. 例: 世上, 路上, 心上. ➪ 下: 一定한 處所나 範圍, 時間을 나타낸다. 例: 稷下의 선비: 戰國時代·齊·臨淄城 西門인 稷門一帶에서 活動한 사람들. 鄴下의 七子: 三國·魏·鄴城에서 活躍한 文人 즉 建安七子. 都下: 서울지방. 서울 안. 都下의 新聞보도에 의하면……. ➪ 上·下는 이렇게 對立되는 意味와 共通되는 內容을 가진 특수한 단어다. 塞上과 塞下는 邊境地區, 北方長城內外를 나타낼 때 쓰이는데 이 두 말 중 어느 것을 써도 다 된다. 쓰일 곳의 語感만 考慮하면 된다. ▹ 酒家: 酒舍. 酒肆. 酒店.

➥ 翰林院의 諸學士들은 임금의 명을 기다리며 翰林院에서 대기하는데 李白은 所謂 勤務地를 離脫, 飮酒後 大醉하여 그대로 잠들어 버린 것이다.

▸天子呼來不上船: 앞에서 言及한 白蓮池에 배 띄우고 놀 때의 일이라고 짐작된다. ▹呼來: 來字는 動詞 뒤에 붙어 動作의 結果를 나타낸다. 너무 어렵게 생각할 것 없이 보어라고 보면 된다. 즉 불렀다로 해석하면 된다. 굳이 한 字 한 字 逐字式으로 해석하자면 오라고 불렀다고 할 수 있으나 呼에는 이미 來(오라)의 뜻이 포함되어 있다. 덧붙일 것은 呼하여 來하였다. 즉 불러서 왔다는 해석은 어색하다고 한다. 이것은 外國人은 참으로 알기 어려운 부분인데 中國에서 數十年 生活한 外國人이라야 이 보어의 正確한 用法을 알 수 있다 한다.

➥ 呼字에 보어가 붙어 속 썩인 또 다른 例가 있다. 杜甫의 〈客至〉에서 "肯與鄰翁相對飮, 隔籬呼取盡餘杯."라 했는데 "呼取"의 取도 보어다. 우리가 흔히 라디오 방송을 聽取하다 하는데 이때 取字 亦是 보어인 것이다.

▸不上船: ① 李白이 天子의 命을 따르지 않고 버티며 배에 오르지 않았

다고 해석하던 때도 있었다. 王朝時代에 대한 沒理解 · 沒常識이 그런 荒唐한 해석을 낳은 것이다. 술이 아니라 모르핀 · 코카인 · 헤로인 · L.S.D에 절어 있어도 李白아니라 李白 할아비라도 그리고 꿈 속에서라도 不可能한 일이다. ② 船에 衣領 즉 衣衿 · 衣襟(옷깃 · 옷섶)의 뜻이 있다 하여 或者는 李白이 옷섶을 헤치고 · 옷깃을 젖힌 채로 임금을 뵈었다고도 하였다. 蔡夢弼 〈會箋〉에서는 "不上船은 卽時 上船하지 못했다는 것이니 醉했기 때문인 것이다. 或者는 蜀에서 옷섶을 船이라한다 하였는데 蜀의 方言에 이러한 말은 없다."하였고 錢謙益의 〈箋注〉에서도 "술에 취해 배에 오를 수 없었으니 그래서 부축하여 배에 오른 것이지 끝내 배에 오르지 않음은 아니다. 옛注에서 船을 옷깃 · 옷섶이라 했는데 그러면 不上船은 옷깃을 젖히고, 옷섶을 헤치고 임금을 뵙는 것이니 크게 잘못된 것이다."라고 하였다. ③ 徐仁甫의 ≪杜詩注解商榷≫에서 간추린다. "不은 不能이다. ≪國語 · 越語下≫에서 '得時不成'이라 했는데 〈韋注〉에서 '天時는 얻었으나 사람이 이루지 못했다 (得天時而人弗能成)'라 했으니 不은 不能인 것이다. 또한 ≪漢書 · 淮南厲王長傳≫에서 淮南民家의 '兄弟二人不相容'을 引用했는데 高誘의 〈淮南鴻烈解敍〉에서 그 民家의 歌辭는 '兄弟二人不能相容'이라 하여 不字아래에 能字가 있으니 不이 不能과 같다는 증거가 되겠다. 本詩句는 天子가 불렀는데 너무 취해 배에 오를 수 없었다는 뜻으로 李白의 醉中狀態를 描寫한 것이다. 不이 不能으로 쓰인 것을 모르므로 宋人들이 船을 衣船의 船으로 여긴 것이다......"

▶自稱臣是酒中仙: ▷酒仙은 酒豪와 같다. 술이라면 사족을 못쓰는 사람. 酒黨사이에서는 깨 날리는 몸. 나를 싫어하는 사람에게는 술 먹고 날치는 놈이라 욕도 먹는 몸. 酩酊界의 괴짜 等을 두루 포함하는 말로 李白은 自身을 酒仙翁이라고도 하였다. 그의 〈金陵與諸賢送權十一序〉에서 "酒仙翁李白辭"라 하였다.

▸남의 부축 받고 가까스로 배에 올라 請罪하는데 저도 할 말은 있다. 翰林院에서 上의 御命을 期約없이 待機하자니 따분하고 답답증이 나니 일어나는 것도 술 생각이요 그리운 것도 술이라 萬不得已 勤務地를 離脫하였는데 何必 聖上께서 찾으심과 겹친 것이니 敢히 不運이라 말 할 수는 없고 다 不忠의 所致라 하겠나이다. 그러나 사실 까놓고 이야기하면 臣은 술이라면 사족을 못 쓰고 酒黨으로서도 날리는 몸이고 酩酊界에서는 傑物인 바 河海와 같으신 聖恩으로 너그러이 저의 罪를 赦하여 주옵소서 云云.

皇帝가 李白을 호되게 나무람도 꾸지람도 責望도 안 하셨으니 이는 默認이요 容認인데 王朝時代에 帝王이 容認하면 複雜한 法的 節次없이 公認된 것이다. 〈酒德頌〉을 지은 劉伶도 〈飮酒詩〉 二十首 즉 시리즈로 엮은 陶淵明도 公認은 못 받았으니 李白은 中國公認 酒仙 第一號인 셈이다. 장하기도 하겠다.

解說

李白은 술 한 말 먹고 뻗었어도 御命 받으면 즉각 시 백 편을 아마 써낼거야. 직장은 翰林院인데 出勤은 市中 酒店이고 業務는 마시고 취해 자는 것이야. 天子께서 부르셔도 비틀비틀 넘어갈 듯 넘어갈 듯 배에 오르지 못해 가까스로 부축 받아 오르는데 그 와중에도 酩酊界의 괴짜요 酒黨中의 傑物이니 河海같은 聖恩으로 赦하여 주옵소서 한다나. 거 참 대단하긴 하군.

➡ 李白에 관한 부분은 自古로 說往說來·甲論乙駁 말이 많았다. 詩句自體가 너무나 實情과 어긋나나 그렇다고 꼭 實情에 맞게 解釋하자니 氣勢가 다 죽어버리는 것이다. 우리도 徹底한 君臣間의 禮儀와 秩序에 따라서 나가다보니 〈飮中八仙歌〉에서도 가장 生氣넘치고 氣像이 活潑하며 精彩롭다는 李白의 이야기가 비유하면 시원스레 죽죽 뻗었던 왕대가 간곳없이 사라지고 삶아놓은 시래기가 그야말로 眼前에 展開되는 悲劇

이 演出되었다고나 할까. 답답했다. 心證은 있으되 物證이 없는 것 보다 物證 있으나 心證 없는 것이 더 환장할 일이라는데 우리도 考證인지 實證인지에 의해 해석해 놓고 보니 영 마음에 들지 않으니 이를 어쩔 것인가. 물어보기로 했다. 不恥下問이라 했거늘 하물며 우리보다 뛰어난 사람에게랴! 現在 釜山外大에 在職中인 金南喜敎授는 書香·墨香속 漢文이 生活化된 雰圍氣속에서 生長한 양반이다. 淸陰 金尙憲의 後裔로 書藝家인 如初 金膺顯先生의 長女니 當然히 書藝家인 一中 金忠顯先生, 漢學者인 白牙 金昌顯선생의 姪女인데 從祖父가 韓國漢文學의 泰斗이신 金春東敎授이시다. 아주 어려서부터 漢文과 中國語를 익혔고 中國 留學가서 十年 修學하였다. 따라서 한번 보고 들으면 詩文이 어색한지 順通한지를 그대로 단박에 알아냈다. 우리나라 시에서는 토씨가 가장 중요하듯 중국의 詩歌에서는 虛詞가 또한 중요하며 그 뉘앙스 즉 말맛, 語感은 이로써 나타낸다. 그러나 外國人이 알아내기는 至難한데 金敎授는 이점 또한 우리보다 아주 뛰어났다. 혹시나 하고 물어본즉 역시나였다. 이 李白의 대목은 그것이 뻔한 虛構인 줄 中國知識人들은 다 아는 것이란다. 다만 李白의 豪放·逸脫을 拍掌大笑하며 속이 다 시원하다고 할 뿐, 즉 希望·期待·欲求는 많으나 達成은 기대하기 어려운 이 世上에 대한 不滿, 언제나 눈치보고 고패를 숙이고 먹고 살기위해 恒常 奴顔婢膝(노안비슬)로 사는 生活의 不滿을 이 대목을 통해 解消하며 잠시나마 만족을 느낀다는 것이다. 속으로는 뻔히 있을 수 없는 일임을 알면서 말이다.

예전에 知識人들 특히 文人들은 出世에 대한 强한 欲望과 함께 許由·巢父처럼 天下도 필요없고 임금자리도 싫다며 차버리고 山林處士로 傲然하게 살고 싶은 矛盾되고 二重的인 性格을 가졌는데 出世를 하여도 차근차근 한 단계 한 단계 올라가는 것이 아니고 단박에 임금과 맞담배질하는 位置에 올라가고 싶어하여 殷나라 高宗에게 拔擢된 부열(傅說), 周나라 文王에게 重用된 姜太公(呂尙), 劉賢德이 三顧草廬한 諸葛亮같은 大先輩들이 그들이 夢寐에도 못 잊는 理想이요 目標였다. 慶尙道 俗

談에 "혀 짧은 놈이 침은 길게 뱉는다" 하였는데 貧寒한 文士들일수록 꿈은 더 거창하게 꾸었던 것이다. 本詩의 李白대목은 杜甫와 其他 文士들의 白日夢·空想의 率直한 發露이며 痛快하다며 지화자 부르는 사람들도 같은 무리인지라 안팎이 利害가 맞아떨어졌다 하겠다.

古人들의 注解가 紛紛하고 解釋이 多岐하였던 것은 虛構와 實情이 混亂을 가져왔던 것으로 지금에는 깨끗이 整理되었다 한다. 즉 詩句있는 그대로 보고 시원하구나 하면 된다는 것이다. 여기에서 우리는 外國曲에 우리나라에서 노랫말을 붙인 '최진사 댁 셋째 딸'(조영남씨와 이은하씨가 불러 상당히 인기를 끌었었다)이 생각났다. 건넛마을의 최진사댁 셋째 딸을 칠복이라는 놈이 사모하여 결혼하려는 속셈인데 마을의 먹쇠·밤쇠란 놈도 같은 꿈을 꾸었다. 어느 날 최진사댁을 일찍 찾아갔는데 먹쇠란 놈이 볼기를 맞고 엉금엉금 기어 나왔단다. 그러나 칠복이는 용기를 내어 대문을 활짝 열고 들어가 육간대청에서 넙죽 절하며 천하제일의 사윗감 왔노라며 청혼을 하여 드디어 성공하였다는 내용이다. 이것이 말이 되는가. 양반댁 규수와 상놈인 칠복이·먹쇠·밤쇠 그리고 최진사를 뵐려면 사랑이지 어떻게 안채의 육간대청까지 쳐들어갈 수 있는가 등등, 실정에 어긋나는 것은 길게 말할 필요도 없는 것이다. 그러나 돈 없고 빽 없는 월급쟁이들은 "잘한다! 거 배짱 한번 좋다"하며 歡呼하는 것이다. "우리도 한 번 회장님 댁에 쳐들어가 월급 올려달라고 해 봐"하는 식이다.

內幕은 뻔히 알지만 노래듣는 순간은 그것을 접어두고 들리는 대로 듣는 것이다. 우리는 外國人인지라 李白에 관한 대목의 자세한 분석과 그 實情에 안 맞는 것을 알아 둘 필요는 있다. 그렇다고 瀑布같고 疾風같은 그 痛快함이 減少되는 것은 아니다. 解剖學이 發達했어도 男女間의 肉體의 神秘感과 慾望이 줄지 않는 것과 마찬가지로.

金教授 의견에 따라 다시 이 부분을 해석해 보자.

이백은 술 한 말이면 시는 百篇을 짓는다지. 당연히 두 말이면 이백 편이지. 직장은 翰林院인데 出勤은 市場 속 酒店으로 하고 業務는 임금님 명에 따라 글 짓는 것인데 그것은 吾不關焉, 술 마시고 취해 잠든다지. 天子께서 뱃놀이 하시며 냉큼 오라하셔도 배에 오르지 않으며 "임금님이 天下 第一人者(周 나라 때 天子는 自稱 余一人, 予一人이라 하였음)이면 臣 또한 酒村·醉鄕의 一人者요, 酩酊界의 傑物입니다. 뭐 그렇다고 맞붙어 보자는 것은 아니고 말이 그렇다는 것이지요." 했다나.

❖ 제18·19·20구: 張旭三杯草聖傳, 脫帽露頂王公前, 揮毫落紙如雲烟.

註

▸張旭(장욱): ① 吳郡사람 張旭은 草書를 잘 했는데 술을 좋아했고 번번이 취한 뒤에는 고래 고함(高喊)을 지르고 미친 듯 마구 뛰다가 붓을 달라 하여 휘두르며 먹물을 적시는데 變化가 無窮하여 天佑神助한 듯하였다.(吳郡張旭善草書, 好酒, 每醉後, 號呼狂走, 索筆揮灑, 變化無窮, 若有天助.) ≪舊唐書≫ ② 張旭은 술 마시면 이내 草書를 썼는데 붓을 휘두르고 크게 소리 질렀고 머리채를 먹물에 적셨다가 쓰기도 하였는데 깨어난 뒤 제가 보아도 神通하고 妙하다 하였다 한다. (旭飮酒輒草書, 揮筆而大叫, 以頭揾水墨中而書之, 醒後自視, 以爲神異.) ≪國史補≫ (以上은 ≪杜詩詳注≫에서 轉載한 것임.) ③ 張旭 字는 伯高, 吳(지금의 江蘇省 蘇州)땅 사람. 楷書에 精通했으나 이름난 것은 草書로 뻗치는 氣勢와 奇異한 形狀(形象·形像·逸勢奇狀)이 連綿(끊이지 않고 잇닿다)히고 回繞(돌고 감기다)하였다. 顔眞卿조차도 筆法에 대해 가르침을 청했고 僧 懷素는 그의 草書를 繼承·發展시켜 狂草로 이름을 떨쳤다. 當時 李白의 詩歌, 裴旻(배민)의 劍舞, 張旭의 草書를 三絶이라 불렀다 한다. 大醉한 뒤 고래 고함지르고 미친 듯 뛴 연후에 글씨를 써서 張顚 (장전, 즉 장지랄)이라 놀렸나 한다. 詩도 잘 했는데 七言絶句에 특히 뛰어났다 한다. 懷素는 張旭을 계승하여 "以狂繼顚(미친 것으로

지랄을 이어 받았다)"로 불려졌으며 "顚張醉素(지랄 張氏 취한 懷素)"라고도 불렸다 한다. (以上은 臺北·藝術家出版社의 ≪藝術大詞典≫에서 가려 뽑은 것임)

➡ 杜甫는 張旭의 草書屛風을 보고 詩를 지었는데 〈殿中楊監見示張旭草書圖〉가 그것이다. 李白도 懷素를 두고 〈草書歌行〉을 썼는데 多數人士들이 僞作이라 하였다. 風格이 엉성하고 하찮은(疏薄)데다가 內容에서도 王逸少(書聖이라 불리는 王羲之)·張伯英(草聖이라 불리는 張芝)의 古人들이 엉터리로 명성을 얻은 것이고(浪得名), 張顚은 老死하였으니 擧論할 것 없으며 나는 懷素의 藝術을 모범으로 하지 古人을 본받으려 하지 않는다(我師此義不師古)라 하여 懷素를 기리는 것까지는 좋았는데 中國 最高의 書聖과 두 草聖(張芝와 張顚)을 그 때문에 凌蔑한 것이 그 自身 名筆인 李白으로서는 결코 할 말이 아니라는 것이다.

▶三杯: 施鴻保는 ≪讀杜詩說≫에서 "……然亦當以斗計也. 獨于張旭但言三杯, 杯卽有大小, 要不可與斗較, 豈旭好飮而量非大戶耶? 然與汝陽等竝稱飮仙, 不應相懸如此, 或杯字有誤."

▷大戶: 酒量이 크다. 酒量이 큰 사람.

▷懸: 懸殊. 현격한 차이.

"……그러나 또한 분명히 飮酒는 말로 계산하였다. 유독 張旭만 그저 三杯라 했으니 杯에도 크고 작은 차이가 있다지만 요컨대 斗와는 비교할 수 없는 것이다. 거 아마도 張旭은 마시기는 좋아해도 양에 있어서는 크지 않았던 사람이었나 싶다. 그러나 汝陽王 等과 함께 飮仙이라 稱하였으니 이처럼 차이가 懸隔할 수 없으니 혹 '杯'字가 틀린 것인지.……"라 하였다.

우리생각에 酒仙은 술만 많이 마시는 것으로는 資格이 充足된다고 보지 않는다. 얼마를 마시던 醉境에 제대로 들어갈 수 있으면 그것으로 됐다고 할 수 있다. 三杯가 아니라 半杯, 一杯에도 醉興이 滔滔(도도)

하면 그것으로 足하지 않겠는가. 李白같은 양반도 그의 〈月下獨酌〉 四首의 其二에서 "三杯通大道, 一斗合自然. 但得酒中醉, 勿爲醒者傳. 석잔이면 大道와 통하고 한말이면 自然과 合一되네. 그저 술 속의 興趣를 마시는 사람만이 알 수 있으니, 깨어있는 사람에게 전달하려 애쓸 것 없네"라 하였다. 鯨飮하는 豪酒 李太白도 단지 三杯에 벌써 大道와 통했던 것이다. 너무 量을 따지지 말자. 그리고 앞에 나온 賀知章, 崔宗之도 酒量에 관해서는 言及이 없다. 三杯後 實力發揮하였으면 三斗後 實力發揮보다 節約도 되고 좀 좋으냐. 발동이 일찍 걸리느냐 늦게 걸리느냐는 별 문제가 안 된다 하겠다.

▶草聖: 草書에 있어 卓越한 成就를 이룬 사람에 대한 美稱. 漢나라의 張芝(伯英)와 唐의 張旭을 가리킨다. 草書에 局限하지 않고 書藝史上 最高를 書聖이라 부르니 王羲之가 그요 畵聖은 顧愷之, 詩聖은 杜甫다.

蕭滌非先生의 ≪杜甫詩選注≫에서는 杜甫의 〈殿中楊監見示張旭草書圖〉의 "斯人已云亡, 草聖祕難得. 이 사람 이미 세상 떳으니, 草聖의 神秘奧妙함 다시는 얻기 어려우리." 高適의 〈醉後贈張九旭〉의 "興來書自聖, 醉後語猶顚. 흥이 나면 글씨는 절로 聖(技藝의 造詣가 極에 達한 사람)의 경지에 가나, 취하고 나면 말씨는 오히려 미치광이가 되네."을 들어서 張旭 當時에 草聖이란 稱號가 정말로 있었다고 보았다.

▶脫帽: 古人들은 잠잘 때 빼고 늘 머리에 巾·冠·帽·笠 等을 썼다. 아무 것도 안 쓴 이른바 맨머리는 士大夫 계급에서는 있을 수 없는 일인데 좋게 말해서 豪放하고 거리낌 없다고 하나 實踐하기는 아주 어려운 일이었다. 故意가 아닌 落帽도 嘲笑의 對象이 되는 판이었으니까. 詩文에 나타난 落帽·脫帽와 그에 얽힌 이야기를 아는 대로 써보겠다.

① 晉·孟嘉. 陶淵明의 外祖父가 된다. 그에 얽힌 有名한 이야기는 대략 셋이다. 陶淵明의 〈晉故征西大將軍長史孟府君傳〉에서 뽑았다.

ⓐ 有名한 將軍인 桓溫의 參軍으로 있을 때 九月九日 重陽節에 龍山에서 모꼬지가 있었다. 바람이 불어 孟의 모자가 떨어졌는데 그는 깨닫지 못하였다. 사람으로 하여금 嘲弄하는 글을 짓게 하였던 바 즉각 答文을 지어 모든 사람이 감탄했다. 後世에서는 이 때문에 重陽節에 擺脫(파탈)하고 노는 것을 落帽라 불렀다.

ⓑ 桓溫이 孟에게 물었다. "술에 무슨 좋은 데가 있어 즐기시는가?" 孟이 笑而答之 하였다. "明公께서는 그저 술 속의 風趣를 모르시기 때문일 뿐입니다. (明公但不得酒中趣爾)"

ⓒ 桓溫이 또 물었다. "歌妓의 音樂을 들을 때 絲(卽 絃樂器. 絃은 명주실을 꼬아 만든다)가 竹(卽 管樂器. 대를 잘라 만든다)만 못하고 竹은 肉(肉聲. 사람의 唱)만 못하지 않은가." 孟이 답하기를 "점점 自然에 가까워지기 때문입니다. (又問 '聽妓絲不如竹, 竹不如肉.' 答曰 '漸近自然.')"

② 唐・李白〈夏日山中〉

嬾搖白羽扇, 裸袒青林中. 脫巾挂石壁, 露頂灑松風.

〈여름 날 산속에서〉

흰 깃 부채 흔들기도 성가시니, 푸른 숲 들어가 홀라당 벗자. 모자도 벗어 바위벽에 걸고, 머리 드러내 솔바람 쏘이자.

▷嬾(란): 게으르다. 귀찮다. 성가시다.

▷袒(단): 옷통(허리 위 부분)을 벗는 것.

▷裸袒(나단): 홀라당 벗는 것. 벌거숭이.

▷青林: ① 푸른 숲. ② 깨끗하고 맑은 숲. 青은 清・淨과 통한다.

▷石壁: 바람벽 같이 깎아지른 바위. 절벽. ▷灑: 씻다. 빨다. 바람에 쏘이다.

③ 唐・杜甫〈九日藍田崔氏莊〉(七言律詩의 1~4句)

老去悲秋强自寬, 興來今日盡君歡. 羞將短髮還吹帽, 笑倩傍人爲正冠.

〈九月九日 藍田에 있는 崔氏 別莊에서〉

늙어지면서 한해가 기우는 가을이 슬퍼 억지로 마음 너그럽게 먹고 스스로를 위로하였는데, 오늘은 애써서가 아니고 저절로 흥이 나니 그대들과 한껏 즐겨보리라. 창피스럽고말고! 가뜩이나 숱 적은 머리에 또 바람까지 불어 모자 벗겨지면 그 꼴 어떡하라고……, 멋쩍게 웃으며 옆 사람에게 나를 위해 바로잡아 달라 부탁하네.

▷强: 무리하게. 애써.

▷寬: 느긋하다. 너그럽다. 관대하다.

▷短: 稀少함.

▷還: 거기에 또 다시.

▷倩: 請과 통함.

▷爲: 去聲임. 나를 위하여.

④ 宋・蘇東坡〈賞心十六事〉의 하나

接客不着衣冠.

손님을 맞을 때 정식으로 衣冠을 안걸치는 것.

≪望海錄≫에서 "燕居筆記日東坡賞心十六事"라 하여 十六條를 列擧한 바 그 중의 하나임. "衣冠"에서 衣는 뜻이 해당 안되고 冠에만 뜻이 걸리는 이른바 偏義複詞일 듯하다. 그렇지 않으면 어찌 벌거숭이로 손님을 맞는단 말인가. 또는 正服을 안 입는다는 뜻도 가능하다.

⑤ 淸・金聖歎의〈不亦快哉〉三十三則에서 둘을 뽑는다.

ⓐ 久欲爲比邱, 苦不得公然噄肉. 苦許爲比邱, 又得公然喫肉, 則夏月以熱湯快刀, 淨割頭髮, 不亦快哉!

오랫동안 比丘(남자 중)가 되고 싶었는데 내놓고 고기 못 먹는 것이 고민거리였다. 만약 비구되는 것을 허락받고 내놓고 고기까지 먹을 수 있다면 여름날 더운 물 잘 드는 칼로 머리털을 깨끗이 밀어버리면 또한 유쾌하지 않겠는가!

ⓑ 夏月科頭赤足, 自持凉繖遮日. 看壯夫唱吳歌, 踏桔槔. 水一時湧而上, 譬如翻銀滾雪, 不亦快哉.

여름날 모자 벗고 맨머리에 맨발로 직접 파라솔 들어 해 가리며 선상한 청년이 南道唱 부르며 두레박틀 밟으면 물이 한꺼번에 용솟음쳐 솟아올라 마치 銀이 뒤집히고 白雪이 구르듯 하는 것을 바라보면 또한 유쾌하지 않은가!

以上 帽子 벗어지지 않을까 걱정, 일부러 모자 벗고 시원해 하는 것, 아예 머리 깎거나 밀어버리는 空想을 하며 즐거워하는 것을 보았는데 머리에 쓰

는 것 정도가 아니라 아예 衣服 전부를 벗는 例도 보자.

⑥ 晉・劉伶〈世說新語・任誕〉

劉伶恒縱酒放達, 或脫衣裸形在屋中. 人見譏之, 伶曰: "我以天地爲棟宇, 屋室爲幝衣, 諸君何爲入我幝中?"

劉伶은 언제나 마음대로 실컷 술 마시고 호탕하게 사니 간혹 옷 벗고 벌거숭이로 방안에 있었다. 사람들이 보고 비웃으니 劉伶은 "나는 天地를 집으로 삼고 방을 잠방이로 삼는데 제군들은 왜 내 잠방이에 들어왔는가?"하고 말하였다.

▸王公: 王과 公爵으로 封해진 사람. 達官貴人의 汎稱.

▸揮毫: 毫는 筆의 毫이니 毛筆을 말한다. 揮毫는 毛筆을 휘두른다는 뜻이니, 글씨를 쓰거나 그림을 그리는 것을 말한다.

▸落紙: 종이에 落筆, 下筆하는 것을 말함. 종이에 붓을 대다.

▸雲烟: ① 雲霧. 烟霧. 구름. 안개. 내. 어른거리는 기운. ② 比喩로 쓰임. ⓐ 揮灑(붓을 휘두르고 먹물을 종이에 적심)가 自由自在한 글씨를 말함. (≪漢語大詞典≫). ⓑ 得意하여 疾書 (빠르게 씀)하는 成就를 말한다. (落紙雲烟, 得意疾書之興 ≪杜詩詳注≫) ⓒ 우리의 생각에 글씨, 즉 墨跡・筆跡은 검은 龍과 蛇가 날고 뛰어 오름이며 여기에 구름과 안개가 함께 한다고 보는 것이 좋겠다고 생각한다. 찾아낸 資料를 列擧하겠다.

㉠ ≪易・乾≫ 子曰: "同聲相應, 同氣相求. 水流濕, 火就燥, 雲從龍, 風從虎. 같은 소리 서로 呼應하고, 같은 기운 서로 찾는다. 물은 축축한 곳으로 흐르고, 불은 마른 곳으로 나아간다. 구름은 용을 따르고, 바람은 범을 좇는다."

㉡ ≪韓非子・難勢≫: "飛龍乘雲, 騰蛇遊雲. 吾不以龍蛇爲不託於雲霧之勢也. 飛龍은 구름타고 騰蛇(등사)는 안개 속에 논다. 나는 龍蛇가 雲霧의 氣勢에 의지하지 않으면 안된다고 여긴다."

㉢ 唐・李白〈草書歌行〉

恍恍如聞神鬼驚, 時時只見龍蛇走.

▷龍蛇: 懷素의 草書.

꼭 어질어질 귀신의 놀라는 소리가 들리는 듯하나, 다만 수시로 龍蛇의 달리는 것만 보이는구나.

㉣ 宋・蘇軾〈西江月・平山堂〉詞의 前段部分.

三過平山堂下, 半生彈指聲中. 十年不見老仙翁, 壁上龍蛇飛動.

▷平山堂: 歐陽修가 揚州고을살이할 때 지은 건물.

▷下: 그 부근. 그 지역.

▷彈指: 손가락을 튀길 동안의 시간. 즉 아주 짧은 시간을 말한다.

▷老仙翁: 歐陽修를 가리킴. 老는 늙다가 아니고 그냥 尊稱임.

▷龍蛇: 筆跡. 즉 歐陽修의 글씨를 말함.

세 번이나 平山堂을 찾아오니, 반평생이 손가락 튀기는 소리 속에 지나갔구나. 십년 일세 신선 같은 어른 못 뵌 지가. 벽에는 여전히 龍蛇가 날고 있는데……

李白의 作品은 僞作이라 의심되고 蘇東坡는 宋代 사람이라 杜甫와 연결하기 어렵다 할 수도 있다. 中國人에게 筆跡이 龍蛇로 比喩된 것이 꼭 어느 때인지 斷言하기는 어렵다. 다만 天才는 時・空을 超越하며 着想, 創作活動이 奇想天外・自由自在하니 杜甫가 筆跡을 龍蛇로 볼 수도 있지 않았을까 생각한다. 그러면 雲霧・雲烟은 自動으로 뒤따르게 될 것이다.

解說

張旭은 석잔 술에 草書의 성스러운 境地에 到達, 草聖이란 稱號가 世上에 전해졌는데 모자 벗고 맨머리로 王公앞에 나섰으며 붓 휘둘러 종이에 대면 龍蛇가 飛騰(비등)하는듯한 筆跡엔 구름과 안개가 절로 일어나는 듯했지.

❖ 제21·22구: 焦遂五斗方卓然, 高談雄辯驚四筵.

註

▸焦遂(초수): 이름과 行跡이 群書 中 어느 곳에도 보이지 않는다. 다만 袁郊의 〈甘澤謠〉에 進士 孟雲卿, 布衣 焦遂 이름이 등장하였으니 孟雲卿과 杜甫는 詩友라 그를 통해 焦遂를 알게 되었을 것으로 추측된다. 여러 注가 다 이 글을 인용하였다.

▸方: 비로소. 이제 막. 갓.

▸卓然: 高超出衆. 여럿 가운데 빼어나게 뛰어남. "卓然不群", "卓爾不群"의 줄인 말이다.

➥ 사람들은 적당히 취하면 能力以上의 才幹을 發揮하곤 한다. 흔히 볼 수 있는 實例가 詩·書·畵·歌·舞며 辯說 또한 빠질 수 없다. 여기에서 도를 넘으면 그 때는 人事不省이니 藝術이고 才能이고 論할 바가 못된다. 焦遂에게 五斗는 그의 飮酒限界가 아니고 딱 알맞는 醉氣로 바로 그의 適正線이다. ≪杜詩鏡銓≫에서 "獨以一不醉者作結. 홀로 하나 취하지 않는 사람으로 끝을 맺었다" 했는데 大意把握에 失手한 듯 하다. 焦遂는 衆人과 함께 술 마시면 두꺼비 파리 잡아먹듯 그저 열심히 말없이 마시기만 하다가 다섯 말이 되면 비로소 무리를 압도하는 것이다. ≪史記·平原君·虞卿列傳≫에 趙나라 平原君이 食客인 毛遂를 비꼬아 "賢士가 處世함은 비유하면 송곳이 주머니 속에 있는 것 같아 그 끝이 금방 보이는 것이다. 夫賢士之處世也, 譬若錐之處囊中, 其末立見."라고 하자 毛遂가 냉큼 대답했다. "臣이 오늘 주머니 속에 들기를 청합니다. 毛遂로 하여금 일찌감치 주머니 속에 들게 할 수 있었다면 손잡이 바로 밑까지 다 튀어나올 수 있었으니 뾰족한 끝만 나오는 정도가 아니었을 것입니다. 臣乃今日請處囊中耳. 使遂蚤得處囊中, 乃穎脫而出, 非特其末見而已." 毛遂나 焦遂나 同名인데 毛遂의 囊(주머니)은 焦遂의 酒五斗라 하겠다. 五斗의 酒가 없으면 재주를 못 보이고 또한 野鶴이 못되고 群鷄中의 一鷄로 存在할 뿐일 것이다. 술에 의해

遺憾없이 實力을 펼치는데 張旭은 三杯, 焦遂는 五斗로 强烈한 對比의 手法을 썼다고 본다.

▸高談雄辯: 高談은 거리낌 없이 큰소리로 하는 말. 雄辯은 강물이 도도(滔滔)하게 흘러가듯 거침없이 씩씩하게 하는 말.

▸四筵: 東西南北의 座席. 따라서 모여있는 모든 사람을 말한다. 본래 筵은 대오리(가늘고 긴 대나무 조각)나 나뭇가지 · 부들 · 갈대 따위로 엮어 짠 거친 자리를 말한다. 옛날 의자를 常用하기 전에는 바닥에 크고 거친 자리인 筵을 깔고 그 위에 부들 · 왕골 등으로 짠 작고 짧은 고운 자리인 席을 놓았다. 우리의 경우 멍석위에 돗자리 깔았다고 보면 된다. 그리고 그 위에 앉았던 것이다. 나중에 술자리 · 잔치판 등의 뜻으로 쓰였다.

解說

焦遂는 다섯 말 먹으면 그때 비로소 무리 가운데 빼어나게 뛰어난 실력을 발휘한다. 거리낌 없이 큰소리로 滔滔하게 辯說을 吐해내 모든 사람들이 다 注目하고 경탄하며 그는 完全히 座中을 壓倒하는 것이었다.

25. 〈今夕行〉(七言古詩)

今夕何夕歲云徂, 更長燭明不可孤.
咸陽客舍一事無, 相與博塞爲歡娛.
馮陵大叫呼五白, 袒跣不肯成梟盧.
英雄有時亦如此, 邂逅豈卽非良圖.
君莫笑, 劉毅從來布衣願, 家無儋石輸百萬.

❖ 제1 · 2구: 今夕何夕歲云徂, 更長燭明不可孤.

註

▸今夕何夕: ≪詩 · 唐風 · 綢繆≫: "綢繆束薪, 三星在天. 今夕何夕, 見此良人. 子兮子兮, 如此良人何. 칭칭 땔나무 동여매니, 어느새 밤이라 삼성이 하늘에 보이네. 오늘 밤이 어떤 밤이길래, 내 님을 만났는가? 그대여! 그대여! 아아 이님을 어떡하면 좋을까."

▹綢繆(주무): 묶다. 동이다.

▹三星: 參星 또는 心星.

반가운 사람과 뜻하지 않게 만남(즉 邂逅)를 가졌을 때 "今夕何夕"을 쓰는 법이니 杜甫가 〈贈衛八處士〉에서 "人生不相見, 動如參與商. 今夕復何夕, 共此燈燭光. (▹動: 번번이, 노상. 늘.) 사람이 살며 서로 만나지 못함은, 번번이 하나가 뜨면 하나가 지고 하나가 져야 하나가 뜬다는 삼성(參星)과 상성(商星) 두 별 같더라. 그런데 오늘 밤이 어떤 밤인가, 이 환한 등불을 함께 할 수 있다니……"라고 한 것이 유명하다.

夕은 저녁이 본뜻이나 이처럼 밤의 뜻으로도 쓰인다. 陶淵明의 〈雜詩〉 十二首 其二 "不眠知夕永. 잠 못 이루니 밤 긴 것을 알겠네."도 또 하나의 例다.

▸歲云徂: 云은 어조사인데 歲暮, 徂歲로 할 때보다 歲云暮, 歲云徂하면 한결 멋들어 보여 詩人들이 예로부터 써왔다. 예를 보자.

① 陶淵明 〈有會而作, 깨달음이 있어서 짓는다〉의 序: "歲云夕矣, 慨然永懷. 한해는 저무는데 분하고 서러운 마음에 오래도록 생각에 잠긴다."

② 陶淵明 〈詠貧士〉 七首 其二: "凄厲歲云暮, 擁褐曝前軒. 스산하고 쓸쓸하다. 이해도 저무는데, 헌털뱅이 옷 두르고 앞창에서 볕 쬐네."

③ 杜甫 〈歲晏行. 세밑의 노래〉: "歲云暮矣多北風, 瀟湘洞庭白雲中. 한해 저무는데 북풍은 세차고, 소상강(瀟湘江)・동정호(洞庭湖) 모두 흰 눈 속이라."

▸徂: 가다(往, 去)는 뜻인데 擴大되어 사라지다 없어지다(消逝)가 되고 發展하여 死亡하다, 시들어 떨어지다(凋謝)로 되었다. ⇨ 徂年: 흐르는 세월. 광음. ⇨ 徂歲: ① 徂年과 같음. ② 歲暮.

▸更長: 更은 본래 밤의 길이를 계산하는 單位로 하룻밤을 다섯으로 나누어 五更으로 하였는데 대략 一更이 두 시간 정도이다. 물론 여름밤은 짧고 겨울밤은 기니 봄과 가을, 여름・겨울의 更은 같을 수 없다. 이 更은 다시 밤을 나타내는 말로도 쓰였으니 長更은 長夜의 意味다. 南唐・後主・李煜 〈三臺令〉 詞에서 "不寐倦長更, 披衣出戶行. 잠 못 이뤄 긴 밤이 지겨우니, 옷 걸치고 문 나서 걸어본다"라 하였으니 長更은 長夜가 틀림없다.

▸燭明: 燭은 ① 횃불 ② 蠟燭이 본래의 뜻인데 집안에다 횃불을 켜기는 어렵고 蠟燭은 密蠟으로 만든 이른바 밀초로 아주 귀하고 高價라 客舍에서는 쓸 수가 없는 물건이다. 여기서 燭은 燈燭으로 간단히 등불이다. 즉 植物性이던 動物性이던(鑛物性은 아주 뒤에 쓰였으니까) 기름을 태워 빛을 낸 것이다

▸孤: 孤負・辜負 즉 헛되게 하다, 저버리다의 뜻이다.

解說

이 밤이 어떤 밤인가! 한 해가 가는 섣달 그믐밤이지. 밤은 길대로 길고 불은 밝을 대로 밝아 분위기 좋고 놀기 좋은 이 밤, 아무것도 안하고 새울 수는 없는 일. 이 밤을 헛되이 보내지도 저버리지도 말자.

❖ 제3·4구: 咸陽客舍一事無, 相與博塞爲歡娛.

註

▸咸陽: ≪唐書≫에 의하면 咸陽縣은 京兆府에 속한다 하였다. 그러나 本詩에서는 長安의 代稱으로 예스럽게 표현한 것이다. 秦의 首都가 咸陽이고 漢의 長安이나 唐의 長安이나 다 그 附近에 있으므로 尙古의 趣向이 강한 詩人들이 그렇게 쓴 것이다.

▸客舍: 客館. 旅館. 旅舍.

▸一事無: 긴 밤을 불 밝힌 채 헛되이 보낼 수 없다지만 그렇다고 할 만한 일이 하나도 없다. 놀만한 거리가 하나도 없다는 뜻. ➪ 無事: ① 戰爭이나 自然災害 等의 變故가 없는 것. ② 無所事事. 아무 일도 하지 않다. 아무 일도 하는 것이 없다.

▸博塞(박새): 博簺로도 쓴다. 博이나 簺 모두 주사위 노름을 뜻한다. 결국 博戱라는 뜻이니 노름·도박을 가리킨다. 本詩에서는 저포(樗蒲. 윷놀이와 비슷하나 훨씬 규모가 크다). 六博(주사위로 하는 노름)等의 패가 나오는 것으로 보아 노름—돈이나 재물을 걸고 주사위·골패·마작·화투 따위를 써서 서로 내기를 하는 일—중에서도 저포나 육박인 듯하다.

▸歡娛: 歡樂. 아주 즐겁게 놀다. 놀음놀이하다.

解說

그러나 咸陽의 이 旅舍에는 즐겁게 놀만한 일이 하나도 없으니 결국 나그네들이 서로 어울려 노름하는 것으로 즐거운 놀음놀이를 하게 되었다.

❖ **제5 · 6구: 馮陵大叫呼五白, 袒跣不肯成梟盧.**

註

▸馮陵: 意氣發揚貌. 氣勢가 오르다.

▸五白: 저포 같은 놀이에서의 패의 이름. 저포에서는 다섯 매의 나무를 사용하는데 — 윷놀이의 윷짝, 윷가락과 흡사하다. — 한 면은 검고 한 면은 희다. 검은 면에 소(犢)를 그리고 흰 면에 꿩(雉)을 그린다. 다섯 매를 던져 모두 검은 다섯 면이 나오면 盧(검다의 뜻)라는 采 즉 검은 패이니 끗수는 16점, 두 면이 희고 세 면이 검으면 雉采 즉 꿩패이니 끗수는 14점, 두 면이 검고 세 면이 희면 犢采 즉 소패로 끗수는 10점, 다섯 면 모두 희면 白采, 즉 흰 패이니 끗수는 8점이다. 위에 나온 盧 · 雉 · 犢 · 白은 貴采, 즉 높은 패라 하여 다시 던질 수 있고 말(馬)을 잡아먹을 수 있으며 關門을 넘을 수 있다. 그러나 나머지 六采, 즉 여섯 패는 雜采라 하여 그러지 못한다. 따라서 五白은 아주 좋은 패도 아니고 아주 높은 끗수도 못되나 때로는 유용하게 쓰인다. 우리의 화투로 따지면 아홉 끗 즉 "가보"와 비슷하다 하겠다.

▸袒(단): 웃통 벗다.

▸跣(선): 맨발. 袒跣은 노름에 열중하여 아주 흥분하고 열이 오른 모습을 그린 것이다.

▸梟盧(효로): ① 梟는 六博의 가장 좋은 패라고 하는데 이 때 "幺, 요"는 梟패요, "六"은 盧패로 "幺"는 "一"이 別稱이니 주사위의 "一"이 제일 좋은 梟패요, "六"이 그 다음 가는 盧패라는 말도 있다. 이 때 盧는 樗蒲의 盧와는 別個인 듯하다. ② 梟는 六博의 第一 좋은 패. 盧는 樗蒲의 第一 좋은 패. 따라서 第一 좋은 패의 汎稱으로 쓰였을 뿐이다. 화투의 장땡, 광땡.

▸不肯成梟盧: 東晉時代 劉毅가 크게 樗蒲놀이를 하는데 나는 사람은 다 났고 劉毅와 劉裕만 남았다. 劉毅가 던져 雉采가 나왔다. 크게 기뻐

하며 옷을 걷어 부치고 탁자를 돌며 자리에 있는 사람들에게 "盧采를 못한 것이 아니고 안 한 것이지"하였다. 劉裕가 미워서 다섯 매를 오래 비비며 "이 형님이 그대에게 답을 해 주겠네" 하였다. 그런 뒤에 네 매가 다 검은 짝이 되고 한 매가 구르며 멈추지 않았는데 劉裕가 큰소리로 외치자 그대로 盧采가 되었다. (≪晉書·劉毅傳≫에서 뽑음) 劉毅나 劉裕 모두 桓玄이 晉을 簒奪하자 군사를 일으켜 亂을 平定, 큰 功을 세웠다. 그러나 예로부터 "一山不容二虎. 한 산에 두 호랑이 있을 수 없다"라 했는데 兩虎相爭하면 必有一傷이라(두 호랑이 다투면 반드시 하나는 다친다), 劉毅는 敗死하였고 劉裕는 南朝의 宋 武帝로 創業之主가 된다. 盧采를 이룬 사람과 바로 밑 雉采를 이룬 사람의 人生이 그대로 나타난 듯하다.

解說

氣勢가 올라 크게 소리쳐 五白 나오라고(가보 나와라) 부르짖고 흥분하고 열에 받쳐 웃통 벗고 맨발로 날뛰고 설쳐도 효로(梟盧. 장땡, 광땡)는 운이 안 닿으면 나오지가 않는다네. 옛날 劉裕의 幸運이 쉽게 오지는 않는군! 아무렴 쉽지 않지.

❖ 제7·8구: 英雄有時亦如此, 邂逅豈卽非良圖.

註

▶英雄: 失敗한 英雄. 좁게는 劉毅를 가리키나 넓게는 모든 失敗하고 낙탁(落魄)한 英雄을 말한다. 英雄은 일단 成功하면 그 다음은 맨숭맨숭하고 밋밋하여 魅力을 喪失한다. 楚霸王 項羽가 勝利하여 皇帝가 되고 虞美人은 皇后가 되어 아들 딸 낳고 잘 살았다 하면 얼마나 시시하겠는가. 장렬(壯烈)하거나 처참(悽慘)하게 죽고 쓰러져야 깊은 印象을 주고 餘韻이 길게 가며 그림자가 짙게 드리우는 법이렸다. 本句에서는 아직도 立身揚名하지 못하고 후줄근한 布衣의 신세인 杜甫 自身을 隱然中

나타내기도 한다.

▶有時: 경우에 따라서(는). 때로(는). 간혹. 이따금.

▶如此: 웃통 벗고 맨발로 날뛰고 설쳐도 효로(梟盧)가 안 나오듯 아무리 努力하고 애써도 成功못한다는 뜻. 즉 예로부터 "盡人事待天命"이라 했는데 天命이 따라주지 않으면 할 수 없다는 것이다.

▶邂逅: 우연히 만나다. 뜻하지 않게 만나다. 本詩에서는 咸陽의 旅舍에서 우연히 만난 나그네들을 말한다.

▶良圖: 좋은 意圖. 훌륭한 計劃. 멋진 抱負. 근사하게 圖謀함. 本詩에서는 意義있는 일로 해석하면 쉽게 풀린다. 즉 그저 서로 우연히 이렇게 만난 것 자체가 또한 意義있는 일이 아니겠는가 하는 말임.

解說

영웅의 일도 경우에 따라서는 이렇게 노름에서 될 듯 될듯하다가 안 된 것과 비슷할 때가 있으니 어떻게 반드시 成功만 하겠는가. 그러니 우연히 좋은 사람들, 즉 그대들 만나는 것 自體가 훌륭한 計劃, 멋진 抱負의 밑거름이 될 터인즉 만남이 意義있는 일이 아니겠는가.

❖ 제9 · 10구: 君莫笑, 劉毅從來布衣願, 家無儋石輸百萬.

註

▶從來: 예로부터. 여태까지. 본래부터. 줄곧.

▶布衣: ① 베옷. ② 朝鮮에서는 벼슬 못한 선비를 가리킴. ③ 中國에서는 平民을 말함. 平民은 비단 옷을 못 입게 되어있나. 그래서 벼슬하고 출세하면 비단옷을 입을 수 있었으니 "錦衣還鄕. 출세하여 비단옷입고 떴다 봐라하며 고향에 감"이라 하였으며 楚霸王 項羽도 들은 바가 있어 "부귀한 뒤 고향에 돌아가지 않으면 錦繡의 옷입고 밤길 가는 것 같으니 누가 알아주리오. 富貴不歸故鄕, 如衣繡夜行, 誰知之者.(≪史記 · 項羽本紀≫)"하여 "錦衣夜行"이란 말이 생겨났다. 本詩에서는 杜

甫가 自身을 말하는 것이지만 또한 自身과 그 밖의 出世못한 不遇한 사람들을 함께 가리킨다고도 볼 수 있다. 杜甫가 自己를 가리킬 때 布衣, 野老라 한 것을 例 들겠다. 〈自京赴奉先縣詠懷五百字〉 "杜陵有布衣, 老大意轉拙. 杜陵 땅에 布衣가 있어, 늙고 나이 먹을수록 생각은 더욱 엉성해져", 〈哀江頭〉 "少陵野老呑聲哭, 春日潛行曲江曲. 少陵 고을 촌 늙은이 소리죽여 울며, 봄날 曲江의 굽이를 살며시 걸었다네."

▸願: 所願. 希望. 羨望하고 思慕함(羨慕). 本詩에서는 쉽게 풀어 말하면 "希望이요 目標다"하는 식이다.

▸儋石: ① 儋(담)은 甔과 같은 뜻이니 한 섬(一石)들이의 큰 독을 말한다. 즉 一石을 담는 독이란 뜻으로 儋石이라 하였다 한다. 儋을 사전에서 항아리라 하였는데 한 섬이 들어가려면 독이 적당하리라. ② 儋은 두 섬, 石은 한 섬이다. 儋은 한 사람이 擔(담. 지다. 메다)할 수 있는 양이라 儋이라 했다 하는데 한 사람이 두 섬을 지기는 어려울라. 어느 뜻이던 中國에서는 적은 양의 곡식을 나타낸다고 한다.

➥ 中國은 大陸이라 통이 커서 그러한가 집안에 적은 양의 양식이 있는 것을 한 섬 두 섬밖에 없다 하니 우리 같은 사람을 조금 어리둥절하게 만든다. 예전 우리의 경우 가난하여 하루 벌어 하루 먹고 살 때 흔히 쓰는 말이 "집안에 쌀 한 되 없다", "됫박 쌀(됫박으로 될 수 있는 정도로 적은양의 쌀) 사먹는다", "됫박질(먹을 양식을 낱되로 조금씩 사들이는 일)하여 산다"하였고 세상이 변하니 文物制度와 言語風俗 또한 바뀌어 "봉지(封紙) 쌀 사먹는다"가 가난의 尺度가 되고 말았었다. 어느 것이던 中國의 儋石과는 그야말로 天壤之差라 여러 의미로 한숨이 저절로 나왔다.

그러나 모든 일에는 例外가 있게 마련이라 陶淵明의 〈歸去來辭〉序를 보니 "缾無儲粟. 병속에도 갈무리한 곡식 없다"이란 文句가 떡하니 있더라. 缾은 곧 瓶이니 甔(독)에서 瓶(병)은 그야말로 一落千丈이라 해도 너무 했다. 우리가 보건대 양식 없는 것을 한 섬 두 섬으로 표현한 것에

陶先生도 평소에 부아가 나고 역정이 난 것이 틀림없다. 그래서 어깃장 놓는데 가라사대 "뭐 독에 없어! 우리는 항아리 아니 병에도 갈무리한 곡식이 없다네"하고 내뱉은 것이리라. 사람들이 이것을 모르고 엉뚱한 풀이를 하니 ≪漢語大詞典≫조차 缾을 설명하는데 水(물)·酒(술)·粟(곡식)을 담는 그릇이다 하고는 粟을 담는 例로 陶先生의 〈歸去來辭〉序의 이 文句를 引用하였으니 이 또한 可觀이 아닐 수 없다. 어쨌건 本詩에서는 적은 양의 양식으로 볼 수밖에 없다.

▶輸百萬: 輸는 ① 내기에서 지는 것, ② 노름에서 잃는 것의 뜻이다. 결국은 같겠지만 ②의 뜻이 결과가 한층 분명하다. 百萬은 그냥 많은 돈을 뜻한다.

解說

여러분들 웃지 마시오! 劉毅는 예전부터 줄곧 布衣의 羨望의 對象이요 希望이자 目標였다오. 그의 집안에는 쌀 한 됫박 없어도 백만 전의 큰 돈을 노름에서 잃기도 했다오.

☛ **参考 ❶**

杜先生의 本詩는 그의 天性을 勘案(감안)하면 허풍이 심한 것 같다. 劉毅는 백만 전이 생기면 한 십만 전 떼어 집에다 보태주고 나머지로 노름하는 정도가 아니고 본래 집안일을 아예 나 몰라라로 일관한 것인데 杜先生이 어떻게 그럴 수 있겠는가. 뒷날의 일이지만 그가 乾元中에 同谷에 寓居하며 지은 노래를 보면 그의 妻子와 弟妹에 대한 깊은 사랑을 알 수 있으며 추운 겨울 가족을 위해 도토리·상수리 줍고 눈 속에서 정강이도 못 가리는 옷 입고 黃精을 캐려히는 것을 볼 수 있다.

아무리 莫逆한 벗이라 해도 정도가 있고 한도가 있는 법이라 도움이 끊어질 때도 있었나 보다. 〈狂夫〉를 보면 "厚祿故人書斷絶, 恒飢稚子色凄涼. 俸給 두둑한 벗님의 소식이 끊어지니, 늘 굶주린 어린 것 얼굴빛이 처량하네"하였는데 杜甫의 눈물이 보이는 듯하고 〈客夜〉에서는 "計拙無衣食, 途

窮仗友生. 生計 꾸림이 너무 서툴러 衣食이 간데 없으니, 살길 막혀 벗님에게 의지하네"라 했는데 읽는 사람이 더 안쓰럽고 안타깝다. 그가 成都에서 草堂을 지을 때 많은 사람들의 도움을 받았는데 建築費는 그렇다 치더라도 桃·竹·松·果樹의 苗木을 구하는 詩를 보면 그의 家庭을 위하는 꼼꼼함에 새삼 감탄하게 되는데 其中 仔詳한 남편·가장임을 증명하는 極致는 아낙네의 所管인 부엌세간—玉처럼 맑은소리 내고 霜雪같이 흰 瓷碗, 간단히 말해 사발—을 보내달라는 詩 일 것인데 아무리 인색한 사람도 안 보내고는 못 배겼으리라. 이러한 杜先生에게 어떻게 劉毅가 본받을 人物이 되겠는가. 勿論 너무나 고달프고 절망적 生活에 지친 나머지 暫時 그런 생각을 할 수도 있겠고 우리의 崔曙海도 〈脫出記〉에서 逼眞하게 切迫한 狀況과 心境을 그려내기는 했다. 그러나 本詩는 젊은 날 하룻저녁 豪氣를 부려본 것뿐이다. 詩속의 誇張—그는 특히 天地·乾坤·日月같이 거창한 말을 너무 濫用하여 비난도 받았지만—은 말이 그렇지 하고 넘어가야 하겠다. 우리의 짐작으로 本詩는 杜先生이 노름에서 돈 좀 잃고 이렇게 거(巨)하게 나온 듯싶다. 나도 놀 줄도 알고 쓸 줄도 아는 대장부다 하는 氣槪를 보여주고 싶어 하는 마음 그 以上도 以下도 아니다.

精神醫學者인 兪泰赫博士에 따르면 밖에서 豪放하던 사람이 집안에서 아주 좀스러운 일을 하는 경우가 왕왕 있는데 이는 "對極의 合一"이라 부르며 假飾이거나 허풍이라고 할 수는 없단다. 참고 할 만 한 일이다.

☛ **參考 ❷**

歲暮·守歲詩中에 문득 떠오르는 것을 써본다.

1) 晉·陶淵明 〈歲暮和張常侍〉에서 抄함.

……明旦非今日, 歲暮余何言. 素顔斂光潤, 白髮一已繁.
闊哉秦穆談, 旅力豈未愆. 向夕長風起, 寒雲沒西山.
厲厲氣遂嚴, 紛紛飛鳥還. 民生鮮常在, 矧伊愁苦纏.
屢闕淸酤至, 無以樂當年.……
〈세밑에 張常侍의 詩에 和作한다〉

……(언제나 아쉽고 슬펐다) 내일 아침이란 오늘이 아니니 (또 하루가 갔구나 하고), (그런데 오늘이 지나면 하루도 아니고 한 달도 아니고 일 년이 간다니) 세밑이라 섣달그믐에 내 무슨 할 말이 있겠는가. 하얗던 얼굴의 빛나며 윤기 흐르던 젊음은 가시고 흰 머리칼은 한꺼번에 늘어났구나. 물정에 어둡고 말고, 秦나라 穆公의 흰소리여. 늙었는데 어떻게 근력이 탈없단 말인가. 저물녘 먼 곳에서 바람이 불어오고 그리고 차가운 날의 구름은 서산에 잠긴다. 매섭고 싸늘한 공기는 모질고 독한 기운 띠니 잇달아 날던 새들도 둥지 찾아 돌아간다. 인간의 생명이란 변함없이 존재하기가 드문 법인데, 하물며 근심과 고통에 얽혀있으니……. (잠시 존재하는 사이에도 즐거움 · 기쁨이 아니고 근심과 고통뿐이구나.) 맑은 술 오는 일마저 자주 거르니, 그나마 기력 있는 날들 즐길 거리 없구나……

2) 唐 · 張說〈岳州守歲〉

除夜清樽滿, 寒庭燎火多. 舞衣連臂拂, 醉坐合聲歌.

至樂都忘我, 冥心自委和. 今年只如此, 來歲知如何.

〈岳州땅에서 그믐밤을 세우며〉

선달 그믐밤 맑은술은 동이에서 넘실대고, 추운 겨울 마당에도 화톳불이 기세 좋게 타오르네. 손에 손잡은 舞姬들의 옷자락이 사람들 얼굴 스치면, 이사람 저사람 어우러져 나는 소리는 취한 座席의 노래로다. 歡樂의 極致, 完全한 몰아지경(沒我之境), 속념(俗念), 진상(塵想)떠나니 절로 天然의 平和일세. 이해는 오직 이렇게 보낼 뿐, 오는 해 어떠할지 알 수 있겠는가.

陶淵明도〈諸人共遊周家墓柏下〉에서 "未知明日事, 余襟良已殫. 내일 일은 모르지만 지금 즐겁게 노니 속은 다 시원하게 풀렸네" 하였다. "나중 일은 나중에 생각하자! 내일이란 또 하나의 새로운 날이 아니냐!"(美國作家 마가렛 미첼이 1938년 발표한〈바람과 함께 사라지다〉의 끝部分)

3) 唐 · 孟浩然〈除夜〉(或云 崔塗作)

迢遞三巴路, 羈危萬里身. 亂山殘雪夜, 孤燭異鄉人.

漸與骨肉遠, 轉於僮僕親, 那堪正漂泊, 來日歲華新.

아득하고 먼 三巴 가는 길, 旅路중의 아슬아슬한 萬里밖의 몸. 수많은 어지러운 산, 殘雪이 있는 밤. 하나의 외로운 등불, 他鄕의 나그네. 차츰 血肉, 肉親과 멀어질수록 더욱 下人, 종놈과 가까워지지. 어떻게 견뎌낸단 말이냐! 한창 떠도는 중에 내일이면 또 새로운 해를 맞아야하니.

▷轉: 도리어. 반대로. 점점.

▷於: 對하다. 向하다.

4) 唐・孟浩然〈除夜有懷〉

五更鐘漏欲相催, 四氣推遷往復還. 帳裏殘燈纔去焰, 爐中香氣盡成灰.

漸看春逼芙蓉枕, 頓覺寒消竹葉杯. 守歲家家應未臥, 相思那得夢魂來.

〈선달 그믐밤 생각하는 바가 있다〉

가는 해의 마지막 밤인 五更을 알리는 종소리와 물시계 소리는 꼭 가는 해를 어서 가라고 재촉하는 것 같아, 이제 五更이 끝나면 새해의 첫날 봄 석달의 첫날인 1월 초하루의 새벽이 밝아오리라. 이렇게 春・夏・秋・冬 四時는 변하고 바꾸며 가고 또 오는 것이다. 침상의 커튼 속 가물거리는 등불은 이제 날이 밝으니 불꽃을 꺼버리게 되고 향로속의 향은 연기마저 다 사라지고 남은 것은 재뿐이다. 차츰 짐작할 수 있으리라. 연꽃 그려진 금침(衾枕)에 겨울의 찬 기운 가시고 봄의 따뜻함이 살며시 밀려들 것을. 그리고 단박에 느낄 수 있고말고, 竹葉淸 술잔에 寒氣가 가심을. 섣달 그믐밤 불 밝히고 집집마다 밤새워 눕지 못할 것이니, 아무리 그리워한들 꿈 못 꾸니 어떻게 나의 夢魂온 것을 만날 수 있겠는가.

▷欲: ① 한창. 막. 바야흐로. ② ~과 같다. ~와 흡사하다.

▷推遷: 推移와 變遷. 孟氏의 〈與諸子登峴山〉: "人生有代謝, 往來成古今."

▷帳裏: 寢牀에 친 휘장 속.

▷去焰: 火焰을 제거함. 간단히 말해 불을 끄다.

▷看: 짐작하다. 고려하다. 예측하다.

▷芙蓉枕: 蓮(戀과 同音임)꽃 그려진 衾枕. 意圖的이라기 보다 아랫句에 竹葉이 있어 不得已 쓴 것 같다. 그러나 結果的으로는 中晩唐의 態度(氣

勢·姿態)가 되어 賀裳이 비난했는데 옳은 말이다. 例를 들겠다. 李商隱 〈無題〉: "身無綵鳳雙飛翼, 心有靈犀一點通. 그대와 나는 몸에 오색 봉황새의 한 쌍 날 수 있는 날개가 없지만(못 만난다는 뜻), 마음만은 하얀 금 한 가닥이 양쪽으로 이어진 神靈한 犀角이 있다(마음은 통한다는 뜻). 결국 要旨는 몸은 떨어져 못 만나도 마음은 서로 통한다를 이렇게 燦爛하고 複雜·奧妙하게 그려냈으니 이러한 詩風을 接해 보지 않은 사람들은 몹시 唐惶해하고 荒唐하기 짝이 없을 것이다.

▷竹葉: 竹葉淸. 술 이름. 오늘날에도 竹葉靑이란 술이 있다. 文字上 淸과 靑의 差가 있는데 술맛의 差는 옛것을 맛볼 수 없으니 알 수 없다.

▷夢魂: 中國人들은 꿈을 꾸면 그 사람의 魂魄이 직접 오고 가는 것으로 알았었다. 그래서 夢字에 魂字를 붙여 썼다. 또한 招魂하면 보통 死亡時에 행하는 儀式으로 알고 있지만 "魂飛魄散. 넋이 나가다, 넋을 잃다"는 말이 있듯 아주 슬프거나 충격을 받았을 때에도 魂魄이 흩어지고 날아가는 것으로 알았다. 그래서 그런 사람을 위하여 넋을 다시 불러주었으며 이 또한 招魂이라 부르니 꼭 死亡時에만 쓰던 말은 아니다. 얼마만큼 效驗을 보았는지는 물론 미지수지만.

5) 唐·高適〈除夜作〉

旅館寒燈獨不眠, 客心何事轉悽然? 故鄕今夜思千里, 霜鬢明朝又一年.

〈제야에 짓다〉

旅館 추운 겨울의 외로운 등불 그저 잠 못 이루니, 나그네 마음 무엇 때문에 점점 더 처연해지는가. 오늘밤 생각하는 고향은 천리 밖이고, 내일 아침 보태는 것은 서리 맞은 귀밑머리에 나이 한 살뿐이니까.

▷獨: 只. 다만. 그저.

▷轉: 漸. 점점. 차츰.

以上은 唐汝詢(당여순)의 해석이요 譚元春(담원춘)은 3·4구를 다음과 같이 해석했다.

오늘밤 고향의 벗님들은 千里밖에서 서리 맞은 귀밑머리에 나이 한 살 더 먹을 나를 생각하고들 있겠지.

譚氏는 아마 王維의 〈九月九日憶山東兄弟〉 詩에서 힌트 얻은 듯하다.

6) 唐·戴叔倫 〈除夜宿石頭驛〉

旅館誰相問, 寒燈獨可親. 一年將盡夜, 萬里未歸人.

寥落悲前事, 支離笑此身. 愁顔與衰鬢, 明日又逢春.

〈선달 그믐밤 石頭驛에서 宿泊하며〉

여관 속 뉘 있어 나를 생각해주고 물어 보아주겠는가? 찬 날의 쓸쓸한 등불만 가까이 할 수 있을 뿐. 一年이 다하는 이 밤, 만 리 밖 못 돌아가는 사람. 슬프다, 衰落하고 失敗한 옛일들이. 차라리 웃자! 못나고 쓸모없어 지친 채 유랑하는 이 몸을. 시름 찬 얼굴과 성글고 하얗게 된 머리칼을 가지고 내일 또 찬란한 봄을 맞다니.

▷問: 慰問하다. 問候하다.

▷寥落: ① 衰落. 衰敗. ② 稀少. 稀疏. ③ 冷落.

▷支離: ① 이지러져 쓸모없는 것. ② 憔悴함. 고단하고 지침. ③ 遊離. 流浪. 本詩에서는 세 가지 뜻을 다 뭉뚱그려 썼다.

▷衰鬢: 늙어서 성글고 하얗게 된 머리카락.

7) 唐·王建 〈歲晩自感〉

人皆欲得長年少, 無那排門白髮催. 一向破除愁不盡, 百方回避老須來.

草堂未辦終須置, 松樹難成亦且栽. 瀝酒願從今日後, 更逢二十度花開.

〈선달 그믐밤의 느낌〉

사람들은 영원히 젊음 갖기를 바라나, 어쩔 수 없지! 백발이 문 차고 들어와 재촉하는 것에는. 줄곧 깨 부셔도 시름은 끝이 없고 갖은 수단으로 도망다녀도 늙음은 결국 오는군. 草家 한 채 아직 장만 못했지만 끝내 마련할 터이고 소나무는 내 생전에 낙락장송 되기 어려워도 또한 심어야겠지. 술 거르며 바라네. 오늘이후 꽃피는 시절을 스무 번을 더 만나기를.

▷長: 항상. 영원히.

▷無那: 無奈何, 無可奈何와 같은 뜻이니 어찌할 도리가 없다·방법이 없다·할 수 없다의 의미로 쓰인다.

▷排門: 推門. 반기지도 않는 白髮이 문을 차고 들어와 재촉한다.

▷一向: 줄곧. 내내.

▷破除: 除去. 消去.

▷百方: 온갖 방법. 갖은 수단.

▷老須來의 須는 終于의 뜻으로 마침내, 결국, 끝내.

▷未辦(미판): 아직도 마련하지 못한다. 아직도 조처하지 못했다.

▷終須置: 終은 결국, 끝내. 須는 반드시·마땅히 ~해야 한다. 置는 장만하다. 마련하다. 設置하다.

▷難成의 成은 大, 茂盛의 뜻이다. 낙락장송(落落長松)이 된다는 의미.

▷亦且: 又. 而且. 또한. ~일지라도 다시.

▷度: 回. 次.

➡ 高麗·禹倬 時調

한 손에 가시를 쥐고 또 한 손에 매를 들고 늙는 길은 가시로 막고 오는 白髮은 매로 치렸더니 白髮이 눈치 먼저 알고 지름길로 오더라.
(鄭炳昱先生 編著 ≪時調文學事典≫에서, 現代語로 바꿔 인용함.)

8) 唐·曹松〈除夜〉

殘臘卽又盡, 東風應漸聞. 一宵猶幾許, 兩歲欲平分.

燎暗傾時斗, 春通綻處雲. 明朝遙捧酒, 先合祝堯君.

〈제야〉

섣달의 남은날도 곧 또 다할 것이며, 東風은 분명히 점점 느낄 수 있겠지. 하나의 밤이 얼마나 된다고, 묵은해와 새해 두 해가 반씩 나누려 한단 말인고. 화톳불이 빛을 잃을 때는 斗星이 기우는 때리니, 새 봄의 밝아오는 빛 통하겠지, 구름장 터진 곳으로. 내일 아침 먼 곳이지만 두 손으로 술잔 받들어, 먼저 마땅히 堯舜같으신 聖上의 萬壽無疆 빌어야지.

▷殘臘: 臘月(섣달)이 다 되 감, 거의 끝남. 즉 세밑, 歲暮, 年末.

▷卽: 바로, 곧.

▷聞: 感知하다. 見·聞은 知의 뜻으로 쓰인다.

▷兩歲: 가는 묵은해와 오는 새해.

▷平分: 반씩 나눔. 고르게 나눔.

▷斗: 별 이름. 南斗와 北斗가 있다.

▷綻(탄): 터지다. 벌어지다.

▷捧: 받들다. 두 손으로 받쳐들다.

▷合: 應當. 마땅히.

▷五·六句는 "斗傾時燎暗, 雲綻處春通"으로 보면 된다.

9) 唐·來鵠〈除夜〉

事關休戚已成空, 萬里相思一夜中. 愁到曉雞聲絶後, 又將顦顇見春風.

〈除夜〉

기쁘고 즐거운 것과 關聯된 일이나 근심 걱정과 얽혔던 일이나 그것들은 모두 말짱 헛된 것으로 끝이 났다. 지금 남은 것은 그리움뿐 하룻밤이지만 만리를 달려간다. 내 시름 머무는 곳 새벽 닭 홰치며 울고 난 뒤에, 또 파리하고 여윈 몰골로 봄바람을 맞아야 하는 처지에 있다.

▷休戚: 기쁨·즐거움과 근심 걱정. 유리한 경우와 불리한 경우.

▷將: ~을 가지고, ~을 지니고, ~을 띠고.

10) 唐·韋莊〈和人歲晏旅舍見寄〉

積雪滿前除, 寒光夜皎如. 老憂新歲近, 貧覺故交疏.

意合論文後, 心降得句初. 莫言常鬱鬱, 天道有盈虛.

〈歲暮에 旅舍에서 부친 詩에 和作함〉

오랫동안 내린 눈 앞 섬돌을 가득 채우니, 寒氣를 느끼게 하던 눈빛 밤이 되자 깨끗하고 밝군요. 늙음! 새해가 다가옴이 걱정스럽지요, 가난! 옛 친구 멀어짐을 깨닫게 되지요. 意氣投合되네요, 우리 둘이 글을 토론한 뒤에. 감복·탄복합니다, 그대가 詩句를 얻자마자 즉각으로요. 늘 울적하고 답답하다고 말씀하지 마세요, 하늘의 이치란 잘 될 때 안 될 때가 있으니까요.

▷歲晏: 歲暮. 세밑.

▷積雪: ① 쌓인 눈. ② 오랫동안 내린 눈. 제1구에 "滿"字가 있으므로 ②의 뜻이 妥當하겠다. ➪ 積雨도 久雨의 뜻으로 쓰인다.

▷除: 섬돌. 층계. 계단.

▷心降(심항): 心服. 진심으로 감복하다, 탄복하다.

▷初: 막. ~하자마자.

▷天道: ① 天理. 天意. ② 自然界 變化의 規律.

▷盈虛: ① 가득 찼다 텅 빔. 發展·變化를 가리킴. ② 남는 것과 부족함. ③ 盛衰. 成敗. ④ 달이 차고 기우는 것.

11) 唐·韋莊〈歲晏同左生作〉

歲暮鄉關遠, 天涯手重攜. 雪埋江樹短, 雲壓夜城低.

寶瑟湘靈怨, 淸砧杜魄啼. 不須臨皎鏡, 年長易淒淒.

〈歲暮에 左氏의 詩作에 和答한다〉

歲暮에 故鄕은 먼데, 아득한 하늘 끝에서 또 그대의 손을 잡게 될 줄이야. 눈에 묻혀 강가 나무는 짤막해지고, 구름 덮여 한밤의 城은 짜부라진 듯. 곱게 치장한 瑟을 타니 湘靈의 원망이 들리는 듯, 맑게 울리는 다듬이 소리는 杜魄의 울음인가. 환한 거울 앞에 다가가지 말 것이니, 한살 더 먹은 모습에 쉽게 처량하고 쓸쓸해 질뿐이겠지.

▷同: 和. 和作.

▷鄉關: 故鄕. 鄕은 家鄕, 關은 關門이니 글자 그대로 풀면 家鄕으로 가는 길목쯤이 되겠다.

▷天涯: 하늘 끝. 아주 먼 邊方.

▷攜手: 서로 손을 잡다. 손에 손을 잡다. 친근함을 나타냄.

▷湘靈: ≪楚辭·遠遊≫: "使湘靈鼓瑟兮, 令海若舞馮夷. 湘靈에게 瑟을 타게 하니 바다의 神 해약(海若)을 마음대로 부리고 江의 神 풍이(馮夷)를 춤추게 한다." 湘靈은 堯임금의 두 딸이자 舜임금의 두 妃인 娥皇과 女英이다. 이들이 죽어 湘水의 神이 되었다 하고 이를 湘靈이라 한다.

▷杜魄: 옛날 蜀의 임금인 杜宇가 죽어 그 넋이 杜鵑새가 되었다 한다. 따라서 杜魄 즉 杜宇의 넋은 杜鵑새의 代稱이다.

▷年長: ① 年齡이 많다. ② 年齡이 增長되다.

26. 〈贈特進汝陽王二十韻〉(五言排律)

特進羣公表, 天人夙德升. 霜蹄千里駿, 風翮九霄鵬.
服禮求毫髮, 推思忘寢興. 聖情常有眷, 朝退若無憑.
仙醴來浮蟻, 奇毛或賜鷹. 淸關塵不雜, 中使日相乘.
晩節嬉遊簡, 平居孝義稱. 自多親棣蕚, 誰敢問山陵?
學業醇儒富, 詞華哲匠能. 筆飛鸞聳立, 章罷鳳騫騰.
精理通談笑, 忘形向友朋. 寸長堪繾綣, 一諾豈驕矜?
已忝歸曹植, 何如對李膺. 招要恩屢至, 崇重力難勝.
披霧初歡夕, 高秋爽氣澄. 樽罍臨極浦, 鳧雁宿張燈.
花月窮遊宴, 炎天避鬱蒸. 硯寒金井水, 簷動玉壺氷.
瓢飮惟三徑, 巖棲在百層. 謬持蠡測海, 況挹酒如澠.
鴻寶寧全祕, 丹梯庶可陵. 淮王門有客, 終不愧孫登.

❖ 詩題

註

▸特進: 官名. 西漢(즉 前漢)末에 처음 두었으며, 異姓 諸侯인 列侯 중의 特殊地位를 가진 者에게 주었고 三公의 아래에 있었다. 東漢에서 南北朝時代에는 다만 本職外에 兼職하고 있는 其他官職인 加官으로 實際職責은 없었다. 隋唐以後에는 散官 ― 官名은 있으나 固定된 職責은 없는 것. 漢代에는 朝廷의 大臣·重臣들에게 本來의 官銜外에 내린 그럴듯한 名號로 內容上 實質的으로 맡은 일은 없었다. 魏晉南北朝도 踏襲하였고 隋나라 때 正式으로 散官을 制度化하였으며 唐·宋·金·元도 이를 따랐다 ― 이었다. 文의 散官은 開府儀同三司 ― 詩人 庾信 때문에 世間에 널리 알려졌으며 이 때문에 庾信을 庾開府라 稱한다 ―

特進・光祿大夫等이 있고 武의 散官은 外戚이 많이 받았던 驃騎將軍, 宦官들이 많이 해 먹었던 輔國將軍, 鎭國將軍이 있었다.

➥ 우리나라에서 지금 特進이라 하면 큰 공을 세워 특별히 진급하는 것을 말한다. 예를 들면 "흉악범을 검거하여 일 계급 특진하였다"라고 하는 식이다.

▸汝陽王: 讓皇帝 李憲의 長子인 李璡은 汝陽郡王에 封해졌으며 나중에 特進을 加하였다고 史書에 記錄됨.

➥ 郡王: 爵位名. 西晉에서 始作되었고 唐・宋以後에는 親王보다 한 級 아래의 爵號로 固定되었다. 皇族이 아닌 者도 큰 공을 세우면 親王은 못되어도 郡王까지는 될 수 있었다.

➥ 親王: 南朝의 末期에 처음 나온 것으로 隋나라에서는 皇帝의 伯父・叔父・兄弟・皇子를 親王으로 封하였고 唐代에는 皇帝의 兄弟・皇子가 親王이 되었다. 後世에는 이를 그대로 따랐다.

➥ 汝陽王은 郡王으로 封해졌다. 理論上 皇帝의 아들이니 親王이 되어야 하지만 讓皇帝는 그저 말이 皇帝요 대접삼아 죽은 뒤에 동생인 玄宗이 붙인 것일 뿐 무슨 實質的인 意義・價値없음이 아들이 親王 못된 것으로도 白日下에 證明되었다고 하겠다.

➥ 大韓帝國의 英親王・義親王을 識者中에는 日本式 名稱이므로 반드시 英王・義王으로 불러야 한다고 하는 분들이 꽤 있다. 무슨 根據로 親王을 日本式 名稱이라 하는지 알 수가 없다. 勿論 公式的으로는 英王・義王이라 쓴다.

▸二十韻: 《錢牧齋箋注杜詩》, 《讀杜心解》, 《杜詩鏡銓》, 《杜臆》等의 詩題는 二十韻으로 되어 있다. 그러나 《杜詩詳注》에는 二十二韻으로 되어 있다. 詩 自體는 44句・22韻이니 正確하게 말하면 二十二韻이다. 다만 中國의 慣例上 數字를 말할 때 成數를 쓰니 例컨대 17・18・19・21・22・23 等을 모두 20이라고 하는 식이다. 꼭 어느 것이 맞는다고 하기 어렵다. ⇨ 成數: 20, 300, 5000같이 우수리가 없는 정수

를 말함.

解說

〈特進 汝陽王께 올리는 二十韻 詩〉

❖ 제1 · 2구: 特進羣公表, 天人夙德升.

註

▸群公: 본래 諸侯들과 朝臣의 總稱이니 ≪書經≫의 鄭玄注에 "群公은 諸侯와 王(즉 周天子)의 三公이 主가 되며 諸臣들도 여기에 든다."라 하였다. 그러나 後世에는 名位(① 官職과 品位. ② 名譽와 地位)있는 者의 泛稱, 또는 一般的인 尊稱으로 쓰였다.

▸表: ① 표솔(表率. 모범. 귀감). 준칙(準則). ② 으뜸. 第一. ③ 特出함. 무리 속에서 크게 뛰어남. · ④ 外表. 외모. 외관. 儀容(풍채를 말함). 本詩句에서는 ①, ②, ③, ④의 뜻을 混用한 듯하다. 길게 늘어놓고 여러 가지를 주절댈 필요 없이 한 字로 뭉뚱그린 재주가 좋다. 잘한다! 요즈음 식으로 풀이하면 Mr 唐나라다 하면 되겠다.

▸天人: 仙人. 神人. 하늘나라의 사람. 왕족에게도 썼다.

▸夙德: 일찍이 시작하여 오랫동안 닦고 쌓은 덕행.

▸升: ① 上升하다. 올라가다. ② 升遷하다. 榮轉하다. 地位가 높아지다. ③ 위로 薦擧하다. 간단히 말하면 夙德으로 俗世의 인간이 天上의 仙人으로 승진 · 영전되었다는 뜻이다. 거 짜고 치는 것 같구려! 賀知章은 李白을 보고 天上의 神仙이 罪를 지어 下界로 귀양왔다 하고 杜先生은 李璡보고 塵世의 人間이 德을 쌓아 天上의 仙人으로 승진되었다고 하니 말이요. 거참.

解說

特進 · 王爺. 지체높은 어른들과 名流들 속에서 홀로 뛰어나셔 으뜸이 되시고 모범이 되시며 풍채 또한 당당하시니 일찍이 시작하셔 끊임없이

닦고 쌓은 德行으로 하늘나라의 仙人 우리와는 다른 神仙이 되셨음이라.

❖ 제3·4구: 霜蹄千里駿, 風翮九霄鵬.

註

▸霜蹄: ≪莊子·馬蹄≫: "馬, 蹄可以踐霜雪, 毛可以禦風寒, 齕草飮水, 翹足而陸, 此馬之眞性也. 말, 발굽은 서리와 눈을 밟을 수 있고 皮毛는 冷風과 寒氣를 막을 수 있다. 풀을 씹고 물마시며 발을 모아 도약하니 이것이 말의 天性·本性이다."

▹霜雪: 서리와 눈. 차고 미끄러운 것. 얼음도 包含하고 있다.

▹毛: 皮毛. 말의 털은 큰 역할을 못한다. 皮毛가 옳다.

▹禦: 防禦함. 막아줌.

▹風寒: 冷風과 寒氣.

▹齕(흘): 씹다.

▹翹足(교족): 발돋움하다. 여기서는 발을 모으다는 뜻임.

▹陸: 跳躍하다로 쓰임.

▹眞性: 天性. 本性.

▸千里駿: 하루에 千里를 가는 駿馬. 그냥 千里를 간다 하면 마냥 걸어 백날 걸려서 千里를 가야 무슨 대견한 일이겠는가.

▸風翮: ① 세찬 바람도 이겨내는 날개. 翮(핵)은 깃촉, 즉 羽莖이 본뜻이나 그냥 날갯죽지·날개의 뜻으로도 쓰인다. ② 회오리바람을 타고 위로 올라가는 날개, 즉 鵬새. ≪莊子·逍遙遊≫: "鵬之徙於南冥也, 水擊三千里, 搏扶搖而上者九萬里, 去以六月息者也. 鵬이 南冥·남쪽바다로 가려할 때 한 번 날개 짓에 물은 삼천리나 튕겨지고 회오리바람 따라 날개 치며 오르기를 구만리 — 멀리 날 때에 이 정도의 空間이 있어야 한다는 뜻 — 드디어 南冥을 향해 가는데 육개월이 되어야 한번 휴식

한다.”

▷擊: 激과 같다. 물을 튕기다는 뜻.

▷搏: 拍·拊와 같다. 치다. 때리다.

▷扶搖: 회오리바람.

▷息: 休息하다.

▶九霄: 하늘의 극히 높은 곳. 高空. 九天과 같다. ➪ 九天: ① 하늘의 가장 높은 곳. ② 하늘의 中央과 八方.

解說

눈·서리·얼음의 미끄러운 악조건 속에서도 하루에 능히 천리를 달리는 駿馬 같으시며 회오리바람 타고 구만리 높이 올라야 비로소 自由自在로 몸 놀리고 날개 치는 어마어마하고 宏壯한 大鵬이라 하겠음이라.

➥ 날짐승(飛禽)인 鵬과 길짐승(走獸)인 駿으로 찬양하였다. 세상의 모든 生命體를 網羅, 其中 뛰어난 것을 例로 들었는데 때에 따라서는 길짐승 대신 물고기로 世上의 뭇 움직이는 것 즉 群動을 代身하기도 한다. 李商隱 〈籌筆驛〉 七言律詩의 1·2句를 보면 “魚鳥猶疑畏簡書, 風雲長爲護儲胥. 물속의 물고기도 하늘의 새도 긴 세월이 지나갔건만 아직도 서릿발 같던 軍中의 命令文書를 두려워하는 듯하며—사람은 말할 것 없고 모든 생물들이 오백년 세월이 지났건만 그 옛날 孔明의 秋霜같은 威嚴에 떠는 듯하다는 말씀—感情도 慾望도 없는 바람·구름 같은 것들도 그분의 忠誠에 感動하여 永遠히 그 옛날의 防柵을 保護해주려는 듯 이곳을 떠나지 않고 있구나.”

▷籌筆驛: 四川省에 있으며 지금은 朝天驛이라 부른다. 諸葛孔明이 魏를 치려할 때 이곳에 駐屯, 籌(산가지)와 筆(붓)을 運用, 즉 作戰計劃을 짜고 軍務를 보았으므로 그렇게 부르게 되었다 한다.

▷疑: 似. ~인 것 같다. ~와 비슷하다.

▷簡書: 軍中의 命令文書.

▷儲胥(저서): 部隊를 둘러 싸 적의 침입을 막아주는 防柵.

果是 李商隱이로고!

李氏의 이 作品은 古來로 杜甫의 어지간한 秀作을 淩駕한다고 알려져 왔다. 따라서 朝鮮의 詩人들도 거개(擧皆) 알고 있었던 듯하다. 秋史도 함경도에 있을 때 그곳을 개척한 高麗 尹瓘 將軍을 생각하며 〈鍊武堂〉이란 詩를 지었는데 첫句가 "魚鳥風雲畵閣東"이었다. 丹靑이 華麗・燦爛한 鍊武堂의 동쪽에는 尹將軍의 秋霜같은 嚴命에 칠백년 지난 지금도 魚鳥가 接近 못하고 두려워하며 忠臣의 丹誠에 깊이 느낀 風雲이 護衛하고 있는 듯하다는 뜻을 李商隱의 作品을 본 사람이야 금방 알겠지만 안 보신 분들이야 畵閣의 東에 風・雲・鳥까지는 그렇다 쳐도 魚는 그야말로 아닌 밤중에 홍두깨라 도대체 무슨 말인지 알 수 없으니 가슴이 타고 복장이 터질 노릇이었을 것이다. 秋史는 詩・文 모두 露骨的으로 아주 내놓고 衒學的이라 좀 거시기하다.

❖ 제5・6구: 服禮求毫髮, 推思忘寢興.

註

▸服: ① 實行하다. 施行하다. ② 從事하다. ③ 致力(애쓰다, 힘쓰다). ④ 담당하다. 맡다. 지키다.

▸禮: ① 社會生活中 風俗習慣으로부터 形成된 行爲의 準則. 道德,・規範・各種禮節을 말한다. ② 盛大하고 莊重하게 擧行되는 儀式・典禮를 말한다.

▸求: ① 찾다. 探求하다. ② 요구하다. ③ 追求하다. ④ 물어보다. 알아보다. ⑤ 띠지다.

▸毫髮: 豪: 가늘고 짧은 털. 髮: ① 머리 칼. ② 가늘고 긴 것을 말할 때 씀.

➡ 毫・髮은 한편으로는 長度 즉 길이의 單位였다. (度量衡은 度 즉 길이, 量 즉 부피, 衡 즉 무게의 단위를 재는 법을 말한다.) 《孫子算經》 卷上에서 "度之所起, 起于忽. 欲知其忽, 蠶吐絲爲忽. 十忽爲一絲, 十絲

爲一毫, 十毫爲一釐, 十釐爲一分, 一分爲一寸. (▷起: 起源. 發生. 開始. ▷欲知: 헤아리다. 따지다.) 길이의 起源은 忽에서 시작된다. 忽을 따지자면 누에가 토한 실이 忽이다. 十忽이 一絲가 되고, 十絲가 一毫가 되며 十毫가 一釐(리)가 되며 十釐가 一分이 되며 十分이 一寸이 된다"라 하였으니 1毫는 0.023내지 0.03㎜가 된다. 또 ≪杜詩詳注≫에서 引用한 賈誼 ≪新書≫에서는 "十毫曰髮, 十髮曰釐. 十毫가 一髮이고 十髮이 一釐다"라고 하였다. 그렇다면 一釐는 千分의 一尺이니, 戰國時代에서 南北朝時代까지로 따지면 0.23mm가 되며 唐이후로 따지면 0.3mm가 된다. 그리고 一髮은 一釐의 십분의 일이니까 0.023mm내지 0.03mm가 되겠다. 그러니까 이렇게 어렵고 복잡하며 知識의 誇示랄까 遊戱랄까 하는 일일랑 생각하지 말고 그저 아주 微細한 것이라고 보면 된다. 모든 것이 발전하여 요즈음은 나노미터(nanometer)가 쓰이니 1나노미터는 1미터의 10억분의 1이다. 골이 횡하다. 원래 이 말은 退耕 權相老先生께서 하신 말씀이다. 七十을 축하하는 古稀宴에서 한 말씀하시라고 다들 請하고 勸하니 先生께서 옛날 詩人도 "人生七十골이횡"이라 하였는데 나도 골이 횡하여 무슨 말을 해야 할지 모르겠다 하셨단다.

▸推: ① 밀다. ② 추진하다. 확장하다. ③ 추측하다. 추론하다.

▸思: ① 思索. 考慮. ② 思想. 意念. ③ 心情. 情緖. ≪論語・爲政≫의 "學而不思則罔, 思而不學則殆. 배우기만 하고 思索하지 않으면, 즉 깊이 생각하고 이치를 따지지 않으면 속기 쉽고, 思索만 할 뿐 배우지 않으면 확신이 없게 된다"를 생각하면 ① 思索. 考慮가 옳을 듯하다.

▸忘: ① 잊다. 기억 못하다. ② 遺棄하다. 顧念하지 않다. ③ 無와 통한다.

▸寢興: 누워 자고 일어남. 여기에서 擴大되어 日常生活의 일 또는 밤낮(日夜)을 가리키기도 한다.

▸忘寢興은 ① 寢興은 寢의 뜻만 있는 偏義複詞다. 즉 "잠자는 것도 잊을 지경이다"의 뜻이 된다. 그렇지 않으면 "자고 일어나는 것을 잊는다"

가 되는데 일어나는 것을 잊으면 내처 잔단 말인가? 그러면 무슨 思索을 하리! ② 忘은 無의 뜻이고 寢興은 日夜 또는 生活의 쇄사(瑣事) 사소(些少)한 일의 뜻으로 보아 "밤낮이 없다", "웬만한 일은 마음 속에 없다"로 해석할 수 있겠다. ③ 寢食을 잊다가 가장 알기 쉽고 편한데 協韻上 食字를 쓸 수 없어서 興을 썼다 할 수도 있으나 寢興이란 말 또한 옛부터 쓰여오던 말이라 선불리 斷言할 수 없다.

➥ 제5句는 外的인 篤行·勉勵, 제6句는 內的인 努力·致力을 말한다.

解說

禮儀凡節·道德規範과 儀式·典禮를 하나하나 알아보고 차근차근 따져서 완벽을 追求하시며 배움을 좋아 하시면서도 깊이 생각하고 이치를 따져 더욱 깊고 넓게 擴張하고 펴나가시니 잠자는 것도 잊으시고 밤낮이 없으시며 웬만한 일은 마음속에 없으심이라.

❖ 제7·8구: 聖情常有眷, 朝退若無憑.

註

▸聖: 聖人. 儒家에서 말하는 道德·智能이 極히 뛰어난 理想的 人物. 上古에는 이러한 聖人이 天下를 다스렸었다고 굳게 믿었으며 꼭 그러한 人物이 天下를 다스려야 한다고 主張하여 帝王을 또한 聖人이라 불렀다. 간단히 말해 當爲的·希望的 표현이다.

▸聖眷: 帝王의 寵愛.

▸眷: ① 뒤놀아 보다. ② 顧念. 생각하다. 염려하다. 關注. 관심가지다. 배려하다. ③ 恩寵. 恩遇. 총애. 극진한 대우. ④ 厚意. 好意.

▸退朝: 退班과 같다. 옛날 君臣間에 조현(朝見)할 때 法度에 따른 禮式이 끝나면 물러나는 것을 말한다.(≪漢語大詞典≫)

▸憑: ① 기대다. ② 의시하다. ③ 믿다. 신뢰하다.

▸若無憑: ① 鄭繼之는 이는 마치 漢高祖의 蕭何가 韓信이 떠나자 설명

할 틈도 없이 뒤좇아 갔는데 高祖는 蕭何가 逃亡한 줄 알고 大怒했으니 꼭 左右의 손을 잃은 듯하였다는 ≪史記·淮陰侯列傳≫의 "(蕭)何聞(韓)信亡, 不及以聞, 自追之. 人有言上曰: 丞相何亡. 上大怒, 如失左右手."라는 內容과 같다고 하였다. ≪杜詩鏡銓≫, ≪讀杜心解≫는 이 說을 따랐다. ② ≪杜詩詳注≫는 鄭氏의 說을 反駁하여 이 詩는 汝陽王이 主가 되지 明皇이 主가 되지 않으니 王洙의 汝陽王이 不挾貴—≪孟子·萬章下≫에서 벗을 사귈 때 不挾長, 不挾貴하지 말라 즉 자기의 나이 많음과 지체 높음을 자세하지 말라 하였다.—하는 것을 말함이다가 옳다고 하였다. ≪杜詩詳注≫는 또한 盧元昌의 "漢나라 때 吳王 濞(비) 梁孝王이 모두 憑함이 있어서 禍를 당하고 失敗하였으며 河間獻王과 東平王은 모두 憑이 없음으로 좋은 이름을 얻게 되었다. 이 若無憑 세 글자는 千古의 藩王들이 지켜야할 法度라 할 수 있다"라는 말도 引用하였다.

①에 대한 우리의 見解: 蕭何는 高祖가 여러 번 敗戰하여도 後方에서 굳게 關中이라는 根據地를 지켜내고 또한 軍需·補給을 蹉跌없이 훌륭하게 完遂한 漢 創業의 第一功臣이다. 汝陽王이 朝廷에서 무슨 內政·外交·軍事를 擔當하였단 말인가. 漢 高祖가 蕭何를 잃었다 하였을 때는 자기의 基盤이 무너져 내리는 絶望感과 半身이 떨어져나가는 喪失感을 느꼈을 것이다. 또한 이렇게 해석함이 옳다면 立身揚名하려는 杜甫라는 일개 布衣가 當時의 執政官·當路者들에게 거의 侮辱的인 言辭를 내뱉은 셈인데 즉 말하자면 그들은 바지저고리요 汝陽王만이 皇帝의 신임을 받고 오로지 의지하는 국가의 柱石之臣이다라는 셈인데 이게 말이나 될 말인가.

②에 대한 우리의 見解: ㉠ ≪杜詩詳注≫에서 不挾貴라 함은 일리가 있다. 그러나 朝退와 연결이 잘 안된다. 그러면 入朝하였을 때와 退朝하였을 때의 몸가짐·마음씀이 다른 것 같아서 이상하기 짝이 없다. 즉

“入朝乃挾貴”란 말, “入朝誠有憑”이란 일도 생기게 되는 것이다. ㉡ 盧元昌의 注에 대하여는 감히 一顧의 價値도 없다고 할 만하다. 盧氏는 周秦·漢·唐의 諸侯·藩國이 모두 同等한 地位로 行政力·經濟力·軍事力을 保有하고 있는 것으로 錯覺한 듯하다. 周는 名目上·形式上 天子요 王이지 諸侯國이 各其 제 나라를 다스리고 獨立的인 財政·軍事를 行使하였다. 所謂 封建制다. 春秋戰國時代에는 五霸·七雄이라 하여 諸侯國들이 天下를 左之右之하였다. 秦始皇은 이것이 못마땅해 天下를 郡과 縣으로 쪼개 中央에서 官吏를 派遣, 直接 統治하였다. 이른바 郡縣制다. 漢은 周와 秦의 長短點을 參酌·考慮하여 中央에서 가까운 地域은 官吏를 派遣 直接 統治하였고 먼 곳은 同姓의 諸侯들에게 떼어주고 그들에게 統治權을 주었다. 이것이 바로 郡國制라는 것이다. 吳王 濞는 高祖의 兄인 劉仲의 아들이다. 吳나라는 豫章의 구리광산이 있어서 吳王은 天下의 亡命客들을 불러모아 漢과는 관계없이 사사로이 돈을 만들었으며 바닷물을 끓여 소금을 구으니 백성들에게 세금을 부과할 필요가 없을 정도로 아주 財政이 富饒해졌다. 그러다가 吳太子가 入朝·皇太子(나중에 景帝가 됨)를 모시고 술마시며 노름을 하였는데 吳太子도 吳나라에서는 高貴한 신분이라 때와 장소를 가릴 줄 몰라서 바둑을 두는데 바둑판의 길을 두고 다투게 되고 고분고분하지 않은 태도에 격분한 皇太子가 바둑판을 들어 吳太子를 쳐서 죽이는 일이 發生하였다. 吳王은 이로부터 병이라 핑계대고 入朝하지 않았으며 차츰 藩國·諸侯의 法度를 벗어나게 되었다. 든든한 財政을 바탕으로 軍事力을 갖추게 되었으나 文帝는 거의 放任하였다. 景帝가 卽位하자 조조(鼂錯)가 諸侯들의 藩國이 强盛하면 漢의 골칫거리라 하여 일만 생기면 별로 그들의 땅을 깎아내고 그렇게 牽制해야만 漢이 安定된다고 强力히 主張, 그대로 施行하게 되었다. 앉아서 枯死하게 된 藩國들은 두려움이 분노로 바뀌고 結局 吳楚七國의 亂이 터지게 되고 吳王은 敗死하였다.(≪史

記·吳王濞列傳≫, ≪史記·袁盎·鼂錯列傳≫에서 가려 뽑음)

梁孝王은 文帝의 아들로 景帝의 同腹동생이니 어머니가 竇太后다. 後宮의 아들들인 諸王들 보다 훨씬 優越한 셈이다. 일찍이 入朝하여 皇帝와 술 한잔 나눌 때 景帝가 朕의 千秋萬歲後에 帝位를 梁王에게 傳하려한다 하니 사양하였다. 비록 그것이 진심의 진실한 言辭가 아님을 알았으나 속으로 기뻐하였고 太后도 마찬가지였다. 그리고 吳楚七國의 叛亂이 터졌고 梁나라가 最前線이 되었다. 梁은 漢 中央政府에 救援을 要請하였고 임금도 즉각 派兵하려 하였으나 中央의 高官들은 무엇이 달라도 우리 같은 쪼다리와는 다른지라 叛軍의 銳鋒을 梁에서 무디게 하고 또한 梁에서 全力을 기울여 對抗하면 漢軍은 힘 안들이고 叛軍을 꺾고 兼事兼事 골칫덩어리 梁도 지쳐 나가떨어질 것이니 그야말로 도랑 치고 가재 잡고 마당 쓸고 돈도 줍고 一石二鳥요 錦上添花라 하겠다 하여 聯合作戰이 아닌 獨自的인 戰鬪를 펼쳤다. 眼下無人이요 성마른 梁王은 激怒하였고 정말로 勇猛無雙하게 싸워 이들을 잘 막아냈다. 叛亂이 平定되고 調査하니 梁이 擊破하여 殺害하고 捕虜(포로)로 한 叛軍의 數가 漢과 얼추 비슷하였다. 高官들의 計略은 빗나갔다. 漢의 힘이 消耗되지 않은 것은 맞았는데 梁王은 氣高萬丈 못하는 짓이 없게 되었다. 친어머니인 竇太后에게 사랑스런 막내아들인 그는 헤아릴 수 없는 賞賜를 받았고 皇帝도 天子만이 쓸 수 있는 旌旗를 주었고 出入과 起居의 모든 樣式과 儀典이 天子를 방불케 하였다. 宮闕을 크게 짓고 동산을 만드니 兎園은 놀이동산이자 賓客 接客所로 지금까지 그 名聲이 전해질 정도였다. 그의 府庫에 쌓인 金錢과 珠玉·珍奇한 寶物은 서울 皇帝의 곳간 속보다 많았으며 활과 창칼 수십만 개를 만들었다.

事件은 太子문제로 생겼다. 景帝가 栗太子를 폐하니 太后는 이 기회에 梁王으로 後嗣를 삼으려 하였다. 그러나 袁盎(원앙)과 大臣들은 周나라의 父子相續을 따라야 한다며 제동을 걸었고—兄弟相續은 殷나라 慣習이다—太后의 提議는 없었던 일로 되었다. 그리하여 膠東王이 太子가 되니 뒷날의 武帝다.

梁王은 원망하여 刺客을 시켜 袁盎과 大臣 십여명을 찔러죽이고 말았다. 일은 들통이 나고 主謀者들은 梁王의 後宮에 숨었다. 犯人을 내놓으라고 구슬리고 달래고 꾸짖고 어르는 使者들이 길에 이어져 끊이지 않을 지경이었다. 梁王은 主謀者들을 自殺하게 하였고 다시 心腹臣下인 韓安國을 시켜 長公主를 통해 太后에게 謝罪(시죄) 겨우 일단락되었다. 잠시 기다렸다가 梁王은 入朝하겠다고 하고는 長公主집에 숨었다. 漢朝廷은 使者로 하여금 王을 迎接하게 하였으나 入關한 뒤의 行方이 杳然(묘연)하였다. 太后는 皇帝가 내 아들을 죽였구나 하고 우니 황제는 근심과 두려움에 쌓였다. 孝는 百行之本이라 皇帝도 例外는 커녕 百姓들의 模範이 되어야 하겠는데 母后의 身上에 탈이 생기면 統治에 支障을 招來할 것은 뻔한 일이다. 梁王은 너무도 약아빠졌고 어머니를 참으로 잘 이용했다. 이때쯤 하여 大闕 앞에 도끼와 그 밑에 받침으로 쓰이는 모탕—옛날의 刑罰이니 모탕 위에 죄인을 놓고 도끼로 내려쳤다—을 놓고는 梁王이 그 위에 엎드려 죄를 청하자 太后와 景帝는 크게 기뻐하여 서로 울며 다시 옛날처럼 친해졌다. 그러나 皇帝는 이로부터 차츰 梁王을 멀리하고 예전처럼 수레에 同乘하거나 하는 일은 없게 되었다. 後에 다시 入朝 머물고자 하였으나 皇帝가 不許하니 歸國한 뒤 우울하게 지냈으며 熱病을 앓다 죽었다. 太后는 극도로 비통해하며 통곡하고 곡기를 딱 끊었으며 皇帝가 果然 내 아들을 죽였구나 하니 景帝는 슬픔과 두려움 속에 무엇을 어떻게 해야 할지를 몰랐다. 長公主와 의논한 끝에 梁나라를 다섯으로 나눠 梁王의 아들 다섯 모두 王으로 삼았고 딸 다섯에게도 湯沐邑을 주기로 하였다. 즉 절대로 梁나라 땅이 탐나서 일을 일으킨 것이 아니라고 行動으로 立證한 셈이다. 太后에게 아뢰니 그제야 기뻐하였고 皇帝를 위하여 즉 皇帝의 체면을 보아서 밥

한 끼를 먹어주었다 한다. (≪史記·梁孝王世家≫에서 가려 뽑음)

좀 장황하게 漢代의 諸侯인 吳王과 梁王에 대해 記述하였다. 그러면 唐代의 諸王들은 어떠하냐. 高祖(李淵)가 創業한 뒤 宗室들을 大擧 封王하여 天下에 威勢를 떨치고자 하였다. 그리하여 從弟나 조카·어린 아이까지 포함 수십 명을 모두 郡王으로 封하였다. 太宗(李世民) 卽位後에 이 문제에 대해 물었을 때 이미 隋나라에서부터 관록(貫祿)이 있던 노련한 상서우복야(尙書右僕射) 봉덕이(封德彝)는 封王을 지금처럼 많이 한 적이 없었다는 것, 帝王은 아들과 兄弟만을 封王 해야 하고 疏遠한 者는 大功이 없으면 함부로 封해선 안된다는 것, 天下를 私的으로 다스리지 말 것을 말하였다. 그러나 蕭瑀(소우)는 생각이 달랐다. 그가 보기에 國祚(국조)가 長久한 나라는 封諸侯하여 磐石의 굳건함을 얻었던 것이니 秦은 諸侯를 廢하고 郡守를 두었다가 二代만에 망했고 漢은 郡縣과 封建을 섞음으로써 四百年을 유지했고 魏晉은 封諸侯를 없앴다가 오래가지 못했으니 封建의 法度는 遵行할 만하다는 것이다.

이에 魏徵(위징)·李百藥은 펄쩍 뛰었다. 魏徵은 五不可之說을 내세웠고 李百藥은 國祚의 長短과 封建과는 상관없다고 하나 하나 예를 들어 논박하였다.

太宗은 中間을 선택하여 諸王과 勳臣들을 代代로 刺史·都督을 하도록 즉 封國처럼 넓은 國土는 아니고 그렇다고 놀고 먹게 할 수는 없으니 刺史·都督을 安心하고 대물림하라고 妥協策을 내놓은 듯하다. 그러나 억센 臣下들인 長孫無忌와 房玄齡 等은 荊棘을 헤치고 陛下를 섬겨 天下가 이제 統一, 海內가 安寧한데 中央의 要地를 떠나 地方 고을살이를 대대로 하라니 귀양과 무엇이 다르냐고 强力히 抗議하였다. 이 刺史를 襲封하는 문제에 대하여는 左庶子인 于志寧·侍御史인 馬周 또한 上疏하여 不可하다 하였다. 이 代代로 刺史에 封한다는 말은 없었던 일로 되고 말았다. 그러다 代代로가 아닌 즉 牧民官으로 皇子들을 都督・刺史로 삼는 일은 廢하지 않았으니 褚遂良(저수량)이 다시 上疏하여 諫諍하였다.

高祖(李淵)과 太宗(李世民)은 血族에게 利를 주기 위해 天下를 私的으로 運營하려 했으나 이미 時代가 바뀌어 封建이란 實踐하기가 어려웠다. 그리하여 封王은 名目으로 存在하였고—즉 이름은 무슨 무슨王이라 덮어씌웠지만 그곳을 다스리는 것도 아니고 그곳에 居住하는 것도 아니었다.—內容上으로는 그 땅의 稅만을 그들에게 주었던 것이다. 이를 封戶制라 하는데 食邑千戶・八百戶・五百戶 等等이 그것이다. 나중에 차츰 增加하여 三千戶・五千戶까지 되었는데 結局 高額의 年俸을 받는 것일 뿐 周・漢처럼 廣大한 땅과 人民을 가지고 富饒한 經濟力에 軍事力까지 갖춘 것과는 逈異하였다.

玄宗(李隆基) 開元時代부터는 皇子들이 大闕안에 居住하였고 長成하여서는 大闕옆에 나란히 居하여 十王宅이라는 말도 생겨났다. 그들은 京城을 벗어나지 않았으며 王이라 이름 하였으나 그저 匹夫와 다름이 없었다 한다. 이 封建에 대한 임금들의 執着은 血肉인 皇族의 保存에 그 理由가 있었는데 時代가 變하여 施行이 不可함을 柳宗元도 〈封建論〉에서 指摘하였다. 즉 漢代에 郡國制를 施行한 바 叛國은 있어도 叛郡은 없었다는 것이다. 따라서 魏・晉以後에 諸侯를 즉 王을 봉하여도 郡의 크기를 넘지 않았다는 것, 만약 이를 넘으면 干戈를 免하기 어렵다는 것이니 어떻게 옛날이 封國을 본받겠느냐 하는 것이다.

간단히 정리하면 漢과 같은 封國은 吳楚七國의 亂에서 알 수 있듯이 皇帝에게 危險하나 그렇다고 皇族을 薄待하면 魏처럼 司馬氏같은 權臣에게 나라를 빼앗기고 晉처럼 皇族을 優待하여 中央의 政事에 參預, 實權을 주면 八王의 亂이 생긴다. 두루 참작하여 刺史나 都督처럼 벅고 살기에는 餘裕가 있으나 叛亂까지는 力不足인 자리를 世襲시키고 싶었으나 이도 어렵게 되니 結局 名目은 王이나 內容은 食邑 몇 戶인

봉급쟁이로 결정이 나고 만 것이다. 이 또한 세(勢)일 것이다. (이상은 呂思勉의 ≪隋唐五代史≫에서 추리고 우리의 의견을 넣은 것이다)

다시 汝陽王과 그 밖의 諸王들의 생활을 살펴보자. 住居는 皇宮附近에 몰려있었으니 皇帝가 血肉의 情을 도탑게 하고 사랑을 極盡하게 나누고자 한다지만 다른 角度에서 보면 이보다 더 監視하기 좋고 쉬운 일이 없을 것이다. 그야말로 옴치고 뛸 수도 없는 처지니 그저 풍악이나 울리고 술이나 먹고 살다 죽어주는 以外에 무슨 未來에 대한 計劃, 將來의 希望·抱負가 있을 턱이 없었으리라. 漢나라의 諸侯들을 보면 擧事의 밑바탕은 財力 즉 돈이었다. 唐나라의 諸王들이 도대체 무슨 수를 써서 돈을 마련한단 말인가. 그들의 收入·支出은 유리알 보듯 當局에서 알고 있을 터 異心·野心·黑心을 품을 겨를이나 틈이 있었겠는가. 그들은 金枝玉葉이라 불려 졌으나 고급 룸펜이나 다름없었다. 挾貴한다는 것도 무슨 權力 行使·利權介入·人事移動 내지 任免에 한몫해야 남들이 인정하고 알아주지 職業官僚集團은 그들을 敬而遠之했고 源泉的으로 政治·經濟·軍事 等 國事에 관한한 徹底히 排除되었고 封鎖당한 處地였다.

다른 境遇는 玄宗의 第16子인 永王 璘의 謀反이다. 때는 安祿山 史思明의 亂으로 天下가 板蕩(판탕)해졌을 때이다. 나라에서는 詔勅을 내려 永王을 山南東路·嶺南·黔中·江南西路 等 四道의 節度採訪使로 삼고 江陵郡大都督 等은 옛날대로 하라 하였다. ≪史記·淮陰侯列傳≫을 보면 "秦失其鹿, 天下共逐之. 於是高才疾足者, 先得焉. 秦이 그 사슴을 놓치니 天下가 모두 좇았다. 이에 재주가 뛰어나고 발 빠른 자가 먼저 얻었다"라 하였다. 天下가 安定되고 諸王들에게 實權이 없을 때가 아니고 莫强한 軍事力을 掌握하고 있을 때의 일이다. 永王이라고 逐鹿하지 말라는 법이 있겠는가. 成功하면 帝王이요 失敗하면 逆賊일 뿐이다. 그러나 本詩의 汝陽王은 時代가 다른 것이다. 얌전히 살아야 할 뿐이다.

結論的으로 말하면 ≪杜詩鏡銓≫, ≪讀杜心解≫가 취한 鄭繼之의 說, ≪杜詩詳注≫가 취한 王洙의 說, 參考로 引用한 盧元昌의 說은 모두 妥當하다고 하기에는 未洽하다.

우리의 해석을 記述하겠다. 표면적으로 한번 훑어볼 때에는 제7구의 聖情云云은 當然히 皇帝에 관한 것이고 제8구의 朝退云云은 勿論 汝陽王에 관한 것이다. 7·8구 모두를 皇帝에 관한 것이라고 본 것은 무리가 있다고 "若無憑"을 설명할 때 이미 論하였다. 그러나 깊이 파면 이 두 句는 省略法을 쓴 것이다. 간단히 들어보겠다.

제7구: 皇帝는 진심으로 언제나 汝陽王을 돌보아주셨고 사랑해주셨으며 物質的으로도 큰 恩澤을 주셨다. 무슨 父子之間처럼 舐犢之愛(지독지애)에는 못 미쳐도 君臣을 떠나 叔姪도 아주 친한 叔姪사이였다는 것이다. 그리고 다음 부분이 생략되었다고 볼 수 있다. 汝陽王 또한 皇帝를 嚴肅하고 딱딱한 君臣관계를 떠나 자식이 아버지 따르듯 ≪詩·大雅·靈臺≫에 "子來"라는 말이 나오는데 그처럼 진심에서 우러나와 자식같이 따랐다는 것이다.

제8구: 省略된 것은 황제의 心境이다. 汝陽王이 떠나고 난 뒤에 꼭 掌中寶玉을 잃은 듯 허전하고 섭섭한 것이다. 그만큼 깊이 아끼고 사랑했었다는 것이다. 그리고 汝陽王은 退闕하고 나면 마치 "어미 잃은 송아지", "喪家之狗 집 잃은 강아지"같이 의지할 데가 없이 아주 마음이 허전하기 짝이 없다는 뜻이다. 7·8 二句는 果敢하게 省略法을 쓴 것이 분명한데 정리하면 이렇게 된다. 7句: 皇帝의 은총 + 汝陽王의 忠誠. 8句: 皇帝의 아쉬움 + 汝陽王의 허전함.

詩에 있어서 重要한 點은 壓縮이다. 重言復言, 주절주절 읊어내는 것은 禁忌다. 너무 飛躍이 심하다고 贊成할 수 없고 支持하기도 어렵다고 말할 수 있다. 그런데 杜甫의 다른 作品을 보면 틀림없이 이러한

省略法을 쓴 것이 있다. 紹介하겠다.

〈自京赴奉先縣詠懷五百字〉의 "朱門酒肉臭, 路有凍死骨. 富貴한 朱門 안에서는 술·고기 썩는 내 나지만, 길에는 얼어 죽은 시체가 있구나"가 바로 證據다. 상말에 "따귀는 이가가 맞았는데 울기는 김가가 하고 술은 박가가 마셨는데 취하기는 장가로구나"하는 말이 있다. 그러면 杜詩도 이런 경우란 말인가. "먹을 것이 넘쳐나는데 추워서 얼어 죽었다". 이렇게 앞뒤 안 맞게 쓸 만큼 杜甫가 엉성하단 말인가. 內容은 간단하다. 省略法인 것이다. "朱門안에는 酒肉이 썩어나고 錦帛毛皮가 좀 먹어 삭아 가는데, 路上에는 굶어죽은 시체와 얼어 죽은 시신이 널려있구나"가 본래의 內容일 것이다. 만약 앞뒤가 論理에 맞게 쓰자면 이렇게 張皇, 즉 길고 번거롭게 되는 판이다. 누가 詩를 이렇게 쓴단 말인가. 杜甫같은 大詩人이 아니라도 이것쯤은 알고 있을 것이다. 그리고 單語를 보아도 "眷"은 윗사람이 아랫사람에게 그러니까 施惠者에게 써야 妥當한 말이듯이 "憑"은 아랫것들이 윗사람을 의지하고 기대는 것이지 어디 윗사람이 아랫것들에게 "憑"한단 말인가? 윗사람은 아랫것들을 信任·運用한다. 그리고 진정으로 皇帝가 若無憑하면 闕內에 常住시키면 일은 간단히 해결될 것이다. 郡王이 闕內에서 宿食하는 법이 없다고 따질 수도 있지만 皇帝의 뜻이면 무엇이 不可能한가. 며느리인 壽王妃도 데려다가 貴妃로 삼는 마당에. 詩人의 말에 이렇게 論理的 反駁이 合當하지 않은 줄은 알지만 실정이 그렇다는 것이다.

解說

聖上께서 항상 돌보아주시고 관심을 가지시며 優渥한 恩寵을 내리셨으며 (郡王도 친부모 모시듯 따르고 충성하셨으며), 朝廷에서 郡王이 물러나면 (聖上은 掌中寶玉 잃은 듯 섭섭해 하셨고) 郡王은 기댈 곳 의지할 곳 없어서 허전한 마음 달랠 길 없으셨음이라.

❖ 제9 · 10구: 仙醴來浮蟻, 奇毛或賜鷹.

註

▶仙醴: 醴는 본래 단술 즉 甘酒를 가리킨다. 술은 아니다. 술을 좋아하지 않는 穆生을 위하여 楚나라 元王이 잔치를 베풀 때마다 따로 醴를 차려주었다는 말이 있다.(≪漢書 · 楚元王傳≫). 그러나 이 句에서는 술의 代稱으로 보아야 한다. 앞의 〈飮中八仙歌〉에서 알 수 있듯이 汝陽王은 豪酒로 호가난 인물인데 무슨 가당찮은 단술인가? 더욱이 술꾼들이 제일 싫어하는 것이 단맛이다. 蘇東坡가 꿀을 넣어 술을 만들고 자랑했는데 다들 그저 웃고 말았다. 仙醴는 神仙들의 술, 나아가 神仙같은 분들이 사는 大闕안의 술이니 임금님이 내리는 술 즉 御酒를 가리킨다.

▶來浮蟻: 來字는 動詞뒤에 붙여 動作의 結果를 나타낸다. 第9 · 10句는 倒置로 "浮蟻來仙醴", "賜鷹或奇毛"로 보면 된다. 따라서 來字는 浮字와 연결된 것이다. 개미를 띄워 올렸다는 말이다.

▶浮蟻: 개미를 띄우다는 말이니 술이 괼 때 생기는 거품을 개미가 떠오르는 것으로 익살맞게 표현한 것 같다. 中國人들은 飮食에 개미라는 이름을 붙일 때 징그럽다는 생각을 안 하는 것 같다. 지금도 "螞蟻上樹"라는 이름의 당면에 곱게 다진 고기와 채소를 넣고 볶은 음식이 있다. 개미가 줄지어 나무에 오르는 것과 긴 당면가닥에 모래알 같이 다진 고기 붙은 것이 類似하여 그렇게 부르는지는 확실히 알 수 없지만 하여튼 술과 음식에 개미가 거리낌 없이 좋은 의미로 붙는다. 한편 汪中教授께서는 一種의 동동주 즉 걸러내지 않아 밥알이 동동 뜬 술로 볼 수도 있나고 하셨다. 本詩에서는 먹기 딱 좋게 괸 술이라고 보면 된다.

▶奇毛: 1) 陶淵明 〈讀山海經〉 十三首 其五: "翩翩三青鳥, 毛色奇可憐. 훨훨 나는 삼청조, 털빛이 세상에 둘도 없이 아름다워."

▷三青鳥: ① 神話에 나오는 西王母 身邊의 세 마리 파랑새. 머리는 붉고 눈은 검다고 한다. ≪山海經≫에 나온다. ② 三足烏 즉 발이 셋

인 새를 말하는데 太陽속의 三足烏와는 별개임. 이것이 西王母의 파랑새라는 것이다. ≪史記 · 司馬相如列傳≫의 張守節의 〈正義〉에 나온다. 西王母를 위하여 열심히 일하므로 후세에는 심부름꾼, 중매인의 뜻으로 쓰였다. 唐 · 李商隱의 〈無題詩〉중에 '蓬山此去無多路, 青鳥殷勤爲探看. 님 계신 蓬萊山같은 아름다운 곳은 여기에서 멀지도 않으니, 파랑새여 나를 위해 자주자주 자세히 살펴봐주오.'라 한 것이 그 例다.

▷奇: ① (qí): 珍奇함. 稀奇함. 아름다움. 妙함. 副詞일 때는 심히, 대단히의 뜻. ② (jī): 홀. 외짝. 偶, 耦(雙. 짝. 配匹)와 對가 됨. 세상에 둘도 없는, 天下無雙의 뜻으로 쓰임.

▷可憐: 사랑스럽다. 아름답다.

2) 杜甫〈見王監兵馬使說近山有白黑二鷹……〉二首, 其一: "雪飛玉立盡清秋, 不惜奇毛恣遠遊. 때로는 흰 눈이 날 듯, 때로는 白玉이 우뚝하듯 맑고 상쾌한 가을 내내……, 세상에 둘도 없는 진기한 털을 아끼지 않고 맘대로 슬카장 멀리멀리 날기도 한다네."

▷見說: ~라 듣다. 들은 바에 의하면.

▷雪. 玉: 흰 눈 · 흰 옥. 흰 매를 가리킴.

▷盡(jìn): 竭盡하다. 全部.

▷盡秋: 가을이 다하도록, 가을 내내.

▷奇毛: 稀奇한 털을 가진 매. 세상에 둘도 없는 털을 가진 매. 本詩 二首의 其一은 흰 매, 其二는 검은 매를 그린 것이니 이 奇毛는 흰 매의 털이다. 따라서 後世에는 '奇毛'로 흰 매를 나타내게 되었다.

1)에서는 青色. 2)에서는 白色인데 다 "奇"를 썼다. 含意는 青이나 白이라는 色에 있지 않고 俗世에서는 보기 어렵다는 즉 世上에는 둘도 없는 天下無雙이라는 아마도 仙界에나 存在할 것이라는 것에 主眼點을 둔 듯하다. 매 중에서 普遍的이랄까 흔해 빠졌다 할 것이 蒼鷹이다.

第一 珍奇하고 귀하게 치는 것이 白鷹이다. 淸나라 宮廷畫家인 郎世寧—이태리 사람 카스틸리오네의 中國式 이름—이 그린 〈白海靑〉(⇨海靑은 海東靑이다. 臺北·故宮博物院所藏)을 보면 그것이 앉아있는 豪華롭고 富麗한 裝飾이 있는 裝置·틀로 보아 皇宮안의 皇帝를 위한 매인데 腹部는 희고 背部와 날개는 흰 바탕에 연한 갈색무늬가 듬성듬성하나 아주 고르게 分布되어 있어 첫 印象이 아주 진기한 白鷹이구나 하는 것이었다. 비록 사냥솜씨가 蒼鷹이 낫다고 하여도 外樣을 考慮해야 하는 것이니 이는 皇帝의 威信에 관한 문제가 달려있음이다. 따라서 皇宮에서는 稀少하고 珍奇한 것에 重點을 두고 선택하였을 것이다. 따라서 皇帝가 寵愛하는 臣下이자 조카인 汝陽王에게 하사한 매였나년 또한 (或은 又, 즉 또한의 뜻으로 쓰인다) 흰색의 珍奇한 天下無雙의 매였다고 해석할 수 있겠다.

解說

지금 한창 개미를 띄워 올리는 막 괴고 있는 딱 먹기 좋은 술은 神仙들의 술이라 대궐 안 聖上께서 내려주신 술이요, 下賜하여 주신 매로 말하자면 그것 또한 世上에 둘도 없는 珍奇하고 稀少한 白鷹이라는 흰 매였음이라.

☛ 參考

郎世寧의 白海靑은 臺灣 光復書局에서 나온 《中華藝術叢書》 之二 《中國書畫》 全五冊의 第四 《翎毛畫》에 天然色으로 收錄되어있다.

❖ 제11·12구: 淸關塵不雜, 中使日相乘.

註

▸淸關: 淸門과 같다. 高貴한 門第이니 門에 雜賓이 없음을 말한다.(《漢語大詞典》) ⇨ 雜賓: 行爲가 端正하지 않은 賓客.

▶塵: 티. 먼지. 더러운 것.

▶雜: 뒤섞이다. 어지럽히다.

이 部分은 相當히 含蓄的 表現이라고 할 수 있다. 皇族・宗室・儀賓(駙馬와 같이 王族의 신분이 아니면서 王族과 通婚한 사람들) 등은 處身에 하나도 愼重, 둘도 愼重으로 빈틈이 없어야 했다. 흔히 사람들이 남과 교제할 때 불한당・오사리잡놈과 어울리면 대뜸 비꼬는 말이 "大逆을 圖謀하려나 원 참! 좀 가려가면서 사귀시지"한다. 바다는 淸濁을 가리지 않고 받아들여 그렇게 크다는데 帝王이 되려면 모를까 普通사람이 그래서야 되겠는가. 身分・血統上 權力과 至近한 距離에 있으면 더욱 더 주의할 일이다. ≪史記・孟嘗君列傳≫을 보면 자기의 食邑인 薛땅에 있을 때 諸侯들의 賓客과 犯罪하여 逃亡한 者 들을 招致하니 모두 孟嘗君에게 돌아갔다 한다.(在薛, 招致諸侯賓客及亡人有罪者, 皆歸孟嘗君.) 그가 秦昭王의 招聘을 받고 秦에 갔다가 갇혀 죽게 되었을 때 王의 姬妾에게 백호구(白狐裘, 여우의 겨드랑이 털만을 모아 만들었다는 아주 귀한 옷)를 狗盜者(개 흉내를 내며 물건을 훔치는 도둑)가 빼내어 바치고 풀려났으며 函谷關에 이르렀을 때 鷄鳴者(닭의 울음소리를 잘 흉내 내는 자)의 도움으로 無事히 脫出할 수 있었다. 처음에 이 두 사람을 賓客과 同列에 두었을 때 賓客들이 모두 恥辱으로 여겼으나 孟嘗君이 秦에서 患難을 당할 때 결국 이 두 사람이 救出해낸 것이다. 이로부터 賓客들은 모두 孟嘗君의 뛰어난 鑑識과 用人에 敬服하였다.(始孟嘗君列此二人於賓客, 賓客盡羞之, 及孟嘗君有秦難, 卒此二人拔之, 自是之後, 客皆服.) 太史公도 말하기를 薛땅을 가보니 子弟(젊은 녀석들)가 亂暴하고 사나워 까닭을 물으니 孟嘗君이 天下의 俠客을 招致할 때 姦人(惡黨, 詐欺꾼) 또한 덩달아 온 것이 六萬家口가 넘었다는 것이다.(孟嘗君招致天下任俠, 姦人入薛中蓋六萬餘家矣.) 잡놈이 많아야 뛰어난 자가 끼어있으니 피라미 많아야 붕어 있게 마련인 것과 같다 하겠다. ≪史記·魏公子列傳≫을 보면 魏昭王의 아들이고 安釐王(안희왕)의 異母弟인 信陵君도 겸손하였고 선비들이면 賢하던 不肖하던 가리지 않고 禮로 交際하여 三千名의 食客을 두었다 한다. 信陵君이 王과 바둑둘 때 北方의 邊境에서 烽燧로 急함을 傳하니 "趙나라 侵略軍隊가 이르러 장차 國境을 犯하려 한다"는 것이다. 王이 바둑을 치우고 大臣을 불러 의논하려 하니 信陵君이 만류하며 "趙王이 사냥함이요 侵犯함이 아닙니다"하고 계속 바둑을 두었다. 결국 信陵君의 말이 옳았는데 그의 部下가 趙王의 隱密한 일을 探知, 趙王의 하는 일은 모두 報告하여 알 수 있었다는 것이다. 魏王은 두려워 國政을 맡길 수 없었다 한다. 孟嘗君·信陵君 모두 王을 凌駕하는 情報網·組織 그리고 말많은 知識層의 支持를 받았으니 양쪽의 衝突·알력(軋轢)은 피할 수 없었고 放逐과 復歸가 되풀이되고 神經戰이 繼續되었다. 그나마 當時는 實力爲主의 時代요 下剋上의 風潮가 極盛하던 時代라 그 程度로 끝난 것이다. 後世에 이르러 帝王의 權力이 莫强할 때 敢히 누가 俠客이나 鷄鳴·狗盜者 따위를 招致하고 養成할 수 있겠는가. 김우하나 明哲保身이있나.

第11句의 塵은 結局 不平이 滿滿하여 事故를 칠만한 者, 目眥(목자)가 사나워 일을 터뜨릴 놈, 腕力이 세고 武術깨나 지녀 한판 벌일 녀석 따위를 가리킨다. 따라서 淸門도 高貴한 家門의 뜻보다는 淸心寡慾·淸淨無垢 等으로 完全武裝(?)한 집안이라는 뜻, 불측(不測)하거나 엉큼한 陰謀와는 距離가 千里萬里 떨어진 家門이라고 보아야 할 것이다. 한마디로 透明하고 隱匿이 없는 유리로 만든 집이라고 하면 되겠고 겸하여 王 自身도 창자고 뼈고 훤히 보이는 뱅어 같이 疑惑될 것이 하나도 없다고 하면 좀 과한 말이 되나.

☛ **參考**

宋 荊國公 王安石은 詩文에 能할 뿐 아니라 神宗임금 때에는 宰相으로 拔擢되어 改革을 主導해 新法黨의 領袖가 되니 政治家로도 名聲을 날렸다. 詩文에 共通的으로 나타나는 그의 特長을 한 마디로 要約하면 意表를 찌르는 嶄新함이라 하겠으며 그것이 또한 至極히 簡略하게 表現되어 아주 印象的이다. 이 양반이 孟氏의 列傳을 보고 나니 기분이 영 아니올씨다였던 것이다. 그래서 그 性質대로 百字도 안되나 意思表示는 백퍼센트인 글 한편을 써냈다. 즉 〈讀孟嘗君傳〉인데 內容인 즉 세상은 孟嘗君이 能히 得士(선비들의 마음을 얻음)하여 선비들이 그에게 모여들었고 결국 그 힘을 의지해 虎豹같은 秦에서 脫出한 것을 칭찬하는 모양이나 어허! 그는 다만 鷄鳴狗盜하는 녀석들의 두목일 뿐이다(特鷄鳴狗盜之雄耳) 하여 사람들을 놀라게 하고 다시 한 번 생각해보게 하였다. 그리고 이어서 齊나라의 富强함에다 진정한 國士 한 사람을 얻어 秦을 制壓하여야지 않겠느냐고 호통을 쳤다. 결국 鷄鳴狗盜 따위가 그 門에서 나왔으니 이것이 바로 國士가 오지 않는 이유가 되겠다(夫鷄鳴狗盜之出其門, 此士之所以不至也)고 딱 잘라 끝막음했다. 千年을 두고 멋지고 그럴싸하다고 無知한 民衆의 口碑뿐 아니고 識者의 筆端에서 稱揚되던 일이 이렇게 角度를 달리하여 보니 완전히 개떡이요 오롯한 꽷묵으로 化하고 말았다.

이 後로 王荊公의 意見이 正論이나 定論은 아니라도 達見인 듯 행세하게 되었다. 그러나 다른 견해도 있으니 王荊公의 말씀이야말로 우리식으로 말하면 卓上空論이요 中國式으로 말하면 紙上談兵이라 어떻게 現實的으로 可能한 일이겠느냐 하는 것이 그 要旨였다. 一國을 經營하는 큰 선비는 여러 種類의 人才를 活用, 適材適所에 配置하는 것이 第一가는 主要 任務다. 山林의 處士처럼 潔白하기가 까치 뱃바닥 같은 인물이 필요한 곳도 있고 시궁창 쥐처럼 汚濁한 녀석도 쓰일 곳이 있는 법이다. 꼭 白雪같고 白鷺같은 人士들만 모여서 治國하자는 것은 現實을 몰라도 한창 모르는 말씀이라는 것이다. 王荊公 當時의 宋은 北에 遼, 西에 西夏라는 강한 遊牧民의 나라에 屈辱的으로 屈服, 我田引水格으로 辯明하면 和親하여 어마어마한 銀·비단·茶를 歲幣(세폐)라 하여 해마다 바치고 겨우 國家를 維持하고 있었다. 新法이니 改革이니 하는 것은 이 難局을 打開하기 위한 政策이었는데 그 領袖가 이런 思考를 가졌다면 對外政策도 陰險・巧詐는 考慮하지 않았을 것같다. 自古로 “兵不厭詐. 싸움에서는 속이는 것을 마다하지 않는다”를 다들 首肯하며 “宋襄之仁. 春秋時代 宋의 襄公이 楚와의 戰鬪에서 仁義精神으로 對敵하다 大敗한 것에서 나온 말. 때와 장소를 가리지 않고 아량을 베풀고 어질기만 한 것을 비웃는 말이다”를 크게 비웃었는데 一國의 宰相이 너무 淸白・方正한 人士에 執着한 듯하다. 조금 빗나가지만 우리나라의 著名한 서화골동(書畵骨董) 수집가(蒐集家)로 貴重한 文化財가 國外로 빠져나가는 것을 막아 큰 功을 세운 분의 이야기를 하겠다. 그 분은 가져오는 물건에 비록 위작(僞作)・모작(模作)・안품(贋品)이 섞여있어도 다 구입해주었다 한다. 집안 裝飾으로 몇 점 장만하는 사람이야 좋은 것 몇을 신경 써 골라내겠지만 大規模로 수집할 때 그렇게 하면 모여들지를 않는다는 것이다. 眞假를 뻔히 알면서도 不問에 부칠 때 비로소 天下의 佳作・秀作・傑作이 제발로 엉금엉금 기어들어 온다는 것이다. ≪戰國策≫에 나오듯 千里馬를 千金으로 사려할 때 우선 五百金으로 죽은 千里馬 뼈를 사오면 그 해 안에 몇 마리나 되는 千里馬가 제발로 걸어오게 되는 것이 世上理致렸다.

▶中使: 宮中에서 내보내는 使者. 대부분 宦官을 가리킨다.

▶相乘: 相繼. 서로 이어지다. 이럴 때 흔히 “相望於道. 길에서 서로 바라본다. 連接하여 끊임이 없다)라고 한다. 본래는 乘(chéng): 수레・말을 몰다. 수레・말에 앉다. (登・升). 오르다. (shèng): 수레. 말이라는 뜻이었으나 相乘은 하나의 어휘다. 皇帝가 끊임없이 王의 安否를 묻고 여러가지 物品을 下賜하시며 或 病이라도 생기면 御醫를 보내고 藥材를 내려주며 有故時에는 東園의 秘器까지 내리실 정도로 日常生活 하나하나를 잘 챙겨주신다는 것인데, 삐딱하게 받아들이면 끊임없이 日常瑣事에 干涉・參預 萬事에 감 놔라 배 놔라기 되겠고 더욱 惡辣하게 해석

하면 中使 하나하나가 移動式 CCTV가 아니고 무엇이겠는가. 그들의 耳目이 얼마나 소름끼치며 말하자면 천장에 뱀 든 듯 얼마나 찜찜했을까. 勿論 杜先生은 그렇게까지는 생각 안하셨겠지만.

解說

깨끗하게 쓸고 닦는 문. 淸心寡慾·淸淨無垢한 마음의 문에는, 티와 먼지, 端正하지 않거나 不良한 人物이 와서 섞이고 어지럽히는 일 없으며, 대궐 안 至尊의 恩顧·聖上의 恩賜를 전해주는 內侍들만이 날로 줄지어 끝없이 오고 갈 뿐이어라.

❖ 제13·14구: 晩節嬉遊簡, 平居孝義稱.

註

▸晩節: 晩年. 나이가 들어 늙어가는 시기.

▸嬉遊: 遊樂. 놀며 즐기다. 즐겁게 놀다. 嬉: 즐기다. 놀다.

▸簡: ① 간략하게 줄이다. 簡單하게 하다. ② 포기하다. 버리다. 제거하다. 골라내다.

➥ 第13句의 내용을 보면 젊은 날에는 상당히 잘 놀고 즐긴 것이 분명하다. 늘그막에 遊戲·歡樂을 아예 抛棄하였는지 바짝 줄였는지는 文字上 模糊하고 不分明하지만 前提가 되는 젊은 날의 遊戲는 상당한 水準이라는 것을 뚜렷히 알 수 있다. 앞에서 言及한 夙德·服禮·推思, 그리고 장차 出現할 孝義·醇儒·哲匠·精理·忘形 따위는 이른바 捕風捉影, 바람 잡고 그림자 붙드는 것이라 하겠고 所謂 耳懸鈴·鼻懸鈴, 귀에 걸면 귀걸인 코에 걸면 코걸이니 우리가 확실히 알 수 있는 것은 젊은 날의 환락생활에서 이제는 거울 앞에 차분한 마음으로 돌아 올 수 있었다는 것이다.

사람은 놀기 싫어도 어쩔 수 없이 놀아야 하는 수도 있다. 남들의 기분을 고려할 때도 있고 接待 때문에 그러할 수도 있다. 그러나 참으로 슬프고 무서운 일이지만 목숨을 부지하기 위하여 천연덕스럽게 놀아야 하는 불쌍한 인간들도 있는 것이다. 例를 들겠다.

1) 三國時代 蜀이 망하고 後主 劉禪은 安樂公에 封해졌다. 晉王(司馬昭)이 그를 위해 잔치를 베풀고 蜀의 음악을 연주시켰다. 곁의 사람들은 모두가 감창(感愴), 가슴에 사무쳐 슬퍼했으나 정작 亡國의 主役이었던 劉禪은 신나게 웃고 거리낌 없으며 태연하였다(劉禪自若)한다. 晉王이 賈充에게 "사람의 감정 없고 실없음이 이 정도에 이르다니……설사 諸葛亮이 살았어도 길게 온전히 가도록 輔佐할 수 없을 터인데, 아물며 姜維로서야! 人之無情, 乃至於此; 雖使諸葛亮在, 不能輔之久全, 況姜維邪." (≪資治通鑑≫, 〈魏紀十・元帝咸熙元年〉에서 뽑다)

그리나 正史인 ≪三國志≫에는 이 대목이 없으며 注에서 引用한 ≪漢晉春秋≫에 실려 있었다. 宋代에 ≪資治通鑑≫을 撰할 때 이 대목을 正文에 넣었는데 史官과 文人의 생각은 전혀 딴판이다. 歷代 文人들은 만약에 이것이 사실이면 살아남기 위한 後主 劉禪의 연극이 참으로 哀然하고 凄切하다 하였지 그대로 받아들이지 않았다. 우리가 볼 때에도 智謀・計略이 到底하고 人間事・世上事의 物情・實情을 꿰뚫는 司馬昭・賈充이 이것을 後主 劉禪의 眞面目으로 여겼다고 생각되지는 않는다. 史料의 取捨에 故障이 있는 듯하다. 아무래도 司馬昭와 賈充사이의 말은 ≪漢晉春秋≫에서 造作한 듯하다.

2) 南北朝時代가 끝났을 때 즉 隋가 陳을 滅亡시키고 天下가 統一되었을 때의 일이다. 隋 文帝는 陳의 임금이었던 陳叔寶를 아주 優待했다 자주 불러보고 잔치마다 참예시켰으며 傷心할까봐 남쪽의 음악은 연주하지 않았다. 後에 監守하는 사람이 上奏하였다. 간단히 말해서 陳叔寶가 벼슬 한자리 달라는 것이었다. 文帝가 "전혀 心肝이 없는 사람이군." 하였다. 監守者가 또 아뢰길 "항상 취해있고 맑은 정신일 때가 없다"하니 文帝가 "얼마나 마시는가" 물었다. 대답하길 "그 子弟들과 하루에 한 섬(一石)을 마신다" 하였다. 文帝가 大驚하여 節酒(술 마시는 양을 알맞게 줄임)하도록 하였으나 조금 있다 다시 또 말하길 "마음대로 하게 두

어라. 그렇지 않으면 어떻게 消日하겠는가. 任其性, 不爾, 何以消日."라 하였다. 不知不識間에 仁의 端인 惻隱之心이 發動하여 孟子의 性善說이 勝戰鼓를 울리려는 순간 利害打算이 발 빠르게 高地를 占領하고 말았다. 그렇게 하여 胡三省의 注에서 "嗚呼라, 이것이 陳叔寶가 天壽를 누려 枕席에서 죽을 수 있었던 까닭이니라. 嗚呼. 此陳叔寶所以得死於枕席也"라고 꼭 찍어 말하게 된 것이다.

우리가 보기에 陳先生이 벼슬 한자리 달라고 한 것은 그야말로 미친 척, 실성한 듯 보이려 일종의 도회(韜晦)를 한 듯하나 文帝가 "全無心肝"이라 한 것은 아닌 듯하다. 결코 속아 넘어갈 리가 없었다고 본다. (≪資治通鑑≫, 〈隋紀一・文帝開皇九年〉에서 뽑다)

위의 경우와는 反對로 自己의 所懷・心思를 겁없이 作品에 表現한 사람도 있다. 宋에 亡한 南唐의 後主 李煜이 그다.

〈破陣子〉詞

……一旦歸爲臣虜, 沈腰潘鬢銷磨. 最是倉皇辭廟日, 教坊猶奏別離歌, 揮淚對宮娥.

……帝王의 몸에서 하루아침에 남의 臣下 포로가 되고 마니, 병든 沈約의 가늘어진 허리 서른에 희게 된 潘岳의 머리칼 나도 그들 따라 시들고 삭아 없어지리. 첫째가는 것을 꼽으라면 창황히 宗廟에 하직을 고하는데, 교방에서는 오히려 이별가를 연주하였고, 나는 눈물뿌리며 宮女들을 대할 때였겠지.

〈望江南〉詞

多少恨, 昨夜夢魂中, 還似舊時遊上苑, 車如流水馬如龍, 花月正春風……

얼마나 많은 한인가! 어젯밤 꿈속에서도 여전히 꼭 옛날 上苑・나라동산에 노닐 때와 같았지. 수레는 流水같이 끝없이 이어졌고 말은 龍 처럼 기운찬데, 꽃피고 달뜨고 한창 봄바람 불었지.……

〈子夜歌〉詞

人生愁恨何能免? 銷魂獨我情何限. 故國夢重歸, 覺來雙淚垂.……

인생의 시름과 恨을 어떻게 면할까? 시름・한 때문에 넋이 나가고말고! 그래도 여전히 나의 시름하고 한하는 정이야 어찌 끝나리. 故國을 꿈에서야 다시 돌아갔는데, 깨어나니 두 줄기 눈물만 흐르네.

▷獨: 그래도. 여전히.

▷覺(교): 잠깨다.

〈相見歡〉詞

……剪不斷, 理還亂, 是離愁, 別是一般滋味在心頭.

잘라도 끊어지지 않고, 다스려도 다시 어지러워지는 것은, 이별의 설움이니. 따로 이렇게 혀가 아닌 마음으로 느끼는 맛이 있다네. ➩ 맛은 舌頭에 있어 舌頭가 느끼나 離愁는 心頭에 있어 心頭가 느낀다는 뜻.

▷別是: 따로. 별로.

▷一般: 이러한.

〈浪淘紗〉詞

……夢裏不知身是客, 一餉貪歡. 獨自莫憑欄, 無限江山, 別時容易見時難. 流水, 落花, 春去也, 天上. 人間.

……꿈속에서는 스스로가 나그네 신세인 줄 모르고, 잠시 환락을 탐했었지. 딱 하나 난간에는 기대지 말 것이니……, 저 남쪽 끝없는 江山・故國은 이별할 때는 쉽더니 다시 볼 날은 기약하기 어려워. 흐르는 물, 지는 꽃 봄은 갔으니, 天上의 날들은 가고 더러운 인간 세상의 날이로구나.

▷一餉: 一晌. 잠시. 잠깐 동안.

▷獨自: ① 혼자. ② 유독. 단지.

〈虞美人〉詞

……故國不堪回首月明中 雕欄玉砌應猶在, 只是朱顔改.

問君能有幾多愁, 恰似一江春水向東流.

……故國은 달 밝을 때 도저히 돌이켜 생각할 수 없고말고 아로새긴 난간 白玉의 섬돌 분명히 아직도 있으리. 다만 靑春의 紅顔만 바뀌었지. 그대 얼마만큼의 시름이 있느냐고 묻는다면, 흡사 한 줄기 강, 봄에 늘어난 물이 동쪽 바다로 흘러가는 것 같다 답하리.

亡國의 임금이 포로가 되어 끌려왔으면 조신하게 있어도 목숨이 간당간당 붙어있는 판인데 이렇게 똘똘한 머리에 또렷또렷한 정신으로 또랑또랑 두 눈뜨고 分明한 怨과 역력(歷歷)한 恨을 또박또박 써내려갔으니 그야말로 사잣밥 싸가지고 다니는 격이요 칠성판 지고 다니는 셈이라. 결국 3년을 못 넘기고 毒殺되었다고 한다.

汝陽王의 境遇는 勿論 亡國의 君主와 다르다. 그러나 處身하기가 어려움은 비슷하다. 아무리 皇帝가 寬大하고 叔姪之間으로 仁慈하여도 아차 失手하여 逆鱗을 건드리면 그것으로 끝이다. 政事에 관한 말·時局에 관한 말·軍國大事는 말할 것 없고 市井의 떠도는 流言蜚語도 잘못 言及하여 임금의 비위를 건드리면 危險하다. 너무 공부 잘하거나 총명하거나 어질다고 소문나고 칭찬받아도 危殆롭다. 그저 그만저만하게 하고 어영부영 시간 보내고 이럭저럭 사는 것이 上之上策이다.

汝陽王은 사사로이 따지면 집안의 長孫이다. 長子 讓皇帝의 長子이니까 말이다. 찜찜할 것까지는 없다 해도 좀 껄끄럽거나 거북한 구석도 있기는 하다. 朝鮮王朝에도 아주 비슷한 例가 둘이 있다. 成宗임금의 兄 月山大君과 睿宗임금의 외아들 齊安大君이 아주 恰似하다. 꼭 王位를 물려받을 수 있는데 놓친 것 같은 느낌이 남들에게도 있으니 當事者들의 處身이 참으로 어려웠을 것이다. 그러면 어떻게 處身하는 것이 좋으냐. 歌舞音曲을 즐기고 飮酒하면 되는 것이다. 약간 高級으로 놀자면 吟風弄月의 詩詞를 조금 하는 것이 제격이다. 社會參與詩는 절대 안된다. 사람들에게 더 의심을 살 것 없으면 굳이 飮酒歌舞에 빠지지 않아도 될 것이고 또 事實 늙어서 기력 없을 때 그것은 苦役에 속하기는 하니 그저 푹 쉬며 한가히 보내면 될 것이다. 그래서 第14句가 나오는 것이다.

▸平居: 平素. 平日.

▸孝義: 孝를 행하고 義 를 重視하다.

▸稱: ① 칭찬하다. 찬양하다. ② 이름나다. 소문나다. ③ 명성. 명예. ⇨ 孝는 第15句와 연결되고 義는 第16句와 연결된다.

解說 晩年에 들어서는 놀고 즐기시는 일은 다 버리셨으니 그저 平素에 孝를 행하고 義를 重視하신다는 이름이 크게 나셨음이라.

❖ 제15 · 16구: 自多親棣蕚, 誰敢問山陵?

註

▸自: "마땅히 楊樹達의 說을 따라야 하니 雖字와 같다. ≪詞詮≫에 나온다." (成善楷의 ≪杜詩箋記≫)

▸多: 稱讚하다. 重視하다.

▸親棣蕚: ≪詩 · 小雅 · 常棣≫는 이미 여러 번 나왔다 (常은 당으로 읽으니 棠과 같다.) 즉 內容은 "아가위 꽃은 꽃받침이 있어 더욱 화사하니 지금 사람들 중에 형제만한 이가 없다"는 것이다. 따라서 親棣蕚은 棣의 華와 蕚 즉 언니와 아우를 親近하게 대한다는 것이다. 즉 玄宗의 友愛를 말한다. 전체를 보면 "汝陽王이 비록 皇帝의 형제를 친근히 하는 至極한 友愛에 감동, 上의 御意를 重視하고 讚揚하지만"이 되겠다.

▸誰敢: 何敢. 어찌 감히.

▸問: 成善楷의 ≪杜詩箋記≫에 의하면 問과 聞은 옛날에는 相通하였다 한다. ≪禮記 · 檀弓≫의 "問喪于夫子乎"의 問은 聞. ≪莊子 · 庚桑楚≫의 "因失吾問"의 問은 聞字로 되어 있는 곳이 있고, ≪詩 · 小雅 · 車攻≫의 "有聞無聲"의 聞은 本來 問으로 되어 있었고, ≪詩 · 大雅 · 卷阿≫의 "令聞令望"의 聞도 本來 問으로 되어 있었다는 것이다. 이 모든 것이 問 · 聞 두字가 옛날에 相通하였다는 例證인 것이라고 하였다. 成氏의 見解를 따르면 이 句의 해석은 아주 順通하기 짝이 없다. 聞은 接受하다는 뜻으로 쓰이니 聞命 · 聞令이 그 例이다. 汝陽王의 父親인 寧王의 死後 玄宗은 親兄인 寧王에게 讓皇帝의 謚號를 墓에는 惠陵이라는 陵號를 내렸다. 이 句의 山陵은 이것을 가리키니 帝王과 皇后에게만 쓰는 말이다. 이때가 참으로 난감한 때라고

하겠다. 준다고 감사하다며 덥석 받아들이면 주는 사람은 조금 얄밉다는 생각이 들고 건방지다는 생각도 들 수가 있다. 죽은 다음에 皇帝라는 諡號가 死者에게 무슨 利益이 되겠는가. 率直히 까놓고 말하면 玄宗의 友愛誇示 以外에 實益은 없는 空虛한 노릇일 뿐이다. 勿論 虛名을 追求하는 者들은 銘旌거리 장만하려고 감투욕심 부리니 그것도 榮光이라면 할 말은 없지만. 단 生者들에게는 목숨이 왔다 갔다 하는 판에 虛名이 무슨 要緊한 일이겠는가. 그래서 義라는 名分에 어긋난다며 辭讓하는 것이 다음에 나오는 순서다. 그러니 두 손뿐만 아니라 두 발까지 저어가며 御命을 따르지 못하겠다고 즉 "聞", "接受"못하겠다고 懇切하다 못해 哀切하고 凄切하게 拒否의 뜻을 上奏하였을 것이다. 이렇게 해야만 定해진 手順에 따라 皇上의 不許한다는 制가 내렸을 것이고, 危險한 고비는 넘긴 셈이 된다.

兄弟가 友愛있게 지냄은 父母에게 큰 孝를 行함이라 皇帝의 友愛를 본받아 汝陽王도 十兄弟가 다 友愛있게 지내 父母에게 孝를 行하였다 한다. 이 부분에 대해 우리는 고개를 갸우뚱하게 된다. 兄弟는 他人의 始發點이라는 말이 있는데 우리의 경험이 꼭 맞는다고 할 수야 없겠지만 셋 이상 형제지간에 다 잘 지내는 경우를 본적이 없는 것이다. 十兄弟에 대한 이야기는 그냥 한 번 하는 말이라고 보면 대충 맞는 것이리라.

解說

비록 皇帝陛下의 아가위의 꽃과 꽃받침처럼 언니와 아우가 서로 돕고 親近하며 友愛있게 살아야 한다는 御意를 크게 重視·讚揚하였어도, 어찌 감히 儼然한 臣子의 몸이었던 寧王에게 사사로운 兄弟의 情으로 讓皇帝와 惠陵이라는 恩典내리심을 받아들일 수 있었으리오. ―孝를 따름과 義를 지킴은 다 重要한데 汝陽王은 이 두 가지를 잘 지켰다는 뜻이다.

❖ 제17 · 18구: 學業醇儒富, 詞華哲匠能.

註

▸學業: 學問.

▸醇儒: 不純함과 雜됨을 다 떨어버리고 精粹한 學識을 지닌 儒者.

▸詞華: 文采(① 文學的 才能. ② 글이 화려하고 아름다움.)가 있는 것. 詩 · 文 · 言語의 수식이 華麗함.

▸哲匠: 才藝가 극히 뛰어난 文人 · 畵家를 가리킴.

解說

學識은 精粹한 儒者의 豊富하게 갖춘 實力과 같으시고 詩文이 뛰어난 修飾은 天才文人의 才能과도 비슷하심이라. 쉽게 풀면 基本的으로는 儒家의 嚴肅 · 端正함을 갖추었으나 그러면 너무 딱딱하고 人間味가 없기 쉬운데 보태서 文人 · 才士의 뛰어난 글솜씨도 갖추어 文質彬彬하고 약간 벗어난 말이 될지도 모르나 外柔內剛하기도 하다는 뜻이리라. 朝鮮時代로 말하자면 道學派와 詞章派의 長點을 兼備하였다고나 할까.

❖ 제19 · 20구: 筆飛鸞聳立, 章罷鳳騫騰.

註

▸筆飛: 筆勢飛擧.

▸筆勢: 書 · 畵 · 文章의 意態와 氣勢. 간단히 말해 붓을 놀리는데 빠르고 힘차서 날아오르는 듯하다는 뜻이다. ☞ 鸞鳳書: 傳說中의 一種字體를 말함이니 唐 · 韋續의 ≪墨藪 · 五十六種書≫에 "少昊金天氏作鸞鳳書"라 하였다.

▸聳立(용립): 우뚝 솟다. 높이 솟다.

▸章罷: 章은 詩歌의 段落. 罷는 끝나다. 完成하다.

▸騫騰(헌등): 높이 날다. ≪杜詩詳注≫와 ≪杜詩鏡銓≫에서 引用한 注를 보면 吳質의 〈答太子牋〉 "摛藻下筆, 龍鸞之文奮矣. 辭藻를 鋪陳하

고 붓을 놀림에 龍과 鸞의 文采가 일어난다."

▷摛(치, 리): 펼치다.

▷摛藻: 辭藻를 鋪陳함. 즉 修飾이 화려하고 文采가 아름다운 글을 짓는다는 뜻.

張懷瓘(장회관) 〈書錄〉 "許圉師見太宗書曰: '鳳翥鸞廻, 實古今書聖.' 許圉師(허어사)가 太宗의 글씨를 보고 말하였다. '봉이 날아오르고 난새가 도는듯하니 진실로 古今의 書聖이시도다'"의 둘이 있다. 그런데 第19句가 吳質을 引用하고 第20句가 張懷瓘을 引用한 것은 거꾸로 된 것 같다. 吳質의 글은 文辭의 美를 말함이니 제20구와 어울리고 張懷瓘의 글은 筆跡의 美를 말함이니 제19구와 어울리는 것이다. 글자는 몇 자 안 돼도 字體의 美, 筆跡의 美를 가름할 수 있으나 詩文은 한 段落이 끝나야 好不好를 따질 수 있는 것이다.

解說

붓을 놀리심에 빠르고 힘차게 날아오르듯 하시니 글자가 꼭 난(鸞)새가 우뚝 솟은 듯 하고 詩文의 한 段落이 完成됨에 봉황새가 높이 날아가듯 하심이라.

☛ 參考

普通 科擧及第라 함은 禮部에서 施行하는 考試에 合格한 것을 말하는데 여기에서 及第하였다고 곧 벼슬아치 즉 官吏가 되는 것은 아니다. 이들은 官吏가 되는 資格을 갖추었을 뿐으로 "出身"이라고 불리었지 벼슬아치는 아니었다. 반드시 吏部에서 施行하는 考試 — 이것을 關試라고 하였다 — 를 通過하여야만 하였다. 이때 考試科目이 身·言·書·判이니 ≪唐書·選擧志≫에 따르면 身은 體貌豊偉, 言은 言辭辯正, 書는 楷法遒美(해법주미), 判은 文理優長을 말한다. 禮部試는 經書, 策文, 詩歌 等으로 比較的 客觀的 評價가 可能하겠고 吏部試는 약간 主觀的 採點에 빠질 可能性이 높다

고 하겠다. 韓退之도 吏部試에 세 번이나 떨어져 進士及第하고도 十年을 布衣로 지냈으며 容貌가 醜陋하다고 二十餘年을 虛送歲月한 人士도 있었다 한다. 하여튼 關試에 書가 必須이니 知識層이 여기에 注力하였을 것이고 남을 稱讚할 때 書가 그 對象이 되는 것도 當然한 結果일 것이다. 唐代 詩人 中에 身은 杜牧之가 第一로 꼽혔고, 書는 李白, 杜牧之, 李商隱이 차지했다.

❖ 제21 · 22구: 精理通談笑, 忘形向友朋.

註

▸精理: 精微(精深微妙)한 義理(內容과 理致).

▸通: 串通. 疏通. 連通. 連接. 透徹.

▸談笑: 웃고 이야기함. 平和롭고 日常的 平常的인 生活을 말한다. 제21구는 쉽게 풀면 汝陽王은 自身이 터득(攄得)한 理致, 體驗한 人生살이의 精妙함을 衒學的이거나 高踏的인 理論으로 남들을 壓倒하는 것이 아니고 웃고 이야기하는 日常生活속에 自然스럽게 녹여서 生活化하고 있다는 뜻이다.

▸忘形: 朋友가 서로 함께 지낼 때 形迹(外的인 條件 · 身分 · 禮法 · 規矩를 말함)에 구애받지 않음을 말한다.

➡ 忘形交: 함께 지낼 때 形跡에 拘碍받지 않는 知心의 朋友. ≪新唐書 · 孟郊傳≫: "(孟郊)性介, 少諧合, (韓)愈一見爲忘形交. (맹교)의 性品이 孤高剛直하여 남과 어울리지 못했으니, (한)유가 한번 보더니 忘形交가 되었다."

➡ ≪杜詩詳注≫에서 引用한 ≪莊子≫의 文章은 〈讓王〉에 나오는 "故養志者忘形, 養形者忘利, 致道者忘心矣. 그래서 뜻을 기르는 사람 肉身을 잊고 肉身을 잘 기르는 사람 이익을 잊고 道에 이르는 者는 心機을 잊는다"로 本句와는 관계없는 것이다. 莊子의 忘形은 超然物外하여 自己의 肉身을 잊는다는 뜻이기 때문이다.

解說

터득(攄得)한 理致, 體驗한 實情 모든 것이 談笑하는 日常에 貫通하고 있으며 生活化되어 있으시니 즉 理論과 實際가 乖離되지 않고 合一된 境地에 이르셨으며 한 편으로는 外的인 身分・條件에 拘碍받음 없이 朋友에게 向하심이라.

☛ 參考

① 至人・達人・聖人에게 道는 卑近한 곳에서도 찾을 수 있으며 어떠한 곳에도 있게 마련이니 즉 孤高・嚴肅・淨潔함에 執着하지 않는 법이다. 따라서 談笑의 쇄세(瑣細)한 日常에 精理가 貫通한다는 것은 대단한 칭찬인 것이다. ≪莊子・知北遊≫를 보면 東郭子가 莊子에게 道라는 至極하고 偉大한 것이 어느 곳에 있는가 물었다. 答하길 "無所不在. 存在하지 않는 곳이 없다." 東郭子가 "期而後可. 꼭 집어 限界를 정해야 좋을 텐데."하니 莊子가 "在螞蟻. 개미에 있다. 知는 있으나 極히 微弱한 것에도 있다는 뜻." 하였다. 東郭子가 "何其下邪? 어찌 그렇게 시시한가?"하자 왈: "在稊稗(제패). 피에 있다. 知는 없으나 生命은 있는 것에도 있다"하니, 曰: "何其愈下邪? 왜 더 시시해 지는가?"하자, 曰: "在瓦甓. 기왓장, 벽돌에 있다.(생명은 없으나 形體있는 곳에 있다는 뜻)"라 하였다. 曰: "何其愈甚邪? 왜 점점 더 심해지는가?"하니, 曰: "在屎溺. 똥・오줌에 있다.(形體는 있으나 극히 더러운 곳에도 있다)"하였다.

② 日常을 떠나지 않는 것이 훨씬 水準높고 至極한 境地인 것을 말한 例

㉠ ≪後漢書・逸民傳≫: "王君公遭亂獨不去. 儈牛自隱. 時人謂之論曰: '避世牆東王君公.' 王君公은 난리를 만났어도 오히려 떠나지 않고 소 매매의 주릅으로 스스로를 숨겼다. 當時사람들이 그 때문에 논평하길: '담벼락 동쪽으로 세상을 피한 王君公이로구나'하였다."

▷獨: 홀로. 다만. 오히려. 그래도. 도리어. 반대로.

▷儈(쾌): 장주릅. 거간.

▷謂: 爲字와 통함. ~ 때문에. ~연고로. 이 때문에 後世에는 隱居를 牆東

이라고 表現하게 되었다.

㉡ 晉・王康琚〈反招隱〉詩에서

小隱隱陵藪, 大隱隱朝市.

작은 隱者는 산・호수에 숨고, 큰 隱者는 조정 저자에 숨는다.

❖ 제23・24구: 寸長堪繾綣, 一諾豈驕矜?

註

▸寸長: 마디만한 長點. 아주 작은 재주. 능력. 흔히 "寸長片善"이라고 쓴다.

▸繾綣(견권): ① 曲盡한 모습. 간곡하게 정성을 들이는 모습. ② 서로 정이 깊이 들어 떨어지지 않는 모습.

➥ 제23구는 從來 조그마한 장점이 있는 사람과도 아주 깊은 정으로 사귄다고 해석해 왔다. 그러나 마디만 할지라도 좋은 점이 있어야 한다면 너무나 打算的 乃至 實利的이라 하겠다. 흔히들 나보다 나은 사람과 사귀라고 말들 하는데 그러면 相對方은 자기보다 못한 나와 사귀려 하겠는가. 남의 長點만 너무 따지면 야박하지 않은가? 그리고 莊子도 "無用之用"을 말하지 않았던가. 本句는 그렇게 해석해서는 안 될 것이다.

≪論語・顔淵≫에 "君子成人之美, 不成人之惡. 君子는 남의 좋은 점은 보태 完璧한 아름다움을 이뤄내고 남의 나쁜 점은 깎아내 徹底한 惡黨으로 만들지 않는다."이라 하였다. 汝陽王은 사람들의 마디만한 아주 작은 長點도 이것은 갖은 정성을 들여 키우고 보태고 격려하고 북돋아 完璧의 美로 昇華시켜준다는 뜻이다. 이렇게 하면 單純히 情이 깊은 것과는 次元이 다른 君子의 의젓한 모습이 眼前에 떠오르게 되는 것이다. 그리하면 다음 句의 義俠心과 아주 어울리는 짝이 되지 않겠는가.

▸一諾: ≪史記・季布・欒布列傳≫: "楚人諺曰: '得黃金百斤, 不若得季布一諾.' 楚人들 속담에 '황금 백근 얻는 것이 李布의 한번 승낙・한마디 승낙 얻는 것만 못하다'하였다."

▸驕矜: 驕傲自負. 뻐기고 우쭐거리다.

➥ 一諾과 豈驕矜 사이에는 "成事시키다", "所願을 들어주다", "困難함을 解決하여 주다" 等이 省略된 것이다. 다시 풀어보면 일단 승낙하였다 하면 반드시 일을 이루고 해결해주었으며 그렇다고 해서 뻐기고 우쭐거리는 일 또한 없었다는 것이다. 이것을 조금 角度를 달리하고 範圍를 擴大하면 ≪老子≫ 2章의 "成功而弗居. 功을 이루되 차지하지는 않는다." ≪老子≫ 9章의 "功遂身退, 天之道. 功을 이루면 그 자리에서 스스로 물러남이 自然의 道다." ≪老子≫ 77章의 "功成而不處. 功을 이루되 차지하지 않는다"가 되겠는데 結局 規模가 크던 작던 일을 이루었다고 뻐기거나 우쭐거림이 凡人의 常情이라 자꾸 이렇게 强調하는 것이리라.

解說

남에게 마디만한 좋은 점이 있으면 온갖 정성을 들이시고 애를 쓰셔서 最高・至上의 아름다움으로 만드셨으며 사람들이 困境에 處하거나 危難이 닥쳐 어려움을 하소연 하면 그대로 승낙, 한 번 승낙하면 반드시 解決하고 成事시키시되 그렇다고 뻐기고 우쭐거리는 凡人의 姿勢는 전혀 없으셨음이라.

➥ 이 두 句를 ≪杜詩詳注≫는 "能好善而無德色. 善을 좋아하여 善을 行하되 생색냄이 없다"라 하였다.

➥ 제13句 "晩節嬉遊簡"에서 제24句 "一諾豈驕矜"까지는 汝陽王의 優秀・卓越・超群을 羅列하였는데 確實하게 根據가 있는 것은 제13句의 "嬉遊簡"과 제16句의 "誰敢問山陵" 정도일 것이다. 나머지는 모두 相對가 바뀌어 어떤 사람이 對象이 되던 글자 하나 안 바꿔도 그대로 適用할 수 있는 內容이다. 本來 이렇게 身分이 高貴한 어른께 올리는 글은 性格上 그렇게 될 수밖에 없으니 너무 나무랄 일은 아니다. 그저 能力과 才幹에 따라 豊富하고 多樣하고 多彩롭게 펼쳐나가 鑑賞하는 사람에게 文藝의 찬란하고 황홀한 아름다움의 世界에 沒入하게 해주면 그 또한 하나의 功能일 것이다.

➥ 文藝와는 比較가 안되게 嚴格·正確을 要하는 史書도 高貴한 身分의 人物描寫에는 아무래도 限界가 있게 마련이다. 自古로 "春秋筆法"·"董狐直筆. 동호직필"하며 自負와 警戒를 게을리 하지 않았으나 쉬운 일이 아니었나 보다. 臺灣의 國立故宮博物院에서 刊行한 ≪故宮文物≫에 이런 글이 나온다. 淸 太宗 홍타시(中國에서는 皇太極이라고 아주 巨하게 音譯하였다)의 龍顔을 이렇게 描寫한 글이 있단다. 堯임금처럼 聖明하시고 舜임금처럼 睿哲하시며 禹임금처럼 能하시고 湯임금처럼 盛하시며 文王처럼 어질고 武王처럼 헌걸차시다 云云. 자기나라 임금을 敢히 어떻게 있는 그대로 그려낼 수 있었겠느냐. 어느 임금을 표현해도 다 이렇게 되고 말 것이다. 이럴 때에는 外國人의 記錄을 보면 간단히 해결 된다. 朝鮮使臣은 남의 임금인지라 그야말로 毫無顧忌 조금도 망설이고 꺼릴 것이 없었다. 그래서 曰: "얼굴은 길다랗고 빛깔은 시커먼데 코는 우뚝하고 두 눈은 길게 쭉 찢어져 험상궂기 짝이 없다 云云." 얼마나 생생하고 핍진하냐. 대략 이런 內容이었다. 中國의 史官이 겁(怯)많고 나약(懦弱)해서도 아니며 朝鮮의 使臣이 勇敢하고 강경(剛勁)한 氣質·性稟을 가져서도 아니다. 옛부터 일러오는 대로 "勢使之然", 形勢가 그렇게 만든 것이다.

➥ 제22句의 "忘形"은 앞에서 言及한 ≪孟子·萬章下≫의 "不挾貴"와도 一脈相通하는데 事實 쉬운 일이 아니다. 이것을 그런대로 實踐·履行하는 양반들은 거개(擧皆)가 술꾼들인 듯하다. 술꾼들은 대체로 지저분하고 냄새가 좀 심한 주책은 없으나 善良한 사람이라 보면 大過가 없을 것이다. ≪世說新語·任誕≫을 보면 晉代의 劉昶(유창)이란 속이 탁 트인 人物의 이야기가 나온다. "劉公榮이 어울려 술 마시는 人物들은 오사리잡놈들로 그와 같은 신분·계급은 아니었다. 사람들이 비웃으면 대답하길 '公榮보다 나은 분들은 (내가 존경하고 흠모하는 바이니) 함께 안 마실 수 없고 公榮보다 못한 사람들은 (오죽하고 여북하면 나 같은 쪼다리 보다 못할까 측은하고 안쓰러워) 또 함께 안 마실 수 없고, 公榮과 비슷한 님들이야 (그야말로 배가 맞고 마음이 맞는 한통속이니) 다시 함께 안 마실 수 없다오. 그래서 종일 함께 마시고 취한다오.' 劉公榮與

人飮酒, 雜穢非類. 人或譏之, 答曰: '勝公榮者不可不與飮, 不如公榮者亦不可不與飮, 是公榮輩者又不可不與飮. 故終日共飮而醉' (▷公榮은 劉昶의 字다)"

善哉라, 劉公榮이여! 達哉라, 劉公榮이여!

❖ 제25 · 26구: 已忝歸曹植, 何如對李膺.

註

▸忝: 황송하게. 분에 넘치게. 송구스럽게.

▸歸: 所屬됨. 일정한 團體나 機關에 딸림.

▸曹植: 曹操의 아들로 兄인 曹丕와 함께 三父子가 文名이 높아 三曹로 불림. 그 밑에 孔融 · 陳琳 · 王粲 · 徐幹 · 阮瑀 · 應瑒 · 劉楨 等의 文士가 鄴땅에 모여 活躍하여 "鄴中七子", "鄴下子"라 불렸다. 다만 孔融은 年齡으로나 政治的 입장으로나 이들과 氷炭不相容이므로 後世에는 七子라 하지는 않고 여섯 명만 거론한다. 本句에서 曹植은 魏武帝의 아들로 陳王이므로 汝陽王에 비하였고 自己는 上記한 여섯 文士 · 鄴下文人의 集團과 비슷한 汝陽王 門下에 참여 · 소속하게 되었다는 것이다.

▸何知: ≪杜詩詳注≫ 같은 곳에서는 何如로 되어있다. 그리고 ≪杜詩詳注≫에서는 杜甫가 杜密로 自己를, 汝陽王 李璡을 李膺으로 비하여 이러한 것이 어떠하냐고 말한 것이라 하였다. 그러나 施鴻保는 ≪讀杜詩說≫에서 何如를 버리고 何知를 選擇하였으며 杜甫 自身이 아닌 다른 사람들이 자기를 杜密에 李膺을 汝陽王에 비할 줄을 어찌 알았겠느냐라고 해석을 하였다. 즉 이러한 見解는 自己의 뜻이 아니고 남의 의견, 즉 輿論 · 衆論인데 自己는 무엇이라 말할 수 없고 그저 어찌 알았으리오 하였다니 나쁘게 말하면 責任을 廻避하는 態度를 取 한 것이 되겠다. 그러면 本詩에는 登場하지 않으나 註家들이 들먹이는 杜密을

알아보자.

≪後漢書·黨錮列傳·杜密≫: "黨事旣起, 免歸本郡. 與李膺俱坐, 而名行相次, 故時人亦稱李杜焉. 黨人에 대한 迫害가 시작되자 職位解除되어 故鄕으로 쫓겨났다. 李膺과 同等한 자리를 차지하였고 名聲과 德行이 그에 버금가므로 당시 사람들이 예전에 李固·杜喬란 名士를 李杜라 부르듯 또한 李杜라 불렀다."

註家들은 李膺이 나오면 으레 뒤따르는 杜密이 杜氏姓인 것에 깜빡하여 그대로 前後事情 考慮하지 않고 대뜸 杜密과 李膺을 쳐들어 杜甫와 汝陽王 李璡으로 把握한 듯하다.

그러나 여기에서 문제가 되는 것은 이미 曹植의 門下에 분에 넘치게 송구스럽게 들어가서 그의 手下가 되었다고 말 한 다음에 어떻게 바로 뒤에 相對되고 짝이 된다고 말할 수 있느냐는 점이다. 後世에 杜甫가 누리는 名聲과 榮譽는 筆舌로 形容할 수 없을 만큼 어마어마한 것이다. 그러나 杜甫 生前 특히 젊은 날의 杜甫가 社會的 地位·身分·名望等에서 汝陽王과 比肩될 수 있다는 생각은 큰 誤算이며 錯覺이라 하겠다. 어디 감히 李杜라고 竝稱할 수 있으리오. 千不當 萬不當한 일이다. 後世에는 三尺童子도 販夫走卒도 汝陽王 李璡하면 고개를 갸웃거리겠지만 杜甫하면 머리를 주억거릴 것이다. 그러나 이것을 唐나라 하고도 玄宗時代의 杜甫와 李璡에게 막무가내로 들이밀면 가당치도 않은 일일 것이다. 또 한 가지는 杜甫는 이때 汝陽王에게 도움을 바라는 입장이었다는 점이다. 그렇게 對等하거나 상말로 맞붙을 처지가 아니다. 그가 自稱 "李邕求識面, 王翰願爲鄰. 當時 文壇의 領袖이며 元老인 李邕도 얼굴 한번 보자 하였고, 葡萄美酒夜光杯로 이름 떨친 詩人 王翰도 이웃되기를 바랐다"하며 큰소리 떵떵 친 相對는 世交가 있는 집안의 自己를 무척 아껴주는 韋濟였다. 相對가 바뀌면 言行도 달라져야 한다. "누울 자리 봐가며 발을 뻗어라"는 세상살이의 常識이다. 좀 有識하게 나오면 "자벌레가 굽힘은 이로써 펴기 위해서요, 龍蛇가엎드려 숨는 것은 이로써 살아남기 위함이다. ≪易 · 繫辭下≫: 尺蠖之屈, 以求信也; 龍蛇之蟄, 以存身也"라는 말이 있다. 바라는 것이 있는 사람의 할 말이 전혀 아니라고 본다.

施鴻保先生도 이 點이 마음에 걸려 衆議 · 輿論에 떠 넘겼는데 이 또한 어렵기는 마찬가지다. 아예 率直하게 맞먹자는 것이 낫지 저기 그러니까 거시기 남들이 그럽디다. 남들은 다 그렇게 보는데요 하면 이것이야말로 더 앙큼하고 얄밉게 보일 것은 정한 이치다. 相對의 反應은 이런 죽일 놈이 있나 말고 또 무엇이 있겠는가.

結論을 내자. 何如는 ① 어떠하냐 ② 何故의 뜻으로 쓰인다. 本句에서는 何故의 뜻이 맞는다. 그리고 李膺은 그 사람을 取한 것이 아니다. ≪後漢書 · 黨錮列傳 · 李膺≫을 보면 "士有被其容接者, 名爲登龍門. 선비가 그의 인정을 얻고 융숭한 대접을 받으면 물고기가 뛰어오르면 龍이 된다는 龍門을 뛰어오른 것과 같다고 불려졌다. 즉 간단히 말해 그 사람 용이 되었군 하고 인정을 해주었다는 것이다"라는 글이 있다. 따라서 李膺이라는 사람을 쓴 것이 아니요 登龍門이라는 뜻을 借用한 것이다. 제가 이미 陳思王 曹植의 鄴下文人集團에 송구스럽게도 분에 넘치게도 末席을 차지하였으니 이는 벌써 龍門에 오른 것과 진배없는 일이니 무엇 때문에 다시 李膺을 相對하고 認定받을 必要가 있겠습니까. 王爺 卽 曹植에게 認定받음이 바로 龍門에 오른 것입니다 해야 汝陽王도 흐뭇하고 대견해 할 것이다. 이렇게 해석하면 얼마나 順通한 일이냐. 詩句에 登龍門을 쓰면 讀者 아니 汝陽王도 머리 쓸 것 없이 단박에 알아차리겠지만 詩句의 짝을 맞춰야 하니 曹植과 李膺 이렇게 쓸 수밖에 없었던 것이요 사람들은 李膺에게서 딱 하나 登龍門을 選擇하면 그야말로 萬事는 OK이다. 그리고 또 하나 注의 杜密은 저리 꺼져라가 백번 옳겠다.

解說

제가 이미 曹植의 鄴中文士그룹 末席에 분에 넘치게 소속되었으니 이것은 옛날에 李膺에게 인정받으면 龍門에 올랐다고 이름 날린 것과 진배없는 바입니다. 지금 저는 曹植같은 王爺에게 인정받아 龍門에 올랐거늘 何故로 즉 무엇 때문에 李膺에 向하고 李膺을 對해야 할 필요가 있겠습니까. 제 가슴에는 一片丹心 王爺 한 분뿐 입니다. 너무 過하게 해설했나!

❖ 제27 · 28구: 招要恩屢至, 崇重力難勝.

註

▸招要: 이때 要는 (yāo) 平聲으로 읽는다. 招邀(초요)로 쓰기도 한다. 邀請 · 招請 · 招待의 뜻으로 쓰인다.

▸恩: 恩惠. 德澤. 寵愛.

▸崇重: 尊重하고 重視함. 王이 杜甫를 崇重해준다는 말이다.

▸力難勝: 力은 自己의 氣力 · 體力. 勝은 ① (shèng): 去聲으로 읽으면 勝利 · 戰勝의 뜻이나 ② (shēng). 平聲으로 읽으면 견디다 · 감당하다 뜻이다. 여기에서는 ②의 뜻으로 難勝은 감당하기 어렵다는 뜻으로 自己를 어떻게나 尊重해 주시고 重視해 주시는지 自己같이 시시한 小人의 氣力 · 體力으로는 그 무게를 감당하기 어렵다는 말이다. 표현이 좀 露骨的이고 낯간지러운 느낌이 든다. 그러나 이것이 당시 杜甫의 處地 · 形便을 여과(濾過)없이 드러낸 것이다. 맨 얼굴 · 眞面目을 처음 보면 당황해하는 것이 人之常情이지만 아무리 그래도 알아두는 것이 좋다고 본다.

解說

초청 · 초대하시는 恩惠와 사랑의 말씀 · 글월이 자주 제게 이르렀으며, 저를 높이 보시고 무겁게 대하시니 微弱한 제 힘으로 참으로 감당하기 어려운 일이었음이어라.

❖ 제29·30구: 披霧初歡夕, 高秋爽氣澄.

註

▶披: 헤치다. 쪼개지다.

▶披雲霧: ① 구름·안개를 헤치고 푸른 하늘을 본다는 말로 사람의 神情이 淸朗함을 가리킨다. ≪世說新語·賞譽≫: "衛伯玉(衛瓘)爲尙書令, 見樂廣與中朝名士談議, 奇之, 曰: '自昔諸人沒已來, 常恐微言將絶, 今乃復聞斯言于君矣.' 命子弟造之, 曰: '此人, 人之水鏡也. 見之若披雲霧睹晴天.' 衛伯玉이 尙書令이 되었을 때 樂廣과 中原에 있던 西晉 때부터 죽 名望있었던 人士들이 討論하는 것을 보고는 기특하게 여겨 말하기를 '여러 名士들이 세상을 뜬 뒤로 항상 玄學의 淸談이 끊어질까 걱정했는데 지금 그대에게서 다시 그 精深微妙한 말을 듣게 되었소'하고는 子弟들에게 그를 방문하도록 하며 말하기를 '이 사람은 사람들에게 있어서는 물같이 맑고 환한 거울이니라. 그를 보면 마치 구름·안개를 헤치고 푸른 하늘을 본 것과 같으니라' 하였다."

▷中朝: 晉이 北方 遊牧民에 滅亡, 南渡한 後에 세운 나라를 東晉이라 하고 以前에 있던 北쪽 洛陽의 晉을 西晉이라 하는데 中朝는 滅亡하기 前의 西晉을 가리킨다.

▷談議: 討論하고 硏究함.

▷微言: 精深微妙한 言辭. 三玄 즉 老子·莊子·周易에 관한 淸談을 말한다.

▷造: 방문하다.

▷水鏡: ⓐ 靜止하여 거울 같은 물과 거울. ⓑ 맑고 깨끗한 물과 같은 거울.

② 처음 님을 뵈올 때가 新婚初夜처럼 즐겁고 기뻤다는 뜻.

南朝・梁・何遜 〈看伏郎新婚〉의 1~4句

霧夕蓮出水, 霞朝日照梁. 何如花燭夜, 輕扇掩紅妝.

저녁안개 뚫고 물에서 솟아 피어난 연꽃과 아침노을 속에 용마루를 비추는 太陽이 아무리 곱고 찬란해도 어떠하냐! 花燭에 불 밝힌 밤. 엷고 가벼운 부채로 가린 盛妝한 새색시에 비하면.

▷제1구는 曹植의 〈洛神賦〉의 "灼若芙蕖出淥波", 제2구는 宋玉의 〈神女賦〉의 "耀乎若白日初出照屋梁"에서 따옴.

➥ 何遜의 이 詩는 美麗한 辭藻와 纏綿(전면)한 情感으로 아주 이름났다. 唐・李商隱은 그의 〈無題詩〉에서 "照梁初有情, 出水舊知名. 용마루 비치는 太陽같은 그대에게 사랑이 막 싹텄었고, 물에서 솟아난 연꽃 같은 님이야 옛부터 이름났었지"하며 신혼의 아내를 읊었다.

제29구는 ①을 따르면 처음 王爺를 뵙고 기쁘고 즐거웠던 저녁은 안개를 헤치고 푸른 하늘을 뵈 온듯 하였다는 것이고, ②를 따르면 王爺를 처음 뵙고 기쁨과 즐거움을 느낀 것이 안개 헤치고 물에서 솟아 핀 연꽃보다 더 고운 새색시와 花燭에 불 밝힌 밤같이 기쁘고 즐거웠다는 것이 되겠다. 조금 야한듯하나 기쁨의 극진한 표혀이리라.

▸高秋: ① 하늘 높고 기운은 시원한 가을. ② 깊어가는 가을. 깊은 가을.

▸爽氣: 爽快한 공기・느낌. 시원한 기분.

➥ 제30구를 ≪杜詩詳注≫는 王과 杜甫가 처음 만나 술 한 잔하던 때라고 하였으나 ≪讀杜心解≫은 王의 度量이 가을처럼 상쾌하고 깨끗함을 말한 것이라 하였다. ≪杜詩詳注≫가 더 妥當한 듯하나 꼭 固執할 必要는 없고 固執할 수도 없다. 詩의 解釋에 正答이 있을 턱이 있겠는가!

解說

王爺를 처음 뵈어 기쁘고 즐거웠던 것은 안개 뚫고 물에서 솟아 핀 연꽃보다 더 고운 새색시와 花燭에 불 밝힌 初夜의 기쁘고 즐거웠던 것과 비슷하였으니 생각하면 그 때는 王爺의 精神과 胸襟처럼 爽快하고 밝고 하늘 드높은 가을 이었음이어라.

❖ 제31 · 32구: 樽罍臨極浦, 鳧雁宿張燈.

註

- ▶樽(준): 술통. 罇이라고 쓰기도 한다.
- ▶罍(뢰): 술 단지. 술동이.
- ▶臨: 到達하다. 이르다.
- ▶極浦: 아득히 먼 물가.
- ▶鳧鴈(부안): 오리와 기러기. 가을이면 오는 철새다. 이로써 가을을 또 나타냈다.
- ▶宿: ≪九家集註杜詩≫에서 "浦漵의 옆에 樽罍를 設하니 故로 鳧鴈이 張燈之內에 棲宿한다"라 하였고 ≪杜詩詳注≫에서도 "初宴이 가을에 있었으니 故로 오리가 張燈에 宿함을 볼 수 있다, 즉 알 수 있다"라 하였다. 그러나 이러한 풀이는 큰 문제가 있으니 張燈은 懸燈으로 초롱(불)을 매달다는 뜻인데 于先 불이 환한 것이 첫째 문제요, 其次는 飮酒를 할 때 "沈默은 金같고 雄辯은 銀같다"는 金言을 따라 쥐 죽은 듯 고요한 속에 마실 리 없으니 絲竹이 빠질 리 없겠고 設使 빠져도 왁자지껄하게 마셔댈 것은 明若觀火하거늘 어느 눈 멀고 귀 먼 오리 기러기가 거기에서 잠든단 말인가. 古人들의 말씀을 들어보겠다. 有名한 兵書인 ≪孫子≫의 〈行軍篇〉을 보면 "鳥起者伏也, 獸駭者覆也. 새가 날아오르는 것은 埋伏한 兵士들이 있음이며, 짐승이 뛰어 달아남은 奇襲하는 軍隊가 있음이라" 하였다. 埋伏하는 兵士들이 얼마나 조심스럽게 숨소리마저 죽여 가며 숨어있는지는 常識이다. 그래도 새들은 도망가는 것이다. 南朝 · 梁 · 陳 時代의 詩人 陰鏗도 〈五洲夜發〉에서 "溜船惟識火, 警鳧但聽聲. 미끄러지듯 소리 없이 지나가는 배는 오직 불빛만으로 알 수 있고, 뱃소리 · 사람소리에 자다가 놀라 날아오르는 오리떼는 보

이지 않고 소리만 들릴 뿐이다"이라 하였다. 새는 이렇게 敏感하다.

물론 똑같이 古人의 말씀을 들어 反駁할 수도 있다.

먼저 ≪書・舜典≫을 보자. "夔曰: 於! 予擊石附石, 百獸率舞. 기(夔)가 말했다. 아하! 내가 石磬을 치고 때려 좋은 소리 내니 모든 짐승들이 감동하여 차례로 춤을 추었다"라 하였으니 도망가기는 커녕 좋아서 춤을 추었단다. 百獸에 鳥가 빠졌으니 아니라고 한다면 또 다시 찾아보아야 하겠다. 漢・桓寬의 ≪鹽鐵論・相刺≫에 "曾子倚山而吟, 山鳥下翔; 師曠鼓琴, 百獸率舞. 曾子가 산에 다가가서 읊조리니 산새가 낮게 날아오고, 師曠이 琴을 타니 모든 짐승들이 차례로 춤을 추었다."

以上의 例文을 보면 鳥獸가 音樂에 감동하여 도망가기는 커녕 춤까지 추고 가까이 날아온다는 것인데 아무래도 "전설 따라 삼천리"식이라 信憑性에 있어서는 문제가 있다고 본다. 따라서 成善楷先生께서는 ≪杜詩箋記≫에서 "宿"과 "夙"은 옛날에는 서로 通用하던 글자며 夙은 早의 뜻으로 풀이되니 宿 또한 미리, 사전에, 일찌감치의 뜻으로 보았다. 그리고 鳧는 鳧渚, 雁은 雁池의 借代로 보았다. 간단히 설명하면 오리 있는 물가, 기러기 노는 물있는 곳에 잔치준비로 등불을 미리미리 달아놓았다는 것이다.

우리 생각에 成先生의 말씀도 좋으나 宿의 가장 대표적 의미인 잠잔다를 버리지 말고 쓰는 것이 더욱 平易하고 順坦한 풀이가 된다고 본다. 이 놀이의 이전에는 즉 지금은 불야성(不夜城)을 이룬 이곳에도 오리 기러기가 잠들었었났나. 그만큼 고요하고 한적한 곳이었단다. 이렇게 풀면 윗句이 "臨"字와 똑같이 動詞로 쓰이니 아주 적합한 해석이 된다고 하겠다. 만약 윗句를 考慮하지 않는다면 오리 기러기 잠자던 곳에는 등불이 휘황(輝煌)했다고 하여도 無妨하리라. 그러면 宿은 宿處의 생략이 되겠다.

解說

술통・술 단지 가지고 市井에서 멀리 떨어진 물가에 갔었으니 燈불이 휘황(輝煌)한 불야성(不夜城)을 이룬 근사한 宴席은 平素에는 오리・기러기가 잠들고 있었음이라. 그처럼 한적하고 고요한 곳이었건만 王爺의 덕분으로 繁華한 놀이마당이 되었음이어라.

➥ 등불이 輝煌하며 善男善女가 歌舞하고 飮酒하는 아름다운 밤. 그 가까이에 오리 기러기 원앙이 잠든 것은 民畵의 世界에서는 가능하다고 본다. 안 그렇소!

❖ 제33・34구: 花月窮遊宴, 炎天避鬱蒸.

註

▸花月: 아름다운 경치. 아름다운 계절을 나타낸다.

① 〈春江花月夜〉는 南朝의 陳叔寶가 지은 것으로 지금은 전해지지 않고 隋煬帝, 唐의 張若虛・溫庭筠・張子容 等이 같은 題下에 詩를 읊었다. 張若虛의 이 作品은 初唐詩 第一로 친다. 옛날에는 꽃은 의례 木本의 꽃을 가리켰으며 草本은 아주 드물었다. 즉 복사・오얏・살구・배꽃・매화(桃・李・杏・梨・梅)를 꽃이라 하였지 지금처럼 수많은 화초는 상상조차 못하였다. ≪詩經≫을 보면 그 外에 甘棠(팥배나무)과 唐棣(산앵도)・舜花(무궁화)가 木本의 꽃으로 등장하고 있다. 草本은 작약(芍藥)과 荷(연꽃)가 나오는 정도다. 楚辭에는 木本으로 木蘭(木蓮)・桂花・辛夷(紫木蓮) 等이 더 나오고 草本으로는 荷・菊・蘭(澤蘭. 쉽싸리. 唐代까지 蘭은 이것을 가리켰으며 우리가 지금 말하는 蘭은 宋代부터의 蘭이다)이 이름난 것이었다.

漢初 武帝의 〈秋風辭〉에서 "蘭有秀兮菊有芳. 쉽싸리는 꽃피고 국화는 향기로워"이라 하였고 陶淵明이 "採菊東籬下. 동쪽 울 밑에서 국화 따며", "秋菊有佳色. 가을! 국화는 고운 빛 띠었다"라 하였으며 謝朓가

“紅藥當階翻. 芍藥은 섬돌 가리며 꽃잎 펼치다”라 하였는데 草本의 꽃은 대략 이 정도였다. 따라서 꽃은 봄에 피는 木本類의 꽃을 말함이니 季節上으로 봄과 연결되는 것이 常識이었다. 그래서 사람을 황홀하게 하는 時間으로 春夜, 들뜨게 하는 景物로 花月이 등장함이라. “花朝月夕”·“花朝月夜”·“花晨月夕”은 아름다운 봄날을 나타내는 成語다.

㉠ 南朝·梁·元帝의 〈春別·應令(뒷날의 簡文帝의 命에 따름)詩〉에서 “花朝月夜動春心, 誰忍相思今不見. 꽃피는 아침 달뜨는 밤 春心을 흔드니, 어찌 견디랴! 그리워하며 보지 못함을”.

㉡ 唐·陳子良 〈誄文. 뇌문〉: “花朝月夜, 置酒題篇. 꽃피는 아침 달뜨는 밤 술 차려 놓고 글을 짓다.”

㉢ ≪舊唐書·羅威傳≫: “每花朝月夕, 與賓佐賦咏, 甚有情致. 항상 꽃피는 아침 달뜨는 저녁이면 幕賓·輔佐들과 詩篇을 읊으니 참으로 정치가 있었다.”

② 春花秋月

달 중에서 보름을 滿月이라 하여 第一로 쳤고 보름 중에서는 上元·元宵 즉 음력 정월 대보름과 仲秋佳節이라 하여 음력 팔월 보름을 손꼽았다. 정월에는 날씨 때문에 室內娛樂이면 모를까 風景을 감상하며 놀기는 좀 어려워 가을의 보름을 더 쳤다. 그리고 晉의 顧愷之가 〈神情詩〉에서 “春水滿四澤, 夏雲多奇峰. 秋月揚明輝, 冬嶺秀孤松.”이라고 四季의 象徵을 거의 斷定·確定지었는데 世人이 모두 點頭히였으니 가을과 달이 아주 不可分의 關係로 되었다. 그리하여 南唐·後主·李煜도 〈虞美人〉詞에서 “春花秋月何時了? 往事知多少! 봄날의 꽃 가을의 달 언제 그 끝이 있으랴? 永遠히 存在하였고 또 存在하리니 지나간 날들도 거의 다 알고 있으리라!”라 하여 花月을 春秋의 代表로 보았다.

本詩에서는 다음 句에 炎天이 있으니 봄날의 아름다운 景物로 理解하는 것이 더 適合하리라.

▶遊宴・遊燕・遊讌: 遊樂(즐겁고 신나게 놀다)과 宴飮(먹고 마시는 잔치 베풀다)을 말한다.

▶窮: 極.

▶窮遊宴: 나중에는 삼수갑산(三水甲山)에 가더라도 아주 환락의 끝장을 보고 더 놀고 싶은 미련의 뿌리를 뽑듯 놀았다는 말인데 杜先生의 平素性品으로는 하기 어려운 말을 하였다. 옛날부터 "樂極生悲"라 하여 歡樂이 極에 이르면 도리어 거꾸로 悲傷한 마음이나 事件이 생긴다 하였으니 ≪淮南子・道應訓≫에서 "夫物盛則衰, 樂極則悲. 무릇 事物은 盛하면 衰하고 歡樂이 極에 이르면 슬퍼진다"라 하였고 ≪史記・滑稽列傳≫에서 "酒極則亂, 樂極則悲, 萬事盡然. 술이 끝까지 가면 어지럽게 되고 樂이 極에 이르면 슬퍼지게 되니 만사가 모두 그러함이라."이라 하였으니 하늘을 쓰고 도리질하며 천하를 쥐고 곤댓짓하던 漢武帝도 〈秋風辭〉에서 "歡樂極兮哀情多. 歡樂이 極에 이르니 슬프고 처량한 마음 깊어지네"라 하였다. 五車書니 한우충동(汗牛充棟)이니 하는 말은 杜先生을 위한 말이겠는데 經・史・子・集을 두루 涉獵한 杜先生이 이러한 글을 모를 리 없다. 그러나 本詩에서는 슬퍼지도록 놀았다는 의미가 아니고 汝陽王의 賓客接待가 대충・건성이 아니고 至極精誠이었다는 뜻으로 쓰였을 뿐이다. 曹植의 〈公讌詩〉에서 曹조를 칭찬할 때 "公子愛敬客, 終宴不知疲"도 비슷한 脈絡의 말이라 하겠다.

▶炎天: 여름. 몹시 더운 날씨.

▶鬱蒸: 鬱은 盛(세차다. 왕성하다)의 뜻. 蒸은 찌다. 김이 오르다. 熱(熱氣. 덥다. 뜨겁다)의 뜻. 따라서 鬱蒸은 찌는 것 같은 지독한 더위를 말한다.

解說

꽃피고 달뜨는 아름다운 봄날. 놀이와 잔치는 말할 수 없이 盛大하여 賓客의 接待가 極에 이르렀으며, 여름날에는 찌는 듯한 무더위를 피할 수 있게 해주셨음이라.

❖ 제35 · 36구: 硯寒金井水, 簷動玉壺氷.

註

▶金井水 · 玉壺氷: 그저 물(水). 얼음(氷)이라 하면 간단히 될 것을 金井 · 玉壺를 얹어서 中國式 表現에 익숙하지 않은 讀者들을 혼란에 빠트린다. 金井은 金井欄도 되고 ― 李白의 〈長相思〉 三首의 其一에서 "絡緯秋啼金井蘭"이라 하였다 ― 玉欄金井도 되니 ― 梁 費昶의 〈行路難〉 其一에서 "玉欄金井牽轆轤"라 함 ― 가장자리에 아로새긴 난간이 있는 근사한 우물을 가리킨다. 玉壺氷은 南朝 · 宋 · 鮑照의 〈代白頭吟〉에서 "直如朱絲繩, 淸如玉壺氷"이라 한 뒤 부터 맑고 높음(淸高)의 象徵으로 뜨게 되었으니 그리하여 양은 냄비에 담았던 플라스틱 바가지에 넣었던 얼음하면 의례 玉壺氷이라 부르게 된 것이다. 金井水도 그냥 우물물 하면 되지만 마찬가지로 멋있게 그렇게 부른 것이다.

▶動: ① "玉壺之氷輝動簷端也. 玉壺의 얼음 빛이 처마 끝에서 어른거림이다."(≪九家集注杜詩≫) ② "謂簷馬也. 처마의 풍경 소리가 玉壺氷처럼 맑게 울려 퍼짐이다."(≪讀杜心解≫) ③ "'動'은 '凍'字의 聲誤인 듯하다. '簷凍'은 屋外가 추워 처마의 낙수물이 고드름 된 것이며 '玉壺氷'은 室內의 찬 空氣 影響으로 玉壺의 술이 얼음처럼 차게 된 것이다." (成善楷 ≪杜詩箋記≫) ④ "動은 多의 뜻으로 쓰이는 경우가 많다. 杜甫의 詩 〈黃河〉 二首 其一, 〈赤霄行〉, 〈佳人〉에 그 例가 있다." (王鍈 ≪詩詞曲語辭例釋≫) 이 말에 따르면 처마에는 玉壺氷같은 고드름이 많다는 뜻이 되겠다. ⑤ 發. 發作. 動搖.

이 두 句의 解釋은 諸家들이 各各인데 ≪杜詩詳注≫는 "여름이 잔치이며 그래서 水 · 氷을 드러냈나." 하였다. ≪杜詩鏡銓≫은 王이 門下에서 春夏秋冬의 놀이를 말함이라 하였으니 그 중 이 두 句는 겨울의 놀이라는 풀이가 가능하다고 보았다. ≪讀杜心解≫은 모든 놀이를 하나의 事件으로 보았으니 남들이 여러 季節의 놀이로 파악한 것과는 逈異하다. 그 大略은 "놀이는 늦여름에 있었는데 披霧云云은 王의 襟懷가 秋爽의 澄澈같고 이 때문에 燈罍花月에 찌는 더위가 홀연히 사라지며 오직 硯水가 寒하여 簷下 풍경소리 맑음을 알 수 있으니 사람으로 하여금 淸凉한 境界에 들어가게 함이다. 披霧一段, 敍相見遊賞之事. 大約時値殘暑, 故先爲比語曰. 披霧初見, 襟期如秋爽之澄. 是以燈罍花月, 炎署頓銷. 惟見硯水寒而簷玉響, 恍入淸凉之界也."라 하였다.

먼저 ≪杜詩鏡銓≫의 해석은 어색하다. 겨울의 놀이에 室內描寫가 기껏 벼루의 물이 차다는 것은 방이 춥다는 말인데 王의 놀이 치고는 너무 어울리지 않는다. 우리의 詩人 정지용(鄭芝溶)도 "薔薇꽃처럼 곱게 피어가는 화로에 숯불, 立春때 밤은 마른 풀 사르는 냄새가 난다"(〈石榴〉)라 하였는데 鄭詩人은 富者는 아니었을 것이다. 그래도 화로에 불을 피웠는데 汝陽王의 겨울 室內가 이래서야 어디 말이 되겠는가. ≪晉書·外戚傳·羊琇≫를 보면 獸炭이 나온다. 즉 숯가루를 반죽하여 짐승모양으로 빚은 것으로 이를 써서 술을 데우니 서울 부자들이 모두 본받았다는 말씀이다. 이 程度는 돼야 王의 겨울 室內風景이라 하겠다.

成善楷先生의 말씀도 어색하기는 마찬가지다. 室內의 찬空氣 때문에 玉壺의 술이 얼음처럼 차게 되다니 그렇다면 덜덜 떨면서 와중에 歌舞와 飮酒를 했다는 말이 되겠다. 긴말 않겠다.

王鍈先生의 動이 多의 뜻으로 쓰인다는 說은 아주 좋았다. 그러나 本詩에 적용할 수는 없다. 처마에 고드름 많은 것은 冬節 家家戶戶 처마의 普遍的 現象이니 王爺를 모시고 노는 곳의 大書特筆할 光景은 아니라고 본다.

우리가 보기에 一部注家들은 杜甫의 周到綿密하고 꼼꼼한 性品과 作品을 念頭에 두고 春·夏·秋·冬 四季의 놀이·잔치를 均等하게

羅列・敍述했으리라고 추단(推斷)하기로 作心들을 한 것 같다. 그러나 겨울에는 사실 별 놀이가 없었으리라. 사냥 아니면 따뜻한 방에서 술 마시고 座談이나 했을 것이며 그러다가 눈이라도 내리면 그것이 큰 구경꺼리가 되었을 것이다. 清・金聖歎의 〈不亦快哉三十三則 이 또한 신나는 일이 아니겠는가 삼십삼條〉에서 "겨울밤, 술 마시는데도 도리어 점점 한기가 심해진다. 창을 밀치고 보자니 손바닥만한 눈이 내리는데 벌써 서너치(寸) 쌓였다. 또한 신나는 일이 아니겠는가! 冬夜飮酒, 轉復寒甚, 推窗試看, 雪大如手, 已積三四寸矣. 不亦快哉"라고 하였다. 金氏같은 天才도 겨울에는 이것 말고 快哉라 할 것이 별로 없었던 것 같다. 만일에 汝陽王이 賓客들과 겨울놀이를 하였다면 반드시 이와는 같지 않았을 것이며 杜甫도 特記하였지 이렇게 썰렁한 雰圍氣를 平凡하게 그려내지는 않았을 것이다.

우리가 보기에 이 두 句는 앞 句의 避鬱蒸에 대한 敷衍 내지 注解인 듯하다. 汝陽王은 그의 身分・地位를 볼 때 여름에 얼음을 쓸 수 있었던 것으로 추측된다. 朝鮮時代 우리의 先人들은 炎天에는 書齋에 대야・양푼・소래기 같이 큰 容器에 맑은 물을 담아 놓아두고 고요히 앉아 讀書하면서 더위를 잊었다 한다. 직접 경험한 어른들의 말씀이 스승님 계신 곳에 들어가면 아주 서늘한 기운을 感知할 수 있어서 참으로 신통하고 稀罕한 일이라 여겼다는 것이다. 사람들은 말한다. 피부처럼 간사한 것이 없다고. 좋게 보아주면 예민하다는 뜻이겠다. 지금처럼 冷房施設입네 에어컨입네 하는 시대에 사는 사람이야 절대로 못 느끼겠지만 예전에 그러한 것을 경험하지 못한 피부에는 방안에 얼음 한 덩어리가 있어도 금방 알아챈 듯하다. 삼십여 년 전 신문에 연재된 이병주 씨의 〈바람・구름 그리도 碑〉의 기억을 더듬으면 "방안에 들어서는 순간 싸늘한 냉기를 느낄 수 있었나. 방 한쪽에 깁인지 모신지로 싼 네모난 물건이 있었다. 얼음이었나. 그것은 이 집 주인이 대궐과 통할 수 있다는 말이 되겠다 云云"하는 要旨의 글이 있었다. 어지간히 敏感한 사람들은 다 이 얼음의 기운을 느꼈을 것이며 한 치도 틀림없는 事實이었다고 본다. 따라서 杜甫 또한 한 여름 벼루에 硯滴이나 水注의 물을 따를 때 미지근한 물이 아닌 시원한 느낌의 물을 感知하고 감탄하였을 것이다. 그보다 먼저 방안의 서늘한 느낌에 놀랐겠지만 그것이 물의 온도까지 변화시킨 것은 당연히 記錄으로 남길 만하다고 여겼을 것이다. 그래서 제35句 硯寒 金井水가 出現하게 된 것이다. 그러나 뭐니 뭐니 해도 飮料用이었던지 冷房用이었던지 確實하지는 않지만 상당한 양의 얼음이 室內에 미치는 影響에 第一 驚歎하였을 것이다. 그래서 詩人다운 허풍을 치고 뻥을 좀 놓게 된 것이다. 처마까지 室內의 얼음 찬 기운이 피어오르고 움직이는 듯 하는구나 하고 말이다. 방에서 내다보면 처마가 높이 있으니 찬 기운이 방을 다 채우고도 남아 높이 있는 처마에 까지 이르렀다는데야 詩人의 말이니 의례 그러려니 하고 넘어가는 것이 彼此 좋을 것이다. 또 따져본들 무슨 소용이 있겠는가. 浦起龍의 ≪讀杜心解≫는 가끔 意表를 찌르는 見解나 嶄新한 意見으로 우리를 놀라게 하는데 이 段落의 해석도 그러하다. 다만 花月을 늦여름의 景物로 본 것이 마음에 걸리고 硯水寒의 理由가 不分明하여 눈에 조금 거슬린다. 그러나 우리에게 큰 깨우침을 준 것도 事實이다. 浦先生 앞으로도 파이팅! 옛날의 中國式으로 말하자면 "努力! 加餐飯", "努力! 崇明德"이겠다.

解說

찌는 더위 한 여름인데도 벼루에 물 따르니 갓 길어온 金井水처럼 서늘하고 처마에는 玉壺氷의 冷氣가 室內를 다 채우고도 남아 그곳에 까지 피어오르는구나.

☛ **參考**

① 벼루의 물이라 해석하였으나 다른 풀이도 可能하다. 벼루에 먹을 갈면

심한 마찰로 열이 나고 먹물이 뜨뜻해지며 심한 경우 거품까지 일어난다. 여름에는 더 심하다. 이래가지고서는 좋은 글씨가 나올 수 없다. 雨田선생님은 몇 시간 걸려 간 먹물을 모아 구리그릇(銅鉢)에 담고 냉장고에 하루를 식혀서 다시 윗물만 따라서 쓰셨다. 좀 깐깐하셔야지! 述生閣 李勳鍾教授께서는 먹을 잔뜩 갈아서 장독대같이 바람 잘 통하고 시원한 곳에서 하룻밤 이슬 맞게 한 뒤 글을 쓰면 좋다고 하셨다. 여유있고 너글너글하시다. 그러나 두 분 다 먹물을 차게 하여야 한다는 점은 同一하다. 그래서 좀 穿鑿을 하면 벼루에 간 먹물이 室內에 하도 冷氣가 도니 別途의 方法을 쓸 것 없이 그대로 글씨 써도 좋게 시원한 먹물이 되었구나 해도 되기는 될 것 같다.

② 李博士의 堂號가 우리를 啓發시켜 우리는 任生閣이라는 堂號를 써보기로 하였다.

③ 60년 전쯤에 乙酉文化社에서 나온 ≪시용詩選≫은 지금은 稀貴本이라 愛之重之하는데 앞에 소개한 〈石榴〉가 〈柘榴〉로 되어있다. 植物에 石字가 들어갈 리 없다고 柘字를 쓴 듯한데 이것은 산뽕나무 (자)다. 蘭草科에 속하는 꽃좋고 향기 좋으며 藥材로 쓰이는 석곡(石斛)도 石字가 들어간다. 그럴듯한 것과 그러한 것은 전혀 별개의 문제다. 패랭이꽃도 石竹이라 하니 알아두시길.

❖ 제37·38구: 瓢飮惟三徑, 巖棲在百層.

註

▸瓢飮: ① ≪杜詩詳注≫에서 引用한 ≪逸士傳≫에는 "許由가 손으로 물을 움켜 떠 마시니 어떤 사람이 표주박 하나를 주었다. 그것으로 물마시고 나서 나무에 걸어누었는데 바람이 부니 달그락달그락 소리를 내 許由가 성가셔서 내버렸다. 許由手捧水飮, 人遺一瓢, 飮訖掛木上, 風吹瀝瀝有聲, 由以爲煩, 去之"라고 하였다. 結局 손으로 움켜 떠 마시기로 落着이 된 것이니 당연히 瓢飮은 아니다. ≪杜詩詳注≫의 引用은 빗나간 것으로 思料된다.

② ≪論語・雍也≫에서 "子曰: 賢哉, 回也! 一簞食, 一瓢飮, 在陋巷, 人不堪其憂, 回也不改其樂, 賢哉, 回也! 훌륭하다, 顔回여! 하나의 대나무 그릇에 담은 밥, 하나의 표주박에 든 물로 빈민굴에 있어도 남들이야 그 가난의 시름을 못 견디지만, 顔回는 그 즐거움이 변하지 않았다. 훌륭하다, 顔回여!"라 하였는데 以後 "簞食(사)瓢飮"은 淸貧하고 素朴한 生活을 가리키는 成語가 되었다. 本詩에서는 이것을 줄여 瓢飮이라 한 것이다.

▸三徑: 晉・趙岐 ≪三輔決錄・逃名≫에 "蔣詡歸鄕里, 荊棘塞門, 舍中有三徑, 不出, 唯求仲・羊仲從之遊. 장후(蔣詡)가 故鄕에 돌아와 가시로 문을 막았으며 집안에 오솔길 셋을 내고 그곳을 거닐 뿐 出入을 하지 않았으니 다만 求仲・羊仲만이 그를 따라 노닐 수 있었다"라 함. 後世에는 이 三徑이 隱者의 뜰로 쓰였다. 陶淵明의 〈歸去來辭〉에서도 "三徑就荒, 松菊猶存. 내 집 떠난 사이 거닐던 뜰 안의 세 오솔길은 거칠어졌지만, 그래도 솔과 菊은 여전히 있구나"라 하였다.

➥ 荊棘塞門(가시로 문을 막다)하면 생각나는 것이 있으리라. 重要하거나 危險한 施設에 "接近禁止"라 하면 별 拒否感없이 받아들이나 "接近하면 發砲한다"라고 시뻘겋게 휘갈겨 놓고 그것도 모자라서 해적선의 상징처럼 된 해골과 그 밑에 엇갈린 뼈를 그려놓은 것을 말이다. 이것은 기분이 상당히 언짢아 지는 境地다. 장후(蔣詡)先生의 경우 家內에서 自給自足이 可能하거나 生活必需品을 完全히 自體調達해낼 수 있었다고는 볼 수 없다. 따라서 하나의 示威形式으로 조금 걸어놓거나 象徵으로 달아놓은 정도일 것이다. 아니면 正門은 完全히 封鎖하지만 後門이나 側門은 開放하는 형식일 터인데 그러면 눈 가리고 아옹 하는 식이라 안 하느니만 못했을 것 같다. 우리의 경우 사오십년전만 해도 돌림병 못 들어오게 대문위에 가시가 사납게 난 음나무 가지를 걸어둔 집이 꽤 있었다. 아예 확실히 못 들어오게 하자면 그야말로 塞門해야 하는데 그러자니 사람이 살 수 없는지라 제 딴에는 궁리 끝에 나온 일종의 妥協案

이라 하겠다. 어리숙하지만 發砲云云에 비하면 귀엽기까지 하다. 病魔도 무서워서가 아니라 어이가 없어서 픽 웃고 안 들어왔을 것이다. 蔣先生은 王莽밑에서는 협조 못하겠으며 벼슬도 絶對 안 한다는 것을 公開的으로 發表하자니 父母에게 받은 몸이 다치고 그것은 大不孝라 病을 핑계대고 辭職·歸鄕한 후에 나름대로 하나의 消極的 抵抗이었을 것이며 ≪孟子·盡心上≫의 "窮則獨善其身, 達則兼善天下. 어려울 때에는 제 몸 하나 잘 보존하고 뜻을 얻었을 때에는 天下 모든 사람을 잘 지내게 한다"를 實踐하려고 한 듯하다.

▶巖棲: 巢居穴處. 큰 나무위에 새 둥지처럼 엉성하게 얽은 집과 동굴을 이용한 處所. 南朝·宋·謝靈運은 그의 〈山居賦〉序에서 "옛날 둥지 형식의 집과 동굴을 이용한 처소를 巖棲라 하였고 기둥세우고 지붕 덮어 山에 사는 것을 山居라 하였다. 古巢居穴處曰巖棲, 棟宇居山曰山居."라고 斷言한 바 있다. "巖"은 山峰의 뜻 말고 洞穴의 뜻도 있어 單純하게 풀면 穴居의 뜻이 되나 山峰의 뜻을 가지고 보면 山속에는 巢居도 할 수 있고 穴居도 할 수 있는지라 두 의미로도 풀 수 있다. 이것은 上古時代의 사람들에게는 普遍的·通常的 居住樣式이 되겠지만 文明한 世上에서는 결코 그렇지 않으니 隱者들의 居處를 상징하는 말로 변하였다.

▶百層: 層은 重疊의 意味고 百은 대단히 많다는 것을 말함이니 어마어마하게 많이 重重疊疊되었다는 것이다. 中國의 山水畵를 보면 거의가 떡시루의 시루떡이 켜를 이루듯 겹겹히 重疊되고 포개져 山이 完成된 것을 쉽게 볼 수 있다.

解說

옛날 세상 버린 蔣詡가 집안 뜰 세 줄기 오솔길을 벗어난 적 없듯이 저 또한 世上과 담쌓고 一簞食, 一瓢飮에 自足하며 살았으니 저의 居處 또한 깊고 깊은 첩첩한 산속에 새둥지나 동굴처럼 人間과는 隔離된 곳이었음이어라.

➥ 어른에게 올리는 글은 원래 이렇게 쓰는 법이다. 얼마나 汝陽王 德이 높고 格이 높았으면 世上事에 吾不關焉하고 살던 隱逸과 진배없는 사람이 紅塵萬丈의 俗世에 나왔겠느냐 하며 王을 아이들 文字로 쓰리쿠션으로 추어올린 것이다. 杜甫가 정말 隱居를 했느냐 安貧樂道했느냐 與否를 따짐은 그야말로 난센스다. 例컨대 男子는 自己를 僕(종놈)이라 하고 女子는 妾(첩년)이라고 한다. 이것을 곧이듣고 저 사람이 過去에 종질을 했느냐 머슴살이 했느냐 첩노릇을 했느냐 아니다 그렇다하고 따지는 것과 같다. 다 常套的인 表現일 뿐이다. ≪杜詩詳注≫에서 "言身本隱逸. 자신은 본래 은자라고 말함이다"이라 했는데 헛짚은 듯하다.

❖ 제39 · 40구: 謬持蠡測海, 況挹酒如澠.

註

▸謬(류): 錯誤. 誤謬. 謙讓의 표시로 쓴다.

▸蠡 ①: (려. lǐ): 표주박. ② (라. luó): 고둥. 조개. 螺字와 같다. ≪漢書 · 東方朔傳≫에서 "以筦闚天, 以蠡測海, 以莛撞鐘. 대롱으로 하늘을 살피고 표주박으로 바다를 재며 풀줄기로 종을 친다."라 하여 淺薄한 識見으로 深遠한 理致를 헤아리려함을 비유하였다. 그래서 後世에 "以蠡測海", "蠡測", "蠡酌"이란 말이 쓰이게 되었다.

▸況: ① 하물며. 況且. ② 더욱. 더더욱. 更加.

▸挹(읍): 액체를 떠냄. 여기에서는 윗句의 蠡字가 省略된 것으로 보면 쉽게 풀린다. 즉 "以蠡挹酒"다.

▸澠(승. shéng): 山東省에 있던 江이름. ≪左傳 · 昭十二≫: "有酒如澠, 有肉如陵. 술은 澠水처럼 많고 고기는 언덕같이 쌓였다."

▸海와 澠은 간단히 쓰면 江海 · 河海와 같다는 말인데 協韻上 이렇게 썼을 것이다. 勿論 高級스럽게 보이는 점도 고려하였을 것이고.

➥ ≪杜詩詳注≫, ≪杜詩鏡銓≫: “(第39句)言王德之心, (第40句)言王恩之渥. (제39구)는 王의 德이 깊은 것을, (제40구)는 王의 恩惠가 두터움을 말한다.”

≪詩・大雅・既醉≫에서 “既醉以酒, 既飽以德. 君子萬年, 介爾景福. 술에 취하였고, 은덕에 배불렀네. 어른께서 萬年동안 큰 복 누리시길 빌고 비네.”라 하였는데 ≪杜詩詳注≫, ≪杜詩鏡銓≫은 必是 이것을 念頭에 두고 쓴 듯하다. 그렇게 되면 單純한 王의 德行・恩惠의 敍述에서 한 걸음 더 나아가 受惠者의 祈禱하는 마음까지 包含되니까 말이다.

解說

錯覺이었고 誤算이었음이어라! 표주바 같은 나의 좁고 작은 所見으로 바다 같으신 어른의 度量을 재려고 하였으니…… 더욱 더 失手였고 헛짓이었음이어라! 표주박 같은 나의 시시한 몸이 승수(澠水)라 강물같은 술, 어른의 恩惠를 되질할 수 있다고 여겼으니…….

❖ 제41・42구: 鴻寶寧全祕, 丹梯庶可陵.

註

▸鴻寶: ≪漢書・劉向傳≫에 “淮南王의 베개 안에는 〈鴻寶〉와 〈苑祕書〉가 있는데 그 책은 神仙이 귀신(鬼物)을 부려 黃金을 만드는 術法과 鄒衍의 道力을 크게 하고 목숨을 늘리는 秘方을 말했는데 세상 사람들은 볼 수 없었다. 淮南王有枕中〈鴻寶〉, 〈苑祕書〉. 書言神僊使鬼物爲金之術, 及鄒衍重道延命方, 世人莫見”라 하였으며 顔師古의 注에서는 “〈鴻寶〉, 〈苑祕書〉 모두 道術에 관한 篇名으로 베개 안에 감추었다는 것은 항상 감추어두고 누설(漏泄)하지 않음을 말함이다. 〈鴻寶〉, 〈苑祕書〉, 並道術篇名, 臧在枕中, 言常存錄之不漏泄也 (▷錄: 收藏也)”라 하였다. 後世에는 珍奇하고 秘藏된 書籍의 汎稱으로 쓰였다.

▸祕: 감추다. 公開하지 않다. 神祕하거나 稀罕한 것. 珍奇하여 늘 볼 수

없는 것.

▸丹梯: ① 붉은 색 사다리. 또 벼슬길을 비유한다. 丹은 붉다는 뜻 말고 그냥 임금이나 대궐, 神仙이나 仙界를 신비하고 찬란하게 보이려고 붙이는 말이다. ② 구름 있는 높은 하늘로 오르는 사닥다리니 바로 산봉우리를 가리킨다. ③ 仙人이나 道人을 찾아가는 길을 말한다.

▸庶: ① 가깝다. 거의 되려함. ② 바라건대. 바라노니.

▸陵: ≪杜臆≫에서는 陵字가 重複됨을(제16구 誰敢問山陵) 지적하고 可陵은 可凌으로 써야 한다고 하였으며 ≪杜詩詳注≫도 이를 따라 凌字를 썼다.

解說

淮南王의 베개 안에 감추었던 〈鴻寶〉같은 貴重한 書籍도 自己가 아끼고 사랑하는 門人 賓客에게야 어찌 완전히 秘密이며 오롯한 秘藏이었겠으리. 슬며시, 남의 눈에 띄지 않게 넌지시 보여주고 건네주었을 것이며 그리하여 그들은 神仙의 세상, 仙人의 길을 期約할 수 있었을 것이어라. 이와 마찬가지로 汝陽王께서도 王府에 秘藏된 天下의 珍奇하고 貴重한 圖書・典籍을 저에게는 다 閱覽할 수 있고 抄錄할 수 있도록 하시는 河海같은 恩惠를 베푸시니 저의 앞날은 그야말로 坦坦大路 높고높은 저 곳을 올라가는 貴한 사닥다리를 탄 것과 진배없음이어라.

☛ 參考

1) 옛날은 知識・情報의 獨寡占 時代였다. 아무리 聰明한 人才라도 圖書를 접할 機會를 잡지 못하면 그 頭腦는 死藏되도 말았다. 그래서 貧寒한 書生들은 그야말로 千里를 멀다하지 않고, 古文式으로 表現하면 不遠秦楚之路하고 藏書家를 찾아가 그 隣近에서 宿食하며 깡그리 베끼거나 필요한 부분만을 抄錄했고 드물게 天賦的으로 强記한 즉 기억력이 뛰어난 사람은 아예 통째로 외워 주위의 사람을 놀라게도 하였다. 後漢에서는 아예 돌에다 貴

重한 經傳을 새겨 그야말로 萬古不朽 萬年不敗의 教科書를 만들었으니 熹平石經이 바로 그것이다. 後漢 靈帝 熹平 4年에 蔡邕 等의 建議로 돌에 새기기 시작 9년이 지나 光和 6年에야 完成되었다. 마흔 여섯의 石碑에 隸書로 썼는데 當時 太學의 講堂앞 東側에 세웠으며 ≪魯詩≫, ≪尙書≫, ≪周易≫, ≪儀禮≫, ≪春秋≫, ≪公羊傳≫, ≪論語≫ 等 일곱 種의 經文이었다.

2) 錢存訓先生의 ≪中國古代書史≫에 의하면 戰國時代에 이르러 封建制度가 차츰 解體되며 實力爲主의 下剋上·弱肉强食의 社會로 바뀌었다고 한다. 이에 따라 교육도 普及되고 知識도 널리 퍼져 各種 思想이 形成, 儒家·道家·陰陽家·法家·名家·墨家·縱橫家·雜家·農家가 나오게 되었다 한다. 또한 個人이 藏書할 能力이 생기니 墨子가 "今天下士君子之書, 不可勝載. 지금 천하 士君子의 책은 다 실을 수 없다"하였으니 이러한 知識層은 列國을 周遊할 때에도 書籍을 携帶, 隨時로 應用할 수 있었다 한다. ≪莊子·天下≫에서도 惠施를 두고 "惠施多方, 其書五車. 惠施는 여러 分野에 通達하니 그 서적은 다섯 수레분이다"라고 하였으며 縱橫家인 蘇秦도 秦惠王에게 遊說하였다 失敗하고 自己의 藏書를 두루 뒤진 끝에 兵書인 ≪太公陰符之謀〉를 찾아내 깊이 研究 六國의 合縱을 이루었다는 것은 個人의 藏書를 말해주고 있다는 것이다. 秦의 焚書는 短期間이었고 地域的으로도 넓지 못하여 私家의 秘藏本들은 거의 毁損되지 않았다는 것이며 項羽에 의한 咸陽 宮闕의 焚燒야 말로 大浩劫(대호겁)으로 秦의 焚書와는 次元(?)이 다른 文化學術界에 대한 大打擊이었다는 것이다.

漢에 들어와서는 武帝때에 비로소 古籍에 대한 廣範圍한 收集이 始作되었으며 이것으로 宮中의 秘府를 채웠고 丞相 公孫弘이 獻書하는 길을 크게 열어 "百年之間에 書籍이 산처럼 쌓였다. 百年之間, 書積如丘山"고 한다. 또한 책방 즉 책을 매매하는 書肆라는 말이 揚雄의 ≪方言≫에 登場하였으며 天才인 王充도 어린시절 가난하여 책을 살 수 없자 洛陽의 書肆에서 내충내충 훑어보곤 하였다 한다. 이때에는 비록 個人的으로 大學者인 蔡邕이 萬餘卷의 藏書가 있었다 하나 이는 例外的인 일일 것이고 藏書는 高位層·貴族階級의 독차지라고 할 수 있으니 河間王 劉德, 淮南王 劉安 等은 重賞을 내걸고 先秦의 著作을 양도(讓渡)하는 사람에게는 副本을 베껴

주고 斷篇殘簡이라도 거두어 들였다 한다.

西漢을 代身하여 王莽의 新이 들어섰으나 失政으로 叛軍이 蜂起, 長安은 불바다가 되고 無數한 圖署·典籍이 烏有로 化하였으나 東漢을 세운 光武帝가 長安에서 洛陽으로 遷都할 때 그래도 二千輛 가득히 書籍을 싣고 갔다고 한다. 그 後 東漢의 藏書는 前代보다 세 배 정도 증가하였는데 董卓의 亂으로 洛陽이 불탔고 또 한 차례 掠奪·焚燒되었으며 長安으로 遷都할 때 겸백(縑帛)에 써진 書籍들은 모두 帳幕과 자루로 쓰여졌다 한다. 겨우 남은 것들도 獻帝 建安初의 動亂으로 또 한 번 파손되고 말았다 한다.

隋나라의 牛弘은 東漢 二百年동안의 두 차례 書籍毁損은 中國書史에 있어 古代에서 隋까지 있었던 다섯 차례 災難中의 하나라고 말했다 한다.

3) 貴重한 書籍을 가진 사람들은 이것을 子孫에게 보다는 제대로 活用할 天下의 奇才에게 남기려 하였으며 이는 본받을 만하고 칭송될 만한 일일 것이다. ≪三國志·王·衛·二劉傳≫을 보면 當時 才學으로도 著名하였고 朝廷의 官職으로도 尊貴하였던 蔡邕이 어린 王粲을 보고 奇特하게 여겨 “우리 집의 書籍文章을 모두 다 주겠다. 吾家書籍文章, 盡當與之”라고 한 말이 보인다. 그러나 董卓과 그 殘黨인 이곽(李傕)·곽사(郭汜)의 亂中에 蔡邕이 獄死하였고 王粲은 荊州로 逃避, 이 言約은 지켜지지 못한듯하다. ≪後漢書·列女傳·董祀妻≫를 보면 曹操와 蔡邕의 딸인 채염(蔡琰, 字는 文姬)사이의 對話가 記錄되어 있다.

“曹操가 그 김에 물었다. ‘듣건대 부인 댁에 본래 三墳五典같은 貴重한 典籍이 많았다던데 아직도 그것들을 기억해낼 수 있으신지?’ 文姬가 말했다. ‘이전에 선친께서 대략 사천 권쯤의 서적을 주셨는데 塗炭속에 流離하여 남은 것이 없나이다. 지금 암송·기억해낼 수 있는 것은 겨우 사백여 편입니다.’ 曹操가 말했다. ‘지금 열 명의 書史를 부인 계신 곳에 가 쓰도록 하리다.’ 文姬가 말했다. ‘첩이 듣건대 남녀유별(男女有別)이라 禮法上 직접 주고받지 않는다 합니다. 종이와 붓을 주신다면 또박또박 쓰던 흘려 쓰던 분부하시는 대로 따르겠나이다.’ 이에 文姬는 베껴 써서 曹操에게 보내니 글에 遺失됨·錯誤남이 없었다. 操因問曰: ‘聞夫人家先多墳籍, 猶能憶識之不?’ 文姬曰: ‘昔亡夫賜書四千許卷, 流離塗炭, 罔有存者. 今所誦憶, 裁四

百餘篇耳.' 操曰: '今當使十吏就夫人寫之.' 文姬曰: '妾聞男女之別, 禮不親授. 乞給紙筆, 眞草唯命.' 於是繕書送之, 文無遺誤."

以上을 보면 蔡邕은 王粲에게 書籍을 넘겨줄 機會가 없었던 듯하며 非命에 갔으므로 차근차근 정리하고 하나하나 따져볼 틈도 없이 딸에게 自動的으로 물려졌던 것 같고 난리판에 모두 흩어졌을 것이다. 曹操는 天下 大混亂期의 火急을 요하는 軍事·政治·民生·諸般事의 渦中에도 어떻게 보면 한가하다 할 圖書·典籍의 收拾에 神經을 썼으니 知識人·知性人의 面貌가 여기에서 躍然하게 나타났다 하겠다. 曹操 三父子가 文藝史上 不滅의 地位를 점하고 특히 曹植이 天下第一의 大文章家로 또한 八斗之才로 推崇되게 된 이유 중에는 天賦의 才能外에 知識·情報를 거의 獨占하였던 것도 큰 몫을 차지한다고 한다.

4) 三國을 거쳐 晉이 統一天下하여 잠시 小康狀態를 맞았는데 이 때 漢末과 三國의 戰亂·兵禍를 가까스로 모면한 書籍들은 北方遊牧民의 中原侵入時 또 浩劫을 만나 大量滅失되었고 나머지는 上流層과 士大夫를 따라 江南으로 일단 모여들었다. 齊·梁 때에는 文運이 성하였으니 특히 梁·武帝의 文治, 昭明太子의 《文選》 編選이 이를 代辯해주고 있다. 이 때 亡失되고 散佚된 貴重한 文化財의 廣範圍한 수라(蒐羅)·수집(收集)이 있어 일정부분 恢復했다고 볼 수 있다. 그러나 侯景의 亂으로 首都 建康의 모든 文物은 灰燼으로 돌아갔으며 武帝의 뒤를 이은 簡文帝 또한 侯景에 殺害되자 武帝의 第七子인 湘東王이 江陵에서 帝位에 오르니 元帝다. 그러나 곧 北方의 西魏가 侵攻, 梁의 마지막 堡壘였던 江陵一帶는 무너졌다. 《梁·元帝紀》에 따르면 "敗戰하자 圖書 十四萬卷을 불 지르며 讀書 萬卷했건만 오히려 오늘 이 지경에 왔구나라고 말하였다. 兵敗, 焚圖書十四萬卷, 曰: '讀書萬卷, 猶有今日'"한다. 흡사 梁·元帝는 옛날 宋·眞宗의 〈勸學文〉을 미리 알고 그렇게 불 질러 어깃장 놓은 듯 하였으니 깊은 嘆息과 虛妄만이 감돌뿐이다.

〈勸學文〉 宋·眞宗皇帝

富家不用買良田, 書中自有千鍾粟. 安居不用架高堂, 書中自有黃金屋.

出門莫恨無人隨, 書中車馬多如簇. 娶妻莫恨無良媒, 書中有女顔如玉.

男兒欲遂平生志, 六經勤向窓前讀.

집을 부유하게 하려고 良田을 살 것 없나니, 책 속에 본래 천 종의 곡식 있거늘. 편안히 살려고 높은 집 지을 것 없나니, 책 속에 본래 황금의 집이 있거늘. 문을 나섬에 비서·수행원 없다고 한탄 말 것이, 책 속에 수레·말이 떨기처럼 많거늘. 장가들려는데 능력 있는 중매 없다 한탄 말 것이, 책 속에 얼굴이 옥 같은 여인 있거늘. 남아 대장부 평소의 뜻을 이루려면, 六經을 부지런히 창앞에서 읽어야 하리.

梁·元帝는 어릴 때 杜甫가 "淸新庾開府"라 칭한 바로 庾信에게 글을 배웠다. 선생도 훌륭했고 제자도 傑出했다 한다. 그러나 衆寡不敵으로 결말 뻔한 戰爭이라는 慘酷한 狀況에서 書籍·文章·知識·藝術은 無用之物이었다. 極度의 絶望속에 旣存 至上의 價値는 詛呪와 憎惡의 對象이 되었을 것이고 확 싸질러 연기와 재로 만들었을 것이다. 천년의 세월이 지나 元帝와 眞宗이 저승에서 만났다면 분명 따졌겠고 또한 변명했으리라. "나라를 보존함에 많은 將卒 날카로운 무기가 없다고 한탄 말아라. 책 속에 金城湯池가 있다"고는 절대 안 썼다고 말이다.

元帝의 焚書는 秦始皇의 焚書以來 最大의 故意的인 文物破壞로 수많은 知識人들이 哀惜·痛惜해 하였다.

5) 杜甫 當時라고 書籍이 널리 두루 天下에 普及되었을 리가 없다. 특히 稀貴하거나 珍貴한 圖書는 大部分 宮闕안에 秘藏되었으며 이러한 傳統은 淸代까지 持續되었다. 祕書省 — 唐代에는 蘭臺·麟臺라고 改稱했다 — 의 祕書丞, 祕書郞, 校書郞이 되면 자유롭게 이것을 접할 수 있었으나 布衣의 身分으로는 焉敢生心! 結局 汝陽王처럼 皇帝의 親族으로 自身이 多數의 書籍을 收藏하였고 大闕의 祕書에 接近할 수 있는 人物이 그들에게는 間接的이긴 하나 귀중하고 희귀한 圖書 接近의 捷徑이었을 것이며 最善은 아니더라도 次善의 方策이었을 것이다. 따라서 本詩의 鴻寶·丹梯 두 句는 汝陽王이 實際로 書籍을 杜甫에게 보여준 것일 수도 있고 그렇게 되길 바라는 杜甫의 希望일 수도 있으며 넌지시 暗示하는 內容일 수도 있다.

❖ 제43·44구: 淮王門有客, 終不愧孫登.

註

▸淮王: 淮南王 劉安. 漢高祖의 孫子가 된다. 書籍·琴을 좋아하며 활 쏘고 말 달리며 사냥하는 일은 좋아하지 않았다. 百姓을 다스림에는 陰德을 行하여 어루만지고 慰勞하여 名譽를 얻고자 하였다. 또한 賓客과 方術之士 數千名을 招致하여 方術에 관한 內容을 적은 ≪內書≫ 二十一篇을 著述하였고 道敎修煉과는 상관없는 ≪外書≫ 또한 아주 많았으며 神仙과 黃白之術(黃金·白銀을 만드는 법 즉 鍊金術)을 論한 ≪中篇≫ 八卷을 지었다. 當時 皇帝인 武帝는 藝文을 좋아한데다 淮南王이 아버지 行列의 아저씨뻘이 되므로 아주 尊重하였다. 王이 처음 入朝하였을 때 ≪內書≫ 二十一篇을 獻上하였는데 그것이 지금의 ≪淮南子≫라 한다. 그는 淸心寡慾·無爲之治의 道敎를 전면에 내걸었고 塵世를 脫出하여 羽化登仙하려 했으나 의외로 俗念이 강하고 執拗하여 太子인 遷과 反亂을 謀議, 攻擊·戰鬪用 武器를 多數 장만하고 金錢으로 郡國을 買收하려 工作하였다. 擧兵 直前까지 간 것만 해도 여러 차례였으나 또한 躊躇하다 罷意하곤 하였다. 結局 王·王后·太子 더불어 謀反한 列侯·二千石·豪傑 數千名이 誅殺되었다. 앞에서도 말했지만 杜甫 當時 즉 唐代까지는 典故의 運用에 있어 어떤 한 長點만 浮刻시키고 다른 部分은 無視·度外視하였다. 本詩에서도 淮南王의 賓客優待·好學·著述따위만 選擇的으로 썼고 다들 그렇게 받아들였다. 그의 謀反·表裏不同은 自動으로 차폐(遮蔽)되니 이를 問題삼는 이 또한 없었다.

▹淮南王이 神仙되는 것을 바라고 수많은 方術之士를 招致하여 책을 내고 하니 그는 世人들에게는 神秘의 人物로 변하였고 주위의 人物들도 덩달아 仙人들이 되었다. 일찍이 여덟 명의 눈썹·수염 허연 노인들이 그를 찾아오니 王은 그들이 늙었다고 薄待하였다. 아마도 仙術이 있는 경우에는 늙지 않는 駐顔術을 알 터인데 그렇지 않으니 보

나마나라고 그리한 듯하다. 그러자 여덟 노인은 순식간에 동자로 변했다 한다. 또한 王이 죽은 것이 아니고 白日昇天했다고 하였다. 以上은 ≪漢書 · 淮南衡山 · 濟北王傳≫과 ≪神仙傳≫에서 뽑은 것이다.

▸有客: 有는 爲의 뜻이 있다. 爲客: 賓客이 되다.

▸孫登: 三國時代 魏나라 사람. 汲郡의 共人으로 家族없이 고을의 北山(共北山) 土窟속에 살며 ≪易≫을 즐겨보고 一絃琴(古琴의 한 種類)을 탔다. 여름에는 풀을 엮어 치마 만들어 입고 겨울에는 머리 풀어 몸을 덮었다. 한마디로 괴짜요 隱者다. 嵇康이 藥草캐러 汲郡의 共北山에 갔다가 孫登을 만났다. ≪魏氏春秋≫에 의하면 嵇康이 對話하려 하여도 默然히 不答하였고 嵇康이 가려하자 이에 비로소 "그대는 才多識寡(재주는 많으나 識見이 不足함)하니 지금 같은 世上에서는 면하기 어려우리"하였다 하고 ≪嵇康別傳≫을 보면 "그대는 性烈而才儁(性品이 激烈한데 재주는 俊逸하다)하니 면할 수 있을런지"하였다 하며 ≪晉陽秋≫에 따르면 嵇康이 孫登을 처음 만났을 때 孫은 길게 휘파람만 불 뿐이었다. 긴 시간이 지나도록 말이 없다가 嵇康이 물러간다며 "先生께서는 끝내 한 말씀 안 하시겠습니까?"하니 孫登이 말했다. "惜哉!(아깝구나)"라고. (이상은 ≪三國志 · 魏書 · 王 · 衛 · 二劉傳≫의 裴松之 注에서 뽑은 것이다.)

➥ 嵇康은 魏나라 曹氏의 사위가 되어 中散大夫에 올랐다. ≪世說新語 · 容止≫ 等을 보면 俊秀한 容貌와 뛰어난 체격을 가졌던 인물인 듯하다. 山濤 · 阮籍 · 向秀와 특히 친하며 竹林七賢의 一員이다. 그가 쇠를 달구어 두드리는 대장일을 좋아하였다니 창백하거나 호리호리한 美男은 아니었을 것이다. 타고난 性品이나 曹氏의 사위라는 조건으로나 司馬氏와 和諧할 수는 없었을 것이나 "才多識寡"라는 말이 너무나 어울리게 世上事에 대한 分別力과 判斷力이 너무 적었는지 故意로 그러한 체 하였는지 모르지만 너무하구나 하는 생각이 들 지경이다. ≪世說新語 · 簡傲≫

를 보면 當時 名門出身으로 司馬昭의 絶對的 信任을 받고 있던 鍾會가 嵇康과 交分을 맺고 싶었던지 司馬昭의 暗示를 받았던지 그때의 내로라 하는 賢俊한 人士들과 함께 嵇康을 訪問하기로 하였다. 가보니 큰 나무 밑에서 쇠를 두드리고 있었는데 상수(向 秀)가 풀무질하며 돕고 있었다. 嵇康은 망치를 들어 연방 쇠만 두드릴 뿐 방약무인(傍若無人)이었다. 시간이 꽤 지나도록 한마디 말도 서로 건네지 않으니 鍾會가 일어나 가려 하자 그제서야 嵇康이 말했다. "무엇을 들었기에 왔고 무엇을 보았기에 가는가. 何所聞而來, 何所見而去." 鍾會가 말했다. "들은 것을 듣고 왔었고, 볼 것을 보고 간다오. 聞所聞而來, 見所見而去." (以上의 이야기는 ≪三國志・魏書≫의 裴松之 注에서 引用한 ≪魏氏春秋≫에도 실려 있는 有名한 對話다.)

기왕 세상을 살아가자면 이렇게 하여서는 免하기 어려울 것이다. 아무리 생각이 다르고 가는 길이 달라도 내 집을 찾아 온 貴公子・名士들에 대한 대접이 이래서야 되겠는가. 酒案床이 어렵다면 茶啖床(다담상)을 내오고 酒肴순비가 번거롭다면 茶菓라도 차리는 것은 어렵게 禮法이라 말할 것 없이 — 竹林七賢들은 旣存의 禮니 道德이니 하는 價値・秩序를 깡그리 無視했으니까 하는 말이다 — 사람의 情일 것이다. 結局 鍾會는 앙심(怏心)을 먹고 돌아갔으며 뒷날 그를 죽음으로 내몰았다. 그가 지은 〈幽憤詩〉에서 "……天性이 남을 해치지 않는 性品이건만 자주 남의 원망(怨望)과 증오(憎惡)를 招來하였다. 古人으로는 春秋時代의 모난 데 없이 圓滿한 處世로 이름난 柳下惠에 부끄럽고, 今人으로는 세상피해 살며 내게 '才多識寡'하니 면하기 어려우리 忠告해준 孫登에게 창피하구나. 안으로는 原來부터 지녔던 本心을 저버렸고, 밖으로는 벗님들에게 얼굴 들 수 없네.……性不傷物, 頻致怨憎. 昔慚柳下, 今愧孫登. 內負宿心, 外恧良朋.……"라고 한 것을 보면 자기가 한 言行을 끝까지 固執하지 않고 後悔하는 痕跡을 보인다.

本詩에서 杜先生이 孫登에 부끄럽지 않다고 한 것은 孤高・潔白하고 安貧樂道하는 處士나 隱逸에게 하나도 꿀리거나 켕길 것 없는 것이 지금 汝陽王의 門下에서 지내는 나의 現住所요 昨今의 狀況이 올씨다 하는 말이니 汝陽王을 추어올림과 同時에 自身 또한 당당하다고 自負하는 뜻이 함께 쓰인 것이다. ≪杜臆≫에서 "嵇康이 만난 시대는 글렀으나 자기가 함께하는 분은 賢王이며 또한 太平聖代다. 蓋嵇康所遇非時, 而己所與遊則賢王也, 亦盛世也."라 했는데 正鵠을 찔렀다고 본다.

解說

淮南王같이 學識깊고 道術높으며 賓客을 優待하는 汝陽王爺의 賓客이 되었음이여. 太平한 盛代·聖明한 淸時에는 世上을 위하여 선비의 能力을 발휘함이 本分이니 내 紅塵世上과 隔絶하여 獨善其身하는 孤高한 孫登같은 분에게 끝내 한 점 부끄러움이 없음이어라.

☛ 參考

1) 明·李時珍 ≪本草綱目·穀四·豆腐≫에서 "豆腐之法始於漢淮南王劉安"이라 했다. 무엇에 근거했는지는 모르지만 하여튼 두부 만드는 법은 漢나라 때 淮南王 劉安에게서 비롯되었다는 것이다. 생각하건대 仙術을 닦는 사람들은 비린 것·누린 것을 안 먹으니 不足한 營養分을 두부에 의존했을 것이며 그 發明의 榮光도 道人들을 優待하던 王에게 돌아간 듯하다.

2) 1960年代 美國을 中心으로 全世界로 퍼진 히피(hippie)를 일반인들은 가끔 紊亂한 生活을 하는 集團쯤으로 여기지만 旣成의 價値觀·社會的 慣習·制度를 否定하고 人間性의 恢復·自然과의 直接的인 交感을 主張하며 자유로운 生活樣式을 追求하였다. 그들은 대체로 殺生을 反對하여 菜食을 하였는데 그들이 모여 사는 곳에는 小規模일망정 두부공장이 있었다. 理想과 現實의 틈 사이에서 두부가 葛藤의 解決士機能을 함은 東西古今이 하나라고 하겠다.

27. 〈贈比部蕭郎中十兄〉(五言排律)

原注: 甫從姑之子.

有美生人傑, 由來積德門. 漢朝丞相系, 梁日帝王孫.
蘊藉爲郎久, 魁梧秉哲尊. 詞華傾後輩, 風雅靄孤騫.
宅相榮姻戚, 兒童惠討論. 見知眞自幼, 謀拙愧諸昆.
飄蕩雲天闊, 沈埋日月奔. 致君時已晩, 懷古意空存.
中散山陽鍛, 愚公野谷村. 寧紆長者轍, 歸老任乾坤.

❖ 詩題

註

▸比部: 刑部에 속하며 직책은 簿籍을 稽核함이다 하니 各種 文書・書類를 살피고 조사하는 것 같다. 比의 音은 皮라고 ≪杜詩詳注≫에서 밝혔는데 ≪中文大辭典≫을 따르면 比를 (비)가 아닌 (피)로 읽는 경우는 "近也", "相次也"의 뜻으로 쓰일 때이며 그 例로 杜甫의 ≪將赴成都草堂途中有作先寄嚴鄭公〉五首의 其二: "休怪兒童延俗客, 不教鵝鴨惱比鄰"를 들었다. ≪杜詩詳注≫에서도 이 比鄰의 比는 音이 皮라 하였다. 그러나 지금은 모두 비린(bǐlín)으로 읽는다. 굳이 비부를 피부로 읽을 필요는 없는듯하니 그렇게 하려면 比鄰도 (피린)으로 읽어 주어야 公正性・一貫性을 잃지 않는 것이리라.

▸郎中: 各部에 모두 이 職銜이 있으며 尙書(지금의 長官)・侍郎(지금의 次官) 밑의 高級官員이었다. 요즈음으로 말하면 局長・理事官에 해당할 것이다.

▸從姑: 당고모 즉 아버지의 사촌누이임.

解說

比部의 郎中이신 蕭十 형님에게 드리는 시. 蕭氏와 결혼한 당고모의 아들로 郎中 벼슬하는 蕭氏兄弟 中 열번째—大家族制度에서의 兄弟 순서에 따름—인 형뻘되는 사람에게 주는 詩를 말함.

❖ 제1·2구: 有美生人傑, 由來積德門.

註

▸有美: 美人이 있으니의 뜻. 美人은 品格·德行이 아름다운 사람이니 ≪詩·邶風·簡兮≫의 "云誰之思, 西方美人. 彼美人兮, 西方之人兮. 누구를 생각하나? 서쪽의 고운님이지. 저 고운님은 서쪽의 사람이라네."와 ≪詩·唐風·葛生≫의 "予美亡此, 誰與?獨處! 내 고운님 여기 없네. 누구와 함께 할까? 혼자 지내야지!"에서 알 수 있듯이 眞情으로 思慕하는 對象이 될 만한 사람의 뜻이리라.

▸生人: 人民. 民衆. 衆人.

▸傑: 出衆한 사람. 特出한 사람. 傑出한 사람을 가리키니 흔히 人傑·俊傑·豪傑로 쓰인다.

▸由來: 從來로. 歷代로. 예로부터. 여태까지.

▸積德: 덕을 많이 베풀어 쌓음. 또는 그러한 德行. 累德과 같음. 흔히 "積德累善"·"積德累仁"으로 쓰며 비슷한 뜻으로 "積善"도 있다. ≪書·盤庚·上≫에서 "汝克黜乃心, 施實德于民, 至于婚友; 丕乃敢大言, 汝有積德. 너희들이 삿된 마음을 버리고 백성에게 실질적인 덕을 베풀며 그것이 인척(姻戚)과 붕우(朋友)에 까지 이른다면 그때는 큰소리 칠 수 있다. 德을 쌓았고 善을 행했다고."라 하였다. 또한 ≪易·坤≫에서는 "積善之家, 必有餘慶. 積不善之家, 必有餘殃. 善을 쌓은 집안은 반드시 後孫에게 끼치는 德澤이 있고, 不善을 쌓은 집안은 반드시 後孫에게 남겨지는 災殃이 있다."라 하였다.

解說

品格·德行이 아름다운 분 있으니 뭇 백성 모든 民衆속에서 特出한 人傑이시네. 이 분은 平地突出로 이리 뛰어나심이 아니요 예로부터 積德累善한 家門이라 그리 되셨음이네.

❖ 제3·4구: 漢朝丞相系, 梁日帝王孫.

註

▸제3·4구는 積德家門의 內容을 簡潔하게 추린 것이다.

▸漢朝丞相系: 漢王朝의 丞相인 蕭何의 系統(血統世系). 蕭何는 漢나라 創業의 第一功臣으로 高祖가 敗戰하고 困境에 빠졌을 때에도 後方인 關中을 굳게 지키며 軍需(糧食·軍服·兵器)와 士卒이란 人的資源의 補給·補充을 거의 完璧하게 해냈다. 이것은 그의 立功이며 積德은 그가 春秋戰國 數百年의 亂世와 秦의 虐政으로 塗炭에 빠진 百姓들에게 休息을 주었다는 점일 것이며 儉約을 率先垂範한 것이리라. ≪史記·蕭相國世家≫를 보면 "置田宅必居窮處, 爲家不治垣屋. 曰 '後世賢, 師吾儉; 不賢, 毋爲勢家所奪.' 전답과 주택을 장만할 때 반드시 외진 곳에 자리 잡았으며 집을 지어도 높은 담장으로 에워싼 큰 집을 짓지 않았다. 말하기를 '후손이 똑똑하면 나의 검약을 본받을 것이고 못나도 권세 있는 집안에 빼앗기시는 않을 것이다.'라 하였다."라 하였으니 丞相으로 있을 때 節約·儉素를 實踐하였으며 업적을 남기려고 사업을 벌이는 것보다는 安定되고 조용한 世上을 만들기에 努力한 점은 족히 積德이라 할 수 있겠다.

▸梁日帝王孫: ▹日: 時代. 時期. 殷나라 시대, 周나라 때를 殷之日, 周之日이라 함. ▹帝王: 梁 武帝 蕭衍(소연). 齊의 禪讓으로 皇帝가 됨. 즉위한 뒤에 크게 文敎를 일으켰고 誹謗木을 設置, 言路를 열었으며 地方의 特産을 바치는 貢獻을 없앴다. 自身은 布衣를 입었고 갓은 삼

년을 썼고 이불은 이 년을 덮었다. 佛敎를 독실하게 믿어 殺生을 금하여 비린 것 누린 것을 멀리하고 단지 콩국(豆羹)·현미밥(糲米)을 먹었다. 信仰心이 지나쳐서 옷감에 禽獸·魚蟹·蜂蝶의 무늬있는 것은 이것들을 다치지 않게 마름질하게 하였으며 여러 차례 同泰寺같은 大刹에 捨身, 臣僚들이 巨萬의 속전(贖錢)을 내고 還俗시킨 것은 좀 심하다 싶지만 그의 生命尊重의 純粹한 意圖는 기특하다 할 수 있으며 또한 積德이라 할 수 있겠다.

解說

漢 王朝 第一의 創業功臣으로 丞相이 되어 百姓들을 安定시키고 休息을 취하게 하였으며 儉約을 率先垂範한 蕭何의 血統이시고 梁 時代 創業之主며 文治로 盛世를 이룩하였고 殺生을 금하는 生命尊重을 徹底히 實踐한 武帝 蕭衍의 後孫이시네.

➥ 郞中이라는 官職이 결코 만만하거나 녹록한 자리는 아니다. 그러나 이 자리를 얻으려고 丞相은 漢朝부터 그렇게 애쓰고 힘썼으며 皇帝는 梁日에 또 그렇게 덕을 쌓았다니—郞中이 무슨 未堂의 한 송이 菊花같다—龍頭蛇尾라 하기에는 좀 거시기하고 頭大尾小라 하자니 너무 머시기하여 참 난처하다. 윗사람에게 올리는 이른바 贈詩라는 것이 本來 그러려니 하고 넘어가는데 이것은 贈詩의 先天的 缺陷이요 배냇버릇이니 어찌하랴. 杜甫같은 능소능대(能小能大)·능수능란(能手能爛)도 이것만은 면(免)하기도 피(避)하기도 어려웠나 보다.

❖ 제5·6구: 蘊藉爲郞久, 魁梧秉哲尊.

註

▸蘊藉(온자): ① 寬厚(마음이 너그럽고 후덕함)하며 涵養(能力·品性을 기르고 닦음)함이 있는 것. ② 含蓄하여 겉으로 顯露(드러남)하지 않는 것.

▸爲郞久: 郞과 郞中은 다르다. 蕭氏는 郞中이지 郞은 아니다. 그러나

"爲郎久"라고 한 것은 그 理由가 있는 것으로 차차 밝히겠다. 郎의 본래(本來) 職責은 皇帝를 護衛하고 陪從하며 한편으로는 隨時로 建議하는 것이다. 요즈음으로 치면 行政考試 合格者가 官僚로 처음 나설 때의 事務官과 비슷하다고 하겠다. 요컨대 漢代의 郎은 처음 벼슬길에 오르는 青年들에게는 羨望의 對象이었을 것이다. 그러나 그곳에서 昇進·榮轉못하고 붙박이가 되어 늙어버리면 이때의 郎이란 閑官이요 閑職일 뿐이다. 杜甫가 "爲郎久"라 한 것도 〈漢武故事〉의 顔駟(안사)에 蕭氏를 빗대서 표현한 것이지 郎과 郎中을 구분하지 않고 쓴 것은 아니다.

≪杜詩詳注≫에서 ≪漢書≫의 "馮唐白首爲郎. 풍당은 머리 센 늙은이 되도록 郎이었다"을 引用하였는데 ≪漢書≫, ≪史記≫ 어느 곳에도 이 句를 찾을 수 없다. 자세히 살펴보자.

≪史記·張釋之·馮唐列傳≫과 ≪漢書·張·馮·汲·鄭傳≫에는 文帝가 馮唐에게 "노인장은 어떻게 郎이 되셨으며 댁은 어디이신지. 父老何自爲郎? 家安在?"하고 물었으며 이야기 끝에 馮唐이 魏尙이라는 有能한 장수를 추천하였고 馮唐 또한 거기도위(車騎都尉)가 되어 중위(中尉. 서울의 治安擔當)와 郡國의 車戰(兵車戰鬪)하는 兵士를 統率하게 되었다고 되어있다. 馮唐의 "白首爲郎"은 아마도 〈漢武故事〉에 나오는 顔駟와 混合이 되어서 ≪杜詩詳注≫에서 그렇게 記錄한 듯하다. 〈漢武故事〉. "武帝嘗至郎署, 見郎官顔駟, 鬚鬢皓白, 衣服不整. 問何時爲郎. 答以文帝時爲郎. 又問何老而不遇. 答曰. 文帝好文而臣尙武, 景帝好老(一本作美)而臣尙少(一本作貌醜), 陛下好少而臣已老, 是以三世不遇. 武帝感其言, 擢拜會稽都尉. 武帝가 일찍이 郎署에 이르러 郎官인 顔駟의 수염과 머리가 허옇고 의복이 주레한 것을 보고 언제 郎이 되었는지 물었다. 文帝때에 되었다고 답하자 또 물었다. 왜 늙도록 불우한가하고. 답하기를 文帝는 文을 좋아하셨으나 臣은 武를 높였었으며 景帝는 노인을(一本에는 잘 생긴 것) 좋아하셨으나 臣은 아직은 젊었었

고(一本에는 못생겼고) 陛下께서는 청년을 좋아하시나 臣은 이미 늙었으니 이로써 三代에 걸쳐 불우하였나이다 하였다. 武帝는 그 말에 느끼는 바 있어 발탁(拔擢)하여 會稽 都尉의 벼슬을 주었다.” ➪ 顔駟는 〈漢武故事〉以外에는 어떤 史書에도 나오지 않는다.

杜甫가 말하려는 것은 蕭氏의 재주와 능력으로 보면 마땅히 政丞·宰相이 되어야 할 것인데 그렇게 오랫동안 郎中에 머물러 있는 것이 참으로 민망하기 짝이 없으니 漢나라 때 白首되도록 郎에 있었던 顔駟처럼 不遇하고 不運하다는 것이리라. 洛陽才子 賈誼의 말을 빌리면 可爲痛哭者요 可爲流涕者며 可爲長歎息者(통곡할 만한 것이요 눈물 흘릴 만한 것이요 긴 한숨쉴만한 것)이 되겠다. 이 句를 정리해보자.

蘊藉를 ①의 의미대로 해석하여 爲人이 寬厚하며 涵養하다고 하면 이것은 政丞이나 判書에 合當한 德目이리라. 즉 寬厚·涵養하여 오랫동안 政丞·判書를 두루 맡았고, 善政을 베풀었다 이렇게 되어야만 순통한 해석이 될 것이다. 그러나 애석(哀惜)하고 유감(遺憾)스럽게도 郎中에게는 잘 어울리지 않는 것이다. 따라서 이 句는 倒置로 보아 郎中된지 오래 되어도 즉 郎中에 말뚝 박았어도(좀 상스럽지만 아주 딱 들어맞는 말이다) 섭섭한 마음·억울한 심사를 含蓄하며 顯露하지 않는 美德을 가졌다 하여 蘊藉의 ②의 뜻으로 풀어야 마땅할 것이다. 또한 자기의 經綸을 펼칠 기회·자리를 얻지 못하여 그저 품고 있다는 뜻도 있으리라. 孔子도 말씀하셨다. “人不知而不慍, 不亦君子乎! 사람들이 알아주지 않아도 울끈하지 않으니 또한 군자가 아니겠는가!”(≪論語·學而≫)라고. 자기의 才能·學識을 제대로 評價받지 못하여 郎中으로 待遇하면 조용히 때를 기다리는 것이다. 事實 비루(鄙陋)하거나 치사하게 집권자(執權者)에게 아부(阿附)하거나 財力이 있어 뇌물(賂物)을 쓰지 않는 한 기다리는 것 외에 무슨 뾰족한 수가 있는 것도 아니다. 그래서 自古로 낚시는 고기 낚는 것 외에 세월 낚는데도 쓰인 것이다.

▸魁梧(괴오): 魁吾. 魁俉. 체구가 크고 훤칠하다. 우람하다. 장대하다. ≪史記·留侯世家≫: "太史公曰: ……上曰: '夫運籌策帷帳之中, 決勝千里之外, 吾不如子房.' 余以爲其人計魁梧奇偉, 至見其圖, 狀貌如婦人好女. 太史公은 말한다……上(高祖)께서 말씀하시기를 '일선(一線) 즉 최전선(最前線)에 나가지 않고 後方의 장막(帳幕)안에서 산가지를 놀려 계책을 세워 천리 밖의 승전(勝戰)을 결정짓는 것 이것은 내가 張子房만 못하다.'하셨다. 내 생각에 그 사람됨이 훤칠하고 우람하며 특출하리라고 여겼었는데 막상 그의 肖像을 보니 여자 중에서도 예쁜 여자의 모습이었다." ≪史記≫의 표현을 보면 魁梧奇偉는 영웅·호걸에 대해 일반적으로 품고 있는 印象임을 알 수 있다.

▸秉哲: 秉은 가지다. 지니다. 장악하다의 뜻이다. 哲은 智慧롭다. 賢明하다. 智慧로운 사람. 賢明한 사람. 秉哲: 智慧·賢明을 지니다.

▸尊: 尊貴. 高貴.

➡ 이 句는 張子房 즉 張良에 관한 ≪史記≫의 記錄을 念頭에 두고 쓴 듯하다. 張良은 智慧로움 明哲함의 化身으로 戰勝의 幕後 智略家·實力者지만 外貌는 말하자면 계집애같아 威儀가 없다는 것이다. 그러나 蕭氏는 智慧와 賢明을 지닌 尊貴함에 보태서 外貌 또한 훤칠하고 우람하여 진짜 豪傑·大丈夫也라! 인 것이다. 앞에서도 말했지만 唐代 吏部의 關試는 身·言·書·判을 따지는 것인데 身은 요즈음의 곱상한 꽃미남이 아니요 威風堂堂함이다. 즉 蕭氏는 張良의 智慧 더하기 健壯한 男性美로 完璧한 男子의 표상(表象)이 된다는 것이다.

解說

옛날 漢 武帝에게 늦게나마 拔擢된 顔駟는 郎으로 늙었는데 지금 형께서는 그보다 훨씬 위인 郎中으로 보한 오래 계시지만 그렇다고 不平이 滿滿하시거나 낙담(落膽)하심이 없으심이라. 언젠가는 펼칠 抱負·經綸을 속에 품고 계시면서 옹용(雍容)하고 화평(和平)한 기색(氣色)으로 여유작작(餘裕綽綽)하시니 진정한 男兒이십니다. 형의 智慧와 賢明의 尊貴함에 훤칠하고 우람하신 모습을 겸비하셨으니 더 바랄 것이 무엇이겠습니까. 때를 기다리면 반드시 一鳴驚人할 날이 올 것입니다.

❖ 제7 · 8구: 詞華傾後輩, 風雅靄孤騫.

註

▸詞華: 辭藻(詩文의 文采나 말의 修飾)가 華麗함.

▸傾: ① 압도하다. 이기다. ② 尊敬하여 감복(感服)함. 흠모(欽慕)함. 傾倒함(온 마음을 기울여 사모하거나 열중함).

▸風雅: 風流儒雅. 風流는 風致있고 멋들어짐. 말쑥하고 품위가 있는 즉 세련(洗鍊)됨을 말한다. 儒雅는 學問이 깊고 태도가 의젓함이다. 생각하건데 風流는 즐겁게 놀 때의 멋과 끼이며 儒雅는 절차탁마(切磋琢磨) 즉 學業과 德行을 부지런히 닦아서 나오는 의젓함. 요즈음 말로 知性美일 것이다. 공부와 노는 것을 알맞게 갖는 것은 중요하다. ≪禮記 · 雜記下≫에서도 "張而不弛, 文 · 武弗能也; 弛而不張, 文 · 武弗爲也. 一張一弛, 文 · 武之道也. 緊張하여 즉 조여서 일만 하고 가끔 느슨하게 풀어 놀지 않으면 文王이나 武王이라도 해낼 수 없었을 것이며 항상 느슨하게 풀어진 채 긴장하여 일하지 않는 것. 이것은 文王 · 武王도 그렇게는 안했을 것이다. 때로는 조이고 때로는 느슨하게, 이것이야말로 文王 · 武王의 道인 것이다."라 하였는데 杜先生은 風流儒雅를 본받고 到達하고자 하였던 目標 · 理想의 한 부분으로 여긴 듯하다. 그의 ≪詠懷古跡≫ 五首의 其二에서도 "搖落深知宋玉悲, 風流儒雅亦吾師. ≪楚辭 · 九辯≫에서 흔들려 떨어지는 낙엽운운 한 송옥의 비애를 보고 마음 통하는 벗으로 생각했으나, 풍류유아를 보니 또한 나의 스승이로구나." 라고 했으니 말이다.

▸靄(애): 노을. 구름이 피어오르는 모양. "윗句의 '傾'字가 動詞로 쓰였

으므로 여기에서도 動詞로 쓰여 구름 속에 들다의 뜻이 된다."(鄭文 先生의 ≪杜詩檠詁≫ 그런데 우리 생각에 初唐의 王勃이 지은 ≪滕王閣序≫에서 "落霞與孤鶩齊飛, 秋水共長天一色"이라 한 것이 人口에 膾炙되는 명구이므로 杜先生도 이것을 意圖的인지 또는 無意識中에 썼는지는 모르지만 하여튼 影響을 받았을 것으로 생각된다. 따라서 홀로 뛰어난 새가 높이 노을 속으로 날아갔다로 해석함이 妥當할 듯하다.

▸孤騫: 孤는 홀로 뛰어남. 獨一無二. 唯一無二. 騫(헌)은 높이 나는 모습. ⇨ 騫騰: 뛰어 오름. 騫翥(헌저): 높이 날아오름. 孤騫은 ① 무리 중에서 홀로 뛰어남. 무리들과 아주 다름. ② 獨自飛翔함.

解說

詩文의 文采・修飾이 華麗하여 後輩들을 傾倒시키셨으며 後輩들이 모두 尊敬・欽慕하게 만드셨습니다. 風流을 아시니 멋과 끼가 극히 세련되었으며 겸하여 學業과 德行을 切磋琢磨하여 自然스럽게 나타나는 知性美 있어 마치 무리 중에서 홀로 뛰어난 새 한마리가 높이 날아 찬란한 노을 속에 들어간 것 같았습니다.

❖ 제9・10구: 宅相榮姻戚, 兒童惠討論.

註

▸宅相: ① 住宅 風水의 相. 이때 相은 (xiàng)으로 去聲이다. ≪晋書・魏舒傳≫: "(舒)小孤, 爲外家甯(同寧字)氏所養. 甯氏起宅, 相宅者云: '當出貴甥.' 外祖母以魏氏小而慧, 意謂應之, 舒曰: '當爲外氏成此宅相.' (魏舒)어려서 孤兒가 되어 外家인 甯氏에게 養育되었다. 甯氏가 집을 짓는데 住宅의 相을 보는 者가 말하기를 '분명히 잘난 외손자가 나올 것이다.'하였다. 외조모는 魏舒가 어리지만 총명하므로 기대에 副應하리라 여겼다. 魏舒가 말하기를 '마땅히 외가를 위해 이 住宅의 相을 성사시키겠습니다.' 하였다."

▷甥: 外甥. 외손자.

▷意謂: 以爲. 認爲. 心中所想. 생각하다. 여기다. 인정하다.

▷應: 符合. 適應. 應驗.

② 魏舒의 일 때문에 외손자를 宅相이라고 하였다.

▸姻戚: 姻親. 婚姻관계로 맺어진 친척.

▸兒童: 杜甫가 兒童일 때를 말한다.

▸惠: 恩惠. 寵愛. 賜予하다. 贈送하다. 베풀다.

▸討論: 探討(연구 토론)하며 評論을 함.

本句는 杜甫가 어린아이였을 때에도 蕭氏가 一方的으로 自己의 意見이나 見解를 注入시키거나 强要하지 않고 對等한 관계에서 서로 研究·討論·評論을 하도록 配慮하여 杜甫를 同等한 學人의 一員으로 認定한 것을 고맙게 생각한다는 것이다.

解說

杜氏 家門의 딸인 堂姑母가 蕭氏家門으로 出嫁하셨으니 蕭氏 兄에게 杜氏家門은 外家가 되고 蕭氏 兄은 杜氏家門으로 보면 外孫子가 됩니다. 따라서 住宅의 相에 따라 나온 甯氏家門의 잘난 外孫子 魏舒같은 杜氏家門의 外孫子인 蕭十兄은 蕭氏家門의 자랑일 뿐 아니라 婚姻으로 맺어진 親戚인 杜氏家門에게도 榮光이며 모두 生光스럽게 생각합니다. 그리고 外家인 杜氏의 나이어린 저에게도 아이들이 무얼 아느냐고 無視하거나 忽視하여 自己의 意見이나 따르라고는 하지 않고 반드시 함께 研究·討論 評論하며 어른처럼 待遇하여 同等한 學人의 한사람으로 認定하여 주셨습니다.

❖ 제11·12구: 見知眞自幼, 謀拙愧諸昆.

註

▸見知: 受到知遇. 知遇를 얻다. 知遇는 남이 자기의 학식·재능·인격

을 알고 대접해주는 것을 말함.

▸謀: 智略. 計略. 謀慮(考慮함). 謀劃(計劃함. 企圖함)

▸拙: 서투르다. 졸렬하다. 우둔하다. 어리석다. 여기에서는 自謙之辭로 쓰였을 뿐 사실 그렇지는 않다.

▸諸昆: 글자대로 하면 諸兄이나 諸昆弟 즉 여러 兄弟의 뜻이다. 參考로 昆仲도 글자대로 하면 맏이를 昆 둘째를 仲이라 한다. 그러나 셋째 넷째가 있어도 그냥 昆仲으로 쓰고 해석은 여러 兄弟들로 한다.

➡ ≪杜詩詳注≫에서 "公與蕭爲姑舅之昆仲"이라 하였다. 즉 杜甫에게 蕭氏는 姑母宅 兄弟行列이고 蕭氏에게 杜甫는 外家宅 兄弟行列이라는 것이다. 단 고종(姑從) 외종(外從)은 사촌을 말하므로 그렇게 부를 수는 없다.

解說

나를 才能도 있고 學識도 있으며 하나의 人格을 갖춘 사람으로 대접해주심을 어려서부터 받았는데 다만 나의 智慧와 思慮가 원체 못나 그저 여러 兄弟들에게 부끄러웠을 뿐입니다.

❖ 제13 · 14구: 飄蕩雲天闊, 沈埋日月奔.

註

▸漂蕩: 飄蕩과 같다. 漂는 물에 정치없이 떠다니는 것, 飄는 바람에 이리저리 흩날리는 것이니 물에 뜨나 바람에 날리나 처량하고 한심한 신세는 오십보 백보요 한식에 죽으나 청명에 죽으나 그게 그것이다. 다만 아래에 雲天이 있으니 飄가 더 적절하긴 하다. 결국 漂 (飄)蕩은 정처없이 떠돌다. 流浪하다의 뜻이다.

▸雲天: 구름 있는 하늘. 하늘에는 의례 구름이 있게 마련이라 어쩌다 가을 날 구름없을 때에도 그냥 이렇게 쓴다. 高空이라 해도 된다. 끝없이 떠돌고 나서야 알았네. 구름 노는 하늘이 그렇게 넓은 줄을! 구름 뜬 하

늘이 저렇게 넓으니 나의 떠도는 것이 어찌 끝이 있으리오!

➥ ≪杜臆≫에서는 〈發秦州〉의 "大哉乾坤內, 吾道長悠悠"와 "飄蕩雲天闊"은 同意라 하였으나 〈發秦州〉는 그렇지 않다. 그 시는 호탕하고 씩씩한 마음으로 쓴 것이다.

▸沈埋: 沈은 물에 잠김. 埋는 땅에 묻힘. 이것도 不遇한 신세를 표현한 것으로 물이나 땅이나 결국 脚光을 못 받고 頭角을 못 나타낸 것은 같다.

▸日月奔: 해와 달이 달리다. 세월・시간은 달리듯 빨리 지나가다의 뜻.

解說

구름 뜬 하늘이 저렇게 드넓고 높은 줄을 끝없이 떠돌고야 알았습니다. 아니면 나 떠돌기 좋으라고 그러하다 여겨야 할지요. 마치 물에 푹 잠긴 듯, 땅에 깊이 묻힌 듯 나의 抱負와 才能은 脚光을 못 받고 頭角을 못 나타냈는데 어쩌면 좋습니까! 몸은 늙어가는데 해와 달은 누가 몰아대듯이 저렇게 뛰듯 달리듯 지나가니요.

☛ **參考**

飄蕩이 나오는 大衆에게 널리 알려진 有名한 文學作品의 例를 들겠다.

≪三國演義≫ 第41回의 〈趙子龍單騎救主〉를 보면 常山 趙子龍 趙雲이 當陽・長坂坡에서 單槍匹馬로 曹操의 數十萬 大軍中을 縱橫無盡 누비며 劉備의 아들 阿斗를 구해내는 場面이 나온다.

"미부인(糜夫人)은 阿斗를 안고 담 밑 마른 우물 옆에서 울고 있었다. ……바라노니 장군은 이 아이의 父親이 飄蕩半世에 겨우 이 一點血肉 가진 것을 어여삐 여기시오. 장군께서 이 아이를 보호하여 父親의 얼굴을 볼 수 있게 하여 주신다면 妾은 죽어도 한이 없을 것이요.(▹半世: 반평생)"

이 41回에서 趙子龍의 活躍은 너무나 생생하고 멋지게 묘사되어 東洋三國의 사람들에게 常山 趙子龍이란 名字를 깊이 새겨 놓았다. 그리고 飄蕩半世・一點血肉도 쉬운 말은 아니지만 尋常하게 변했는데 문제는 飄蕩하면 不遇하고 不運한 英雄豪傑을 연상하지 文人貧士와는 緣分이 없거나 짝이 맞지 않는다고 腦裏에 박혀버린 점이다. 그래서 우리도 杜先生이 漂蕩雲天闊하면 뻔히 알면서도 자꾸 어색한 듯 여겨지게 되는 것이 탈(頉)이라면 탈(頉)이다. 小說의 힘이여!

❖ 제15 · 16구: 致君時已晚, 懷古意空存.

註

▶致君: 임금을 輔佐하여 聖明한 君主가 되도록 함. 그는 〈奉贈韋左丞丈二十二韻〉에서도 "致君堯舜上, 再使風俗淳. 임금님을 요순(堯舜)보다 나은 聖君되시게 하고, 풍속을 다시 순박하게 하고 싶었소이다."라고 함.

▶懷古: 옛날 太平聖代의 사람과 일을 생각함. 陶淵明의 〈和郭主簿〉 二首 其一에서 "遙遙望白雲, 懷古一何深. 아득히 흰 구름 바라보나니, 옛 太平時代 그리움이 어찌 그리 깊은지"라 하였다. 杜甫의 〈自京赴奉先縣詠懷五百字〉에서도 "許身一何愚? 竊比稷與契. 居然成濩落, 白首甘契闊. 自負함이 어찌 그리 어리석었던가? 슬며시 옛 賢臣인 직(稷)과 설(契)에 비하다니. 종당에는 허풍 친 것이 되었으니 허옇게 늙어 고달픈 것 싸고말고. 감수 할 밖에."라 하였다. 어쩌다 한번 하는 소리가 아니고 杜先生이 일관되게 간직했던 希望이요 抱負요 目標였던 것이다.

解說

임금님을 잘 輔佐하여 聖君되시게 하려던 나의 抱負. 그러나 때는 이미 늦었지요. 그래도 옛 太平聖代의 일과 사람을 생각하면 내 願望 · 內心은 헛되지만 存在하고 있습니다.

❖ 제17 · 18구: 中散山陽鍛, 愚公野谷村.

註

▶中散: 竹林七賢의 한사람인 嵇康은 三國 · 魏나라 曹氏의 사위가 되어 中散大夫의 官職을 받았다. 山陽에 살며 쇠를 불에 달구어 두드리는

대장일을 즐겼다. 집안에 버드나무 한그루 있었는데 언제나 여름이면 그 밑에서 작업을 하였으며 상수(向秀)가 풀무질하며 도와주었다 한다. 그의 대장일이 세상에 유명해진 것은 앞에서 소개하였듯이 鍾會와의 대화 "무엇을 들었기에 왔고 무엇을 보았기에 가는가?", "들은 것을 듣고 왔었고 본 것을 보고 간다오" 때문이다. 嵇康은 天賦의 才能과 훤칠한 外貌로 크게 쓰일 人物이나 魏晉交替期라는 紛亂하고 危殆로운 時代에 대장일이나 하며 살았어도 명 보존을 못하였다. 우리 杜先生의 말인즉 그렇게 뛰어난 人物도 대장일이나 했으니 나 같은 사람이야 불우해도 무어 억울할 것 있겠느냐는 겸손과 동시에 사실의 말씀을 하신 것이다.

▸愚公: 漢・劉向의 ≪說苑・政理≫에서 "齊桓公出獵, 逐鹿而走入山谷之中, 見一老公而問之曰: '是爲何谷.' 對曰: '爲愚公谷.' 桓公曰: '何故.' 對曰: '以臣名之.' 桓公曰: '今視公之儀狀, 非愚人也, 何爲以公名.' 對曰: '臣請陳之. 臣故畜牸(자. 암소)牛, 生子而大, 賣之而買駒, 少年曰: 牛不能生馬. 遂持駒去, 傍鄰聞之, 以臣爲愚, 故名此谷爲愚公之谷.' 제환공이 사냥 나가 사슴을 쫓아 山谷안에 들어갔다가 늙은 영감을 보자 물었다. '여기가 무슨 골인고', '바보영감 골입니다', '왜 그러한고', '신을 가지고 이름 지었지요', '그대의 외모를 보니 바보가 아닌데 어찌 그대를 가지고 이름지었다 하오', '신이 아뢰오리다. 신이 본래 암소를 쳤는데 새끼 낳아 커서 이걸 팔아 망아지를 샀습니다. 젊은이가 "소는 말을 낳을 수 없다오"하고는 망아지를 가지고 가버렸습니다. 이웃들이 듣고 신을 바보라 하여 그래서 이 골 이름을 바보영감골이라 한 것입니다."라 하였다. 이 愚公谷은 實在의 地名으로 지금의 山東省 淄博市(치박시) 近郊에 있다 하나 識者・文士들은 이곳을 是非分別・利害得失 떠난 이른바 超世의 隱者가 사는 곳이라는 뜻으로 썼다. 移山하던 愚公과 더불어 中國의 不世出의 二大愚公이라 할 만하다.

▸野谷: 山谷이니 즉 산 골짜기, 산골을 말한다.

▶村: 질박하다. 우둔하다. 멍청하다. 本句에서는 질박하게, 촌스럽게, 멍청한 척, 우둔한 듯 산다는 뜻으로 쓰였다.

解說

魏나라 王室의 사위인 中散大夫. 재주와 외모를 두루 갖춘 嵇康같이 傑出한 人物도 時節이 어수선하니 竹林에 누었다가 山陽땅에서 대장일 하였고 無知한 인간들이 바보영감이라고 부른 愚公은 俗世의 善惡是非·美醜妍蚩·壽夭長短·生死存亡·興亡盛衰·利害得失의 分別心을 모두 버리고 산골에서 우둔한 척 멍청한 척 촌스럽게 上古時代의 質朴과 淳厚를 지키며 살았으니 이분들보다 못한 이 못난이가 너 무엇을 바라겠습니까. 그리고 나갈 곳이 어디겠습니까.

❖ 제19·20구: 寧紆長者轍, 歸老任乾坤.

註

▶紆轍: 轍은 바퀴자국이지만 수레의 代稱이다. ➪ 紆軫. 軫은 수레 뒤턱나무이지만 수레의 代稱이다. 결국 紆轍·紆軫은 枉駕·屈駕와 같은 말이니 남이 자기를 찾아주는 것을 남이 몸을 굽히고 욕을 보시며 또한 힘들게 길을 돌려 찾아주셨다는 謙讓과 恭敬을 나타내는 말이다. 요즘은 흔히 枉臨·枉駕라고 쓴다.

▶長者: ① 나이가 많거나 行列이 높은 사람. ② 顯貴한 사람. 즉 지위가 높고 귀한 분. ≪史記·陳丞相世家≫: "(陳平)家乃負郭窮巷, 以弊席爲門. 然門外多有長者車轍. (진평)집은 城郭근처의 빈민굴로 거적문도 제대로 된 거적이 아닌 해지고 떨어진 거적문이었으나 그러나 그 문밖에는 顯貴한 분들의 수레가 많았다."

▷負郭: 城郭과 近接함.

▷弊는 弊와 통함: 殘破. 破舊.

➥ 19句를 ≪杜詩詳注≫, ≪杜詩鏡銓≫, ≪讀杜心解≫ 모두 蕭氏 兄의 枉

臨하고자함을 완곡하게 거절한 것으로 보았다. 그러나 우리생각에 이러한 해석은 문제점이 있다.

① 형님뻘 되는 사람의 訪問을 왜 거절하느냐는 것이다. 杜甫가 不遇함에 무어 蕭氏가 보태준 것 있다고 비아냥거리고 빈정대는 語辭로 來訪을 거절하느냐는 것이다. 或 杜甫의 請託을 蕭氏가 들어주지 않았다면 可能한 일이나 蕭氏의 地位도 請託을 할 相對가 못됨은 蕭氏 또한 郎中에 붙박이 노릇하기 때문이다. 무엇보다 친인척 형제사이는 일없어도 방문할 수 있으며 거절할 수 없는 것이다.

② 長者轍 云云하기에 蕭氏의 郎中이라는 職銜은 좀 不足한 듯하다. 앞에서도 이미 오래도록 郎中하여도 蘊藉하다고 하였으니 長者의 班列에 못 든 증거가 아니겠는가. 또한 앞에서 兄이라 이미 하였는데 새삼 무슨 長者란 말인가!

③ 형뻘 되는 이에게 거절하고 歸老任乾坤한다고 하는 것을 너무 무례한 말로 있을 수 없는 일이다.

그러면 이 句는 어떻게 해석하여야 하는가. 蕭氏는 不遇하고 낙탁(落魄)한 동생뻘인 杜甫를 자주 慰勞·激勵하고 용기를 북돋아 주었을 터. 그 內容이 古人中의 微賤함에서 一躍 비황등달(飛黃騰達)한 극히 例外的이고 稀罕한 人物들일 것이니 杜甫가 世情·物情 모르는 아이도 아니고 그런 경우가 무슨 장마다 꼴뚜기라고 자주 발생하리라고 생각하지도 않았으리라. 그래서 나온 蕭兄의 平素 慰勞·激勵에 때한 答일 것이다. "제가 무슨 陳平같은 俊才·豪傑이라고 長者들이 수레를 돌리고 몸굽혀 찾아주시겠습니까. 저도 그런 허황한 꿈은 안 꿉니다. 이제 제 생긴대로 살아야지요." 이렇게 말이다.

➥ 原來 中國詩를 보면 아닌 밤중에 홍두깨 내밀듯 아래·위가 잘 連結이 안 되는 부분이 있다. 閒堂·車柱環 선생님께서는 이것을 아주 시원하게 가르쳐주셨는데 상대가 作者에게 한 말이나 그 對答으로 보면 쉽게 풀린다 하셨다. 陶淵明 詩에 이러한 경우가 많았다.

▸歸老 본래 官職을 물러나 편히 늙는다는 뜻이나 終老, 즉 늙어 죽다 생

애를 마치다의 뜻도 있다.

解說

어찌 저 같은 못난 놈에게 高貴한 분들이 世事를 논하고 물으러 수레를 돌리고 몸을 굽혀 찾아주시겠습니까. 宦路와 官場가는 길을 벗어나 저 넓고 높은 天地乾坤에 모든 것을 맡기고 내 일생을 마쳐야겠지요.

☛ **參考**

王維〈愚公谷〉三首(靑龍寺與黎昕戱題)

其一

愚谷與誰去? 唯將黎子同. 非須一處住, 不那兩心空.

寧問春將夏, 誰論西復東. 不知吾與子, 若箇是愚公.

▷不那: 無奈何. 無可奈何. 어찌할 도리가 없다. 어찌할 방법이 없다.

▷寧問: 어찌 따지랴!

▷誰論: 誰管. 즉 不管. 무슨 상관이냐. 상관하지 않는다. 돌보지 않는다.

▷若箇: 那個. 어느것, 누구. ➪ 《老子》 45章: "大巧若拙(내단히 巧妙함은 拙劣함과 같다)". 蘇東坡曰: "大智如愚(크게 지혜로움은 꼭 어리석음 같다)"

解說

愚公谷을 누구와 갈까나! 그지 黎先生과 同行해야겠지. 무어 꼭 한자리에 살려는 것 아니고, 어쩔 수 없다오. 두 사람이 다 마음이 조용하고 욕심 없으니 같이 갈 밖에. 봄에 갈까? 여름에 갈까? 거 따질 것 없지, 언제면 어때! 그리고 무슨 상관있겠나, 서쪽이면 어떻고 동쪽이면 어떻소. 어디든 다 되지. 모르겠네. 나하고 선생하고 누가 진짜 愚公인지.

其二

吾家愚谷裏, 此谷本來平. 雖則行無跡, 還能響應聲.

不隨雲色暗, 只待日光明. 緣底名愚谷, 都由愚所成.

▷待: 의지하다. 의존하다. 의뢰하다.

▷緣底: 因何. 底는 何의 뜻이다.

解說

우리가 愚公谷안에 집 장만하니 이 골은 본래 평탄(平坦)하며 험난(險難)하거나 어려운 곳이 아니라네. 비록 우리의 行動은 자취가 없어 사람들이 모른다 하지만 그래도 메아리가 소리에 맞춰 울리듯, 우리에 호응(呼應)할 이 있으리. 말했잖소 이곳은 평탄한 곳이라고. 그러니 하늘에 구름 있다고 덩달아 어두워지지 않고 그저 햇빛을 의지해 언제나 밝고 밝은 곳이지. 무슨 까닭에 愚公谷이라고 이름지었느냐 하면 모든 것은 영악함 떠난 愚함에 말미암음이니, 어느 곳이던 어느 땅이던 愚하면 愚公谷이 될 뿐 따로 없다네.

其三

借問愚公谷, 與子聊一尋. 不尋翻到谷, 此谷不離心.
行處曾無險, 看時豈有深. 寄言塵世客, 何處欲歸臨.

▷借問: ① 말 좀 묻겠는데요. ② 시험 삼아 물어 보다.

▷翻: 반대로. 도리어.

▷不離心: 마음과 불가분의 관계가 있다.

▷曾: 결코. 절대로. 語勢를 强調하는 副詞.

▷"行處"의 處와 "看時"의 時는 互文으로 모두 時의 뜻이다. 예컨대 宋·邵雍의 〈淸夜吟〉의 1·2句 "月到天心處, 風來水面時."의 處와 時는 모두 時의 뜻으로 쓰이며 그래야 해석이 순조롭다.

▷歸臨: 到達. 來到.

解說

愚公谷을 묻고 물어 선생과 잠시 찾았는데, 그렇다고 오랫동안 무어 찾을 것 없이 도리어 愚公谷에 그대로 도착했으니, 그게 다 이 골은 마음속에 있을 뿐 별난 곳 아니기 때문이라네. 갈 때에도 결코 험난함 없었으니 이르러 살필 때에도 어찌 깊숙함 있었으랴! 저 티끌세상 사람들에게 한 말씀 올리겠소. 마음속의 愚公谷을 버려두고 어느 곳 찾아 가시려는지.

➡ 佛家의 "一切唯心造"를 이렇게 길게 詩歌로 敷衍했다고 볼 수도 있겠다.

28. 〈奉寄河南韋尹丈人〉(五言排律)

有客傳河尹, 逢人問孔融. 靑囊仍隱逸, 章甫尙西東.
鼎食分門戶, 詞場繼國風. 尊榮瞻地絶, 疏放憶途窮.
濁酒尋陶令, 丹砂訪葛洪. 江湖漂短褐, 霜雪滿飛蓬.
牢落乾坤大, 周流道術空. 謬慙知薊子, 眞怯笑揚雄.
盤錯神明懼, 謳歌德義豊. 尸鄕餘土室, 難說祝鷄翁.
原注: 甫故廬在偃師, 承韋公頻有訪問, 故有下句.

❖ 詩題 및 原注

註

▸奉: 敬辭. 받들다. 올리다의 뜻.

▸河南尹: 官名. 韋濟는 天寶7年에 河南尹이 되었나 한다. (≪舊唐書·韋濟傳≫)

▸丈人: 老人에 대한 尊稱. 本來 丈은 長輩, 즉 先輩에 대한 尊稱이다.

▸故廬: 舊居. 옛집 이전의 거주지.

▸承: 敬辭. 蒙受(입다. 받다)의 뜻임.

▸下句. 下句는 아래의 詩句라고 흔히 해석한다. 그러나 또한 아랫사람이 윗사람에게 陳述하는 말도 句라고 한다. 이때는 어른께 올리는 다음의 陳述이라는 뜻이 되겠다.

解說

〈河南尹 韋丈人께 보내 올리다〉 원주: 甫의 옛집이 언사(偃師)땅에 있어 韋公의 여러 차례 찾아 주심을 입었으므로 아래의 詩句를 쓰나이다.

❖ 제1 · 2구: 有客傳河尹, 逢人問孔融.

註

▶河尹 · 孔融: 後漢의 河南尹 李膺과 孔融을 가리키며 本詩에서는 이를 借用하여 唐代 河南尹 韋濟와 杜甫自身을 말한다. ≪後漢書 · 鄭 · 孔 · 荀列傳≫: "融幼有異才. 年十歲, 隨父詣京師. 時河南尹李膺以簡重自居, 不妄接士賓客. 勅外, 自非當世名人及與通家, 皆不得白. 融欲觀其人, 故造膺門. 語門者曰: '我是李君通家子弟.' 門者言之, 膺請融, 問曰: '高明祖父嘗與僕有恩舊乎.' 融曰: '然. 先君孔子與君先人李老君同德比義, 而相師友, 則融與君累世通家.' 衆坐莫不歎息. 太中大夫陳煒後至, 坐中以告煒., 煒曰: '夫人小而聰了, 大未必奇.' 融應聲曰: '觀君所言, 將不早惠乎.' 膺大笑曰: '高明必爲偉器.' 孔融은 어려서부터 특출한 才能이 있었다. 나이 열 살적에 아버지를 따라 서울에 갔다. 이 때 河南尹 李膺은 嚴肅 · 自重함을 自負하여 함부로 賓客을 접촉하지 않았으며 밖에 단단히 타이르기를 當代의 명사와 世交가 있는 사람이 아니면 아뢰지 말라 하였다. 孔融이 이 양반을 살피려고 이응의 집 문 앞에 가서 문지기에게 '나는 이씨 어른과 대대로 친분있는 집 자제로다.'하니 문지기가 이를 아뢰었고 李膺이 孔融이 불렀다. 묻기를 '高明한 선생의 할아버님이나 아버님이 저와 교분이 있으신지' 孔融이 말하기를 ' 그렇습니다. 제 조상인 孔子와 어른의 조상인 老子께서 同一한 目的을 위해 애쓰시고 서로 배우셨으며 서로 스승과 벗이 되셨으니 저와 어른은 누대에 걸쳐 친분이 있습니다.'하니 자리에 있던 모든 사람들이 감탄하지 않은 이 없었다. 太中大夫인 陳煒가 나중에 오자 자리에 있던 사람들이 이것을 말하니 陳煒가 '무릇 사람이란 어려서 총명 · 영리하다고 커서 꼭 奇才가 되는 것은 아니지요.' 하니 孔融이 말이 끝나기 무섭게 '어른의 말씀을 따져보니 어찌 어려서 똘똘하시지 않았겠습니까.'하니 李膺이 크게 웃으며 '高明께서는 반드시 큰 그릇이 되시리

라' 하였다."(≪世說新語・言語≫에도 비슷한 이야기가 실려 있다.)

▷幼有異才: 孔融의 ≪家傳≫에 의하면 "兄弟가 일곱인데 融은 여섯째였다. 네 살 때 여러 형들과 배를 먹는데 작은 것을 집어갔다. 어른들이 까닭을 묻자, 저는 어리니까 작은 것을 갖는 것이 도리입니다 하고 대답하였다. 온 집안이 이로부터 기특하게 여겼다 한다." 異才는 特出한 才能.

▷簡重: 嚴肅하고 自重하다.

▷自居: 自己가 適任이라고 自負하고 自處함.

▷勅(칙): 신칙(申飭)하다. 단단히 타일러 경계하다.

▷通家: 世交. 대대로 맺어온 친분.

▷高明: 高尙하고 賢明한 분. 여기에서는 相對方에 대한 敬稱으로 쓰였다.

▷祖父: 할아버지와 아버지.

▷僕: 종. 하인. 저. 소인. 자기를 낮춰 쓰는 말.

▷恩舊: 舊交. 오래된 친구. 오래된 교분.

▷先君: 자기의 조상을 말함.

▷先人: 祖上을 말함.

▷李老君: 老子를 말함. 姓은 李, 이름은 耳, 字는 聃(담).

▷同德: 同 한 目的을 위해 努力함.

▷比義: 본받다. 배우다.

▷師友: 師(스승)와 우(벗). 도움과 가르침을 줄 사람을 두루 일컫는 말.

▷聰了: 총명하고 사리 분별력이 있다. ➪ 了: ① 聰敏. 穎慧. ② 明瞭. 理解. ③ 명백함. 뚜렷함.

▷應聲: (상대방의) 말이 떨어지자마자 대답함.

▷觀: 살피다. 따지다.

▷將: 豈. 何. 어찌.

▷惠: 慧字와 통함. 총명. 지혜.

▷偉器: 大器. 大事를 맡을 人才.

≪舊唐書·韋思謙傳≫에 의하면 韋思謙과 韋承慶·韋嗣立 三父子가 모두 宰相에까지 이르니 唐나라 創業以來 이에 견줄 집안이 없었다 한다. 韋思謙은 韋濟의 祖父, 韋承慶은 伯父, 韋嗣立은 父親이다. 杜甫의 祖父인 杜審言은 韋承慶·韋嗣立 兄弟와 아주 친하였다. 官位 즉 벼슬자리는 杜氏家門이 아주 떨어지지만 文藝方面에서는 韋氏네가 훨씬 처진다. 따라서 오히려 利害打算을 떠난 純粹하고 敦篤한 交分을 가졌을 것이며 年長者인 韋濟는 공교롭게 河南尹을 지냈으며 杜甫는 孔融처럼 年下요 布衣니 第1·2句는 상당히 적절한 표현이라 하겠다.

解說

저를 찾아온 어떤 이가 전하기를 河南尹께서 알 만한 사람만 만나시면 옛날 李膺이 그렇게 孔融을 대견하게 여기시듯 저를 추어올리시며 近況을 물으셨다 하더이다.

☛ 參考

1) 앞에서 韋氏집안이 文藝方面에서 처진다고 말하였는데 韋承慶의 詩中에서 批評家가 아닌 大衆에게 人氣높은 作品이 있으며 그것은 우리나라 사람들의 詩文中에도 자주 登場하였다. 바로 五言絶句인 〈南行別弟〉가 그것이다. 專門家들이야 杜審言의 "雲霞出海曙, 梅柳渡江春. 淑氣催黃鳥, 晴光轉綠蘋. 색색의 아름다운 노을은 바다를 솟아올라 새벽서광(曙光) 되었고, 매화·버들은 강 건너 온 봄기운 이고말고. 온화한 날씨는 꾀꼬리를 재촉하고 맑은 햇빛은 녹빈(綠蘋. 네가래, 田字草)위에 요동친다."(〈和晉陵陸丞早春游望〉 詩의 3~6구)를 激賞하고 極讚하지만 그건 그쪽 사정이고 이쪽은 이쪽 나름대로의 안목이 있고 고집이 있단다.

〈南行別弟〉 唐·韋承慶

澹澹長江水, 悠悠遠客情. 落花相與恨, 到地一無聲.

담담(澹澹)한 길고 긴 長江의 물, 유유(悠悠)한 멀고 먼 遠客의 정.

落花들은 모두 함께 恨을 품었으련만, 땅에 닿아도 (모조리, 줄곧) 끝내 소리하나 없구나.

▷澹澹: ① 출렁거리다. 넘실거리다(蕩漾). ② 편안하고 고요하다(恬靜貌). ③ 色彩가 엷고(淡) 짙지 않다(不濃).

▷悠悠: ①생각하는 모습. 근심하는 모양. ② 공간이 가없이 아득한 모양. 멀고 멈. ③ 시간이 멀고 오램. 까마득함. ④ 끊이지 않고 길게 이어지는 모습.

▷遠客: 고향등지고 집 떠나 멀리 가는 나그네.

▷相與: ① 共同(함께). 一道(같이). ② 互相(서로, 상호간에).

▷一: ① 모두. 전부. 모조리. 일률적으로. ② 줄곧. 始終. ③ 끝내. 마침내. 드디어(竟然).

澹澹·悠悠는 注를 보고 각자 해석하시라.

韋承慶은 武后때에 宰相급에 올랐으나 時局이 바뀌자 武后의 寵臣인 美男 張易之에 阿附한 죄로 嶺表 즉 嶺外로 流配되었다. 다른 作品인 〈南中詠雁〉은 이미 嶺表에 있을 때 作品이며 이것은 장차 남쪽인 嶺表로 流配갈 때 아우와 헤어지며 지은 것으로 추측된다.

아주 쉬운 語詞로 되어 도리어 해석이 紛紜하고 까다롭기 짝이 없으니 各自 나름대로 생각하고 吟味함이 좋으리라.

2) 批評家들이 높이 치는 韋承慶의 作品을 紹介하겠다.

〈南中詠雁〉 唐·韋承慶

萬里人南去, 三春雁北飛. 不知何歲月, 得與爾同歸.

萬里 길이네! 사람은 南으로 갔는데, 三春 時節이군! 기러기는 北으로 나니. 모르겠나. 어느 세월에, 너희들과 함께 돌아갈 수 있을런지.

이 詩는 技巧나 彫琢없이 自然을 宗으로 삼아 지은 제법 高難度의 作品으로 天籟(자연의 소리)요 天衣無縫(하늘의 옷은 꿰 멘 자리가 없다)이라 過讚되기도 했으나 大衆은 〈南行別弟〉를 더 사랑했다. 우짤래!

❖ 제3·4구: 靑囊仍隱逸, 章甫尙西東.

註

▸靑囊: ≪晉書·郭璞傳≫: "有郭公者, 客居河東, 精於卜筮, 璞從之受業, 公以靑囊中書九卷與之, 由是遂洞五行·天文·卜筮之說. …… 郭公이라는 사람이 河東에 나그네살이 하는데 점치는데 정통하였다. 郭璞이 그를 좇아 수업하니 郭公이 푸른 주머니 속 책 아홉 권을 주었다. 이것으로 드디어 五行·天文·占術에 通達하게 되었다……"

이 때문에 後世에는 푸른 주머니 속의 책(靑囊書)이라는 말이 道家書를 나타내게 되었다. 간단히 靑囊이라 표현하면 이때에는 醫書·醫生을 말하니 醫書를 넣는 것이 푸른 주머니이기 때문이며 또 다르게 쓰일 수도 있으니 術數家(醫·卜·星·相. 즉 醫生·占術家·星相家·觀象家)를 가리키는데 그것과 관계되는 책과 道具를 넣는 주머니 또한 푸르기 때문으로 대체로 占卜·觀相하는 이들을 가리켰다. 옛날에는 道·醫·占卜·觀相·風水·天文 等이 뚜렷한 領域의 境界없이 뒤섞여 있었으므로 이렇게 하나의 말이 여러 의미를 內包하게 되었다고 본다. 本句에서는 道家書籍을 말하며 다음 句의 章甫라는 儒家의 冠과 짝을 맞췄다.

▸仍: ① 仍然. 還是. 여전히. 아직도. ② 一再. 거듭. 반복하여. 頻繁. ③ 依照. ~을 따르다. 좇다. 沿襲. 답습하다. 前例를 따르다.

▸章甫: ① ≪禮記·儒行≫을 보면 魯나라 哀公이 孔子에게 물었다. 선생님의 衣冠이 儒家의 복장(服裝)입니까? 孔子가 대답하길 孔丘가 젊어서 魯나라에 살 때는 넓은 소매가진 옷을 입었고 나이 들어 宋나라에 살 때에는 殷나라 때부터 전해오는 장보(章甫)라는 모자를 썼습니다. 孔丘가 듣기에 君子의 공부는 博學多識해야 하고 服裝은 그 고장사람들의 風俗에 따른다 하였습니다. 孔丘는 무엇이 儒家의 服裝인지 모르겠나이다. 魯哀公問於孔子曰: '夫子之服, 其儒服與?' 孔子對曰: '丘少居

魯, 衣逢掖之衣, 長居宋, 冠章甫之冠. 丘聞之也. 君子之學也博, 其服也鄉, 丘不知儒服.(▷逢은 크다. 掖(액)은 腋(액)字와 통하니 소매의 뜻. 魯나라 옷의 특징을 간단히 말한 것이다. ▷宋: 周는 殷을 멸망시킨 후 그 遺民을 모아 宋나라를 세우고 그곳에 살게 하였다. ▷章甫: 殷 나라 때의 모자인데 宋은 조상 때부터 쓰던 것이라 계속 사용하였다. ▷鄉: 그 고장의 風俗을 따르며 有別나고 중뿔나게 행동하지 않는다는 뜻.)라 하였고 ② ≪莊子·逍遙遊≫를 보면 "宋나라 사람이 章甫를 팔러 越나라에 가니 越나라 사람들은 머리를 짧게 깎고 몸에 문신하여 쓸 데가 없었다. 宋人資章甫而適諸越, 越人斷髮文身, 無所用之. (▷資: 賣. 팔다. ▷諸는 於와 통한다. 越은 옛날에 於越이라 불렀다. 이때 於는 어(yú)로 읽는다. 즉 諸越은 於越이니 간단히 말해 越나라다.)"라 하였다. 위의 글을 보면 章甫는 그야말로 歷史와 傳統을 자랑하는 宋의 명품 브랜드(brand) 모자라고 보면 된다. 원래 儒家의 트레이드마크(trade mark)가 아닌 것이다. 孔子가 宋에 살 때 그저 그들의 생활습관을 따른 것이니 ≪禮記·曲禮上≫에서 "다른 지방에 가면 그곳의 禁忌를 묻고 다른 나라에 가면 그곳의 風俗習慣을 묻고 남의 집안에 들면 마땅히 피해야 할 그 집안어른의 이름을 물어 그것을 입에 올리지 말아야 한다. 入境而問禁, 入國而問俗, 入門而問諱."라 하였는데 孔子의 행동은 바로 이것을 제대로 지킨 것이다. 흔히 儒家라 하면 融通性없는 것, 壅固執을 연상하지만 실상은 그렇지 않았던 것이다. 그러나 날이 가고 달이 가고 그렇게 세월이 가면 모든 것이 변하게 마련이라 逢掖은 그저 魯나라의 의복에 불과하였지만 後世에는 儒生 또는 儒家의 服裝을 가리키게 되었고 章甫 또한 宋나라의 모자일 뿐이었는데 儒家의 冠帽로 변하고 말았다. 本詩에서는 杜甫가 갖고 있는 儒家의 理想·目標를 뜻하기도 하며 ≪莊子≫의 含意를 따라서 世俗에 容納되지 못하고 그야말로 販賣不振한 杜甫라는 商品을 가리킨다고 할 수도 있다. 너무 막말한다고 할 수도 있으나 거친 속에 진실이 있게 마련인 법이다.

▸尙: ① 奉. 承. 받들다. ② 尊重·重視하다. ③ 愛好하다. ④ 아직도. 여전히. 그래도. 오히려.

▸西東: ≪禮記·檀弓上≫에서 "'吾聞之, 古也墓而不墳; 今丘也, 東西南北人也, 不可以弗識也.' 於是封之, 崇四尺. 孔子가 말했다. '내 듣건대 옛날에는 平土葬으로 무덤을 썼지, 封墳을 만들지는 않았다. 지금 孔丘는 東西南北으로 바쁘게 뛰어다니는 몸이니 표지(標識)를 안해둘 수 없다' 이에 흙을 쌓으니 높이가 넉자였다."라 하였다. 儒家뿐 아니라 墨家도 世上을 위해 사람들을 위해 몸을 아끼지 않고 四方으로 뛰어다녔으며 분쟁이 있으면 득달같이 달려가고 飛虎같이 行動하니 漢·班固의 〈答賓戱〉에서 "孔席不暖, 墨突不黔. 孔子의 자리는 따뜻하지 않고, 墨子의 굴뚝은 시커멓지 않다."라 하였고 唐·韓愈도 〈爭臣論〉에서 "孔席不暇暖, 而墨突不得黔. 孔子의 자리는 따뜻해질 겨를이 없고, 墨子의 굴뚝은 시꺼메질 수 없다."라 하였다.

解說

요즈음 杜甫가 푸른 주머니에 넣은 道家書籍 지니고 이 風塵俗世와는 딱 발길을 끊고 青山綠水間에 隱遁하는 옛 道人들을 따르고 踏襲하는지 아니면 아직도 堯舜의 太平盛世를 目標로 仁義의 旗幟를 내걸고 東西南北으로 人氣없는 儒家라는 商品을 팔러 다니는 것을 重視하고 아끼는가 하고 말씀입니다.

☛ **參考**

儒·墨은 길이 좀 다르고 方法이 틀려도 救世濟民이라는 巨創하고 高尙한 目標는 大同小異라, 따라서 東西南北 가리지 않고 달리니 신바람 나서라면 좀 語弊가 있지만 그야말로 치마에 비파소리 나게 뛰어다녔다. 이것과는 조금 빗나가는 이야기지만 東이면 東, 西면 西, 이렇게 하나의 길을 가면 인생길이 얼마나 平坦하고 容易할까 하고 東西南北으로 인생길이 여러 갈래인 것을 한탄한 部類 또한 있으니 ≪淮南子・說林訓≫을 보면 "楊子가 四通八達의 규로(逵路)를 보고 울었으니, 그것이 南으로도 갈 수 있고 北으로도 갈 수 있었기 때문이다. 楊子見逵路而哭之, 爲其可以南, 可以北."라 하여 한번의 결정으로 正反對의 人生이 전개됨을 슬퍼하였는데 이것은 우리같이 凡常하고 拙劣한 衆生들의 겁많고 排鋪(배포)가 두둑하지 못한 경우요, 儒・墨같으면 가다가 잘못되었으면 단박에 확 길을 바꾸니 문제꺼리가 아니었을 것이다. 詩人들은 凡常하지도 拙劣하지도 않았지만 東西南北으로 그것도 世上에 내놓고 자랑하고 自負할 큰 理想을 위해서가 아니라 그저 妻子息과 먹고 살기 위해 뛰어다님에 슬퍼하고 그런 사람을 위로하고 한 것을 보면 儒・墨이 一見 毒種같은 면도 있긴 있다.

唐・王勃〈送杜少府之任蜀州〉의 5~8句

海內存知己, 天涯若比鄰. 無爲在岐路, 兒女共霑巾.

〈少府벼슬하는 杜氏가 蜀州로 赴任하는 것을 전송하며〉

四海안에 知己가 있다면, 하늘 끝도 이웃과 같으니. 기로(岐路)에 서서 兒女子들과 같이 수건 적시지는 마시게.

▷之任: 赴任의 뜻임.

唐・李商隱〈別智玄法師〉

雲鬢無端怨別離, 十年移易住山期. 東西南北皆垂淚, 却是楊朱眞本師.

〈지현법사와 헤어지며〉

구름 같은 머리의 아리따운 아내는 시작도 끝도 없는 이별을 원망하였고, 나 또한 십년이나 산속에 스님 따라 살려는 기약을 고치고 바꿨소이다. 이 모든 것은 妻城子獄이요 口腹이 원수이며 목구멍이 捕盜廳이라 끊임없이 轉勤다님이니, 東・西・南・北 어느 곳을 가도 웃고 간적 없고 모두 눈물 흘리고 갔으니, 南이나 北이냐 두 곳 놓고 운 楊朱에게 댄다면 나는 도리어 진짜 楊朱를 지도할 만한 스승이 되겠지요.

▷雲鬢: 구름 같은 머리. 젊고 한창 때의 自己妻를 가리킴.

▷無端: 시작도 끝도 없는 것. 아득한 기약 없는 이별을 형용함.

▷移易: 移動. 改變.

▷本師: 좇아 受業하는 스승. 요즈음의 지도교수와 흡사함.

❖ 제5·6구: 鼎食分門戶, 詞場繼國風.

註

▸鼎: 殷·周時代의 음식을 만들거나 익은 고기를 담는데 쓰던 도구이며 靑銅 또는 陶土로 만들었다. 둥근 것은 발 셋에 귀가 둘, 모난 것은 발 넷에 귀가 둘이다. 대부분 宗廟의 禮器, 死者를 위한 明器로 쓰였으며 實生活에는 거의 쓰이지 않았다. 普通 豪華로운 生活을 描寫할 때 "鼎食鳴鐘", "鳴鐘列鼎"이라 했는데—鼎食은 列鼎而食의 略語다—솥(鼎)을 늘어놓는 것이 아니라 아주 많은 음식 그릇을 늘어놓고서 연주하는 음악을 들으면서 먹는 것을 말한다. 이 때 鐘 또한 鐘 하나만을 뜻함이 아니고 여러 악기의 代表로 鐘을 들었을 뿐이니 뭇 樂器로 보아야 한다. 혹자(或者)는 열구자탕(悅口子湯)을 끓이는 신선로(神仙爐)따위를 많이 늘어놓는 것이 아니냐 하는데 그렇게 되면 모두 끓이는 음식 일색(一色)이니 山珍海味의 食材料가 너무 아깝지 않은가. 분명히 말린 것, 절인 것, 삭힌 것, 구은 것, 볶은 것, 졸인 것, 지진 것, 부친 것, 튀긴 것, 삶은 것, 곤 것, 찐 것 따위를 두루두루 갖춰 놓고 자셨을 것이다.

▸分門戶: 分房과 같으니 唐代의 皇族이나 高官의 世系는 房으로 나뉘고 구별되었다. 대체로 始祖의 官名이나 爵號 또는 封號로 그 房을 불렀으며 長子와 次子 사이에는 또 大房, 小房 또는 第二房, 第三房 等의 구분이 있었다. 그러니까 간단히 말하면 子孫이 繁昌하여 여러 派가 생겼다는 것이다. 子孫이 많은 것, 이것은 모든 生命體의 바람이니 꼭 사람만 그러한 것이 아니리다. ≪詩·周南·麟之趾≫에서 "麟之趾, 振振公子, 于嗟麟兮. 麟之定, 振振公姓, 于嗟麟兮. 麟之角, 振振公族, 于嗟麟兮. 麒麟의 발이여! 繁昌하는 임금님의 아드님들이네! 아아 기린이로다! 麒麟의 이마여! 繁昌하는 임금님의 자손들이네! 아아 기린이로

다! 麒麟의 뿔이여! 繁昌하는 임금님의 겨레붙이네! 아아 기린이로다!" 라 한 것도 諸侯라는 귀한 분의 자손 많은 것을 경하(慶賀)드리거나 또는 자손 많기를 기원(祈願)함이니 그동안 杜先生의 作品을 조금 보았어도 높은 어른들에게 올리는 말씀인 즉 文武雙全에 孝道와 友愛는 基本이요 必須며 德行·禮法은 더 말하면 군소리라 췌언(贅言)이고 詩 잘 짓고 書에도 뛰어나시며 風流라는 한량의 사무치는 멋과 끼에 儒雅라는 知性美도 兼備하셨는데 애석하게도 萬事具備에 只欠東風이더니 이제 子孫繁昌까지 드디어 登場하게 되었으니 이는 ≪詩經≫以來 稱頌에 있어 不可缺의 種目이다.

▶詞場: 詩詞의 마당이니 文壇이 되겠다.

▶國風: ≪詩經≫의 15國風 (〈周南〉, 〈召南〉, 〈邶風〉, 〈鄘風〉, 〈衛風〉, 〈王風〉, 〈鄭風〉, 〈齊風〉, 〈魏風〉, 〈唐風〉, 〈秦風〉, 〈陳風〉, 〈檜風〉, 〈曹風〉, 〈豳風〉) 160篇. 詩의 正統을 指稱하는 뜻으로 쓰였다.

解說

요족(饒足)한 살림은 잘 차린 진수성찬(珍羞盛饌)에 나타나고 繁昌하는 子孫은 여러 파(派)로 나뉨에 드러났으나 물론 이러한 世俗的 豊盛·繁昌에 그치는 것이 아니고 高尙하게도 文壇에서 또한 ≪詩經·國風≫을 繼承하시는 正統派 詩人이라는 명성(名聲)이 자자(藉藉)하십니다.

❖ 제7·8구: 尊榮瞻地絶, 疏放憶途窮.

註

▶尊榮: 尊貴하게 榮顯(立身出身)함. 榮光됨.

▶地: 地位.

▶絶: ① 아득한. 까마득한. ② 독특함. 唯一無二함. 例: 詩書畫 三絶.

▶疏: 성기다. 엉성하다. 거칠다. 소홀하다. 꼼꼼하다의 반대가 되겠다.

▶放: 거리낌 없이 하다. 제멋대로 하다. 조심성 있다의 반대가 되겠다.

杜甫 〈狂夫〉의 "欲塡溝壑唯疏放, 自笑狂夫老更狂."을 두고 ≪杜詩詳注≫에서는 상수(向秀)의 〈思舊賦〉中의 "嵇康志遠而疏, 呂安心曠而放. 嵇康은 뜻은 遠大하나 꼼꼼하지 못해 너무 거칠고 엉성하며, 呂安은 마음이 툭 터져 활달(豁達)하지만 조심성 없이 제멋대로다."를 引用하고 公의 詩에서 늘 쓰이는 疏放은 여기에 뿌리를 두고 있다 하였다.

▸途窮: 길이 막다르다. 앞으로 더 나아갈 수 없도록 길이 막혀 있다. ⇨ 窮途: 막다른 길이니 窮地, 困境, 困窮한 處地를 比喩함.

이 두句를 다시 정리하면 "吾只瞻尊榮而地絶之丈人, 公猶憶疏放以途窮之貧士"쯤 되겠다.

解說

저는 그저 尊貴하게 榮達, 立身出世하신 어른의 아득하고 높은 자리를 바라만 볼 수 있을 뿐이건만 어른께서는 오히려 그래도 꼼꼼하지 못하여 거칠고 엉성하며 조심성 없이 제멋대로 행동하다가 종당(從當)에 막다른 길에 갖혀 버린 이 몸을 잊지 않고 생각해 주셨습니다.

❖ 제9·10구: 濁酒尋陶令, 丹砂訪葛洪.

註

▸濁酒: 濁醪(탁료). 막걸리. 맑은 술 즉 淸酒를 떠내지 아니하고 그대로 걸러 짠 술로 빛깔은 흐리고 맛은 텁텁하다. 가난한 이들의 술로 쓰였다.

▸陶令: 中國에서 이 濁酒는 彭澤令을 지내다 〈歸去來辭〉를 읊고 田園으로 돌아간 陶淵明의 술이 되고 말았으니 그의 詩에 자주 등장하기 때문이다. 勿論 이것은 그의 貧寒·困窮 때문이며 기호(嗜好)라던가 淳厚하고 質樸한 人品과는 큰 상관없는 것이니 誤解말아야 할 것이다. 그의 〈飮酒〉 20首의 序에서 "偶有名酒, 無夕不飮. 어쩌다가 좋은 술 생겨, 안 마시는 밤이 없었다."라고 한 것을 보면 陶先生의 입이라고 어찌 우리와 다르겠는가. 너무 自然·淳朴의 理想的 人物로 造作하거나 우상

시(偶像視)하는 愚는 犯하지 말아야 하겠다.

① 晉・陶淵明〈時運〉: "淸琴橫床, 濁酒半壺. 맑은 소리 내는 琴은 상위에 가로 놓였고, 뿌옇고 흐린 막걸리는 반병이나 있구나."

② 晉・陶淵明〈停雲〉: "靜寄東軒, 春醪獨撫. 고요한 마음으로 동창(東窓)에 다가가, 잘 익은 막걸리 대접을 홀로 들고 있네."

③ 晉・陶淵明〈和劉柴桑〉: "谷風轉淒薄, 春醪解飢劬. 봄바람은 도리어 차가운데, 잘 익은 막걸리는 허기와 피로를 풀어주네."

④ 晉・陶淵明〈乙酉歲九月九日〉: "何以稱我情, 濁酒且自陶. 무엇으로 내 기분 좋게 할까? 그저 막걸리면 절로 흐뭇해지지."

▸葛洪: 이미 나왔다. 晉나라 때의 사람으로 늙자 丹藥을 만들어 長壽하려고 丹砂가 나는 勾漏令을 自願하였다. ≪抱朴子≫를 지었고 道家・仙術의 象徵的인 人物이 되어 金丹・丹砂하면 바늘 가는데 실 가듯 그를 떠올리는 것이다.

이 두 句는 第3句 "靑囊仍隱逸"에 대한 풀이로 第9句 "濁酒尋陶令"은 隱逸에 呼應하고 第10句 "丹砂訪葛洪"은 靑囊에 대한 答辯이다.

解說

隱逸하면 대뜸 막걸리 詩人 陶사또의 길을 따라야 하겠고 靑囊하면 우선 丹砂의 大家・達人인 葛洪의 道를 찾아야겠지요. 그러나 저는 그런 것과 상관없이 다르게 살아왔습니다.

❖ 제11・12구: 江湖漂短褐, 霜雪滿飛蓬.

註

▸江湖: ① 글자 그대로 江과 湖水. ② 이 세상의 四方各地. 民間社會. ③ 隱士들이 숨어 사는 곳. 비록 山林에 살아도 江湖라 일렀다. ≪呂氏春秋・審爲≫에 "中山公子牟謂詹子曰: '身在江海之上, 心居魏闕之下, 奈何?' (▹魏闕: 옛날 백성들에게 알리기 위해 법령을 게시하던 궁궐 밖

의 雙闕. 나중에는 이것으로 朝廷을 가리킴.) 中山公子인 牟(모)가 첨자(詹子)에게 말했다. '몸은 江海가에 있어도 마음은 조정에 있으니 어찌할꼬?'" 보통 "身在江湖, 心存魏闕", "身在江湖, 心懸魏闕", "身在林泉, 心懷魏闕" 等으로 隱士들의 矛盾된 心境을 나타냈다. ④ 옛날 四方으로 流浪하며 생활하던 광대·사당·약장수·점쟁이를 가리킴. 보통 江湖人이라고 함. 또한 그들의 기술·직업도 江湖라 부름. ⑤ 俠客生活. 또는 生活하는 곳.

▸短褐: 褐은 거친 털옷. 거친 베옷. 털, 베 가릴 것 없이 헌털뱅이 옷이라 보면 된다. 그나마 몸을 다 못 가리게 짧으니(短) 짧고 깡충한 헌털뱅이 옷이다.

▸霜雪: 서리와 눈. 險難한 生活環境을 가리킬 수도 있으나 여기에서는 白髮의 比喩로 쓰였으니 늙음까지 닥쳤다는 것이다.

▸飛蓬: ≪詩·衛風·伯兮≫에서 "自伯之東, 首如飛蓬. 님께서 동으로 가신 뒤, 내 머리는 쑥대일세."라 하였다. 飛蓬은 轉蓬이라고도 하며 줄기·잎이 크나 뿌리는 작고 얕게 땅에 박혀 툭하면 뽑혀 구르고 나니 이 때문에 의례 飛·轉을 붙여서 아주 하나의 이름으로 固定되었다. 즉 飛蓬·轉蓬은 그냥 쑥인 것이다, 흔히 飄泊하고 流浪하는 처량한 신세를 이것의 특징에 着眼하여 이것으로 나타냈다.

➥ 이 두 句는 갖은 苦難·辛酸을 겹겹이 포개서 썼다. 朝廷이 아닌 江湖에서 官服 아닌 헌털뱅이, 그나마 깡충한(短) 놈 걸치고 定處없이 이리저리 떠돌며(漂) 서리·눈은 主人 못 만나 날리는 쑥대에 쪼깨도 아니고 가득(滿)하니 바로 소리도 매도 없이 닥친 늙음이라. 한마디로 안팎곱사등이라 하겠다. 第4句 "章甫尙西東"에 대한 서글픈 回答이자 經過報告라고 할까.

解說

險難한 江湖 어수선한 世上에 깡충한 헌털뱅이 옷 걸치고 이리저리 떠도니, 남은 것은 무엇이냐? 구르고 나는 쑥대같은 머리통 대가리에 눈·서리만 그득그득 하더이다.

❖ 제13·14구: 牢落乾坤大, 周流道術空.

註

▸牢落: ① 寥落. 稀少하다. 드물다. ② 孤寂. 외따로 오뚝하다. 동그맣다. 無聊. 지루하다. 심심하다. 따분하다.

➥ 第13句의 뜻은 알아주고 끌어주고 써주는 이 없는 세상에 나 홀로 동그마니 있자니 天地·乾坤은 정말 너무나 廣大하군요 하는 뜻이다. 커다란 좌절감(挫折感)과 천애(天涯)의 孤兒같은 짙은 외로움이 배어있나. 대개 得意滿滿하거나 意氣揚揚하면 쓰는 말이 "세상이 좁다고……", "天地가 제 것 인양……", "하늘을 찌를 듯한……", "하늘이 돈짝만 하여……" 等이다. 지금 杜先生은 乾坤大라 하였다. 失敗·挫折·零落·낙탁(落魄) 然後에야 나올 수 있는 말이라 하겠다. 自己의 存在가 좁쌀만 하고 터럭 같다고 느껴졌을 때 상대적으로 天地와 世上은 더욱 廣大無邊해지고 까마득하게 느껴졌으리라.

參考로 앞에 나온 〈贈比部蕭郎中十兄〉의 "漂蕩雲天闊"과 〈發秦州〉의 "大哉乾坤內, 吾道長悠悠"를 吟味하고 再解釋해 볼 일이다. 똑같이 乾坤·雲天이 넓고 커도 바탕 되는 感情과 背後의 心思는 同一하지 않을 것이다.

▸周流: 두루 흘러 퍼지다. 널리 보급되다. 유행하다가 본뜻이나 여기에서는 주유(周遊), 즉 여러 곳을 돌아다니다의 뜻으로 쓰였다. ≪呂氏春秋·介立≫: "晉文公出亡, 周流天下. 晉나라 文公은 逃亡하여 天下를 두루 떠돌았다." ≪論衡·儒增≫: "孔子不能容於世, 周流遊說七十餘國, 未嘗得安. 孔子가 魯나라 世上에 받아들여지지 않자 칠십여 나라를 두루 돌아다니며 유세하느라 편안한 적이 없었다."

▸道術: ① 道德과 學術. 道德과 學問. 術은 思想, 學說임. ② 道路. ≪莊

子・大宗師≫에서 "魚相忘乎江湖, 人相忘乎道術. 물고기는 江과 湖水 속에서 一切을 잊은 채 悠悠히 놀고 사람은 크건 작건 길을 따라 가야만 逍遙自適한다."라 했는데 宋 나라의 孫奕(손혁)은 ≪履齋示兒篇・正誤・道術≫에서 "무릇 途의 큰 것이 道, 작은 것이 術이다…… 莊周가 江湖와 道術을 짝 맞춰 썼으니 道路를 가리킴은 의심할 여지없다."라 하였다. 原來 道란 길이라는 뜻에서 출발하였다. 사람이 마땅히 가야할 길에서 마땅히 지켜야할 도리로 된 것이다. 그리하여 깊이 깨우친 이치 또는 그런 境地로 發展・擴大된 것이니 本詩에서도 杜甫가 높이 내세운 儒家의 道德・理想・學問은 간단히 바꾸면 儒家가 가야할 길, 지켜야할 길인 것이다. 결국 둘러치나 메어치나 매일반이요 주머니 돈이 쌈짓돈인 셈이니 區別하기도 어렵고 할 필요도 없겠다.

▸空: ① 空虛함. 속에 아무 것도 없음. ② 다 써버림. 있었던 것이 없어짐. ③ 謬妄. 터무니없다. 엉터리다. 荒唐無稽하다. 虛假. 虛僞. 거짓.

解說

挫折하여 홀로 동그마니 있자니 나는 더욱 왜소(矮小)해지고 더욱 초라해지며 그럴수록 天地는 더욱 아득하게 느껴지고 乾坤은 더욱 까마득하게 생각됩니다. 나의 理想・목표를 實現하고자 周遊天下했으나 컸든 작았든 내가 꿈꾸던 길 내가 가려했던 길은 空虛하며 터무니없다는 것을 알았습니다.

❖ 제15・16구: 謬慙知薊子, 眞怯笑揚雄.

註

▸謬: 錯誤. 失手. 잘못. 겸양의 뜻으로 쓰였다. 즉 시시한 자기를 꽤 높게 잘못 보셨다는 뜻이다.

▸慙: 부끄럽다가 본뜻이나, 감사하다는 뜻 또는 겸양의 표시로 쓰기도 한다. 本詩에서는 겸양의 뜻으로 쓰였으나 同時에 婉曲하게 方術之士에

比한 것을 拒絶・否定하는 의미도 안고 있다. 謬나 慙이나 참으로 어렵게 구사했다.

▶薊子(계자): ≪後漢書・方術列傳・薊子訓≫에 의하면 後漢末의 人物이나 그 근본과 내력이 분명하지 않았다 한다. 建安年間에 濟陰의 宛句에 나그네살이 할 때 神異함을 보여주었다 한다. 즉 이웃집 영아(嬰兒. 젖먹이)를 안고 있다가 부러 손에서 놓치니 땅에 떨어져 죽었다. 그 부모가 놀라 목 놓아 울고 애통해하니 차마 들을 수 없었건만 薊子訓은 잘못을 미안해할 뿐 끝내 다른 말이 없었고 드디어 매장하였다. 한 달여 뒤에 薊子訓이 아이를 안고 돌아오니 부모가 몹시 무서워하며 "生과 死는 길이 다르니 비록 우리 아기 생각이 날지라도 다시 보지는 않으렵니다."하고 말했다. 아이가 父母를 알아보고 몸을 들썩이며 손을 들고 가려고 하니 어머니가 자기도 모르게 끌어안으니 진짜 자기의 아이였다. 비록 크게 기껍고 경사스러운 일이지만 마음속으로는 의심하여 몰래 죽은 아이의 무덤을 파서 보니 옷과 포대기만 보여 비로소 믿게 되었다. 이에 그의 이름이 서울에 널리 전파되고 사대부들도 모두 가르침을 받고자 하며 사모하고 추앙하였다. 후에 나귀가 끄는 달구지 몰고 여러 제자들과 함께 許都로 가는데 길이 형양(滎陽)을 지날 때 나그네들을 상대하는 주막쟁이 집에 머물렀는데 달구지 끄는 나귀가 갑자기 죽어 자빠지고 구더기가 쏟아져 나오니 주막쟁이가 급히 알렸다. 薊子訓은 그러한가 할 뿐이었다. 그 때 막 식사 중이었는데 끝나자 천천히 나와 지팡이로 탁 치자마자 그대로 벌떡 일어나 예전처럼 걸으니 다시 길에 올랐다. 따라가며 구경하는 사람이 언제나 천 단위로 헤아릴 수 있었다. 서울에 이르자 公卿以下 문안드리는 자가 자리에 항상 수백 명이었고 그들 모두를 위해 술과 말린 고기(酒脯)를 차려내는데 종일토록 농나지 않았다 한다. 이러한 일종의 妖術・幻術은 中國의 패사(稗史)와 雜書・風說과 口碑에 넘치는지라 큰 注目을 받지 못하였고 不老長生을

무던히 바라는 中國의 人士들에게는 다음의 이야기가 귀에 쏙 들어왔다. 역시 ≪後漢書≫에 실린 것이다. "후에 숨어버렸는데 백 살 먹은 노인 말이 자기가 아이 적에 회계(會稽)의 저자에서 약파는 것을 보았는데 顔色이 지금과 다르지 않았다는 것이다. 그 후에 어떤 이가 長安 동쪽의 패성(霸城)에서 보았는데 한 노인과 함께 銅人을 쓰다듬으며 서로 말을 나누기를 이것을 鑄造(끓는 구리물을 부어 만듦)하는 것을 막 본 것같은데 벌써 오백년이 되가는군. ―≪史記≫에 따르면 咸陽에 金人 열 둘을 만든 것이 秦始皇26年(BC221年)인데 魏 文帝가 長安의 金人을 옮기려다 무거워 가져가질 못하고 霸城의 남쪽에 放置한 것이 黃初元年(AD220年)의 일이므로 최소한 440여년이 경과한 것이다. ―하고는 쳐다보는 사람을 돌아보고는 가는데 여전히 옛날에 타던 나귀 달구지를 모는 것이었다. 보던 사람이 薊先生은 잠시 멈추세요 하고 소리치니 薊子訓과 老人은 함께 가면서 좋다고 응답했다. 그러나 보기에는 천천히 가는 듯 했지만 아무리 말을 달려도 미칠 수 없었으니 이후로 결국 종적(蹤迹)이 묘연해지고 말았다."한다. 이 이야기로 말미암아 摩挲銅人(銅人을 쓰다듬다)하면 4・5백년 세월을 훌쩍 넘어 활동하는 자못 神秘하고 한편으로는 부러움의 對象이 되는 人物과 事件을 나타내게 되었다. 대개 文士들의 嗜好나 傾倒되는 바를 살피면 죽은 것 살리는 것은 하도 많이 귀에 못이 박히도록 들어서인지 별 반응이 없고 어느 면에서는 좀 쩨쩨하게 여기는 듯도 하다. 따라서 거창하게 수백 년을 오르락내리락 한다던가 風雨를 마음대로 부린다던가 또는 규모가 작아도 아주 精巧한 재주에 심취(心醉)하는 듯하다. 王維의 〈贈焦道士〉에 보면 "飮人聊割酒, 送客乍分風. 남에게 마시도록 잔 속의 술울 둘로 나누고, 여러 나그네를 배웅하면 홀연히 그들에게 편하도록 바람을 여러 방향으로 나눠 불게 한다."이라 하였다. 그러면 "割酒"란 무엇이냐? ≪神仙傳≫에 의하면 左慈가 曹操에게 술 한잔을 나눠 마시자 하니 曹操는 자기에게 먼저 마시도록하고 나머지는 左慈가 마시려니 생각했는데 그것이 아니었다. 左慈가 머리에서 동곳을 뽑아 잔속의 술을 그으니 술이 가운데가 갈라지는데 양쪽이 몇 치씩 떨어져 있었다. 그것을 제가 먼저 반을 마시고 나머지 반을 曹操에게 주니 曹操가 대로(大怒)하였다 云云. 그러면 分風은 어떠한가? 역시 ≪神仙傳≫에 따르면 廬山廟의 神이 대단히 能力이 있어 바람을 양방향으로 쪼개서 불게 할 수 있다는 것이다. 따라서 詩人 等 知識層에 어필하려면 仙人이나 道士・術士들도 흔해빠진 種目은 작파(作破)하고 기상천외(奇想天外)의 妙手나 아이디어 내기에 부심(腐心)하였을 터, 所謂 道術의 無限競爭時代에 突入한 셈이다. 참고로 말하면 이 焦氏姓의 女道士는 當時 대단히 名聲을 날리던 人物로 李白은 道士보다 級이 높은 鍊師란 稱號를 써서 〈贈嵩山焦鍊師〉란 詩를 지었고 王昌齡도 低姿勢로 〈謁焦鍊師〉란 作品을 남겼으며 李頎 또한 〈寄焦鍊師〉란 글이 있고 연대가 조금 떨어져서 錢起는 〈贈嵩陽焦道士石壁〉이라고 한 首를 읊었다.

杜甫는 천생(天生) 순유(醇儒)였다. 正直하고 潔白한 儒家의 선비라는 말이다. 보기에 따라서는 고지식하고 고집불통(固執不通)이며 진부(陳腐)함도 多分하다고 볼 수 있다. 그러나 世上이 어수선하고 어지럽고 더럽고 썩었을 때는 長點이 될 수도 있다. 自己를 蓟子訓같은 인물로 세상이 알아주는 것이 고맙기는 커녕 언짢고 불쾌할 수도 있었을 것이다. 그러나 노골적으로 좋다 싫다 하기도 난감하였을 것이다. “慚”과 “謬”에는 이런 複雜하고 微妙한 情緒가 고스란히 배어있다 하겠다. ≪論語・述而≫에 “子不語怪・力・亂・神. 孔子는 怪異・勇力・叛亂・鬼神에 관해서는 말씀을 안 하셨다.”이라 하였다. 杜甫는 이것을 座右銘이나 信條로 삼지 않았나 하여도 最小限 參考事項으로는 하였을 것이다. 孔子는 儒家의 선비에게 있어 감히 接近할 수 없는 大聖人 이전에 자상스럽고 친절하신 久遠의 스승님이었으니까 말이다. 蓟子訓은 怪・神에 정통으로 맞아 떨어지는 行爲를 하였고 이것은 孔門에게는 容納하기 어려운 따라서 아예 無視하거나 聽而不聞의 態度를 취할 수밖에 없는 人物 내지 鬼物이었을 것이다. 本句를 정리하면 "慙謬知薊子"로 아래 句도 "怯眞笑揚雄"이 된다. 이렇게 薊子를 處理하고 나면 다음의 揚雄은 좋은 方向으로 展開될 것이며 그가 바라는 人物로 表現될 것이다.

▸揚雄: 西漢時 蜀郡 成都사람. 字는 子雲. 博覽하여 안 본 서적이 없었다. 사람됨이 꼼꼼하지 않고 단순하며 겸손하고 얽매임 없어 세상사에 벗어났으며(爲人簡易佚蕩) 말 더듬어 막힘없이 시원시원하게 떠들지는 못하는 대신 묵묵히 깊은 생각에 잠기며 조용하고 고요하게 人爲를 멀리하고 自然에 順應하며 별로 좋아하는 것도 욕심도 없었다.(口吃不能劇談, 默而好深湛之思, 淸靜亡爲, 少嗜欲.) 그리하여 富貴에 아둥바둥하지 않고 貧賤에 근심하고 청승떨지 않았으며 단정하고 모나며 날카롭고 예리한 행동을 하거나 말을 하여 당세에 名聲을 추구하지도 않았다.(不汲汲於富貴, 不戚戚於貧賤, 不修廉隅以徼名當世.) 집안의 財産은 十金을 넘지 못하였고 한 두섬의 양식 갈무리마저 못했어도 태연하였다.(家産不過十金, 乏無儋石之儲, 晏如也.)

일찍이 屈原이 〈離騷〉를 짓고 스스로 물에 뛰어들어 죽은 것을 안타깝게 여겨 君子는 得時하면 大事를 행하지만 不得時하면 龍蛇가 엎드려 몸을 보존하며 때를 기다리듯 해야 하니 時代를 만남 못 만남은 命인데 하필 몸을 던진단 말인가 하고 〈離騷〉의 文句를 따서 이것을 뒤집는 글을 지어 강물에 던져 屈原을 위로하니 바로 〈反離騷〉며 〈離騷〉에 따라 다시 한편을 지으니 〈廣騷〉가 그것이다.

그에 앞서 蜀에는 司馬相如가 賦의 大家로 이름을 떨쳤으니 그의 賦는 一言以蔽之 하면 弘麗溫雅라 揚雄은 이것을 宏壯하다 여겨 그것을 모방하며 준칙(準則)으로 삼아 〈甘泉賦〉, 〈河東賦〉, 〈長楊賦〉를 지어 成帝에게 올렸다. 그러나 다시 詞賦란 시시하고 보잘 것 없는 것이라 여겨 이를 버리고 다시는 짓지 않았다. 哀帝때 外戚(帝王의 母族·妻族)인 丁氏·傅氏가 得勢·跋扈하고 寵臣인 董賢이 當權하여 朝廷을 左之右之하니 이들에게 접근하여 비위를 맞추는 자들은 금시발복(今時發福)하여 간혹 이천 석(二千石) 즉 郡守에 이르기도 하였다. 그때 揚雄은 막 ≪易≫을 본떠 ≪太玄≫의 草를 잡고 있었는데 자기의 志操를 굳게 지켜 담박(淡泊)하고 염정(恬靜) 즉 편안·고요할 뿐이었다. 어떤 사람들은 그의 地位가 侍郎에 불과하였고 발탁(拔擢)되었어도 가까스로 給事黃門侍郎 — 黃門 즉 宮門안에서 皇帝를 侍從하거나 詔命을 傳達하는 官吏 — 이 되었을 뿐인 것을 비꼬아서 "以玄尙白.(≪太玄≫을 짓는다며 完成을 못하여 아직도 허옇게 된 채 있으니 벼슬도 祿俸도 없다는 말. 玄은 검다는 뜻 말고 深奧함의 뜻도 있고 揚雄이 지으려는 ≪太玄≫에 있어서 玄은 宇宙의 本體를 의미한다. 이렇게 玄이 여러 뜻으로 쓰이므로 검게 만든다며 여전히 하얗다. 深奧한 宇宙의 本體를 풀어낸다면서 여전히 空虛하구나. ≪太玄≫때문에 벼슬·祿俸이 시원찮구나 等等의 여러 풀이로 조롱한 것이다)"이라 하니 揚雄이 解明하여 〈解嘲〉가 또 나오게 되었다. 참고로 이 "以玄尙白"이란 말은 後世에 간단히 "尙白"으로 쓰였는데 功名에 成就없음을 比喩하였다.

漢의 禪讓 形式으로 王莽이 新을 세운 후 — 後世의 識者層, 특히 儒家들은 禪讓이 아니고 찬탈(簒奪)이며 大詐欺劇이라고 자못 悲憤慷慨하지만 政權을 有德者에게 平和的으로 禪讓하였다는 堯·舜·禹의 例를 根本的으로 再考하고 禪讓自體에 懷疑를 품게 하는 附隨的인 이로움도 생겼고 儒家의 고질적 허위가 깨진 것도 예기치 못했던 收穫이라 하겠다. — 王莽은 符命(하늘에서 帝王이 天命을 받았음을 預示하여 준다는 징조·조짐)을 造作하여 帝位를 얻는데 큰 재미를 보았지만 卽位하고 난 뒤에는 그것을 단절하여 앞서 만든 符命을 神聖하게 保存하려 하였다. 그러나 上公으로 있던 劉歆(유흠)의 아들 劉棻(유분)과 甄豊

(견풍)의 아들 甄尋은 눈치가 모자랐던지 아니면 너무 앞서갔던지 또 符命을 造作하여 바쳤다. 王莽은 대로(大怒)하여 比較的 人望이 적었던 甄豊父子는 죽이고 名望이 높았던 劉歆은 놔두고 아들 劉棻은 변방 먼 곳으로 내쳤으며 죄인의 공술(供述)에 오른 자들은 주청(奏請)할 것 없이 체포하라 하였다.

이때 揚雄은 天祿閣에서 교서(校書)중이었는데 罪案을 審理하던 자들이 체포하려하자 벗어날 수 없을 것이란 두려움에 閣에서 스스로 몸을 아래로 던져 거의 죽게 되었다. 王莽이 듣고는 "揚雄은 평소 이런 일에 참여하지 않았는데 왜 이 지경에 이르렀는가." 하고는 은밀히 그 까닭을 캤는데 일찍이 劉棻이 揚雄에게 古文奇字를 배웠던 것으로 揚雄은 이 사건의 實情은 모르고 있었다. 그래서 더 이상 추궁하지 말라는 詔書가 내려졌다. 그러나 서울지방에서는 이 때문에 말이 생겨났으니 "惟寂寞, 自投閣; 愛淸靜, 作符命. 寂寞(고요하고 괴괴함) 좋아하시네! 그러면 왜 閣에서 몸을 던지셨나; 淸靜(맑고도 조용함) 사랑하시네! 뒤로는 符命이나 만들며."이었다. 이 말은 世人들의 조롱에 대해 자신의 심정과 처지를 해명한 〈解嘲〉의 "知玄知默, 守道之極; 爰淸爰靜, 游神之廷; 惟寂惟寞, 守德之宅. 深奧함을 알고 默默함을 알면 道를 지키는 窮極에 이름이며; 맑고도 조용함은 精神이 노니는 마당이며; 고요하고 괴괴함이여 德을 지키는 집이로다."이라는 글 句를 인용하여 비웃은 것이다. 말과 글은 그렇게 그럴듯하고 멋있게 해놓고는 自己의 行動은 天祿閣에서 몸을 던져 죽으려 했으며 치사한 詐欺인 符命만드는 것에 연루(連累)되었으니 그런 말이나 말 것이지 하며 그의 表裏不同과 二重人格을 비웃고 "너나 잘하세요"라고 희롱한 것인데 이것은 억울하게 뒤집어 쓴 것으로 揚雄으로서는 할 말이 많을 것이다. 하여튼 世人의 無責任한 언사는 정말로 도끼날이요 창끝이라 하겠다.

그 후 병으로 그만두었다가 다시 大夫로 불려갔다. 평소 가난하였는데 술을 즐겼다. 그 집 문에 오는 자 드물었으나 가끔 일벌이기 좋아하는 이른바 好事家들이 술과 안주를 싣고 와 글을 배웠다.(家素貧, 嗜酒, 人希至其門. 時有好事者, 載酒肴從游學.) 후파(侯芭)라는 사람이 그를 따라 살며 《太玄》과 《法言》을 전수받았다. 劉歆이 일찍이 《太玄》과 《論語》를 본뜬 《法言》을 보고는 "부질없이 애썼구나! 지금 글 배우는 자들은 爵祿의 이로움이 있어도 그래도 《易》을 해설하지 못하는데 다시 《太玄》을 어떻게 하겠단 말인가. 나는 아무래도 後世의 사람들이 장항아리나 덮을 것 같다.(吾恐後人用覆醬瓿也)"라 했으나 揚雄은 웃으며 대답하지 않았다. 칠십일 세에 卒하였다.

或者는 그가 聖人이 아니면서 經을 지은 것은 마치 春秋時代의 吳·楚의 諸侯가 王號를 僭稱한 것과 같으니 죽어야할 죄라고도 하였다.(以上은 《漢書·揚雄傳上下》에서 추린 것이다)

그러나 揚雄도 判斷誤謬를 한 것인지 아니면 王莽의 공갈(恐喝) 협박(脅迫)에 굴복(屈服)한 것이지 또는 마음이 지극히 평온하고 욕심 없디 히지만 속은 그렇지 않아서 後漢末 成帝·哀帝·平帝時 벼슬이 꽉 막혀 분이 삭질 않았던지 王莽이 新을 세운 후 司馬相如의 〈封禪文〉을 模倣하여 〈劇秦美新〉을 지었는데 그것은 秦을 나무라며, 특히 秦始皇의 焚書와 度量衡의 統一을 攻擊하였으며 新나라를 美化한 내용이었다. 그런데 무슨 영문인지 그는 封爵도 못 얻었으며 大夫로 되었을 뿐이다. 《漢書》에 의하면 "及莽簒位, 談說之士用符命稱功德獲封爵者甚衆, 雄復不侯, 以耆老久次轉爲大夫, 恬於勢利乃如是, 實好古而樂道, 其意欲求文章成名於後世……. 王莽이 簒位하자 말깨나하는 知識人들중에 符命을 가지고 功德을 稱頌하여 封爵을 獲得한 者 아주 많았건만 揚雄은 또한 封侯되지 못하였고 老齡과 긴 세월 낮은 자리에 붙박이였던 이유로 大夫로 遷職되었을뿐이니 權勢와 利害에 담담함이 이와 같았다. 그는 진실로 옛것을 좋아하고 道를 즐겼으며 마음은 文章

으로 後世에 이름 날리기를 바랄 뿐이었다……"라 하며 揚雄이 〈劇秦美新〉을 지은 부분은 구렁이 담 넘어가듯 슬쩍 言及을 피하였으니 "稱功德獲封爵者甚衆"과 "雄復不侯"의 사이에 省略된 것, 즉 揚雄도 類似한 〈劇秦美新〉으로 新나라를 稱頌했건만이라는 거북한 곳을 明確하게 敍述하지 않고 넌지시 짐작할 수 있게 하였다. 또한 〈劇秦美新〉때문에 大夫가 된 것이 아니라고 이유까지 들었다. 그러나 아무리 文辭敍述에 技巧를 부리고 一部를 누락(漏落)시켜도 흠은 흠으로 남는 것이다. 그렇다고 뛰어난 人物을 버릴 수는 없으니 그의 하자(瑕疵)는 있는 대로 두고 長點·優處만 취하면 될 뿐이니 聖賢 또한 말했다. 즉 ≪孔子家語·問玉≫에서 "瑕不掩瑜, 瑜不掩瑕." ≪禮記·聘義≫에서 "瑕不揜瑜,瑜不揜瑕. 티가 美玉의 아름다움을 가리지 않고, 美玉의 아름다움이 티를 숨기지 않는다."라 하였으니 美醜를 있는 그대로 認定할 뿐 감추거나 덮어버리지는 않는다는 것이다. 여유작작(餘裕綽綽)하여 너그럽고 느긋하다. 勿論 안타까운 마음을 숨길 수는 없었으니 경우가 조금 다르지만 南朝·梁의 昭明太子·蕭統은 陶淵明을 자기 나름대로 소탈(疏脫)하고 悠悠하며 質朴하고 古拙한 人物로 理想化한듯하다. 그러나 호사다마(好事多魔)가 아닌 호사일마(好事一魔)라 할까 제 생각에는 야하기 짝이 없는 〈閑情賦〉를 陶先生이 짓고만 것이다. 그래서 그는 〈陶淵明集〉의 〈序〉에서 "白璧微瑕, 惟在〈閑情〉一賦. 하얀 璧玉에 작은 티는 딱 한편의 〈閑情賦〉에 있음이라."라고 탄식하고 안타까워하였다. 當時의 詩文이 艶麗·綺靡하였기에 陶先生이 더욱 두드러져 보였고 말하자면 一種의 天然記念物같다고나 할 지경이었는데 이것에 흠이 났으니 정녕 賈誼의 통곡·한숨·눈물이 남의 일이 아니었을 것이다. 〈劇秦美新〉도 유사한 점이 있으나 揚雄에 대하여 後人들은 그의 좋은 점만을 선택적으로 받아들이고 높이 추어올렸다. 晉의 陶淵明은 〈飮酒〉詩 二十首의 其十八에서 가난하나 술 좋아하여 술 싣고 온 好事家들의

平素疑問에 막힘없이 답하여 그들을 만족시켰으나 道理에 어긋난 물음에는 말하려하지 않는다고 揚雄의 志操·意志를 높이쳤으며, 唐의 劉禹錫은 〈陋室銘〉에서 "……南陽諸葛廬, 西蜀子雲亭, 孔子云, 何陋之有. 南陽땅 諸葛亮의오두막, 西蜀 揚子雲의 草家三間은 孔子가 말한대로 君子가 살면 무어 초라할 것 있으리."라 하여 揚雄의 質朴儉素한 面貌를 크게 稱揚하였다.

杜甫는 揚雄을 대단히 높게 評價하여 남을 칭찬할 때, 남의 姓이 揚(楊)氏일 때, 그리고 自身을 말할 때 揚雄을 내세웠다.

첫째 自己를 揚雄으로 比한 詩를 보면,

〈奉贈韋左丞丈二十二韻〉에서 "賦料揚雄敵, 詩看子建親. 생각건대 賦는 揚雄에 필적하고, 헤아리면 詩는 曹植에 접근하지요."

〈醉時歌〉에서 "相如逸才親滌器, 子雲識字終投閣. 司馬相如의 뛰어난 재주로도 몸소 술집에서 설거지 하였고, 揚子雲은 古文奇字 알았으되 그것이 오히려 禍根되어 끝내 天祿閣 아래로 몸을 던졌다."

〈贈獻納使起居田舍人澄〉에서 "揚雄便有河東賦, 惟待吹噓送上天. 옛날 揚雄이 〈河東賦〉를 올리듯 또 다시 제가 지은 〈封西岳賦〉가 있으니 다만 불어서 하늘에 올리듯 이를 皇上께 올려주시길 기다립니다."

〈酬高使君相贈〉에서 "草玄吾豈敢, 賦或似相如. 揚雄의 ≪太玄≫을 草하듯 하는 것이야 내 어찌 감히 하리오, 그저 賦를 짓는 것은 혹 司馬相如와 비슷하다 하겠지만……"

〈堂城〉에서 "傍人錯比揚雄宅, 懶惰無心作解嘲. 이웃들이 揚雄의 집으로 잘못 비하는데, 게으르니 〈解嘲〉지어 변명할 마음도 없구나."라 하였다.

둘째 남을 揚雄으로 比한 시를 보면

〈哭台州鄭司戶·蘇少監〉에서 "班揚名甚盛, 嵇阮逸相須. 鄭虔·蘇源明 두 분은 班固·揚雄같은 名聲이 크셨고, 嵇康·阮籍같이 超脫·

高尙하심이 서로 잘 어울리셨도다."

〈八哀詩〉의 〈故祕書少監武功蘇公源明〉에서 "制作揚雄流. 蘇源明先生의 著述·創作은 揚雄과 同流."

〈八哀詩〉의 〈故著作郎貶台州司戶滎陽鄭公虔〉에서 "子雲窺未遍. 揚子雲의 群書博覽도 鄭虔先生에 비하면 두루 미치지는 못하였다."라 하였다.

셋째 同姓者에 揚雄을 쓴 것.

〈送楊六判官使西蕃〉에서 "子雲淸白守, 今日起爲官. 揚子雲처럼 깨끗한 志操를 지키시더니, 오늘 몸을 일으켜 벼슬하시다."

〈夏日楊長寧宅送崔侍御常正字入京得深字〉에서 "醉酒揚雄宅, 升堂子賤琴. 長寧고을의 원님이었던 揚氏는 揚雄과 同姓이니 꼭 揚雄宅에서 술 취한 듯하고, 長寧고을의 사또였던 揚氏는 옛날 虙子賤(복자천)이 선보(單父)고을을 다스릴 때 堂上에서 琴을 타는 것으로 제대로 고을을 다스렸는데 그와 똑같이 長寧고을을 다스렸으니 내 지금 꼭 虙子賤의 堂上에 오른 것 같소이다."라 하였다.

以上으로 杜先生의 胸中과 腦裏에 刻印된 揚雄의 여러 長點을 충분히 알 수 있었으며 本句의 해석도 이에 따라야 할 것이다. 本句는 "怯眞笑揚雄"으로 보면 된다. 겁나는군요, 無責任하고 無知한 인간들이 揚雄이 ≪太玄≫짓는 것을 비웃듯 정말로 저를 비웃을까 보아서요. 제가 어찌 감히 揚雄처럼 聖人을 본받아 〈太玄≫같은 經書種類를 撰述·創作할 爲人이 되겠습니까. 不敢當입니다. 杜先生의 本心을 여기에서 드러났다. 薊子訓으로 잘못 알려진 것은 받아들일 수 없고 揚雄처럼 비웃음 당하는 것은 겁난다니 揚雄같은 能力이 不足할 뿐 좋기는 좋다는 뜻일 것이다. 以上은 王嗣奭先生의 ≪杜臆≫ 해석과 거의 일치하니 不亦樂乎아!

解說 부끄럽습니다. 薊子訓처럼 道術높은 方術人으로 잘못 알려진 것이,

겁나네요, 揚子雲과 같다고 정말로 비웃는 것이.

❖ 제17 · 18구: 盤錯神明懼, 謳歌德義豊.

註

▶盤錯: ① 뒤섞여 잔뜩 늘어놓다. 劉向 ≪說苑≫: "酒食珍味, 盤錯於前. 술 · 음식 · 진미가 앞에 뒤섞여 잔뜩 놓여있다." ② 돌고 섞임. 王嘉 ≪拾遺記≫: "其樹千尋, 文理盤錯. 그 나무는 천 길 높이에 무늬와 결이 돌고 섞였다." ③ 盤根錯節. 樹木의 根柱(뿌리와 그루. 줄기 밑둥)가 盤屈(빙빙돌아 서리다)하고 枝節(가지와 마디)이 交錯(뒤얽힘)함. 이것으로 事情의 艱難複雜을 比喩하였다. 本句는 이 뜻을 쓴 것으로 後漢의 虞詡(우후)의 말을 引用하였으며 同時에 韋濟를 虞詡같은 名臣으로 칭송한 것이다. ≪後漢書 · 虞 · 傅 · 蓋 · 臧列傳≫을 보면 虞詡의 字는 升卿이며 陳國 武平사람이었다. 祖父는 郡縣의 獄吏였는데 法을 執行함이 公正하였고 寬大함과 容恕를 爲主로 일을 처리하였다. 그가 항상 하는 말이 "西漢時代 東海의 于公 이 縣의 獄吏였을 때 至極히 公正하고 어질어서 누구도 그의 決定에 恨을 품는 사람 없었으며 里門이 무너져 마을사람들이 이를 고치려하니 于公이 里門을 四頭馬車 · 높은 수레지붕이 통과하도록 좀 높게 해 달라 하였으니 이것은 自己가 獄事를 處理함에 陰德을 쌓았으니 子孫中에 잘되는 녀석이 꼭 있을 것이라는 까닭이었다. 그의 아들 于定國은 丞相, 孫子는 御使大夫가 되었으니 내 비록 于公만은 못해도 비슷하지는 않을까. 나라고 子孫이 九卿에 오르지 말라는 법 있으랴."하여 虞詡의 字를 升卿이라 한 것이란다. 어려서 父母를 잃고 祖母를 孝道로 奉養하였으며 陳國의 國相이 그를 기특히 여겨 벼슬을 주려하였으나 祖母가 90歲에 자기 아니면 奉養할 사람 없다고 사양하였고 祖母가 돌아간 뒤 복결(服闋. 喪禮에서 三年喪을 마치고 喪服을 벗음)하자 太尉 李脩의 府中에 불려가 郎中을 하였다. 安帝의 永初4年

(AD110년) 羌人이 反亂을 일으켜 幷州·涼州가 무너지니 大將軍 등질(鄧騭)은 차라리 서쪽의 涼州를 抛棄하고 모든 힘을 북쪽의 幷州에 쏫는 것이 낫겠다고 하였으며 公卿들의 會議에서도 同意하였다. 虞詡는 太尉 李脩를 說得하기를 "涼州를 抛棄하면 長安을 에워싼 三輔, 즉 京兆·左馮翊·右扶風이 最前線이 되고 그러면 歷代 陵寢이 保護區域 밖에 孤立되니 絶對不可하다. 옛부터 내려오는 말에 '關西出將, 關東出相. 函谷關 또는 潼關의 서쪽에서는 장수가 나오고, 동쪽에서는 재상이 나온다.'이라 하였으니 關西의 씩씩한 勇士들은 天下 모든 고을을 능가한다. 지금 羌人들이 감히 三輔로 들어와 자리잡지 못하는 까닭은 背後에 涼州가 있기 때문이다. 그곳 즉 關西의 사람들이 용맹하되 배반하지 않음은 漢에 臣屬되었기 때문인데, 지금에 와서 그들을 배신·抛棄하면 분노한 그들이 동쪽으로 밀고 들어올 때 姜太公이 장수되고 옛날 勇士의 代表인 孟賁과 夏育을 부하로 삼아도 막아내질 못할 것이다."라 하였다.

虞詡는 또한 西와 北의 涼州·幷州가 어수선하여 百姓들이 不安해하고 덩달아 非常之變이 發生할까 두려우니 그 地域 指導級人士들의 子弟와 豪傑들을 職責은 없고 이름뿐인 벼슬을 주어 外面的으로는 그들을 격려하되 실상은 묶어두는 것이 좋겠다 하여 그대로 施行하게 되었다. 大將軍 兄弟는 虞詡 때문에 亡身당했다고 不平滿滿, 官府의 法令을 빌어 合法的으로 해코지 하려 하였다. 後에 朝歌땅에 적도(賊徒) 수천 명이 官吏들을 죽이고 여러 해 屯聚했건만 州郡에서 막아낼 수 없었다. 이에 虞詡를 朝歌長으로 내보내 버렸다. 친구들이 모두 그를 위로하며 "朝歌고을살이라니 이 무슨 비색(否塞)한 운수며 기박(奇薄)한 팔잔가(得朝歌何衰)"하니 웃으며 말하기를 "志向하는 目標에 있어서는 容易함을 追求하지 않고 擔當하는 事件에 있어서는 險難함을 피하지 않는 것이 臣下의 職分이네. 돌고 서리는 뿌리·줄기밑둥과 얽히고 섞이는 마디를 만나지 않는다면 어떻게 잘 드는 연장인지를 식별해

낸단 말인가? 志不求易, 事不避難, 臣之職也. 不遇槃根錯節, 何以別利器乎?"라 하였다. 果然 도적을 다 잡고 흩어지게 하니 神明하다고 모두 칭송하였다(咸稱神明)한다.

晉·袁宏의 ≪後漢紀·安帝紀≫에는 虞詡의 答辯內容이 조금 더 적극적이다. "(虞詡가) 웃으며 말하길 '險難함·困難함을 回避하지 않으며 容易하거나 하잘 것 없는 것도 반드시 順從하는 것, 그것은 臣下의 節操요, 돌고 서리는 뿌리와 그루, 얽히고 섞이는 마디를 만나지 않으면 연장의 단단하고 예리함을 구별해낼 수 없는 법, 지금은 내가 공을 세울 기회요 찬스라, 우리 님들이 이 때문에 위로하시니 괴이쩍구료. (虞詡)笑曰: '難者不避, 易者必從, 臣之節也. 不遇盤根錯節, 無以別堅利. 此乃吾立功之秋, 怪吾子以此相勞也.'"하였다.

▶神明: ① 神처럼 明智하다. 明智는 물정을 알다. 분별력 있다. 생각이 周到하다. 識見이 遠大하다, 遠見이다 임. ② 天地間의 一切 神靈의 總稱. 本句에서는 ②의 뜻으로 쓰였으며 ≪後漢書≫에서 "咸稱神明"이라 할 때에는 ①의 뜻으로 쓰인 것이다.

≪杜詩詳注≫를 따르면 韋濟가 能力있는 經世之才임을 稱讚하는데 있어 天地間의 모든 神靈들이 自己들의 專攻·特許를 韋濟에게 빼앗기고 侵犯당하였다고 恐懼하고 憂慮한다는 말을 쓴 것이란다. 이것은 아마도 單純한 稱讚이며 좀 誇張된 表現일 뿐 큰 意義가 있는 것은 아니라고 보여진다. 약간의 익살·諧謔의 맛도 느껴지며 그렇다고 戱弄까지는 杜甫의 處地上 아닌 듯하다. 만약에 이것을 深刻하게 따진다면 孔子님 "子不語怪力亂神"과 衝突할 것이니 儒者의 眞摯한 言語가 될 수 없을 것이다. 그저 普通 市井의 사람들이 쓰는 "鬼神이 哭할 노릇", "鬼神이 歎服할 노릇", "鬼神이 하품할 노릇"처럼 神通하고 奇妙하며 歎服할만한 일에 그냥 썼다고 보면 될 것이다.

參考로 墨家는 儒家의 聖人을 깎아내리는데 큰 재미와 快感을 느끼는듯하니 다음의 글을 보자.

≪墨子・耕柱≫: "巫馬子謂子墨子曰: '鬼神孰與聖人明智?' 子墨子曰: '鬼神之明智於聖人, 猶聰耳名目之與聾瞽也.' 巫馬子가 子墨子에게 물었다. '鬼神과 聖人은 누가 더 明智할까요?' 子墨子가 답했다. '鬼神의 明智를 聖人과 비교하면 귀 밝고 눈 밝은 자와 귀머거리 소경을 비교하는 것과 같다.'"

墨家에게 있어 聖人은 귀머거리・소경 신세로 전락(轉落)했지만 莊子一派의 대접보다는 낫다. ≪莊子・德充符≫를 보면 孔子같은 聖人에 대해 하늘이 刑罰에 처했다(天刑之)라 하고 그 질곡(桎梏. 옛 形具인 차꼬와 수갑)을 풀 수 없다고 惡談하였고 ≪莊子・養生主≫에서는 儒家에서 至極精誠으로 슬퍼하고 아쉬워하는 喪事를 하느님이 매달린 것을 풀러줌(帝之解縣)이니 얼마나 시원하고 축하할 일이냐는 식으로 풀어나갔다. 老莊의 至人・眞人앞에 儒家의 聖人은 꼴이 말이 아니었다.

따라서 本句도 墨家의 持論으로 꿰맞추면 聖人보다는 鬼神 즉 神明이 낫고 神明보다는 韋濟가 낫다는 말이 되고 말 것이다.

浦起龍先生이 꼭 이것을 考慮해서는 아닐 것이나 ≪讀杜心解≫에서는 "'神明懼'는 韋氏가 百姓을 다스릴 때 神明을 생각하고 두려워 한 것을 훌륭하다고 칭찬한 것이지 그의 다스림이 神明과 맞먹는다고 말하는 것은 아니다. '神明懼', 美其臨民顧畏, 非治稱神明之謂.(稱: 합당. 부합)"라 하였으니 神明과 사람은 儼然히 그 소속과 位階가 다르고 인간은 특히 牧民官은 敬天愛人의 姿勢를 갖춰야 한다는 趣旨로 해석하였다. 간단히 말해 神明이 두려워할 만큼 잘난 인간은 없다는 前提가 깔린 것이다. 즉 "인간이 어디 감히 神明앞에서!"인 것이다.

≪杜詩詳注≫를 따르자니 神明의 位相이 말씀이 아닌 것은 차치물론(且置勿論)한다 하여도 陰으로 陽으로 鬼神들의 앙갚음이 솔직히 겁나고 ≪讀杜心解≫를 따르자니 凡事에 神明을 생각하고 두려워해야 마

땅하지 盤錯같은 至難한 일을 만나야 神明을 생각하고 두려워한다면 어폐(語弊)가 있다. 그런 경우에는 神明에게 祈禱하고 救援을 청했다고 해야 똑 맞는 표현일 것이다. 어쩌나! 지금에서야 屈原의 〈卜居〉가 새삼 가슴에 와 닿고 岐路에서 통곡한 楊朱에게 동지애도 느꼈고, 21세기에도 占집이 盛況을 이루는 것에 納得이 가고도 남았다. 또한 "사랑을 따르자니 스승이 울고 스승을 따르자니 사랑이 운다"라나 하는 유행가도 슬며시 떠올랐다.

▶謳歌: 頌歌. 歌頌. 여러 사람이 입을 모아 칭송하며 노래함.

▶德義: ① 道德信義. 이것은 普通 有識者・知識人의 必須科目임이 틀림없으나 山林處士가 아닌 官吏・牧民官에게 適合한 德目은 좀 더 具體的이고 現實的이어야 마땅할 것이다. ② 信賞必罰을 말한다. ≪國語≫의 韋昭注에 德義를 해석한 것이 둘 있다. "賞得其人, 罰當其罪, 是爲德義. 제대로 일한 사람에게는 상주고 저지른 죄에는 벌이 꼭 내리는 것, 이것이 德義다.", "善善爲德, 惡惡爲義. 선한 사람에게 상주고 칭찬함이 德이고, 악한 사람에게 벌주고 미워함이 義다." 以上이다. 杜先生이 ①의 뜻으로 썼다면 理想的이고 예스러운 儒家의 規範을 따름이요, ②의 뜻으로 썼다면 現實에 適合하지만 儒家보다는 法家의 理論에 서 있는 것이라 하겠다.

參考로 말하면 戰國時代 商鞅이 秦을 强國으로 만들려할 때 强調한 것이 信이었다. 본보기로 咸陽의 南門에 세길짜리 나무를 세워놓고 北門으로 옮기면 十金을 준다하였고 百姓들이 疑訝하며 망설이자 五十金으로 올렸고 결국 이를 옮긴 자에게 주었다.

統治者와 被支配者間의 道德・信義는 儒家의 標榜이다. 그러나, 漢以來 모든 王朝는 法家에 따라 統治하였다. 앞에 내세운 것은 勿論 儒敎였지만 儒者들과 直接 行政을 擔當하는 官僚들 사이의 乖離는 컸고 現實은 官僚들 主張을 따르게 돌아갔다. 지금 杜先生이 추어올리는 韋

濟의 評價는 一種의 양다리 걸치기다. 제19구 "盤錯"만을 考慮하면 아주 現實을 直視할 줄 알고 有能하고 果斷性있는 人物로 信賞必罰했을 形勢며 제18구 "謳歌"만을 參酌하면 뛰어난 行政力보다는 어질고 자비심 많은 父母같은 官長을 했을 것이란 雰圍氣를 感知할 수 있다. 結局 우리가 내린 결론은 兼備하였다고 보는 것이다.

解說

敬天愛人의 마음으로 治民하시되 盤錯같은 難關에 부딪치면 快刀亂麻의 明快함으로 處理하시니 天地間의 난다 긴다 하는 神靈들도 제 領域제 技倆 빼앗길까 두려워할 지경이며 牧民官으로서는 道德과 信義를 바탕으로 百姓들이 禮義廉恥를 알게 하되 한편으로는 信賞必罰의 엄함도 행하셔서 剛柔와 冷溫을 竝行하시니 百姓들이 입 모아 칭송하며 노래하였음이라.

❖ 제19・20구: 尸鄕餘土室, 難說祝鷄翁.

註

▸尸鄕: 고을이름. 河南 偃師縣 西二十里에 尸鄕亭이 있다함.

▸餘: 遺留. 남기다. 남겨놓다. 남아있다.

▸土室: ① ≪後漢書・袁・張・韓・周列傳≫: "……延熹末, 黨事將作, 閎遂散髮絶世, 欲投迹深林, 以母老不宜遠遁, 乃築土室, 四周於庭, 不爲戶, 自牖納飮食而已.……潛身十八年. 黃巾賊起, 攻沒郡縣, 百姓驚散, 閎誦經不移, 賊相約語不入其閭, 鄕人就閎避難, 皆得全免. 年五十七, 卒於土室."

"延熹(後漢 桓帝의 年號)末에 黨人의 禁錮가 장차 일어나려하니 袁閎은 머리 풀어 세상과 인연을 끊고 울창한 숲속으로 자취를 감추려 했으나 어머니가 늙어 멀리 숨기는 곤란하여 이에 토담집(흙으로 쌓아 만든 담을 토담이라 하는데, 토담만 쌓아 그 위에 짚 따위로 이엉을 엮어

지붕을 이은 집)을 지었는데 뜰 안에 사방을 둘러막았고 문을 만들지 않았으며 단지 창으로 음식을 넣을 수 있을 뿐이었다.……몸 숨긴지 열여덟 해만에 黃巾의 亂 이 일어나 고을을 공격 함락시키니 백성들이 놀라 달아났다. 袁閎은 經典을 읽으며 動搖함이 없었다. 黃巾賊은 袁閎의 마을은 侵入하지 않기로 言約을 하였으므로 袁閎있는 곳으로 피난한 地方사람들은 화를 면하여 온전할 수 있었다. 쉰일곱에 토담집에서 卒하였다.”

袁安과 楊震의 집안은 四世에 걸쳐 三公을 낸 後漢 最高의 家門이었다. ≪三國志≫에 나오는 袁紹·袁術과 楊彪·楊修가 바로 이 집안 출신이었다. 袁氏네는 특히 驕慢·奢侈로 이름났었는데 袁閎(원굉)은 家門의 이러함이 자칫 滅族의 禍을 가져올까 걱정하였다. 그리하여 다음의 行動이 나왔다.

以上의 글을 통하여 짚 따위로 이엉 엮어 지붕 이은 토담으로 벽을 삼은 토담집이 아닌가 생각할 수 있다. ② 土山(바위산이 아니고 黃土가 쌓여 이루어진 산)의 벼랑·절벽에 굴을 뚫어 만든 집으로 동굴 집·토굴집이라 하니 이른바 혈거(穴居)다. 이집은 짚이나 띠풀의 지붕이 없고 위아래와 좌우가 모두 흙벽이다. 오늘날 요동(窯洞)이라 하며 西北地域에 實在하고 있다.

▸祝(zhù): 祝祝(zhùzhù) 朱朱(zhūzhū)와 같이 모두 中國에서 닭을 부를 때 내는 소리다. 우리나라에서는 구구 또는 꾸꾸하며 닭을 부른다. 이에 관한 中國의 記錄을 보자.

≪藝文類聚≫ 卷91에서 張華의 ≪博物志≫를 引用하였는데 “祝鷄公養鷄法, 今世人呼鷄云祝祝, 起此也. 祝鷄公이 닭치는 법을 알아냈으므로 지금 世人들이 닭을 부를 때 祝祝하는 것은 이것에서 시작된 것이다.”라 하였고 ≪錢牧齋箋注杜詩≫에서 ≪風俗通≫을 引用하였는데 “呼鷄朱朱, 俗說鷄本朱公化爲之, 至今呼鷄朱朱也. 닭 부를 때 朱朱하

는데 속설에 닭은 朱公이 변하여 된 것이라 지금 닭 부를 때 朱朱하는 것이다."라 하였다.

祝이나 朱나 本來 姓인데 이것을 따서 닭을 부를 때 祝祝 朱朱하였다는 것은 造作의 냄새가 강하다. 그냥 닭을 부를 때 쭈쭈하니까 여기에다 姓氏인 祝이나 朱를 갖다 엮어 놓은 것으로 보인다. 그것이 자연스러운 일일 것이다. 先後가 뒤바뀐 것이 分明하다.

▸祝鷄翁: 漢·劉向의 ≪列仙傳·祝鷄翁≫에서 "祝鷄翁者, 洛人也. 居尸鄕北山下, 養鷄百餘年, 鷄有千餘頭., 皆立名字. 暮棲樹上, 晝放散之, 欲引, 呼名卽依呼而至. 賣鷄及子得千餘萬, 輒置錢去. 之吳, 作養魚池. 後升吳山, 白鶴孔雀數百常止其傍云. 祝鷄翁은 洛땅 사람으로 尸鄕의 北山아래에 살았다. 백여 년 동안 닭을 쳤는데 닭이 천여 수로 모두 이름을 붙였다. 저녁에는 나무 위에 깃들었다가 낮에는 흩어졌다. 가까이 끌려면 이름을 부르고 부르는 대로 닭이 왔다. 닭과 달걀을 팔아 千餘萬을 벌었는데 돈을 그대로 두고 갔다. 吳땅으로 가서 養魚池를 만들었다. 후에 吳山에 올랐는데 白鶴과 孔雀 수백 마리가 항상 그 곁에 머물렀다." 祝鷄翁은 그러니까 "구구 닭영감"이라 해석함이 "닭 기르는 祝氏 영감"보다 합당할 듯하다.

▸誰話: ≪杜詩詳注≫, ≪杜詩鏡銓≫은 "難說"이 아니고 "誰話"를 擇하였다. 즉 韋公말고 그 누가 이 祝鷄翁같이 사는 나를 慰問·問候(安否를 묻다)하겠는가라고 해석하였다(言誰話者, 言獨有韋公見問耳). 이렇게 하면 杜甫는 俗世와 떨어져 自己만의 世界를 構築하며 사는 道家類의 人物이 되고 만다. 이것도 좋긴 한데 문제는 立身揚名을 다 抛棄하고 自足하며 逍遙自在한 生活을 한다고 公公然 하게 피력(披瀝)하는 셈인데 萬에 하나 韋濟에게 人材推薦의 機會가 왔을 때 이것을 그대로 받아들여 그냥 지나친다면 弄假成眞으로 本意아니게 隱逸로 굳어지게 될 것이다. 平素 杜甫는 韋濟에게 本心을 吐露하고 眞情을 하소연했는

데 結論은 자기를 推薦하여 달라는 것이었다. 다음에 紹介할 〈贈韋左丞丈濟〉에서는 아주 露骨的으로 털어놓았고 〈奉贈韋左丞丈二十二韻〉에서는 激情的으로 自己의 才能과 不運을 드러난 다음 다시는 못 올 곳으로 떠난다고 一種의 威脅 乃至 恐喝을 아주 天眞하게 해댔는데 속셈은 하나 어떻게 좀 봐달라는 것이다. 너무 상스럽다 하겠지만 까놓고 쉽게 말하면 그렇다는 것이다. 却說하고 "誰話祝鷄翁"은 杜甫의 本心과 어긋난다.

▶難說: ① 해설하기가, 설명하기가 쉽지 않다(不易解說). ② 단언하기 어렵다. ~일지도 모른다(說不定). ③ 설마~하겠는가. 그래~란 말인가(難道). ≪錢牧齋箋注杜詩≫, ≪讀杜心解≫는 "難說"을 택하였다. 옛날 祝鷄翁이 살던 尸鄉에 나 또한 토담집 있는 것은 事實이지만 나를 祝鷄翁과 견주지도 비교하지도 연관시키지도 마십시오. 내가 무슨 祝鷄翁입니까. 本心은 韋公께서 평소 짐작하실 것입니다. 무슨 소문 들으시고 靑囊이니 隱逸이니 薊子訓인가 葛洪인가 하신다면 정말 섭섭합니다. 뻔히 아시면서 왜 그러십니까. 이것이 杜先生이 韋濟에게 하고 싶은 말일 것이다.

解說

尸鄉에 토담집 한 채 남아있긴 하지만 그렇다고 제가 그곳에서 이름 떨친 道家類인지 隱逸인지의 祝鷄翁이 되겠습니까. 아니고 말고요.

29. 〈贈韋左丞丈濟〉(五言排律)

左轄頻虛位, 今年得舊儒. 相門韋氏在, 經術漢臣須.
時議歸前烈, 天倫恨莫俱. 鴒原荒宿草, 鳳沼接亨衢.
有客雖安命, 衰容豈壯夫. 家人憂几杖, 甲子混泥塗.
不謂矜餘力, 還來謁大巫. 歲寒仍顧遇, 日暮且踟躕.
老驥思千里, 饑鷹待一呼. 君能微感激, 亦足慰榛蕪.

❖ 詩題

註

▸左丞: 尙書省에는 左丞 右丞이 있는데 尙書省의 事務를 管轄하고 典章制度를 監督하여 잘못을 지적·적발하며 六官 즉 吏部·戶部·禮部·兵部·刑部·工部의 尙書(지금의 長官)가 지킬 禮儀制度와 具體的인 規定을 밝히고 살피며 文武百官 즉 모든 官僚들이 지킬 法規를 바르게 하는 일을 分擔하였다.

解說

〈尙書 左丞 韋濟어른께 올립니다〉

❖ 제1·2구: 左轄頻虛位, 今年得舊儒.

註

▸左轄: 左丞을 이렇게도 부른다. 轄(할)은 비녀장이니 바퀴를 굴대에 끼고 벗어나지 않게 하느라고 굴대머리에 내리지르는 큰 못이다. 여기에서 主管하다, 團束하다는 뜻으로 發展하였으니 尙書省事를 管轄한다는 뜻으로 풀 수 있겠다. 參考로 大詩人 王維는 王右丞이라 부르는데 그의 最終 벼슬이 尙書 右丞이었기 때문이다.

▶허위(虛位): ① 빈자리. ② 有名無實한 職位의 뜻도 있으나 여기에서는 특별히·일부러 자리를 비워놓는다는 말이니 그렇게 하여 그 자리에 합당한 有能한 人材를 기다린다는 뜻이다. 보통 "虛位以待"라고 쓴다.

▶舊儒: 宿儒와 같은 말. 年老하고 名望있는 學者를 가리킨다. 참고로 舊德은 德이 높고 名望있는 老臣을 말한다.

解說

尙書省의 左丞은 자주 그 자리가 비었는데 이는 適任者를 얻지 못해 일부러 賢能한 분을 기다리느라 비워둔 듯도 하더니 금년에야 연세 지긋하시고 德望높은 선비를 얻었음이라.

☛ 參考

자리를 비워놓고 기다린다는 것이 좋게 쓰이는 것만은 아니다. 아주 맹랑하게 쓰일 때도 있으니 다음과 같다.

≪資治通鑑·晉紀·武帝太康元年≫을 보면 吳나라가 망한 후 그 임금 孫皓는 歸命侯가 되었는데 孫皓가 晉·武帝를 뵈올 때 이마가 바닥에 닿게 절하였다. 이때 이들의 對話가 이러하였다. "임금이 孫皓에게 말했다. 짐(朕)이 이 자리를 차려놓고 경(卿)을 기다린지 오래됐소. 孫皓가 말했다. 臣은 南方에서 또한 이러한 자리를 장만해 陛下를 기다렸나이다. 帝謂皓曰: 朕設此座以待卿久矣. 皓曰: 臣於南方亦設此座以待陛下." 相對가 망한 뒤 잡혀와 꿇어 앉힐 자리를 만들어 놓고 기다렸다니 勝者의 말일 때에는 傲慢과 느긋함이 느껴지고 敗者의 말일 때에는 좀 깜직하달까 당돌하달까 하는 맛이 있다. 吳의 孫皓는 蜀의 劉禪과는 전혀 다른 態度를 보였는데 江南을 撫摩(무마)·懷柔함에 自身을 優待하지 않을 수 없다는 計算·自信인지 아니면 타고난 배짱·배포가 두둑한지 알 수는 없지만 다음의 記錄을 보면 하여튼 여간내기는 아니었다고 할 수 있다.

≪世說新語·排調≫: "晉武帝問孫皓. '聞南人好作〈爾汝歌〉, 頗能爲不?' 皓正飮酒, 因擧觴勸帝而言曰: '昔與汝爲鄰, 今與汝爲臣, 上汝一杯酒, 令

汝壽萬春.' 帝悔之. 晉·武帝가 孫皓에게 물었다. '듣건대 남쪽 사람들은 〈여보당신〉이라는 노래를 즐겨 부른다던데 좀 하실 줄 아시는지?' 孫皓는 이때 막 술을 들고 있었다. 이에 잔을 들어 武帝에게 권하며 한가락 뽑았다. '옛날에는 당신과 이웃사촌이었는데 지금은 당신과 임금·신하되었네. 당신에게 한잔 술 올리니, 당신이 만수무강(萬壽無疆)하시길.' 武帝가 후회하였다."

❖ 제3·4구: 相門韋氏在, 經術漢臣須.

註

▸相門: 宰相의 집안. 또는 宰相이 나온 집안. 나아가 宰相이 나올 집안으로도 쓰였으니 "相門出相", "相門有相"이라고 아예 못 박았는데 대대로 해먹겠다는 것인지 해먹으라는 것인지 凡人이 듣기에는 거북하다. ≪史記·孟嘗君列傳≫에서 "文聞將門必有將, 相門必存相, 田文이 듣건대 장수집안에서 반드시 장수 나오고, 재상집안에 재상 나온다 하더이다"하였고, ≪三國志·魏書·陳思王植傳≫에서도 "諺曰: '相門有相, 將門有將.' 속담에 재상집안에 재상이 있게 마련이고, 장수집안에 장수 있게 마련이다"하였다. 後天的인 努力도 重要하지만 血統이라는 遺傳的 要素와 그 家門 特有의 家風, 그리고 이른바 노하우도 必須的이라는 뜻이라고 肯定的으로 볼 수도 있다. 本句에서는 앞에서도 言及했지만 韋濟의 祖父 韋思謙 伯父 韋承慶 父親 韋嗣立 三父子가 宰相이 되었으므로 相門인 것이다. ➪ "平地突出. 개천에서 용난다", "개천에 나도 제날 탓이다", "개똥밭에 인물난다"란 말이 있으니 너무 상심마시길.

▸經術: 經學이니 儒家의 經典을 研究對象으로 하는 學問인 것이다.

▸漢臣: 西漢時代에 있어 韋氏 家門은 韋賢이 크게 이름을 떨쳤지만 漢代 詩中 有名한 〈諷諫詩〉를 쓴 韋孟이 뿌리가 된다. 韋孟은 楚元王과 그 아들 夷王, 그 손자인 戊를 섬겼다. 戊가 荒淫하고 正道를 지키지

않으니 韋孟이 이 詩를 지어 諷諫(婉曲한 言辭로 잘못을 고치도록 勸諫함)하였고 결국 韋孟은 楚를 떠나 魯의 鄒로 移徙하였다. 韋孟은 鄒땅에서 卒하였고 五代孫이 有名한 韋賢이다. 韋賢은 質朴하고 욕심이 없었으며 學問에만 專念하여 ≪禮≫, ≪尙書≫ 等에 두루 通曉(通達하여 환하게 앎)하였고 ≪詩≫를 가르치고 傳授하니 鄒魯의 大儒라 불려졌다. 그는 昭帝에게 ≪詩≫를 가르치기도 하였으며 宣帝 本始3年(BC 71年)에 丞相이 되었는데 그때 나이가 칠십여세였다. 5년동안 丞相으로 있다가 老病이라며 물러나니 黃金 百斤을 임금이 下賜하였는데 丞相이 致仕(官職을 물러남. 이때 致는 되돌려주다, 반환하다의 뜻이니 나라에서 잠시 자기에게 주었던 벼슬을 다시 나라에 되돌려준다, 반환한다는 의미다)함은 韋賢에게서 비롯되었다 한다. 82歲에 세상을 떴다. 韋賢은 아들 넷을 두었는데 長子는 夭折하였고 次子는 弘, 三子가 舜, 막내가 玄成이었다. 韋賢은 弘을 嗣子로 삼으려 하였다. 當時 弘은 太常丞으로 있었는데 그것은 宗廟와 陵寢을 擔當하여 아주 번거롭고 바빴으며 罪를 짓기 쉬운 자리였다. 韋賢은 그 까닭에 弘에게 辭職하도록 하였으나 弘 또한 착한 성품이라 그리하면 父親의 뒤를 이어 扶陽侯를 襲爵하려 한다는 嫌疑를 받을까 두려워 官職을 떠나지 않았다. 韋賢이 危篤할 때 공교롭게 弘이 宗廟에 관한 일로 獄에 갇혀 未決囚가 되었다. 집안에서 누구로 後嗣를 삼을까를 韋賢에게 물었으나 그는 자기의 뜻을 어겨 이지경에 이른 것에 분이 나고 성이 나서 말을 안했다. 이에 韋賢의 門下生들과 韋氏 宗族들이 謀議, 韋賢의 命이라 假託하여 家丞(諸侯의 家事를 맡은 官吏)을 시켜 大行(典客·大鴻臚라고도 하며 賓客接待와 祭祀 等을 擔當하는 官吏)에게 韋玄成을 後嗣로 한다고 신고하였다. 韋賢이 죽자 玄成은 嗣子가 되어야 한다는 말에 그것이 父親의 本素 뜻이 아님을 알고 있었으므로 미친척 가상하고 누워서 똥 오줌 싸며 공연히 웃는가 하면 헛소리를 하였다. 장례를 치른 후 마땅히 襲爵

해야 했으나 미친척하고 應召(불러서 보려함에 그대로 따름)하지 않았다. 大鴻臚(대홍려)가 이것을 上奏하니 丞相과 御使에게 이 事件을 자세히 조사하라는 御命이 있었다. 모두들 이것은 玄成이 爵位를 兄에게 讓步하려는 뜻인 것을 알았으므로 友人인 侍郎이 上疏하여 "聖王은 양보하는 마음을 나라 다스리는 기본으로 삼아 귀하게 여기니 玄成의 뜻을 꺾지마시고 오두막에서 유유히 살아가게 두소서"하였으나 丞相과 御使는 法을 지켜야하므로 彈劾하였으나 不問에 부치라는 御命이 내리고 불러보시니 부득이 爵位를 받았다. 그 뒤 元帝때에 이르러 永光(BC 43~BC 39년)年間에 丞相이 되었다. 弘의 아들인 賞도 ≪詩≫에 밝았는데 哀帝가 定陶王일 때 太傅였었고 哀帝가 卽位하자 옛정으로 大司馬·車騎將軍이 되었고 三公의 列에 끼었으며 關內侯의 爵位를 받았다. 80餘歲에 죽었으며 그 宗族으로 二千石에 이른 자가 십여인이나 되었다.(以上은 ≪漢書·韋賢傳≫에서 뽑은 것이다)

西漢 韋賢·韋玄成은 父子가 丞相이 되었으니 相門이다. 唐代의 韋氏 三父子 또한 宰相이 되었으니 相門이다. 그러나 西漢의 韋氏들은 經學으로 立身하였으므로 相門보다는 經術을 앞에 내세운 것이나 相門을 兼하였으므로 第3句와 通하기도 한다.

▸須: 必要로 하다. 要求하다. 必須的이다. 等待하다. 의지·의존하다.

➥ 成善楷先生은 그의 ≪杜詩箋記≫에서 "須, 秀也. 物成乃秀, 人成面須生也. 須는 秀다. 作物은 成長하면 이삭이 패고 사람은 成長하면 얼굴에 수염이 난다"라 하였고 "須와 秀는 雙聲으로 相通한다"하였다. 참고할 만하다.

解說

그러면 左丞을 하시는 분은 어떤 家門이시고 무엇으로 世上에 이름을 떨치셨느냐? 漢朝와 唐代 모두 相門하면 韋氏가 首先으로 存在하였고, 經學 또한 지금에 한한 것이 아니고 漢나라 臣下 當時에도 必要로 하고 꼭 있어야 할 人材되셨음이라.

❖ 제5 · 6구: 時議歸前烈, 天倫恨莫俱.

註

▸時議: 當時의 輿論.

▸歸: 歸着. 歸附. 趣向. 稱許(칭찬하다. 찬양하다).

▸前烈: ① 祖先. 前輩. ② 前賢. ③前人之功業.

➡ 우리나라의 경우 "前烈"은 ① 前代의 偉人. ② 前代의 사람들이 세운 공적과 업적, "先烈"은 ① 先祖의 功德. ② 나라를 위해 싸우다 죽은 烈士, "先賢", "先哲", "前賢", "前哲"은 옛날의 어실고 사리에 밝았던 사람의 뜻으로 쓰인다.

➡ 本句는 앞에서 나온 〈贈比部蕭郎中十兄〉의 "由來積德門"을 생각하면 쉽게 해석이 된다. 當時의 輿論은 韋氏가 興盛하고 繁昌함은 다 祖上들의 德과 功 때문이라고 祖上들을 칭찬 · 찬양하였다는 뜻이다. 우리 속담에 "잘되면 제 탓, 못되면 조상 탓"이라 했는데 正反對의 말씀인 것이다. 앞에서 이미 引用했는데 ≪易 · 坤≫의 "積善之家, 必有餘慶. 善을 쌓은 집안은 반드시 後孫에게 끼치는 德澤이 있다."이 그 뜻이다.

▸天倫: 天然의 倫次니 바로 兄弟를 말한다. ≪穀梁傳 · 隱公元年≫: "兄弟, 天倫也" 范寧注: "兄先弟後, 天之倫次."

▹倫次: ① 次列. 秩序. ② 言語 · 文章의 條理.

▹倫: ① 무리(輩. 類). ② 條理. 順序. ③ 道理. 義理. 나아가 사람과 사람사이의 도덕관계를 가리킨다.

▹次: 順序. 次序.

➡ 우리나라에서 "天倫"은 ① 父母 · 兄弟 사이에서 마땅히 지켜야할 도리. ② 父母나 자식 간에 하늘의 인연으로 정하여져있는 사회적 관계나 혈연적 관계를 말한다. 우리가 알고 있던 의미로 "天倫"을 해석하면 낭패(狼狽)를 보니 주의를 요한다.

▸恨莫俱: 俱는 함께하다. 같이. 더불어. 함께의 뜻이다. ≪舊唐書≫에 의하면 韋嗣立은 아들 셋이 있어 "浮", "恒", "濟"라 하였는데 恒이 먼저 死亡하였다 한다. 韋浮・韋濟가 다 높은 官位를 얻은 것은 좋은데 三兄弟가 다 함께 榮光을 누리지 못함이 유감이라는 것이다. 恨은 遺憾이라 풀이하는 것이 적절하겠다.

解說

어른과 어른의 尊伯氏께서 官界의 要職에 오르실 때 모든 사람들은 다 先代부터 쌓은 德과 功의 餘澤임을 찬양하였는데 한 가지 遺憾은 尊仲氏께서 그 榮光을 함께 하시지 못함이어라.

❖ 제7・8구: 鴒原荒宿草, 鳳沼接亭衢.

註

▸≪詩・小雅・常棣≫: "常棣之華, 鄂不韡韡. 凡今之人, 莫如兄弟.…… 脊令在原, 兄弟急難. 每有良朋, 況也永歎.…… 아가위 꽃이여 꽃받침 있어서 더욱 화사해. 지금 뭇 사람들 속에서 언니 아우만한 이가 없으리.……할미새 언덕에서 울며 하소연하니 언니 아우가 危急한 災難을 돕는 것 같아. 좋은 벗님 계시다지만 어려움 속에서는 긴 탄식만 늘어나네, 언니 아우 없다면.……"

▹常은 (당)이라 읽으며 棠과 같다. 常棣는 산앵도로 아가위와 비슷하다.

▹鄂은 萼과 같으며 不는 柎의 뜻으로 鄂不는 꽃받침.

▹韡韡는 화사하다. 脊令은 鶺鴒이니 할미새.

▹在原: 할미새는 물새다. 지금 언덕에 있으니 正常의 자리를 잃은 것이며 우는 것은 같은 무리의 도움을 청하는 것이다. 이것은 兄弟急難과 같다.

▹急難: 災難이 있을 때 그 危急함을 도와주고 해결해 줌.

▷每는 雖, 비록.

▷況은 滋, 增加.

➡ 脊令在原을 줄여 "令原", "鴒原"이라 쓰며 兄弟의 友愛를 뜻하게 되었다.

▶荒: 荒凉하다. 荒廢해지다. 雜草가 茂盛하다.

▶宿草: 隔年之草. 해 넘긴 풀. ≪禮記 · 檀弓上≫: "曾子曰: '朋友之墓, 有宿草而不哭焉.' 증자가 말했다. '친구의 무덤에 宿草가 있으면 哭하지 않는다.'" 孔疏: "宿草, 陳根也. 草經一年則根陳也. 朋友相爲哭一期, 草根陳乃不哭也. 宿草는 해묵은 풀. 해넘긴 풀이다. 풀이 일 년을 넘기면 해묵은 풀이 된다. 친구는 일주년까지 哭하며 무덤의 풀이 해 묵으면 哭하지 않는다." 後에는 宿草가 悼亡의 뜻으로 쓰였고 墳墓를 나타내기도 하였다.

▶鳳沼: 鳳池. 鳳凰새가 날고 노는 연못. 中書省을 가리킨다. ① 南朝 · 齊 · 謝朓 〈直中書省〉: "玆言翔鳳池, 鳴珮多淸響." 〈中書省에서 宿直하다〉 "이곳은 鳳凰이 飛翔하는 연못, 사람도 高貴한 人物만 있어 울리는 珮玉 맑은 소리 뛰어나다." 謝朓의 詩 自體가 하나의 註釋이다. 中書省은 翔鳳池라고 아주 斷言을 하였으니까. ② 原來 魏晉南北朝時代에 禁苑에 中書省을 두었는데 機要(機密 · 重要한 事案)을 管掌하는데다 皇帝를 至近한 거리에서 모실 수 있어 中書省을 鳳凰池라 불렀다. ③ ≪晉書 · 荀勗傳≫: "勗久在中書, 專管機事. 及失之, (爲尙書令) 甚罔罔悵悵. 或有賀之者, 勗曰: '奪我鳳凰池, 諸君賀我邪.' 荀勗(순욱)은 中書省에 오래있으면서 機密을 오로지 管掌하였다 이것을 잃고 尙書令으로 옮김—너무나 마음이 어수선하고 처량했다. 간혹 축하하는 사람이 있으면 말했다. '나의 鳳凰池를 빼앗아 갔는데 그대들은 축하하는가.'" ④ 唐代에 宰相을 同中書門下平章事라 稱하니 따라서 대개 鳳凰池로 宰相의 職位를 가리켰다.

▶亨衢: 四通八達하는 大道. ≪易 · 大畜≫: "上九, 何天之衢, 亨. 上九

는 하늘의 길을 담당하니, 형통할 것이다."(▷何는 荷니 擔當의 뜻이다.) 亨衢(형구)는 시원하게 뻥 뚫린 길을 말하며 아울러 인생길도 그러하길 바란다는 뜻이다. 이 亨衢는 前程을 축복할 때 쓰이게 되었으니 "前程似錦", "錦繡前程", "前程遠大", "鵬程萬里"처럼 꾸미고 단장할 것 없이 直說的이고 화끈하며 시원하긴 하다.

➡ 朱注에서 ≪通典≫을 引用하였는데 光宅(則天武后)元年(AD684)에 中書省을 鳳閣이라 改稱하였다 한다. 韋濟의 祖父 韋思謙이 鳳閣鸞臺三品의 爵位를 받았고 父親인 韋嗣立도 鳳閣舍人을 지냈다.

本句는 左丞의 벼슬자리는 鳳凰의 연못이라는 中書省에 接近하는 亨衢 즉 뻥 뚫린 大路가 될 것이라는 德談이다. 接近하면 결국 中書省에 들어갈 것이니 祖父·父親의 뒤를 잇고 장차 宰相까지 넘볼 수 있다는 말이 되겠다.

➡ ≪杜詩詳注≫에서 鳳沼는 左丞을 拜受함을 말한다 했는데 中書省과 尙書省을 混同한 듯하다.

解說

할미새 울며 同氣를 불러 도움 청하던 언덕, 서로 돕고 의지하던 안항(雁行) 잠든 곳에는 歲月이 흘러 묵은 풀이 무성하니 이제는 다 잊으시라. 지금 尙書左丞은 鳳凰새 노니는 연못 中書省으로 가는 뻥 뚫린 大路와 잇닿아 있으니 환한 未來만을 생각하시라.

❖ 제9·10구: 有客雖安命, 衰容豈壯夫.

註

▸有客: ① ≪詩·周頌·有客≫의 "有客有客"에서 客은 周가 殷을 滅한 뒤 宋을 세워 殷의 遺民을 撫摩하며 殷의 王族인 微子로 하여금 殷의 祭祀를 받들게 하였는데 그 微子를 가리킨다. 즉 周의 臣下는 아니고 賓客이라는 것이다. 이 "有客"의 語感이 좋았던지 含意가 그럴듯하였

던지 詩人들이 借用하였다. 晉・陶淵明은 〈酬丁柴桑. 柴桑고을 원님인 丁 사또의 詩에 답함〉에서 "有客有客, 爰來爰止. 秉直司聰, 惠于百里. 높고 먼 서울에서 이곳에 오신 귀한 손이 있으시니, 오셨고 머무시네. 곧은 마음으로 백성들의 사정을 밝게 듣고 보시며, 한 고을 백리의 구역에 은혜를 베푸시네"라 하여 宋의 微子와는 懸隔한 差가 나는 원님을 꽤 높이 올려 주었다. 然이나 十年이면 江山도 변하는데 말이라고 안 바뀌랴! 陶先生도 다른 作品에서는 이 客의 地位를 降等시켜 써먹었다. 〈飮酒〉 詩二十首의 十三에서 "有客常同止, 取捨邈異境. 一士常獨醉, 一夫終年醒. 자 여기 어떤 사람들이 있는데, 취사선택이 아예 전적으로 달랐다. 한 양반은 늘 여전히 취해있었고, 한 녀석은 일 년 내내 말짱한 정신이었다"라 하였으니 客은 그야말로 客觀的 人物・對象이 되고 말았다. 이렇게 되면 차분하게 考察하고 分析하며 硏究할 수 있게 되는 법이다. 杜甫의 境遇 自己를 새삼 거듭하여 再湯으로 紹介하자니 어색하기도 하고 면구(面灸)스럽기도 하였을 것이다. 이럴 때 "有客" 어른께 아룁니다. 여기 어떤 사람이 있습니다 云云하면 남의 말하듯 하니 청탁이나 부탁하기가 수월하였으리라. ② 客은 나그네의 뜻으로 대개 쓰였는데 우리 사람들 자체가 이 세상에 잠깐 나그네 생활 하다가 돌아간다고 보아서 사람을 "客", 사는 것을 "寄" 즉 부쳐사는 것, 죽는 것은 제자리로 돌아간다 하여 "歸"라 하였다. ≪尸子≫에서 老萊子의 말씀을 실었는데 가라사대 "人生天地之間, 寄也. 寄者固歸. 사람이 天地間에 사는 것은 寄니라. 寄하면 반드시 제집으로 돌아가게 되어 있느니라"라 하였고 ≪淮南子・精神訓≫에서도 "生, 寄也. 死, 歸也"라 하였다. 그러면 우리가 부쳐 사는 이 世上은 自動的으로 본집이 아닌 여관이 되는 것이다. 그래서 李白도 〈春夜宴從弟桃花園序〉에서 "夫天地者, 萬物之逆旅也; 光陰者, 百代之過客也. 而浮生若夢, 爲歡幾何? 古人秉燭夜遊, 良有以也.…… (▷秉, 炳也. 밝히다) 대저 天地는 萬物이 잠시 머물다 떠나는 모텔, 빛과 그늘 즉 낮과 밤인 시간은 긴긴 세월 쉬지 않고 가는 길손. 그런데 덧없는 인생은 꿈같고 그 속에 즐거움은 얼마나 되는가? 옛사람들이 불 밝히고 밤에도 논 것은 정말 까닭이 있어서였다. ……"라 하며 마시고 노는 이유를 상당히 巨創하고 哲學的으로 내세워 바가지 긁는 마누라쟁이들의 기를 꺾고 입을 源泉封鎖하였다. ③ 어떤 分野의 專門家를 나타낼 때 客을 쓴다. 가객(歌客). 자객(刺客). 협객(俠客). 검객(劍客). 정객(政客). 정객(偵客. 정탐꾼). 專門家는 아니고 어떤 일에 푹 빠진 사람도 된다. 酒客, 飮客이 기다.

▸安命: 運命에 따르고 마을을 편히 가짐. ≪莊子・德充符≫에서 "申徒嘉曰: ……知不可奈何, 而安之若命, 唯有德者能之.……申徒嘉가 말했다.……人力으로 어찌할 수 없음을 알고 편안한 마음으로 運命에 順從하는 것은 오직 有德한 사람만이 해낼 수 있다.……"라 하였고, ≪韓詩外傳≫ 卷一에서 "安命養性者, 不待積委而富. 運命에 마음을 편히 갖고 心身을 修養하며 天性을 涵養하면 쌓아논 재물 없어도 富裕하다"라 하였다.

➥ 林語堂은 그의 力著인 ≪生活의 藝術≫에서 中國의 失敗한 知識人들이 老・莊 卽 道家에 依支하여 憤과 恨을 삭히고 살아갈 수 있었다고 지적하였다. 事實 사람들을 포함한 모든 生命體에게는 生死가 가장 큰 문제다. 사람도 立身出世・富貴功名 云云하지만 죽음이 눈앞에 닥치고 코앞에 이르면 모든 既存의 價値는 無用之物이 되고 여기에 매달린다. ≪莊子・德充符≫에 보면 孔子가 王駘(왕태)란 인물을 칭찬하는데 "死生亦大矣, 而不得與之變.……死生은 정말로 큰일이지만 그는 이 死生의 영향을 받아 바뀌지 않는다.……"라 하였고, ≪莊子・田子方≫에서 仲尼는 眞人을 찬양하는데 또한 "死生亦大矣, 而无變乎己, 況爵祿乎. 死生은 정말로 큰일이지만 그 사람을 變化시킬 수 없는데 하물며 官爵과 俸祿따위로야.……"하였다. ≪莊子・養生主≫에 보면 老聃(노담)이

죽었을 때 그의 벗인 진일(秦佚)이 이렇게 말했다. "……適來, 夫子時也; 適去, 夫子順也. 安時而處順, 哀樂不能入也, 古者謂是帝之懸解. 느닷없이 이 세상에 온 것은 선생께서 때에 맞춰 오신 것이고, 忽然히 저승으로 가신 것은 順理대로 가신 것이다. 時運에 편안하고 變化에 順應하면 슬픔・즐거움이 마음에 들어올 수 없음이라. 옛날에는 이것을 하느님이 거꾸로 매달린 것을 풀어줌이라 하였느니라."

以上 道家의 말씀을 보면 世俗의 功名富貴는 生死를 超越한 양반들에게는 터럭만한 가치도 없다. 지금 杜甫가 安命이라 했는데 그야말로 口頭禪에 지나지 않는 말일 뿐 그의 儒家的 抱負는 絶對 시들지 않았다. 儒家의 진한 훈도(薰陶) 때문인지 功名에 대한 執着이 너무 强烈하여서인지 아니면 아직은 젊어 客氣—이때 그의 나이 37세였다—가 식지 않아서인지 모르지만 그는 결코 抛棄하지 않았고 運命에 마음 편히 따를 사람이 아니었다.

▶衰容: 衰顔. 容은 얼굴・모습・形狀말고도 氣象・威儀의 뜻이 있다. 따라서 衰容은 老衰한 얼굴이나 모습, 여윈 얼굴 쇠약한 모습뿐만 아니라 전체적으로 풍기는 것이 지치고 힘없고 축 늘어진 느낌의 후줄근한 몰골이라고 보면 되겠다.

▶壯夫: ① 호탕한, 씩씩한 豪傑. ② 成年 男子. ➪ 參考로 丈夫는 ① 成年 男子. ② 아내가 남편을 부를 때 쓰는 말. ③ 大丈夫의 뜻이다.

☛ **參考**

大丈夫는 含義가 다르게 쓰일 때가 있으니 ≪孟子・滕文公下≫에서 "居天下之廣居, 立天下之正位, 行天下之大道; 得志, 與民由之; 不得志, 獨行其道, 富貴不能淫, 貧賤不能移, 威武不能屈, 此之謂大丈夫. 天下의 느넓은 집인 仁에 살며, 天下의 바른 자리인 禮에 서서 天下의 바른 길인 義로 가노니, 뜻을 얻으면 백성과 함께 그 길을 따르고 뜻을 얻지 못하면 홀로 그 길을 가노라. 富貴도 그 마음을 어지럽힐 수 없고 貧賤도 그 志操를 바꿀 수 없으며 威力도 그 節概를 굽힐 수 없으니, 이를 大丈夫라 한다."라 하였는데 가히 옷깃을 여미게 할 말씀이요, 句句節節 바른 말씀이나 한 가지 유감인 것은 具體的인 形象이 머릿속에 잘 떠오르지 않는다는 점이다. 아마 우리가 타고나길 卑賤하고 低俗하여 그런가 보다 하며 다시 찾아보니 이런 것도 있다. ≪史記·高祖本紀≫에서 "高祖常繇咸陽, 縱觀, 觀秦皇帝, 喟然太息曰: '嗟乎, 大丈夫當如此也.' 高祖가 일찍이 咸陽으로 賦役나갔다가 마음대로 실컷 구경 다녔는데 秦始皇의 노부(鹵簿)를 보고는 '어허! 하고 크게 한숨 쉬며 젠장! 대장부라면 마땅히 이 정도는 되어야지 하였다'"라 한 것이다. 이런 것이면 쉽게 알아챌 수 있으며 납득이 가고도 남는다. 壯夫와 丈夫가 通用된다지만 勿論 杜先生은 이렇게까지 과하게 나간 것은 결코 아니다. 다만 말하고 싶은 것은 古人들 특히 老莊의 어른신들 말씀대로 運命에 따르고 마음을 편히 가지려고 努力하고 애써보지만 效果는 有無中이라 아리송하며 確實한 것은 家長으로 떳떳하게 내세울 벼슬 한자리 못하고 실속 있게 돈 한 푼 또한 못 벌어 살림에 큰 도움이 못 되는 한심한 신세 후줄근한 몰골을 어찌 사내새끼라고 할 수 있겠느냐 하는 말씀이다. 그러니까 거창하게 儒者·士大夫 以前에 하나의 男子로서 體面·自尊心이 완전히 구겨졌다는 것이다. 그리고 그것은 좀 봐달라는 詩 後半部의 실마리를 풀어나간다는 하나의 신호다.

그런데 本詩에서 杜先生이 이렇게 意氣銷沈·意氣沮喪한 까닭은 무엇이냐. 그것은 꿀 발라 단 하나 天寶6年 施行된 이른바 招賢의 考試에 미끄러진 탓인데 무어 杜先生 혼자 失望落膽할 事件은 아니었으니 及第者가 한 명도 없었으니까 말이다.

史書의 記錄을 보자. ≪資治通鑑·唐紀·玄宗天寶六載≫을 보면 "上欲廣求天下之士, 命通一藝以上皆詣京師. 李林甫恐草野之士對策斥言其姦惡, 建言: '擧人多卑賤愚聵, 恐有俚言汚濁聖聽.' 及命郡縣長官精加試練, 灼然超絶者, 具名送省. 委尙書覆試, 御使中丞監之, 取名實相副者聞奏. 旣而至者皆試以詩·賦·論; 遂無一人及第者. 林甫乃上表賀野無遺賢. 上께서 天下의 人才를 널리 얻고자, 한 가지 才能 以上에 精通한 사람은 모두 서울에 오도록 명하셨다. 宰相인 李林甫는 在野의 人士들이 政事에 관한

對策에서 自己의 姦惡을 指摘·叱責할까 저어하여 建議하길 '地方에서 推薦한 應試者들은 대개 卑賤하고 愚鈍하니 두렵기는 상스러운 말이 聖上의 귀를 더럽힐까 함입니다.' 하였다. 이에 郡縣의 長官들에게—우리 式으로 말하면 守令方伯들에게—세밀하게 試驗·點檢한 뒤 뚜렷하게 뛰어난 자들의 姓名을 列擧하여 尙書省에 보낸 후 尙書에게 二次 試驗을 委任하고 御使中丞으로 하여금 監督하게 하여 名實이 相副한 者를 선택한 뒤 上께 아뢰도록 하였다. 얼마 뒤 온 사람들을 모두 詩·賦·論으로 試驗한 結果, 한 명도 及第한 者가 없었다. 李林甫가 이에 表文을 올려 野無遺賢하니 聖明하고 太平한 盛世라고 慶賀드렸다."

▷藝: 才能. 技藝. 經籍. 藝術, 특히 文學.

▷對策: 政事나 經義의 質問에 應試者가 對答한 것을 對策이라 한다. 漢나라 때부터 取士하는 考試의 一種 形式이다.

▷斥言: 指彈. 叱責. 非難. 責望하는 말. 간단히 말하면 過失을 指摘·責望하는 말이다. 斥은 排斥말고 指摘·責望의 뜻으로 쓰인다.

▷擧人: 地方에서 推薦한 應試者.

▷聵(외)(괴): 귀머거리. 따라서 세상 물정 모른다는 뜻이다.

▷聖聽: 聖上의 聽覺. 간단히 말해 임금님의 귀. 비슷한 말로 聖聰이 있으니 임금님의 총명하심·밝으심의 뜻이다.

▷試鍊: 試驗하고 點檢함. 우리의 경우 겪기 어려운 단련·고비를 뜻하니 주의할 것.

▷灼然: 明顯함. 뚜렷함. 분명함.

▷具名: 姓名을 다 列擧함.

▷覆試(복시): 考試를 둘로 나누어 치를 때 첫 번째를 初試, 두 번째를 覆試라 함. 즉 二次 考試를 말함.

▷聞奏: 奏聞과 같다. 임금에게 上奏하여 報告함.

▷旣而: 時間副詞로 不久(오래지 않아)의 뜻임.

▷野無遺賢: 民間에 버려진 채 등용되지 않은 인재가 없다는 말로 聖明한 세상을 稱頌할 때 쓰인다. ≪書·大禹謨≫에서 "野無遺賢, 萬邦咸寧. 民間에 버려진 人才·賢者가 없으니, 世界萬邦·天下列國이 모두 安寧함

이라"라 하였다. "野無遺才", "野沒遺賢"이라고도 한다.

이 考試는 天子가 직접 命을 내려 施行한 이른바 制擧이며 正式으로 치루어지는 進士·明經 等의 科擧는 아니었다. 이 天寶6年에 正式 科擧는 例대로 施行되었으니 包佶(포길)이 이때 及第한 것으로 알 수 있다. 그러나 特別히 치른 招賢의 考試에서 杜甫와 함께 苦杯를 든 著名한 詩人 元結과 杜甫가 이 正式 科擧에 參加했는지는 알 수 없다. 參考로 말하면 元結은 天寶12年에 進士及第하여 杜甫와는 달리 平坦한 宦路를 달렸다.

이 失敗는 杜甫에게 沈重한 打擊을 준 것 같다. 그는 天下를 東西南北 漫游하다가 〈壯游〉에서 "快意八九年, 西歸到咸陽. 신나게 팔구년을 보내고 서쪽 함양으로 왔다."면서 一擧成名(단박에 及第하여 天下에 이름을 날림)하고 直上青雲(곧장 青雲 즉 高位官職에 오름)할 줄 알았으며 꿈에도 落第할 줄은 생각지 않았던 것이다. 그리고 北京大學教授인 陳貽焮先生의 ≪杜甫評傳≫을 따르면 그는 이 衝擊으로 自己가 衰老하였다고 정말로 생각하고 한창 때는 過去가 되어 버렸다고 느꼈을 것이라는 것이다.

그리하여 典故에 能熟하고 文字驅使에 뛰어난 能力을 지녔는데도 官職에 있는 어른 앞에서 써서는 안 될 言語를 使用하였는데 (9·10·11·12句에서 어른 앞에서 한껏 늙은이 행세를 한 것을 두고 한 말이다.) 혹은 그것이 言語使用의 疏忽이 아니고 "倚老賣老. 늙은 티를 내며 제가 나를 어쩔 것이냐고 미친 척·모르는 척 뻣뻣하게 우겨대고 밀어 부치는 것"이라고도 한다. 또한 險難한 人生길에 直面하여 冷酷한 現實을 참아내며 서울의 富豪와 權貴의 朱門을 두드리고 未來의 出路도 開拓할 겸, 눈앞에 펼쳐지고 발등에 떨어진 生計의 도움도 要請해야 했으니 自己의 實際나이를 깜박 잊었을 것이며 따라서 尊貴한 어른이나 長輩앞에서 가져야할 禮貌도 忘却하고 노티를 내고 궁상을 떨며 늙음을 탄식하고 가난을 슬퍼하는 불평·불만·푸념을 不知不識間에 크게 늘어놓게 되었을 것이라는 말씀이다. 前에도 言及하였지만 中國人들은 老人을 優待하여 거지도 늙은 거지는 特別待遇를 받는다고 林語堂의 말을 빌려 한차례 紹介한 적이 있다. 무어 杜先生이 꼭 그렇게까지야 하겠냐만 意外의 落第 衝擊으로 한창 때가 갔다고 느꼈고 또한 相對의 同情을 받기 위해 늙은 티를 냈던 것이란다. 이는 杜甫

青壯年 時期의 平素 言行과는 동떨어진다고 하였다.

解說

여기에 한 사람 있어 運命에 따르고 마음을 편히 가지려고 無盡 努力을 합니다. 그러나 理論上 그렇다는 것은 알지만 實踐은 至難합니다. 오히려 늙고 시든 모습·후줄근한 몰골로 자리 하나 차지하지 못하고 집안 살림에 보탬도 못하니 이래서야 儒者·士大夫 以前에 하나의 堂堂한 男兒로서 體面이 말씀이 아니고 사내 망신은 다 시키고 다니는 꼴입니다.

❖ 제11·12구: 家人憂几杖, 甲子混泥塗.

註

▸家人: ① 家族. 집안사람. ② ≪易≫의 卦名. ≪易·家人≫: "彖曰: '女正位乎內, 男正位乎外. 男女正, 天地之大義也. 단(彖)에 말하기를 女子는 안에서 자리를 바로 잡고, 男子는 밖에서 자리를 바루 잡는다. 男女가 바로 된다는 것은 天地의 大義다.'" 孔穎達疏: "家人者, 卦名也. 明家內之道, 正一家之人, 故謂之家人. 家人은 卦의 이름이다. 家內의 길을 밝히고 온 집안사람을 바르게 하니 그래서 家人이라 하는 것이다." 간단히 말하면 "家人"이라는 卦는 治家之道를 論하는 內容이다.

▸几(궤): ① 中國: 옛날 의자생활 하기 전에는 자리(席)을 깔고 앉았는데 이때 기대는 작은 상·탁자를 말하며 의자생활한 뒤로는 器物을 놓아두는 작은 탁자를 가리켰다. ② 우리나라: 玉篇이나 사전에서 안석(安席) 궤라고 풀이하나 안석은 벽에 세워 놓고 앉을 때 몸을 기대는 것으로 등을 기댈 때 쓰는 것이다. 그러나 几는 몸을 비스듬히 하여 팔꿈치를 기대는 것으로 이와는 다르다. 几는 凹凸이라고 할 때의 凹字와 비슷한 모양이니 양편 끝은 조금 높고 가운데는 둥글게 우묵하고 모가 없다. 지

금 볼 수 있는 것으로 보료・방석・장침・안석을 고급 요리집에서 갖추어 놓았는데 팔을 기댄다는 것만으로는 장침(長枕)이 비슷하다.

▸几杖: 기댈 상과 지팡이. 모두 老人의 所用으로 옛날에는 敬老하는 物件으로 쓰여 老人이라는 뜻으로도 借用되었다. ① ≪禮記・曲禮上≫: "謀於長者, 必操几杖以從之. 어른과 의논할 일 있으면 반드시 几杖을 가지고 따라야 한다." ② ≪禮記・月令≫: "仲秋之月, ……養衰老, 授几杖, 行糜粥飮食. (▹行: 베풀다. ▹糜粥: 묽은 죽.) 仲秋인 8월에는 ……老衰한 어른들을 모시고 반드시 几杖을 드려 걷고 앉음을 돕고 묽은 죽을 올려 먹고 마심을 조절한다." ③ ≪史記・淮南衡山列傳≫: "元朔三年, 上賜淮南王几杖, 不朝. 元朔 3년, 上께서 淮南王에게 几杖을 내리시고 朝覲하지 말라 하셨다."

後世에는 "賜几", "賜杖"이라 하여 功이 있고 年老한 臣下에게는 특별히 几杖을 내려 임금의 恩寵을 나타내었다.

➥ 지팡이를 젊은 녀석이 짚을 수는 없으니 嚴格한 制限이 있었다. 同時에 기로(耆老)가 되면 떳다 보아라가 아니고 짚었다 보아라 하고 마음껏 짚었다. ≪禮記・王制≫: "五十杖於家, 六十杖於鄕, 七十杖於國, 八十杖於朝. 쉰이면 집안에서 짚고, 예순이면 고을에서 짚을 수 있고, 일흔이면 나라에서 내린 지팡이를 國內 어느 곳에서나 짚을 수 있고, 여든이면 임금 계신 朝廷에서도 짚을 수 있느니라." 이 대목은 ≪禮記・內則≫에도 실려 있다.

➥ 지팡이는 老人의 所用이라 첫째 가벼워야 하고 그 다음에 단단해야 한다. 이 條件을 제대로 갖춘 것으로 청려장(靑藜杖)이 우선 꼽혔으니 명아줏대로 만든 것이다. 杜甫도 使用하였으니 그의 〈絶句漫興〉 九首의 其五에서 "杖藜徐步立芳洲"라 하였다.

中國人들은 또한 대나무 중의 特異한 種類를 선택하여 지팡이로 썼으니 杜先生은 〈送梓州李使君之任〉 詩에서 "老思筇竹杖"이라 하여 늙은 핑계로 노골적으로 筇竹(공죽)으로 만든 지팡이를 욕심냈으며 〈桃竹杖

引. 贈韋留侯〉에서는 桃竹지팡이의 단단함·매끈함·윤기흐름·紫玉같이 빛남·長短의 적당함을 찬찬히 설명하고 세세히 기렸다. 이 笻竹과 桃竹은 우리가 흔히 보던 대와는 아주 달랐다. 우선 아주 가늘고 단단해 보였으며 마디가 길어서 상쾌한 느낌이 들었다. 그림으로 보면 금방 알 수 있으니 趙孟頫가 그린 蘇東坡立像을 보면 普通사람들이 생각하는 風流의 化身인 東坡가 아니라 아주 영악하고 앙칼스럽게 생긴 中年의 東坡가 오른 손으로 멋진 竹杖을 짚고 눈을 째리며 서 있다. 趙孟頫는 東坡를 그릴 때 根據가 있어 이렇게 그렸을 것이다. 찾아보니 東坡와 친분이 있던 北宋의 有名한 畵家 李公麟의 東坡坐像의 摹寫本에 趙氏의 立像보다 덜 날카롭지만 그러나 성깔깨나 있게 생긴 東坡가 竹杖을 비스듬히 들고 바위에 앉아 있었다. 사람들은 이것이 영 마음에 안 들었던 모양이다. 八大山人의 〈東坡朝雲圖〉에는 뚱뚱하고 여유작작하며 마음씨 좋게 생긴 영감님이 앉아있고 作者不明의 木版畵 〈東坡先生笠屐圖〉에서는 살찐데다 웃고 있는 너그러운 할아버지가 서 있었다. 모든 것이 엿장수 마음대로다. 却說하고 우리나라에서는 喪禮때 喪杖 — 父親喪에는 대 막대기 母親喪에는 오동나무 막대기를 쓴다 — 으로 대를 써서 그러한지 竹杖쓰는 것을 꺼림칙하게 여겨 안 쓴다. 歲月이 가고 文物도 새로운 것이 登場하니 이삼십년 전부터 가끔 눈에 띄는 것이 피브이시(PVC) 파이프로 만든 지팡이다. 가볍고 단단한 것은 기본이요 궂은 날, 갠 날, 마른땅, 진창 길, 모래밭, 자갈 판 가릴 것 없이 휘뚜루마뚜루 싸질러 다니기 좋은데 문제는 딱 하나 識者들의 文字로 高尙하고 優雅한 멋인 韻致가 없고 아이들 말투로 폼(form)이 안 난다는 것이다. 사랑·낭만·멋·끼가 젊은이들의 專有物인 줄 알았다면 큰 誤算이다. 老人네들도 나름대로 찾을 것은 다 찾는다. 그 결과 피브이시 파이프 지팡이는 숱한 우점(優點)과 장처(長處)를 두루 갖췄음에도 불구하고 찬밥신세가 된 것이다.

➡ 朝鮮時代 인금은 칠십 이상의 元老大臣에게 几杖을 下賜하고 宮中에서 豪華롭게 宴會를 베풀었으니 大臣들에게는 가장 榮譽로운 行事였다.

상당히 奢侈를 부렸던지 國費節約의 次元에서 一時 中斷한 적도 있었다. 이것이 几杖宴이다.

▸甲子: 天干 즉 十干(甲・乙・丙・丁・戊・己・庚・辛・壬・癸)의 首位가 甲이고 地支 즉 十二支(子・丑・寅・卯・辰・巳・午・未・申・酉・戌・亥)의 首位가 子이다. 甲子는 六十干支의 첫째로 이것으로 날(日)이나 해(年)를 記錄하였다. 그리하여 甲子는 ① 歲月・光陰을 나타냈다. 예컨대 杜先生의 〈春歸〉에서 "別來頻甲子, 倏忽又春華. 이별한 뒤 해가 자주 바뀌니 홀연히 또 봄꽃은 피네."라 하였다. ② 季節・歲序를 나타냈다. 예컨대 杜先生의 〈重簡王明府〉에서 "甲子西南異, 冬來只薄寒. 季節도 西南변방이라 다른가, 겨울에도 가벼운 추위만 있다네."라 하였다. ③ 年歲・年齡을 나타냈다.

▸混: ①뒤섞이다. ② 共同으로. 함께. ③ 苟且度日. 그럭저럭 되는대로 세월을 보내다. 苟且謀取. 대강대강 일을 도모하다. 되는대로 일을 꾀하다.

▸泥塗: ① 진창길. ② 卑下한 地位. ≪左傳・襄三十年≫ 趙孟이 絳縣(강현)老人에게 한 말. "使吾子辱在泥塗久矣." ③ 災難. 困苦한 境地. 災難이나 困苦함에 빠짐. ⇨ ≪左傳・襄三十年≫을 보면 三月癸未(22일)에 晉悼夫人이 杞國(기국)의 築城에 賦役한 사람들을 慰勞하여 한턱냈다. 絳縣의 老人이 아들이 없어 築城에 動員되었으므로 ― 都城안에서는 60세까지 郊野・地方사람은 65세까지 모두 徵用된다 絳縣의 老人은 이미 70세가 넘었으나 아들이 없어 일을 하게 된 것이다. ― 함께 어울려 먹고 있었다. 그가 너무 늙은 것이 疑訝하여 어떤 이가 나이를 말하게 하자 自己는 무지렁이라 나이를 기록할 줄 모르고 다만 태어난 해는 正月 초하루가 甲子日로 이미 445번의 甲子일이 돼 가는데 다만 마지막 445번째 甲子日은 지금까지 20일이 되었으며 다 지나가지는 않았소이다. ―444번의 甲子면 444×60하면 26,640일이 되고 마지막 445

번째의 20일 보태면 26,660일이 된다. ―라고 하였다. 이를 朝廷에 報告하니 26,660일로 滿73세가 된다고 알아내었다. 즉 세는 나이로는 74세인 것이다. "……이에 趙孟이 老人이 사는 고을의 縣大夫(縣令의 別稱)가 누구인가 묻고 보니 바로 자기의 屬吏(직속부하관리)였다. 이에 老人을 불러 謝過하며 '趙武(바로 趙孟이다) 이 사람이 無能한데도 불구하고 國君의 大事를 맡았는데 우리 晉나라에 憂患이 많아 정신이 없다보니 어른을 重用하지 못해 어른을 진창길에서 욕보게 함이 오래되었으며 이는 趙武 저의 罪라, 저의 無能을 謝罪합니다.'하고 벼슬하게 하여 政事를 돕게 하였다. 늙었다고 사양하니, 밭을 주었고 나라를 위하여 徭役과 賦稅 免除하는 事務를 擔當하며 絳땅의 縣師가 되게 하였고 그의 賦役·徵用을 맡는 일을 없애 버렸다……趙孟問其縣大夫, 則其屬也. 召之而謝過焉. 曰:'武不才, 任君之大事, 以晉國之多虞, 不能由吾子, 使吾子辱在泥塗久矣. 武之罪也. 敢謝不才.' 遂仕之, 使助爲政. 辭以老, 與之田, 使爲君復陶, 以爲絳縣師, 而廢其輿尉"라 하였다.

▷多虞의 虞는 憂와 같다.

▷不能由吾子의 由는 用의 뜻. 吾子는 相對를 敬愛하는 稱號임.

▷復陶에서 復은 徭役이나 賦稅를 免除한다는 뜻이고 陶는 (요)로 읽으며 繇와 같으니 즉 徭役의 뜻이다. 復陶는 徭役을 免除한다는 뜻이 되겠다.

▷縣師: 그 고장의 논밭·가축·수레·달구지 따위를 살피는 일을 담당함.

▷輿尉: 武官名. 徭役·徵用을 담당함.

複雜한 445甲子는 따르르 읊으며 簡單한 일흔 네살을 모른다니 심술과 빈정거림의 복합이라 하겠다.

解說

집안사람들은 제가 이미 늙어서 几杖이 必要하다고 생각·이것을 장만

한다는 한심한 생각으로 우울하며 한편으로 저는 ≪周易≫의 家人卦가 떠오르니 아내는 아낙에서 살림을 칠칠하고 야무지게 하고 남편은 밖에서 大事를 處理하여 男女가 이렇게 반듯하게 제자리 잡는 것이 天地의 大義라 하였는데 제가 나라에서 几杖내리심을 받는 자리에 果然 오를 수 있을까 하는 전혀 불필요한 근심도 합니다. 그리고 甲子라 지금까지의 긴 세월·그동안 먹은 나이를 생각하면 진창길에 뒤섞여 살았다 해야 할지, 진창 속에서 그럭저럭 대강대강 되는대로 보냈다 해야 할지 골이 아프고 앞으로의 甲子, 즉 앞으로의 歲月과 또 먹어야 할 나이마저 또 진창길이면 어떡하나하고 무한 근심할 뿐입니다. 假使 絳縣 老人같이 칠십 넘어 벼슬 얻는다면 하지도 못할 나이 꼭 死後藥方文 같겠지요.

☛ 參考

天寶 6年 制試 失敗로 杜先生은 설흔 일곱이라는 자기의 나이를 깜빡 忘却하고 완전히 老人행세를 하였다고 前述하였는데 落第를 하면 술에 취한 듯 멍하고 님 이별한 듯 가슴저리다고 다른 詩人들이 읊었으니 落第의 衝擊이 어찌 杜先生 한사람에 限 하랴! 唐代의 有名한 落第詩를 紹介하겠다.

① 李廓(확): 唐 憲宗 元和13年에 進士及第함. 詩人 賈島와 친하였다. 科擧에 여러 번 失敗하여 상당히 어려웠으나 及第한 뒤에 크게 出世, 刑部侍郎, 潁州刺史를 지냈고 武寧節度使에 除授되었다. 科擧에 失敗한 뒤 〈落第〉(一作 下第)詩를 써서 사람들의 心琴을 울리고 그 德에 다음 科擧에는 無難히 及第하였다는 믿거나 말거나 式의 이야기가 전해지고 있다.

〈落第〉 唐·李廓

牓前潛制淚, 衆裏自嫌身. 氣味如中酒, 情懷似別人.

煖風張樂席, 晴日看花塵. 盡是添愁處, 深居乞過春.

及第者이름이 있는 榜 앞에서 남몰래 눈물을 참고 누르자니, 群衆속에서 나 自身이 싫어진다. 맛과 느낌은 꼭 술에 푹 빠져 취한 것 같고, 감정과 心思는 똑 사랑하던 님과 헤어진 듯하다. 봄날이라 바람도 따뜻한데 밴드연주

소리 퍼지는 잔치판, 봄날이라 해도 활짝 갰는데 꽃구경 다니며 일으키는 먼지, 이 모든 것이 내 근심을 보태주는 때이니, 깊이 죽치고 틀어박혀 봄 지나기만 빌 뿐이다.

▷牓: 榜. 合格者, 及第者의 이름을 쓴 榜文. 봄날에 榜을 붙이므로 흔히 春榜이라 부른다.

▷潛: 슬며시. 남몰래.

▷制: 制御함. 즉 感情・衝動・생각 따위를 막거나 누름. 制止함.

▷氣味: 맛과 냄새. 情調. 性向. 性味.

▷中酒: 술에 취함. 이때의 中은 去聲임.

▷情懷: 心思. 기분. 감흥. 감정. 心境.

▷張樂: 音樂을 演奏함. 樂團. 樂隊. 밴드(band)를 갖춤.及第者들은 曲江宴, 杏園探花宴, 雁塔題名의 行事에 參與한다. 밴드가 연주하는 宴席은 曲江宴이나 杏園探花宴 等을 가리킨다.

▷看花: 進士及第者들은 長安城을 여기저기 싸지르며 꽃구경 다니는 風俗이 있었다. 요즈음의 카퍼레이드와 유사한 점이 있다. 따라서 看花人은 進士及第者를 가리킨다. 이것을 증명하는 詩가 있으니 아래와 같다.

㉮〈登科後〉唐・孟郊

昔日齷齪不足誇, 今朝放蕩思無涯. 春風得意馬蹄疾, 一日看盡長安花.

합격했다. 過去 옹졸하고 쩨쩨하게 떨던 청승은 더 이상 떠벌릴 것 못되고, 오늘 신나고 들뜬 기분 끝도 없고 가도 없다네. 봄바람 속에 흡족한 마음 말발굽도 내 마음 따라 달리니, 하루 동안에 長安이라 대 서울의 꽃을 다 보았다네.

▷得意는 及第의 의미도 있다.

⇨ 제3구는 "東風得意馬蹄疾"로 人口에 膾炙되었다.

➡ 杜甫는 落第하자 삼십대에 突然 파파노인(皤皤老人)이 됐고, 孟郊는 及第하자 오십 중년에 猝地에 하이틴(highteen)이 됐다.

㉯ 宋・錢易의〈南部新書〉에 "施肩吾與趙嘏同年, 不睦. 嘏舊失一目, 以假珠代其精. 故施嘲之曰: '二十九人同及第, 五十七隻眼看花.'"

施肩吾와 趙嘏는 같은 해 같은 榜 及第者였는데도 不睦하였다. 趙嘏는 옛날 한쪽 눈을 잃어 구슬로 눈동자를 해 넣었는데 施肩吾가 嘲弄하여. 스물아홉 사람이 함께 급제했는데 꽃구경은 쉰 일곱의 눈이라니……라 하였다.

▷嘏(하): 福. 크다.

▷精: 睛字와 通함.

▷添愁處: 處는 時와 같다. 唐・宋人의 습관이다.

② 羅鄴: 唐 懿宗・僖宗時의 人物. AD870年 前後까지 存在함. 父親이 鹽鐵使로 鉅萬의 財産이 있는 富饒로운 環境에서 공부하였고 文學으로 이름났으며 특히 律詩를 잘했다. 같은 집안의 羅隱・羅虬도 聲韻格律로 有名하여 世上에서 三羅라 불렀다. 懿宗 咸通(AD860前後)中에 계속 落第, 詩를 지어 鬱憤을 吐露하였다. 뜻을 얻지 못하자 北方으로 流浪하였으며 처량하게 살다 갔다. 昭宗 光化(AD890前後)中에 韋莊이 上奏하여 進士及第를 죽은 뒤에나마 내려주었고 補闕의 官位도 주었다.

〈下第〉唐・羅鄴

謾把青春酒一杯, 愁襟未信酒能開. 故鄉依舊空歸去, 帝里還如不到來.

門掩殘陽鳴鳥雀, 花飛何處好池臺. 此時惆悵便堪老, 何用人間歲月催.

落第한 봄날 술잔을 잡지 말 것이니, 나는 안 믿지, 술이 시름 찬 마음을 후련하게 풀어준다는 것을. 고향! 옛날처럼 비단 옷 못 입고 布衣로 허무하게 돌아가고. 帝里! 된 일 없으니 안 왔던 것과 여전히 같아. 오는 사람 없어 문을 닫아 건 채 있노라면 저녁노을 속에 새들만 찾아와 우는군. 봄은 가고 꽃은 지니 근사한 연못・정자가 어데 있으랴. 이때의 처량함은 절로 사람을 늙게 하고말고. 무어 인간세상의 세월이 재촉할 필요도 없군.

▷謾: 보통 헛되이, 마음대로, 제멋대로의 뜻으로 쓰이나 여기에서는 莫(~하지 말라)의 뜻으로 쓰였다.

▷青春酒: 科擧及第者의 榜은 봄에 부친다. 따라서 落第란 것을 봄에 알 수 있으니 위로의 술・홧술 또한 이때 마시게 된다. 春에 青字를 씀은 五方色에 있어 봄은 푸른 색이므로 青春, 여름은 붉은 색이므로 朱夏, 가을은 흰색이므로 素秋, 겨울은 검은 색이므로 玄冬이라 하는 것이다. 따라서 青・朱・素・玄은 번역을 할 필요 없으며 굳이 번역을 하고 싶다면 五

方色에 따른 푸른빛에 해당하는 봄 이렇게 해야 한다. 푸르른 봄날하면 그럴듯하고 멋있어 보이지만 붉은 여름, 흰 가을, 검은 거울이라고 할 수는 없지 않은가? 우리나라의 아름다운 젊은 날의 青春이란 뜻으로 풀이하면 이 句의 뜻이 절대 안 통하니 주의를 요한다.

▷襟: 옷깃. 옷섶. 여기에서 발전하여 가슴 속, 마음, 생각으로 쓰인다.

▷信: 믿다. 알다(知).

▷開: 寬解. 마음을 풀어주다. 舒暢. 마음이 상쾌하다. 시원하다. 후련하다.

▷依舊空歸去: 벼슬하면 비단 옷 입는다. 그리하여 떳다 봐라 하며 故鄉에 가서 자랑하니 "錦衣還鄉"이란 말이 생겼다. 平素에 平民의 布衣나 褐衣(베나 털로 된 헌털뱅이 옷)를 걸치다가 벼슬하면 이것을 확 벗어던지고 즉 解褐·釋褐(석갈)하고 錦衣를 입게 된다. 따라서 벼슬하게 된 것을 解褐·釋褐이라 부르게도 되었다. 지금 羅 氏는 옛날처럼 布衣·褐衣로 고향에 가니 錦衣還鄉을 못하였다는 말이 되겠고 간단히 말해 落第했다는 이야기다.

▷帝里: 帝都·京都의 뜻인데 임금님의 마을이라고 부르면 엄숙하거나 딱딱함을 떠나 훨씬 아담하고 제법 정답고 친하게 까지 느껴진다.

▷還如: 還은 (hái)로 읽으며 여전히, 도리어, 또, 다시의 뜻이 된다.

▷鳴鳥雀: 사람은 찾아주지 않고 따라서 잡힐 걱정 없는 새들만 와서 울고 논다는 뜻이다. 옛날부터 힘없고 돈 없거나 잘나가다 몰락한 집을 나타낼 때 문 앞에 새잡는 그물을 칠만하다고 하여 "門可羅雀", "門前雀羅"라 하였다. 羅는 그물이라는 뜻이다.

羅鄴의 넋이나마 慰勞하려고 長篇鉅作 〈秦婦吟〉으로 세상을 진동시킨 韋莊이 힘써 進士及第·補闕을 시켜주었는데 塚中의 羅先生 그 마음·기분이 어떠하였을까.

다음의 두 이야기는 모두 ≪世說新語·任誕≫에 실린 것이다. 羅先生같이 공부 많이 한 양반이 이것을 모를 리가 없었으리라. 그러나 아는 것과 實踐하는 것은 別個고 또한 人生觀을 쉽게 바꾼다는 것도 無理였으리라. 그러나 무덤 속에서 韋莊의 수고를 아끼지 않은 것에 픽 웃었을 지 싱긋이 웃었을지는 정말 모르겠다.

張翰은 얽매이지 않고 하고 싶은대로 하며 살았다. 어떤 이가 그에게 "한때 마음껏 기분 좋게 산다지만 어찌 죽은 뒤의 명예는 생각하지 않으시나?" 하니 "가령 죽은 뒤의 명예가 있다 치자, 그것은 코앞의 한 잔술만 못할 것이네."라고 대답하였다.

張秀鷹縱任不拘,……或謂曰: "卿乃可縱適一時, 獨不爲身後名邪?" 答曰: "使我有身後名, 不如卽時一杯酒."

▷縱適: 縱情適意.

▷縱情: 마음대로. 한껏.

▷適意: 쾌적하다. 기분좋다.

▷獨: 豈. 어찌.

▷身後: 死後. 죽은 뒤.

▷卽時: 당장에.

畢卓(필탁)은 宣言했다. "한 손으로는 게의 제일 맛있는 집게발 들고 다른 한 손으로는 술잔잡고, 다시 술로 채운 못 속에서 손 저으며 헤엄도 치면 거 또한 일생을 보낼만한 값어치 있는 일이라네."

畢茂世云: "一手持蟹螯, 一手持酒杯, 拍浮酒池中, 便足了一生."

▷酒池: ≪史記・殷本紀≫에 "以酒爲池, 縣肉爲林. 술로 못을 만들고, 고기를 걸어 숲을 삼았다."라 하였다.

▷足: 直得. ~할 값어치가 있다. ~할 만 하다.

▷了: 끝내다. 마치다.

葉嘉瑩 先生의 ≪漢魏六朝詩講錄≫을 보면 葉先生의 어린 시절 北京에서는 뜰이나 문 앞에 갈대를 심지 못하게 하였으니 祥瑞롭지 못하다고 여긴 탓이란다. 가을 날 갈대를 구경하기 좋은 곳이 있으니 北京城外 西南모퉁이의 陶然亭이었단다. 淸나라 江藻가 세웠는데 亭子의 이름은 晉・陶淵明 〈時運〉 詩의 "揮玆一觴, 陶然自樂. 막걸리 한 사발 죽 들이켜고 남은 찌끼를 휙하고 뿌리면 흐뭇하게 절로 즐겁다네."에서 따왔다고 한다. 그곳은 아주 荒凉하며 갈대가 가득하고 또한 돌보는 이 없는 무덤도 무수하였는데 그중 墓碑 하나에서 대단히 훌륭한 詩를 볼 수 있었다 한다.

"浩浩愁, 茫茫夜. 短歌終, 明月缺, 鬱鬱佳城, 中有碧血. 碧亦有時盡, 血

亦有時滅, 一縷香魂無斷絶. 是邪非邪, 化爲胡蝶. 살아서 즐겁고 기쁠 때도 있지만 그러나 人生은 원래 한없는 시름의 연속이고 환한 대낮은 잠깐 아득한 밤이 끝없이 닥쳐온다. 어쩌다 즐겁게 잔치하며 노래하여도 그 노래도 결국 끝나고, 휘영청 밝아 마음을 환하게 하던 달도 또한 이지러지나니…….모든 것은 끝나고 鬱鬱한 님의 佳城, 그 속에는 怨도 恨도 없는 분의 피와 憤과 억울로 피가 변한 碧玉이 있으리라. 碧玉도 때가 되면 스러지고 피야 물론 없어지겠지. 다만 한 줄기 한 가닥의 고운 넋은 끊어지지도 사라지지도 않아. 그러할까요! 아닐까요! 변하여 나비가 되었다는데."

▹浩浩: 한없이 넓고 큼.

▹茫茫: 아득함. 한없이 멈.

▹短歌: 宴會席上에서 부르는 노래.

▹鬱鬱: 무성・울창하다. 우울・울적하다. 아름답고 화려하고 향기롭다.

▹佳城: 무덤을 이렇게 역설적으로 불렀다. 원래 죽음(死)은 본고장으로 돌아감(歸)이라고 하였으니까. 아름답고 영원히 함락될 수 없는 만족할 만한 견고한 城이다.

▹碧血: 《莊子・外物》 "萇弘死於蜀, 藏其血, 三年而化爲碧. 周靈王의 賢臣인 萇弘(장홍)을 蜀땅으로 내쳤다. 萇弘은 배를 가르고 죽었다. 그 피를 보관하니 삼년 뒤에 碧玉이 되었다." 옛사람들은 사람의 希望・理想이 烏有로 돌아간 뒤 너무나 억울하고 분하여 그 피는 단단하고 아름다운 푸른 玉으로 변한다고 생각하였다.

▹胡蝶: 《莊子・齊物論》에 "不知周之夢爲胡蝶, 胡蝶之夢爲周歟? 모르겠다! 莊周가 꿈에 나비가 되었는지 나비가 꿈에 莊周가 되었는지." 後世에 "胡蝶夢"은 虛幻한 일, 迷離(흐릿한・모호한)한 꿈같은 것을 말한다.

❖ 제13・14구: 不謂矜餘力, 還來謁大巫.

註

▸不謂: ① 不意. 不料. 뜻밖에. 상상 외에. 의외에. ② 不以爲. ~리고 생각하지 않다. ~라고 여기지 않다.

▸矜: ① 自誇. 뽐내다. 제자랑 하다. 自恃. 자신만만하여 교만하다. ② 愼重하다. 嚴守하다. ③ 重視하다. 崇尚하다. ④ 憐憫・同情하다.

▸餘力: ① ≪論語・學而≫: "子曰: '弟子, 入則孝, 出則弟, 謹而信, 汎愛衆, 而親仁. 行有餘力, 則以學文.' 孔子가 말씀하셨다. '젊은이들이여 父母님 댁에 가서는 孝順해야하고 집을 나서면 兄長을 敬愛하며 말을 삼가고 한 번 말하면 반드시 지키며 두루 大衆들을 사랑하고 仁者를 親近하게 사귀어라. 그렇게 궁행실천(躬行實踐)하고 남은 힘으로 글을 배우는 것이니라.'" ② ≪列子・湯問≫에서 北山의 愚公이 구십 나이에 山을 옮기려 하니 꾀많은 영감 智叟가 비웃으며 "以殘年餘力, 曾不能毁山之一毛, 其如土石何. 너의 다 되가는 인생말년, 그리고 겨우 남아있는 氣力으로는 결코 山의 草木도 훼손할 수 없는데 그 무거운 土石은 또 어찌하려는가."라 하였다. ①의 뜻으로 하면 孔子가 말한 前提를 다 履行했다는 뜻이 아니냐, 그것이 어른 앞에서 할 말이냐 하는 詰問이 可能하다. 그러나 典故의 運用上 그것은 杞憂다. 풀어서 말하자면 "孔子가 말한 前提를 다 떼고서야 할 수 있는 글공부"이렇게 되는 것이다. 정말 그랬다가 아니고 그러하다는 것 하고 客觀的 立場에서 말하는 것이다. 이러한 典故運用은 앞에 나온 〈對雨書懷走邀許主簿〉의 제3구에 나오는 幕燕을 해석할 때 여러 예를 들었으니 참고하시라. 注家中에 杜先生이 "餘力이 있어 學文했다고 자랑한 것"이라 誤解한 분도 계시다. 약간의 착오가 계셨던 것 같다. 却說하고 이에 따라 本句를 해설하면 "뜻밖이었습니다. 어른께서 저의 글을 重視하여 주신다는 것이." 이렇게 되겠다. ②의 뜻으로 풀면 制試에 失敗하여 氣盡脈盡한 저를 그토록 가엾이 여기시고 同情해 주실 줄은 몰랐습니다. 쓸모없는 인간을 불쌍히 여겨주는 것이 뜻밖이고 의외였다는 뜻이 되겠다. 아마 韋濟는 杜甫를 꽤 신경 써서 激勵하고 기운을 북돋아 준 듯하다. 그것에 대한 하나의 答이 되겠다. 杜先生은 ①과 ②를 無意識的으로 또는 하

나의 文章技巧上 複合的으로 사용하지 않았나 추측할 수 있다.

▶還來: 還은 (hái)로 읽으며 仍舊(변함없이, 여전히). 却. 反(도리어, 오히려, 반대로). 再, 又(또). 尙且(또한, 더구나, 게다가)의 뜻이 있다.

▶大巫: 큰 무당. 自己가 敬服하는 人物을 比喩한 것이다. ≪三國志・吳書・張・嚴・程・闞・薛傳≫에 "(張)紘著詩・賦・銘・誄十餘篇"이라 하였는데 裴松之 注에서 ≪吳書≫를 引用하였다. "≪吳書≫曰: 紘見柟榴枕, 愛其文, 爲作賦. 陳琳在北見之, 以示人曰: '此吾鄉里張子綱所作也.' 後紘見陳琳作〈武庫賦〉・〈應機論〉, 與琳書深歎美之. 琳答曰: '自僕在河北, 與天下隔, 此閒率少於文章, 易爲雄伯, 故使僕受此過差之譚, 今景興在此, 足下與子布在彼, 所謂小巫見大巫, 神氣盡矣.' ≪吳書≫에 이르기를, 張紘(장굉)이 녹나무 옹두리로 만든 木枕을 보고는 그 무늬・결을 좋아하여 賦 한편을 지었다. 陳琳이 北쪽의 魏나라에서 보고는 사람들에게 보이며 '이것이 내고향 사람 張子網의 作品이요.'하였다. 後에 張紘이 陳琳이 지은 〈武庫賦〉・〈應機論〉 보고는 陳琳에게 글을 보내 讚美하였다. 陳琳이 답장을 보내 말하기를 '제가 河北에 살며 세상과는 동떨어졌는데 이 고장은 대체로 글하는 이가 적어 人物되기가 쉽답니다. 그래서 제가 이러한 過分한 말씀을 듣게 되었는데 지금 이곳에는 王朗이 있고 足下와 張昭는 그곳에 계시니 이른바 작은 무당이 큰 무당 뵌듯 정신・기백이 다 날아간듯 합니다.'라 하였다."

▷柟・枏・楠(남): 常綠喬木인 녹나무로 橡樟(여장)이란 이름으로 옛글에 자주 나온다.

▷榴는 瘤의 뜻이니 옹두리・옹이・혹의 뜻이다.

▷柟榴枕(남류침)은 녹나무 옹두리로 만든 木枕이다.

▷閒(간): 일정한 공간.

▷率(솔): 전부. 모조리. 일률적으로. 대개는. 대체로.

▷少於文章: 於는 爲. 少는 적다. 輕視하다. 따라서 文章 짓는 이가 적

다. 또는 문장 짓는 것을 우습게 여기다도 되겠다.

▷雄伯(웅패): 伯은 (백)이 아니고 (패)로 읽으니 霸의 뜻이다. 雄霸는 杰出한 人物의 뜻이다.

▷過差: 差를 (차. chā)로 읽으면 過差는 過失·錯誤 뜻이고, 差를 (치. cī)로 읽으면 過差는 過分함, 度를 잃다의 뜻이다.

▷景興: 王朗의 字.

▷子布: 張昭의 字. ▷神氣: 精神과 氣魄.

本句는 "小巫還來見大巫"라 하면 쉽게 풀린다. 中國에서 "小巫見大巫"는 成語다. 우리나라에서도 "큰 무당 있으면 작은 무당 춤 안 춘다"는 俗談이 있다. 本句의 小巫는 杜甫自身, 大巫는 韋濟를 比喩한 것이다.

解說

일마다 失敗하여 氣盡脈盡한 저를 가엾이 여기시고 同情해 주실 줄은 몰랐습니다. 어른의 그 깊은 마음은 감사히 받겠지만 저의 글을 또한 그 토록 높게 보시고 重視하심은 정말로 뜻밖입니다. 작은 무당이 제 分數를 모르고 와서 큰무당 뵌듯하니 글 칭찬은 거두어 주십시오.

❖ 제15·16구: 歲寒仍顧遇, 日暮且踟躕.

註

▸歲寒: ≪論語·子罕≫: "歲寒, 然後知松柏之後彫也. 일년 중 날씨가 추워지는 시절 즉 겨울이 되어야 소나무·측백나무의 나중에 시드는 것을 알 수 있다." 한 해중 날씨가 추워지는 계절, 즉 겨울에서 老年을 뜻하기도 하고 다시 困境·亂世로 擴大되었다. 本句에서 歲寒은 杜先生의 老年(?)과 困境을, 松柏은 韋濟의 變함없는 보살핌을 含蓄한다고 하겠다.

▸仍(잉): 아직도. 여전히. 수차, 거듭.

▸顧遇: 顧는 돌아봄, 찾아 봄, 생각해 줌, 아껴줌. 遇는 待遇하다, 待接하

다. 顧遇는 賞識(재능이나 그의 作品을 알아주다, 찬양하다)하며 優待함의 뜻이 되겠다.

▸日暮: 杜先生의 老衰를 뜻한다. 또한 ≪史記·伍子胥列傳≫의 "吾日暮途遠, 吾故倒行而逆施之. 나는 지금 해는 저무는데 갈 길은 먼 격이니, 그래서 거꾸로 행동하고 거슬러 실천한다."에서 힘은 다하고(力竭) 길은 窮 (計窮)함을 比喩하게 되었다. 杜先生은 〈投贈哥舒開府翰二十韻〉에서도 "幾年春草歇, 今日暮途窮"이라 하였다. "日暮途遠", "日暮途窮", "日暮路遠"으로 흔히 쓰인다.

▸且: 잠깐, 잠시. 다시금, 또한.

▸踟躕: ① 머뭇거리며 나아가지 못함. ② 망설임, 주저함.

本二句는 다음의 17·18·19·20句를 끌어내는 역할을 한다.

解說

한 해를 마감하는 추운 겨울, 이와 비슷한 저의 暮年. 그러나 아직도 푸른 松柏같은 어른의 알아주심과 優待, 이 모든 것이 날은 저문데 길은 먼 나그네같은 사람이 깨끗히 모든 것을 抛棄하고 諦念하지 못하며 다시금 조금만 조금만하며 망설이고 주저하게 만드는 所以입니다. 혹시 저 같은 老衰하고 無能한 인간에게 새로운 길이 열릴까하고 말입니다. 그리고 그 길은 어른께서 한 번 더 뚫어주실 수 있지 않을까 생각도 해봅니다.

❖ 제17·18구: 老驥思千里, 饑鷹待一呼.

▸老驥: 하루에 천리를 가던 늙은 駿馬. 魏·武帝·曹操의 〈步出夏門行〉 五章 中 〈龜雖壽〉에서 "老驥伏櫪, 志在千里. 烈士暮年, 壯心不已. 늙은 천리마는 마판에 붙러나 있어도, 뜻은 하루 천리 달림에 있고. 烈士는 늘그막에도 씩씩한 마음 그치지 않는다." 천리마는 늙어서 마판에 버려져도 여전히 서서 하루에 천리 갈 생각을 하는 것이다. ▹伏은

숨다. 버려지다의 뜻도 있다.

▸饑鷹: ≪三國志·魏書·呂布 臧洪傳≫: "(陳)登見曹公言 '待將軍譬如養虎, 當飽其肉, 不飽則將噬人.' 公曰: '不如卿言也. 譬如養鷹, 飢則爲用, 飽則揚去.' 陳登이 曹公(曹操를 말함)을 보고 말했소이다. '將軍(呂布를 말함)을 대우함은 비유하면 호랑이 기르는 것이라 마땅히 고기를 배불리 먹여야지 배부르지 않으면 사람을 물 것입니다.' 그러자 曹公이 '卿의 말 같지는 않소. 비유하면 매 기르는 격이라 굶주리면 써먹지만 배부르면 날아간다오.'하였소이다."

▸待: 等待하다. 기다리다.

▸一呼: 딱 한번만 불러도 된다는 뜻. 杜甫는 自身을 딱 한번만 불러도 떨쳐 일어나 사냥을 할 수 있는 굶주린 매로 비유하였다. 즉 아직도 能力을 발휘할 수 있는데 애석하게도 一呼가 없다는 것이다.

解說

늙었어도 駿馬는 亦是 駿馬라 타는 이 없어 마판에 머물러 있어도 언제나 하루 千里를 뛰던 때를 생각하며 다시 써주길 바라고 굶주린 매는 한번 불러 뭇 새·토끼를 잡도록 하면 能力을 발휘할 터인데……이들에게 實力發揮할 時間과 空間을 주십시오.

❖ 제19·20구: 君能微感激, 亦足慰榛蕪.

註

▸微: ① 稍. 약간, 조금. 잠시, 잠깐. 略. 대충, 대략, 약간, 좀. ② 小. 少. 細. 사소하다. 미세하다. ③ 精深. 奧妙. ④ 暗暗. 슬며시, 남몰래, 암암리에. 悄悄. 고요히, 조용히.

▸感激: ① 感奮激發(中). 마음에 깊이 느껴 크게 감동함(韓). ② 衷心感謝(中). 고마움을 깊이 느낌(韓).

▸榛蕪: 榛(진)은 ① 개암나무. ② 덤불. 잡목의 숲. 여기서는 自謙하는 말

로 쓰였다. 微賤함. 草昧(원시적, 미개함)함인데 간단히 말해 잡초 같은 人生이라면 쉽게 납득이 갈 것이다.

解說

어른께서 저의 형편·처지를 조금이나마 느끼시고 감동하신다면 또한 충분히 잡초 속에 파묻힌 저와 같은 人生에게 큰 慰勞가 되겠습니다.

➡ 위에서 이미 "矜餘力", "仍顧遇"하였는데 實利가 없는 空虛한 말인 듯하다. "思千里", "待一呼"의 具體的인 實踐方向을 提示하지 못하였으므로 感奮激發하여 조금 더 積極的이고 突破力 있는 方案을 要求하고 있는 것이다.

➡ 앞에서도 言及하였지만 어른 앞에서 失禮를 무릅쓰고 "衰容", "憂儿杖", "甲子泥塗", "歲寒", "日暮", "老驥" 等 늙은 티를 냈는데 同時에 궁상과 청승도 떨대로 떨었다. 그런데 이것이 韋濟에게 영 약발이 듣질 않았던지 所期의 目的을 達成하지 못하였다. 그리하여 다음의 〈奉 贈韋左丞丈二十二韻〉에서는 길을 바꾸고 方法을 달리하여 氣高萬丈으로 自畵自讚도 하고 悲憤慷慨도 하며 激烈하게 心思을 나타냈다 말하자면 이 두 作品은 溫冷·强弱을 교대로 썼으나 結果는 둘 나 成功하지 못한 듯하다.

30. 〈奉贈韋左丞丈二十二韻〉(五言古詩)

紈袴不餓死, 儒冠多誤身. 丈人試靜聽, 賤子請具陳.
甫昔少年日, 早充觀國賓. 讀書破萬卷, 下筆如有神.
賦料揚雄敵, 詩看子建親. 李邕求識面, 王翰願卜鄰.
自謂頗挺出, 立登要路津. 致君堯舜上, 再使風俗淳.
此意竟蕭條, 行歌非隱淪. 騎驢十三載, 旅食京華春.
朝扣富兒門, 暮隨肥馬塵. 殘杯與冷炙, 到處潛悲辛.
主上頃見徵, 歘然欲求伸. 青冥卻垂翅, 蹭蹬無縱鱗.
甚愧丈人厚, 甚知丈人眞. 每於百僚上, 猥誦佳句新.
竊效貢公喜, 難甘原憲貧. 焉能心怏怏? 祇是走踆踆.
今欲東入海, 卽將西去秦. 尙憐終南山, 回首淸渭濱.
常擬報一飯, 況懷辭大臣. 白鷗沒浩蕩, 萬里誰能馴?

❖ 詩題

註

▸奉贈: 奉은 어른 윗사람에게 드리다 바치다는 말로 奉贈은 贈보다 더 格式을 차렸다 하겠다.

▸贈: ≪杜臆≫: "前詩有頌韋丞語, 此篇全屬陳情, 題曰贈, 似誤. 恐當作呈. 앞의 詩는 韋左丞을 稱頌하는 말이 있었으나, 이 作品은 오로지 陳情하는 것에 속하니 題에서 贈이라 한 것은 잘못된 것 같고 呈이라 해야 할 것 같다."

▹呈: 내 마음을 드러낸다는 뜻.

解說

〈위좌승 어른께 바치는 이십 이 韻의 시〉

❖ 제1·2구: 紈袴不餓死, 儒冠多誤身.

註

▶紈: 潔白하고 精緻(精巧·緻密)한 細絹. 漢·班婕妤가 지었다는 〈怨歌行〉에서 "新裂齊紈素, 皎潔如霜雪. 裁爲合歡扇, 團團似明月. 齊의 名物 흰고 곱고 가는 비단을 막 잘라내니, 밝고 맑기가 눈·서리라. 마름질하여 合歡의 부채 만드니, 둥글궁글 명월 같아라"하였다. 남자는 물론 아니고 비교적 귀한 身分의 女人들이 實用的이라기 보다는 裝飾性이 강한 부채에 사용한 것이 바로 "紈"이다. 옛부터 上衣는 繡를 놓거나 무늬가 들어간 高級의 감을 쓰나 下衣는 닳고 해지기 쉬운 탓으로 질기고 톡톡한 것을 썼다. 우리나라의 경우 삼사십년 전만해도 큰마음 먹고 옷감을 여인들에게 선물할 때 겨우 저고리 감을 보냈고 당연시 하였다. 저고리만 양단으로 하면 치마는 대충 넘어갔던 것이다. 그래서 극히 奢侈스럽고 浪費함을 초들 때 "치맛자락 질질 끌고"라고 비난하였다. ≪漢書·文帝紀贊≫에서 "所幸愼夫人衣不曳地, 帷帳無文繡, 以示敦朴, 爲天下先. 사랑하는 愼夫人의 옷은 땅에 끌리지 않았고 장막에는 화려한 수를 놓지 않아 儉素·質朴으로 天下에 率先垂範을 보였다"라고 하였으니 치마 끄는 것 즉 下衣의 낭비가 사치됨은 그 由來가 자못 깊다 하겠다. 女人들도 아닌 남정네 사내놈이 눈만 흘겨도 찢어질 듯 엷고 고운데다 때타기 딱 좋은 흰 실크 바지를 입었다면 긴 말이 필요없으리라. 이미 ≪漢書≫에서 "綺襦紈袴. 기유환고. 무늬 비단 저고리 흰 비단 바지"라는 말이 나오고 이것은 後世에 사치하는 부자들을 多分히 貶下하는 의미로 쓰여졌다. 勿論 "紈袴子弟. 환고자제"라고도 하였으니 아무래도 늙은이 입은 것보다 젊은 녀석 입은 것이 더 눈꼴시었던 탓이리라.

➡ 樹州 卞榮魯 先生의 〈酩酊四十年〉에는 卞先生의 東京 유학시절 英國의 皇太子가 입는다는 실크 팬츠를 巨金 20원을 주고 사 입어 같은 유학생들이 화를 냈다는 이야기가 실려있다. 紈袴와 실크 팬츠 어느 것이

더 奢侈스러운지 아리송하다.

➥ 박경리 선생의 〈土地〉에 김훈장의 며느리 즉 양자인 한경의 부인이 김훈장 외손녀 보연의 남편인 홍이 즉 조카사위가 찾아오자 저고리를 바꿔 입었다는 대목이 있다. 禮를 차린다기 보다 조카사위에게도 대접을 해 주었다는 것이다. 上衣의 位相을 알 수 있다.

➥ 名唱 성창순씨가 國唱 晩汀 김소희 선생에게 처음 인사하러 갈 때 겨우 저고리감을 끊어 가져갔다 한다. 당시에는 너나할 것 없이 너무나 형편이 어려웠다며 치마·저고리 한 벌 제대로 갖추지 못한 것을 한탄하였다. 의복에 관심 많고 신경 쓰는 부인들도 저고리 잘 입는 것으로 넘어가던 것이 衣食이 어려운 옛날의 관습이었다. 그런데 젊은 남자가 紈袴를 떨쳐입었다면 거의 憤怒를 느끼게 하는 水準이었을 것이다.

▸餓死: 〈自京赴奉先縣詠懷五百字〉에서는 "路有凍死骨"이라 하였다. 杜甫는 餓死·凍死할 수 있다는 豫感인지 六感인지에 거의 쫓기고 있는 듯하다. 뒷날 그의 아들이 정말로 아사하는 일이 일어났다. 부자가 아사하지 않는다는 것은 너무 당연한데 이 句는 그렇게만 단순히 보아서는 안된다. 즉 그렇지 않은 사람은 아사한다는 말이 숨겨져 있는 것이다.

▸儒冠: 儒者들이 쓰던 갓. 여기서는 儒生을 가리킨다. 中國은 古來로 스스로를 衣冠文物의 나라라 하였으며 識者들은 峨冠博帶·冠冕이라 하여 冠에 대단히 큰 價値를 두었는데 그들은 대체로 儒者들 이었다. 儒者들은 內面으로는 仁·義·禮·知·信을 따지지만 外樣으로는 衣冠, 특히 冠에 神經을 썼다. 따라서 儒冠하면 그곳에는 儒者의 自尊·自負·固執이 集中·凝結되어있다고 하겠다.

▸多誤身: 多: 대부분. 太半. 誤身: 몸을 망치다. 평생을 그르치다. 신세를 망치다. 화끈하게 말하면 신세를 조지다. 이 句에도 儒者 아닌 자들은 잘 풀려나간다는 말이 숨겨져 있다.

▸本1·2句는 杜甫가 잘 쓰는 省略法을 驅使한 것이다. 整理하면 "儒冠

多餓死, 紈袴不餓死. 紈袴不誤身, 儒冠多誤身.” 이렇게 된다. 더 자세히 하면 “紈袴不餓死, 列鼎以食. 紈袴不誤身, 顯達以榮”이 되겠다.

解說

儒冠을 쓴 선비들은 太半이 굶어 죽어도 흰 고운 비단 바지 입은 子弟들은 굶어 죽기는커녕 山珍海味를 늘어놓고 즐기며, 儒冠 쓴 선비들은 거개가 신세를 조지고 일생을 망치지만 흰 고운 비단 바지 입은 子弟들은 신세 망치지 않는 정도가 아니라 크게 출세하여 榮華를 누린답니다.

➡ 始作부터 이렇게 突兀(돌올)히 不平·不滿·激憤을 쏟아내었다. 杜甫의 서울 滯留가 길어질수록 希望은 거의 사라지고 事情은 急迫하게 돌아가니 어른 앞에 이렇게 過激한 言辭를 들이밀고 난 것이다. 示威現場의 口號·檄文같기도 하고 煽動할 때의 語套같기도 하다. 禮를 重視하는 儒者 身分의 杜甫로서도 더 이상 기대할 것 없고 희망이 보이지 않자 最後의 非常手段을 쓴 듯하며 ≪杜臆≫에서 贈詩가 아니고 呈詩인 듯하다한 것은 一理가 있다.

➡ 韋濟로서는 앞에서 “鼎食分門戶”, “尊榮瞻地絶”이라는 稱譽를 받다가 同類에 속한다 할 紈袴를 걸고 넘어가는 것에 좀 난감하였을 것이다. 아무래도 가재는 게 편이고 초록은 한 빛이며 검둥개는 돼지 편이라는 말도 있지 않은가. 紈袴를 代表로 모두 도매금으로 욕을 먹는 꼴이 되었다고 느꼈을 것이며 杜甫 또한 이점 看過했을 리 없다. 그러나 그것을 考慮하고 參酌하며 濾過(여과)하기에는 너무도 형편이 안 좋았고 心情이 激하였던 것 같다.

❖ 제3·4구: 丈人試靜聽, 賤子請具陳.

註

▸丈人: 나이, 시위, 항렬 등이 높은 윗사람이니 어른이라 하면 되겠다.

▸試: 시험 삼아 해보다. 시도하다. 잠시, 우선. 徐仁甫先生의 ≪杜詩注解商榷續編≫에 의하면 試와 아랫句의 請은 互文이므로 같은 뜻이란다.

우리는 따르지 않지만 참고할 만하다.

▸靜聽: 꼼꼼하게 자세히 듣다. 주의하여 정신 차려 듣다. 晉・劉伶・〈酒德頌〉에 "靜聽不聞雷霆之聲, 熟視不睹泰山之形. 꼼꼼히 정신 차려 들어도 천둥벼락 소리 안 들리고, 꼼꼼히 상세히 보아도 泰山의 모습을 볼 수 없다"라고 하였다. 여기에서 "靜"과 "熟"은 互文으로 꼼꼼히, 자세히, 면밀하게, 주의 깊게의 뜻이다.

▸賤子: 自己의 謙稱. 이놈, 이 몸이라 하겠다.

▸請: 敬語. 自身이 무슨 일을 하려할 때 또는 상대에게 어떤 일을 부탁할 때 상대의 允許를 求하는 말이다.

▸具陳: 詳述하다. 備陳(詳細히 陳述함)하다.

解說

왜 冒頭에서 그런 激한 말씀을 올리고 왜 劈頭부터 그런 過한 言辭썼는지에 대하여, 어른께서 잠시 주의 깊게 들어주신다면 이놈 또한 상세하게 陳述하겠습니다.

❖ 제5・6구: 甫昔少年日, 早充觀國賓.

註

▸少年: ① 青年男子를 가리킨다. ② 젊은 시절을 가리킨다.

▸早: ① 일찍이: ㉮ 일정한 시간보다 이르게. ㉯ 예전에. 전에 한 번. ② 일찌감치. ㉮ 조금 이르다고 할 정도로 얼른. ㉯ 될 수 있는 한 얼른.

▸充: 充當하다. 任務를 맡다.

▸觀國賓: ≪易・觀≫에서 "觀國之光, 利用賓于王. 서울(수도)의 盛德(盛美之事)과 光輝를 본다. 임금의 손님 노릇하는데 이로울 것이다."라 하였다. ⇨ 後日의 觀光이라는 말은 여기에서 由來하였다. 國都의 文物光華를 구경한다는 것은 各地域에서 뽑힌 人才들이 科擧에 應試함을 가리키며 그들의 신분은 임금님의 귀한 賓客이라고 크게 추어올리고 대

접하였다.

➡ 唐代 科學는 一年에 一回이며 貢擧人들이 10月 25日 以前에 京師인 長安 — 때에 따라서는 東都인 洛陽도 포함함 — 으로 집합하여야 했다. 貢擧는 그럼 무엇이냐? 地方의 府·州·縣의 鄕貢 또는 貢人은 먼저 縣의 시험을 통과한 후 中央의 尙書省에 報告하여 科擧應試의 資格을 획득한 사람들이다. 擧人은 生徒라고도 하며 中央의 國子監에서 選拔한 科擧應試資格을 얻은 자이니 이 둘을 합쳐 貢擧라 하는 것이다. 應試하는 貢擧 즉 有資格者의 數는 上州 3人, 中州 2人, 下州 1人이며 특별한 경우 제한이 없다 하는데 이대로 한다면 천 명 內外였을 것이나 實際로는 항상 이 삼 천명이나 되었고 合格者는 삼십 명 내외였다고 한다(단 이것은 進士만을 가리킨다). 考試의 時期는 대체로 正月이나 二月인데 正月인 경우가 많았고 合格者를 알리는 榜을 붙이는 때는 二月이나 三月인데 때가 봄인지라 春榜이라 불렀다 한다. 杜甫는 擧人이 아닌 貢人의 資格으로 開元 23年 吏部의 시험에 응하였다. 開元 24年 以前에는 吏部의 考貢郞이 考試를 主管하였는데 이 때 떨어진 것이다. 그 後에는 禮部에서 禮部侍郞이 主管하였나. 杜甫는 23歲에 貢人이 되었고 24歲에 吏部試에 參加하였다가 落第한 것이다. 杜甫가 비록 落第했어도 젊은 나이에 應試한 것을 대견하게 여겨 이에 特記함으로 合格의 至難함과 대부분 合格者들의 高齡을 暗示하였는데 事實 20代의 進士及第는 아주 드물었다. 勿論 例外도 있으니 王維는 開元9年 21歲에 進士及第하였으니 그 양반 앞에서는 그저 緘口함이 상책일 것이나.

解說

저는 지난 날 젊은 시절에 일찌감치 國都의 盛德(盛美之事)과 文物의 光華를 觀覽·임금님의 賓客이 된다고 말하여진 科擧에 參加하였습니다. 이것은 저의 學識이 一定水準에 達하였음을 公認한 것이 아니겠습니까. 그러면 다음에는 私的으로 저 自身에 대한 評價를 唐突하게 披瀝해 보겠으니 건방지고 주제 넘는다 하지 마시고 들어주십시오.

❖ 제7 · 8구: 讀書破萬卷, 下筆如有神.

註

▸破: ① 盡也. 徧也. 盡萬卷, 徧萬卷. 만 권을 두루 다 읽다.(張相) ② ≪杜詩詳注≫에서는 ㉮ 孔子가 ≪易≫을 너무 보아서 冊을 엮은 가죽 끈이 세 번 끊어지듯(韋編三絶), 書籍이 닳았다는 뜻. ㉯ 萬卷의 理致를 다 깨우침(張遠의 의견)이라는 뜻의 두 가지를 제시하였다. ③ 한 권 읽어 떼고 또 한 권 읽어 떼고 하여 만 권을 다 떼었다. 떼었다 하면 그 內容을 완전히 이해, 파악하였다는 것이다(雨田선생님). ⇨ 讀破: 讀了. 글이나 책을 처음부터 끝까지 다 읽음(국어대사전).

➡ ≪梁書 · 元帝紀≫에 의하면 西魏의 攻擊에 나라가 亡하게 되자. 圖書 十四萬卷을 불 싸지르며 "讀書萬卷, 猶有今日. 萬卷의 책을 읽었으나 오히려 오늘 이 지경에 이르렀구나"하였다 한다.

▸第7 · 8句 두 句 自體는 元帝의 嘆息과는 相關없으나 詩 全篇을 통하여 흐르는 杜甫의 怒 · 怨 · 恨 · 憤에는 元帝의 虛脫함과 悲嘆이 潛伏하여 있다고도 볼 수 있다. 아니 分明히 있다고 말할 수 있다.

➡ 萬卷堂: 高麗 忠宣王이 元나라에 있을 때 燕京에 세운 讀書堂. 많은 圖書를 갖추고 當代의 學者 · 名士들과 交遊하였다.

▸下筆: 落筆. 붓을(종이 · 비단에)대다. 쓰기 始作하다. 毛筆로 詩文을 짓거나 書畵를 쓰고 그림.

▸有神: ① 有는 語助詞로 無義. 神은 神靈. 따라서 如有神은 如神靈이니 神이 아닌가 생각할 정도다의 의미. 이렇게 過하게는 안 쓴 뜻하다. ② 有神助. 신의 도움이 있다는 뜻이니 우리가 흔히 쓰는 "神들리다", "神지피다"와 흡사하다. 詩文의 寫作에 있어 奇妙生動하며 神韻이 있음을 말한다. 自己는 日常的으로 하지만 他人이 보기에는 분명 神의 助力이 있지 않고서야 어찌 그렇게 잘 하겠느냐는 말씀이 되겠다. 한마디로 잘났다는 것이다. 앞의 〈畫鷹〉에서 例를 들었시만 李白은 〈與韓荊

州書〉에서 "筆參造化. 文筆의 精妙함이여! 그功은 可以 天地의 創造化育에 參與贊助할 만하다."라 하였고 李賀는 〈高軒過〉에서 "筆補造化天無功. 붓대가 天地造化의 不足·未盡한 곳을 때우고 메우니 天神·自然은 功을 세울 일이 없다"라 하였다. 李先生들은 사람이 力量不足한 神을 돕는다 하였고 杜先生은 神이 약간 모자라는 인간을 돕는다는 式으로 하였는데 둘러치나 메어치나 매일반은 아니고 아무래도 두 李先生은 他人을 칭찬함이니 사람의 역할(役割)이 强調된 듯하고 杜先生은 自身을 말함이니 겸손하게 神이 優位에 있고 따라서 사람을 돕는다는 투로 말했다. 그러나 神이 아무나 돕겠는가? 말속에 말이 들었다는 말은 이를 두고 하는 말이 되겠다. 말이 많지요.

解說

공부에 있어 萬卷 書籍 讀破는 基本이었습니다. 따라서 創作함에 있어저는 尋常하게 한다지만 남들은 신들린 듯하다, 신이 도와준다고 하였습니다. 그 정도는 약과라 具體的으로 아뢰겠습니다.

❖ 제9·10구: 賦料揚雄敵, 詩看子建親.

註

▶賦: 文體名. 韻文과 散文의 複合體라 하겠다. 內容보다는 辭藻·對偶를 講究하며 雄壯華麗함이 特徵이다. 漢代에 盛行하였고 魏·六朝에서도 流行하였다. 《文選》에 重要한 作品이 選入되었다. 宏壯한 長篇巨作은 漢에서, 綺麗·雅淡한 小品秀作은 六朝에서 이루어졌다. 漢代賦의 作家는 斷然 司馬相如를 第一로 꼽고 揚雄·張衡이 이름났으며 魏·晉·南北朝時代에는 左思·庾信을 들 수 있다. 左思는 〈三都賦〉로 "洛陽의 紙價를 올리다"는 말이 생기게 한 張本人이며 庾信은 小品의 佳作들이 有名하나 또한 〈哀江南賦〉는 그 規模의 張大함으로 다른 賦를 壓倒하였다.

▸料: 아래의 看과 互文으로 둘 다 고려하다, 생각하다, 헤아리다.

▸敵: 匹敵하다. 상대가 되다. 견줄만하다. 서로 맞먹다. 對等하다는 自信感의 表現이다.

▸揚雄: 앞에 나온 〈奉寄河南韋尹丈人〉에서 紹介하였다.

▸子建: 曹植. 魏武帝 曹操의 아들이며 魏文帝 曹丕의 동생으로 이들 三父子는 三曹라 불리며 建安時代 文壇의 主役이었다. 文學史上 建安時代하면 "建安風骨"을 대뜸 거론하니 雄渾한 氣魄, 沈鬱한 情感이 特徵으로 簡單히 말해 外華가 아닌 內實있는 作品이 主流를 이뤄 後世 文士들이 높이 떠받들었다. 曹植의 作品은 前期에는 華麗하고 精巧하였으나 後期에는 悲涼하고 感慨어린 呼訴로 사람을 깊이 感動시켰다. 曹植을 評價할 때 긴 말 必要없이 다음과 같은 一見 터무니없고 荒唐한 듯하며 한편으로는 首肯도 가는 說이 그의 地位를 짐작하게 해준다. 이천년이 넘는 中國文學史上 그 많은 詩人 騷客을 다 제치고 最初 文壇의 王者는 屈原(BC343~?)이며 500년 지나서 曹植(AD192~232)이 王位를 물려받았고 다시 500년이 지나 杜甫(AD712~770)가 이를 차지했는데 以後 아직 그 자리를 이을 人才가 나오지 않았다는 것이다. 천년이 넘었는데도 말이다.

▸親: 接近·近似. 凌駕는 물론 맞잡이도 아닌 것 같고 변두리에서 가운데로 다가가듯 조금 처지는 느낌이 든다.

解說

賦는 생각하건대 漢나라 揚雄과 견줄만하며 詩는 따진다면 魏나라 曹植과 얼추 비슷하다고 봅니다.

❖ 제11·12구: 李邕求識面, 王翰願卜鄰.

註

▸李邕: 〈陪李北海宴歷下亭〉 詩를 參考하시라.

▸求: ① 要請하다. 懇求하다. 付託하다. ② 追求하다. 探求하다. 찾다. ③ 希望하다. 바라다. ④ 要求하다. 需求하다.

▸識面: ① 만나다. 대면하다. ② 熟知하다. 잘 알다.

➡ 우리나라의 경우 면식(面識)은 얼굴을 알 정도의 관계를 말한다. 따라서 "면식이 있다", "면식이 없다", "면식은 있던 사이였지만 그리 가깝게 지내는 사이는 아니다"와 같이 쓰인다. ≪新唐書≫에 의하면 杜甫는 어려서 가난하여 每事가 不振하자 吳·楚·齊·趙땅에 나그네살이 하였는데 李邕이 그 재주를 기특히 여겨 먼저 찾아가 만났다고 한다.(甫少貧, 不自振, 客吳·楚·齊·趙間, 李邕奇其才, 先往見之.) 그러나 杜甫의 〈八哀詩〉中의 〈贈秘書監江夏李公邕〉에서는 "伊昔臨淄亭, 酒酣託末契. 重敍東都別, 朝陰改軒砌. 전에 臨淄땅의 亭子에서—앞에서 나온 ≪陪李北海宴歷下亭≫의 歷下亭을 말함—술이 거나하시자 대선배 되시지만 까마득한 후배에게 몸을 낮춰 交誼를 맺으셨으며, 洛陽에서의 이별을 다시 거론하시니, 亭子앞 섬돌에 해 그림자가 바뀌도록 오래 말씀하셨다"라 하였으니 처음 만난 것은 洛陽이며 李邕이 求識面함 또한 그때였으며 歷下亭에서 再遇한 듯하다.

➡ 文壇의 領袖요 大先輩인 李邕은 본래 뛰어난 人才를 아끼고 獎勵하였으며 능히 屈己下人하는 抱擁力과 너그러운 雅量을 가졌었다. 賀知章이 李白을 稱讚하고 謫仙이라 한 것이나 李邕이 杜甫를 찾아간 것이나 다 새까만 후배가 대견하고 귀엽다는 뜻일 뿐이다.

▸王翰: 王瀚으로 된 것도 있다. 睿宗 景雲 元年(AD710)에 進士及第하였다. 술 좋아하고 집에 聲伎를 둘 정도였다. 날마다 俠客과 어울려 놀고 사냥하다 道州 司馬로 내쳐졌고 그곳에서 卒하였다. ≪全唐詩≫에 詩 14首가 실려 있다.

▸卜鄰: 選擇鄰居. ≪左傳·昭三年≫에 "日.諺曰: '非宅是卜, 唯鄰是卜.' 二三子先卜鄰矣. 또한 속담에 '집을 고르는 것이 아니요 이웃을 고르는 것이다.'라 했으니 諸君들은 먼저 이웃을 골라야 할 것이다."라 하였다.

杜預의 注에 "卜良鄰. 좋은 이웃을 고른다는 뜻"이라 했는데 그야말로 하나마나한 注라 하겠다. 고르면 당연히 좋은 것을 고르지, 원! 그런데 이웃을 고르는 것이 꼭 착하고 어질고 본받을 점 많고 배울 바 있어서만은 아니고 좀 엉뚱한 경우도 있다. 살펴보자.

① 훌륭한 이웃을 고르는 경우

㉮ 晉・陶淵明 〈移居〉 二首 其一에서.

昔欲居南村, 非爲卜其宅. 聞多素心人, 樂與數晨夕.

……奇文共欣賞, 疑義相與析.

전에 南村에 살고 싶어 했으니, 집을 골랐던 것은 아니고, 깨끗한 마음 가진 사람이 많다고 들어, 그들과 朝夕으로 자주 즐겁게 지내려 했음이라……훌륭한 글은 함께 감상하고, 의문점은 같이 풀어도 보네.

㉯ 〈南史・呂僧珍傳≫: "初, 宋秀雅罷南康郡, 市宅居僧珍宅側. 僧珍問宅價, 曰 '一千一百萬.' 怪其貴, 秀雅曰 '一百萬買宅, 千萬買鄰.' 從前에 宋秀雅가 南康郡의 고을살이를 그만두자 住宅을 샀는데 呂僧珍宅 옆집이었다. 呂僧珍이 집값을 묻자 '일천 일백만'이라 답했다. 비싼 것에 놀라며 이상히 여기자 宋秀雅는 '집값 백만, 이웃값 천만.'이라 하였다."
▷市: 사다. ▷宅居: 居住. 住宅.

② 좀 한심하고 덜 떨어진 녀석을 옆에 두고 야단도 치고 꾸짖기도 하며 가끔 밥상머리 교육도 시켜 사람 좀 만들어 보겠다는 경우.

晉・陶淵明 〈示周續之・祖企・謝景夷三郎〉

負痾頹簷下, 終日無一欣. 藥石有時閒, 念我意中人.

相去不尋常, 道路邈無因. 周生述孔業, 祖謝響然臻.

道喪向千載, 今朝復斯聞. 馬隊非講肆, 校書亦已勤.

老夫有所愛, 思與爾爲鄰. 願言誨諸子, 從我潁水濱.

〈周續之・祖企・謝景夷 세 청년 신사들에게 보임〉

頹落한 집 처마 밑에 병을 안고 살자니, 하루 해가 다 가도록 즐거움이 없다오. 藥먹고 침(鍼)맞아 가끔 差度있으면, 문득 마음속의 사람이 그리워진다오. 서로간의 거리가 보통이 아니니, 길은 멀고 만날 방법은 없었다오. 그런데 지금 가까운 곳에서 周先生은 孔子님 儒家의 學說을 풀이하시고 祖先生 謝先生은 메아리처럼 따라서 오셨다지요. 대단하시구랴! 道가 사라져 천년이 되가는데 오늘 아침에 다시 듣다니 저녁에 죽어도 좋고말고. 孔子님께서 "朝聞道, 夕死可矣"라 하셨지요. 말과 가축 파는 시장은 상의실이 아닌데, 강의뿐 아니라 書籍의 내용이나 틀린 글자와 잘못을 바로잡는 校書 또한 勤實하시다니 感祝할 일이외다. 이 늙은 첨지가 그래도 여러분들을 아끼는 마음이 있어, 이웃되어 같이 살려는 생각을 가졌소이다. 여러분들에게 懇切하게 한 말씀 타이르겠소이다. 군말 말고 잔말할 것 없이 나 따라 許由처럼 箕山潁水(기산영수)가에 가서 사십시다. 뭐 河北의 箕山潁水를 어떻게 가냐고? 예끼! 이 사람들. 마음이 속세와 멀어지고 名利를 떠나면 저자 한복판도 箕山潁水되는 것을 모르셨소. 쯧쯧.

그 점잖은 陶先生도 때에 따라서는 비아냥대고 빈정거리고 이기죽거리는 分野에서도 한가락 단단히 하시는 것을 알 수 있겠다. 못하는 게 없나. 本詩에서 爲鄰은 전혀 딴 뜻이니 誤解마시라.

➡ 王翰의 嗜好·趣味·性格은 李白과 잘 어울릴 것 같지 杜先生과는 어째 緣分이 먼 것 같다. 우리 推測에 王翰은 자식교육상 勤儉하고 着實한 杜甫가 마음에 꼭 들지 않았나 싶다. 세상에서 하는 말에 "나는 바담 風 해도 너는 바람 風 해야 한다"라고 저는 잘못해도 자식은 그렇게 하지 말라는 것이 부모의 마음이란다. 王翰自身이야 酒色雜技에 절었어도 자식이 그리되기는 바라지 않아 或 杜甫와 이웃되기를 바랐는지도 모르겠다. 아니면 醉中에 이웃 합시다 하는 인사말 정도였는지도 모른다. 그저 말이 그렇다는 정도다.

解說

文壇의 元老요 領袖이신 李邕어른께서도 만나보길 希望하셨고 先輩詩

人인 王翰께서도 이웃되기를 바라셨습니다.

☛ **参考**

王翰의 詩中에서 이름난 것을 鑑賞해 보겠다.

唐・王翰〈涼州詞〉二首. 其一

蒲萄美酒夜光杯, 欲飮琵琶馬上催. 醉臥沙場君莫笑, 古來征戰幾人回.

美味의 葡萄酒. 白玉의 夜光杯. 마시려니 馬上에서 탄다는 琵琶는 소리내어 재촉한다. 취하여 모래벌판에 누웠다고 비웃지 마시게, 옛부터 아득한 곳 出征하면 몇이나 살아왔던가.

▷蒲萄: 葡萄와 같다.

▷美酒의 美는 맛있다는 뜻이다. 葡萄는 西域에서 왔고 葡萄酒 또한 西域産이었으며 나중에 만드는 법을 배워 唐에서도 生産하였다.

▷夜光杯: 西域에서 나는 밤에도 환한 빛을 낸다는 白玉으로 만든 술잔. 술과 잔 모두 西域과 관계있는 물건으로 試題인〈涼州詞〉에 걸맞고 適切하게 쓰였으며 極度의 華麗・奢侈로 3・4句의 悲哀를 돋을새김 하였다.

▷馬上催: ① 琵琶 또한 西域에서 온 것으로 말위에 앉아서 탔다고 한다. 따라서 지금 정말로 말위에 앉아서 탄다는 뜻이 아니고 西域에서는 馬上에서 彈奏했다는 琵琶는 어서 마시라는 듯 재촉하는 소리를 낸다는 말이다. ② 酒店의 妓女가 말을 본뜬 틀 위에 앉아서 西域女人의 馬上彈奏를 흉내 낸다는 뜻이다. ⇨ 第1句는 味覺・視覺이고, 第2句는 聽覺이다.

▷沙場: ① 모래벌판. 沙漠. ② 戰場.

唐・王翰〈涼州詞〉二首. 其二

秦中花鳥已應闌, 塞外風沙猶自寒. 夜聽胡笳折楊柳, 教人氣盡憶長安.

關中이라 首都圈에는 봄날의 꽃도 새도 다 끝나갈 터인데, 邊境 要塞밖에는 바람과 날리는 모래에 오히려 절로 추워. 밤중에 胡笳로〈折楊柳〉불어대는 소리 듣더니, 兵士들 기운이 다 빠져 서울 長安만 그리워하네.

▷秦中: 關中이라고도 한다. 지금 陝西省 中部의 平原地域으로 옛날 秦나라 땅이므로 이렇게 부른다.

▷闌: 다 되어가다. 끝이 나다. 衰落하다. 시들다.

▷胡笳: 西北方 民族의 管樂器. 우리나라에서는 태평소를 가리킨다.

▷折楊柳: 옛 노래의 이름. 晉代에는 전쟁의 괴로움을 읊었고 南朝와 唐代에는 傷春惜別·征戰에 나간 사람 그리워하는 내용이 대부분이었다.

〈春日歸思〉

楊柳靑靑杏發花, 年光誤客轉思家. 不知湖上菱歌女, 幾箇春舟在若耶.

버들은 푸르고 살구꽃은 붉게 피니, 봄날의 풍광은 나그네 정신을 잃게 하여 더욱 집 그리게 하는구나. 湖水위 마름 따며 노래하던 처자들, 지금은 若耶溪에 뜬 봄 배에 몇이나 남았을까?

▷年光: 歲月. 春光 즉 春日의 風光景致.

▷誤: 錯誤. 迷惑, 즉 판단력을 잃다. 아리송하게 하다.

▷轉: 반대로. 점점. 더욱.

▷若耶: 溪名. 折江 紹興에 있다. 西施가 빨래하던 곳이라 한다.

❖ 제13·14구: 自謂頗挺出, 立登要路津.

註

▶謂: ① 생각하다. 여기다. 인정하다. ② 예상하다. 예측하다. 짐작하다.

▶頗: 몹시. 대단히.

▶挺: 突出. 杰出. 生長. 똑바로 뻗다. 곧게 펴다. 挺出: 突出. 出衆. 特出.

▶立: 단박에. 當場. 즉시. 곧.

▶要路: ① 重要한 길. ② 影響力있는 重要한 자리나 地位. 또는 그러한 자리나 지위에 있는 사람.

▶要津: 배로 건너는 중요한 길목이 되는 나루.

▶要路津은 重要한 길과 나루로 地位나 職務가 높고 權勢가 큰 것(즉 顯要)을 比喩한다. 〈古詩十九首〉의 〈今日良宴會〉에서 "何不策高足, 先

據要路津. 왜 빨리 달리는 발의 말에 다시 채찍질하여, 먼저 중요한 길과 나루인 顯要한 職位를 차지하지 못했나."라 하였다.

▶自謂는 第16句까지 걸린다.

解說

스스로 대단히 特出하여 단박에 重要한 길과 나루 같은 높은 地位 큰 權勢있는 職에 오르리라 여겼습니다.

❖ 제15 · 16구: 致君堯舜上, 再使風俗淳.

註

▶致君: 임금을 輔佐하여 聖明한 君主가 되게 함.

▶堯舜: 唐堯와 虞舜의 竝稱. 아득한 옛날 部落聯盟의 首領이라 하며 傳說中의 聖明君主라고도 한다. ≪易 · 繫辭下≫에서 "黃帝堯舜垂衣裳而天下治, 蓋取諸乾坤. 黃帝와 堯舜이 衣裳을 늘이고 天下를 다스린 것은 乾坤에서 취한 것이다." 그런데 垂衣裳의 해석이 어렵다. 韓康伯注에서 "垂衣裳以辨貴賤, 乾尊坤卑之義也. 衣裳을 늘인다는 것은 各樣의 衣裳을 통해 高貴한 사람과 卑賤한 사람을 구별함이니 하늘인 乾은 높고 땅인 坤은 낮다는 뜻을 취한 것이다"라 하였는데 漢 · 王充은 ≪論衡 · 自然≫에서 "垂衣裳者, 垂拱無爲也. 垂衣裳이란 것은 適材適所하여 할 일 없으니 垂衣 즉 衣裳으로 貴賤 區別만 해놓고 拱手 즉 두 손 맞잡아 禮를 행할 뿐 모든 것은 無爲自然에 맡긴다는 뜻이다" 하였다. 그런데 孔潁達은 適所에 適材를 배치하고 나니 할일 없어 맞잡은 두 손을 아래로 내리고 그저 가만히 있을 뿐이라 하였다. 이때 垂字는 衣裳과는 상관없고 拱手와 연결되는 것이다.

➡ 堯舜의 治世가 太平煙月이라는 것을 中國에서는 다음의 簡潔한 노래로 나타내곤 하였다.

〈擊壤歌〉

日出而作, 日入而息, 鑿井而飮, 耕田而食.
帝力於我何有哉.
해 뜨면 일어나고, 해지면 쉰다. 우물 파 물마시고, 밭 갈아 밥 먹으니
임금님이 애쓰고 은혜 베푼다는 것이 우리와 무슨 상관이람.
전혀 못 느낀다는 말이다.

≪帝王世紀. 제왕세기≫에 의하면 堯舜시대에 天下가 太和하니 백성들이 일 없어 老人이 擊壤하며 이 노래를 불렀다 한다.

▷擊壤: 壤은 나무로 만드는데 앞쪽은 넓고 뒤쪽은 좁으며 길이는 한자세치로 신발짝 모양이다. 먼저 壤 하나를 땅에 놓고 삼사십 步 떨어진 곳에서 손으로 다른 壤을 들어 던져서 맞히는(擊) 놀이니 맞히면 그 게임은 끝나는 것이다.(〈困學紀聞〉에서 周處의 〈風土記〉를 引用한 것)

▷作: 起也.

▷帝力: 帝王之作用或恩德.

〈康衢謠〉

立我蒸民, 莫匪爾極, 不識不知. 順帝之則.
우리 뭇 백성을 안정시키심에 그분의 至極精誠 아닌 것 없네. 알시도 깨닫지도 못하는 사이에 임금님 법도를 따라갔네.

≪列子・仲尼篇≫에 의하면 堯임금이 천하를 다스리기 50년에 다스려지는지 아닌지를 몰랐고, 억조창생들이 자기를 지지하는지 여부도 몰랐다. 左右에 물어도 몰랐고 朝廷도 몰랐으며 野人들도 몰랐다. 이에 微服으로 갈아입고 四方으로 길이 갈라지는 繁華街에 갔다가 아이들이 이 노래 부르는 것을 듣고 기뻐하였다. 환궁하여 舜에게 禪讓하였다 한다.

▷康衢(강구): 四通五達하는 큰길. 대로. 꼼꼼히 따지면 四通이 康이고 五達이 衢란다.

▷立. ① 安定시킴. ② 通"粒"字. 먹여 키우다의 뜻이다.

▷蒸民: 衆民. 百姓. 億兆蒼生.

▷極: 至極한 精誠과 恩惠. 中正의 公道.

▷識: 認識.

▷知: 知覺.

▷則: 法.

➡ 以上의 두 노래를 보면 잘해준다는 은혜도 압박이 되니 그것마저 못 느끼게 해야 된다는 말이다.

▶堯舜上의 上: 더 낫게 만들다. 더 윗길이 되게 하다. 水準이 더 높게 하다.

▶風俗: 오랫동안 踏襲하고 繼承하여 이루어진 氣風, 習俗.(中國). 옛날부터 그 社會에 전해오는 생활전반에 걸친 습관 따위를 이르는 말(우리나라). ⇨ 風俗人情: 계속적으로 이어 내려와 이루어진 風尙·禮節·習慣等을 말함.

▶淳: 敦厚하고 古拙質朴함. ⇨ 淳風: 敦厚하고 古拙質朴한 風俗. ⇨ 淳俗: 淳朴한 風俗.

➡ 晉·陶淵明〈飮酒〉二十首의 其二十에서

羲農去我久, 擧世少復眞. 汲汲魯中叟, 彌縫使其淳.

鳳鳥雖不至, 禮樂暫得新.……

伏羲·神農이 우리와 떨어진지 오래니, 온 세상에 天眞으로 돌아가는 이 거의 없다. 바쁘고 바쁜 魯나라의 老人丈께서 애쓰시며, 이리 깁고 저리 때워 淳朴하게 만드니, 太平盛世를 말해주는 鳳凰은 안 왔어도, 禮와 樂이 잠시나마 다시 새로워 질 수 있었다.……

陶先生 말씀대로라면 風俗을 淳朴하게 한 분은 孔子밖에는 없었다는 것이 된다. 이렇게 따져나가면 孔子의 任務를 杜先生이 繼承하겠다는 抱負·希望이니 우리 아니래도 "거 너무 나가는 것 아뇨"할 사람이 많겠다.

➡ ≪杜詩鏡銓≫에서 13句에서 16句까지를 旁批 — 本文옆에 써놓은 批評 — 하였는데, 曰 "自是腐儒大言, 在他人亦不敢說. 본래 腐儒의 豪言壯談이니, 他人들은 감히 말하지 못한다."라 하였다. 陳貽焮敎授는 이에 대해 "唐人들은 往往 큰소리치길 잘 했는데 李白·杜甫가 이처럼 더

심하였다. 그런데 그들은 그저 말만 크게 한 것이 아니고 이 大言을 위하여 일생을 두고 奮鬪하였으며 始終 변하지 않았다. 杜甫와 그와 비슷한 人物들을 腐儒라 하는데 '腐'는 時代의 趨勢를 모르고 자기가 처한 時代에 대하여서도 分明한 認識이 缺乏되었다는 뜻이리라. 그러나 그렇게 理想을 追求하고 抱負를 實現하고자 하는 執着과 頑强한 意志는 절대 無視·輕視할 수 없는 것이며 그러한 抱負속에 나라를 지키고 人民을 救濟하는 進步的인 要素가 있는 것이다."하여 아주 肯定的으로 容納하였다. 事實 우리 人類에게 크게 貢獻한 偉大한 發見·發明은 擧皆가 虛荒된 꿈에서 始作되었다고 할 수 있다. 그러나 그것을 위하여 자신은 말할 것 없고 家族·親戚·知人들이 도매금으로 苦痛을 당할 때는 이렇게 쉽게 말할 수는 없으리라. 아마 陳敎授도 아들이 杜甫를 본받아 腐儒가 되고자 한다면 밥 싸들고 따라다니며 말리지 않을까 하는 생각도 해본다.

解說

임금님을 輔佐하여 堯임금 舜임금보다 더 聖明하시게 하고 風俗을 그 옛날처럼 다시 淳朴·敦厚하게 하겠다고 마음속으로 생각했었습니다.

❖ 제17·18구: 此意竟蕭條, 行歌非隱淪.

註

▸此意: 第13句에서 第16句까지를 가리킨다.

▸蕭條: 적막하다. 스산하다. 쓸쓸하다. 생기가 없다. 所願·希望·抱負가 水泡로 돌아간 뒤의 심경을 표현한 것임.

▸行歌: 걸어가면서 노래하다. 걸어가면서 詩文을 읊다.

▸이 18구는 두 가지 해석이 可能하다.

① ≪漢書·嚴·朱·吾丘·主父·徐·嚴·終·王·賈傳≫을 보면 武帝때 吳人인 朱買臣은 가난했으나 讀書를 좋아하였으며 産業은 힘쓰지 않고 땔나무베어서 이를 팔아 먹고살았다. 땔나무 묶음을 지고 걸

어가며 책을 읽었고 아내 또한 이고지고 따라가는데 朱買臣이 길에서 노래하고 읊조리는 것을 여러 차례 말렸지만 그는 더욱 신나게 노래하니 아내가 남부끄럽다며 떠나 가겠다하였다.……그 후 朱買臣은 여전히 길에서 노래하며 다녔고 무덤사이를 나무지고 가는데 옛 아내와 그 시집식구들이 무덤에 왔다가 朱買臣이 주리고 떠는 것을 보고 불러 먹고 마시게 하였다. "朱買臣, 吳人也. 好讀書, 不治產業, 常艾薪樵, 賣以給食, 擔束薪, 行且誦書, 其妻亦負載相隨, 數止買臣毋歌嘔道中. 買臣愈益疾歌, 妻羞之, 求去.……其後買臣獨行歌道中, 負薪墓間, 故妻與夫家俱上冢, 見買臣饑寒, 呼飯飲之"라 하였다. "歌嘔道中", "行歌道中"은 朱買臣이 專念하여 공부하되 억지로가 아니고 將來의 成功을 굳게 믿으며 즐거운 마음으로 하며 남들의 嘲弄과 蔑視에 굴하지 않고 毅然함을 잃지 않는 태도를 말해준다. 果然 朱買臣은 出世하였으며 가난할 때 신세진 것을 다 보답했다. "悉召見故人與飲食諸嘗有恩者, 皆報復焉. 친구와 마실 것 먹을 것 준 여러 은덕 베푼 자를 불러보고 모두 報答했다." 杜先生이 ≪漢書≫의 朱買臣을 생각하고 이 句를 썼다면 今日은 후줄근하고 초라한 몰골이나 그래도 참고 노래하며 길가노니 나는 未來의 榮光을 믿어 의심하지 않는다는 强靭한 意志를 나타내며 絶對 世上버린 隱者가 아니라고 强力하게 宣言하는 셈이다. 나쁘게 말하면 結末은 뻔한데 안간힘 쓰는 것이 되겠다.

② ≪列子·天瑞≫를 보면 榮啓期와 林類라는 두 隱士의 이야기가 나온다. 두 사람 다 孔子가 길가다 만나는 것으로 나오는데 榮啓期는 이미 앞에서 紹介한 바 다시 간략히 추려보면 "榮啓期가 郕邑(성읍)의 郊外에서 거친 베로 된 겉옷을 새끼줄로 띠를 하고 걸어가며 琴을 타고 노래하였다. 孔子가 즐거워하는 까닭을 묻자 萬物中에 사람이 귀한데 사람으로 태어났고 男尊女卑인데 男子가 되었고 태어나 해·달구경도 못하고 襁褓에서 죽는 수도 있는데 이미 구십을 살았다는 것이다. 덧붙

여 말하기를 가난이란 선비의 正常・恒茶飯事요 죽음이란 인생의 끝맺음이니 正常的인 狀況에 살다가 끝맺음을 하노니 무엇을 근심한단 말인가. 榮啓期行乎郕之野, 鹿裘帶索, 鼓琴而歌. 孔子問曰: '先生所以樂, 何也?' 對曰: '……天生萬物, 唯人爲貴, 而吾得爲人.……男尊女卑……吾旣得爲男矣.……人生有不見日月不免襁褓者, 吾旣已行年九十矣.……貧者士之常也, 死者人之終也, 處常得終, 當何憂哉?" 하였다.

"林類는 나이가 백 살이 되는데 봄날에도 두꺼운 겨울 겉옷을 걸치고는 收穫이 끝난 밭에서 이삭을 주우며 노래하면서 앞으로 나아가고 있었다. 孔子가 저 노인은 말이 통할 것 같은 분이니 한 번 가서 물어보라 하여 子貢이 갔다. 그리고 말하기를 '先生께서는 끝내 후회 안하십니까? 걸어가며 노래하며 이삭을 주우시다니.' 하고 다시 그에게 '젊어서 공부 안하고 나이 들어 時代에 맞춰 名利를 다투지 않고 늙어서 妻子도 없으며 죽을 때가 닥쳐오는데도 무슨 낙이 있다고 이삭 주우며 걷고 노래하고 하느냐'고 물었다. 林類는 자기가 즐거운 까닭은 남들도 다 가졌건만 도리어 근심으로 삼는다며 젊어서 공부 안했으니 나이 들어 그 時代의 名利를 다투지 않았고 그래서 이처럼 장수하였으며 늙어서 妻子없으니 죽을 때가 닥쳐도 이처럼 즐겁다. 林類年且百歲, 底春被裘, 拾遺穗於故畦, 竝歌竝進, 孔子……顧謂弟子曰: '彼叟可與言者, 試往訊之.' 子貢請行.……歎曰: '先生曾不悔乎, 而行歌拾穗?' ……子貢曰: '先生少不勤行, 長不競時, 老無妻子, 死期將至, 亦有何樂而拾穗行歌乎?' 林類笑曰: '吾之所以爲樂, 人皆有之, 而反以爲憂. 少不勤行, 長不競時, 故能壽若此. 老無妻子, 死期將至, 故能樂如此.'"고 하였다.

≪論語≫에 나오는 楚狂人 接輿도 이와 같은 부류다.

榮啓期는 "行野, 鼓琴而歌"하였고 林類는 "拾穗行歌"하였다. 그들은 杜甫의 "致君堯舜上"같은 어마어마한 抱負도 없었고 "經世濟民"이라는 큰 目標도 시들하였다. 名利를 하찮게 여겼으며 爵祿 또한 대수롭지 않은 일이었다. 주어진 運命·처한 狀況에 따라 조용히 살다 가기를 바랐다. 杜甫가 "再使風俗淳"이라 하였는데 이들의 立場에서 본다면 자기들이야말로 風俗淳을 직접 率先垂範하는 것이리라. 즉 現在 實踐하고 努力中이 되는 것이다. 儒家처럼 禮樂을 통해서가 아니라 그냥 自然과 合一하며 人爲와 꾸밈이 없으면 風俗淳은 저절로 이루어진다고 하는 것이다. 이점 杜甫와는 다르다. 杜甫는 자기가 詩歌를 지으며 東奔西走·東家食·西家宿하는 生活이 남들에게 行歌하는 隱淪으로 誤解받을까 싶어 이렇게 말한 것이리라. 지금 큰 抱負·希望은 사라지고 남은 것은 스산한 마음 쓸쓸한 心情이지만 아직 致君·風俗淳에 미련이 있다는 것이다. 그래서 나를 즐겁게 노래하고 걸어가는 隱淪으로 보지마시라. 나는 즐거운 마음으로 노래하고 걸어가는 隱淪이 아니올시다 하고 외치는 것이리라.

▶隱淪: ① 隱居함. 또는 隱者. 淪은 물에 빠지는 것, 沈沒하는 것이다. 隱은 숨다, 숨기다, 가리다의 뜻이니 결국 땅에서 숨으나 물에 잠기나 남에게 보이지 않음은 같다. 肉身自體를 숨기는 뜻도 되지만 때에 따라서는 市井에 있으면서 自身의 才能·學識을 감추고 사는 이른바 도회(韜晦)·화광동진(和光同塵)도 該當된다. 비슷한 말로 陸沈이 있으니 땅에 있으면서 물에 가라앉듯 드러나지 않음을 말한다. ② 神人을 여러 等級으로 나눌 때의 하나. ≪文選·郭璞·江賦≫의 李善注가 漢·桓譚의 ≪新論≫을 引用한 바 그곳에 "天下神人五: 一曰神仙. 二曰隱淪. 三曰使鬼物. 四曰先知. 五曰鑄凝. 天下에 神人이 다섯 종류 있으니 첫째가 神仙, 둘째가 隱淪, 셋째가 鬼神부리는 者, 넷째가 앞일을 미리 아는 者, 다섯째가 金丹만들고 鍊金術에 通達한 者."라 하였다. "使鬼物"은 于先 부적(符籍)·주문(呪文)이 연상되며 무격(巫覡)의 所管으로 보이고 "先知"는 또한 占卜부터 생각하게 되니 卜術人의 밥벌이라 모두 迷信的인 要素가 강하고 "鑄凝"은 東西洋 모두 詐欺및 농락(籠絡)과

四寸之間이었다. "神仙"은 그야말로 有無中이라 存在가 아리송하고 模糊하니 더 擧論할 것 없는데 隱淪이 處身을 어떻게 하고 그 사이 行實이 어떠하여 여기에 들었는지 살짝 斟酌이 간다. ≪杜詩鏡銓≫에서 隱淪의 注로 이것을 引用했는데 楊倫先生의 속셈을 알 길이 없다.

解說

저의 이러한 意志, 願望은 결국 寂寞, 스산함으로 돌아갔으나, 나라도 백성도 아랑곳하지 않고 名利·爵祿도 하찮게 여기며 주어진 運命과 처한 狀況에 따라 즐거운 마음으로 노래하며 걷고 있는 隱者는 절대 아닙니다. 오히려 漢나라의 朱買臣처럼 공부한 내용을 길가면서 읊고 노래함이 저의 實狀이요 實相이니 결코 榮啓期·林類같은 隱淪은 아닙니다.

❖ 제19·20구: **騎驢十三載, 旅食京華春.**

註

▶驢: 당나귀. 간단히 나귀라고도 한다. 말과에 속하는데 말보다 작다. 긴 귀가 특징으로 "당나귀 귀 치레"라는 말이 생길 정도다. 병에 대한 저항력이 강하며 짐 싣기에 적합하다. 貴人이나 富者들은 말을 탔고 형편이 못한 사람이 이것을 탔다. 가난한 양반의 차지인 것은 우리나 중국 共通이었다. 그래서 우리의 속담에 "나귀는 샌님만 섬긴다", "나귀는 샌님만 업신여긴다"라고 하여 아예 샌님과 옛날 군대식 문자로 에이급(A級) 아셈블리(assembly) 한 세트를 이루었다. 中國의 경우를 보자.

① 開元 年間에 校書나 正字는 俸祿이 적이 身分낮고 貧寒하나 뛰어난 人才가 차지했으니 正字는 나귀타고 官廳에 出勤했다 한다. 그러나 太祝이나 奉禮는 매달 沐浴齋戒後에 입을 明衣에 쓸 옷감과 祭祀에 쓸 고기를 請求할 수 있는데다 俸祿 또한 배나 많아 公卿의 子弟가 차지하였다 한다. 그래서 당시에 "正字·校書는 詩 읊으며 나귀타고,

奉禮·太祝은 가벼운 갖옷 입고 고기 잡숫네"라는 말이 있었다. 開元中, 校書·正字, 俸祿微少, 孤寒英傑者居之. 正字騎驢入省. 而太祝·奉禮, 每月請明衣絹布及胙肉, 俸祿倍多, 乃公卿子弟居之. 時有語曰: "正字·校書詠詩騎驢, 奉禮·太祝輕裘食肉."(≪靈異錄≫에서)

② 貧寒과 苦吟으로 中國 모든 詩人中의 금메달감인 賈島 또한 지독한 적빈(赤貧)과 옹색(壅塞)의 와중(渦中)에서도 나귀는 탔던 모양이다. 어느 날 나귀타고 가며 詩想에 잠겼다가 "鳥宿池中樹, 僧敲月下門"을 얻었는데 敲字가 좋을까 推字가 더 나을까 決定 못하고 나귀위에서 손으로 두드리는(敲) 흉내를 내보고 미는(推) 자세도 가져보고 이렇게 포즈도 잡아보고 저렇게 모션도 취해보며 정신이 없었다. 이 때 韓愈가 吏部侍郎으로 京尹(서울시장)을 代理하고 있었는데 意氣가 맑고 엄숙하여 그 위엄이 서울을 진동하였다. 그런데 賈島가 그만 이 어마어마한 行次를 犯하고 만 것이다. 잡혀왔는데 以實直告하니 韓 또한 한가락하는 詩人이요 大文章家라 말을 세우고 한참동안 생각에 잠기더니 "敲"字가 좋겠다고 하였다 한다. 이래서 "推敲"란 말이 또한 생겨난 것이다. (以上은 後蜀·何光遠의 ≪鑒戒錄≫에서 뽑은 것이다)

③ 唐나라 末 昭宗때 相國인 鄭綮(정계)는 詩를 잘했는데 익살과 해학의 말이 많고 歇後體(헐후체)에 능하여 當時人들이 "鄭五歇後體"라 하였다. 宰相이 되어 祝賀하니 "歇後 鄭五가 宰相됐으니, 公事는 알조로다"했으나 막상 朝廷에 있자 깨끗하고 엄숙하여 옛날의 모습은 다시는 없었다. 석 달이 못되어 병을 칭탈하고 致仕하였다. 그가 宰相으로 있을 때 혹 묻기를 相國께서 근자에 새로 지은 詩가 있으신지 하니 대답하기를 詩思는 灞橋의 雪中 驢子上에 있는데 이곳에서 어떻게 얻는다 말씀이오 하니 平素 苦心하며 苦吟함을 證言함이겠다. 그리하여 "騎驢吟灞上. 기려음파상"은 苦吟의 典故가 되었다.(以上은 宋·孫光憲의 ≪北夢瑣言≫과 世界書局의 ≪中國文學家大辭典≫에서 추린 것이다)

①의 正字·校書가 나귀타고 시 읊음은 開元時代라 杜甫가 젊었던 때니 나귀의 용도를 그대로 杜甫에게 적용할 수 있겠고, ②·③은 杜甫보다 뒤의 일이지만 風俗·習慣이 하루아침에 이루어진 것이 아니요 長久한 歲月을 必要로 하는지라 貧寒한 文士들과 不可分한 關係가 되었고 作詩·吟詩에는 나귀가 제격인 듯 되고만 것이 杜甫當代에도 可能한 일이겠지 꼭 後世인 中唐·晩唐의 專有物은 아니라고 생각된다.

杜甫는 〈示從孫濟〉에서 "平明跨驢出, 未知適誰門. 새벽에 나귀타고 나서니, 자 어느 집으로 가야할지"라 하였으니 갈 데가 없어서 탈이지 나귀는 있었겠다. 그런데 〈偪仄行〉에서는 "東家蹇驢許借我, 泥滑不敢騎朝天. 옆집에서 절뚝거리나마 나귀를 빌려준다 하지만, 진창길 미끄러워 감히 그놈타고 朝會에 들 수는 없지요"라 하여 自己所有가 아니나마 이웃의 절뚝거리는 놈을 마음만 먹으면 그나마 빌려 탈 수 있는 處地가 되었었고, 〈徒步歸行〉에서는 "青袍朝士最困者, 白髮拾遺徒步歸. 青袍 입은 朝廷의 官吏中 제일 貧困한 사람, 白髮의 左拾遺 벼슬아치가 탈것 없어 걸어서 돌아갑니다"라 하여 지나던 區域을 管轄하던 李嗣業에게 말 한필을 구걸하였다. 當時 狀況은 徒步이니 나귀라도 感之德之해야 할 판이리라.

➡ 鄭綮가 歇後體에 능했다 하였는데 그러면 歇後體는 果然 무엇이냐? 詩句의 끝말을 감추어 버리고는 讀者들이 內容으로 그 말을 알아맞추게 하는 것이다. 例를 든다.

ⓐ 唐彦謙의 〈題漢高祖廟〉에 "耳聞明主提三尺, 眼見愚民盜一抔. 聖明한 임금이 三尺劍들고 斬蛇起義(참사기의. 漢 高祖 劉邦이 술 취해 가다가 길을 막고 있는 뱀을 칼로 두 동강냈는데 그것이 秦의 象徵이란다. 起義는 義兵을 일으킴이니 성공했다는 이야기고 失敗했나면 두말없이 叛逆이 된다.)한 것을 들었는데, 지금 보이는 것은 우둔한 백성이 한 줌 흙 파내면 무슨 벌 줄 것이냐고 명판결 내리게 한 陵墓뿐이구나."라

하였다. 漢·高祖는 三尺劍을 들고 所謂 斬蛇起義하였다 일컬어진다. 一抔土(일부토)는 한 줌의 흙이니 文帝때에 高祖의 陵廟앞에 있는 玉環을 훔친 자가 있어 廷尉인 張釋之에게 治罪하게 하니 기시(棄市. 사람이 많이 모이는 저자 등에서 목을 베고 시체를 버리는 형벌)에 해당한다고 하였다. 文帝가 滅族시키지 않는다고 대로(大怒)하자 張釋之는 假令愚民이 長陵(漢 高祖의 墓)의 一抔土을 取한다면—盜掘이라고는 차마 말 못하고 한줌의 흙을 파간다고 완곡하게 표현한 것이다—그때는 어떤 법을 施行할 것이냐고 하였다. 할 수없이 廷尉의 말을 따르게 되었다. 이로부터 一抔土는 陵이나 墳墓의 代稱이 되었다. 却說하고 唐彦謙의 詩句는 三尺劍·一抔土를 省略하여 쓴 것이다.

ⓑ 吳筠의 詩에 "才勝商山四, 文高竹林七. 재주는 商山四皓보다 낮고, 글은 竹林七賢보다 높네"라 하였는데 이는 누구나 알 수 있으니 商山四皓와 竹林七賢의 줄임이다.

ⓒ 陳子昻의 詩句에 "銜杯且對劉, 잔 들고 劉伶을 대하자니"라 하였는데 이것은 劉伶의 〈酒德頌〉에 "捧甖承槽, 銜杯漱醪. 술항아리잡고 누름틀 들고, 잔 물고 막걸리 빠네."라 하였으니 劉伶의 伶을 뺀 것이다.

ⓓ 高適의 詩句에 "歸來洛陽無負郭. 洛陽땅에 돌아가도 近郊의 기름진 밭도 없구나."은 ≪史記·蘇秦列傳≫에서 蘇秦이 한 말 "且使我有雒陽負郭田二頃, 吾豈能佩六國相印乎. 가령 나에게 洛陽城 近郊에 二頃의 기름진 밭이 있었다면 어찌 奮發하여 六國 宰相의 印을 찰 수 있었겠는가"에서 나온 말이니 負郭田의 壓縮이 되겠다.

ⓔ 駱賓王의 詩句에 "氷泮有銜蘆"라 하였으니 ≪淮南子·修務訓≫의 "銜蘆而翔, 以備矰弋. 갈대물고 날아 주살에 대비 한다"를 參考하면 "얼음녹아 봄이 되면 갈대물고 북으로 돌아가는 기러기 있다"가 되니 蘆雁에서 雁을 숨긴 것이다. (以上은 ≪石林詩話≫, ≪四冥詩話≫에서 추린 것이다)

▸十三載: 開元 二十三年 進士試에 落第할 때부터 天寶 六年 招賢의 特別試驗 卽 制試를 치르러 入京할 때까지의 十三年을 말한다. "三十

載”로 된 곳도 있는데 이때의 三十은 實數가 아니고 그냥 긴 歲月이라는 뜻으로 보면 이것 또한 통한다. 우리말에도 매우 오랜만에라는 뜻으로 “삼대 구년 만에”라는 말을 쓴다.

▸旅食: 객짓밥(客地 밥)먹다. 즉 객지살이하면서 밥을 먹다. 요즈음에는 여관(旅館)밥 먹으며 지낸다고 쓴다.

▸京華春: 京華는 京城의 美稱이다. 京城은 華麗한 文物과 뛰어난 人才가 滙集하는 곳이라 華字를 붙인 것이니 繁華한 서울이라고 풀이하면 될 것이다. 春은 봄이니 봄이란 싱싱하고 힘찬 기운 즉 生氣와 활발한 기운 즉 活氣가 旺盛한 季節이니 서울의 恒常 생기 넘치고 활기찬 것을 春 字로 나타낸 것이다. 이 京華春은 騎驢·旅食의 貧寒·窮氣와 克明하게 對照된다.

解說

나귀탄 지 십 삼년, 생기 넘치고 활기찬 번화한 대서울에서 나그네 신세라 여관 밥 먹었습니다.

❖ 제21·22구: 朝扣富兒門, 暮隨肥馬塵.

註

▸朝·暮: 아침에는 이것을 하고 저녁에는 저것을 한다로 일이 나뉘는 것은 아니다. 아침저녁으로 이것저것 한다는 뜻인데 中國에서는 짝을 맞춰 쓰기를 좋아하여 이렇게 나누어 썼을 뿐이다. 白居易의 有名한 〈長恨歌〉에서 “天長地久有時盡”이라 했는데 그냥 天地는 長久하나로 풀면 되는데 長과 久를 天과 地에 合當하게 해석해야한다 며 한껏 기기묘묘(奇奇妙妙)하게 중언부언(重言復言)하니 따한 누릇이다.

▸扣(고): 扣는 叩(고)와 同音同意(kòu)다. 그러나 敲(고, qiāo)는 異音同意다.

➥ 叩門하면 언뜻 떠오르는 것이 陶淵明의 〈乞食〉詩다.

飢來驅我去, 不知竟何之. 行行至斯里, 叩門拙言辭.
主人解余意, 遺贈豈虛來. 談諧終日夕, 觴至輒傾杯.
情欣新知歡, 言詠遂賦詩. 感子漂母惠, 愧我非韓才.
銜戢知何謝, 冥報以相貽.

굶주림이 닥쳐 나를 몰아대나, 모르겠었다, 도대체 어디로 가야할지를. 걸음걸음 이 마을에 이르렀는데, 문을 두드렸지만 말은 더듬대고 어색했었다. 주인이 내 속을 알아채고, 한 보따리 내주니 헛걸음은 아니었다. 대화는 죽과 장이 맞아 날이 저물도록 이어졌고, 권하는 술이 오면 그대로 잔을 기울였다. 새로 사귄 벗의 歡待에 마음 흐뭇하여, 흥얼흥얼하다가 마침내 시도 한 수 지었다. "주린 韓信에게 밥 주던 빨래꾼 같은 당신의 은혜에 감동하며, 千金으로 은혜 갚던 韓信같은 인재 못됨이 부끄럽소이다. 내 깊이깊이 마음에 간직하며 어떻게 감사해야 할 지 모르니, 저승에 가서나마 보답하여 갚으오리다."

陶詩에서만 "叩門"이 무엇을 얻으려는 뜻으로 쓰인 것은 아니고 그 以前에도 그러하였으니 이 말은 상당한 나이배기라 할 수 있다. ≪淮南子・齊俗訓≫: "扣門求水, 莫弗與者, 所饒足也. 문 두드려 물을 달라면 안주는 이 없는 것은 흔전만전하기 때문이다."

▸富兒: 富家子弟. 부잣집 자식. 兒는 輕蔑하는 뜻으로 쓰였다.

▸肥馬: 살찐 말. ≪論語・雍也≫: "赤之適齊也, 乘肥馬, 衣輕裘. 公西赤이 齊나라 갈 때 살찐 말 타고 가벼운 갖옷 입었다." 普通 "肥馬", "輕裘"는 함께 쓰이며 바짝 줄여 "肥輕", "輕肥"라고도 한다. 豪華로운 生活이나 그렇게 사는 사람을 나타낸다.

▸馬塵: 車塵과 함께 쓰인다. 本詩에서는 높은 양반의 수레나 말이 갈 때 일어나는 먼지를 말한다. ≪晉書≫의 〈潘岳傳〉과 〈石崇傳〉을 보면 潘氏와 石氏는 當時의 勢力家인 賈謐(가밀) ─ 晉나라 第一의 創業功臣인 賈充의 사위인 美男 韓壽의 아들이었으나 賈充이 後嗣가 없자 姓을 賈氏로 하고 그 뒤를 이어 그 權勢가 人主를 凌駕하였다. ─ 에게

阿諂하여 그가 外出하기를 기다렸다가 그가 탄 수레가 내는 먼지를 향해 절하였다 한다. 以後 "拜車塵", "拜路塵", "拜塵"은 權力있고 富貴한 人士에게 잘 보이려 애쓰는 것을 나타낼 때 사용하였다. 좀 치사한 말이다. 요즈음 식으로 말하면 고급 세단차 배기가스를 향해 절한다고 하면 이해하기 빠르고 납득하기 쉬울 것이다.

本句 "暮隨肥馬塵"은 杜先生으로서는 말하기 어려운 대목이었을 것이다. 事實 "隨塵"이나 "拜塵"이나 그 행위를 嚴密하게 分類하고 區分하기는 第三者가 보기에는 大同小異요 매일반이라 아주 어려운 일이다. 그러나 杜先生으로서는 어 다르고 아 다르다고 體面도 생각하고 體統도 고려하여 "隨塵"으로 落着이 났을 것이고 우리는 또한 우리대로 눈치가 있고 복장(腹臟)이 있으니 알아서 이해하면 될 것이다.

▸叩門句는 무엇을 얻어 보려는 것에 무게가 있고 隨塵句는 잘 보이려는 것에 속셈이 있다. 따라서 우리 같은 教養없고 상스럽고 無知莫知한 인간의 말투로 표현하면 윗句는 求乞질이요 아랫句는 阿諂질이라고 간단히 整理할 수 있겠다.

解說

아침저녁 가릴 것 없이 부잣집 자식 사는 대문 두드리고 살진 말이 내는 흙먼지 뒤니 따라다녔습니다.

❖ 제22 · 23구: 殘杯與冷炙, 到處潛悲辛.

註

▸殘杯: 먹다 남긴 술. 杯: 酒의 뜻으로 쓰이니 杜先生의 〈秋日荊南述懷三十韻〉에서도 "愁徵處處杯"라 하였다. 杯는 이렇게 酒의 뜻으로 쓰이며 더 발전하여 飮·酌의 뜻으로도 쓰인다.

▸冷炙: 식은 불고기. 炙(자)로 읽으면 구운 고기의 뜻이며 (적)으로 읽으면 산적이 되니 산적은 쇠고기 따위를 길쭉길쭉하게 썰어 갖은 양념을

하여 대꼬챙이에 꿰어 구운 음식을 말한다.

☛ **參考**

① 누름적은 고기나 도라지 따위를 꼬챙이에 꿴 뒤 달걀을 씌워서 번철에 지진 음식이다. ② 너비아니는 구운 쇠고기를 말함이니 本詩에서는 구운 고기를 말했고 쇠고기라고 찍어서 말하지는 않았으니 조금 어긋난다. ③ 우리나라의 ≪국어대사전≫에서는 잔배냉효(殘杯冷肴) 잔배냉갱(殘杯冷羹) 잔배냉적(殘杯冷炙)만 실려 있다.

本詩에서 구운 고기를 말하는 것인지 산적 따위를 말하는 것인지를 알아내기는 至難 아니 不可能하다고 할 수 있다.

이 殘杯冷炙은 먹다 남긴 酒肉을 가리키기도 하나 一般的으로는 귀한 身分 · 권력 있는 사람 · 富豪의 喜捨 · 은덕 · 베풂의 뜻으로도 쓰인다. 즉 어려운 處地에 있는 사람에게 있는 사람들이 도와주고 은혜를 베풀 때 흔히 쓰는 말이니 결코 殘이 아니고 冷이 아닐지라도 받는 사람은 고맙지만 동시에 서글픔을 느끼게 되는 법이다. 自尊心 강한 선비들은 자기가 그들과 同等한 位置에서 正式으로 賓禮에 맞게 대접받지 못하였음을 이렇게 殘 · 冷을 붙여서 썼을 뿐이다. 杜先生이 아무리 貧寒하고 아쉬운 소리하는 立場이라도 儒者요 깐깐이인데 먹다 남긴 술, 식은 불고기를 덥석덥석 받아먹었겠는가. 이것은 다음에 詳述하겠다. 中國人들은 古來로 禮에 관해 아주 까다로웠다. 그리고 이해하기 쉽도록 실제로 發生한 事實을 例擧하여 하나하나 따져나갔고 後人들은 이것을 金科玉條로 삼아 또 지켜나갔다. 禮가 아니면 차라리 굶어죽겠다고 한 例를 보자.

≪禮記 · 檀弓下≫: "齊大饑, 黔敖爲食於路, 以待饑者而食之. 有饑者蒙袂輯屨貿貿然來. 黔敖左奉食, 右執飮, 曰: '嗟! 來食.' 揚其目而視之, 曰: '予唯不食嗟來之食, 以至於斯也.' 從而謝焉, 終不食而死. 曾子聞之曰: '微與! 其嗟也可去, 其謝也可食.' 齊나라에 大饑饉이 들자 금오(黔敖)가 길에서 밥을 지어 주린 자를 기다렸다 먹였다. 어떤 굶주린 사람이 소매를 늘어뜨린 채 신을 질질 끌고 멍하고 흐릿한 눈을 하고 왔다. 금오가 왼손에는 밥

을 오른손에는 국물을 들고 '옛다! 먹어라'하니 주린 자가 눈을 치뜨며 '나는 옛다 먹어라 하는 것을 안 먹어 이 지경에까지 왔다오.' 하였다. 뒤따라 가며 사과하였으나 끝내 안 먹고 죽고 말았다. 증자(曾子)가 이 이야기를 듣고 '잘못했구나! 옛다 하면 가야 되지만, 사과했으면 먹었어야 했다.'하였다."

▷蒙袂: 남에게 처참한 꼴을 안보이려 소매로 얼굴을 가렸다는 뜻. 그러나 너무 기운이 없어 소매가 손을 다 가리며 밑으로 늘어졌다고도 한다.

▷輯屨: 輯은 斂의 뜻이니 힘이 없어 신을 제대로 못 신고 질질 끄는 모양. 屨(구)는 삼이나 칡으로 삼은 신이니 즉 미투리를 말한다.

▷貿貿然: 눈이 흐릿한 모양. 멍한 모습.

▷嗟: 옛다! 쯧쯧! 하는 말. 이 '嗟來之食'은 이 때문에 後世에는 侮辱的인 베풂이란 뜻으로 쓰였다.

▷微與: 微는 非의 뜻. 與는 歟.

晉의 陶淵明도 원체 어렵게 살아서 이 일을 상당히 잘 알았고 나름대로의 意味를 부여했다.

晉・陶淵明〈有會而作〉

……常善粥者心, 深念蒙袂非. 嗟來何足吝, 徒沒空自遺. 斯濫豈彼志, 固窮夙所歸. 餒也已矣夫, 在昔余多師.

……사람들은 항상 죽을 쑤어 베푼 이의 마음을 착하다 한다, 그러나 나는 깊이 생각해 본다. "소매를 늘어뜨린 주린 사람이 글렀으니, 옛다 먹어라 한들 뭐 그리 한탄할 것 있는가! 헛되이 죽어 부질없이 스스로를 포기하다니" 하는 평가를 받으니. 궁할 때 안하는 것 없이 마구 해댐이 어찌 그 주린 사람의 뜻이겠는가! 窮할 때 굳게 지조지킴이 그가 일찍부터 지향하는 바일 것이겠지. 나 또한 아무리 주려도 그뿐이니, 굳게 지켜야지, 암. 옛날에는 내 스승이 많기도 하구나.

▷吝(인): 恨하다.

▷遺: 버리다. 抛棄하다.

▷斯濫(사람)・固窮: ≪論語・衛靈公≫: "子曰. '君子固窮, 小人窮斯濫矣.' 孔子께서 말씀하셨다. '君子는 窮할 때에도 굳게 지키지만 小人은 窮하면 안하는 것이 없다.'"

▹餒(뇌): 굶주림.

▹已矣夫: 그뿐이다. 그렇게 여기고 참고 견딜 뿐이다.

다음에는 隆崇한 禮遇가 아님을 "殘杯冷炙"으로 빗댄 例를 들겠다.

北齊・顔之推 ≪顔氏家訓・雜藝≫: "≪禮≫曰: '君子無故不徹琴瑟,' 古來名士, 多所愛好. 洎於梁初, 衣冠子孫, 不知琴者, 號有所闕. 大同以末, 斯風頓盡. 然而此樂愔愔雅致, 有深味哉. 今世曲解, 雖變於古, 猶足以暢神情也. 唯不可令有稱譽, 見役勳貴, 處之下坐, 以取殘盃冷炙之辱. 戴安道猶遭之, 況爾曹乎!

≪禮記≫에서 '君子는 變故가 없으면 琴을 그만두지 않는다'라 하였으니 古來로 名士들의 대부분이 愛好하였다. 梁나라 初에 이르기까지 貴族의 子弟로 琴을 모른다면 缺陷이 있다고 일컬어졌다. 大同年間以後에 이러한 氣風은 忽然히 사라져 버렸다. 그러나 이 音樂의 和平한 雅致는 깊은 맛이 있는 것이라, 지금 세상의 樂曲은 비록 옛것이 變質되었다고 하나 그래도 충분히 기분을 유쾌하게 할 만하다. 다만 잘한다는 칭찬을 들어 功臣이나 權力者에게 音樂으로 奉仕하며 末席을 차지하고 殘盃冷炙의 恥辱을 自招해서는 안 된다. 戴安道같이 一世를 주름잡던 名士도 오히려 그러한 恥辱을 당했는데 하물며 너희들 따위로야!"

▹洎(기): 暨字와 同. 及也. 與也.

▹≪禮記・曲禮下≫: "士無故不徹琴瑟." ≪禮記・樂記≫: "君子不可斯須而去樂, 是以琴瑟無故則不徹. 君子는 잠시라도 음악을 떠나서는 안되니 그래서 琴瑟은 變故가 없으면 그만두지 않는다."

▹衣冠: 貴族을 가리킴.

▹大同: 梁 武帝때의 年號. AD535年에서 545年까지임.

▹愔愔(음): 和平함. 온화하고 부드러움.

▹曲解: 옛 樂府에서 一節을 一解라 함. 따라서 曲解는 樂曲의 汎稱.

▹勳貴: 功臣과 權貴.

▹戴安道: ≪晉書・隱逸傳≫에 의하면 戴逵는 字가 安道라 한다. 어려서부터 널리 배우고 글을 잘 지었으며 琴도 잘 탔다고 한다. 그는 當時의 名流들이 앞 다퉈 사귀려하였던 名士 中의 名士였다. 武陵王이 소문을 듣

고 사람을 보내 한번 와서 琴을 타보라고 하였다. 戴逵는 使者를 마주하여 琴을 부수며 '戴安道는 王門의 광대가 될 수 없다. 逵對使者破琴, 曰: 戴安道不爲王門伶人'라 하였다.

이 顔之推의 글을 보면 "殘盃冷炙"은 單純한 物質을 指稱함이 아닌 것을 알 수 있다. 自尊心과 自負心의 化身이랄 수 있는 識者들은 分庭抗禮—主人과 賓客이 相見할 때 主人은 庭院의 동쪽에서 賓客은 庭院의 서쪽에서 禮를 행하여 同等함을 나타냄. ≪史記·貨殖列傳≫을 보면 子貢은 가는 곳이 어느 곳이던 그 나라의 임금과 分庭抗禮하지 않음이 없었다 한다—가 腦裏와 胸中에 깊이 새겨져 있는데 鄭重하거나 隆崇함과는 距離가 있는 待遇·VIP가 아니고 한단 낮은 자리에 저하는 것에 이렇게 강하게 反撥한 것이며 顔氏는 그러한 待接을 "殘盃冷炙"라고 簡單明瞭하게 壓縮시켜 표현한 것이다. 여기에 비하면 杜先生은 훨씬 못한 境遇가 될 것이다. 下視와 賤視는 아닐지라도 분명히 冷待·薄待 즉 푸대접을 받은 것은 다음 句에 있는 "到處潛悲辛"으로 능히 斟酌할 수 있다.

杜甫의 殘杯·冷炙이 글자 그대로의 사실인지 아니면 푸대접을 그렇게 누구나 알기 쉽게 바꿔서 쓴 것인지는 不分明하다. 세상 사람들은 다음의 이야기를 대개 수긍하니 참고로 한번 보자.

≪世說新語·雅量≫: "過江初, 拜官輿飾供饌, 羊曼拜丹陽尹. 客來蚤者, 竝得佳設, 日晏漸罄, 不復及精. 隨客早晚, 不問貴賤. 羊固拜臨海, 竟日皆美供, 雖晚至, 亦獲盛饌. 時論以固之豐華, 不如曼之眞率.

東晉의 初期에 官職을 받으면 모두들 잘 차려 酒肴를 대접하였다. 羊曼(양만)이 丹陽尹을 사또가 되자 손님 중에 일찍 온 사람들은 모두 훌륭한 안주·요리를 받았는데 날이 저물사 점점 떨어져가니 더 이상 근사할 수는 없었는데 손님이 일찍 오느냐 늦게 오느냐에 따라서 음식이 바뀐 것일 뿐 富貴하나 貧賤하냐를 따져서 음식이 바뀐 것은 아니었다. 羊固가 臨海의 太守가 되자 하루 종일 좋은 안주·요리를 올렸는데 비록 늦게 왔어도 또한 珍羞盛饌을 얻을 수 있었다. 當時의 輿論은 羊固의 푸짐함이 羊曼의 眞率·率直만 못하다는 것이었다."

▷過江: 北方 遊牧民에 밀려 西晉이 망하고 中原의 人士들이 長江을 건너

江南에 定着, 東晉을 세운 일을 말함.

▷輿: 모두. 대부분.

▷飾: 차리다. 준비하다.

▷蚤(조): 早와 같다.

▷設: 肴饌. 즉 안주와 요리.

▷晏: 晩. 저물다.

▷罄(경): 텅비다. 떨어지다.

위의 이야기를 보면 羊曼의 眞率이 世人의 稱讚을 받았다는 것은 뒤집어 말하면 貴賤을 따져 提供하는 것에 差等을 두었던 것이 儼然한 事實이었다는 것이다. 즉 羊曼은 炎凉世態에 물들지 않고 世俗의 惡習을 脫皮 어질게 處身했지만 대부분의 사람들은 分明히 貴賤에 따라 음식마저 差別待遇했다는 것이다. 그리고 ≪世說新語≫에 있어서는 提供되는 酒肴가 質은 다르되 提供狀態는 온전했으나 杜先生의 境遇는 質은 同一했으나 提供될 때의 狀態가 달랐다는—殘이나 冷은 그 自體의 質은 괜찮았으나 狀態가 不良했다는 뜻이다—것이니 찌꺼기를 주었다는 말이 되는데 거지도 비렁뱅이도 아니고 설마 그렇게까지 푸대접 했을까와 그것을 받아들였을까도 의문으로 남는다. 결국 우리생각에 이것은 冷待・薄待를 음식으로 비유하여 썼을 可能性이 높다고 본다. 우리도 요즈음 찬밥신세라는 말을 쓰지 않는가.

▶到處: 處處. 곳곳.

▶潛: 감추다. 숨기다. 가리다. 몰래. 슬며시. 살그머니. 물에 잠기다.

▶悲辛: 悲傷辛酸. 悲傷은 마음이 슬프고 쓰라린 것. 辛酸은 맵고 신 맛이니 世上살이의 힘들고 고생스러움을 말한다. 潛悲辛은 해석이 둘로 나뉘는데 첫째는 남몰래 슬퍼하고 힘들어 했다는 것. 둘째는 슬픔과 고단함을 물에 잠가버리듯 꿀꺽 삼키듯 혼자 삭이는 것. 以上이다. 첫째 해석은 문제가 있다 아무리 남몰래라지만 슬퍼하고 힘들어 했다는 것은 겉으로 드러냈다는 것, 즉 내색했다는 말인데 높고 센 양반들에게 무엇을 구하고 請託하는 사람으로서는 危險千萬한 말이다. 杜先生이 가는 곳에는 同一한 目的을 가진 사람들이 許多할 것이며 그들은 좋게 말하

면 同病相憐이나 나쁘게 말하면 다 라이벌·맞수가 된다. 힘들어 하고 슬퍼했다는 것은 높고 센 양반들에 대한 不滿과 消極的 抗議로 비쳐지기 십상이다. 우리속담에 "낮말은 새가 듣고 밤 말은 쥐가 듣는다"했는데 말이 아니라 내색하는 것도 라이벌에게 들키고 이것이 높고 센 양반에게 전달되면 結果야 뻔할 것이다. 中國에서도 이것에 신경을 썼으니 ≪管子·君臣下≫에서 "牆有耳, 伏寇在側. 담에도 귀가 있고 숨어있는 원수는 바로 곁에 있다."라 하여 라이벌의 무서움을 일깨워주었고 ≪漢書·賈·鄒·枚·路傳≫에서 枚乘이 가라사대 "欲人勿聞, 莫若勿言; 欲人勿知, 莫若勿爲. 남이 안 듣게 하고 싶다면 말 안하는 것 만한 것이 없고, 남이 알지 못하게 하고 싶으면 아예 行動을 안 하는 것 만한 것이 없음이라"라고 한 말씀을 했었다. 윗사람의 눈치를 보며 深淵에 다가간 듯 살얼음을 밟는 듯 전전긍긍(戰戰兢兢)·전전율률(戰戰慄慄)하는 처지에 安全한 곳 마음 놓을 곳이 어데 있어 남몰래 슬퍼한단 말인가. 一言以蔽之 하면 千不當萬不當한 일이다. 그리고 平素 杜先生의 性品과 性情을 考慮한다면 참을성과 끈기 하나는 둘째가라면 서러울 정도니 분명히 꾹꾹 눌러버리고 참고 버텼을 것이다.

解說

남은 술과 식은 불고기를 받은 듯한 冷待와 薄待에도 견뎠으며 곳곳마다 슬픔과 고달픔뿐이었으나 꿀꺽 삼키고 참으며 내색하지 않았습니다.

❖ 제25·26구: 主上頃見徵, 欻然欲求伸.

註

▸頃: 近來에. 近者에.

▸徵: 임금이 臣下를 부를 때 쓴다. 例컨데 徵召·徵聘 같은 것이다. 특히 徵聘은 나라에서 禮를 갖춰 賢才를 招聘한다는 말이다.

▸見: ① 謙辭에 쓴다. 例컨대 見訪은 저를 찾아주시다. 見贈은 저에게

주시다로 見은 해석이 필요 없다. ② 動詞의 앞에 놓이며 被動을 나타낸다. 例컨대 韓愈의 시에 "有能必見用, 有德必見收."가 있는데 直譯하면 "能力이 있으면 쓰여지고, 德行 있으면 용납 된다"니 正確하게 被動의 使用을 보여준다. 本句는 "頃見徵主上"으로 보면 쉽게 풀리는데 이 見字는 임금의 어지심과 臣民의 謙讓에 重點을 두면 ①의 意味로 쓰였다고 볼 수 있고 임금의 權威와 臣民의 服從에 重點을 두면 ②의 뜻으로 쓰였다고 볼 수 있으니 다시 말해 불러 주셨다와 부름을 당했다의 差異가 있는 것이다.

本句는 앞에 나온 〈贈韋左丞丈濟〉에서 이미 言及한 天寶6年 玄宗이 一藝以上에 通達한 사람을 불러 試驗을 본 이른바 制試를 말함이며 李林甫의 弄奸으로 野無遺賢이니 天下太平이라는 慶賀로 幕을 내린 事件을 가리킨다.

▸欻(훌): 欻然은 忽然이니 뜻하지 아니하게 갑자기, 느닷없이의 뜻이다.

▸欲: ① 如. 若. 似. ~인 듯하다. ~(하는) 것 같다. ② 方. 正. 恰. 한창. 바야흐로. 알맞게. 바로. 꼭.

▸求伸: 求信으로도 쓰이며 뜻을 펼치는 것을 기대하다, 바라보다의 뜻이다. ≪易・繫辭下≫에 "尺蠖之屈, 以求信也; 龍蛇之蟄, 以存身也. 자벌레가 굽힘은 그로써 펼 것을 구함이며 용과 뱀이 엎드려 있음은 그로써 몸을 보존하려는 것이다"라 하였다.

解說

近者에 主上께서 불러주셨으니 뜻하지 아니하게 갑자기 平生의 抱負를 펼칠 수 있는 듯 하였답니다.

❖ 제27・28구: 青冥卻垂翅, 蹭蹬無縱鱗.

註

▸青冥: ① 푸르고 아득함. 푸르고 아득한 곳. ⓐ 하늘. ⓑ 仙境. ⓒ 산마

루. ⓓ 樹林이 울창함. ② 高位. 顯達한 職位의 比喩. ③ 宮廷을 나타내기도 하고 帝王을 나타내기도 한다.

▶垂翅: 날갯죽지가 축 늘어지다. 날갯죽지를 늘어뜨리다. 鳥類의 翅翼(시익)이 下垂하여 높이 날지 못함으로 사람의 挫折함, 前進하지 못하고 停止함을 比喩하였다. 垂翼과 같은 뜻이며 이에 대하여 奮翼이 있다. ≪東觀漢記・馮異傳≫: "垂翅回谿, 奮翼澠池; 失之東隅, 收之桑榆. 회계(回谿)땅에서 날개가 축 늘어졌다가 민지(澠池)땅에서 날개를 떨쳐 일어나니, 동쪽에서 잃은 것을 서쪽에서 거두어들임이라."

▷桑榆: 지는 해의 그림자기 뽕나무, 느릅나무 끝에 남아있다는 것이니 日暮・老年・서쪽을 가리킨다.

≪後漢書・馮・岑・賈列傳≫: "赤眉破平, 士吏勞苦, 始雖垂翅回谿, 終能奮翼黽池, 可謂失之東隅, 收之桑榆. 赤眉賊을 擊破・平定함에 兵士・官吏들이 힘쓰고 애썼다. 처음에는 비록 回谿땅에서 날개가 축 늘어진 꼴이었으나 끝내 黽池땅에서 떨쳐 일어났으니 동쪽에서 잃었으나 서쪽에서 거두었다고 말할 수 있다." ≪易・明夷≫: "彖曰: '明入地中, 明夷,……初九, 明夷于飛, 垂其翼……' 彖에 가로되 '光明이 地中에 들면 光明이 損傷된다.……初九, 어두울 때 날면 그 날개가 축 늘어진다.……'"

▷夷: 傷의 뜻.

▶蹭蹬(층등): ① 길이 험하고 가기 어려움을 뜻함. ② 困頓함. 失意함. ③ 失足貌. 즉 발을 헛디디는 모양. 여기에서 다시 失勢貌, 즉 기운・힘을 잃는 모양으로 변함. ≪文選・木華・海賦≫: "或乃蹭蹬窮波, 陸死鹽田. 혹은 얕은 물에서 힘을 잃고 삿아드는 물에서 때를 놓쳐 뭍이라 소금 땅에서 죽는구나." 李善注: "蹭蹬, 失勢之貌."

▷窮波: 얕은 물. 삿아드는 물.

▷陸死: 岸上에서 죽다.

▹鹽田: 바닷가의 땅. 소금기가 많으므로 그렇게 부른다.

▸無: 未曾. 일찍이 ~한 적이 없다. 지금까지 ~ 못하다.

▸縱鱗: 縱: ① 放任하다. 내버려두다. 멋대로 하다. ② 騰躍, 즉 높이 뛰어오르다. 鱗: 魚의 代稱. 비늘 덮인 것은 물고기와 뱀인데 보통 물고기만을 가리킨다. 참고로 말하면 縱鱗은 비늘 덮인 몸을 마음대로 놀리다의 뜻이며, 비늘을 뛰어 올리다, 비늘을 놀리다라는 해석은 물고기에는 해당되지 않을 것이다. 뱀의 경우 腹部의 비늘을 세우고 놀려 前進하지만 물고기의 경우 비늘은 表皮를 덮어 보호하는 것이 그 主任務일 것이며 물고기의 行動은 등·가슴·배·꼬리의 지느러미가 擔當하는 것이라고 생각된다.

➥ 晉·陶淵明 〈遊斜川 유자천〉의 序: "魴鯉躍鱗於將夕. 魴魚·鯉魚는 저물녘에 비늘 덮인 몸을 솟구쳐 뛰고"

➥ 南北朝·宋·鮑照 〈芙蓉賦〉: "戲錦鱗而夕映, 曜繡羽以晨過. 비단같이 찬란한 비늘 가진 물고기는 장난치며 저녁노을에 빛나고, 수놓은 듯 아름다운 깃털의 새는 자랑하며 새벽에 지나간다."

➥ 朝鮮의 時調에는 銀鱗과 玉尺으로 물고기를 표현했다.

ⓐ 太白이 자넬랑은 呼兒將出換美酒하고, 嚴子陵 자네는 東江 七里灘에 銀鱗玉尺 낚아 안주 담당하소.……(未詳)

ⓑ 太公의 고기 낚던 낚시 대 긴 줄 매어 앞내에 내려 銀鱗玉尺을 버들움에 꿰어 들고 오니 杏花村 酒家에 모인 벗님네는 더디 온다 하더라. (朴後雄 作) (以上 鄭炳昱先生 編著 ≪時調文學事典≫에서 뽑음)

➥ 以上의 두 句는 하나는 鵬程萬里가 이루어지지 못한 것을, 하나는 鯉魚가 龍門에 올라 魚變成龍해야 하는데 허망하게 다만 點額曝鰓(점액폭새. 이마를 절벽에 한번 찍고 아가미를 한번 볕에 쪼였을 뿐임)한 것을 말한다. 즉 새라면 大鵬이 되어 蒼空을 날고 물고기라면 龍이 되어 구름타고 올라가야 하는데 그의 소망은 한낱 白日夢에 不過했다는 말이다.

解說

푸르고 아득한 하늘. 거칠 것 없고 막힐 것 없이 마음껏 大鵬처럼 날 줄 알았으나 도리어 날갯죽지를 축 늘어뜨리게 되었으며, 맑고 넓은 물, 찬란한 금빛, 은빛비늘 덮힌 몸이 龍門에 올라 龍될줄 알았으나 똑 발 헛디딘 듯 기운 빠지고 힘 잃었으니 언제 마음껏 뛰어 오른 적 있었나요. 다 헛짓이었습니다.

❖ 제29 · 30구: 甚愧丈人厚, 甚知丈人眞.

註

▶愧: 부끄럽다.

▶厚: 厚待와 厚遇는 아주 잘 대접한다는 말이고 厚意는 남에게 두터이 인정을 베푸는 마음이라는 뜻이다. 따라서 厚待나 厚意에는 감사하다고 해야 제격이지 부끄럽다고 하는 것은 빗나가는 말이 된다. 杜先生이 이런 것을 모를 리가 없다. 여기에는 감춰진, 즉 생략된 부분이 있다. 즉 감사하고 고맙게 생각하는 바이나 하도 여러 번 신세를 졌고 또한 자기가 期待에 副應하여 제 몫을 하는 자리에 오르지 못하여 그저 부끄럽기 짝이 없다는 말이 된다.

▶眞: 眞情. 精誠. 誠心實意. 여기에서 眞은 다음에 나오는 "每於百僚上, 猥誦佳句新"을 말함이다. 自己의 處地를 잘 이해하고 동정하며 도와주려고 誠心으로 애썼다는 뜻이니 입에 발린 소리로 대충 건성 넘어가지 않고 실제적으로 행동을 하였다는 것이다.

解說

어른의 두터운 인정과 대접을 언제나 감사하게 생각하지만 너무 자주 폐를 끼치고 또한 어른의 기대에 못 미쳐 못난이로 사는 것이 너무나 부끄럽습니다. 그러나 어른께서 저를 위하여 誠心과 誠意를 다하심을 왜 모르겠습니까? 잘 알고 있습니다.

❖ 제31・32구: 每於百僚上, 猥誦佳句新.

註

▸百僚: 百官을 말한다. 公卿以下 뭇 官吏들을 가리킨다.

▸上: 一定한 處所나 範圍를 나타낸다. 例: 世上. 路上. 堂上. 따라서 於百僚上은 百官들 즉 여러 官吏들이 있는 곳이라고 해야 할 것이다. 百官의 위에서라 하면 尙書左丞의 位置를 考慮할 때 있기 어려운 일이라 하겠다. 自古로 一人之下, 萬人之上이란 말로 宰相을 일컬었다. 朝鮮으로 말하면 領相・首相이나 臨時의 院相이 百官들 위에 있을 수 있다. 尙書左丞및 右丞은 長・次官級이니 朝鮮의 判書・參判이라 領相・左相・右相・左贊成・右贊成 等이 윗자리에 堵列하였으니 이는 不可能하다고 하겠다. 杜甫가 上을 위의 뜻으로 썼다면 이른바 言過其實이니 諸葛亮이 先主 劉備의 말을 안 들어서 泣斬馬謖(읍참마속)하는 일이 바로 이 言過其實을 소홀히 하여 생겼다.

▸猥: ① 雜多하다. 繁多하다. ② 鄙陋하다. 卑劣하다. ③ 誤謬. 錯誤. ④ 謙辭로 쓰인다. 辱되게 ~을 해주시다. 송구스럽게도 나에게 ~을 해주시다. ~를 해주시는 은혜를 입다로 풀이할 수 있다. ≪杜詩詳注≫에서는 ①의 뜻을 취해 "頻誦佳句. 아름다운 詩句를 자주 읊어주다"로 하였다. 우리생각에 ③의 뜻을 취하면 이 못난 사람의 시시한 詩를 잘못아시고 佳句로 인정하셔 읊어주시다가 되겠고, ④의 뜻을 취하면 어른을 욕되게 하였고 어른에게 累를 끼쳤음이라. 시시한 詩를 佳句라고 읊어주시니 분에 넘치고 도를 넘는 대우를 悚懼스럽게 내가 받았습니다라는 말이 되겠다. 結局 ①, ③, ④를 겸하여 썼다고 보면 彼此 편할 것이다.

➡ 猥는 흔히 외람(猥濫)되다. 외람하다. 외람스럽다. 외람지다라 풀이하였는데 하는 짓이 도리나 분수에 지나치다는 뜻이니 간단히 말해 自己가 하는 言行에 겸양하는 뜻으로 쓰는 것이 대부분이며 만일 他人에게 이것을 쓰면 제 분수모르고 까분다거나 날뛴다는 아주 비판적인 말이 되겠

다. 따라서 韋左丞에게 이 말을 쓰는 것은 한 번 생각해 볼일이다.

▶佳句新: 新佳句의 뜻이다. 新은 新作이라는 의미다. 佳句는 앞에 나온 〈與李十二白同尋范十隱居〉에서 "李侯有佳句"라 하였듯이 他人의 作品을 좋게 평할 때 쓰며 스스로 自身의 作品을 말하였다고 보기는 어렵다. 勿論앞에서 "讀書破萬卷"云云하며 내놓고 제자랑 하였으니 못할 것 없다고 할 수도 있으나 每段落마다 表現方式과 內容이 다른 법. 이 대목은 결코 제 자랑이 아니고 韋左丞에게 고마움을 표하는 場面이 틀림없으며 따라서 佳句는 韋左丞의 말씀으로 보는 것이 타당하리라. 즉 근자에 나온 멋지고 그럴싸한 詩作이 있는데 내 읊을 터이니 한번 들어늘 보시지요 하고 말이다.

解說

매양 百官들이 계시는 자리에서 새로 나온 멋진 詩作이 있다 하시며 자주 읊어주시는 분에 넘치는 은혜를 송구스럽게 받았으니 이것은 모두 어른을 욕되게 함이었으며 어른에게 누를 끼침이었습니다.

☛ 參考

韋左丞이 百官있는 곳에서 杜甫의 佳句를 읊은 것은 杜甫를 詩人으로 上流社會에 紹介하고 이름나게 하려는 것은 絶對 아니다. 이것은 杜甫를 官僚社會에 進出시키려는 좀 거창하게 말해 하나의 政治的 布石이라고 할 수 있는 것이니 唐代의 風俗을 알아야 이것을 제대로 理解할 수 있다.

① 行卷

唐代 科擧의 應試者들은 應試前에 自己가 지은 詩文을 써서 卷軸으로 만든 뒤 朝廷의 高位層에게 이를 보내 이름을 얻고자 하였다. 宋·程大昌의 ≪演繁露·唐人行卷≫에 "唐人擧進士必行卷者, 爲緘軸, 錄其所著文以獻主司也. 唐人의 進士 試驗을 보려는 사람은 반드시 行卷을 하니 封緘한 軸을 만들어 자기가 지은 글을 기록·이를 考試委員長에게 바쳤다"하였다 이 때문에 科擧應試前에 高位層에 올린 應試生들의 詩文도 行卷이라 하였

다 한다.

魯迅의 〈且介亭雜文二集·六朝小說和唐代傳奇文有怎樣的區別〉에 "唐以詩文取士, 但也看社會上的名聲, 所以士子入京應試, 也須先干謁名公, 呈獻詩文, 冀其稱譽, 這詩文叫作行卷. 唐나라는 詩文으로 人才를 選拔했으나 社會的인 名聲도 考慮하였다. 그래서 선비들이 上京하여 應試할 때에는 반드시 먼저 名士를 뵙는 길을 찾았고 다시 詩文을 올려 그들의 칭찬을 바랐는데 이 詩文을 行卷이라 불렀다"라 하였다. 世上에 널리 알려진 이야기로 이것을 證明하는 例가 있으니 ≪唐摭言≫ 卷七에 "白樂天이 처음 應試할 때 세상에 이름이 나지 않아서 文壇의 大先輩인 顧況을 禮訪했겠다. 顧況이 白居易라는 이름을 놀려 '長安은 百物이 다 비싸니 살기가 아주 쉽지 않을 걸세. 長安百物貴, 居大不易.'라 하였다. 그러나 그의 〈賦得原上草送友人〉 詩의 '野火燒不盡, 春風吹又生.'을 보고는 감탄하며 이런 詩句를 지으면 세상 사는데 무슨 어려움이 있겠는가. 老夫의 먼저 한 말은 장난이었다네"라는 記錄이 있으며 ≪北夢瑣言≫, ≪全唐詩話≫에도 비슷한 內容의 글이 있다. 까놓고 말하면 事前布石·幕後交涉·密室工作이라고 할 수 있다.

② 溫卷: 行卷과 四寸之間이라 할 수 있다.

唐·宋時代 應試生들이 應試前에 명자(名刺) 즉 명함(名銜)을 當時의 名士나 高位層에 보낸 뒤 다시 自身의 作品을 올려 推薦을 바라는 것을 溫卷이라 하였다.

宋·趙彦衛의 ≪雲麓漫鈔≫ 卷八에서 "唐之擧人, 先籍當世顯人, 以姓名達之主司, 然後以所業投獻. 逾數日又投, 謂之溫卷. 唐나라의 科擧應試生들은 먼저 당시 名士의 힘을 빌려 姓名을 考試委員長에게 알린 후 自身의 作品을 바쳤다. 며칠 지나서 또 바쳤는데 이를 溫卷이라 하였다."라 하였다. 程千帆은 〈唐代進士行卷與文學〉에서 "溫卷의 主眼點은 卷軸을 받은 高位層을 再次喚起기켜 자기에게 관심과 주의를 쏟아주기를 바라는 것이다"라 하였다.

③ 王維와 李商隱의 境遇.

ⓐ 王維는 19歲에 京兆府試(鄕試)에 參加하려 하였다. 그리하여 自己를

아껴주는 當時 文化藝術界의 後援者며 玄宗皇帝의 동생인 岐王 李範과 議論하였다. 즉 누구의 推薦을 받아야 좋을 것인가 하는 문제를 말이다. 岐王의 말인즉 長公主—아마도 高安公主일 것이라고 推測할 수 있다—의 力量이 가장 강한데 이미 張九皐를 이번 鄕試 즉 京兆府試의 解元으로 推薦하였으니 長公主를 拜見하고 다시 圖謀하기로 하였다. 이 이야기는 ≪太平廣記≫에 아래와 같이 자세히 실려 있다. 즉 當時 張九皐는 대단히 이름난 人物로 公主의 집을 出入하는者가 請託하였고 公主는 京兆試官에게 文書를 發送 張九皐를 一等인 解元으로 하도록 하였다. 王維도 이때 應試하려고 岐王과 의논하자 岐王은 일을 억지로 다툴 것이 아니라며 王維가 前日에 지은 淸越한 詩 열 首를 記錄하고 다시 琵琶의 새로운 曲調로 悲痛·哀切한 것을 한 曲 지어놓고 닷새 뒤 자기를 찾으라 하였다. 王維가 그대로 하니 岐王은 文士의 身分으로 高貴한 長公主를 뵙기는 그렇고 하니 歌客으로 꾸미자 하여 鮮明華麗한 錦繡의 衣服으로 차려 입고 琵琶를 안고 갔다. 岐王이 長公主에게 酒樂으로 모시겠다 하며 잔치자리 베풀고 광대들을 등장시켰다. 이때 王維는 한창 젊은 나이에 해맑쑥하여 태도나 姿態가 아주 아름다웠다. 公主가 관심을 갖자 岐王이 新曲을 아뢰게 하니 聲調가 哀切하여 滿座가 動容이라 자리에 있던 모든 사람의 얼굴에 감동하는 빛이 나타났다. 岐王의 다시 音律뿐 아니라 文藝에도 그를 넘어설 자가 없다 하며 그의 作品을 올리니 公主가 보고는 놀라 "일찍이 古人의 作品인 줄 알던 것들인데 그대의 것이란 말인가" 하였다. 이에 衣裳을 바꿔입고 上客의 자리에 앉았는데 王維는 은근한 멋과 끼가 넘치고 言語 또한 유머와 재치가 뛰어나 모든 貴人들이 크게 존중하게 되었다. 이 機會에 岐王이 말하기를 "만약 今年에 京兆府가 이 사람을 解元으로 한다면 진실로 地域의 榮光이며 나라가 杰出한 人才를 얻는 것이리라" 하였다. 公主가 "왜 應試하지 않는가?"하자 岐王은 "이 사람은 首席이 아니면 應試 안하려 하는데 公主께서는 이미 張九皐를 解元으로 應允하지 않으셨습니까?" 하니 公主는 "그 일은 본래 他人의 청탁을 들어 준 것이지"하며 王維를 보고는 "꼭 解元하겠다면 그대 위해 힘쓰겠네." 하여 王維는 일어나 사의를 표했다. 公主는 곧 試官을 公主宅으로 부르고 宮婢를 보내 명을 전달, 王維는 드디어

解元이 되었다. 그리고 2년 뒤 開元9年 21歲에 王維는 進士及第하였다.

뒷날 늙어서 王維는 자기가 젊었을 때 羞恥스러운 일을 하였다고 後悔하는 말을 하였는데 높은 어른께 詩作을 올린 것은 그런대로 넘어간다 하더라도 何必 名士나 文士, 高位官僚가 아닌 公主인 것이 좀 거시기하고 그것은 또한 넘어간다 치더라도 歌客, 광대로 꾸민 것이 부끄럽다는 뜻이려니 하고 다들 짐작하고 있다. 進士試가 아닌 鄕試에서도 이렇게 稀罕하고 恥事한 努力이 必須라면 그 윗길인 進士試는 더 더욱 可觀이었을 것이다. (以上은 正中書局의 劉維崇編著 ≪王維評傳≫에서 가려 뽑은 것이다)

ⓑ 李商隱이 進士考試에 다섯 번째 應試할 때를 보자. 行卷·溫卷하면 사람들은 대개 應試者들이 아주 恭順하고 穩健한 言辭를 써서 自身을 낮추고 상대의 비위(脾胃)를 맞추려고 애를 썼을 것이나 지레 짐작할 것이나 唐代의 人士들은 좀 特異하였다. 杜先生의 "讀書破萬卷"云云한 것에 대하여 評者들은 이를 "毫無顧忌. 털끝만큼도 망설이거나 꺼림이 없었다."라고 하며 대견해하기까지 하였는데 이미 앞에서 紹介한 陳貽焮教授의 指摘처럼 "唐人들은 큰소리치길 잘 했는데 李白·杜甫가 더 심하였다"는 말은 一部는 맞고 一部는 어긋난다. 李商隱의 경우를 보면 한수 더 떠 先輩들을 찜쪄 먹을 정도였으니 말이다. 그가 五次 應試한 뒤에—응시 전(前)이 아니다—華州刺史인 崔龜從에게 보낸 글을 보자. 崔氏는 華州刺史 되기 前에 司勳郎中知制誥·中書舍人이었으니 皇帝의 詔誥·撰擬를 담당했던 最側近의 官吏로 李商隱은 이를 考慮·參酌하여 行卷한 듯하다. 그러나 그 內容을 보면 于先 제 나이가 이미 25歲라는 것, 五年間 經書를 읽었고 七年間 筆硯을 弄하였다는 것, 어른들이 道를 배우려면 옛에서 구하고 글을 지음에는 반드시 師法—스승이 傳授한 學問·技術—이 있어야 된다는 말씀에 김이 팍 샜다는 것, 제 생각에 所謂 道라는 것이 어찌 周公·孔子만이 능할 수 있는가, 이 몸이나 周公·孔子 모두가 직접 實踐하고 擔當할 수 있는 것이 道가 아니겠는가. 따라서 道를 行함에 今과 古에 매일 것 없고 붓 휘둘러 글 지음에 經이나 史를 따다 쓰거나 時世에 忌諱할 것 없다고 큰소리를 어른 앞에서 땅땅쳤다. (中丞閣下: 愚生二十五年矣. 五年讀經書, 七年弄筆硯, 始聞長老言: 學道必求古, 爲文必有師法. 常悒悒不快. 退自思

曰: 夫所謂道, 豈古所謂周公・孔子者獨能邪? 蓋愚與周・孔俱身之耳. 以是有行道不系今古, 直揮筆爲文, 不愛攘取經史, 諱忌時世.)

그리고 進士試驗을 五年 동안 보았는데 實力이 모자라 안 된 것이 아니라고 强調하길 처음에는 이미 故人이 된 賈相國의 미움을 샀고 그 다음 해에는 아파서 시험 못 보았고 또 그 다음 해에는 지금 宣州刺史로 있는 崔氏 어른에게 또 選擇되지 못하였다는 것이다. 그 다음이 傑作이라 하겠다. 5년 동안 내 지은 文章을 소매에 넣고 높은 어른 拜謁하여 알아주기를 바란 적이 없었다는 것이다. 그러면 나의 글을 언제 내 놓았느냐? 남들이 그 사람을 모르면 어떡하나 그 글을 안 읽으면 안 되지 하고 두려워하고 걱정하는 것을 반드시 기다린 뒤에야 제 글을 내 놓았다는 것이다.

제 자랑도 이 境地에 이르면 藝術을 지나 거의 道와 近似하다 할 것이다. 그런 뒤에 嗚呼라! 이 몸의 道는 强하다 하겠고 窮하다 하겠음이라. 제 魂魄을 편안하게 救濟하고 제 精神・意志를 편안하게 길러주며 제 强함을 完成시켜주고 제 窮함을 털어내 줌은 애오라지 閣下에게만 제 希望을 걸 수 있는 바라고 비로소 약간 고개를 숙였다. (凡爲進士者五年. 始爲故賈相國所憎, 明年病不試. 又明年復爲今崔宣州所不取. 居五年間, 未嘗衣袖文章, 謁人求知. 必待其恐不得識其面, 恐不得讀其書, 然後乃出. 嗚呼! 愚之道可謂强矣, 可謂窮矣. 寧濟其魂魄, 安養其氣志, 成其强, 拂其窮, 惟閤下可望.……)

劉學鍇先生은 唐代人士를 評하되 "狂傲"하다 하였으니 陳貽焮教授의 "大言"보다 더 正鵠을 찔렀다 할까 더 率直하다 할까 하여튼 實狀에 더 接近하는 것은 事實이다. 그리하여 李商隱의 "必待其恐不得識其面, 恐不得讀其書, 然後乃出"에 대하여는 "狂言"이라 잘라 말했다. 이 程度면 李白 杜甫이 "大言"을 研究하고 發展시켜 담(膽)찬 "狂言", "傲語"로 格上시켰다고 좋게 말할 수 있으리라. 이 五次試驗에서 李商隱은 결국 登第하였는데 崔龜從이 힘썼는지 여부는 전혀 알 길이 없다. 다만 확실한 것은 그의 스승이며 後援者요 精神的 支柱였던 令狐楚와 그의 아들 令狐綯의 推薦이 決定的 契機요 結實의 關鍵이었다는 것이다. 當時 考試委員長이 된 禮部侍郎 高鍇는 令狐楚의 故人이었으며 李商隱의 〈與陶進士書〉에 의하면 高鍇

는 令狐綯를 크게 생각해 주었는데 朝廷에서 만났을 때 令狐綯의 友人中 누구와 제일 친한지를 물었고 令狐綯는 망설임 없이 李商隱이라는 이름을 세 번이나 아뢰고 물러났다는 것이다. 結局 李商隱의 本 行卷은 高鍇(고개)가 進士試를 主管할 때 이미 決定난 及第이건만 萬事는 不如튼튼이라 생각하고 한 것인지 아니면 느긋한 마음으로 勿失好機라 平素 가슴 속에 鬱結되었던 즉 맺히고 뭉쳤던 憤과 恨을 제 자랑과 함께 신나게 풀고자 한 것인지 아리송하다.(以上은 安徽大學出版社의 劉學鍇著 ≪李商隱評傳≫에서 뽑은 것이다)

陳貽焮教授는 ≪杜甫評傳≫에서 杜甫의 本作品을 아주 높게 評價하며 말하기를 進士試에 떨어지자 制試에 응하였고 또 미끄러지자 다시 賦를 올렸으며 이에 맞춰 그의 要求는 한층한층 더 높아졌으나 가는 길은 더욱더욱 좁아졌다. 그러나 世俗의 선비들처럼 여러 번 科場에 出入하며 進士 아니면 안 된다는 식은 아니었다. 이로써 그의 才能에 대한 自負와 意氣에 대한 自信, 높은 自尊心, 고집 센 성격을 잘 알 수 있다 하였다. 그러나 우리가 이 말에 선뜻 首肯할 수 없는 것은 늙도록 科場에 수십 차례 참가함이 차라리 叩門・隨塵함보다 훨씬 더 堂堂하고 떳떳하지 않을까 하는 까닭에서다. 韋左丞이 百官들 있는 곳에서 杜先生의 詩를 읊은 것은 그를 어떻게 하여서든지 宦路에 進出시키려는 것에 그 目的이 있는듯한데 말하자면 特別採用하여 그럴싸한 자리를 敍任하자는 心算인듯한 것은 다음에 나오는 "竊效貢公喜"로도 韋・杜 두 양반의 一種의 默契 비슷한 交感이 있지 않았나 생각할 수 있다. 앞에서 이미 말했지만 中國의 文士들은 自負와 自尊이 지나쳐 誇大妄想에 빠져들기를 잘 하였는데 殷나라 高宗에게 拔擢된 부열(傅說), 周나라 文王에게 重用된 姜太公을 夢寐에도 잊지 못하며 저 또한 그리 되지 않을까 하는 어마어마한 錯覺에 빠져 있었다. 더욱 나쁜 先例를 만든 것이 劉玄德으로 三顧草廬라는 禮遇까지 보탰으니 特別採用・高位職敍任은 基本이요 人主의 屈己下人(굴기하인. 몸을 굽히고 남의 아랫자리에 서다)이라는 形式까지 꿈꾸게 만들고 만 것이다. 陳教授의 말씀이 옳다면 杜甫는 進士에 한번 失敗한 뒤 다시는 進士考試에 參加하지 않았다는 것인데 韋左丞이 杜甫詩句를 紹介하는 식의 一種의 變形된 行卷은 무엇을 노렸단 말인가. 結論은 하나인데 正式의 루트를 통하지 않고 이렇게 便法을 圖謀함은 傷處받은 自尊心의 顯露일 뿐이다. 그리 稱讚하거나 기릴만한 일은 아니라고 본다.

❖ 제33 · 34구: 竊效貢公喜, 難甘原憲貧.

註

▸竊: ① 暗暗裡에, 남몰래, 살짝, 슬그머니, 슬며시. ② 자기의 생각대로, 제멋대로, 비공식으로. 謙辭로 쓰인다.

▸效: 模倣하다. 본받다. 흉내내다.

▸貢公: ≪漢書 · 王 · 貢 · 兩龔 · 鮑傳≫: "古與貢禹爲友, 世稱 '王陽在位, 貢公彈冠' 言其取舍同也. 王吉과 貢禹는 친구였다. 세상에서 '王子陽이 벼슬하니 貢禹가 벼슬할 준비로 갓의 먼지를 턴다.'라 했는데 그 進退가 같음을 말함이다."

▹彈冠: 친한 친구가 벼슬길로 이끌어 줌을 比喩하였다. ➪ 彈冠相慶: 친한 친구가 벼슬하거나 승진하면 자신도 장차 벼슬하거나 승진할 것이라는 기대로 서로 축하함.

▹取舍: ① 進退. ② 選擇과 捨棄. 이 말은 좋은 뜻이 아니고 헐뜯고 비방하는 뜻으로 쓰였다. 즉 情實人事 · 패거리 推薦이라는 말이다.

▸甘: 甘受하다. 달게 받다. 진심으로 원하다. ~을 즐겁게 여기다. ~하기 원하다. 難甘은 (가난을) 甘受하고 즐겁게 여김은 難堪이라, 즉 堪耐 · 堪忍하기 어렵다는 말이다.

▸原憲: ≪史記 · 仲尼弟子列傳≫: "孔子卒, 原憲遂亡在草澤中. 子貢相衛, 而結駟連騎, 排藜藿入窮閻, 過謝原憲. 憲攝敝衣冠見子貢. 子貢恥之, 曰: '夫子豈病乎?' 原憲曰: '吾聞之, 無財者謂之貧, 學道而不能行者謂之病. 若憲, 貧也, 非病也.' 子貢慙, 不懌而去, 終身恥其言之過也. 孔子가 卒한 뒤 原憲은 드디어 도망, 草野 즉 궁벽한 시골에 묻혀 살았

다. 子貢은 衛나라의 宰相이 되자 四頭馬車 몰고 한무리의 騎馬護衛를 거느리고 명아주·콩잎—貧民들이 먹는 푸성귀다—을 헤치고 빈민의 동네에 들어 原憲을 찾아 안부를 불었다. 原憲은 떨어진 갓 해진 옷을 바르게 한 뒤 子貢을 영접했다. 子貢은 자기의 체면이 상해 민망히 여기며 '선생께서 아마도 病이 드셨는지'하고 물었다. 原憲은 '내가 알기로는 財物이 없는 것을 가난이라 하며 道를 배웠건만 실천하지 못하는 것이야말로 병이라 합디다. 憲과 같은 경우는 가난이지 병이 아니요.'라고 대답했다. 子貢은 부끄러웠으며 기분이 언짢아 떠났는데 평생을 두고 自己가 失言한 것을 부끄럽게 여겼다."

▷草澤: ① 草野. 民間. 窮僻한 村. ② 在野之士. 平民. ③ 늪지대. 荒郊.

▷結駟連騎: 큰 馬車에 네 필 말을 메고 騎馬隊를 줄세움. 高官의 행차를 표현하는 말임.

▷藜藿(여곽): 궁한 사람들이 먹는 푸성귀. 아마도 貧民들이 먹기 위해 심어 놓은 듯하다.

▷窮閻: 貧民窟.

▷過謝: 訪問하여 안부를 물음.

▷攝: 整頓하다. 바르게 하다.

▷恥: 민망히 여기다.

▷豈: 헤아리거나 추측하는 말. 아마도 ~이 아닌지.

▷聞: 見과 함께 知의 뜻, 즉 알다의 뜻으로 쓰인다.

▷不懌(불역): 기분이 나쁨. 언짢게 여김.

▷終身: 一生. 平生.

▶甘貧: 貧窮을 便安하게 여기다. ≪孔叢子·連叢子下≫: "(長彥·秀彥) 於是甘貧味道, 研精墳典, 十餘年間, 會徒數百. 長彥·秀彥은 이에 가난을 편안히 여기고 道를 직접 느끼고 음미하며 三墳·五典의 옛 書籍

을 깊이 연구하니 십여년간에 모인 무리가 수백이었다.” 甘貧은 가난을 편안하게 여기며 즐겁게 사는 것이니 화평한 분위기가 느껴지고, 堪貧은 가난을 堪耐함이니 가난을 참고 버티어 이겨내는 것이라 이를 악물고 기를 쓰는 악착(齷齪)스러운 맛이 充溢한다.

➥ 貢公喜를 보면 韋左丞이 平日에 自身이 어느 정도 자리를 잡으면 杜甫를 推薦·援引하리라는 言質까지는 아니더라도 무슨 暗示를 넌지시 비친듯한 느낌을 받는다. 勿論 韋氏는 絶對 그런 풍김을 준 적이 없지만 원체 鶴首苦待하는 處地라 모든 言行을 我田引水격으로 해석했을지도 모른다. 즉 지나가는 말일지라도 “귀신 듣는데 떡소리 한다”는 말처럼 自己에게 有利한 쪽으로 생각하고 김칫국부터 마신 셈이 되었는지도 모르겠다.

▸“原憲貧”句를 보면 아주 露骨的으로 安貧樂道하는 옛날의 賢士들을 본받지 못하겠다고 하였다. 이 또한 韋左丞이나 周邊의 덜 바쁜 人士들이 선비란 본래 그러하다는 둥 君子는 固窮이라는 둥 “남의 염병이 제 고뿔만 못하다”는 俗談처럼 속 편한 소리 하는 것에 反撥하는 말처럼 들린다.

解說

워낙 모자란 爲人인지라 친한 벗이 벼슬하니 저도 곧 뒤따라 한 자리 할 것이라고 갓의 먼지 털고 있던 貢公의 기쁨을 또한 본받을 수 있을 것이라고 제멋대로 생각했었습니다. 그러나 모든 일은 다 끝난 것, 더 이상 孔子의 弟子 中 가난으로 금메달감인 原憲처럼 가난을 편히게 여기고 즐겁게 살 수는 없습니다. 가난을 甘受하는 것도 정말로 難堪입니다.

➥ ① ≪莊子≫에는 워낙 픽션이 많이 실려 있어 史實인지 調査하고 事實인지 캐묻는다는 것은 말짱 헛일이다. 그저 거기에 담겨있는 寓意만 알아채면 된다는 것이 우리의 愚意다.

≪莊子·讓王≫을 보면 貧困의 順位를 매기기가 어렵게 原憲과 曾子

의 窮狀·窮態를 逼眞하게 描寫하였는데 原憲에 대하여는 주로 居處의 옹색(壅塞)·추루(醜陋)에 置重, 集中的으로 다루었으니 그 建築物의 몰골이 대단히 인상적이었으며 가히 文化財감이었던 모양이다. 그러나 曾子의 경우에는 窮乏의 여러 分野(?)를 골고루 按排하여 어느 한 쪽으로 치우침 없이 敍述하였으니 불편부당(不偏不黨)의 模範이요 典型이라 할 만하다. 결국 하나는 건축과 출신의 現場踏查記같고 하나는 家政科 卒業生의 貧民實態 報告書와 如實하다.

"曾子居衛, 緼袍無表, 顔色腫噲, 手足胼胝. 三日不擧火, 十年不製衣. 正冠而纓絶, 捉衿而肘見, 納屨而踵決. 曳縰而歌商頌, 聲滿天地, 若出金石. 天子不得臣, 諸侯不得友. 故養志者忘形, 養形者忘利, 致道者忘心矣. 曾子가 衛나라에 살 때 묵은 숨 둔 옷의 겉감은 다 해져 없는 듯하였고 얼굴은 부황이 들어 누렇게 떴으며 손·발은 모조리 못이 박혀있었다. 사흘 동안 불 지펴 동자하는 일을 못하였고, 십년이 되도록 새 옷 한 벌 못 지었다. 갓을 바르게 하려면 갓끈이 끊어졌고 옷깃을 여미려고 당기면 팔꿈치가 드러났으며 미투리 신으려 발을 넣으면 뒤꿈치 쪽이 터졌다. 그러나 뒤축이 닳아 없어져 자동으로 슬리퍼 꼴이 된 신을 끌며 殷나라의 祖上 祭祀때 부르는 商頌을 뽑으면 그 소리는 天地에 가득차고 마치 쇠북과 경쇠에서 나오는 것과 같았다. 天子도 臣下로 삼을 수 없었고 諸侯도 벗으로 만들 수 없었다. 따라서 世俗의 富貴를 圖謀하지 않고 志氣를 培養·維持하려는 사람은 肉身을 잊으며 肉身을 잘 培養·維持하려는 이는 이(利)끗을 잊으며 道를 구하고 얻으려는 者는 꾀와 計略을 잊는 법이다."

▷緼袍: 묵은 솜 둔 옷.

▷無表: 옷의 겉감이 닳고 해져서 거의 없는 것 같다는 뜻.

▷腫噲(종쾌): 부황이 나서 붓고 누렇게 됨.

▷胼胝(변지): 못 박힘.

▷擧火: 불 피워 밥 지음.

▷肘(주): 팔꿈치.

▹屨(구): 삼신. 미투리.

▹縰(쇄): 뒤축이 없는 신. 슬리퍼를 생각하면 된다.

▹金石: 鐘과 磬.

② ≪詩經≫에 나오는 頌에는 〈周頌〉·〈魯頌〉·〈商頌〉이 있는데 簡單히 말해 祭祀때 부르는 祖上讚歌라 하겠으니 勿論 複雜하게 說明한다 해도 내용은 거기서 거기다. 歌詞는 남아있으나 曲은 어떤 天才·聖人·神通力있는 사람도 알아 낼 수 없으니 답답한 일이다. 이 頌中에서 〈商頌〉이 曾子같은 꼿꼿한 선비의 愛唱曲이 될 때에는 다 이유가 있었을 것이다. 그래서 생각한 것인데 실크로드 즉 비단길을 따라 中國의 비단·도자기·화약·나침판·製紙技術이 먼 西方에 전해질 때 이 〈商頌〉도 함께 묻어간 듯 하며 그것이 프랑스에서 發音이 약간 변하여 샹송(chanson)이 된 듯싶다. 그런데 이브 몽땅의 〈落葉〉은 조금 청승맞고 줄리에트 글레꼬가 부른 〈무랑루즈〉, 〈라메르〉는 지나치게 달콤하여 좀 어긋나는 듯하니 아무래도 에디트 삐아프의 〈사랑의 讚歌〉가 이 商頌의 嫡統을 이어 받은 듯하다. 金石之聲이 아니고 유리창 긁듯 째지는 音色은 약간 귀에 거슬리나 絶叫하는 소리가 天地를 가득 채움은 同一하다. 결국 祖上의 讚歌나 사랑의 讚歌나 對象이 누구든 讚美·讚揚함은 같으니 正統派는 천생 에디트 삐아프가 틀림없다. 그렇다면 사랑의 讚歌를 金石之聲에 接近하게 조금 바꾸고 약간 낭랑(朗朗)하고 淸雅함을 보탠 뒤 다시 莊重함을 곁들이면 曾子가 愛唱하던 〈商頌〉은 無難히 復元될 수 있지 않을까 생각된다.

難解하기 짝이 없는 杜先生의 作品을 實力도 없는 주제에 분수도 모르고 들입다 파고들다 보니 以上과 같은 개꿈도 꾸나 보다. 그것도 아주 자주. 경치게 길게.

❖ 제35·36구: 焉能心怏怏? 祇是走踆踆.

註

▸能: 맡은 일을 감당하다. 달성하다. ~를 할 수 있다. ➪ 能(내. nài): 耐

字와 통한다. 견디다. 참다. 버티다.

▸怏怏(앙앙): 만족스럽지 않은 모양. 즐겁지 않은 모양. 재미가 없는 모양. 보통 怏怏不樂 怏怏之心으로 쓰인다. ➪ ≪국어대사전≫에 의하면 앙앙하다는 매우 마음에 차지 아니하거나 야속하다. 앙앙불락은 매우 마음에 차지 아니하거나 야속하게 여겨 즐거워하지 아니 하다로 되어 있다.

▸本句는 ① 어떻게 마음에 차지 않고 야속한 것을 견뎌낼 수 있겠는가? ② 어떻게 마음으로만 야속하게 여기고 즐겁지 않을 수 있겠는가? 행동으로 옮겨야지!의 두 가지 해석이 가능하다.

▸踆踆(준준): 行走貌. 걷는 모습. 走踆踆은 더 이상 따질 것 없이 미련을 버리고 휘적휘적 가버린다는 뜻이다.

解說

모든 希望·期待가 烏有로 돌아가고 水泡가 된 이 마당에 어떻게 마음으로만 야속하게 여기고 즐겁지 않을 수 있겠습니까? 다 훌훌 털어버리고 미련도 두지말고 그저 휘적휘적 떠날 뿐이지요.

➥ ㄴ과 ㄴ이 겹치면 ㄹ과 ㄹ로 발음해야 한다. 例컨대 困難은 골란이 되고 案內는 알래가 되며 베트남은 安南이니 그곳의 쌀을 安南米라 하는데 이 또한 알람미라 하였다. 그러나 요즈음은 안내라고 하듯이 ㄴ과 ㄴ으로 읽는다. 焉能도 얼릉으로 읽으면 얼른같이 들리고 요즈음 식으로 하면 언능이 되는데 똑 언놈같이 들린다. 그러면 언놈이 더 참고 있겠느냐 얼른 가자가 되는데 그 또한 뜻은 一脈相通이라 하겠다. 웃자고 한 소리요!

❖ 제37·38구: 今欲東入海, 卽將西去秦.

註

▸今은 장차의 뜻이니 今欲은 下句의 卽將과 같다.

▸東入海·西去秦은 散文式으로 하면 入東海·去西秦이 되겠다. 東海

는 ① 동쪽의 바다. 즉 우리가 黃海・西海라 부르는 바다. ② 동쪽 바닷가 地域을 가리킨다. 海는 海濱이다. 東入海는 事實上 行動에 옮긴다고 할 때에는 동쪽 바닷가 地域이 되겠고 하나의 象徵・比喩로 썼다면 海外나 海中의 섬이 되겠다.

➡ ≪論語・公冶長≫: "子曰: '道不行, 乘桴浮于海, 從我者, 其由與?' 子路聞之喜. 子曰: '由也好勇過我, 無所取材.' 孔子가 말하기를 '나의 主義・主張이 世上에서 쓰이지 않으면 그뿐 떼를 띄우고 海外로 가리라. 그 때 나를 따를 사람은 仲由 — 字를 子路라 하니 字로 더 알려짐 — 일까?' 하였다. 子路가 듣고 기뻐하였다. 孔子가 다시 말하기를 '仲由를 위해 한마디 한다면 勇敢함을 좋아하는 氣魄은 나를 凌駕하지만 그것은 取할 일이 아니지'하였다"

▷材: 哉와 같다. 옛날에 두 글자는 通用되었다.

➡ ≪莊子・襄王≫: "舜以天下讓善卷,……遂不受. 於是去而入深山, 莫知其處. 舜以天下讓其友石戶之農,……於是夫負妻戴, 攜子以入於海, 終身不返. 舜이 天下를 隱者인 善卷에게 넘겨주려 하였다.……끝내 받지 않았다. 이에 세상을 버리고 깊은 산에 들어가니 그의 蹤跡을 알 수 없었다. 舜이 天下를 그의 벗인 石戶땅의 農夫에게 넘겨주려 하였다.…… 이에 세간붙이를 지아비는 등에 지고 지어미는 머리에 이고 자식들 손을 잡고 海中의 섬으로 들어가서 終身토록 돌아오지 않았다."

➡ 세상에 알려지지 않고 조용히 살고자 하는 隱者가 아닌 다음에야 入海한다는 말은 그야말로 말 뿐이다. 어른이 하는 경우에는 어깃장 놓는다 하고 젊은 애가 하면 투정을 하거나 심술을 부린다고 한다. 내개 자기가 믿을 수 있고 기댈 만하며 흉허물이 없는 사람에게 잘 써먹는다. 이럴 때에는 挽留하고 붙들어야만 일머리를 제대로 파악했다고 할 수 있으며 다시 뿌리치고 앙탈을 떨어야 手順에 따라 제대로 일이 進行된다고 하는 법이다. 지금 우리가 周邊에서 日常的으로 들을 수 있는 말에 "머리 깎고 산에나 들어가야지", "내가 나가서 客死하면 너희 놈들 얼굴 들고

세상사나 보자", "몸서리나는 이놈의 세간 탕탕 부숴버리고……" 등이 있다. 그러나 履行하거나 實踐한 화상은 본적이 또한 없다. 다 그저 말이 그렇다는 것으로 이렇게 말하여 상대에게 겁(怯)도 주고 스스로의 스트레스도 풀고 하는 것이다. 杜先生은 韋左丞을 꽤 믿었고 따라서 실례의 말씀이지만 귀여운 恐喝도 하고 어리광도 부리는 것 같다.

▸卽將: 하나의 單語로 쓰이니 將要 즉 막·장차 ~하려하다, 就要 즉 멀지 않아, 곧의 뜻이다. 徐仁甫先生의 ≪杜詩注解商榷續編≫에 의하면 卽은 今으로 今欲이나 卽將은 같은 뜻이니 互文이다. ≪漢語大詞典≫에서도 풀이가 같다.

▸秦: 中國歷史上 最初의 中央集權的 王朝. 그들의 根據와 首都 咸陽이 唐의 長安一帶이므로 長安을 秦이라 한 것인데 또 協韻上 不得已한 점도 있겠다.

解說

제가 장차 동쪽으로 가서 海外나 海島로 가려하니 바꿔 말하면 서쪽의 秦땅인 서울 長安을 곧 떠나려 합니다. 절대 잡지마세요! 저도 自尊心 있고 固執도 있는 놈입니다. 글쎄 붙들지 마시라니까요!

❖ 제39·40구: 尙憐終南山, 回首淸渭濱.

註

▸尙: ① 아직도. 여전히. ② 오히려. 그래도.

▸憐: 念과 같은 뜻이다. 즉 생각하다. 마음에 두다. 그리워 하다의 뜻이다. (王鍈의 ≪詩詞曲語辭集釋≫)

▸終南山: 長安 남쪽의 山. 陝西省 南部에 있으며 秦嶺이라고 부르기도 한다. 東으로는 河南省 西로는 甘肅省까지 近 千里에 걸쳐 뻗어 있다. 唐代 王維의 〈終南山〉이라는 詩로 四海에 이름을 떨치게 되었다. 山水도 임자를 만나야 팔자가 피는 법이다. 그러나 사람을 잘못 만나면 汚名

도 뒤집어쓴다, 도매금으로. 唐 高宗때에 태어나 玄宗初에 세상 뜬 盧藏用은 進士에 及第하고도 官吏로 任用되지 않자 隱居랍시고 長安턱밑의 終南山으로 기어 들어갔다. 그리하여 知識層의 支持를 얻어냈고 요즈음 말로 巧妙한 言論플레이를 하여 高士라는 美名으로 朝廷에 불려가 左拾遺를 始作으로 吏部侍郎 兼 昭文館學士까지 되었다. 진짜 선비나 참된 隱逸들은 그를 타기(唾棄)하였다. 則天武后와 睿宗(예종)·玄宗이 차례로 불러다 보았고 극히 尊重한 道士가 있었으니 司馬承禎(사마승정)이 바로 그다. 그도 僞裝隱士인 盧藏用을 너절하고 鄙陋하게 여겼으니 그가 皇帝를 뵙고 다시 산으로 돌아가려 할 때 盧가 終南山에 아주 근사한 隱居地가 있다고 하자 道士께서는 천천히 한마디 했다. "제가 보기에는 벼슬길에 나아가는 지름길일 따름이지요." 盧氏는 개망신을 당하였는데 제 탓이니 할 수 없는 일이나 終南山까지 함께 휩쓸려 "終南捷徑. 終南山 속의 지름길"이라고 쓰이게 되었으니 억울하기 짝이 없는 일이라 하겠다. 杜甫 또한 이 깨소금 같은 이야기를 모를 리 없으며 現在 自身의 處地와 여러모로 다른 盧藏用의 人生行路를 되씹고 곱씹으며 感慨에 젖었을 것이다.

▸回首: ① 머리를 돌리다. (動作을 나타낸다.) ② 回想하다. 追憶하다. 지난날을 돌이켜 생각하다.(마음을 나타낸다.)

▸淸渭: 옛 사람들은 涇水는 濁하고 渭水는 淸하다고 여겼다. — 그러나 사실은 涇水가 淸하고 渭水는 濁하다 — 그래서 "涇渭分明"이라는 말이 생겼으니 즉 涇水와 渭水는 하나는 淸하고 하나는 濁한 다른 물로 서로 모여도 섞이지 않고 흘렀으므로 이로써 人品의 優劣·淸濁, 事物의 眞僞·是非가 대단히 뚜렷하고 分明한 것을 나타내곤 하였다. ≪詩·邶風·谷風≫에 "涇以渭濁"이 나오는데 해석이 다기(多岐)하다. ① 屈萬里先生의 ≪詩經釋義≫는 "涇은 濁하고 渭는 淸하다. 以는 使의 뜻이니 涇流가 渭에 들어가니 따라서 涇이 渭를 濁하게 한다는 말이 되겠

다.”라 하였고, ② 高亨先生의 ≪詩經今注≫는 “涇은 濁하고 渭는 淸하다. 이때에 以는 使의 뜻이다. 一說에는 涇은 淸하고 渭는 濁하다 하니 그때 以는 因의 뜻으로 涇은 渭때문에 濁해진다가 된다.”라 하였고, ③ 裴普賢先生의 ≪詩經評註讀本≫에서는 “涇水는 淸하고 渭水는 濁하다.”라 하였다. 至今은 渭水가 濁하고 涇水가 淸한 것으로 決判이 났는데 그러나 杜甫 當年에는 正反對였다가 “十年이면 江山이 변한다.”는 말처럼 강물의 淸濁이 바뀌었다고 한다면 이 또한 어쩔 수 없는 일이다. 그런데 渭水가 知識人들에게 크게 어필하는 것은 맑고 흐린 것과는 전혀 상관없는 다른 史實때문이다. 옛날 姜太公·呂尙이 이곳에서 낚싯대 드리우고 時節을 낚았기 때문이다. 그는 中國人답게 끈질기게 기다렸고 結局 老年에 重用되었다. 西伯 즉 周文王이 사냥을 나갔다가 渭水의 북쪽 물가에서 그를 만났고 對話를 나누었는데 크게 感服, 그대로 수레에 태우고 모셔다가 스승을 삼았으며 그는 다시 周武王을 輔佐하여 天下를 制霸하게 하였다. 杜甫 또한 文士였으니 그들의 通弊—苛酷하게 말하면 妄自尊大, 너그럽게 봐주면 엉뚱한 구석—가 없지 않은 정도가 아니라 多分히 있었다. 그는 아마도 渭水를 생각하며 단박에 임금의 스승으로 뽑힌 姜太公같이 되지말란 법이 어데 있으랴고 醉中이나 夢裏에 생각했을 것이다. 맑은 정신일 때에는 그렇게까지는 아니고 사무관이나 서기관으로 特別採用되기를 기대했겠지만. 長安과 附近의 名所는 曲江·芙蓉園·樂遊原같은 遊園地와 慈恩寺·薦福寺·靑龍寺·香積寺같은 大刹, 杜曲·韋曲같은 경치 좋은 近郊, 그리고 歷代 陵寢, 조금 멀리가면 有名한 新豐, 溫泉으로 이름을 떨친 驪山 等 名勝地와 古跡이 하고 많은데 왜 何必 終南山과 渭水를 쳐들었는지를 곰곰 窮理하고 注意할 필요가 있지 않을까?

解說

정말 갑니다. 서울 長安의 權貴·富豪에게 더 이상 고패를 숙이고 허리를 굽힐 일도 없겠지요. 환로(宦路)·관장(官場) 다 미련 없이 떠납니다. 長安의 生活은 이 갈리고 신물 나며 벼슬이고 구실이고 넌덜머리나고 진절머리 앓을 지경이랍니다. 다만 그래도 여전히 終南山을 잊지 못하여 마음에 두고 그리워하며 맑은 渭水의 물가에서 놀던 때가 생각나는군요. 무어 남은 終南山에 묻혀서도 지름길 갈 줄 알고 멀건 강물에 낚싯대 드리워도 富貴功名을 다 計劃할 줄 아니 그것을 念頭에 두었거나 부러워한다고는 말씀 마십시오! 저 같은 좀팽이가 焉敢生心, 그저 사람은 싫어도 이곳의 江과 山이 나를 못내 아쉬워하게 할 뿐이지요. 그뿐입니다.

☛ 參考

① 唐·王維·〈終南山〉

太乙近天都, 連山到海隅. 白雲迴望合, 青靄入看無.

分野中峯變, 陰晴衆壑殊. 欲投人處宿, 隔水問樵夫.

終南이라 太乙은 위로는 하늘나라에 바특하고, 옆으로는 산봉우리가 끝없이 이어져 바닷가에 이른다네. 아무것도 없는듯하너니 머리 돌려보면 어느새 흰 구름이 자욱하게 일어나 모여들고, 멀리서 볼 때 속에는 푸르스름한 안개인지 이내인지 잔뜩 끼어있는데 막상 들어가니 아무리 눈 씻고 보아도 없다네. 하늘을 나눠가진 별자리들은 이곳의 主峰이라 最高峰을 경계로 달라지고, 흐리고 갠 날씨는 뭇 골짜기마다 같지 않다네. 사람 사는 곳 찾아 하룻밤 묵어가려고, 물을 사이에 두고 나무꾼에게 물어본다네.

▷太乙: 終南의 異名.

▷天都: 上帝의 구역인 하늘.

▷海隅: 海邊.

▷青靄: 푸르스름한 안개·이내·아지랑이.

▷分野: 中國의 九州에 맞춰 하늘의 별자리를 적당히 나누어 놓은 것

▷投宿: 投舍. 投止. 宿泊施設에 들어 묵음.

▷人處: 사람이 사는 곳. 處: 居住. 處所.

② 渭水는 옛날 姜太公 呂尙이 낚싯대 드리우고 時節을 낚아서 有名해졌다. 西伯 즉 周文王이 사냥 나갔다가 太公을 渭水 북쪽 물가에서 만나 對話를 나누었고 마음에 꼭 들어 수레에 태우고 돌아와 스승으로 모셨다 한다. 이 史實을 두고 지은 詩는 많은데 唐·溫庭筠의 것이 가장 널리 알려졌다.

ⓐ 唐·溫庭筠 〈渭上題〉 三首

其一

呂公榮達子陵歸, 萬古烟波繞釣磯. 橋上一通名利迹, 至今江鳥背人飛.

嚴子陵은 낚시터로 돌아갔으나 姜太公은 높은 자리 올라 크게 出世하니, 渭水가의 낚시터는 긴긴 세월 안개와 물결만이 에워쌌다네. 渭水위의 다리 건너 名聲과 地位·利益과 官祿의 자취와 한번 통한 뒤, 오늘에 이르도록 강가의 새들은 낚시꾼을 등지고 난다네.

▷榮達: 높은 地位에 올라 크게 출세함.

▷子陵: 嚴光의 字. 소싯적에 光武帝 劉秀와 함께 공부한 벗. 劉秀가 東漢을 세운 뒤 백방으로 수소문하여 서울인 洛陽에 불러들여 高位職을 주었으나 끝내 사양하고 돌아갔으며 東江의 七里灘에서 낚시로 消日하며 生을 마침.

▷釣磯(조기): 釣臺. 漁磯. 낚시터.

▷橋: 渭水에 놓인 다리는 西渭橋·東渭橋·中渭橋가 있는데 漢武帝 때에 또 놓은 便門橋도 있다. 그러나 本詩에서는 自然을 벗 삼는 生活을 버리고 名利와 榮達을 바라며 人生의 다른 세계로 통하는 다리를 건너갔다는 뜻으로 쓰였다. 즉 상징이다.

▷名利: 名聲과 利益. 名位와 利祿.

其二

目極雲霄思浩然, 風帆一片水連天. 輕橈便是東歸路, 不肯忘機作釣船.

눈을 크게 뜨고 보는 높은 하늘, 내 靑雲의 뜻도 높고 큰데. 順風타고 가는 돛단 배 하나, 강물과 하늘은 잇닿아 넓고 아득하네. 날렵하게 젓는 노, 비록 長安 떠나 동으로 가는 길이나, 아직은 俗世의 機巧잊고 隱者의 낚싯배로 바꿀 마음 없다네.

▷目極: 눈을 한껏 떠 멀리 봄.

▷雲霄: 구름 뜬 높은 하늘. 높고 깊은 뜻. 높은 지위.

▷風帆: 배의 돛. 돛을 올려 順風을 타고 가는 배.

▷橈(요): 배를 젓는 노. 확대되어 배의 뜻으로도 쓰임.

▷肯: 同意하다. 받아들이다.

▷忘機: 世俗에서 흔히 볼 수 있는 巧妙하고 재주 좋고 要領 피우는 것을 다 털어버리고 잊음. 따라서 淡泊하게 살며 世上과 다투지 않는 것을 가리킨다.

▷釣船: 釣舟. 漁舟. 낚싯배.

其三

烟水何曾息世機, 暫時相向亦依依. 所嗟白首磻溪叟, 一下漁舟更不歸.

안개와 물의 고장에 있을 때라도 世俗의 機心이 어찌 사라졌으랴! 그렇다고 出世를 위해 떠나도 그때는 또 안개와 물을 잊을 수 없으니, 비록 暫時 안개・물을 마주했어도 또한 아쉽고 그리워하는 마음 있다네. 내가 탄식하는 것은 머리 흰 磻溪(반계)의 파파(皤皤) 노인네가, 한번 낚싯배에서 내리더니 다시는 돌아오지 않는 것이라네. 그늙은 나이에 功成身退 못한 것이 참으로 애석하다네.

▷世機: 俗世의 機巧・要領・재주.

▷相向: 相對.

▷依依: 아쉬워하며, 연연해하며, 그리워하며 떨어지지 못하는 모습.

▷磻溪: 水名. 지금의 陝西省 寶鷄市 東南에 있으며 渭水로 흘러든다. 姜太公 呂尙이 文王을 만나기 전 낚싯대 드리우던 곳이라 한다. 따라서 磻溪叟는 呂尙을 가리킨다.

知識人들은 世上에 나가 活躍하기를 원하였다. 溫庭筠이나 李商隱도 그러하였으니 好意的으로 말하면 나라와 百姓을 위해 한 몸 바쳐 일하겠다는 것이고 좀 박절(迫切)하게 評하면 立身出世하며 富貴功名을 위하여라 하겠다. 그들은 세파에 시달려 生活이 무엇인가를 알았으며 高尙하게 隱居한다는 것을 最善이라 여기지도 않았다. 于先 문제되는 것이 돈이니 이것 없이 어떻게 먹고 입고 산단 말인가? 其次는 童子 구하기 어려움이니 어데 가서 賈島가 찾아갔다 못 만난 隱者의 童子처럼 똘똘하고 멋도 있고 青山流水처럼 口辯좋은 아이를 구한단 말인가! 하하! 그들이 강조한 것은 功成身退 한 가지였던 것이다. 功을 이루면 미련 없이 勇退하라! 늙어 꼬부라지도록 자리에 연연하여 致仕하지 않고 恥事하게 눌러앉고 눌어붙어 致死하도록 미루적미루적거리는 老醜를 극도로 警戒하였을 뿐이다. 溫氏의 詩 三首는 姜太公의 世俗活動을 나무란 것은 아니며 다만 뜻을 이룬 뒤 다시 自然으로 돌아오지 않았음을 애석해 한 것이다. 自身 또한 隱居할 마음은 현재로서는 없고 다만 世上에 나아가 할일 한 뒤에는 반드시 隱居하겠다는 뜻을 보인 것이다.

宋의 荊公 王安石이 自己의 平生 心事를 그대로 나타냈다고 酷愛한 李商隱의 詩句도 溫氏의 뜻과 同一하다.

唐·李商隱〈安定城樓〉七言律詩의 5·6句

永憶江湖歸白髮, 欲回天地入扁舟.

내 줄곧 江湖를 그리워하니 白髮이 될 때에는 꼭 돌아가리라. 다만 먼저 天地를 확 돌려 바꾼 뒤에 一葉扁舟에 들어갈 것이다.

ⓑ 그 다음으로 世人들이 보암직하다고 여긴 것은 胡曾의 作品이다. 그는 唐末 僖宗때 사람으로 詠史詩 三卷 一百五十首를 읊어 一世를 風靡하였다. 그의 〈渭濱〉과 〈七里灘〉은 姜太公과 嚴子陵을 두고 지은 것인데 한번 吟味할 값어치가 있다.

唐·胡曾〈詠史詩〉一百五十首中〈渭濱〉

岸草青青渭水流, 子牙曾此獨垂釣. 當時未入非熊兆, 幾向斜陽歎白頭.

강기슭의 풀은 여전히 푸르고 渭水는 예대로 무심히 흘러가는데, 일찍이 姜太公이 변함없이 홀로 낚싯대 드리웠던 곳이란다. 그 옛날 호랑이도 아니고 곰도 아니고 하는 점괘에 들 수 없었다면 아마도 저녁노을 바라보며 센 머리를 탄식했었으리라.

▷子牙: 姜太公은 姓은 呂 名은 尙 字는 牙로 알려졌다.

▷獨: ① 변함없이. 여전히. 그대로. ② 단지. 다만. 그저. ③ 혼자. 홀로.

▷非熊兆: 周나라 以前 殷代에도 사냥 나가지 전에 무엇을 잡을 수 있는지

를 占쳤는데 殷人들은 코끼리 잡는 것에 아주 관심이 많은 것을 지금 남아있는 甲骨文을 통해 알 수 있다. ≪史記 · 齊太公世家≫를 보면 西伯이 사냥을 나가려 할 때 점을 쳤는데 "잡는 것은 용도 아니고 이무기도 아니며 호랑이도 아니고 말곰도 아니니 잡는 것은 바로 霸王의 輔佐로다. 所獲非龍非螭, 非虎非羆, 所獲霸王之輔."라는 豫示가 나왔다 한다.

▷兆: 점을 칠 때 龜甲을 불로 지지면 吉凶을 알려준다는 불규칙한 금(裂文)이 나타나는데 이것을 兆라 하였다. 占卦는 本來 周易을 依據하여 시초(蓍草)로 占친 結果니 兆와는 다르나 지금은 混用한다.

天下의 主人이 殷이냐 周냐 하는 乾坤一擲 · 大激動의 主演이 황당무계(荒唐無稽)한 한낱 점괘에 따라 出演與否가 결정났다는 사실로 人間世上事란 이렇게 虛妄 즉 어이없고 허무하다는 탄식과 함께 懷才不遇의 感慨도 함께 슬쩍 내비쳤다.

唐 · 胡曾〈詠史詩〉一百五十首中〈七里灘〉

七里青灘映碧層, 九天星象感嚴陵. 釣魚臺上無絲竹, 不是高人誰解登.

七里灘은 겹겹의 푸른 산이 비쳐 더욱 푸르고, 높고 높은 하늘의 별들도 嚴子陵에 感應하여 그를 따라 움직였단다. 지금 낚시터는 예대로나 낚싯술 · 낚싯대 볼 수 없으니, 高尙한 逸士 아니면 그 누가 거기 오를 줄 알겠는가?

▷層: 層山 즉 겹겹의 산. 또는 層空 즉 겹겹의 높은 하늘.

▷九天: 天空의 最高處.

▷星象: 별의 明暗이나 位置 等의 現象.

▷星象感嚴陵: 하늘의 별도 嚴子陵에 感應하여 嚴의 一擧手 一投足에 따라 하늘에서 그대로 따라 움직인다는 뜻. ≪後漢書 · 逸民傳≫에 의하면 "光武帝가 嚴子陵과 함께 누워 자는데 嚴光이 발을 임금의 배 위에 얹었다. 다음날 太史가 客星이 御座를 犯하여 아주 危急하다고 上奏하였다. 임금이 웃으며 짐(朕)의 친구 嚴子陵과 함께 누웠던 것이니라 하였다. 因共偃臥, 光以足加帝腹上. 明日, 太史奏客星犯御座甚急. 帝笑曰: '朕故人嚴子陵共臥耳."

▷絲竹: 낚싯줄과 낚싯대.

▷高人: 超人. 뜻이 高尙한 逸士.

ⓒ 내친 김에 좋게 보면 利害得失 다 떠나 世事에 淡泊하다 하겠고 나쁘게 말하면 萬事가 심드렁하다는 좀 무덤덤한 作品도 한 首 보자.

唐・白居易〈渭上偶釣〉

渭水如鏡色, 中有鯉與魴. 偶持一竿竹, 懸釣在其傍.
微風吹釣絲, 嫋嫋十尺長. 身雖對魚坐, 心在無何鄕.
昔有白頭人, 亦釣此渭陽. 釣人不釣魚, 七十得文王.
況我垂釣意, 人魚亦兼忘. 無機兩不得, 但弄秋水光.
興盡釣亦罷, 歸來飮我觴.

〈渭水가에서 우연히 낚시하다〉

渭水는 거울모양으로 맑고 잔잔한데, 거기에는 잉어와 방어가 있단다. 우연히 낚싯대 하나 들고, 낚싯바늘 달아 물가에 있게 되었다. 微風은 낚싯줄에 불고, 열자길이 낚싯대는 간들간들 하였다. 몸은 비록 고기 향해 앉았으나, 마음이야 無何有鄕에 있는 것을. 옛날 머리 센 사람 있어, 또한 이 渭水의 북쪽에서 낚시질 했단다. 사람을 낚으려 하였지 고기를 낚지 않았다던데, 칠십이 되어서 文王을 얻었단다. 하물며 나 같은 사람의 낚시 드리운 뜻은, 사람이고 고기고 다 잊는 것에 있었으니. 덫을 놓는 마음 없어 둘 다 얻지 않았고, 그저 가을 물의 맑고 빛남 즐겼다네. 홍이 식고 낚시 또한 끝났으니, 돌아가서 술이나 마시자네.

▷無何鄕: 無何有鄕. 無何有之鄕. ≪莊子・逍遙遊≫에나오는 아무 것도 없는 고장. 後世에는 텅 비고 架空의 非現實的이며 虛荒한 境界나 夢中之境을 나타냈다. 우리나라에서는 사람이 손대지 않은 자연 그대로의 세계라는 뜻으로 썼다.

▷無機: 機心, 즉 덫을 놓는 마음이 없다.

❖ 제40・41구: 常擬報一飯, 況懷辭大臣.

註

▶擬: ① 본받다. 배우다. 본뜨다. ② ~하려고 하다. ~할 작정이다.

▸報一飯: 한 끼 얻어먹은 것도 보답하다. "一飯之德"은 한 끼 베푼 은덕으로 아주 작은 恩德을 比喩한다. ≪史記 · 范雎 · 蔡澤列傳≫: "范雎於是散家財物, 盡以報所嘗困戹者. 一飯之德必償, 睚眦之怨必報. 갖은 고생 끝에 范雎(범수)가 秦의 宰相이 되자 집의 財物을 나누어 일찍이 곤경에 처했을 때 도와 준 사람에게 갚았다. 한 끼의 은덕도 반드시 보답했고 눈 한 번 흘긴 사소한 원한도 반드시 앙갚음하였다." ≪史記 · 淮陰侯列傳≫: "(韓)信釣於城下, 諸母漂, 有一母見信飢, 飯信.……謂漂母曰: '吾必有以重報母.……' 齊王信爲楚王, 都下邳. 信至國, 召所從食漂母, 賜千金. 韓信이 城 아래에서 낚시질 할 때 여러 여인들이 빨래하고 있었다. 한 여인이 韓信의 주린 것을 보고 밥을 주었다.……빨래꾼에게 말하기를 '내 반드시 크게 보답하리다.……'하였다. 齊王 韓信을 楚王으로 삼고 下邳에 都邑을 정하였다. 韓信이 封國에 이르자 따라다니며 밥 얻어먹던 빨래꾼을 불러 천금(千金)을 주었다."

▸況: 況且. 즉 하물며. 게다가. 더구나의 뜻으로 보통 쓰인다. 그러나 唐 · 宋의 詩를 보면 ① 豈, 어찌의 뜻으로 쓰일 때가 있고, ② 又, 또의 뜻으로 쓰일 때가 있다.

例를 들겠다.

ⓐ 唐 · 王昌齡〈送東林廉上人歸廬山〉詩

昔爲廬山意, 況與遠公違?

옛부터 廬山에서 修行할 뜻이 있었으니, 어찌 慧遠스님과 다르겠는가?

唐 · 柳宗元〈樂府雜曲 · 吐谷渾〉

除惡務本根, 況敢遺萌芽?

惡을 除去함에는 힘써 뿌리를 없애야 하며, 어찌 싹이라고 버려두리오?

以上은 況이 豈의 뜻으로 쓰인 경우다.

ⓑ 唐 · 張子容〈九日陪潤州趙使君登北固山〉

新豐酒舊美, 況是菊花期.

新豐의 술은 옛부터 좋았는데, 또한 菊花의 계절이구나.

唐 · 孟浩然 〈早發漁浦潭〉

舟行自無悶, 況値晴景豁.

배가 떠가니 답답증이 사라지는데, 또 다시 활짝 개인 風景의 툭트임을 만났다.

以上은 況이 又의 뜻으로 쓰인 경우다.

우리 같은 不學 · 無識 · 菲薄 · 淺才로 이것을 어떻게 알아냈겠는가? 王鍈先生의 ≪詩詞曲語辭例釋≫을 參考하였을 뿐이다.

▶懷辭: 하직할 마음을 품다. 하직이란 먼 길 떠날 때 웃어른께 작별을 고함이니 杜先生은 이제 정말 간다고 으름장을 놓는 듯하다.

▶大臣: 大吏. 大官. 官職이 높은 臣下를 말한다. 우리나라의 경우 보통 領議政 · 左議政 · 右議政, 즉 政丞을 가리켰으며 또한 한 官衙의 으뜸 벼슬을 나타내기도 하였다.

▶上下二句의 內容이 잘 연결되지 않는다. 上句에 맞춰서 下句를 쓴다면 "늘 한 끼의 밥 먹은 것도 立身出世하여 아주 크게 보답하려 했고 또 古人들의 보답함을 본받으려 했는데, 하물며 大臣의 厚恩을 입었음에랴! 꼭 갚고 보답해야지"가 正常이다. 下句에 맞춰서 上句를 쓴다면 "市井의 한 끼 은덕 베푼 善男善女 · 匹夫匹婦와 헤어질 때에도 인사하고 가는 법이거늘 하물며 大臣을 하직할 마음을 품었음에랴! 반드시 하직인사 올리고 가야지" 이렇게 해야 順通하게 된다.

문제는 況 즉 하물며는 앞의 사실과 비교하여 뒤에 사실에 더 강한 긍정을 나타낼 때 쓴다는 점이다. 즉 上句와 下句가 內容上 比較가 되어야 하는데 本詩의 두 句는 그러하지가 않다. 따라서 況을 어찌의 뜻으로 해석하면 이렇게 쉽게 풀린다. "늘 한 끼의 밥 먹은 것도 내 꼭 갚으리라 古人의 보답함을 본받아 반드시 갚으리라 생각했었는데 그토록 厚意를 베푸신 大臣에게 티끌만한 보답도 못하고 어찌 하직할 뜻을 품게 되었단 말인가." 물론 況을 또로 해석해도 可能하다. 즉 "내 크게 출세하여 떳떳하게 한 끼의 밥 얻어먹은 작은 은혜도 보답했다는 古人들을 본받으려 했건만 또한 허망하게 큰 은혜 베푼 大臣을 하직할 마음을 품게 되었을 뿐이다."

➡ 杜甫의 文章은 병통이 하나 있으니 — 詩題에서도 쉽게 볼 수 있다 — 무슨 말을 하려는지 어렴풋이 짐작이 가기는 가는데 하나하나 뜯어보면 말이 어색하고 잘 연결이 되지 않는 경우가 많다는 점이다. 좀 심하게 말한다면 "나는 어제 슬픈 비(雨)다"와 같이 무엇을 말하려는 지를 대충 감을 잡을 수는 있으나 明瞭하지는 않다는 것이 문제다. 雨田선생님은 杜詩 마니아(mania)이신지라 純古文이라고 단호하게 역성을 드신다. 그러나 우리는 승복(承服)할 수 없었다. 그리고 이러한 일은 文章뿐 아니라 詩에도 나타난다. 우리생각에 이것은 하나의 병목현상일 뿐이었다. 할 말은 많아 팔차선 도로의 차와 같은데 표현은 짧게 압축시키자니 이차선 도로가 되고 병목현상은 必然의 結果이리라. 따라서 "況"을 본래 가장 많이 사용되는 "하물며"의 뜻으로 풀고 싶으면 팔차선 도로로 일단 후진하여 넉넉하게 풀어 볼 일이다. 우스개로 보아도 그만이고 참고하신다면 영광이다. "일개(一介) 匹夫匹婦의 주그만 은덕도 팔자가 피었을 때에는 반드시 크게 갚은 古人들을 본받으려 했으며 혹 그들과 헤어질 때에도 정중하게 하직인사를 올려야 하겠거늘 하물며 두터운 은혜를 베푸신 大臣에게 내 털끝만한 보답도 못하고 있다가 이제 다시 하직할 마음을 품었음에랴! 정중히 인사하고 뒷날 반드시 보답할 것을 기약하며 떠나는 바 입니다."

解說

古人들은 한 끼의 밥 같은 작은 은덕일지라도 出世·顯達하면 잊지 않고 꼭 보답했는데 저 또한 그러한 古人을 본받으려 했고 꼭 갚으려 생각했었습니다. 그러나 세상사는 알 수 없는 법, 제가 어찌 大臣을 하지할 마음을 품게 될 줄을 알았겠습니까? 두터운 은혜의 만분이 일도 갚지 못하고 말입니다.

❖ 제43·44구: 白鷗沒浩蕩, 萬里誰能馴?

註

▸沒: ① 沈沒하다. ② 水中에 잠겨 놀다. ③ 埋沒·泯滅의 뜻 外에 隱沒·消失의 뜻이 있다. 즉 사라지다, 없어지다, 숨어버리다의 뜻이다. 本句에서는 이 뜻으로 쓰였다. ≪杜詩詳注≫에서 引用한 宋敏求의 말씀, 白鷗는 물에 들어갈 수 없다는 것은 맞는 말씀이다. 오리종류나 가마우지는 물에 들어가 고기를 잡으며 십 초정도 물속에 있다가 나온다. 그러나 갈매기는 결코 물에 들어가지 못한다. 단 沒의 뜻을 隱沒·消失이라 해석하지 못하고 가장 基本的인 含意로만 따졌기 때문에 그럴듯한 잘못을 한 듯하다.

▸浩蕩: 廣大하고 曠遠 함의 뜻이니 바다의 아득하고 넓음을 말한다.

▸馴: 馴化하다. 즉 길들이다. 다루다의 뜻.

▸本二句는 다시 정리하면 "誰能馴沒浩蕩萬里外之白鷗"가 될 것이다.

➥ 古人들은 杜甫가 마지막에 決然한 態度·姿勢를 보였다고 하지만 우리가 보기에는 조금 더 자기를 위해 힘써주고 붙들어 주기를 바라는 듯하며 엄포를 놓은 듯 할뿐이었다. 後世의 눈으러 볼 때 偉大한 不世出의 人物이라고 너무 粉飾할 必要는 없다. 逆境에 처하고 窮乏할 때 最大限으로 自尊心을 살리면서 사정을 하려면 대포도 놓고 허풍도 떨고 다 그렇게 되는 법이다.

解說

갈매기가 아득하고 넓은 바다로 숨어버리면 그것으로 그만, 萬里밖으로 떠난 것을 어떻게 다시 불러 길들인단 말입니까. 지금이 마지막 기회입니다. 저는 날마다 장마다 나오는 꼴뚜기가 아닙니다. 지금 놓치면 다시는 잡을 수 없습니다. 제발 다시 생각하고 붙드시라니까요.

➥ 後世의 評者들은 本詩에 稱讚을 아끼지 않았다. 激烈한 語套, 堂堂한 自負心, 隱諱하지 않고 까발린 自身의 恥辱·羞恥, 相對에게 바치는

恭敬과 溫厚함, 바라되 求乞하지 않으며 부탁하되 동정을 구하지 않음, 일이 안되면 決然히 떠나지만 그래도 차마 그대로 떠나지 못하는 厚德함 等等을 하늘의 찬란한 星座처럼 늘어놓고 깔아 놓았다. 그러나 조금 冷靜한 눈과 沈着한 마음으로 본다면 知識人이 共有하는 自尊心과 自負心, 寒士 · 貧士가 의례 가지는 격한 感情을 띤 辛辣한 批判이 主內容으로 한마디로 壓縮하면 잘난 自己를 몰라주는 世上이 원망스럽다는 것이다. 특히 소싯적부터 공부도 많이 하고 創作도 뛰어났으며 알아주는 사람 많았다는 부분은 대개 失敗者, 落伍者들이 취하거나 흥분하면 의례 내쏟는 말이니 東西古今이 同一하다 하겠다. 失禮를 무릅쓰고 말한다면 우리나라 장타령 · 각설이 타령도 몰락한 支配階層이나 知識人들이 지었다고 알려졌는데 빠지지 않고 등장하는 것이 "이래 뵈도 정승판서 자제로 팔도감사 마다하고 돈 한 푼에 팔려서……"라는 대목이다. 陰地로 밀려난 路傍人生들의 서글픈 제 자랑 이상도 이하도 아닐 뿐이다. 다른 점이 있다면 장타령은 유머가 있고 직설적으로 求乞함이요 杜先生의 경우는 絢爛한 言語驅使에 起承轉合을 巧妙하게 해냈다는 점이다. 과거에는 傑作 · 秀作이라 했으나 우리 보기에는 問題作이라 함이 옳겠다.

31. 〈冬日洛城北謁玄元皇帝廟〉(五言排律)

配極玄都閟, 憑高禁籞長. 守祧嚴具禮, 掌節鎭非常.
碧瓦初寒外, 金莖一氣旁. 山河扶繡戶, 日月近雕梁.
仙李蟠根大, 猗蘭奕葉光. 世家遺舊史, 道德付今王.
畫手看前輩, 吳生遠擅場. 森羅移地軸, 妙絶動宮牆.
五聖聯龍袞, 千官列雁行. 冕旒皆秀發, 旌旆盡飛揚.
翠柏深留景, 紅梨迥得霜. 風箏吹玉柱, 露井凍銀牀.
身退卑周室, 經傳拱漢皇. 谷神如不死, 養拙更何鄉.

❖ 詩題

註

▸謁: 拜謁(배알)하다. 참배(參拜)하다.

▹拜謁: 地位가 높거나 尊敬하는 사람을 찾아가 뵘.

▹參拜: ① 神이나 佛에게 절함. ② 靈柩나 무덤 또는 죽은 사람을 기념하는 紀念碑 따위의 앞에서 追慕의 뜻을 나타냄.

▸玄元皇帝: ① ≪杜詩鏡銓≫에서 引用한 封演의 ≪聞見記≫에 의하면 高祖 武德 3年(AD 620) 晉州사람 吉善이 羊角山을 지나다 白衣老人을 만났는데 그를 불러 "唐 天子에게 전하라. 나는 老君으로 바로 너의 祖上이니라. 今年에 盜賊이 없으며 天下가 太平할 것이다."라 하였다. 高祖가 즉시 使者를 派遣 祭祀를 지내고 그 곳에 廟를 세웠다. ② ≪新唐書・高宗本紀≫에 의하면 乾封元年에 박주(亳州)에 납시었다가 老子廟를 참배(參拜)하고 太上玄元皇帝로 追尊하였다. ③ ≪舊唐書・玄宗本紀≫에 의하면 開元 29年에 長安・洛陽의 두 서울과 諸州에 玄元皇帝廟를 세웠다 한다. 天寶元年 9月에 다시 太上玄元皇帝宮으로 改稱

하였고 天下가 이에 뒤따랐다 한다. 天寶 2年에 西京 즉 長安의 것을 太淸宮, 東京 즉 洛陽의 것을 太微宮, 天下의 것을 紫極宮으로 改稱하였다 한다. ④ 天寶 元年에 陳王府의 田同秀가 上書하였다. "玄元皇帝께서 丹鳳門 앞 大路에 강림(降臨)하셨는데 하사(下賜)하시는 부록(符籙, 즉 道敎의 秘傳되는 문서)이 尹喜의 옛집에 있다고 하셨다"는 것이다. 上께서 使者를 函谷關 尹喜의 집 옛터 서쪽으로 보내 發掘하여 얻었다. 이에 玄元廟를 大寧坊에 세우고 東都 洛陽에는 積善坊 臨淄王 옛 집터에 세웠으며 새로 세운 廟에 친히 祭享하였다.

解說

〈겨울날 洛陽城北의 玄元皇帝廟를 參拜하다〉

➡ 中國에서 帝王들은 地位를 鞏固히 하기 위해 온갖 詐欺·虛僞를 恣行하였으며 知識이 普及되지 않았을 때라 民衆들은 心理的으로 屈服하게 마련이었다. 創業主들은 符命 — 즉 上天이 豫示하는 하나의 兆朕으로 아무개가 天命을 받아 임금이 된다는 것 — 을 수없이 만들었으니 新을 세운 王莽이 斷然 最高手라 하겠고 帝位를 물려받은 임금도 安心만할 수는 없었던지라 많은 祥瑞 — 靑龍·黃龍·鳳凰이 줄지어 不斷히 出沒하였고 突然變異로 白鹿·白雉·赤兎·嘉禾·가 本意아니게 權力에 一助하였다 — 를 造作하였다. 唐나라도 例外가 아니었으니 먼저 가까운 祖先으로 七代祖가 西凉을 세운 武昭王 이호(李暠)라 하여 家門이 凡常치 않음을 誇示하였던 바 그것만으로는 약발이 未洽하였다고 여겼던지 古善이란 者를 시켜 羊角山에서 白衣老人 만났다하며 첫발을 내디니고 나중에는 田同秀란 者를 통해 시시한 白衣老人이 아니고 玄元皇帝께서 몸소 降臨, 符錄의 所在地를 말해주기에 이르렀다. 원래 일이란 이렇게 커지게 마련이다. 本來 老子가 李氏의 祖上이라는 說은 漢代에도 있었으니 ≪後漢書·鄭·孔·荀列傳≫을 보면 孔融이 열 살 때 父親따라 서울 갔다가 河南尹 李膺을 보고 한 말이 바로 그것이나. 자기의 조상 孔子와 李膺의 조상 老子가 同一한 目的을 위하여 애썼고 師

友가 되었다는 것이다. 콩알만한 아이도 耳濡目染이라 하도 많이 보고 들어서 그야말로 常識이 되고 만 셈이다.

그런데 老子를 내세우면 너무 아득하고 現實感이 떨어지며 남들도 其然가 未然가 眞實感이 不足한 듯 여겨지며 그저 그런가 보다 하니 이에 다른 길을 찾게 되었나 보다. 여기에 登場하게 된 人物이 漢初의 名將인 李廣이다. 그가 隴書 成紀人이므로 後世의 李氏들은 虛無縹渺한 老子 代身에 一致團結 言必稱 隴書 成紀人이었던 것이다. 西涼의 李暠도 當然히 그러하였으니 그 後孫이라는 唐高祖 李淵 또한 물론 그러한 것이다. 따라서 玄元皇帝廟라는 것은 徹底히 政治的 考慮에 의한 産物이며 無知蒙昧한 被支配層을 籠絡하는 수단일 뿐이다. 陳貽焮教授의 해석이 그럴듯하다. 太上玄元皇帝를 쪼개면 太上은 道教에 속하고 玄元은 道家에 속하며 皇帝는 皇族이니 더 以上 말해 무엇 하랴! 좋은 것은 다 모아 놓았거늘 원래 일이란 이렇게 부풀게 마련이다.

＊ 本詩가 譏評함이냐 아니면 稱頌함이냐 하는 問題

錢牧齋의 ≪箋注杜詩≫에서 唐나라가 老子를 祖上으로 받든 뒤 이 세상에 나타난 現象과 符命을 고한 者가 많았다. 玄宗이 굳게 믿고 받드니 公께서 이 詩로 諷諫하였다. 配極 云云은 玄元의 廟가 宗廟의 禮를 따른 것이니 常法에 어긋나며 碧瓦 云云함은 그 宮殿이 制度를 벗어남이며 世家 云云은 이미 ≪史記≫에서 世家에 列入시키지 않고 〈伯夷列傳〉, 〈管晏列傳〉 다음에 〈老子韓非列傳〉으로 編入한 것을 開元時代에 勅令으로 列傳의 머리에 두었으나 結局 世家에 올리지 못한 것을 은근하고 완곡하게 諷諭한 것이며 道德 云云한 것은 玄宗이 몸소 ≪道德經≫에 注를 달고 玄學을 推崇했으나 道德의 眞意를 꼭 알았다고는 할 수 없으니 이 또한 은근하고 완곡한 批評이다. 畵手以下 吳生의 圖畫描寫는 兒戲에 가깝다. ≪老子≫ 五千言의 要諦는 淸靜無爲로 治國하고 立身하는데 있으니 따라서 그가 물러가니 周나라는 衰하였고, ≪道德經≫이 전해지자 漢나라는 興盛하였다. 만약에 不死하였다면 마땅히 名聲을 감추고 拙朴을 기를 것이지 사람의 모습으로 내려와 妖邪와 祥瑞를 만들고 俗世人主의 崇拜를 獲得한 단 말인가 하고 이 作品은 杜甫가 譏評함이라고 斷言하였으며 何義門도 이를 따랐다. 그러나 毛先舒는 이 詩는 忠厚한 마음으로 썼다고 하였으며 玄元에 대한 致祭立廟는 高祖부터 始作되었고 歷代 이를 沿襲하였으며 玄宗때에 처음 이루어진 것이 아니고 洛陽의 廟에는 五聖 즉 高祖·太宗·高宗·中宗·睿宗의 肖像이 竝列되었는데 臣子가 拜謁함에 嚴肅할 뿐일 것이다 했고 또한 杜甫가 바친 〈三大禮賦〉 중 〈朝獻太淸宮〉은 바로 老子廟를 가리킨 것으로 힘을 쏟아 賦 속에서 修飾한 바, 먼저는 諷刺하고 나중에는 稱頌했다니 어찌 그런 矛盾이 있겠는가 하였다. 郭曾炘先生도 이를 따랐다.

지금 鄭文先生의 ≪杜詩檠詁≫의 內容을 紹介하며 끝을 맺겠다.

"錢牧齋가 儒家正統의 觀點에서 諷諫으로 본 것은 합당하리라. 다만 李氏의 唐나라는 그 統治를 鞏固히 하기 위하여 老氏에 依托함이 이미 오래되었고 玄宗때에 더욱 심해진 것도 사실이다. 唐의 臣民으로 누가 감히 따르지 않겠는가? 하물며 終南捷徑처럼 絶對權力者에게 한번 잘 보이면 立身出世한다는 사실이 세상에 廣範圍하게 流傳된 이때에 杜甫가 長安에 旅食하며 朝扣富門·暮隨馬塵하고 殘羹冷炙에 到處潛悲하여 難甘原憲之貧하고 常作饑鷹之呼함에랴! 지금 東都 洛陽으로 돌아가 玄元廟을 進謁하며 頌歌를 지어 天子의 귀에 들어가 特別拔擢되기를 바람은 본시 情理上 마땅히 있을 수 있는 일이다. 만약에 諷刺로 본다면 그것은 當時의 社會環境을 벗어난 것이며 儒學의 視線과 眼目으로 强要하는 것일 뿐이다."

至當한 말씀이다. 이때의 杜甫는 지푸라기라도 잡는 다급한 심정으로 特別採用을 꿈꾸던 때이니 婉曲함이던 直說的이던 諷刺같은 危險한 行動은 꿈도 꾸지 않았을 것이다. 杜甫가 처한 狀況에 대한 理解와 考慮가

先行되어야 마땅할 것이다.

❖ 제1·2구: 配極玄都閟, 憑高禁籞長.

註

▸配極: ① 配享于極廟. ≪杜詩詳注≫에서 ≪史記≫를 引用하였는데 "始皇이 極廟를 만드니 天極을 본뜸이라" 하였고 ≪索隱≫을 引用하였는데 "宮廟를 만드는데 天極을 본떴으므로 極廟라 한다"라 하였다. 天極은 北極星을 말한다. 配享은 合祭·祔祀로 宗廟 즉 極廟에 祭지낼 때 함께 모셔서 흠향(歆饗)하도록 하는 것이다. ② ≪杜詩鏡銓≫은 趙注를 引用 "廟가 洛城 北에 있으므로 配極이라 한다" 하였다. 이때에도 極은 北極星을 말한다. ①의 뜻은 이 玄元廟는 宗廟에 配享하는 玄元皇帝의 廟로 ……②의 뜻은 北에 있어 北極星과 짝이 되는 廟로 ……가 된다. 우리생각에 北에 있어서 北極星과 配한다는 것은 無理가 있다고 본다. 廟의 內容에 따라서 決定되는 것이 合理的이니 東·南·西에 이 廟가 자리 잡고 있어도 北極과 配한다 할 것이다. 位置로 決定될 일이 아니라고 본다. ①의 說은 ≪漢語大詞典≫도 따랐다.

▸玄都: 唐에서 太上玄元皇帝로 떠받드는 道教의 教祖인 太上老君, 簡單히 道君이라 부르는 老子가 居處하는 곳. ≪杜詩鏡銓≫에서 引用한 ≪道藏≫에서 "道君은 大玄都에 處하시니 그 자리는 세상을 덮어주는 하늘보다 높다. 위로는 三清을 網羅하고 아래로는 三界를 包括한다. 道君處大玄都, 坐高蓋天. 上羅三清, 下包三界."

➥ ≪杜詩鏡銓≫과 一部 書籍에는 玄都가 元都로 되어있고 注에도 大玄都가 大元都로 畵家인 吳道玄이 吳道元으로 되어있다. 後人들 또한 그대로 引用할 때가 있다. 우리생각에 清나라 聖祖 康熙帝의 姓名이 愛新覺羅·玄燁인지라 避諱하느라 玄을 元으로 고친 듯하다. 漢末의 大學者 鄭玄도 덕분에 清에서는 鄭元이 되었으며 우리나라 景福宮의 北

門도 玄武門이 아니고 神武門으로 된 것 또한 이 때문이리라.

▸閟(비. bì): ① 문을 잠그다. 문닫다. ② 감추다. 숨기다. ③ 幽靜하다. 幽深하다. ④ 가로 막히다. 격절되다. ⑤ 神靈함을 나타낼 때 쓴다. 例: 閟宮. 閟祠. 本詩에서는 ③과 ⑤의 뜻이 겹친 듯하다. 즉 그윽하고 고요하며 神靈스럽다고 그 雰圍氣를 說明한 것이다. ①, ②, ④의 뜻을 취하면 繡戶·雕梁및 五聖·千官의 描寫가 그야말로 한갓 臆測과 想像일 뿐이니 事實性은 아예 缺如되고 생생한 現場感 또한 아이들 문자로 꽝일 것이다.

▸憑高: 본래 높은 곳에 올라 내려다본다는 뜻으로 쓰였다(登臨高處). 李白의 〈天台曉望〉에서 "憑高遠登覽. 아득한 곳을 의지해 보자, 높이 올라 먼 곳을 본다"라 했고 韋莊의 〈婺州水館重陽日作〉에서 "異國逢佳節, 憑高獨苦吟. 他國에서 名節을 맞이하니, 높은데 올라 외로이 詩句만 推敲하네"라 한 것이 그 證左다. 그러나 本詩에서는 "높은 곳을 利用하다", "높은 곳을 의지하다"의 뜻으로 쓰였다. ≪杜詩詳注≫에서 康駢의 〈劇談錄〉을 引用하였는데 "東都의 北邙山에 玄元觀이 있고 南으로 老君廟가 있는데 樓臺와 殿閣이 높고 탁 트여 아래로 伊水와 洛水를 볼 수 있다"고 하였다.

▸禁籞(금어): 禁苑 — 宮闕에 딸린 동산이나 後苑 — 을 둘러싼 울타리를 말함. 玄元皇帝廟는 宮闕에 準하므로 이렇게 쓴 것이다. 이때 禁은 去聲이며 禁止의 뜻도 되고 帝王에게 속하거나 御用일 때에 붙이는 禁이라고도 볼 수 있다.

解說

極廟인 宗廟에 列聖과 함께 配享되시는 玄元皇帝. 하늘의 아득히 먼 곳, 玄都에 居하시다가 이 땅에 降臨하실 때 머무시는 地上의 玄都인 이 廟. 그윽하고 고요하며 神靈스러운데 이곳을 둘러싼 나라 동산의 울타리 금어(禁籞)는 높은 地域을 따라 끝없이 길게 뻗었음이라.

❖ 제3 · 4구: 守祧嚴具禮, 掌節鎭非常.

註

▸守祧(수조): 간단히 말하면 祖上의 廟를 관리한다는 뜻, 또한 그러한 일을 맡은 官吏를 말한다. ≪周禮 · 春官 · 守祧≫가 있다. 祧는 본래 遠祖廟, 즉 먼 아득한 祖上을 모신 廟를 가리켰다. 따라서 老子의 廟라면 祧를 씀이 如實하다 하겠다.

▸嚴: 嚴密하다(빈틈없다. 緻密하다). 嚴格하다. 嚴肅하다.

▸具禮: 備禮. 合當한 儀式을 제대로 갖춰 질서있게 치르다.

▸掌節: 符節을 擔當한다는 뜻. 또는 그러한 일을 맡은 官吏를 말한다. ≪周禮 · 地官 · 掌節≫이 있다. 符節은 알기 쉽게 요즈음식으로 말하면 신표(信標) · 위임장(委任狀) · 증빙서류(證憑書類)다. 이 廟의 出入許可나 盜難 · 災難을 對備하여 信標를 가지고 交代로 警備하고 守護함이 主任務다.

▸鎭: ① 抑制하다. 制壓하다. ② 지키다. 守備하다. 武力으로 安定을 유지하다. ③ 가라앉히다. 鎭靜시키다. 安定시키다.

▸非常: 突發的인 災難.

解說

조묘(祧廟)의 수직(守直)은 嚴肅한 姿勢로 合當한 儀式을 嚴格하게 제대로 갖춰 치르며, 부절(符節) 擔當은 突發的 災難을 念頭에 두고 信標를 지니고 徹底하게 警備 · 守護하고 있음이라.

➡ 廟와는 다르나 墓의 경우에 이를 지키는 사람을 묘지기 · 守塚으로 불러 몹시 賤待 · 下視하였다. 그러나 帝王과 연결이 되면 사정이 확 바뀐다. 참봉(參奉)은 從九品의 벼슬로 陵 · 園 · 宗親府 · 敦寧府(이때에는 돈령부로 읽는 것이 慣例였다) · 司饔院 · 內醫院에 두었는데 역시 사람들에게 널리 알려진 것은 陵參奉이었다. 만약 아무개를 보고 墓지기하라면 식칼을 시퍼렇게 갈아들고 덤비겠지만 陵參奉하라면 이야기가 달라진다.

누가 뭐라 해도 양반인지 두 냥 반인지 되는 마당이니 말이다.

❖ 제5·6구: 碧瓦初寒外, 金莖一氣旁.

註

▶碧瓦: 琉璃瓦라고 ≪杜詩詳注≫에서 하였다. 그러면 琉璃란 무엇이냐. ① 佛經에 나오는 七寶의 하나. ② 지금의 유리, 즉 glass의 옛 이름. 今日 中國에서는 glass를 玻璃라 한다. 우리의 統一新羅나 唐代의 glass는 準寶石이었다. 佛家에서 舍利裝置는 當時 最高의 物品을 奉獻하였다. 여기에는 유리가 많이 들어있다. 그때 東은 唐, 西는 사라센이 世界의 兩大强國이지만 유리로 기와를 만들지는 않았으리라. 따라서 다시 찾아보면 ③ 一種의 유약(釉藥)을 말하는 것이다. 따라서 琉璃瓦는 釉藥을 발라 구운 기와가 틀림없다.

➡ 지금 國立中央博物館에는 高麗때 만든 青磁陽刻唐草文 암막새기와 青磁陽刻牡丹文 수막새기와가 있다. 우리가 익히 알고 있는 高麗青磁의 色과 質 그대로이다. ≪高麗史≫에 毅宗 11年 宮苑에 養怡亭을 세우고 그 지붕을 青磁로 이었다는 記錄이 있다. 또한 日本 安宅 collection에 青磁象嵌蒲柳水禽文板이 있는데 一種의 타일로 內裝材로 쓰였던 것이라 짐작된다. 이러한 기와와 타일의 色·質은 지금 우리가 보는 青瓦臺나 서울 市內 청기와 집의 시퍼런 기와와는 그야말로 雲泥之差·天壤之判이라 해도 과한 말은 아니다. 本詩의 碧瓦는 유약 발라 구운 푸른 기와라 풀면 큰 잘못이 없으리라. 中國에는 紫禁城의 황색 유약기와와 푸른 유약기와의 두 종류가 있다고 한다.

▶初寒: 첫추위. 그해 겨울 처음으로 닥친 추위.

▶第5·6句 특히 제5구는 古來로 問題가 많던 部分이다. 느끼기는 하는 모양인데 상세하고 이해하기 쉽게 풀어보라면 그야말로 意見百出·衆口難防이었다. 詩에는 本來 理論이나 證驗이 안 통하는 곳이 상당한

부분 있게 마련이다. 여기에 詩의 妙味가 있지만 그것을 這這(저저)이 낱낱이 말이나 글로 풀어내는 것 또한 어려웠으니 ≪莊子·外物≫에서 "得意而忘言"이라 한 것이 이럴 때 쓰라는 것은 아니지만 말이나 글의 內容을 제대로 풀어낼 수 없음의 一種 辨明도 될 수 있으니 그러한 困難의 歷史·傳統이 長久함 또한 이로써 알 수 있다. 아마 그 머리좋은 莊周도, 그 말 잘하는 莊周도 때에 따라서는 말과 글로는 不可能하여 가슴을 치다 이런 말로 自慰하였는지도 모른다. 그러면 똘똘한 분들의 풀이를 하나하나 들어보겠다.

① 外部에서 첫추위를 제일 먼저 그리고 쉽게 感知할 수 있는 것이 碧瓦다.

② 碧瓦는 첫추위의 外的 表現이다. 첫추위라는 날씨가 形象을 갖춰 나타난다면 碧瓦같이 차가운 느낌의 物質이 가장 適合할 것이다.

③ 碧瓦는 外部에 있는 事物中 첫추위를 제일 먼저 받아들인다.

④ 碧瓦지붕은 첫추위를 이겨내고 外部에 堂堂하고 자랑스레 솟아있다. 마치 菊花가 傲霜孤節로 서리를 견디며 꿋꿋한 자태를 자랑하듯 말이다. 따라서 直譯하면 碧瓦는 첫추위를 벗어나 그 밖에 있다. 즉 첫추위의 境界 넘어 그 바깥에 있다가 되겠다. 外에는 超脫·超出, 즉 초월하다, 이탈하다는 뜻이 있다.

以上에서 알 수 있는 것은 유약 발라 구워 매끈하고 단단한 느낌이 나는 기와가 何必 碧色이라 一般的으로는 오싹 寒氣를 느끼게 하고 소름 돋게 하지만 또 다른 경우에는 孤高·冷徹로 사람을 肅然하게 하고 거의 尊敬心까지 느끼게 한다는 점이다. 그따위 추위쯤이야!

➡ 李白의 詩句中 杜甫에 接近하는 것이 있으니 바로 〈秋登宣城謝脁北樓〉의 "人煙寒橘柚, 秋色老梧桐"이 그것이다. 해석은 알아서 하시라. 우리는 "得意而忘言"입니다.

▸金莖: 承露盤을 떠받들고 있는 구리기둥(銅柱)이 본뜻이다. 漢武帝가

不老長生을 꿈꾸며 거기에 고인 이슬을 먹었는데 魏明帝 또한 본받아 만들었다. 우리가 보기에 第5句에는 기와(碧瓦)가 나오며 第7句에는 문짝(繡戶)이 그리고 第8句에는 대들보(雕梁)가 나오니 이것은 廟의 正殿 같은 建物을 描寫함이 분명하다. 그렇다면 第6句에는 늘어선 기둥, 즉 列柱가 들어가야 次序가 分明하고 아귀가 맞는다 하겠다. 그런데 何必 承露盤을 받드는 銅柱인 金莖을 써서 사람들의 애를 먹였는지 알 수 없다. 많은 注家들이 金莖의 通常的 概念에 빠져 承露盤과 연결하였고 이것이 廟에 있다고도 하고 廟의 雄壯함을 위해 그냥 써 본 것일 뿐이라고도 하며 甲論乙駁하다가 歲月을 나 보냈다. 그리고 銅柱로 해석한 경우에도 그것이 성발 구리로 만든 기둥이라 하였는데 금빛 칠한 나무 기둥도 詩人의 경우 金莖이라 할 수 있으리라.

⇨ 參考로 말하면 돌기둥 즉 石柱를 아름답게 표현하여 玉柱라고도 하였으니 杜甫의 〈朝享太廟賦〉에서 "升降之際, 見玉柱生芝"라 하였다. 그런데 이것을 가령 玉莖이라 표현하여 "玉莖은 玉柱란 뜻이고 본래는 石柱다." 이렇게 注를 달면 참으로 난감한 일이다. 왜냐 玉莖은 바로 陰莖을 가리키기 때문이다. 金莖 또한 그 뜻이 固定되어 있는데 건물기둥의 뜻으로 썼으니 하나의 트릭(trick)이라 하겠다.

▸一氣: 混沌之氣다. 古代에는 天地萬物을 構成하는 根原으로 보았다. 混沌이라 天地開闢초에 아직 만물이 확실히 구별되지 않은 모양이다.

▸旁: ① (páng 平聲, 陽韻): ⓐ 廣泛. 광범위하다. 폭넓다. 普遍. 보편적이다. 널리 퍼져있다. ⓑ 一齊. 일제히. 동시에. 다같이. ⓒ 옆. 곁. 부근. 근처. ② (bàng. 去聲. 漾韻): 의지하다. 접근하다.

≪讀杜心解≫: "外字有高逈氣象, 旁字有瀰淪氣象. 外字에는 높고 아득한 기상이 있고, 旁字에는 가득 찬 기상이 있다" 정확하게 파악하였다고 박수갈채할 만하다.

➡ 西洋의 그리스·로마 石造建築은 列柱에 온 정성을 쏟았으며 東北亞三

國의 木造建物은 기와지붕의 아름다움을 위해 努力을 아끼지 않았다. 景福宮의 慶會樓는 世界各地를 돌아 본 英國의 地理學會 會員인 비숍 여사가 크게 감탄하였고 淸나라의 皇族이자 著名한 書畵家인 溥心畬 ―愛新覺羅·溥儒―도 찬탄을 아끼지 않았다. 그렇다고 木造建物의 列柱가 만만하고 시시하냐 하면 그렇지 않다. 宗廟의 正殿을 보면 맞배지붕의 簡潔·古拙·質朴과 列柱의 莊重함과 嚴肅함에 절로 옷깃을 여미게 되는데 本句에서 말한 一氣가 널리 펴져 감돌고 맴돌며 充溢함을 느낄 수 있다.

解說

碧色의 매끈한 기와지붕은 첫추위를 이겨내고 堂堂하게 솟아 그 孤高·冷徹이 世上을 壓倒하며 金色의 줄기둥은 天地萬物을 이루어 내는 기운이 널리 두루 펴져있음이라.

❖ 제7·8구: 山河扶繡戶, 日月近雕梁.

註

▸山河: 江과 山으로 全國土를 가리킨다. ≪詩·小雅·北山≫에서 "溥天之下, 莫非王土, 率土之濱, 莫非王臣. 널리 하늘 밑 임금님 땅 아님이 없고, 모든 땅의 물가까지 임금님의 신하 아님이 없다"라 하였다.

▹溥(부)는 普의 뜻이다.

▹率(솔)은 모두·다의 뜻이다.

天下의 江山 모두 임금님의 땅이니 그 땅이 임금님의 祖上인 玄元皇帝廟를 떠받듦이 당연하다는 뜻이다.

▸扶: 護持. 保護하고 維持하다. 扶持. 보살피다. 부축하다.

▸繡戶: 수 놓은듯 아름답게 새기고 彩色한 문. ⇨ 綺窓: 새기거나 彩色한 것이 무늬고운 비단처럼 아름다운 창. 우리의 경우로 말하면 繡戶는 꽃살문, 綺窓은 꽃살창쯤 되겠다.

➥ 왜 何必 天下의 江山이 繡戶만 보살피고 保護·維持한단 말인가. 만약 山河·日月이 연거푸 廟를 그렇게 한다고 하면 같은 말이 되풀이되고 반복되니 얼마나 시시하겠는가. 瓦·柱·戶·梁 等等으로 바꿔가며 描寫하여야 變化가 있고 多彩로울 것은 뻔하니 作詩上의 技巧일 뿐이며 繡戶에 무슨 獨特한 含意가 있지는 않을 것이다. 만일 門이나 窓은 內部와 外界의 斷絶과 同時에 疏通이라는 二重的이며 矛盾된 含蓄이 있다는 등 선불리 해석함은 겉멋이라 할 것이다. 卽 繡戶는 廟를 가리킬 뿐이며 그 以上도 그 以下도 아니다.

▸日·月: 해와 달. 높은 하늘에 있으며 가장 빛나는 存在. 임금과 왕비의 상징.

▸近: 가깝다. 接近하다.

▸雕梁: 새기고 彩色한 화려한 대들보. 豪華로운 建築物을 가리키기도 함.

➥ 이 廟가 높은 곳에 位置하고 있음을 말하지만 皇室의 各別하고 特別한 보살핌·尊重함 또한 隱然中 비치고 있다면 억지요 穿鑿인듯 하다고 할 수도 있겠다.

解說

아래로는 天下의 모든 江과 山이 繡 놓은 듯 고운 꽃살문이 있는 이 廟를 받들고 保護하며 위로는 찬란한 해와 달이 아로새긴 들보 있는 이 廟에 가까이 다가옴이라.

❖ 제9·10구: 仙李蟠根大, 猗蘭奕葉光.

註

▸仙李: 俗되고 平凡함을 벗어난 聖스러운 오얏. 老子以下 唐皇帝의 姓을 나무열매 본래의 뜻으로 높여서 부른 것. 仙은 低俗·平凡을 벗어난 사람이나 事物을 나타낼 때 붙이는 말이니 이 때 神仙이나 仙人과는

寸數가 좀 벌어진다.

▸蟠根(반근): 서려서 얽힌 나무의 뿌리. 본디 일이 복잡하게 얽혔을 때 쓰는 말이나 杜先生 마음대로 여기에서는 다르게 썼다. 老子59章에 "……深根固柢, 長生久視之道.(▹柢(저): 뿌리. 밑동. ▹視: 生存. 生活.) 이러이러 하면 깊게 박힌 뿌리 단단한 밑동이라 할 수 있으니, 오래 살고 길게 存在할 수 있다."라 하였는데 根本 즉 뿌리와 밑동이 튼실하여야 가지나 잎이 무성할 수 있어 옛부터 "根深枝茂"·"根深葉茂"라 하였다. 이때 뿌리는 祖上이고 가지나 잎은 子孫을 나타냈다고 누구나 짐작할 수 있으리라. 〈龍飛御天歌〉에서도 "뿌리 깊은 나무는 바람에 아니 뮐 쌔 꽃 좋고 여름 하나니"라 하였다.

➥ ≪杜詩鏡銓≫에서 引用한 ≪神仙傳≫에 "老子는 태어나며 능히 말을 했는데 오얏나무를 가리키며 이것으로 내 姓을 삼겠다고 말하였다."하며 다시 引用한 ≪述異記≫에서 "中山땅에 주먹만한 푸른 오얏이 있어 仙李라 불렀다."하고 또 다시 引用하였는데 "뇌향(瀨鄕)이란 곳의 老子祠堂에는 붉고 푸른 오얏이 있으니 하나의 오얏에 두 가지 색이 난다"라 하였다. 어쨌든지 보통의 평범한 오얏이 아니고 드물고 귀한 오얏이라는 말씀인데 李氏의 根本·來歷이 非凡하고 特出하다고 추어올리는 말씀이니, 쉽게 말하면 잘난 집안이라는 것이며 먹물들 文字로는 갑족(甲族)이라 하는 것이다.

▸猗(의): 무성하다. 우거지다.

▸蘭: 澤蘭. 쉽싸리라 부르며 축축한 땅에서 자라는 꿀풀과에 속하는 香草로 唐代까지의 蘭은 이것을 가리켰다. 지금 우리가 흔히 보는 분에 심은 蘭은 宋代以後에야 登場하는 것이다. 文獻上 쉽싸리가 처음 나타나는 곳은 ≪詩經≫이고 그 다음이 ≪楚辭≫다. ≪詩·鄭風·溱洧≫의 "士與女, 方秉蕑兮. 처녀와 총각이 쉽싸리 들고 있네."와 ≪詩·陳風·澤坡≫의 "彼澤之坡, 有蒲與蕑. 저 못의 뚝에는 부들과 쉽싸리 있네"의

蕑(간)이 바로 澤蘭, 즉 쉽싸리 인 것이다. 또한 屈原의 〈離騷〉에서 "紉秋蘭以爲佩. 秋蘭 엮어 띠를 삼네"라 하였는데 이 또한 쉽싸리를 말함이다. 이 식물은 잎이 향기로우며 달여서 香料을 만들었다. 또한 殺蟲劑로도 活用하였고 나쁜 냄새나 좋지 않은 기운을 除去함에도 썼다. 옛날에는 대단히 이름난 香草로 孔子도 "王子之香"이라 하였고 天下를 周遊할 때 한 篇의 琴曲인 〈猗蘭操. 의란조〉를 지어 "生不逢時. 좋은 때를 타고 나지 못함"과 "懷才不遇. 재능 있어도 펼 機會를 만나지 못함"의 感懷를 붙였는데 題目에 이 쉽싸리를 굳이 끌어다 썼던 것이다. (以上은 上海書店出版社의 潘富俊著 ≪楚辭植物圖鑑≫에서 추린 것이다.)

이 猗蘭은 內容도 좋을 뿐 아니라 聲調 또한 자못 낭랑(朗朗)한지라 여기저기 쓰였던 것 같다. 于先 孔子가 琴曲名으로 썼고 ≪漢武故事≫에 의하면 "漢武帝가 7월 7일 새벽 猗蘭殿에서 태어났다"고 하였으니 大闕의 殿閣이름을 孔子의 "生不逢時"와 "懷才不遇"의 琴曲에서 借用하였을리는 하늘이 두 쪽이 나도 아닐 것이며 분명 뜻과 소리가 좋아서 殿閣의 이름으로 하였을 뿐일 것이다. 杜先生 또한 仙李와 짝을 맞추고 蟠根과 쌍을 이루자니 뜻도 좋고 소리도 좋은 猗蘭을 끌어왔고 奕葉을 붙였을 뿐 무슨 숨겨진 意圖나 含蓄된 意味는 없다고 본다. 錢牧齋는 "漢武帝를 唐玄宗에 比한 것이다"라 하였으나 ≪杜詩鏡銓≫에서 "子孫이 連綿이 이어짐을 말할 뿐 꼭 玄宗을 가리킴은 아니다"하며 反駁하였다. 또한 或者는 孔子의 〈猗蘭操〉에서 비롯된 것이라고도 하였으나 그 內容上 絶對 不可能이며 孔子가 "王子之香"이라 한 것을 參酌했으리라 하였으나 斷言할 수 없다. 대저 玄宗이 나타나게 된 所以는 아래에 "道德付今王"이 있는 바 今王을 玄宗이라고 斷定하였기에 나오게 되었을 것이나 차차 설명하겠지만 玄宗은 絶對아니다.

杜詩는 詩題를 살펴 그것을 벗어나지 말아야 한다고 雨田선생님께서 누누(累累)이 强調하셨겠다. 지금 詩題와 그 밑의 原注인 "廟에는 吳道子가 그린 다섯 聖人 ― 즉 高祖 · 太宗 · 高宗 · 中宗 · 睿宗의 다섯 임금 ― 의 초상이 있다."를 보면 玄宗이 이 作品에 登場인지 出演인지 할 턱이 없다. 앞에서 이 猗蘭을 쓴 것에 숨겨진 意圖나 含蓄된 意味는 없다고 하였는데 다만 한 가지 사람들을 골탕 먹이려는 심술은 感知할 수 있다. 앞의 金莖처럼 말이다. 똑 개미귀신이 모래톱에 개미지옥을 파고 개미가 미끄러져 떨어지기를 기다리는 것과 비슷하다. 사람들이 〈猗蘭操〉와 〈猗蘭殿〉이라는 덫에 걸리고 陷穽에 빠져 右往左往 헤매는 것을 보며 화상들 꼴값하네 하고 웃고 있는지도 모르겠다.

▸奕葉(혁엽): 奕: ① 크다. ② 光明하다. ③ 累. 포개다. 重. 겹치다. 葉: ① 잎. ② 꽃잎. ③ 책의 쪽. 페이지. ④ 世, 즉 代와 時期. 奕葉은 위의 蟠根과 짝을 이루니 크고 빛나며 겹치고 포개질 듯 많은 잎의 뜻이 되며 그것은 다시 發展 · 擴大되어 累世 · 累代 · 代代가 된다. 글자 그대로 보면 서려서 얽힌 뿌리와 거기에서 나온 크고 빛나며 겹치고 포개질 듯 많은 잎이니 다시 풀어보면 유서(由緖)깊고 명망(名望) 높은 집안에서 綿綿이 이어지고 繁昌하는 子孫의 뜻도 되는 것이다.

解說

神聖하고 거룩한 오얏. 서리고 얽힌 뿌리의 甚大함이여! 偉大한 先祖 아니시던가. 우거지고 향기로운 쉽싸리. 크고 윤나며 겹친 듯 포개진 듯한 잎의 光明함이여! 綿綿이 이어지며 代代로 繁昌하는 子孫이시네.

❖ 제11 · 12구: 世家遺舊史, 道德付今王.

註

▸世家: ① 여러 代를 계속하여 높은 벼슬자리를 맡아오거나 특권을 누려오는 집안. ② 家世. 世系. 조상으로부터 대대로 내려오는 계통. ③ 司馬遷의 ≪史記≫에서 諸侯 · 王 · 名族을 記錄한 一種의 傳記. ≪史記≫

에 30篇의 〈世家〉가 있을 뿐 ≪漢書≫, ≪後漢書≫ 等 後世의 史書는 이것을 따르지 않았다. 다만 宋의 歐陽修가 ≪新五代史≫를 撰할 때 〈列國世家〉 10篇을 만들었다.

▸遺: 漏落하다. 즉 반드시 記錄되어야 할 것이 빠진 것을 말한다. 흘리다. 빠뜨리다.

▸舊史: ① 司馬遷의 ≪史記≫를 말한다. ② 옛 史書를 가리킨다.

▸第11句의 해석은 대체로 둘로 나뉘는데 ≪杜詩詳注≫는 ≪史記≫에서 老子를 〈世家〉에 編入시키지 않고 〈列傳〉에 넣었다는 뜻이라 보았고, ≪杜詩鏡銓≫은 옛 史書에서 老子의 宗族世系 卽 家譜上의 系統을 記載않음이라 하였다. 이것을 決定지으려면 第12句의 풀이가 關鍵인데 결론부터 말하면 ≪杜詩詳注≫가 옳다. 老子는 孔子와 比較할 때 對等하다고 볼 수 있으며 思想界와 文壇에서는 오히려 優越하다고도 보았다. 지금 杜先生은 司馬遷이 孔子만 〈世家〉에 編入하고 老子은 〈列傳〉에 넣었는데 그렇게 되면 〈仲尼弟子列傳〉과 同等한 地位가 되니 억울하다는 말씀이다. 그렇게 되니 꼭 있어야 할 자리에 있지 못하고 "遺"된 것이라 할 수 있는 것이다.

▸道德: ≪史記·老子韓非子列傳≫에서 "老子脩道德, 其學以自隱無名爲務. 居周久之, 見周之衰, 迺遂去. 至關, 關令尹喜曰: '子將隱矣, 彊爲我著書.' 於是老子迺著書上下篇, 言道德之意五千餘言而去, 莫知其所終. 老子는 道德을 닦았으니 그 學問은 自隱無名 — 스스로를 숨기고 名聲을 追求하지 않음 — 을 爲主로 하였다. 周나라에 오랫동안 살았는데 周나라가 衰微해짐을 보고 이에 떠나갔다. 函谷關에 이르자 關의 責任者인 尹喜가 '선생께서 隱居하신다니 힘드시더라도 저를 위해 책을 써 주십시오.'하였다. 이에 老子는 ≪道德經≫上下篇을 지어 '道'와 '德'에 관한 뜻 오천 여자를 말하고 가니 그의 끝마침을 알 수 없었다."라 하였다. 漢의 河上公은 ≪老子章句≫를 지어 81章으로 나누었

는데 앞의 37章을 〈道經〉, 뒤의 44章을 〈德經〉이라 하였다. 그래서 世間에 ≪道德經≫이라 불리게 된 것이다. 本詩에서는 ≪道德經≫을 말함이며 唐 明皇 즉 玄宗이 친히 여기에 注를 달아 이를 배우려는 가람들에게 익히게 하였다는 뜻이라고 ≪杜詩詳注≫, ≪杜詩鏡銓≫에서 意見이 一致하였다.

그러나 우리생각에 이것은 조금 빗나간 듯하며 "道"와 "德"이라는 道家의 基本內容을 다룬 것이라고 본다. 모든 것은 아래의 "今王"을 어떻게 해석하느냐에 달려있다.

▶付: 주다. 넘겨주다. 부치다. 당부하다. 부탁하다. 의뢰하다.

▶今王: 모든 注家들이 지금의 임금, 즉 玄宗皇帝를 가리킨다고 보았다. 當代의 임금은 보통 "今上"이라고 흔히 쓴다. 皇帝일 경우 皇 또는 帝라고 하나 詩人들은 예스럽게 쓰길 좋아하니 王이라는 표현 또한 可能하다. 杜先生의 경우 〈憶昔〉 二首의 其一에서 "百官跣足隨天王. 百官들이 맨발로 天子—代宗을 가리킨다—를 따랐다."이라 하였고 其二에서 "周宣中興望我皇. 周나라 宣王의 中興을 우리 皇帝陛下—代宗을 가리킨다—께서도 이루시길 바란다."이라 하여 當時의 임금을 天王·我皇이라 하였다. 皇이나 王이나 다 平聲 陽韻에 속하니 어느 字를 쓰던 協韻上의 問題는 없다. "今上"은 協韻上 根本的으로 不可能하고 "天王", "我皇"은 전혀 문제될 것이 없는데 쓰지 않고 굳이 "今王"이라는 좀 유별난 어휘를 驅使한 것은 무슨 까닭일까? 그리고 아래의 第26句 "經傳拱漢皇"에서는 왜 굳이 前王朝인 漢의 임금에게 王을 안쓰고 皇을 썼단 말인가? 따라서 "今王"을 固執함에는 理由가 있을 것이다.

則天武后時代의 人物로 開元初에 卒한 劉知機의 名著인 ≪史通·稱謂≫에 "至若諸侯無諡者, 戰國以上, 謂之今王. 天子見黜者, 漢魏以後, 謂之少帝. 諸侯의 諡號가 없는 사람에 관해 말하면 戰國以前에는

이들을 今王이라 불렀다. 天子로 廢黜된 사람은 漢魏以後에는 이들을 少帝라 불렀다."라 하였다. 간단히 말하면 諸侯로써 자기의 나라를 分明히 다스렸었는데 變故나 事故로 謚號 못 받는 경우 이들을 今王이라 불렀다는 것이다. 이렇게 되면 이야기가 달라진다. 唐代까지 典故의 運用에 있어 浮刻하고자 하는 部分만 選擇的으로 取하고 나머지는 버리게 되어있다. 지금 今王의 경우 무슨 事件 等으로 쫓겨난 것은 徹底히 度外視되고 온 나라를 支配하던 王者로서의 莫强한 影響力만이 詩人의 注目對象이 되는 것이다. 結局 今王은 老子를 가리키는 말로 孔子를 稱하는 素王과 짝을 이룬다고 보아야 할 것이다. "素"에는 "有名無實" 또는 "有實無名"의 뜻이 있다. 즉 素王이란 帝王의 德을 갖췄고 帝王만큼의 影響力을 施行하였으나 帝王의 자리를 차지하지 못한 양반을 일컫는 말인데 ≪莊子・天道≫에서 "……以此處上, 帝王・天子之德也; 以此處下, 玄聖・素王之道也.……이러한 道理로 높은 자리에 處하면 그것은 바로 帝王・天子의 德이요; 이러한 道理로 낮은 자리에 處하면 그것은 바로 玄聖・素王의 道인 것이다."라 하였는데 郭象의 注에서 "素王이란 天下가 쏠리는 道가 있으되 爵位가 없는 것"이라 하였다. 그러나 ≪淮南子・主術訓≫에서는 "孔子之通, 智過於萇宏, 勇服於孟賁.……然而勇力不聞, 伎巧不知, 專行教道, 以成素王. 孔子의 모든 분야에 두루 통함이여. 智慧는 萇宏보다 뛰어나고 勇猛은 孟賁을 服從시킬만하고……그러나 世上에 勇力으로 소문나지 않았고 世人은 그의 技巧를 몰랐으며 오로지 教導를 行함으로써 素王이 되었다."하여 孔子가 바로 素王이라 하여 ≪莊子≫에서의 不特定人物을 명토를 박아 말했다. 整理해 보자. 司馬遷은 ≪史記≫에서 孔子를 〈世家〉에 編入시켜 諸侯의 力量을 行使하고 그 影響이 天下에 미쳤음을 認定하였다. 그리고 知識層에서도 그를 有實無名의 素王으로 받들었다. 杜先生은 지금 바로 老子를 모신 玄元皇帝廟를 읊고 있으며 여러 事情을 考慮하고 參

酌하여 肯定的 評價와 稱揚으로 힘을 쏟고 있는 중이다. 따라서 ≪史記≫에서 漏落시켜 〈世家〉에 들지 못함을 遺憾으로 생각하며 이 缺陷을 벌충하려는 心算이 있는 것이다. 간단히 풀면 "孔子, 〈世家〉, 素王, 즉 現實問題인 禮樂制度 · 文章敎化로 世上을 움직임"이 한 축(軸)이 되고 "老子, 〈世家〉에서 漏落되는 失手, 今王, 즉 現實生活과는 조금 遊離된 道와 德이라는 問題로 人間의 精神世界를 支配함"이 또 한 軸이 되는 것이다. 孔子 · 老子 모두 有實無名의 임금인 점은 같다.

解說

司馬遷은 孔子가 禮樂制度 · 文章敎化로 世上을 움직여 그 權勢가 임금과 比等하다고 여겼으며 이에 따라 〈世家〉 30篇에 〈孔子世家〉를 집어넣었다. 다른 人士들도 孔子를 자리 없으신 임금 즉 有實無名의 素王으로 推崇하였다. 그러나 老子의 경우 그의 道와 德이라는 奧妙하고 玄虛한 內容은 精神世界를 휩쓸었건만 司馬遷은 이를 疎忽하게 여기고 〈世家〉에서 漏落, 〈列傳〉에 編入시키고 만 것이다. 老子는 思想界의 王位를 차지한다고 볼 수 있으니 나는 敢然히 主張한다. 孔子가 素王이라면 老子는 今王이라고! 하늘은 老子에게 道와 德을 맡아 이 세상을 또 다른 방법으로 다스리라고 당부하고 부탁하였을 것이니 今王이라 하는 것, 조금도 어긋남 없을 것이다.

➥ 老子의 影響力이 얼마나 深大하고 그 값어치가 莫重한가는 第25 · 26句 "身退卑周室, 經傳拱漢皇"으로 敷衍하였다.

❖ 제13 · 14구: 畵手看前輩, 吳生遠擅場.

註

▸畵手: 繪畵에 뛰어난 才能을 가진 사람. 繪畵를 職業으로 함을 强調할 때에는 畵工이라고 좀 낮게 말하고 좋게 높여 부를 때에는 畵士라 한다. 畵師는 畵工과 같다. 흔히 스승 師가 선비 士보다 높은 줄 아는데

꼭 그렇지는 않다. 士는 대단한 美稱이며 義士·烈士·志士라하지 義師·烈師·志師라 하지 않는 것으로도 짐작할 수 있다.

▶手: 어떤技藝에 있어 一定水準에 오를 때에 쓴다. ⇨ 歌手: 노래가 직업인 사람. 高手: 바둑·장기 따위에서 수가 높은 사람. ⇨ 國手: ① 바둑·장기 따위에서 그 실력이 한 나라의 으뜸이 되는 사람. ② 나라에서 알아주는 醫師. ⇨ 選手: 운동경기나 기술 따위에서 기량이 뛰어나 많은 사람 가운데에서 대표로 뽑힌 사람.

▶看: 觀察하다. 헤아리다. 估量(따져보다).

▶前輩: ① 先輩. 年長者이며 資格·經歷이 대난한 人物. ② 唐代 進士끼리 서로 尊重하여 부르는 말.

▶吳生: 吳道子를 말한다. 本詩의 原注에 "廟有吳道子畫五聖圖"라 하였다. 그는 양책(陽翟) — 지금의 河南省 禹縣 — 사람으로 어려서 孤兒가 되었다. 전해지기로는 張旭과 賀知章에게 書藝를 배웠으나 큰 成果가 없자 繪畫로 方向을 틀었다 한다. 일찍이 韋嗣立 밑에서 小吏가 되었다. 韋嗣立의 아들인 韋濟와 杜甫는 친하다고 하는데 吳氏와 杜氏가 어떤 關係가 있는지는 잘 모르겠으나 杜氏가 吳氏의 行跡을 남보다 잘 알 可能性은 있다. 玄宗이 그의 名聲을 듣고 불러 宮廷에서 그림을 맡았는데 이때에 道玄이라고 改名하였다 한다. 佛教·道教人物畫에 특히 뛰어났는데 南朝·梁의 張僧繇를 본받았다고 한다. 붓놀림이 뇌락(磊落) — 시원시원하고 걸림이 없는 것 — 하고 氣勢가 雄峻하였으며 그림 속이 人物들이 生動하고 立體感이 있었다고 한다. 그의 長技는 壁畫였는데 長安 洛陽의 寺院·道觀의 三百餘間에 그린 것이 모두 相異하였다 한다. 믿거나 말거나식의 이야기로는 大同殿의 壁에 嘉陵江의 三百里 山水를 하루만에 完成시켰다고 한다. 그가 張旭에게 書藝를 배웠다 하니 大成은 못했어도 그의 影響은 받았을 터인데 그들이 重視한 것이 氣勢로 양자간에 共通으로 나타나는 特徵이다. 그의 神技에 가까운 재

주는 佛像의 둥근 光背·建物의 반듯한 기둥·당긴 활(弓)·뽑은 칼날을 그릴 때 자나 컴퍼스―우리말로 걸음쇠―를 전혀 쓰지 않고 一筆揮之로 完成하였다 한다. ≪歷代名畵記≫에서 "붓이 겨우 한두 번 갔는데 벌써 그리려는 對象이 符合하여 나타났다. 筆才一二, 象已應焉."고 하였다. 後世의 宗敎人物畵와 雕塑에 큰 影響을 끼쳤으며 蘇東坡는 〈東坡題跋·書吳道子畵後〉에서 "繪畵는 吳道子에 이르러 古今의 變化·天下의 精通함이 드디어 完成되었다. 畵至于吳道子, 而古今之變, 天下之能事畢矣"고 激讚하였다. ≪召氏見聞後錄≫에 의하면 "鳳翔府의 開元寺 大殿은 九間인데 後壁 壁畵는 吳道玄의 작품으로 부처의 誕生·修行·說法·滅度에 이르기까지와 山林·宮室·人物·禽獸·數千·數萬種이 있어 古今 天下의 妙를 다하였다. 부처의 滅度를 例로 들면 比丘僧들은 슬픔을 못이겨 꼬꾸라지고 펄쩍뛰며 통곡하고 흐느껴 모두 몸을 가누지 못하는 듯하였으며 비록 나는 새 달리는 짐승이라도 또한 울부짖고 몸을 짓찧는 형상을 지었다. 다만 菩薩들은 곁에서 平常時와 마찬가지로 泰然無心 애통한 모습이 없었다. 아마 死生의 深奧하고 微妙한 道理를 다 깨우친 것이겠지. 畵聖이라 부름이 마땅하고 합당하구나. 鳳翔府開元寺大殿九間, 後壁吳道玄畵. 自佛始生·修行·說法·至滅度, 山林·宮室·人物·禽獸 數千萬種, 極古今天下之妙. 如佛滅度, 比丘衆躃踊哭泣. 皆若不自勝者. 雖飛鳥走獸之屬, 亦作號頓之狀. 獨菩薩淡然在旁如平時, 略無哀戚之容. 豈以其能盡死生之致者歟? 曰畵聖宜矣"라 하였으니 이로써 그의 作品의 大綱을 斟酌할 수 있으리라. 杜先生이 參拜한 이 廟의 다섯 皇帝와 千官의 그림은 무슨 줄거리나 構成이 없는 듯하고 다른 한幅은 〈老子化胡經〉의 故事를 다룬 것이니 줄거리나 構成이 있는 道敎化한 變相圖라 부를만한 作品이었을 것이다. 杜甫는 詩聖이라 불렀고 吳道子는 畵聖이라 하였는데 同時代나 兩人이 친하였는지 與否는 알 수 없다. 지금 吳道子의 作品

이라고 傳해오는 〈送子天王圖〉는 宋人이 吳의 風格을 모방하여 만든 作品이고 적지않은 線描石刻이 있으나 대부분 摹作이나 僞作이라 한다.(以上은 陳貽焮教授의 ≪杜甫評傳≫과 臺灣 藝術家出版社의 ≪美術大辭典≫에서 가려 뽑은 것이다.)

➡ ① 宋의 蘇東坡는 嘉祐6年(AD1061年)에 鳳翔府의 簽判이 되어 赴任하였다. 新年의 休暇에 附近의 名勝을 구경 다녔는데 당연히 開元寺도 찾았다. 그곳에서 吳道子의 佛畫와 王維의 畫跡을 감상하고 詩를 지었는데 〈王維吳道子畫〉가 그것이다.

于先 두 사람을 다 極讚하여 "내가 본 畫品中 두 분보다 尊貴할 사람이 없다. 吾觀畫品中, 莫如二子尊"고 추어 올린 뒤에 먼저 吳道子를 論하였는데 "吳道子는 진실로 웅혼(雄渾)하고 호방(豪放)하여 滄海의 波濤가 뒤집히듯 호탕(浩蕩)하다. 그가 손을 한 번 대면 風雨가 몰아치는 듯 하며 붓이 채 닿지 않는 곳에도 이미 그 氣勢가 壓倒하였다. 道子實雄放, 浩如海波翻. 當其下手風雨快, 筆所未到氣已呑."하여 吳道子의 거침없고 주경(遒勁)함, 즉 힘이 굳셈을 特長으로 칭찬하였다. 그리고 王維의 그림을 評하기를 "또한 그분의 詩처럼 맑고도 도탑구나. 亦若其詩淸且敦"하여 吳氏와는 전혀 다른 境地임을 드러냈고 佛弟子의 表現에 있어서도 두루미의 뼈(鶴骨)와 같이 淸瘦하고 마음은 꺼져 식은 재(心如死灰不復溫)이라고 特徵을 說破하였다. 특히 王維의 叢竹은 "엇갈리는 가지와 어지러운 잎이 무수히 흔들리는데 하나하나가 그 根本·由來를 찾아낼 수 있다. 交柯亂葉動無數, 一一皆可尋其源."고 하여 王維의 그림이 마음대로 그린 것이 아니고 다 法古創新하였다고 하였다. 勿論 그것을 세내도 다 알아 본 自己의 鑑識能力이 덩달아 드러남은 말할 필요도 없다. 그리고 난 뒤에 吳氏가 들으면 무한 섭섭할 소리를 하였다. "吳先生이 비록 絶妙하시나 아무래도 畫工 — 畫家·畫手나 畫士보다 얕잡아 부르는 畫師·畫工은 좀 야속하게 말한다면 환쟁이에 가까운 말이다 — 으로 評價할 수밖에 없다. 그러나 마힐(摩詰) — 王維의 字가 摩詰

이다 — 은 形象의 밖에서 그 요체(要諦)를 얻었으니 俗人이 날개 돋쳐 塵世의 束縛을 벗어난 듯하다. 내 보기에 두 분 다 筆力이 雄健하며 무리 속에서 우뚝하시나 특히 王維에 있어서는 그저 옷깃 여밀 뿐 이의(異議)없다. 吳生雖妙絶, 猶以畫工論. 摩詰得之於象外, 有如仙翮謝籠樊. 吾觀二子皆神俊, 又於維也斂衽無間言.” 形象밖에서 얻었다는 것은 흔히 말하는 “形似가 아니고 傳神해야 한다”는 繪畫의 創作理論을 말함이다. 王維는 南宋畫의 鼻祖로 推崇되니 긴 말 必要없고 世間에 널리 알려진 것은 東坡의 評인 “詩中有畫, 畫中有詩”일 것이다.

② 長安에는 唐 明皇이 建立한 藏經龕이 있었다. 東西南北 四方으로 문이 있었고 문마다 두개의 문짝이 있었으며 문짝의 안팎에는 모두 吳道子의 佛像이 있었는데 앞면은 菩薩像이고 뒷면은 天王像으로 전부 열여섯 분이 된다. 唐 僖宗代에 藩鎭들의 亂으로 全燒될 때 한 僧侶가 목숨을 걸고 兵火속에서 네 개의 문짝을 건졌는데 도망가는 도중에 지쳐 나가 떨어졌다. 그는 꾀를 내어 문짝에 구멍을 뚫고 이것을 목에 걸고는 달렸는데 여러 곳을 거쳐 鳳翔에 이르자 엉성한 절간에 의지해 살다 죽었다. 그리고 백 팔십여 년이 지났다.

어떤 사람이 십만 전(十萬錢)을 써서 그것을 사려했는데 공교롭게도 東坡가 알게 되었다. 그는 이 때 官吏된지 일 년이 넘어 약간의 貯蓄이 있었으므로 아버지를 위해 이것을 購入하려 하였다. 그의 父親 蘇洵은 평생 별다른 趣味·嗜好가 없었으며 단지 書畵를 좋아하여 收藏이 一百餘件이 되었는데 吳道子의 眞跡은 없었다. 그가 이것을 父親에게 바치니 收藏品中에서 第一가는 珍品이 되었다. 그런데 蘇氏 三父子中에서 蘇轍은 그림에 대한 愛着을 도무지 이해할 수 없다고 하였단다. 花卉나 禽獸가 보기 좋으면 實物을 보면 될 것을 왜 굳이 종이나 천에 옮겨 그리고는 좋다고 흐뭇해하는지 영 알 수가 없다는 것이었다. 글발 뛰어나고 입심 좋은 東坡도 — ≪韓詩外傳≫을 보면 君子는 三端의 무서움을 피해야 한다 하였다. 三端이란 무엇이냐? 于先 文士의 筆端. 다음으로는 武士의 鋒端. 그리고 辯士의 舌端이 그것이다. 東坡의 경우 삼분의 이인 筆端·舌端을 갖췄다 하겠는데 아우를 끝내 說得할 수는 없었던 모양이다—束手無策이었나 보다. (以上은 臺灣 聯經出版事業公司에서 나온 李一氷著 ≪蘇東坡新傳≫에서 가려 뽑은 것이며 ≪韓詩外傳≫ 부분은 우리들의 생각일 뿐이다.)

③ 吳道子가 王維에게 밀린 것은 後世의 評으로 말한다면 약간 빗나간다고 할 수도 있지만 이른바 文氣·書卷氣의 缺如라 하겠다. 이 한마디 말로 수많은 職業的 畵家와 書藝家들이 辨明 한 번 제대로 못하고 침먹은 지네가 되어 꽁무니를 뺐으니 所謂 寸鐵殺人이라는 말이 이때 쓰라는 말인가 싶기도 하다. 雨田선생님과 한담을 하던 중 秋史의 글씨와 鄧石如의 作品을 어떻게 보시느냐는 말이 채 끝나기도 전에 펄쩍 뛰시며 "鄧石如의 隷書는 淸朝 第一이라 하겠는데 어딜 감히 秋史가"하시며 "朝鮮에 人物이 없으니 죽으나 사나 秋史 一邊倒지……"하시는 것이었다. "그렇다면 何紹基나 趙之謙보다는……"하고 채 말씀을 드리기도 前에 "시끄러워……"하시는 것이었다. 그러나 雨田선생님은 平素 朝鮮의 書家로는 그래도 秋史 한 분은 인정하시는 눈치였다. 우리가 "海士 金聲根의 屛風이 있는데요"하면 하시는 말씀이 "굳이 갖다 비기지는 말아라"하는 식이셨다. 그리고 海岡 金圭鎭과 石齋 徐丙五를 評하시는 말씀이 四君子를 보면 石齋의 技倆은 海岡에 未及이나 文氣는 오히려 勝하니라 하셨는데 門外漢인 우리도 首肯이 가는 바가 있는 말씀이시다. 그런데 문제는 선생님이 그렇게 認定하시는 鄧石如가 北京에 가서 한때는 京師를 驚動시켰으나 뒤이어 文氣·書卷氣의 不足 乃至 缺如라는 評 한마디에 落膽喪魄하고 意氣銷沈한 끝에 서울을 떠났다는 事實이다. 이 文氣·書卷氣라는 것이 되로 되듯, 자로 재듯, 저울로 달듯 누구나 군소리 없이 承服할 수 있는 것이 아니며 固定觀念 先入見에 左之右之될 素地가 多分하니 구닥다리 표현으로 하면 "未嘗不 難堪하지 않을 수 없도다"가 되겠다.

▶擅場: ≪文選·張衡·東京賦≫에 "秦政利觜長距, 終得擅場. 秦나라의 政—秦始皇의 이름이 政이다—이 날카로운 부리와 긴 며느리발톱으

로 결국 판을 제멋대로 하였다."라 하였으며 李善의 注에서 "言秦以天下爲大場, 喻七雄爲鬪鷄. 利喙長距者, 終擅一場也. 秦이 天下를 큰 판으로 삼은 것을 말하며 秦·楚·齊·燕·趙·魏·韓의 戰國七雄을 鬪鷄로 비유하였다. 그리하여 날카로운 부리·긴 며느리발톱 가진 놈이 결국 판을 독차지한 것이다"라 하였다. 결국 그 판 속에는 匹敵할 者 없음을 말함이니 요즈음식으로 쉽게 풀면 獨舞臺가 되겠다. 後에는 技藝의 超群함, 卽 技能·才藝가 무리 속에서 뛰어남을 이 말로 代身하였다.

解說

畫家로 經歷있고 老熟한 大家를 헤아려 보면 吳道子가 一般 畫工과는 아주 隔差가 멀며 畫壇을 독차지하고 주름잡았다.

❖ 제15·16구: 森羅移地軸, 妙絶動宮牆.

註

▸森羅: ① 森에는 가득함(滿), 羅列의 뜻이 있다. 따라서 森羅는 가득·잔뜩 벌여놓았다는 뜻이다. ② 森羅萬象의 준말. 萬彙群象과 같은 말이다. 이 세상 나아가 우주의 모든 사물과 현상을 가리킨다. 이 말은 南朝·梁·陶弘景의 〈茅山長沙館碑〉의 "夫萬象森羅, 不離兩儀所育; 百法紛湊, 無越三教之境. 대저 세상의 모든 事物·現象이 가득 羅列되어 있어도, 결국은 天地·陰陽의 生育을 벗어 날 수 없으며, 온갖 法度·理致가 잔뜩 몰려들어도 끝내 儒·佛·道 三敎의 範圍를 넘는 것은 없도다."에서 始作되었으니 先秦 古籍의 歷史와 傳統을 자랑하는 케케묵은 말은 아니나 모르는 이가 없을 정도로 普遍化된 말이다.

▸地軸: 옛날의 쓰임과 지금의 뜻이 다르므로 잘 살펴야 한다. ① 地球의 自轉軸. 北極과 南極을 연결하는 축으로 공전궤도면(公轉軌道面)에 대하여 66.5도 가량 기울어져 있다. ② 大地의 中心. 例: 지축을 울리는

소리. 소리가 지축을 뒤흔들다. ③ 中國 古代 傳說中의 땅의 축. 晉・張華 〈博物志〉에 의하면 "땅에는 삼천 육백의 축이 있으며 개 이빨처럼 들쭉날쭉 맞물려 大地를 떠 받쳐 올리고 있다. 地有三千六百軸, 犬牙相擧"라 하였으니 삼천 육백 개의 축이 마치 톱니바퀴의 톱니처럼 맞물려 이 대지를 떠받쳐 올리고 있다는 말씀이다. 따라서 後에는 大地를 有識하게 말할 때 地軸이라 하였다.

▶妙絶: 精妙絶倫. 즉 精妙하여 이에 필적할 것이 없음.

▶牆: 牆은 담이고 壁과는 다르나 中國에서는 通用될 때도 있다. 그러나 엄밀하게 말하면 담은 집의 둘레나 일정한 공간을 둘러막기 위하여 흙・돌・벽돌로 쌓아 올린 것을 말하며, 벽은 집이나 방 따위의 둘레를 막은 수직 건조물이다. 그곳에 그린 그림도 慣用的으로 壁畵라 하였으니 아무리 中國에서 牆・壁이 通用된다 하지만 牆畵라고는 안 썼다. 지금 杜先生이 描寫하고 있는 것은 殿閣의 壁畵가 分明하다. 그것을 宮牆이라 한 것은 協韻上 牆字를 쓸 수밖에 없었기 때문일 것이지만 嚴密하게 말하면 뻔히 알면서 부리는 억지인데 杜先生 같은 大詩人이 쓰면 容納이 되고 우리 같은 졸자(卒者도 되고 拙者도 可하다)가 그렇게 하면 無識합네, 보고 배운 바 없네 하고 직사하게 욕을 먹는다. 요즈음 유행하고 있는 말로 文化權力이란 것이 있다. 이럴 때 쓴다면 杜先生이야 하늘이 낮다고 펄펄 뛰고 땅이 좁다고 데굴데굴 구를 것이다. 사십여 년 전에 〈회전의자〉란 유행가가 히트했는데 "억울하면 출세하라"는 대목이 있었다.

解說

그 그림을 보면 삼천 육백의 地軸이 맞물려 떠 받쳐 올리고 있다는 大地의 모든 것, 山과 江, 平原과 澤地, 城壁과 堡壘, 宮室과 殿閣, 閭閻과 市井 等 大地가 품고 있는 모든 것을 그대로 떠 옮겨 놓은듯하여 그 精妙함은 이에 匹敵할 바 없는데 玄元黃帝廟 殿閣의 壁에서 生動하고 있도다.

➥ 動宮牆을 간단히 알려면 은막(銀幕)·실버스크린이란 우아한 용어와 좀 운치 없는 映寫幕이란 말로 쓰여지고 있는 영화나 환등 따위를 비추어 볼 수 있는 흰색의 막에서 畵面이 움직이는 것을 생각하면 될 것이다. 오죽하면 活動寫眞이라고 불렀겠는가? 지금 흰 벽에 吳道子가 大地의 森羅萬象을 옮겨 놓았는데 또 지금의 活動寫眞처럼 벽 위에서 살아 움직이고 빛나고 있다는 말씀이다. 어렵게 설명하고 골치 아파할 것 없이 활동사진 같다면 만사는 OK이다.

❖ 제17·18구: 五聖聯龍袞, 千官列雁行.

註

▸五聖: 다섯 聖人. 玄宗은 以前의 다섯 皇帝에게 謚號를 올렸으니 高祖는 神堯大聖, 太宗은 文武大聖, 高宗은 天皇大聖, 中宗은 孝和大聖, 睿宗은 玄眞大聖이 된다. (≪資治通鑑·唐紀≫ 玄宗 天寶八載 六月 戊申에 나오는데 玄眞大聖이 ≪杜詩詳注≫에서는 玄貞大聖으로 되어 있다.)

➥ 玄宗이 列聖에게 大聖이라 하였는데 ≪西遊記≫에서 孫悟空이 上帝가 내린 弼馬溫이란 시시한 職銜에 뿔이 나서 마음대로 지은 것이 齊天大聖이란 稱號다. 大聖이란 거룩함이 吳承恩에 가서 戲化된 것 같다.

▸龍袞: 天子의 禮服인 袞龍袍를 말함이니 위에 龍무늬를 수놓았으므로 이렇게 부른다. 袞服, 袞衣, 袞袍, 龍袍라고도 한다. 參考로 말하면 袞 대신 卷을 써서 袞龍袍를 卷龍袍, 袞冕을 卷冕이라고 하는데 같은 말이다. 다만 이때에 卷은 (권. juān)이 아닌 (곤. gŭn)으로 읽어야 하며 말다, 감다, 두루마리라는 뜻이 아니고 그냥 袞과 通하는 字일 뿐이다. 注意를 要한다.

➥ ① 五爪龍(오조룡): 발톱이 다섯 개 있다는 전설의 용. ≪번역세조실록≫

에 "황제는 곤룡포 위에 왼쪽 어깨에는 해가 있고 오른쪽에는 달이 있으며, 황태자로부터 친왕·군왕은 곤룡포 위에 모두 오조룡을 썼습니다."라 하였다. (≪표준국어대사전≫에서 인용함.)

② 五爪龍補(오조룡보): 왕과 왕비의 옷에 덧붙인 원형의 장식품. 발톱이 다섯 개인 용을 수놓았는데 옷의 가슴과 등·양 어깨에 붙였다.

③ 朝鮮의 白磁 항아리나 병에는 靑華나 鐵畵로 용무늬를 그린 것이 多數있는데 발톱이 다섯인 경우는 드물고 셋인 경우가 많다. 다섯인 것은 宮中에서 썼던 것이라 전해지고 있다.

▶千官: 많은 官員인데 百官·萬官·億醜라고도 한다. 이때의 百·千·萬은 많다는 뜻일 뿐, 그 글자 自體 본래 意味로 쓰인 것은 아니다. 옛날에는 國家의 體制가 엉성하고 官吏·百姓의 숫자가 적어서 百官이라 하고 後世에는 文物制度가 整備되고 人口가 늘어나 千官이라 한 것은 절대 아니라는 말이다. 杜甫도 때에 따라서는 百僚(百寮)·百官이라 하고 어느 경우에는 千官이라고도 하였다. 그 使用에 어떤 慣例나 規定이 있었던 것 같지는 않다. 文治로 官僚制가 發達한 宋나라에서도 范仲淹이 만든 〈百官升遷次序圖〉를 보면 百官이라 하지 않았던가.

① 百官·百寮라고 쓴 것.

≪書·說命·中≫에 "惟說命總百官. 부열(傅說)에게 百官을 總管·統率하게 하였다"이라 하였다. ≪禮記·郊特牲≫의 鄭玄注에 "百官, 公卿以下也"라 했다.

杜甫의 경우 앞에 나온 〈奉贈韋左丞丈二十二韻≫에서 "每於百僚上, 猥誦佳句新"이라 하였고 또한 〈湘江宴餞裴二端公赴道州〉에서 "計拙百僚下, 氣蘇君子前. 智慧는 여러 官員 아래로 처지고, 기운은 君子이신 裴公 앞이라 소생하네"라 하였고, 〈憶昔〉 二首의 其一에서 "犬戎直來坐御牀, 百官跣足隨天王. 오랑캐가 쳐들어와 玉座를 차지하니, 百官들이 맨발로 天子를 따랐다.—吐蕃이 長安을 陷落시킴. 代宗이 陝으로 피함"이라 하였다.

② 千官이라 쓴 것.

唐・王維의 〈燕支行〉에서 "千官出餞五陵東. 뭇 官員들이 五陵의 동쪽으로 餞送나왔네"라 하였고, 〈勅賜百官櫻桃〉에서 "芙蓉闕下會千官. 芙蓉闕 아래 모든 官吏들이 모였다"하였는데 詩題에서는 百官이라 하고 詩句에서는 千官이라고 하였으며, 〈三月三日曲江侍宴・應制〉에서는 "千官喜豫遊. 뭇 官吏들은 임금께서 옛날 임금들이 春耕・秋收를 살피러 나오듯 하시며 그 김에 놀이하심을 기뻐하도다"하였다.

杜甫를 보면 〈徒步歸行〉에서 "鳳翔千官且飽飯, 衣馬不復能輕肥. 鳳翔의 衆官들 밥이야 그런대로 배불리 먹는다지만, 입는 것・타는 것은 더 이상 가볍고 살찐 것이 어렵다네."라 하였고, 〈喜達行在所〉 三首의 其三에서 "影靜千官裏, 心蘇七校前. 奔走하던 이 몸의 그림자는 침착한 衆官들 속에서 安靜을 찾고, 不安하던 내 마음은 護衛하는 씩씩한 일곱 校尉앞에서 소생하였네"라 하였고, 〈紫宸殿退朝口號〉에서 "花覆千官淑影移. 꽃이 뭇 朝官들을 덮었고 따뜻한 해 그림자는 옮겨가네"라 하였다.

③ 萬官・億醜라 쓴 것.

漢・張衡의 〈東都賦〉에서 "百姓・千品・萬官・億醜"라고 羅列하였다. 百姓은 人民・民衆의 뜻이 아니고 百官의 뜻이며 千品은 천 가지 種類・等級이니 어려 종류의 벼슬아치라는 뜻이고 萬官은 官吏의 숫자가 萬單位로 헤아릴 수 있다는 뜻이며 億醜는 十萬의 種類・部類 ― 옛날에는 十萬을 億이라 하였고 우리가 쓰는 億은 또한 萬萬이라 하였다. 醜는 ≪國語≫의 韋昭注에 類라 하였다. ― 라는 뜻이니 十萬名의 官吏가 된다. 以上은 百・千・萬・十萬으로 官吏의 숫자를 바꿔 쓴 修辭上의 技巧일 뿐 內容은 꿀 발라 단 하나 衆官이라 보면 된다.

➡ ① 우리나라의 경우 모든 벼슬아치라는 뜻으로 百官을 주로 썼으며 百

工・百寮・百司・庶官이란 말도 登場하였다.

② 宋・范仲淹의 〈百官升遷次序圖〉의 影響을 받았는지 與否는 不分明한데 우리나라에도 승경도(陞卿圖)놀이가 있었다. 먼저 넓은 종이에 벼슬의 品階와 種類를 따라서 벌여 써놓은 승경도판(陞卿圖板)과 길이 16cm 가량의 가운데가 부르고 양쪽 끝이 빨며 다섯 모나게 깎아 면(面)마다 끗수를 써 놓은 승경도 알을 준비한다. 이 승경도 알을 굴려서 끗수에 따라 말을 쓰는데 最高는 領議政을 거쳐 賜几杖으로 끝나고 가장 나쁜 것은 賜藥으로 끝나게 되어있다. 遊戲요 娛樂인데 賜藥은 섬뜩하며 재수 옴 붙었다는 생각을 떨치기 어려울 것이다. 從卿圖, 從政圖라고도 한다.

▸雁行: ① 行을 (항. háng)으로 읽는다. ⓐ 나르는 기러기의 行列. ⓑ 排列이 가지런하고 순서가 있는 것. ⓒ 朝廷의 班列. ② 行을 (행. xíng)으로 읽는다. 兄弟를 比喩한다. ≪禮記・王制≫에 "父之齒隨行, 兄之齒雁行, 朋友不相踰. 자기보다 두 배 나이 많은 즉 아버지 연세인 분에게는 앞을 양보하고 뒤에서 가며, 자기보다 열 살 정도 많은 곧 형의 연세인 분과는 나란히 가되 약간 뒤에서 가며 비슷한 年輩인 벗들과 갈 때도 앞을 다퉈서는 안 된다."라 하였다. 이 "兄之齒雁行"으로 말미암아 後世에는 兄弟의 뜻으로 雁行을 썼다. 本詩에서는 協韻上 行은 (항. háng)으로 읽어야 하며 뜻도 이에 준한다. 本詩에서는 千官, 즉 文武百官들의 朝廷에 있어서의 班列 —文班과 武班으로 나뉘고 또 다시 品階와 等級의 次序에 따라 가지런하기가 마치 날아가는 기러기의 행렬과 같음—의 뜻으로 쓰였다.

➡ 우리나라에서는 "안행"은 "안항"의 잘못이라 하며 "안항"은 기러기의 행렬이란 뜻으로 남의 형제를 높여 부르는 말이라 하였다. 예컨대 안항이 몇 분입니까? 안항은 어떻게 되시나요? 가 그것이다. 그러나 中國의 경우 위에서 알 수 있듯이 兄弟를 比喩함에 "안행"이라 읽고 자기의 형제, 남의 형제 따지지 않고 두루 쓰였다.

解說

다섯 임금, 列聖의 龍무늬 袞服은 잇닿아 있으며, 일천 관리, 衆官의 기러기 行列은 줄지어 있도다.

❖ 제19 · 20구: 冕旒皆秀發, 旌旆盡飛揚.

註

▸冕旒: ① 冕旒冠의 앞뒤에 늘어뜨린 구슬꿰미. ② 冕旒冠의 省稱.

▸冕旒冠: 古代의 大夫以上이 쓰던 禮冠. 거죽은 검고 속은 붉으며 위에 "延"이라 부르는 긴 사각형의 판을 덮었는데 판의 앞뒤에 五彩의 구슬꿰미를 늘어뜨렸다. 이것을 旒라 부르는데 天子의 冕은 十二旒 ― 天子의 冕旒冠은 五彩의 구슬꿰미가 열두 줄이라는 말이다. ― 諸侯는 九旒, 上大夫는 七旒, 下大夫는 五旒였다. 그러나 後世에는 皇帝만이 冕旒冠을 썼으므로 皇帝의 冠, 다시 帝位 그리고 아예 皇帝를 나타내게 되었다. 本詩에서는 다섯 皇帝가 쓴 冕旒冠의 五彩가 燦爛한 구슬꿰미를 말한다.

▸秀發: 秀에는 꽃이라는 뜻이 있다. 漢 · 武帝의 〈秋風辭〉에서도 "蘭有秀兮菊有芳. 쉽싸리 꽃피고 국화는 향기로워"라 하였다. 따라서 秀發은 植物이 무럭무럭 잘 자라 꽃이 滿發하였다는 뜻이며 나아가 사람의 風采가 늠름하고 재주가 뛰어남을 나타내게도 되었고, 다시 詩文이나 書法이 俊逸하고 卓越함이란 뜻으로 발전하였다. 本詩에서는 五彩의 구슬꿰미가 무려 백하고도 스무 줄이니 꼭 百花爛漫 · 千紫萬紅으로 꽃이 핀듯하다는 말이 되겠다.

▸旌旆(정패): 자세히 설명할 때에는 旌은 깃대 위에 이우(犛牛)의 꼬리를 달고 새 털로 장식한 기. 旆는 잡색(雜色)의 기. 기폭(旗幅)의 끝이 제비꼬리처럼 갈라져 있는 기. 이렇게 어렵지만 간단히 말하면 기치(旗幟), 즉 깃발의 汎稱이다. 끝.

▶飛揚: 하늘로 높이 날아오름. 吳道子의 眞跡을 지금 볼 수 없으나 模作·僞作 내지 그의 影響을 받은 作品들, 예컨대 北宋 武宗元의 〈朝元仙杖圖〉를 보면 많은 주름이 잡힌 넓은 옷소매가 모두 바람을 맞아 날리며 各種 旌旗가 나부끼는 것을 볼 수 있다. 한마디로 生動感있다 하겠는데 本句의 飛揚은 이 生動感을 말함이리라.

▶第19句의 "皆"字가 ≪杜詩詳注≫, ≪讀杜心解≫에서 "俱"字로 되어 있다.

解說

다섯 임금 冕旒冠의 五色이 玲瓏한 구슬꿰미는 모두가 다 송이송이 피어난 울긋불긋한 꽃이요, 儀仗의 各樣各色의 깃발은 전부 하늘로 날아오르려는 듯 하도다.

❖ 제21·22구: 翠柏深留景, 紅梨迥得霜.

註

▶翠柏: 翠는 翡翠(비취)로 ① 물총새. ② 玉의 한 가지의 뜻이니 빛깔을 나타낼 때도 있으니 青綠色을 말한다. 柏은 측백나무인데 唐 나라에서는 皇帝의 陵 周圍에 이것을 城처럼 빙 둘러 심어 柏城하면 皇帝의 陵을 가리켰고 柏陵이라고도 하였다. 물론 陵과 廟는 다르나 그렇다고 아주 남도 아닌 사촌 간쯤 된다고 보면 廟에는 意圖的으로 특별히 측백나무를 심었을 것이나. 참고로 말하면 秦·漢時代에 皇帝의 陵에는 소나무(松), 諸侯의 무덤은 측백나무(柏), 大夫는 버드나무(柳), 士는 느릅나무(楡)를 심었다.

▶深: 아랫 句의 迥과 互文으로 程度의 심함을 나타낸다.

▶留景: 留影과 같다. 그림자를 남긴다는 뜻이니 形體가 있어야 그림자도 따라 생기는 법. 따라서 그림자를 남김은 形體도 있다는 말이 된다. ≪論語·子罕≫에 "歲寒然後知松柏之後凋也"란 말이 있다. 지금 겨울이지

만 측백나무는 그 푸른 자태를 유감없이 자랑하고 있다.

▶紅梨: 中國에서는 이 말을 찾을 수 없고 우리의 ≪표준국어대사전≫에 "중국이 원산지인 배의 하나. 익으면 열매가 붉어진다"라 하였다.

▶逈(형): 멀다. 아득하다. 副詞일 때에는 아주, 대단히의 뜻임. 윗句의 深과 互文으로 정도가 심함을 나타낸다.

▶得霜: 得은 마주치다. 만나다의 뜻이니 得霜은 서리를 맞다는 말이다. 가을의 열매는 서리를 맞아야 제 맛이 들고 제대로 익는다 한다. 단 이것은 열매의 경우고 草木의 잎은 그야말로 서리 맞은 잎이 된다. 例外로 서리 맞은 시금치는 잎이 탄력이 생기고 질겨지면서 단맛이 돌고 아주 맛이 좋아진다.

解說

겨울인데도 푸른 측백나무는 그 짙은 빛깔을 유감없이 한껏 자랑하고 가을 넘긴 붉은 배는 서리 맞아도 아주 제대로 한껏 맞은 덕이리.

❖ 제22・23구: 風箏吹玉柱, 露井凍銀牀.

註

▶風箏(풍쟁): 우리나라에서는 풍경(風磬)이라 하고 中國에서는 風箏・風鈴・風鐸・檐鈴(첨령)・檐馬・鐵馬라고하는 처마 끝에 다는 작은 종. 속에 물고기 모양의 쇳조각이 달려 바람이 부는대로 흔들리면서 소리를 낸다.

▶吹: 바람. 바람 불다.

▶玉柱: ① 돌기둥(石柱)을 근사하게 부르는 말. 앞의 金莖의 注에서 이미 다루었다. ② 나무기둥을 한껏 美化하였으니 場所가 道教와 有關한지라 그리 했다고도 볼 수 있다. 道教에서는 유달리 玉字를 많이 쓴다. ③ 나무기둥에 玉을 박은 것. 우리의 螺鈿漆器(나전칠기)를 연상하면 된다. 이 句는 "玉柱의 風箏에는 吹"로 整理할 수 있다.

▶露井: 지붕이 없는 우물. 露는 이슬의 뜻일 때에는 (lù)로 읽으나 露出하다, 드러내다, 폭로하다, 누설하다의 뜻으로 쓰일 때에는 (lòu)로 읽는다. 露井의 경우 당연히 (lòu)로 읽는다. 다만 외형상 윗句의 바람 風과 짝을 맞춰 이슬 露를 썼다.

▶銀牀: 銀은 은빛처럼 고운 색을 가진 물체 또는 金屬의 美稱이다. 金 또한 마찬가지니 李白의 〈長相思〉 二首의 其一에서 "絡緯秋啼金井闌. 귀뚜라미는 가을이라 우물난간에서 우는데……"라 하였는데 쇠붙이로 만든 우물난간, 堅固하게 짜인 木製의 난간도 모두 다 金字를 쓸 수 있다. 예컨대 金堤는 견고한 둑의 美稱이니 쇠붙이로 둑을 만들 리 없으리라. 牀은 위의 井과 연결되는 것이니 즉 井牀이다. ➪ 井牀: ① 井床이라고도 쓴다. 우물난간이라는 설과 우물에서 두레박질을 편하게 하기 위하여 장치한 轆轤架(녹로가), 즉 도르래 틀이라는 설이 있다. ② 참고로 말하면 한 끝에는 돌을 달고 다른 한 끝에는 두레박을 매달아서 물을 퍼 올릴 때 돌이 내려가는 힘으로 물이 든 두레박을 적은 힘으로 들어 올리도록 만든 장치는 桔槹(길고), 즉 두레박틀이라 한다. ③ 우물물은 얼지 않는다. 따라서 우물의 난간이나 도르래 틀에 고드름처럼 얼음이 달렸다고 할 수도 있으며 그냥 牀의 물기가 얼어 얼음이 끼었다고도 할 수 있다. 그런데 윗句의 句法에 맞추면 이 句는 "銀牀의 露井은 凍"으로 整理되니 凍은 井과 어울리지, 牀과는 조금 거리가 있다. 따라서 우리생각에는 우물은 아주 찬 날씨 때문에 얼 지경이다로 하면 句法이나 內容도 틀리지 않을 듯하다.

解說

玉돌 기둥 위 처마 밑 風磬에 바람 불면 맑은 소리 퍼지고, 銀난간 두른 지붕없는 우물은 찬 날이라 깨끗한 얼음 얼듯 하도다.

❖ 제25 · 26구: 身退卑周室, 經傳拱漢皇.

註

▸身退: 普通 ≪老子≫ 9章의 "功成身退, 天之道. 功을 이루면 물러남, 이것은 自然의 道다"와 ≪淮南子 · 道應訓≫의 "功成, 名遂, 身退, 天之道. 功名을 이루면 물러남, 이것은 自然의 道다"를 연상한다. 그러나 앞의 第12句 "道德付今王"의 注에서 이미 引用한 바 있는 ≪史記≫의 말씀대로라면 "見周之衰, 迺遂去. 周나라가 衰微해짐을 보고 이에 떠나갔다"라 하였고, ≪杜詩詳注≫에서 引用한 ≪列仙傳≫을 보면 "老子生於殷時, 爲周柱下史, 轉爲守藏史. 積八百餘年, 後周德衰, 乃乘青牛車而去, 入大秦. 老子는 殷時代에 태어나 周나라의 柱下史 — 周 · 秦의 官名이니 漢以後의 御使가 바로 이것이다. 언제나 殿閣의 기둥 밑에 있었으므로 이렇게 부른다. — 가 되었다가 守藏史(倉庫擔當官)가 되었다. 팔백여년이 경과한 뒤 周의 德(五行에 따라 한 王朝가 木 · 火 · 土 · 金 · 水 中의 하나는 代表한다고 하는 說. 예컨대 周는 火德이고 이를 代身하는 秦은 水德, 漢은 土德이다 하는 式이다.) 이 衰微하여지자 青牛(푸른 소는 없다. 青은 黑대신 쓴 것이다. 우리나라의 청노새도 검은 노새를 말한다) 가 끄는 수레를 타고 떠나 서쪽의 大秦(Roma 또는 Alexandria 또는 Syria)으로 갔다"라 하였다. 以上을 보면 무어 대단하게 功成하고 名遂한 것 같지 않다. 느낄 수 있는 것은 그의 主義나 主張이 크게 받아들여지지도 않았고 또한 周나라의 싹수도 별 볼 일 없자 그냥 떠나간 듯하다. 그런데 지금 杜先生은 老子를 크게 추어올리고 있는 판이다. 따라서 이 두 句는 아주 率直하고 상스럽게 말하면 老子 薄待하는 놈치고 잘된 놈 못 봤다. 보아라 漢나라는 그의 ≪道德經≫이 전해지자 임금이 無爲之治를 이룩하였는데 周나라는 그가 떠나자 亡兆, 즉 亡徵敗兆(망징패조)가 들었단다 하며 周가 衰微하여 떠난 것을 떠났기 때문에 衰微하였다고 原因과 結果의 因果關係를 확 뒤집어 버린 것

이다. 물론 杜甫는 儒者하고도 腐儒다. 그러나 때가 때요 장소가 장소인지라 窮乏과 艱難의 化身인 그가 이 程度의 計劃的인 錯誤를 作心하고 저질렀다고 크게 나무랄 사람은 없으리라. 아마.

▶卑: 衰微의 뜻으로 쓰인다. ≪國語・周語上≫에 "王室其將卑乎. 王室이 衰微하려나"의 韋昭注에 "卑, 微也"라 하였다.

▶周室: 室은 王室・王朝의 뜻이다. 제일 눈과 귀에 익은 것은 漢室이니, ≪三國志≫ 덕이다. 唐室・宋室하면 어색하다. 끽해야 唐絲실・松實煎餅(송실전병)이나 생각나니, 아! 耳濡目染의 힘이여.

▶經傳: ≪神仙傳・三≫에 의하면 "河上公者, 莫知其姓名也. 漢孝文皇帝時, 結草爲庵于河之濱, 常讀老子道德經. 文帝好老子之言, 詔命諸王公大臣州牧二千石朝直衆官, 皆令誦之. 有所不解數句, 時天下莫能通者, 聞侍郎裴楷說河上公誦老子, 乃遣詔使賚所不了義問之. 公曰: '道尊德貴, 非可遙問也.' 文帝卽駕從詣之. 帝曰: '普天之下, 莫非王土, 率土之濱, 莫非王臣, 域中有四大, 王居其一也. 子雖有道, 猶朕民也. 不能自屈, 何乃高乎. 朕足使人富貴貧賤.' 須臾, 河上公卽拊掌坐, 躍冉冉在虛空之中, 如雲之昇, 去地百餘丈, 而止於玄虛. 良久俛而答曰: '今上不至天, 中不累人, 下不居地, 何民之有? 陛下焉能令予富貴貧賤乎?' 帝乃悟之, 知是神人. 方下輦稽首禮謝, 曰: '朕以不德, 忝統先業, 才不任大, 憂於不堪, 雖治世事, 而心敬道德, 直以暗昧, 多所不了, 惟蒙道君弘愍, 有以教之, 則幽夕覩太陽之曜光.' 河上公卽授素書老子道德經章句二卷, 謂帝曰: '熟硏此, 則所疑自解. 余注是經以來, 千七百餘年, 凡傳三人, 連子四矣. 勿示非其人.' 文帝跪受經, 言畢, 失公所在. 論者以爲文帝好老子大道, 世人不能盡通其意, 而精思遐感, 上徹太上道君, 遣神人特下教之便去耳. 恐文帝心未純信, 故示神變以悟帝意, 欲成其道眞, 時人因號曰河上公焉."

"河上公은 姓名을 알 수 없으며 漢나라 文帝때에 풀을 엮어 黃河의 물가에 오두막을 지어놓고 언제나 老子의 ≪道德經≫을 읽었다 한다. 文帝가 老子의 言說을 좋아하여 御命으로 뭇 王公·大臣·地方長官·二千石인 郡守·朝廷에 직접 宿直하는 朝臣들에게 모두 읽게 하였다. 풀이가 안 되는 몇 句가 있는데 天下를 뒤져도 이에 通達한 사람이 없었다. 그러다가 侍郎인 裴楷가 河上公이 老子를 解說한다고 말하는 것을 듣고 皇帝가 使者를 特派. 禮物을 보내 분명하지 않은 뜻을 묻게 하였다. 河上公이 '道·德은 尊貴하니 먼 곳에서 물을 수 없음이라.' 하니 文帝는 즉시 御駕를 몰게 하고 호종(扈從)을 거느리고 찾아갔다. 임금이 가라사대 '모든 하늘밑 임금의 땅 아님 없고, 온 땅의 물가까지 임금의 신하 아님이 없다 하였으며 또한 世上에 네 가지 큰 것이 있는데, 임금이 그중 하나를 차지한다 하였음이라. 그대가 비록 道에 通했다 하나 그래도 짐(朕)의 백성이라, 스스로 알아서 숙이지 않고 어찌 그리 건방지단 말인가? 짐은 충분히 사람을 富貴하게도 하고 貧賤하게도 할 수 있도다.'하였다. 잠시 河上公은 두 손뼉을 치고 앉아있더니 몸을 솟구쳐 虛空에서 구름이 뭉게뭉게 두둥실 오르듯 하더니 땅과 거리가 백여 길 되는 공중에 멈추었다. 한참 뒤 몸을 굽혀 대답하기를 '지금 위로는 하늘에 이르지 않았고 가운데로는 사람에게 누를 끼치지 않았으며 아래로는 땅에 있지 않으니 임금님의 백성 노릇이 나와 무슨 상관이란 말이오? 陛下께서 어떻게 나를 富貴하고 貧賤하게 할 수 있으리오?' 하였다. 임금이 이에 깨달았으며 神人임을 알아채고 비로소 연(輦)에서 내려 머리를 조아려 예를 갖춰 사과하고 말하기를 '朕이 부덕한 몸으로 先帝의 王業을 이어 받았으나 재주가 큰일을 할 수 없으니 堪當할 수 없다는 근심뿐입니다. 그리하여 몸은 세상일을 다스리나 마음은 道德을 恭敬하는데 다만 아둔하고 어리석어 이해할 수 없는 곳이 많습니다. 그저 바라옵기는 道君의 크신 동정심으로 가르치심이 있으면 어두운 밤에 태양의 밝은 빛을 볼 수 있음입니다.' 하니 河上公 이 白絹에 쓴 ≪老

子道德經章句≫ 二卷을 주며 말하기를 '이것을 정성껏 깊이 연마하면 의문 나는 곳이 저절로 풀리리라. 내가 이 經에 注를 단지 일천 칠백여 년 지났는데 세 사람에게 전했고 그대를 포함하면 넷이 되오. 제대로 된 사람이 아니면 보이지 마시오.' 하였다. 文帝가 무릎 꿇고 經을 받았는데 말이 끝나자 河上公이 사라져 그 所在를 알 수 없었다. 論者들은 文帝가 老子의 大道를 좋아는 했지만 世俗의 인간인지라 그 大意를 속속들이 通 할 수 없었는데 精誠이 至極하여 아득한 하늘을 감동시켜 위로 太上道君에 통하니 神人을 특별히 내려 보내 가르치게 하고는 곧 떠나게 한 것으로 文帝가 아직 마음속 깊이 믿지 않을까 저어하며 神奇한 變化를 보여 道德學問의 眞諦를 이루기를 바란 것이라고 생각들 하였다. 當時 사람들이 이에 따라 河上公이라 불렀다."이라 하였다.

▷詔命: 皇帝의 命令.

▷州牧: 官命. 一州의 長을 가리킨다.

▷二千石: 郡守.

▷朝直: 朝廷에서 宿直하다.

▷詔使: 皇帝가 特派한 使者.

▷賚(뢰): 주다. 주는 물건.

▷不了: 了는 이해하다, 명백히 알다, 분명・뚜렷하다.

▷駕從: 御駕를 몰게 하고 사람들을 거느리고 감.

▷普天之下 云云은 ≪詩・小雅・北山≫에 나오는 말.

▷域中有四大: ≪老子≫ 25章에 나옴. 〈河上公本〉에는 "王"이나 다른 곳은 "人"으로 되어 있다. "……故道大, 天大, 地大, 王亦大. 域中有四大, 而王居其一焉. 人法地, 地法天, 天法道, 道法自然. ……따라서 道는 크고, 하늘도 크고, 땅도 크며, 왕 또한 크다. 이 세상에 큰 것이 넷이 있는데 왕이 그 하나를 차지하고 있다. 사람은 골고루 실어주는 땅을 본받고, 땅은 골고루 덮어주는 하늘을 본받고, 하늘은 萬物

을 길러주되 주장하지 않는 道를 본받고, 道는 自然을 본받는다."

▷何乃高乎: 高는 驕慢, 傲慢, 건방짐.

▷使人富貴貧賤: ≪後漢書·方術列傳·樊英≫에 보면 順帝가 禮를 갖추어 글을 짓고 玄纁(현훈. 검은비단, 분홍비단. 賢士를 招聘할 때의 예물)으로 招聘하였으나 병을 핑계하고 안 오자 임금이 지방관리들을 엄히 책망, 억지로 끌어내 결국오기는 왔으나, 입궐(入闕)하여서도 예를 갖춰 몸을 낮추지 않았다. 順帝가 노하여 한 말씀이 "너를 살릴 수도 죽일 수도 있고, 귀하게 할 수도 천하게 할 수도 있으며 너를 넉넉하게 할 수도 가난하게 할 수도 있다. 朕能生君, 能殺君; 能貴君, 能賤君; 能富君, 能貧君."하며 으름장을 놓았는데 완전히 벌집 쑤신듯 망신만 당하였다. 대답하되 "天에서 生命을 받았으니 명대로 다 사는 것도 天이고 명대로 못 살고 죽는 것도 天인데, 어떻게 臣을 살리고 죽일 수 있으리오! 暴君 보기를 원수 보듯하여 그 朝廷에 서있기를 바라지 않는데 어떻게 귀하게 할 수 있으리오! 비록 布衣들의 줄에 있고 흙담 오두막에 있어도 맘 편하게 만족하여 萬乘天子의 尊貴함과도 바꾸지 않으니 어찌 능히 나를 천하게 할 수 있으리오! 그러니 어떻게 臣을 귀하게 하고 천하게 할 수 있으리오! 臣은 禮가 아닌 祿은 비록 萬鍾이라도 받지 않고 만약 내 뜻을 펼칠 수 있다면 簞食瓢飮(단사표음)이라도 싫증내지 않거늘 어떻게 臣을 넉넉하게 하고 가난하게 할 수 있으리오! 臣受命於天, 生盡其命, 天也; 死不得其命, 亦天也. 陛下焉能生臣, 焉能殺臣! 臣見暴君如見仇讎, 立其朝猶不肯, 可得而貴乎? 雖在布衣之列, 環堵之中, 晏然自得, 不易萬乘之尊, 又可得而賤乎? 陛下焉能貴臣, 焉能賤臣! 臣非禮之祿, 雖萬鍾不受; 若申其志, 雖簞食不厭也. 陛下焉能富臣, 焉能貧臣!"하니 임금도 進退兩難이라, 서울 오신 김에 종합검진(綜合檢診)이라도 받으시라고 太醫院, 즉 國立醫療院 으로 보내놓고 攝生·調理·休養이나 잘 하

라며 다달이 술과 고기를 보냈다. 잡아 족치고 싶은 마음이야 굴뚝같지만 이들은 知識層·言論界와 유대(紐帶)가 敦篤한지라 그럴 수도 없었던 모양이다.

그런데 여기에서 알 수 있는 것은 道士나 方士 또는 隱逸과 임금과의 問答이 상당히 定型化 되어 있다는 느낌을 지울 수 없는 것이다. 임금이 정말 그렇게 말한 것이라기보다 一種의 豫想質問과 이에 따라 作成한 模範答案에 그렇게 되어 있지 않았나 하는 생각이 절로 들게 고만고만하고 비슷비슷하다는 것이다.

▷須臾: 잠시. 잠깐.

▷拊掌: 두 손뼉을 마주침. 기쁨, 즐거움 또는 격분을 나타냄.

▷冉冉(염염): 사물이 천천히 변화하거나 이동함.

▷玄虛: 道家에서 玄遠虛無한 道를 가리키며 天空이나 蒼穹도 뜻한다. 아마 道家의 글이라 하늘도 이렇게 표현한 듯하다.

▷何民之有: 何有는 무슨 상관이람 이란 말. 아랑곳없다는 말이다. 임금의 백성 됨이 나와 무슨 상관이 있겠느냐는 말이다.

▷忝統先業: 忝(첨): 황송하게. 송구스럽게. 분에 넘치게. 統: 총괄하다. 거느리다. 관할하다. 參考로 말하면 統業은 帝王之業을 말한다. 先業: 先人之業.

▷直以暗昧: 直: 但. 特. 다만. 특히. 直: 곧고.

▷道君: 道教에 있어 尊貴한 분을 가리키며 또한 道上에 대한 敬稱도 된다.

▷素書: 희 비단에 쓴 글. 편지. 병서. 道家書籍을 가리킨다.

▷連: 포함하다.

▷失: 잃어버리다. 분실하다. 찾을 수 없다.

▷精思遐感: 至極精誠으로 思慕함이 먼 곳, 즉 하늘을 감동시킴.

▷上徹: 徹: 통함.

▷太上道君: 太上老君. 神으로서의 老子.

▷神變: 神奇한 變化.

▷道眞: 道德學問의 眞諦.

그런데 그가 文帝때 사람이면 그가 注를 단 ≪老子≫가 ≪漢書·藝文志≫에 있어야 마땅한데 보이지 않는다. 옛날의 高士로 河上丈人이란 이가 있었는데 ≪史記·樂毅列傳≫에 나오며 後漢末 皇甫謐(황보밀)이 지은 ≪高士傳≫에도 河上丈人이 戰國末의 人物로 ≪老子章句≫를 지었다고 하였다. ≪漢語大詞典≫에서는 晉·葛洪의 ≪神仙傳≫에 나오는 河上公이 혹 이 사람을 附會하지 않았나 하였다.

漢文帝·景帝가 道家를 崇尙하였다고 흔히들 말하는데 具體的 事實은 正式 史書인 ≪史記≫, ≪漢書≫에는 보이지 않는다.

➡ 文帝는 春秋戰國의 大混亂期와 秦의 暴政, 漢·楚의 逐鹿으로 疲弊해질대로 疲弊해진 世上에 休息을 준 功勞가 第一 클 것이다. 執權者가 흔히 가지는 業績의 執着, 領土擴張 等의 野心이 전혀 없었고 힘쓴 것은 農事로 "農, 天下之大本……"이라는 詔書를 여러 번 내렸다. 밖으로 억센 匈奴와의 다툼도 侵入하면 몰아내는 것으로 그치고 되도록 和親하고자 하였으며 안으로 欲心많은 諸侯王들을 잘 타일러 內亂으로 크게 번지지 않게 하였다. 옛날에는 誹謗木이 있어 잘못을 지적할 수 있었는데 誹謗妖言之罪가 생겨 위에서 過失을 전혀 들을 수 없다 하여 이를 없앴다. 儉約으로도 有名하니 露臺를 만들려 하였으나 百金이 소요된다고 하자 中人 열 집의 財産에 해당한다면서 그만두었고, 임금의 옷은 두꺼운 감으로 된 것이고 사랑하는 愼夫人도 그 옷이 땅에 끌리지 않게 하였고 장막에 수를 놓지 못하게 하여 질박에 있어 天下에 率先垂範하였다. 또한 霸陵을 만들 때 金銀銅錫을 쓰지 않고 瓦器로 하였으며 封墳을 만들지 않았다. 後世 모든 陵寢이 盜掘될 때 霸陵만은 無事하였다. 그의 어짐을 알 수 있는 것은 惠帝의 宮女들을 내보내 시집가게 한 것, 官의 奴婢를 면하게 하여 庶人이 되게 한 것이 있으나, 그러나 무어

니 무어니 해도 齊·太倉令인 淳于公이 죄를 지어 刑을 받으려할 때 그의 딸 緹縈(제영)의 上書中 "……죽은 자는 다시 살릴 수 없고 肉刑을 받는 자는 다시 이어 붙일 수 없으니 비록 改過하여 새사람이 되려 하여도 길이 없다.……"에 크게 느껴 肉刑을 除한 것이다. 肉刑은 身體를 傷害하는 벌이니 去勢하는 宮刑, 코를 베는 의형(劓刑), 무릎종지뼈를 끊어내는 비형(剕刑), 死刑인 대벽(大辟) 等이다.

以上의 文帝 治績은 ≪史記·孝文本紀≫의 "專務以德化民, 是以海內殷富, 興於禮義. 오로지 德으로 백성을 教化·感化함에 힘써, 이로써 海內는 극히 富饒로웠고 禮義가 크게 일어났다."로 要約할 수 있겠다. (以上은 ≪史記·孝文本紀≫와 ≪漢書·文帝紀≫에서 추린 것이다.)

▶拱漢皇: 拱: 垂衣拱手. 줄여서 垂拱이라 하는데 本句에서는 더 줄여 拱이라 한 것이다. 垂衣는 이미 설명하였는데 ≪易·繫辭下≫에서 "黃帝·堯·舜垂衣裳而天下治, 蓋取諸乾坤. 黃帝·堯·舜이 衣裳을 늘이고도 천하는 다스려졌으니, 대저 乾坤·天地를 본받았기 때문이다." 하였는데 韓康伯의 注에서 "垂衣裳以辨貴賤, 乾坤尊卑之義也. 衣裳을 늘어 貴賤을 구별하여 各自 제 맡은 일을 하면 世上事는 저절로 잘 되어가니 이는 하늘은 높고 땅은 낮은 것을 본받음이라"하였다. 좋게 말하면 本分을 지키고 제 분수껏 산다는 것이요, 나쁘게 말하면 까불지 말고 下剋上은 꿈도 꾸지 말아라가 될 수도 있다. 拱手는 두손을 맞잡다, 팔짱을 끼다는 뜻으로 無爲를 말한다. 無爲는 老莊의 뜻으로 보면 自然을 본받고 自然을 따라 행하며 절대 人爲를 가하지 않는 것을 말한다. 老莊에서 볼 때 禮樂制度·文章教化·智慧·見識은 다 世上을 어지럽힌다고 여겼으며 自然 그대로를 最高의 境地요 理想으로 여겼다. 그리하여 임금은 衣裳을 늘여 尊卑·貴賤이 억지로 된 것이 아니고 天地의 높고 낮음을 본받은 것으로 여기에 맞춰 제 분수껏 제 맡은 일을 하게 할 뿐, 어떤 힘을 사람들에게 가하지 않고도 저절로 잘 굴러가게 하

였다는 것이다. 이를 無爲而治·無爲之治라 하였는데 말이 그렇지 結果가 잘못되면 임금이나 臣下들은 그야말로 無爲徒食이 되고 시위소찬(尸位素餐)이라는 욕을 먹을 것이다. ≪史記≫, ≪漢書≫를 보면 文帝는 상당히 勞力하였고 참을성 있게 政事를 보았지 垂拱, 즉 無爲而治한 것이라 볼 수는 없었다. 다만 結果를 놓고 볼 때 文帝時代에 百姓들은 오랜만에 정말 오랜만에 休息을 취하였고 世上은 平和로웠으니 文帝를 稱頌하지 않을 수 없었는데 平素 老子를 尊崇하였고 心醉하였다니 자연히 兩者가 結合되어 老莊의 無爲之治를 實踐하여 天下가 泰平하였고 海內가 昇平하였다로 굳어진 듯하다. 우리가 볼 때 老莊·孔孟 따질 것 없이 어질고 착한 知性人의 政治라 하면 큰 잘못 없으리라.

지금 杜先生의 경우 玄元皇帝 더 나아가 李氏인 唐皇室을 크게 추어올리자니 ≪老子道德經≫의 要諦를 잘 배워 漢 文帝가 垂拱·無爲之治를 행하여 크게 천하를 잘 다스렸다고 해야 할 것은 말할 나위 없다. 文帝가 어떠한 政治哲學에 의하여 政事를 살폈는지는 논란(論難)·시비(是非)의 餘地가 있으나 같은 값이면 다홍치마요 이왕이면 창덕궁이라고 功을 老子에게 돌림이 여러모로 得이 되니 그렇게 결정지었을 것이다.

解說

老子를 알아보지 못하고 微官末職에 처하게 하더니 그분이 가자 허울만 남았던 周나라는 春秋五霸의 尊王攘夷라는 名分마저 내던진 弱肉强食의 戰國七雄이 天下를 左之右之하는 大混亂에 빠졌도다. 그러나 ≪道德經≫을 받아 이를 배우고 본받은 漢나라 임금은 衣裳을 늘이고 가만히 팔짱을 끼고도 天下를 泰平하게 하는 無爲之治를 결국 이루었도다.

❖ 제27·28구: 谷神如不死, 養拙更何鄕.

註

▸谷神: ≪老子≫ 6章: "谷神不死, 是謂玄牝."이라 했는데 谷神에 대한 古今의 注釋은 같지 않다. 舊注는 河上公을 따랐는데 谷神을 하나의 語詞로 ≪杜詩詳注≫에서 말한 "身中孔竅處有元神. 몸 속 空穴에 있는 元神"이 바로 그것이다. 그러다가 宋의 司馬光에 의하여 谷과 神이 짝을 이룬다고 보게 되었으니 谷은 골짜기처럼 빈 虛空이며 神은 變化不測으로 보았다. 바로 ≪老子≫ 39章에 "神得一以靈, 谷得一以盈. 神은 一 (一은 卽 道의 代表)을 얻어 靈해지고 골짜기는 一을 얻어 充滿해진다."이라 한 것이 谷과 神이 한 짝이 되는 증거가 되는 셈이다. 이것이 舊注보다 훨씬 좋은 것은 말할 필요가 없으나 杜甫는 唐代의 人物이니 그의 谷神에 대한 理解는 舊注의 範疇를 못 벗어났을 것이며 당연히 "萬物을 길러주는 神靈"으로 把握하였을 것이다. (以上은 成善楷先生의 ≪杜詩箋記≫를 쉬운 말로 옮겨 본 것이다.)

우리생각에 谷神의 舊注를 아주 쉬운 現代語로 바꾼다면 個個人을 살펴주는 守護神이라 하면 어떠할까 한다.

成善楷先生은 뒤이어 말하기를 "老子의 谷神은 不死하였다. 만약 나 杜甫의 谷神 또한 常存하여 不死한다면 어떻게 되겠는가. 老子의 谷神은 不死하여 養拙할 곳이 있고 그의 道術은 流傳되어 내려올 수 있었으나 나 杜甫는 또한 어느 곳엘 가 養拙한 단 말인가?"하였다. 좋은 말씀이나 우리는 생각을 약간 달리한나.

關鍵은 "拙"에 있다고 본다. ≪老子≫ 45章에 "大成若缺, 其用不弊; 大盈若冲, 其用不窮. 大直若屈, 大巧若拙, 大辯若訥. 靜勝躁, 寒勝熱, 淸靜爲天下正. 偉大한 成就는 缺陷이 있는듯하나 그 效用은 다함이 없다. 巨大한 充滿은 텅 빈듯하나 그것의 使用에 다함이 없다. 宏壯한 곧음은 굽은 것 같고 極度의 技巧는 서툰 것 같으며 堂堂한 雄辯은 더

듬이 같다. 고요함은 부산함을 이기고, 찬 것은 더운 것을 이긴다. 淸靜은 天下의 準則·模範이다."이라 하였다. 이렇게 되자 缺·沖·屈·拙·訥 같이 過去 忽視·無視되던 것들 그 가운데 특히 拙은 그 뜻이 가지는 의미 外에 대단히 그럴듯한 道家의 德目으로 올라가 자리 잡아 그 位置가 아주 拙하지 않게 변해버렸다. 그리하여 成善楷先生처럼 "老子의 谷神은 不死하여 養拙할 곳이 있고 云云"하여 拙 自體는 道家의 推崇德目인 缺·沖·屈·拙·訥 가운데에서도 精進·修行할 때 最高의 理想目標인 自然에 가장 近接하는 代表選手로 자리를 잡고만 것이다. 이 때문에 過去에 많은 注家들이 "마지막에 가서 이처럼 豪華롭고 奢侈스러우면서 法度에 어긋난 場所에서 養拙함이 可能하며 있을 수 있느냐고 譏諷하였다." 式의 말도 나오게 된 것이다.

그러나 本詩의 養拙은 그 意味가 전혀 다르다는 것이 우리의 생각이다. 于先 老子의 養拙은 조금 어긋나는 말이라 하겠다. 老子는 唐代에는 太上玄元皇帝며 저 높은 玄都에 居하시고 下界에 降臨하시면 太淸宮이나 太微宮, 아니면 紫極宮에 處하시는데 새삼스레 무슨 養拙할 곳이 있고 없고 하시겠는가? 佛敎式으로 말하자면 道通·得道하여 成佛한 판에 다시 무슨 養할 것이 었으리오라는 말씀이다. 養拙은 修行者들의 몫인 것이다. 그런데 항상 말썽인 것이 말 많고 탈 많은 文士들이라, 그들은 이것을 謙遜을 내세운 어깃장으로 써먹은 경우가 많았다. 晉의 潘岳은 〈閑居賦〉를 지었는데 巧者들은 乘勝長驅하듯 宦路가 툭 틔었지만 自己같은 拙者들은 浮沈이 無常함을 탄식하고 郊外로 물러나 自然을 벗 삼아 시름을 잊겠다며 "退求己而自省, 信用薄而才劣. 물러나 허물을 남이 아닌 자신에게서 찾고 반성하니 진실로 能力은 薄하고 재주는 용렬(庸劣)하다."하였으며 마지막에 "仰衆妙而絶思, 終優游以養拙. 一切의 深奧하고 玄妙한 理致를 존중하며 俗世의 생각을 끊고 悠悠自適, 나의 拙이나 지켜나가리."하였다. 老子에게 있어서는 拙이 自

然에 接近하는 근사한 德目이었는데 潘岳에게 와서는 謙遜도 아니요, 自嘲도 아니고 自虐에 가까운 면이 多分하다. 自然의 아름다움도 한껏 敍述하였고 心身이 아울러 느긋하다 했으나 契機는 世事가 不如意함이며 끝맺음 또한 自己의 拙과 劣을 지켜 분수껏 살겠다는 것이다. 修養하겠다는 것이 아니요 막무가내로 못났다고 들이대는 것이다. 이렇게 되면 참 난처한 일이다. 잘났다고 뻐기는 놈보다 더 다루기 어려운 것이 못났다 무식하다 하고 누워버리는 녀석들인 것은 세상이 다 아는 일이다. 自害恐喝團이 한 때 사람들을 떨게 하지 않았던가?

陶淵明도 이 方面에서는 高手라 하겠다. 그는 〈歸園田居〉 五首의 其一에서 "守拙歸園田. 못난대로 살려고 전원으로 돌아왔다."이라 하였고 〈雜詩〉 十二首의 其八에서 "人皆盡獲宜, 拙生失其方. 남들은 세상살이를 제대로 해내는데 못난 人生은 그 길을 잃었다"이라 하였으며 〈感士不遇賦〉에서 "誠謬會以取拙, 且欣然而歸止. 진실로 좋은 기회를 그르쳐 拙劣한 人生을 선택했으니 그런대로 기쁘게 돌아가 살겠노라" 하였다. 이렇게 文士들이 拙을 活用하니 이것이 傳統이 되어 養拙은 인생살이 · 세상살이의 뜻 비슷하게 바뀌었다.

本詩에서도 그렇다. 杜先生은 儒者며 怪 · 力 · 亂 · 神은 言及을 안 할 것이다. 그러나 旣往에 參拜하면서 自身의 암담(暗澹)하고 거의 絶望的인 未來에 대하여 한 번 묻고 싶은 생각도 나지 않았을까? 속담에도 떡 본 김에 굿 한다 · 제사지낸다. 엎어진 김에 쉬어간다는 말이 있는데 道敎기 이니 玄元黃帝가 그도록 神通하고 靈通하시나니 果然 내 몸의 元神인지 守護神인지가 만약에 죽지 않고 살아있다면 이 못난 놈의 인생은 어느 곳엘 가야 제대로 살아내겠는가 하고 말이다. 이 部分은 成善楷先生의 말씀이 至當하다.

解說

이 몸을 길러주고 지켜주는 元神, 누구나 다 있다는 이 守護神이 죽지 않고 제대로 活動을 한다면 나 또한 希望을 가질 수 있으니 이 못난 사람의 인생은 어느 곳엘 가야 제대로 풀리겠습니까?

➡ 何鄕이 何方으로 된 곳도 있는데 方에는 고장 말고 方向의 뜻도 있으니 東·西·南·北 어느 方向으로 가야하는지 하는 아주 問卜式의 풀이도 可能하다.

32. 〈高都護驄馬行〉(七言古詩)

安西都護胡青驄, 聲價歘然來向東.
此馬臨陣久無敵, 與人一心成大功.
功成惠養隨所致, 飄飄遠自流沙至.
雄姿未受伏櫪恩, 猛氣猶思戰場利.
腕促蹄高如踣鐵, 交河幾蹴曾氷裂.
五花散作雲滿身, 萬里方看汗流血.
長安壯兒不敢騎, 走過掣電傾城知.
青絲絡頭爲君老, 何由卻出橫門道?

❖ 詩題

註

▸高仙芝(?~755): ≪新唐書≫ 卷135 〈列傳〉 第60 〈哥舒翰 · 高仙芝 · 封常淸〉에 行跡이 자세히 나와 있다. 高句麗 사람으로 唐 玄宗時代에 活躍하였다. 史書에 "美姿質 · 善騎射"라 하였는데 姿質은 姿에 重點을 두면 姿貌와 같으니 外貌를 말함이며 質에 力點을 두면 資質과 같아 타고난 수질 · 성품 · 능력을 말함이다. 中國은 身 · 言 · 書 · 判이라 하여 體格 · 容貌를 중하게 여겼는데 武人 · 將帥도 善騎射, 즉 騎馬와 射箭의 能力에 앞서 美姿質을 먼저 擧論하였다. 晉의 陳壽가 撰한 ≪三國志≫ 卷54 〈吳書 · 周瑜 · 魯肅 · 呂蒙傳〉에서 周瑜를 紹介할 때에도 먼저 出身 즉 貫鄕 그리고 祖上을 든 뒤에 "長壯有姿貌"라 하였으니 훤칠한 키에 우람한 체구 겸하여 아름다웠다는 것이다. 群書에서도 周瑜를 말할 때 의례 "美姿儀"라 하였으니 外貌至上은 아니더라도 잘 생기면 일단 及第點을 따고 들어가는 것이다.

史書는 極히 말을 아끼는데 생김새를 特記한 것은 그만큼 上下의 관심을 끌었다는 말씀이 되겠다.

開元末에 安西副都護가 되어 小勃律을 攻擊하여 勝利하였다. ―勃律은 ≪魏書≫에는 波路, ≪新唐書≫에는 鉢露라 하였는데 즉 Bolor다. 이 勃律은 大勃律·小勃律로 나뉘는데 大勃律은 지금의 Baltistan, 小勃律은 지금의 Yasin 流域이 된다. ≪杜詩詳注≫의 少勃律은 小勃律의 誤記임이 分明하다. 大와 小가 한 짝이 되고 多와 少가 한 패를 이루니 금방알 수 있는 것이다. ―이에 西域 拂菻·大食의 72國이 놀라고 두려워하여 항복·귀부(歸附), 즉 제 발로 와서 복종하게 되었다. ―拂菻은 拂臨이라고 쓰기도 하는데 Farang으로 地中海 東岸의 유럽인을 부르는 페르시아 말이다. 유럽인들의 말로는 Franks가 되겠다. 中國의 諸書에는 佛郞·富浪 等으로도 쓰였는데 모두 Farang이 語源인 듯하며 東로마帝國과 西아시아·地中海沿岸의 諸地를 나타냈다고 할 수 있다. 大食은 Tajiks·Tumasik로 唐代에 아랍인에 대한 칭호다. 或者는 지금의 이라크를 가리킨다고 하기도 한다. ―억센 土蕃 즉 티베트와 西方의 强大國인 사라센帝國의 東進을 막은 것은 그의 큰 功勞요 業績이라 하겠다. 四鎭節度使로 拔擢되었고 다시 左羽軍大將軍이 되었으며 密雲郡公에 封해졌다. 安史의 亂이 일어나자 朝廷은 榮王을 元帥 高仙芝를 副元帥로 삼아 出戰케 하였다. 陜郡에 駐屯中 封常淸이 叛軍에 패하여 後退하니 다급해진 高仙芝는 太原倉을 열어 모든 것을 士卒에게 주고 나머지는 燒却하고 潼關으로 갔다. 공교롭게 그 때 賊軍이 이르니 길에 갑옷·무기·軍需品·糧食을 다 버려 수 백리에 널렸다. 潼關에 가자 兵士들을 독려(督勵) 守城에 必要한 裝備를 고치고 갖추니 士氣가 다시 차츰 振作, 賊은 關을 攻擊하였으나 들어갈 수 없자 後退하였다. 그런데 이전에 監軍인 邊令誠이 高仙芝에게 사삿일, 즉 뇌물을 자주 부탁했으나 응하지 않았었다. 이 기회를 타서 그가 전투를 겁내고

敵을 피하였다고 임금을 激動시켰으며 또한 그가 陝地 數百里를 포기하였고 兵士에게 줄 軍需物資를 着服(착복)하였다고 하였다. 임금은 대로하여 邊令誠에게 軍中에서 斬하라 하였다. 高仙芝는 後退한 것은 罪라 변명않겠으나 軍糧着服은 억울하다 하였으며 邊令誠에게 "上天과 下地, 三軍이 모두 살피고 있는데 그대만 왜 모른다 하는가" 하고 다시 휘하(麾下)를 돌아보며 "내가 그대들을 불러 모은 것은 본래 賊을 깨부수고 큰 賞을 얻고자 함이었는데 지금 賊의 氣勢가 한창 드센 탓에 질질 끌다 여기에 이르렀으나 이는 또한 關을 굳게 지킴도 되는 것이다. 내가 죄 있다면 그대들은 말할 것이며 그렇지 않다면 枉(억울하다, 원통하다)이라고 외치라!"하니 軍中이 모두 "枉"이라고 외치니 그 소리가 땅을 울렸다. 高仙芝는 邊令誠이 이미 斬한 封常清의 주검을 보며 "그대는 내가 발탁했으며 나를 대신해 節度使가 되었는데 지금 그대와 함께 죽으니 아마도 命인저"하고 드디어 죽었다.(위에 나온 西域의 地名은 臺灣 華世出版社의 馮承鈞이 編한 ≪西域地名≫을 參考한 것이다. 아래도 마찬가지다.)

高仙芝는 天寶 6年에 小勃律을 擊破하였고 天寶 8年에 入朝하였는데 杜甫의 本詩는 이때의 高仙芝를 읊은 것이다. 9年에 石國 즉 Tashkend를 쳐서 그 王을 포로로 하여 바쳤다 하니 그는 入朝한 다음해에 또 邊方으로 간 것이다. (≪杜詩詳注≫의 말씀)

▶都護: 官名. 漢・宣帝 때 西域都護를 두어 西域諸國을 監督하게 하였고 아울러 南北道를 保護하게 하였으니 西域地區의 最高 長官이었다. 그 후 存置・廢止가 일정하지 않았다가 唐에 이르러 安東・安西・安南・安北・單于・北庭의 六大都護를 두니 그 權任, 즉 權力과 職責이 漢代와 같았으며 또한 實職이었다. ≪漢書≫ 顔師古注에 의하면 "南北의 二道를 아울러 保護하니 그래서 都라 한다. 都는 大, 總과 같은 말이다."라 하였다.

▸安西都護府: ≪資治通鑑 · 唐紀 · 太宗貞觀十四年≫을 보면 唐의 侯君集이 高昌 ―Qoco, 또는 Khoco. 지금 Turfan屬縣인 Karakhoja로 都護城이라고도 부른다 ― 을 攻擊하니 그 임금인 智盛이 降服하였다. 이에 군사를 나누어 그 領土를 侵略 22城을 陷落시켰다. 그 땅의 크기는 東西 八百里, 南北 五百里였다. 太宗이 高昌을 唐의 州縣으로 삼으려하자 魏徵이 "그 곳의 임금인 文泰가 처음에는 직접 入朝 恭順하다가 나중에 驕慢 · 放恣하였으니 罪는 文泰에 한하고 그 百姓들을 무마하고 그 社稷을 保存케 하며 그 아들인 智盛을 다시 세운다면 威嚴과 德化가 아득한 변방을 덮어 四方의 外族들이 기쁜 마음으로 따를 것입니다. 지금 그 땅을 탐내 우리의 州縣으로 만든다면 항상 千餘名의 군사를 주둔시켜 지켜야 하며 몇 년에 한 번씩 交代하여야 하니 오고가다 죽는 자가 열중에 서넛이 될 것이며 軍服 · 軍糧의 補給과 家族親戚과의 離散으로 십년 뒤 隴右는 휑하게 거덜 날 것입니다. 陛下께서는 결국 高昌의 곡식 한 줌, 비단 한 자라도 가져다가 中國을 이롭게 할 수는 없을 것이니 이른바 有用한 것을 흩어 無用한 일을 함이라, 그 좋은 점을 알 수 없습니다" 하였으나 이를 받아들이지 않고 9월에 高昌땅을 西州로 하고 可汗浮圖城 ―Jimasa로 지금의 孚遠縣 ― 을 庭州로 하여 모두 屬縣을 두었다. 乙卯日에 交河城 ―Yarkhoto. 지금의 Karakhoja에 있다 ― 에 安西都護府를 設置하고 군대를 駐屯시켜 守備하게 하였다. 이 때 唐의 領域은 東으로는 바다에, 西로는 焉耆(Karashahr), 남으로는 林邑(대략 安南의 北部), 北으로는 沙漠地區에 이르니 東西가 九千五百十里, 南北이 萬九百十八里라 하였다.

▸驄馬: 靑驄이라고도 한다. ≪漢語大詞典≫에서는 "靑白色相雜之馬, 푸른 빛 흰 빛이 섞인 말."이라 하였다. 그러나 우리의 ≪표준국어대사전≫에는 "총(驄)이 말. 갈기와 꼬리가 파르스름한 흰 말."이라 하였다. 그런데 문제는 흰 말이라는 말이 간단한 말이 아니라는 말이다. 흰 빛

즉 白色은 月白・雪白・乳白・牙白(연한 노란색을 띤 象牙의 흰 색)・蒼白・螢白・灰白 等 여러 가지가 있다. 이 중의 어느 것이 驄馬의 흰 색에 해당할까? 臺灣・故宮博物院에서 나온 ≪故宮文物≫ 65卷(民國 77年 8月)을 보면 淸代 宮廷畫家인 郎世寧의 말그림 特輯이 있는데 驄馬가 두 幅 실려 있다. 淸代의 驄馬와 唐代의 驄馬가 꼭 같다고 斷定할 수 없지만 또한 아니라고 確言할 수도 없겠다. 다만 傳統을 重視하는 中國에서 이러한 驄馬의 名稱과 實物이 확 바뀌었다고 보기는 어렵다. 그리고 郎世寧은 畫品이 높지 않고 格이 떨어짐은 두말할 필요없으니 모든 評者들이 그의 作品을 "形似而已. 形態가 恰似한 뿐이다"라 하는 것도 苛酷한 말은 아니다. 그러나 아주 恰似하게 그렸기 때문에 다른 점에서 有用하다. 즉 우리는 淸代 宮廷의 말 모습을 사실대로 볼 수 있는 것이다. 두 幅의 驄馬를 보면 하나는 "超洱驄"으로—洱(이)는 강물의 이름이다. 洱江을 뛰어 넘는 驄馬라는 뜻이 되겠다.—갈기와 꼬리는 검푸른 빛이고 胴體는 純白이 아닌 灰白이다. 또 하나는 "如意驄"으로 갈기와 꼬리는 靑白이 뒤섞였고 胴體는 感知할 듯 말듯한 푸른기가 감도는데 純白이라기보다 螢白・蒼白이라 하겠다. 特異한 點은 마치 물고기의 비늘 또는 포도송이 아니면 꽃송이와 같은 흰 무늬가 胴體와 다리의 上半을 뒤덮고 있는 것이다. 如意를 마음먹은대로 하다는 뜻으로 볼 수도 있으나 손에 드는 道具인 如意의 머리가 心字를 나타내는 농그라미 세 개로 세잎 클로버 같은데 이것을 가지고 나타내는 紋樣을 如意頭紋이라 하니 말의 全身을 덮은 무늬가 如意頭紋 같은 驄馬라고 볼 수도 있다. 아래에 나오는 "五花散作雲滿身"이 이것을 말함이 아닌가도 또한 여길 수 있다. 但 이때 五花는 五瓣花를 말함이며 散作에서 作은 浦起龍의 말씀대로 動作・耕作・工作의 作처럼 語助詞일 뿐이니 그냥 散으로 보면, 즉 五瓣花가 흩어지고 구름이 온몸을 채웠다고 할 수 있겠다. 五瓣花는 대부분의 꽃들—桃花・杏花・梨花・

李花・櫻花 — 이 다 여기에 들어가며 特異한 것으로는 梔子꽃이 六瓣이며 조금 경우가 다르지만 雪花는 아예 六出 — 이 때의 出은 瓣의 뜻이다 — 이라 부른다. 五花를 아예 五瓣花의 代表格인 梅花로 보아 털의 梅花紋樣으로 본 사람은 日人 鈴木虎雄이다. 參考할 만하다. 다만 如意驄처럼 白色바탕에 약간 다른 白色의 무늬가 가득 뒤덮인 例를 상세하게 설명하지 않은 점이 아쉽다.

▸行: 古詩의 한 形式. 樂府에서 轉化한 것임.

解說

〈高仙芝都護, 靑驄馬 노래〉

❖ 제1・2구: 安西都護胡靑驄, 聲價欻然來向東.

註

▸胡: 中國에서 예전에 西쪽과 北쪽의 異民族을 胡라 불렀다. 우리나라에서는 두만강 일대의 만주지방에 살던 여진족을 오랑캐・되・胡라 하였다.

▸聲價: 名聲과 身價. 사람이나 물건 따위에 대하여 세상에 드러난 평판이나 소문.

▸欻然(홀연): 忽然(홀연)과 같다. 갑자기. 문득.

▸第2句는 "向東來聲價欻然"이나 "向東來欻然聲價"가 되는데 결국 聲價가 높아졌다는 뜻일 것이지만 어색한 것은 숨길 수 없는 사실이다. 그래서 日人 鈴木虎雄도 聲價 二字는 用法이 不完全하다 하였는데 맞는 말씀이다 하자니 그야말로 欻然히 雨田선생님의 호통소리가 들리는 듯하다. "×쌀 놈들! 純古文이야."

이 驄馬가 高都護와 함께 東쪽 長安으로 오니 그 말에 대한 評判・소문・몸값이 홀연히 높아지고 모르는 사람이 없게 되었다는 말이다. 이 句는 해석이 좀 까다로운데 實情을 살피면서 풀어나가야 할 것이다. 그

當時 大唐帝國이 아무리 文物制度가 具備되고 富饒·殷盛을 자랑하였어도 신문·방송은 없었을 것이다. 따라서 西域으로 나간 高仙芝를 위해 從軍記者·特派員도 당연히 全無하였을 터, 勝戰이냐 敗北냐의 소식만 가까스로 전해졌을 것이며 詳細한 戰鬪內容은 期待難望, 무소식이 희소식이었을 것이다. 高將軍이 青驄馬를 탔는지 項羽가 타서 이름난 흰 털에 푸른 털 섞인 오추마(烏騅馬)에 앉았는지 呂布와 一心同體라던 赤兎馬를 부렸는지는 아득한 西域이라, 中原의 일이 아니니 이 또한 알아낼 재간이 없었으리라. 모든 일은 凱旋한 뒤에 將卒들의 誇張된 報告, 卽 異域의 奇怪한 風物·習俗, 고단한 行軍, 悽慘한 戰鬪, 自身들이 떨친 武勇으로 얻은 勝利등 허풍 속에 高將軍과 함께 青驄馬의 活躍狀 또한 안줏거리로 登場하였을 것이다. 그리하여 長安의 인사들이 새삼 그 말을 注目하게 되고 말에게 쓰기는 좀 거시기 하지만 괄목상대(刮目相對)하게 되었다는 말이 되겠다. 즉 欻然히 聲價가 높아져서 東쪽으로 온 것이 아니고 東쪽으로 오니 忽然히 聲價가 올라갔다는 말씀이 되겠다. 말이 본래 지닌 眞價·값어치야 東에 있던 西에 있던 변함이 없을 것이나 世上에 알려지고 소문난 것은 東쪽으로 와서야 可能한 일일 것이다. 西에 있을 때에야 將卒들 외에 世人이 어떻게 알 수 있겠는가? 從軍記者나 特派員의 兵營忙中閑·陣中落穗(낙수)같은 興味津津한 記事가 送稿될 리 없었을 터이니 말이다.

解說

安西都護의 西域 青驄馬, 名聲과 身價·評判과 所聞이 忽然히 높아졌네, 東쪽 長安으로 오더니.

❖ 제3·4구: 此馬臨陣久無敵, 與人一心成大功.

註

▸臨陣: 직접 戰陣에 나아감. 보통 "臨陣對敵"이라 쓰인다. 戰陣은 兩軍

이 陣을 치고 交戰하는 곳. 戰鬪를 하려고 벌여 친 陣을 말한다. 더 자세히 설명하면 陣은 ① 軍士들의 隊伍를 配置한 것. 또는 그 隊伍가 있는 곳. ② 陣營 즉 軍隊가 陣을 치고 있는 곳을 말한다.

▸敵: 仇敵, 敵人의 뜻이 아니고 敵手・對手, 즉 재주나 힘이 비슷해 相對가 될 만한 맞수를 말한다. 匹敵・比敵・匹對라고도 한다.

▸一心: ① 同心. 마음을 합치다. 같은 마음. 齊心. 마음을 합치다. 뜻을 같이하다. 같은 마음. ② 一心一意. 專心. 외곬으로, 전심으로, 일념으로. ③ 忠心. 全心全意. 誠心誠意. 本句에서는 ①의 뜻으로 쓰였다.

▸제4구: 姜太公 呂尙이나 留侯 張良, 諸葛亮같이 戰術・戰略을 帳幕속에 앉아서 籌劃하는 巨物들은 兵仗器나 戰馬와는 조금 距離가 있다. 그러나 最前線에서 兵士들을 指揮・督勵하며 앞장서서 敵軍의 將帥와 直接 交鋒하는 將軍들에게는 훌륭한 甲胄 즉 갑옷과 투구는 몸에 맞게 만들면 되고, 그 다음으로 근사한 兵仗器, 즉 刀・劍・戈・戟(극)・槍・矛(모)・斧・鉞(월)・弓・弩・鞭・殳(수) 따위는 自身의 力量과 才能・素質・嗜好에 따라 맞추면 될 것이나 큰 문제는 바로 戰馬였다. 自己의 希望이나 要求에 따라 맞출 수도 없으니 안성맞춤이란 여기에는 해당이 안 되고 旣成服처럼 있는 것 속에서 골라내자니 심에 차지 않았을 것이다. 우리속담에 "장수나면 용마 난다"가 있다. 무슨 일이거나 잘 되려면 좋은 기회가 저절로 생김을 이르는 말인데 뜯어보면 말 얻는 것도 인간의 努力보다는 팔자(八字)나 運數所關에 맡겨버린다는 含意 또한 感知할 수 있다. 즉 운이 따라야 했다. 帝王의 경우에는 漢・武帝처럼 훌륭한 말의 確保가 戰勝의 不可缺한 要素라 생각하고 積極的으로 이를 구하였으니 蒲梢天馬・西極馬・汗血馬란 이름이 ≪史記≫에 나타난다. 그런데 어려운 것은 아무리 名馬・駿馬라도 그것을 타고 싸우는 將帥와 合心이 되어야 한다는 것이다. 즉 一心同體가 되어야만 戰鬪時 力量을 十分 發揮하니 만약에 마음에 맞지

않는 主人과 만나면 無用之物에 不過할 따름이다. 史書에서는 主人과 말이 제대로 잘 만난 경우 이를 特記하였으니 史官의 눈에도 상당히 대견하며 靑史에 남기고 竹帛에 드리울 만 하다고 여겼음에 틀림없다. 먼저 ≪史記·項羽本紀≫를 보면 "駿馬名騅, 常騎之. 駿馬의 이름이 騅인데 항상 이것을 탔다."라 하였으며, ≪後漢書·劉焉·袁術·呂布列傳≫을 보면 "(呂)布常御良馬, 號曰赤兎, 能馳城飛塹. 呂布가 항상 부리던 훌륭한 말은 赤兎라 불렀는데 城壁도 달려 넘고 해자(垓子)도 날아서 넘었다"이라 하였다. 또한 注에서 ≪曹瞞傳≫을 인용하였는데 당시 사람들 말이 "人中有呂布 馬中有赤兎. 사람은 呂布, 말은 赤兎"라 하였다니 아주 제대로 어울리는 짝이었나 보다. 다만 아쉬운 점은 두 경우 다 失敗한 人物이라는 것이다. 그래서 成功한 例를 들겠다.

唐·太宗·李世民은 그야말로 馬上에서 得天下한 人物로 그가 얼마나 말을 아끼고 사랑하였는지 自己의 무덤 옆에 타던 말을 새겨서 길이 같이 있고자 하였다. 中國의 帝王들은 生前에 자기가 묻힐 陵墓를 미리 造成하였다. 陵號는 死後에야 決定되니 마땅한 稱號가 없어 다들 壽陵이라 하였다. 壽는 長壽하라고 祈願함이니 壽衣도 같은 이유로 그렇게 부르는 것이다. 唐·太宗도 貞觀 10年에 唐王朝를 建立할 때 타고 다니며 一心同體로 큰 役割을 한 六匹 駿馬의 像을 雕刻하여 壽陵의 북쪽 祭壇 양쪽의 행랑에 두었다. 後日 世上에서는 이것을 昭陵六駿이라 불렀는데 여섯 필 말은 제각기 다른 姿勢를 취하였는데 生動感 있고 기운 친 것은 同[illegible]하다 하겠다. 20C初 混亂期에 "拳毛騧 권모과. 騧(괘, 왜. guā) 주둥이가 검은 누런 말. 공골말"와 "颯露紫 삽로자"는 狀態가 良好한지라 密搬出되어 美國에 갔고 "什伐赤. 십벌적", "靑騅. 청추", "特勒驃. 특륵표", "白蹄烏. 배제오" 四件은 破損이 심하여 陝西省博物館으로 옮겨졌다.

本詩의 제4구는 以上의 좀 지루하고 張皇한 說明을 꼭참고 읽으면 왜 그렇게 썼는지 짐작이 갈 것이다.

解說

이 말은 兩軍이 陣을 치고 交戰하는 곳에 나아갔으나 오랫동안 相對가 될 맞수가 없었다 하며, 사람과 뜻을 같이 하고 한마음 되어 큰 공(功)을 이루었다 하네.

❖ 제5 · 6구: 功成惠養隨所致, 飄飄遠自流沙至.

註

▸惠養: 사랑하는 마음으로 정성들여 기르다.

▸隨所致: 致에는 招致하다. 招引하다는 뜻 말고 獻의 뜻이 있다. ≪論語·學而≫에 "事君能致其身. 임금을 섬김에 그 몸을 바친다"라 하였으니 致身은 獻身이다. 따라서 隨所致는 ① 朝廷에 招致되는 主人을 따라서, ② 驄馬가 獻身했던 主人을 따라서의 둘로 나뉠 수 있다. 蕭滌非先生은 "隨所托身之主人. 몸을 맡겼던 主人을 따라"라고 해석했다. 獻身했다면 말이 조금 積極的으로 行動한 듯 하고 托身했다면 조금 消極的인 態度를 가졌다고 볼 수 있으나 대체로 비슷한 내용이다. 擴大하면 生死를 함께 했다는 말도 되겠다. 이 致를 至의 뜻, 즉 이르다로 보기도 하는데 바로 아랫句에 至가 나온다. 결국 같은 뜻이 잇달아 重疊·複用되므로 취하기 어렵다.

▸飄飄: ① 바람 부는 모습. ② 날아가는 모습. ③ 빠른 모습. ④ 마음이 爽快함. ➪ 飄飄然: 우쭐거리는 모양. 득의양양(得意揚揚)한 모습. 意氣는 드높고 步武도 堂堂하게 왔다는 뜻. ➪ 步武: ≪國語·周語≫의 韋昭注에 "六尺爲步, 半步爲武"라 하였다. 半步가 武니, 이때의 武는 보폭(步幅)을 말한다. 후에는 步武를 그저 걸음걸이, 步幅의 뜻으로 썼다.

▸流沙: ① 沙漠. 모래가 늘 바람 부는 대로 流動하므로 流沙라 한다. 本詩에서는 西北의 沙漠地帶를 가리킨다.(蕭滌非 先生) ② 居延澤·弱

水 등과 함께 甘肅省에 있는 沙磧(사적). (鈴木虎雄) 胡渭의 〈禹貢錐指〉에 의하면 弱水가 넘칠 때 支流는 流沙로, 本流는 居延澤으로 들어간다 하였다. 洪水가 났을 때에는 물에 잠기고 平時에는 사막이라는 말이다. ③ 고비사막(Gobi 沙漠). 그러나 이는 몽골고원 중부에 있으며 東으로는 興安嶺山脈, 西로는 타림盆地와 닿아있고 內·外 몽골의 경계를 이루므로 本詩와는 無關하다.

解說

功을 이루니 사랑하는 마음으로 정성들여 길러졌고 몸 받쳐 섬겼던 主人을 늘 따를 수 있어, 이번에도 먼 沙漠地帶 流沙에서 드높은 意氣로 步武도 堂堂하게 왔단다.

❖ 제7·8구: 雄姿未受伏櫪恩, 猛氣猶思戰場利.

註

▸雄姿: 雄壯威武之姿態. 즉 우람하고 헌걸찬 모습이다. 杜先生은 〈驄馬行〉에서도 "雄姿逸態何崷崒. 웅장한 姿態 淸秀한 모습 어찌 그리 뛰어난지"라 하였다. 外的인 것에 置重함이며 아랫句의 猛氣는 內的인 것에 注力하며 쓴 것이다.

▸受: 接受하다. 容納하다. 蕭滌非 先生은 "不甘心受. 기꺼이 받아들일 수 없다. 달갑게 받아들일 수 없다"고 해석하였다.

▸伏: 엎드리다는 뜻 말고도 거주하다. 미물다. 숨다. 숨기다. 감추다. 退職하여 隱居하다의 뜻이 있다. 例컨대 ≪淮南子·說山訓≫에 "千年之松, 下有茯笭, ……下有伏龜. 천년된 소나무는 아래에 복령이 있고, ……숨어있는 거북이 있다"라 하였다. 거북은 본래 엎드려 사는데 엎드린 거북이 있다 하면 어색하다. 당연히 몸을 숨긴, 몸을 감춘 거북이라 해야 順通할 것이다. 따라서 本詩에서도 말하자면 後進들·新銳들에게 길을 열어주고 自身은 一線에서 물러나 몸을 숨기든지 한가하게 은거한다든지

한다는 뜻이다. 물러났다고 꼭 엎드려야 할 필요는 없다고 본다.

▸櫪: ① 마판. 즉 마구간에 깔아놓은 널빤지. ② 말구유(馬槽). 즉 말먹이를 담아주는 그릇. ③ 마구간의 代稱. 앞의 〈贈韋左丞丈濟〉에서 이미 言及한 魏武帝 曹操의 〈步出夏門行〉 五章 中 〈龜雖壽〉에서 "老驥伏櫪, 志在千里. 烈士暮年, 壯心不已. 늙은 천리마는 마구간에 물러나 있어도 뜻은 하루 천리 달림에 있고, 烈士는 늘그막에도 씩씩한 마음 그치지 않는다"라 하였는데 같은 뜻이다.

▸猛氣: 勇猛한, 사나운 氣勢 또는 氣槪.

▸思: 추억하다. 그리워하다. 사랑하다.

▸戰場: 兩軍이 交戰하는 곳, 戰爭터. 戰爭판.

▸利: ① 勝利. ② 銳利. ③ 迅猛, 즉 날쌔고 사납다. 빠르고 맹렬하다. ① 勝利로 보면 문제점이 있다. 아무리 駿馬라도 戰勝했는지 敗北했는지 알기는 아마 어려울 것이다. 主人과 自己는 잘 싸웠고 상처하나 안 입었어도 큰 판세가 글렀으면 이는 敗戰인데 말의 머리로는 잘 把握하기가 어려울라. 간단히 말해 자기가 죽거나 다쳤어도 勝戰한 때가 있고, 自己는 멀쩡한데 敗戰할 때도 있는 것이다. 말이야 主人과 一心同體되어 戰鬪를 잘 치를 뿐 大局을 읽기는 力不足아니 頭腦不及이니 勝利하든 敗北하든 잘 뛰고 달리면 될 뿐인저가 되겠다. ② 銳利 즉 날카로움은 첫째 물건에 쓴다. 예컨대 송곳이나 면도날의 狀態를 나타낸다. 둘째 觀察力·判斷力·眼目을 나타낼 때 쓴다. 셋째 눈매나 視線을 나타낼 때 쓴다. 넷째 技術이나 재주가 正確하고 緻密할 때 쓴다. 권투선수가 예리한 펀치를 날렸다 식으로 쓰인다. 戰馬는 瞬發力과 持久力이 가장 緊要한데 이를 技術이나 재주로는 말하기 어렵고 天賦的이며 本能的이라 함이 더 適切하리라. 따라서 ③의 날쌔고 사납다. 빠르고 맹렬하다가 가장 어울리지 않나 생각된다. 다만 아쉬운 점은 持久力 간단히 말해 뚝심이 빠진 것이다. 결국 쉽게 표현하면 날쌘돌이·힘센돌이였

다는 것이다.

解說

아직도 우람차고 헌걸찬 모습이여! 이제 그만 물러나 마구간에 가서 마판에 발 편히 디디고 구유에 넣어주는 싱싱한 꼴, 잘 쑨 여물 배불리 먹고 쉬라는 은혜는 달갑게 받아들일 수 없단다. 勇猛한 氣槪는 오히려 아직도 戰爭터에서 날쌔고 사납게 活躍하던 때를 그리워하고 있단다.

❖ 제9 · 10구: 腕促蹄高如踣鐵, 交河幾蹴曾氷裂.

註

▶腕(완): 손목. 발목. 팔목. ≪杜詩詳注≫에서 引用한 ≪相馬經≫에 "馬腕欲促, 促則健. 蹄欲高, 高耐險峻. 말의 발목은 반드시 짧아야 하니 짧으면 튼튼하다. 발굽은 반드시 높아야 하니 높으면 險峻함을 이겨낼 수 있다"라 하였고 또 引用한 北魏 賈思勰의 ≪齊民要術≫에 "馬腕欲促而大, 其間纔容靽, 蹄欲得厚二三寸, 硬如石. 말의 발목은 반드시 짧고 커야하니 그 중간의 오목하게 들어간 부분은 겨우 발매는 끈이나 받아들여야 한다. 발굽은 두께가 반드시 두세 치는 돼야 하고 단단하기가 돌 같아야 한다"라 하였다. 그러나 ≪漢語大詞典≫에서 引用한 ≪齊民要術 · 養 牛馬驢騾≫에는 "蹄欲得厚而大, 踠欲得細而促. 발굽은 반드시 두툼하고 커야하며 발목은 반드시 가늘고 짧아야 한다"로 되어 있다. 우리가 臺灣 · 故宮博物院의 ≪歷代畵馬特展≫ 한권을 두루 조사하니 唐의 韓幹, 宋의 李公麟 · 李唐 · 陳居中, 元의 趙孟頫 · 趙雍, 明의 仇英, 〈出警圖〉의 無名氏, 淸의 冷枚 · 郎世寧 · 金廷標 等 大家의 各樣各色 말그림을 망라(網羅)하였는데 발목은 모두가 가늘고 아주 짧았다는 것을 확실히 알 수 있었다. 따라서 ≪杜詩詳注≫가 引用한 ≪齊民要術≫의 "馬腕欲促而大"는 "馬腕欲促而細"의 잘못일 것으로 思料된다. 그래야만 그 짧고 가는 정도가 끈이나 겨우 묶을 수 있으며 밧줄만

되어도 너무 굵어서 받아들일 수 없고 따라서 묶을 수 없다는 말이 成立될 것이다.

➥ ≪齊民要術≫에는 欲字가 많이 쓰였는데 해석할 때 주의가 필요하다. 이 때의 欲은 하려고 한다는 뜻이 아니고 須要, 즉 반드시~하여야 한다, ~할 필요가 있다고 해석하여야 한다. 欲字가 이렇게 쓰인 것은 漢代에도 그 例가 있으니 제법 歷史와 傳統을 자랑한다고 할 수 있겠다. ≪史記・齊悼惠王世家≫에 朱虛侯 劉章이 지은 〈耕田歌〉 "深耕穊種, 立苗欲疏. 非其種者, 鉏而去之. 밭은 깊이 갈아야하고 씨는 빽빽하게 뿌려야 한다. 그러나 모종을 낼 때에는 반드시 성글어야 하며 같은 종류가 아닌 잡초는 김매서 없애야 한다"가 실렸는데 이 때 欲이 바로 그 例다. 하여튼 ≪齊民要術≫ 때문인지 杜先生의 이 詩 덕분인지 훌륭한 말을 나타낼 때 "腕促蹄高"라고 아예 成語로 定着되었다.

▸促: 短. 짧다.

▸蹄: 발굽. 즉 草食動物의 발끝에 있는 크고 단단한 발톱을 발한다. 또한 발굽에 대어 붙이는 U字 모양의 쇳조각을 편자・蹄鐵・鐵蹄라 한다.

▸踣(복): 보통 ① 넘어지다. 넘어뜨리다. ② 죽어버리다. 敗亡하다의 뜻으로 쓰인다. 그러나 本詩에서는 밟다의 뜻인데 해석이 만만치 않다. 踣鐵을 쇠를 밟다로 하면 우선 쇠가 무슨 형태의 쇠냐가 큰 문제다. 鐵板이냐 鐵絲냐 鐵筋이냐 鐵塊냐에 따라 떠오르는 느낌이 다를 것이다. 鐵板의 경우 5mm나 10mm 두께가 되면 대단한 놈이지만 이것을 밟고 있은들 무슨 희한하고 대견한 모습이 되겠는가. 개・돼지・고양이・쥐 심지어 파리도 밟을 수 있으나 그렇다고 또한 위신이 높아지지도 않았을 것이다. 鐵絲・鐵筋도 大同小異라 하겠다. 볼륨있고 중량감있는 鐵塊를 밟고 우뚝 서 있으면 壯觀까지는 몰라도 좀 폼이 날 것이다. 여기에서 힌트를 얻게 되는데 우선 쇠를 밟는다 하면 맨 아래의 발굽이 쇠를 밟는다고 글자 그대로 풀이 하는데 이것이 잘못인 듯하다. 말의 다리와 발

목이 즉 발굽 위의 부분이 쇳덩이를 밟고 있는 듯하다 해야 말이 되는 것이다. 그러면 自動으로 발굽이 쇳덩이가 되는 것이다. 蕭滌非 先生은 ≪杜甫詩選注≫의 注에서 "踣鐵"을 "言馬蹄之堅, 踏地如鐵. 말굽의 굳셈이 꼭 쇠가 땅을 디딘듯하다고 말한 것이다"라 하였다. 따라서 本句는 "腕促과 蹄高가 踣鐵하는 듯하다"라고 腕과 蹄을 합치면 젬병이 되고 만다. "腕促"은 獨立된 하나의 일이 되어야 하며 "蹄高"만 "踣鐵"과 이어주어야 해석이 順通하게 되는 것이다.

➥ 해석상 이런 困境에 빠진 경우는 예전에도 아주 類似한 것이 있었다. ≪漢書 · 武帝紀≫에 "太初四年春, 貳師將軍廣利斬大宛王首, 獲汗血馬來. 武帝 太初 4年 봄, 貳師將軍 李廣利가 大宛王을 斬首하고 汗血馬를 얻어왔다"라 하였다. 應劭가 注에서 "蹋石汗血. 답석한혈. 돌을 밟고 피땀 흘린다"이라 하자 아마 사람들이 상당히 답답해 한 듯하다. 돌을 밟는 것이 무슨 駿馬의 特徵 · 재주 · 長技란 말인가 하고. 分明히 그런 말들이 오고 갔을 것이다. 왜냐하면 顔師古가 注에서 "蹋石者, 謂蹋石而有跡, 言其蹏堅利. 돌을 밟는다는 것은 돌을 밟으면 발자국이 생긴다는 것을 말함이니 그 발굽의 堅固 · 銳利를 말함이다"라고 변명처럼 敷衍했으니 말이다. 前後를 살펴보면 "蹋石汗血"은 "돌처럼 굳은 발굽이 땅을 디디고 붉은 피가 땀처럼 흐르다"라 해야 ≪齊民要術≫의 "硬如石"과도 一致한다. 돌에 발자국이 생기고 따위는 野談 · 傳說이라면 몰라도 ≪漢書≫ 같은 正史의 注로는 적절하다고 보기 어렵다. 못난 우리의 愚見으로는 말이다.

➥ 本詩의 踣鐵은 以後 駿馬의 代稱으로 活用되었다.

▸交河: 앞에서 地名으로 소개되었는데 이 句에서는 地名의 根據가 되는 江이름으로 쓰였다. 즉 交河라는 江이 있어서 그곳을 交河땅으로 부르게 된 것이다.

▸曾冰: 曾은 (층. céng)으로 읽으며 層字와 通한다. 層冰은 厚冰이니 두꺼운 얼음을 말한다. 南朝 · 宋 · 謝靈運의 〈苦寒行〉에서 "歲歲曾冰合,

紛紛霰雪落. 해마다 두꺼운 얼음이 얼고, 어지럽게 싸라기눈 내린다." 라고 하였다.

▷冰合: 얼음얼다.

▷霰雪: 싸라기눈.

▶裂: ① 龜裂. 터지다. ② 산산이 부서지다. 산산조각내다. 분쇄하다.

▶第10句는 풀이가 아주 어렵다. 交河에서 層冰을 깨부순다는 것은 무슨 激戰을 치렀다는 말 같기도 하며 "幾"라는 말은 蕭滌非 先生의 高見인 즉 "不止一次. 한 번에 그치지 않았다"라는 뜻이니 여러 번이라는 뜻이 되겠다. 그런데 交河地域은 이미 太宗 貞觀 14年(AD640)에 安西都護府가 設置된 곳으로 玄宗의 天寶 8年(AD749)과 백여 년 차이가 난다. 이미 唐의 版圖된지 오래되었는데 새삼 무슨 戰鬪를 한 번도 아니고 여러 번에 걸쳐서 曾冰을 산산이 조각나고 부서지도록 치렀겠는가. 聖人도 千慮에 一失—聖人도 아무리 슬기롭다지만 여러 생각 가운데에는 잘못되는 것이 있을 수 있다는 말이다—이며 또한 愚人도 千慮에 一得—어리석은 사람이 아무리 못났어도 많은 생각을 하면 그 과정에서 한 가지쯤은 좋은 것이 나올 수 있다는 말이다—이라는 말은 우리 같은 愚人에게는 沙漠의 오아시스나 칠흑 같은 바다의 등대같이 고마운 말씀이 되겠다. 그래서 덜 떨어진 주제에 생각이랍시고 한 결과 다음의 結論을 얻었다. 즉 第10句는 第9句의 "蹄高踣鐵"을 補充說明한 것일 뿐이라는 것이다. 높은 발굽은 무쇠로 만든 것 같이 억세고 힘찬 훌륭한 놈인데 모든 일에는 좋은 점이 있으면 나쁜 점 또한 있게 마련이니 산이 높으면 골 또한 깊게 마련이라, 옛부터 好事多魔라 하였고 쌍가마 속에도 시름이 있다 하였다. 무쇠발굽만 해도 대단한데 아마 또 무쇠편자를 박았을 것이니 어느 지역 어느 장소인들 달리지 못하며 뛰지 못하겠느냐마는 딱하나 걸리는 곳이 있으니 바로 물 뼈다귀(水骨)—東漢의 崔寔이 撰한 〈四民月令〉에서 農夫들의 常識을 引用하였는데 "銀河가

각수(角宿) 별자리를 향하면 밤이 길어져 야간작업할 만하고 黎星이 안 보일 때에는 물에 뼈가 생긴다. 河射角, 堪夜作; 黎星沒, 水生骨."라 하여 이후로 얼음을 水骨이라고도 부르게 되었다.—가 難關이었다. 駿馬·名馬·汗血馬·驥馬·天馬·千里馬도 미끄러지는 데에는 방법이 없었을 것이다. 이 미끄러짐을 克服하는 것은 바로 힘이다. 아주 强力한 힘으로 누르면 능히 이겨낼 수 있을 것이다. 그런데 이 힘이 超强力으로 더 발전하면 안 미끄러지는 低級段階에서 아예 깨부수는 高級段階로 올라가는 것이다. 그런데 한 번 이런 일이 있었다면 비꼬기 잘 하는 사람들 말씀이 "소 뒷걸음치다 쥐잡기"라고 깎아내리기 십상이니 꼼꼼하고 周到綿密한 杜先生이 "幾"字를 添加하셨으며 高明하시고 슬기로우신 蕭滌非 先生이 단박에 알아채시고 "不止一次"라고 注를 다신 것이리라. 그러면 왜 何必 交河냐? 西域에 있는 곳으로 얼음이 얼만하고 그저 世人들에게 잘 알려진 즉 매스콤을 탄 곳을 고르다보니 그렇게 되었을 것이다. 10句의 交河는 西域을 代稱하는 江이며 고을일 뿐 實在하는 交河와는 무슨 特別한 因緣이나 關係는 없을 것이다. 사람이고 말이고 戰爭 中 겨울 전쟁이 무척 힘들었을 것이다. 그래서 文武兼備·馬上讀書·橫槊賦詩(횡삭부시)한 魏 武帝 曹操는 그의 〈苦寒行〉에서 아득한 산을 오르자니 길은 九折羊腸이요, 수레바퀴는 부서지며 北風은 불어오고 나무들은 슬피 울며 곰이야 범이야 표범이야 猛獸들은 움부짖는데, 눈은 펄펄 날리죠 갈 길은 멀죠 물은 깊은데 다리는 끊어졌죠, 거기에다 길은 잃었는데 날은 점점 어두워지고 잘 곳은 없죠, 이러한데 사람과 말은 굶어죽게 생겼죠 하며 갖은 고생 온갖 걱정을 逼眞하게 그려냈다. 第10句는 말의 발굽을 補充說明함과 同時에 보편적으로 느끼는 겨울의 전쟁이라는 어려움도 함께 나타낸 것이라 여겨진다. 人馬가 함께 苦痛을 당하는 때의 艱難을 신나게 깨부수는 얼음과 함께 날려버리는 效果 또한 노렸을 것이다. 그리고 앞에서 이미 言及했지만 交河

는 西域의 잘 알려진 곳을 選擇한 것일 뿐임은 우리의 三水甲山과도 一脈相通하는 점이 있다. 함경도 三水와 甲山은 우리나라에서 가장 험한 산골로 여겨졌다. 그래서 나온 말이 "三水甲山에 가는 한이 있어도"렸다. 박경리 선생의 ≪土地≫에 보면 만주 땅에 살던 우리 동포 중에 이 말을 하는 사람이 있자 모두들 拍掌大笑하였다나 하는 대목이 어렴풋이 생각난다. 만주 땅이면 三水甲山보다 훨씬 더한 북쪽이요 他國인데 이 무슨 소리냐는 말이지만 말한 사람의 마음은 그렇게 地理的인 면을 따지기 전에 아주 멀고 험한 地域을 나타냈을 뿐이다. 10句의 交河 또한 그러하리라. 그리고 이 또한 우리의 愚見인데 曾冰이 果然 裂하였나 정말 그러한 일이 發生했느냐도 무어라고 斷言하기 어렵다는 것이다. 그래서 무지·무식을 무릅쓰고 또 한 말씀 올리는데 "幾"를 거의·하마터면·~에 가깝다로 해석해 보는 것도 나쁘지 않을 것이란 말이다. 이 때에는 "幾"가 "蹴"이 아닌 "裂"과 이어져야 됨은 勿論이다. 그러면 "交河蹴曾冰幾裂"로 整理될 것이다. 詩人들은 平仄·聲調·節奏, 그리고 複雜 微妙한 理由로 門外漢이 보기에는 無秩序하게 羅列하듯 詩句를 完成한다. 杜先生의 〈客至〉 3·4句 "花徑不曾緣客掃, 蓬門今始爲君開"도 알아보기 쉽게 하려면 "緣客不曾掃花徑, 爲君今始開蓬門"이라 해야 할 것이다. 다른 例를 들겠다. 杜牧의 〈將赴吳興, 登樂遊原一絶〉의 第2句 "閑愛孤雲靜愛僧"도 그대로 읽어내려가면 될 듯하지만 천부당만부당이니 실인즉 "愛孤雲之閑, 愛僧之靜"의 뜻이라 눈치가 발바닥인 우리는 그저 撫膺長歎息할 밖에. 왜 이렇게 쓰셨냐고 따질 수도 없으니 애오라지 억울하다는 생각만 들 뿐이다. 却說하고 아주 科學的으로 풀면 말이 아무리 잘났고 발굽이 아무리 세다한들 曾冰인지 厚冰인지를 어떻게 깡그리 깨부술 수 있겠는가? 그저 미끄러져 넘어지지 않는 것만해도 합격점이요 나아가 팥빙수용 얼음가루를 또는 냉면그릇에 담는 얼음조각 정도를 튀게 만들면 上之上일 것이다. 그러나 推量인지

推測인지 하여튼 曾冰 즉 厚冰을 거의 하마터면 다 깨부술 지경이다 하면 이야기는 달라진다. 實際狀況이 아니요 마음으로 그렇다는데야 누가 뭐라 하겠는가? 생각이 그렇다는데야! 그 어느 누구도 他人의 마음속 상상까지를 曰可曰否할 수 없지 않겠는가. 以上 "幾"의 또 다른 해석을 어수선하게 써 보았다. 마음에 안들면 하늘보고 한번 웃지 너무 나무라지는 마시라. 그래서 주눅들면 소도 愚人도 다시는 뒷걸음치지 않을 것이고 千慮는 커녕 十慮도 안 할 것이니 이 또한 딱한 일이요 聖人의 말씀을 본따면 不亦딱乎아!가 되리라.

解說

발목은 짧다. 그리고 발굽은 높은데 꼭 쇳덩이가 힘차게 大地를 밟은 듯하다. 그리하여 그 무쇠 같은 발굽은 西域 交河의 두꺼운 얼음을 하마터면 다 깨부술 지경이었단다.

❖ 제11·12구: 五花散作雲滿身, 萬里方看汗流血.

註

▸五花馬: 五花驄이라고도 한다. 앞에서 言及하였는데 中國의 ≪漢語大詞典≫에서는 驄馬·青驄을 "青白色相雜之馬"라 하였고 우리의 ≪표준국어대사전≫에서는 "갈기와 꼬리가 파르스름한 흰 말"이라 하였다. 그런데 同一한 말을 詩題에서는 "驄馬", 第1句에서는 "青驄"이라 하였는데 그 外形을 第11句에서는 "五花"와 "雲"으로 說明하였으니 상당히 複雜하게 되었다. 왜냐? 같은 ≪漢語大詞典≫에서 五花馬를 "唐人들은 駿馬의 갈기를 다듬고 잘라서 타래로 묶어 치장을 하였는데 다섯 타래로 된 것을 五花馬 또는 五花라 한다"라 하였고 "五花驄은 五花馬다"라 하였는데 또 우리의 ≪中韓辭典≫에서는 五花馬 즉 五花驄은 "털이 푸르고 흰 잡색말", "얼룩말"이라 풀이하였기 때문이다. 우리나라나 中國이나 驄馬나 五花馬는 同一한 말이 아닌 것으로 되었다. 사전의

풀이가 이렇게 되고만 것은 그 實相에 대해 正確한 結論을 못 내렸다는 것, 간단히 말해 眞相把握에 失敗했다고 밖에는 말할 수 없다. 이 五花는 王琦輯注 ≪李太白全集≫의 〈將進酒〉에 나오는 五花馬의 注에서 王氏가 이미 두 가지 見解를 紹介하였다. 첫째는 馬之毛色이 五花文을 이룬 것으로 杜甫의 本作品을 例擧하였으며 〈杜陽雜篇〉을 引用하여 代宗의 御馬는 九花虯라 하였는데 몸에 九花가 덮혀 그렇게 이름을 붙였다 하였다. 둘째는 다시 ≪圖畵見聞志≫를 引用하여 開元・天寶時代에 三花로 말치장을 하였는데 韓幹의 〈貴戚閱馬圖〉, 〈三花御馬〉, 張萱의 〈虢國夫人游春圖〉 中에 三花가 나오는 바 三花란 말갈기를 다듬어 세 타래로 묶은 것이다라 하였고 白樂天의 詩에 "鳳箋裁五色, 馬鬣翦三花"라 한 것으로 이른바 五花라는 것이 또한 말갈기를 다섯 타래로 묶은 것임을 알겠으며 이 說 또한 통한다 하였다. 一種의 兩是論이라 할 것인지.

≪故宮文物≫ 第82號(民國79年元月, 臺灣・故宮博物院)에 실린 吳璧雍 先生의 〈五花馬與連錢驄〉을 보면 많은 繪畵・浮雕・石雕・唐三彩의 사진을 收錄하였으며 아주 仔細히 說明하였는데 우선 알 수 있는 것이 王琦의 注에서 開元・天寶時代에 三花로 말치장하였다는 것이 사실이 아니라는 것이다. 太宗의 昭陵에 있던 六駿馬는 모두 갈기를 세 타래로 묶어 목덜미에 상투 세 개를 튼 것 같으며 乾陵 앞의 石馬도 세 개의 상투가 보인다. 즉 時代가 훨씬 올라가는 것이다. 그리고 宋人의 摹本인 張萱의 〈虢國夫人游春圖〉에 나오는 三花는 상투가 아니고 쪽을 찐 것 같이 둥글둥글 半圓形의 세 개의 쪽이 서로 떨어지지 않고 이어져 있는 점이 특이하다. — 우리끼리 우스갯소리로 숫컷은 상투처럼 암컷은 쪽 모양으로 하였나 했는데 알 수 없는 일이다. 다만 張萱의 그림 말고 어느 곳에서도 이렇게 둥글둥글한 三花는 보이지 않는다. — 둘째 五花馬라는 말은 쓰이지만 現存하는 그림・조각・唐三彩 어느 곳에

도 상투가 다섯인 例가 보이지 않는다는 것이다. 셋째 "三花馬"라는 어휘는 없으나 "三花"라는 말갈기를 만져 상투인지 쪽인지 만든 것은 詩에 많이 나온다는 사실. 吳先生이 든 例를 보면 岑參의 〈衛節度赤驃馬歌〉에서 "平明剪出三鬉高", 白居易의 "馬鬣剪三花", 宋나라 樓鑰의 〈題高驪行看子〉의 "霜鬣剪作三花齊", 同人의 〈再題行看子〉에서 "三花剪鬣自官樣"이라 하였으니 분명히 갈기를 다듬은 것을 말함이다. 넷째 唐三彩에 상투 하나짜리가 현존하지만 一花라는 말은 눈 씻고 보아도 찾을 수 없으며 代宗의 九花虯를 보건데 五花라는 다섯 상투도 없는 판에 아홉 개의 상투는 臨邛道士 아니라 그 할아비가 "上窮碧落下黃泉"하여도 "兩處茫茫皆不見"이 될 것이다.

다시 五花라는 말로 돌아가자. 花에는 첫째 顔色錯雜, 둘째 花紋圖案이라는 뜻이 있다. 즉 빛깔이 얼룩덜룩한 것, 간단히 말해 얼룩이란 의미와 장식용의 무늬・도안이라는 內容이다. 그리고 五는 여럿이라는 뜻 또는 뒤섞였다는 뜻으로 쓰이지 다섯 가지의 뜻은 아니라는 것이다. 例를 들면 삼겹살은 돼지의 갈비에 붙어있는 살로 비계와 살이 세 겹으로 되어있는 것처럼 보이는 고기를 말한다. 中國人은 이것을 五花肉이라 한다. 이때 五花는 흰 비계와 붉은 살이 錯雜하다는 뜻일 것이다. 卽 赤과 白 두 가지 色이 뒤섞였다는 말이 되겠다. 여기에서 類推할 수 있는 것은 靑과 白 두 가지 色이 어울려도 五花라고 쓸 수 있을 것이란 점이다. 그리고 日人 鈴木虎雄의 五瓣花의 代表인 梅花의 紋樣이란 說도 一理가 있다. 우리가 唐代의 驄馬를 볼 수는 없으나 淸代의 靑驄인 郎世寧의 〈如意驄〉을 보건데 꽃송이 같고 포도송이 같으며 如意頭紋 같기도 한 동글동글한 흰 무늬가 全身을 덮은 것이 事實 꼭 梅花라고는 斷定할 수 없으나 類似하다고 할 수도 있으니까 말이다. 그리고 그것은 또한 구름 같기도 하니 더욱 그럴듯한 해석이라 하겠다. 다만 三花・五花에 대한 古來의 해석에 비하여 根據가 不足 아니 全無하여 望

文生義라는 嫌疑를 避하기 어려운 점 또한 存在한다. 그러나 버리기는 아까워 여기에 챙겨두는 바이다.

☛ **參考**

말의 갈기를 자르고 다듬어 마치 머리채 땋듯 한 것을 여기에서는 瓣, 저기에서는 辮으로 混用한다. 辮은 (변. biàn)으로 읽고 땋은 머리라는 뜻이다. 따라서 이것이 옳을 듯하다. 瓣은 (판. bàn)으로 읽고 꽃잎의 뜻이니 머리나 갈기 땋은 것과는 관계가 없으나 五花・三花의 花를 念頭에 두는 考慮하여 이 字를 썼다고 하면 그 또한 可能한 일이다. 두 글자가 混在하여 잠시 생각한 것을 써본 것이다. 다만 瓣으로 쓸 때에도 해석은 꽃잎이 아니고 타래라고 해야 할 것이다.

▸雲滿身: 빛깔・무늬가 구름같은 것으로 이것이 몸에 가득하다로 풀이하였다. 그런데 ≪杜詩詳注≫에 引用된 ≪名畫錄≫에 "開元年間 宮內의 마구간에는 飛黃・照夜・浮雲・五花란 이름의 탈 것 즉 말이 있었다. 開元內廐有飛黃・照夜・浮雲・五花之乘."라 하였다. 따라서 雲滿身은 隱然中 말의 몸이 碧空의 白雲속을 나는 天馬行空의 이미지(image)를 느끼게도 하는 것이다. 보고 들은 것이 많다보면 이렇게 複合的으로 言語을 驅使할 수 있게 된다.

▸方看: 方은 비로소의 뜻이나 장차의 뜻도 있다. 看은 王鍈의 ≪詩詞曲語辭集釋≫에 의하면 장차의 뜻으로도 쓰인다. 따라서 方看은 ~해야 비로소 볼 수 있다도 되고 ~해야 장차 ~하리라도 된다.

▸汗流血: ≪표준국어대사전≫에 의하면 "한혈마(汗血馬)는 피땀을 흘릴 정도로 매우 빨리 달리는 말이라는 뜻으로 아라비아에서 나는 명마를 이르는 말이다."라 하였다. ≪史記・大宛列傳≫을 보면 "多善馬, 馬汗血, 其先天馬種也. 좋은 말이 많은데 말은 피땀을 흘리니 그 조상은 天

馬種이다"하였고 또 "得烏孫馬, 好, 名曰天馬. 及得大宛汗血馬, 益壯, 更名烏孫馬曰西極, 名大宛馬曰天馬云. 烏孫의 말을 얻었는데 좋은지라 天馬라 이름 하였다. 大宛의 汗血馬를 얻게 되었는데 더욱 훌륭한지라 烏孫의 말을 西極馬라고 고쳐 부르고 大宛馬를 天馬라 이름 지었다" 한다. ≪漢書·武帝紀≫에 "(太初)四年春 貳師將軍廣利斬大宛王首, 獲汗血馬來. 太初4年 봄, 貳師將軍인 李廣利가 大宛王을 斬首하고 汗血馬를 얻어왔다."라 하였는데 應劭의 注에 "大宛舊有天馬種, 蹋石汗血, 汗從前見髆出, 如血, 號一日千里. 大宛에는 예전부터 天馬의 씨가 있어 땅을 밟는 굽은 돌 같고 피땀을 흘렸는데, 땀은 앞 어깨에서 나오는데 피와 같았고 하루 천리를 간다고 일컬었다"라 하였다. 結局 汗血馬는 天馬와 同一한 存在인 듯하다.

➥ 天馬가 世人들 머리에 또렷히 새겨지게 된 것은 하나의 자그마한 銅製의 말 때문이다. 甘肅省 武威에서 出土된 이 말은 입을 크게 벌리고 네 다리를 奔騰하는 瞬間을 捕捉하였는데 무게重心을 뒤의 오른쪽 발 하나에 두었나. 그리하여 발 하나로 온 몸을 支撑하게 한 것도 巧妙한데다 더 더욱 奇想天外인 점은 그 발이 飛燕을 밟고 있는 점이다. 따라서 이 말의 奔走之勢는 군말이 필요 없이 절로 드러난 것이다. 天馬말고 어떤 말이 飛燕을 밟을 수 있으랴! 크기는 겨우 높이 34.5cm다. 그러나 늠연(凜然)한 모습은 보는 이를 壓倒하고 거의 숙연(肅然)하게까지 만든다. 한마디로 傑作이다.

▸第11句는 外的인 모습에 置重하였고 第12句는 內的인 힘의 絶倫함에 무게를 두어 敍述한 것이다.

解說

흰빛, 푸른빛이 뒤섞였고 또 흩어졌다. 그리고 그것이 다시 구름모양이 되어 선신을 닮있다. 진징 天馬로다! 汗血馬로다! 만 리 먼 길을 달려야 그때에 비로소 피땀 흘리는 것을 볼 수 있단다.

❖ 제13 · 14구: 長安壯兒不敢騎, 走過掣電傾城知.

註

▸長安壯兒: 長安이라 대서울은 사람이건 물건이건 제일 뛰어나고 훌륭한 것의 集合處다. 그래서 人材養成所라고도 하고 文物精華의 淵藪라고도 한다. 우리 속담에도 "말은 나면 제주도로 보내고 사람은 나면 서울로 보내라"고 하였다. 그런데 그러한 서울에서 난다 긴다 하는 건장하고 씩씩한 사나이들도 이 말을 감히 타지를 못한다는 것이다. 말은 자기가 태울 만 하다고 여기는 사람이 아니면 떨어지게 하며 아주 업신여긴다. 우리가 흔히 쓰는 驕慢 · 驕傲는 다 이 驕라는 字가 基本이 된다. 그럼 驕는 무슨 뜻이냐? ① 六尺 높이의 말. ② 말의 健壯한 모습. ③ 말이 굴레 · 재갈 · 안장을 받아들이지 않고 길들여지지 않는 것 등이다. 雨田선생님이 일찍이 말씀하시기를 驕를 알려면 駿馬 가까이 가서 한 번만 보아도 단박에 그 말이 왜 적절한지를 알 수 있다 하셨다. 당당한 자세며 높이 처든 머리의 오만함이며 특히 멸시하듯 · 무시하듯 내려다 보는 그 눈을 보면 길고 잡다한 설명이 필요없다는 것이었다. 우리의 경험상 사실이었다. 다만 본 것이 꼭 駿馬라고 할 수 있을지는 의문이나 상당히 高價의 말이라고들 하였다. 간단히 말해 高仙芝將軍만이 타고 다룰 수 있는 말이며 將軍과 一心同體로 他人은 끼어들 여지가 없다는 말이다.

▸走過: ① 달려지나가다. 즉 달려가다. ② 過는 超過 · 超越의 뜻이 있으므로 달림이 ~를 超過하다. 超越하다.

▸掣電: 掣(철. chè) ① 잡아끌다. 당기다. ② 뽑다. 빼다. ③ 빠르게 가다. 빠르게 날다. 本詩의 掣電은 閃電과 같은 말이며 번개 · 번개가 번쩍하다는 뜻이다. 그밖에 번개불이 번쩍하는 순간 · 電光石火 · 刹那의 뜻도 있다. ≪杜詩詳注≫에서 引用한 崔豹의 ≪古今注≫에 "秦始皇이 가진 일곱 필의 말 중 하나를 追電이라 하였다" 하였으니 그 뜻은 "번개를

쫓다", "번개를 따라잡다"가 되겠다. 또 引用한 ≪隋書≫에 "長孫晟이 總管이 되자 突厥이 그를 두려워하였는데 그의 붉은 말을 보면 閃電이라 하였다"하였으니 번쩍하는 번개처럼 순식간에 視野에서 사라질 정도로 빠르다는 말씀이 되겠다. 그런데 이 誇張된 詩句는 單語가 여러 가지 含意를 가지고 있어서 種種의 해석이 가능하다. ① 달려가는 것이 번개 번쩍하는 것 같다. ② 달려감이 번쩍하는 번개를 凌駕·超越하였다. ③ 달려가며 번개를 잡아챌 수 있을 정도다. 但 말은 손을 쓸 수 없으니 입으로 물었다가 올바른 해석이리라. 그러나 追電·閃電·掣電 모두가 電을 基礎로 하고 있으니 번개 같은지, 번개를 능가하는지, 번개를 잡아채는지를 굳이 따질 것 없고 또 曰可曰否, 是耶非耶 해봐야 結論이 날 문제가 결코 아니다. 있지도 않고 있을 수도 없는 일에 무슨 결론이 있겠는가? 조금 상스럽게 말하자면 중의 상투가 굵은지 가는지 처녀의 수염이 짧은지 긴지를 백날 따져보아야 말짱 헛일인 것과 같다고나 할까.

▶傾城: 全城. 滿城. 즉 온 성안. 온 성안 사람들이라는 뜻이다. 그런데 傾은 ① 기울어지다. 傾斜지다. ② 傾覆(쓰러지다. 넘어지다. 뒤집어엎다). 覆亡(멸망하다). ③ 盡. 전부. 모두의 뜻으로 쓰인다. 본래 傾城은 ≪詩·大雅·瞻卬≫에서 "哲夫成城, 哲婦傾城. 지혜로운 남자는 나라를 세우나, 지혜로운 여자는 나라를 들이먹는다." 鄭玄의 箋에서 城은 國이라 하였고 孔穎達의 疏에서 꾀 많은 여인들은 城國을 들이먹는다 하였으니 城은 곧 나라인데 都市國家가 연상된다. 여자가 권세를 휘둘러 나라를 망하게 한다는 뜻이었다. 그러다가 漢의 李延年이 제 누이를 武帝에게 자랑하는데 "一顧傾人城, 再顧傾人國, 寧不知傾城與傾國, 佳人難再得. 이 여인이 한번 돌아보면 城이 무너지고, 두 번 돌아보면 나라가 넘어간다. 어찌 모르리오 성이 무너지고 나라가 넘어감을. 그러나 城이나 나라야 망해도 다시 세울 기회가 있지만 이 여인을 한번 놓

치면 영원히 다시 얻기 어려우리라"하고 부터는 傾城·傾國은 성과 나라를 들어먹고 망해 먹을 만큼 고운 여인, 들어먹고 망해먹어도 좋은 여인, 그럴 값어치가 있는 여인으로 바뀌었다. 그런데 傾에는 盡(모두. 다). 竭盡(다하다)는 뜻 또한 있는지라 傾城은 온 城, 온 성안 사람, 傾國은 온 나라, 온 나라 사람으로도 쓸 수 있으렸다. 그리하여 杜甫는 〈留花門〉에서 "胡爲傾國至, 出入暗金闕. 저 위구르族은 왜 온 나라 사람이 몰려와서 우리의 황금대궐을 들랑날랑하며 어둡게 가리는가?"라 하였고 本詩에서는 "走過掣電傾城知"라 하여 온 성안, 온 성안 사람의 뜻으로 使用하였다. 앞에서 이미 文化權力을 言及하였는데 이 경우에도 마찬가지다. 우리 같은 쪼다리가 이렇게 語詞를 運用하면 직사하게 욕을 먹겠지만 杜先生이 쓰는데야 누가 감히 이의를 제기하랴!

▸第13句는 말의 성품, 第14句는 말의 才能을 말한다.

解說

大唐帝國의 長安이라 대서울에서도, 제일 건장하고 씩씩한 남아들. 그들도 감히 이 驄馬를 탈 마음을 먹지 못하며, 달릴 때 번개가 번쩍하고 날듯 하는 것을 이미 온 나라, 온 서울 사람들이 익히 듣고 알고 있는 바이다.

❖ 제15·16구: 靑絲絡頭爲君老, 何由卻出橫門道?

註

▸靑絲: 푸른 끈·밧줄인데 말고삐를 나타내기도 하고 때에 따라서는 絡頭, 즉 말머리에서 재갈에 걸친 장식끈을 말하기도 한다. 杜先生도 때에 따라 이 靑絲를 다르게 使用하였다. 〈前出塞〉 九首의 其二에서 "走馬脫轡頭, 手中挑靑絲. 敵의 달리는 말에서 굴레를 벗겨내는가 하면, 적의 手中에서 푸른 고삐를 빼앗기도 한다.(▹轡(비): ① 고삐. ② 굴레. 즉 머리와 목에서 고삐에 걸쳐 얽어매는 줄.)"라 하였고 또 〈靑絲〉에서

는 "青絲白馬誰家子, 粗豪且逐風塵起. 푸른 고삐에 흰 말탄 녀석은 누구더냐, 사납고 거칠게 外敵의 侵入을 이용하여 하여 날뛰다니."라 하였는데 南朝·梁의 叛亂軍 侯景이 青絲에 白馬탔는데 이것으로 杜甫 當時의 叛將인 僕固懷恩을 比하였다. 또한 風塵은 戰亂의 의미로 쓰이는데 여기에서는 吐蕃의 侵入을 가리킨다. 이는 僕固懷恩이 날뛴다는 뜻이다. 以上에서 모두 고삐의 뜻으로 쓰였다. 絡頭의 뜻으로 쓰인 경우는 〈官亭夕坐戲簡顔十少府〉에서 "不返青絲鞚, 虛燒夜燭花. 푸른 끈 머리에 얽은 말 타고 가신 분은 돌아오지 않으니, 부질없이 한 밤 초의 불꽃만 태운다네"라고 한 것과 아예 명토를 박아 "青絲絡頭爲君老"라 한 本詩가 있다. 本詩에서 青絲絡頭라 한 것은 해석이 어려워 땀깨나 빼게 하는 대목이다. ≪九家集注杜詩≫에서는 이것을 "青絲로 장식하는 대우를 받으며 늙다"라는 뜻으로 풀었고 日人 鈴木虎雄도 이를 따라 青絲로 머리 묶고 鄭重하게 飼養된다 하였는데 그러면 "爲君老"와 어떻게 연결을 지어야할 지를 도무지 모르겠다. "님을 위해 싸운다", "님을 위해 뛴다"는 말은 成立이 되지만 "님을 위해 늙는다"는 말은 무슨 뜻인지를 도대체 알 길이 없는 것이다. 님이 젊고 튼튼한 새 말을 좋아하니 나는 님을 위해 조용히 질투하지 않고 늙어가겠다는 것인지. 님께서 더 필요 없다 하시니 烈女처럼 改嫁하지 않고 다른 사람 안태우고 늙어가겠나는 것인지. 또는 님을 위해 늙는 것이 님이 취향에 맞는다는 것으로 이 때에는 高仙芝가 考古學的 嗜好도 있어 늙을수록 더욱 관심을 가졌다는 것인지. 원!

이것을 簡單하게 풀면 사람의 경우 結髮과 아주 恰似한 內容이다. 牧場·馬場에서 野性그대로의 말을 길들이는 것은 아주 중요하다. 속담에 "살 먹자는 송편이요, 속 먹자는 만두"라는 말이 있다. 말이 아무리 뛰어나도 사람이 부릴 수 없고 野生馬처럼 날뛴다면 무슨 소용이랴. 미국 서부의 카우보이들이 길들이지 아니한 소나 말을 탄 채 버티거나 길들이는 경기를 로데오(rodeo)라 하여 영화나 TV를 통해 대개 알고들 있을 것이다. 이 驄馬도 성깔이 대단하였을 것이다. 이것에 안장 얹고 재갈 물리고 굴레 씌우고 하여 가까스로 길들였을 터이니 사람으로 말하면 結髮하여 成年이 된 것과 類似하다고 하겠다. 그러니까 青絲洛頭는 안장·재갈·굴레 따위를 뭉뚱그린 것이니 그 自體에 執着할 必要가 없으며 말이 사람에게 순치(馴致)된 것을 나타낼 뿐이다. 그때부터 애오라지 高仙芝라는 한 분을 섬겼으며 그분을 위해 그야말로 청춘을 다 보내고 지금 늙었다는 말씀이 되겠다. 青絲絡頭를 韓·中·日 三國 공히 武功勳章인 듯 해석한 것이 特異하다. 이는 ≪九家集注杜詩≫의 그야말로 큰 功勳이라고 해야 할 것이다. 다시 되풀이 하지만 이 驄馬를 守節寡婦나 烈女春香이로 해석한 것도 駭怪(해괴)하기 짝이 없는 일이다.

▸何由: ① 어디로부터. 어느 길을 통해. ② 어찌 ~할 수 있으랴.

▸却: 猶 再 也. 却出은 再出, 다시 나가다, 거듭나가다의 뜻이다.(張相의 ≪詩詞曲語辭匯釋≫)

▸橫門: 橫은 (광. guāng)으로 읽어야 한다. 長安城北에서 서쪽으로 나가는 첫 번째 문을 말한다. 이 문을 나서면 西域으로 가는 大道와 통하는 것이다.

解說

푸른 끈 머리 얽고 사람에 길들여진 뒤에 애오라지 님 한 분 위해 뛰고 달리다 늙었으니 끝이로다. 늙음 앞에는 장사 없다는데 무슨 수로 광문(橫門) 밖 西域으로 통하는 길로 다시 나갈 수 있으랴! 마음은 청춘이나 말 안 듣는 몸을 어찌하랴!

33. 〈贈翰林張四學士垍〉(五言排律)

翰林逼華蓋, 鯨力破滄溟. 天上張公子, 宮中漢客星.
賦詩拾翠殿, 佐酒望雲亭. 紫誥仍兼綰, 黃麻似六經.
內頒金帶赤, 恩與荔枝青. 無復隨高鳳, 空餘泣聚螢.
此生任春草, 垂老獨漂萍. 倘憶山陽會, 悲歌在一聽.

❖ 詩題

註

▸翰林院・翰林學士: 〈飮中八僊歌〉의 註에서 상세하게 설명하였으니 참고하시라.

▸張垍(장기): 名相 張說(장열)의 次子로 兄인 張均과 함께 글을 잘하였다. 張垍는 玄宗의 딸인 寧親公主를 尙 — 모시다, 받들다. 감히 公主와 婚姻하였다고 못하고 이렇게 표현하였다 — 하여 駙馬가 되니 임금에게 큰 恩寵을 받았으며 宮禁안에 內宅을 두어 居住할 수 있게 되었고 珍玩의 賞賜 또한 헤아릴 수 없었다. 當時 兄인 張均도 翰林院에서 함께 일하였는데 張垍가 下賜받은 물건을 가지고 자랑하고 뽐내니 張均이 弄을 하였다. "그것이야 장인이 사위에게 준 것이지 天子가 學士에게 下賜한 것이 아닐세!" 天寶年間에 玄宗이 陳希烈 대신 張垍를 宰相으로 삼으려 하였으나 楊國忠의 방해로 成事되지 못하였다. (간단히 말하면 딸의 힘이 愛妾의 힘만 못하다는 것이 될 것이다.) 天寶13年 正月 范陽節度使 安祿山이 入朝하였는데 契丹(거란)을 擊破한 功으로 平章事를 兼할 수 있게 해 달라 하였다. 楊國忠은 그가 글을 모르니(眼不識字) 만약 相臣의 자리를 차지하면 四方의 異民族들이 우습게 볼 것이다(恐四夷輕)하며 그의 요구에 同意하지 않고 다만 加封하여 左僕射를

주었다. 安祿山이 돌아갈 때 高力士로 하여금 餞送하게 하였다. 高力士가 還宮하니 玄宗이 安祿山의 기분이 어떠한지를 물었다. 高力士가 답하기를 "그의 鬱鬱不樂한 心思를 보니 필시 宰相의 任命이 實行되지 않은 事情을 염탐(廉探)한 듯 하나이다"하였다. 玄宗이 이 일을 楊國忠에게 말하니 答하기를 "그 議論은 남들은 모르는 것으로 필시 張垍가 알려주었을 것입니다" 하였다. (當時 朝臣과 上流社會에서는 張垍가 安祿山과 상당히 친하다고 소문이 나 있었던 것으로 짐작이 된다) 玄宗은 대로(大怒)하여 張氏三兄弟를 지방으로 내쳤다. 그리하여 張均은 建安太守, 張垍는 盧溪郡司馬, 張埱(장숙)은 宜春郡司馬로 쫓겨났는데 다만 張垍는 해를 넘기지 않고 다시 소환되어 太常卿이 되었다. (駙馬의 體面보다는 寧親公主의 立場, 그것보다는 皇室의 體統을 考慮한 結果일 것이다.)

安祿山의 亂이 터지고 玄宗이 蜀을 향해 달아날 때의 일이다. 咸陽에 이르러 玄宗이 高力士에게 물었단다. "어제는 倉皇中에 朕이 서울을 떠나 朝臣들이 갈 곳을 몰랐겠지만 오늘은 누가 찾아올 것 같은가?" 高力士가 "張垍兄弟들은 代代로 國家의 恩惠를 받았고 겸하여 國戚이 되니 분명 먼저 올 것입니다. 房琯(방관)은 평소 宰相될 期待가 있는데다 安祿山이 아주 人材로 여기고 있었으니 반드시 오지 않을 것입니다" 하였는데 結果는 달랐다. 房琯은 왔으나 張均은 安祿山 밑에서 中書令이 되었고 張垍는 陳希烈과 함께 宰相이 되었다. 長安・洛陽을 收復하고 난 뒤 적에게 벼슬을 받은 사람들을 六等으로 定罪하였다. 즉 여섯 等級으로 나누어 罪를 정한 것이다. 제일 重한 處罰은 이전에 河南尹을 지낸 達奚珣(달해순. 달해가 姓임) 等 十八人을 城의 西南 獨柳樹 아래에서 斬首한 것이며 다음으로 陳希烈 等 七人에게 大理寺에서 自盡하도록 한 것이다. 肅宗임금은 일찍이 張說父子의 保護를 받았으므로 張均兄弟의 死罪는 면하게 해주고 싶었으나 上皇인 玄宗이 不許

하여 張均은 죽고 張垍는 嶺外로 長流 — 멀리 流配됨. 長期間 流配됨 — 되고 말았다. 張垍가 죽음을 면한 것을 肅宗임금과 交情이 있어서라고 하였으나 우리생각에는 駙馬인 점을 고려하였을 것으로 보인다. (以上은 陳貽焮著 ≪杜詩評傳≫에서 추린 것이다)

解說

〈翰林學士 張垍에게 드립니다〉

❖ 제1·2구: 翰林逼華蓋, 鯨力破滄溟.

註

▸華蓋: ① 帝王·貴人의 수레에 사용하는 日傘·陽繖(양산). 帝王·貴人을 가리키기도 한다. ② 별이름. 紫微垣에 속하는데 모두 열 여섯이다. 大帝의 자리를 덮어 주는 日傘 즉 華蓋에 해당하는 별이 일곱이고 이 華蓋의 자루에 해당하는 별이 아홉이다. 帝王의 代稱도 된다. 本詩에서는 임금을 나타내는데 ①의 뜻이나 ②의 뜻이나 그게 그것이니 엎치나 덮치나 매일반인 것이다.

▸鯨力: 고래의 힘. ≪讀杜心解≫에서 1句는 "官貴" 즉 벼슬의 귀함. 2句는 "才雄" 재주의 뛰어남을 말함이라고 하였다. ≪杜詩詳注≫에서는 1句는 "位高" 즉 地位의 높음 2句는 "勢大" 즉 權勢가 큼, 力量이 큼이라 하였다. 우리생각에는 翰林에 있다는 것은 재능이 이미 立證된 것이니 새삼 擧論할 것이 못되며 그의 힘이 莫強하다는 것을 말한 듯하다. 最高權力者에 密接한 것이 第1句요 그 結果 뭐 狐假虎威는 아닐지라도 權力을 휘두를 수 있다는 것이 第2句가 된다고 하였다.

➡ 參考로 말하면 最高權力者를 옛부터 불에 비하였다. 너무 멀어지면 춥고 너무 가까이하면 델 수가 있다는 것이다. "逼"하다는 것이 꼭 좋다고 할 수는 없으리라. 本詩는 지금 修身·處世를 말함이 아니고 相對를 稱揚함이니 이렇게 쓴들 무슨 대수겠는가?

▸破: ① 剖. 쪼개다. 가르다. 分. 나누다. 가르다. ② 깨다. 부수다.

▸滄溟: 滄海. 大海를 말한다.

➥ 고래가 아무리 대단해도 바다를 가르고 간다하면 좀 어색하다. 이리보나 저리보나 파도를 가르고 간다 하여야 순통할 것이니 "破浪", "乘風破浪"이라는 뜻으로 보는 것이 좋겠다. 杜先生도 〈舟泛洞庭〉에서 "破浪南風正"이라 하였다. 일찍이 ≪宋書·宗慤傳≫에서 이 말이 쓰였다. "叔父炳, 高尚不仕, 慤年少時, 炳問其志, 慤曰: '願乘長風破萬里浪.' 宗慤(종각)의 叔父 宗炳은 그 뜻이 高尚하여 벼슬하지 않았다. 宗慤이 젊었을 대 宗炳이 그의 抱負를 물으니 宗慤이 말하였다. '長風을 타고 萬里의 波浪을 가르고 감이 소원 입니다.'" 以後 "乘風破浪"은 志向함이 遠大하고 困難을 겁내지 않으며 勇敢하게 邁進함을 나타내게 되었다. 그러나 本詩에서는 그 力量·勢力이 어마어마하다는 뜻으로 쓰였다. 本來의 意味나 內容을 비틀어 쓰는 것이 有力者에게는 可能하다. 우리 같은 卒者·拙者들이 그렇게 使用하면 뭘 모르고 無識하여 그리하였다 할 것이나 名聲이 있는 어른이 쓰면 다 알면서도 그 外樣이 그럴 듯하여 바꿔 썼다고 너그럽게 이해하고 존중해주는 법이다. 앞에서 이미 言及했지만 文化權力이란 말이 昨今 流行하는데 그 歷史와 傳統이 悠久하다.

解說

翰林院과 華蓋는 거리가 바특하니 莫强한 힘 마치 고래가 滄海의 波濤를 가르고 가는 듯합니다.

❖ 제3·4구: 天上張公子, 宮中漢客星.

註

▸天上: 이 風塵世上, 俗界가 아니고 하늘나라에 사는 듯하다는 말. 아주 高貴한 身分 地位의 사람들을 天上의 사람이라 하였다.

▸張公子: 張氏 姓의 公子. 公子는 諸侯의 아들을 가리킴이 본래의 뜻이나 後世에는 權勢·地位있는 사람을 높여 부르는 말이 되었고 다시 더

발전하여 富貴한 子弟들을 뜻하게 되었으니 즉 돈 많고 權力있는 집안의 젊은 도련님·서방님이라는 말씀이다. 本詩에서는 張垍를 말하는데 같은 張氏인 貴公子로 옛날부터 이름난 사람을 들어서 張氏의 公子됨이 어제 오늘의 일이 아니며 本來 씨가 따로 있다는 식으로 추어올린 것이다. 그러면 張氏로 世上을 떠들썩하게 한 貴公子를 손꼽으면 漢代의 張湯 家門의 子弟들이 第一이 될 것이다. 張湯은 有能하면서 同時에 苛酷으로도 이름나 ≪史記·酷吏列傳≫에 이름이 오를 정도였다. 그가 後世에 이름난 것은 出世한 뒤의 活躍狀보다는 아이였을 때의 事件 때문이다. 아버지가 長安丞으로 있을 때 外出하며 張湯에게 집을 지키게 하였다. 돌아온 뒤에 쥐가 고기를 훔쳐먹은 것을 알고는 화가나 張湯을 매질하였다. 張湯은 쥐구멍을 파 쥐를 잡고 먹다 남은 고기도 끌어내었다. 그리하여 쥐의 犯行을 조사하는데 一次審問, 再次審問을 통해 끝까지 追窮하고 그 經過를 記錄, 文書로 作成한 뒤 그 즉석에서 事件을 終結, 쥐를 磔刑(책형 四肢를 찢어 죽이는 형벌. 기둥에 묶어놓고 창으로 찔러 죽이는 형벌이라는 說도 있는데 한식에 죽으나 청명에 죽으나 그게 그것이다)에 처한다고 判決을 내렸다 한다. 타고난 名搜査官인 모양이었다. 武帝 때 能力을 발휘 임금의 信任을 받았으며 御史大夫에 올랐다. 그가 병이 났을 때 武帝가 그의 집에 가 問病할 정도로 귀하여졌고 隆崇한 대우를 받았다. 산이 높으면 골도 깊은 법이라 원한도 많이 사 朱買臣 等이 죄를 얽어 몰아붙이고 임금이 追窮하자 自殺하였다. 그가 남긴 財産이 五百金에 不過하였고 葬事지냄에 그의 어머니가 主張하여 소달구지에 靈柩를 싣는데 內棺 즉 속널만 있고 外槨 즉 겉널도 없었다. 임금이 듣고 모함한 자들을 모조리 誅殺하니 丞相靑翟이 自殺하였다. 임금이 張湯을 애석히 여겨 그의 아들 安世를 차츰 重用하였다. 昭帝 때에 張安世는 富平侯에 봉해졌는데 이 張湯 家門을 칭할 때 흔히 富平侯라 하는데 張安世 덕분인 것이다. 그가 公侯

라는 尊貴함에도 입는 옷은 때 안 타는 검고 질긴 옷감으로 만든 것이요 夫人이 직접 紡織하였다 한다. 家僮이 칠백 명인데 모두 손재간 있어 일을 할 줄 알았으니 안으로 産業을 일으켜 재산이 쌓여 大將軍 霍光보다 더 부유하였다 한다. 이 부분은 좀 이해가 안 간다. 儉素·節約하는데 家僮이 무려 칠백 명이라니 우리가 익히 아는 家僮이 아니라 아마 技能工을 뜻하는 것인지도 모르겠다. 아무튼 誇張되게 말하면 얼마나 儉約한지 먹는 것은 금주발 은대접에 담긴 시커먼 보리밥 아니면 강조밥이요 시래깃국이라는 식도 될 것 같다. 그가 죽자 敬侯라는 諡號를 내렸고 아들 延壽가 뒤를 이었는데 그는 아무런 功德없이 先人이 물려준 大國을 堪當할 수 없다고 判斷, 여러 차례 上書하여 깎아내 달라 하였다. 그를 平原으로 옮겨 봉하였는데 封地에서 받아들이는 租稅를 절반으로 줄이도록 하였다. 죽자 愛侯라는 諡號를 내렸고 아들 勃이 뒤를 이었으며 다시 그의 아들 臨이 뒤를 이었는데 그는 元帝의 妹氏인 敬武公主를 尙하여 駙馬가 되었다. 그가 죽자 아들 放이 뒤를 이었다. 이 放이 아주 有名한 人物인 것이다. 그는 公主의 아들이자 타고난 明敏함으로 成帝의 寵愛를 받았다. 그는 成帝 許皇后의 동생인 平恩侯 許嘉의 女息과 婚姻하였는데 임금이 그를 위해 宴會에 쓰일 장막·휘장·카페트 等의 設備와 여러 器具·飮食을 차려주었고 甲第(最高級邸宅)를 下賜하였으며 天子가 使用하는 服飾으로 가득 채워주었다. 그리고 이름붙이기를 天子가 며느리 보고 皇后가 딸 시집보낸다 하였다. (放以公主子開敏得幸. 放取皇后弟平恩侯許嘉女, 上爲放供張, 賜甲第, 充以乘輿服飾, 號爲天子取婦, 皇后嫁女.) 이에 高官大爵들과 皇后 直屬의 官吏들이 모두 그의 집에 가서 섬기고 모시니 兩宮 — 皇帝와 皇后 — 의 使者들의 감투와 수레가 이어져 끊어지지 않았다 한다. 그는 侍中中郎將이 되었고 幕府를 設置하니 儀禮가 將軍과 比等하였다. 임금과 臥起 — 눕고 일어남이 본 뜻이나 꼭 그것을 말함이 아니고 日常生

活의 諸般事—를 함께하며 寵愛가 至極하였고 임금을 따라 微行하고 놀러다니니 郊外의 南・北 안 다니는 곳 없었고 鬪鷄・走馬로 여러 해를 보냈다. 임금의 外叔들이 그를 미워하여 太后에게 아뢰니 太后는 임금이 한창 때인데 行動擧止에 節制없음은 張放의 過失이라 여겼다. 마침 자주 天災地變이 일어나자 議論은 다 張放의 허물로 돌렸다. 좋은 機會라 丞相과 御史大夫가 上奏하였는데 그 內容인즉 指名手配된 者를 잡으러 張放의 집에 가니 문을 닫아걸고 활로 官吏를 쏘고 안으로 들이지 않았다는 것, 사적인 원한으로 奴僕을 시켜 官府에 침입하여 官吏를 묶고 器物을 破損하였으며 그에게 찍힌 官吏가 罪人인을 자처하여 머리깎고 목에 칼쓰고 囚衣 걸쳤으며 나머지들도 맨발로 張放에게 謝罪하자 그제서야 그만두었다는 것, 그의 奴僕과 從者들이 그의 權勢를 믿고 官吏의 妻를 빼앗으려 그 남편을 죽였으며 어떤 사람에게 화가 나면 그 친척까지 함부로 죽였고 그대로 張放의 집에 숨어 잡을 수 없었다는 것 等으로 임금 곁에 둘 수 없으니 封國으로 가게 하라는 것이었다. 임금도 어쩔 수 없어 北地都尉로 左遷하였으나 몇달 안돼 또 侍中으로 불렀다. 그 후 太后가 主張 다시 내쳤는데 자주 日蝕이 생기자 풀어주지 못하고 다만 그를 위로하고 안부묻는 임금의 璽書 즉 詔書가 不絶이었다. 그의 어머니인 公主가 아프자 다시 불렀으나 몇달 뒤 병이 나으니 다시 河東都尉로 내보냈다. 임금은 위로는 太后에게 압박을 당하고 아래로는 人臣들에게 밀려 항상 눈물을 흘리며 그를 보내곤 하였다. 成帝가 세상을 뜨니 張放은 그리워하며 울다가 죽었다 한다.(以上은 ≪漢書・張湯傳≫에서 추린 것이다.)

➥ ≪漢書・外戚傳≫을 보면 趙飛燕은 본래 長安宮人이었다 한다. 宮人은 임금의 대궐안의 사람이라는 뜻이 아니고 관청안의 官婢라는 것이다. 다시 陽阿公主에게 보내졌는데 그곳에서 歌舞를 익히고 飛燕이라 하였다는 것이다. 成帝가 微行하여 陽阿公主 집에 들렀다 보고 한눈에 반해

대궐로 불러들였는데 그를 皇后로 삼고 싶어 하였다. 皇太后가 微賤한 出身임을 싫어하여 아주 난감해 하였으나 밀어붙여 결국 許皇后를 廢하고 飛燕을 皇后로 冊立하였다. 〈張湯傳〉에서 임금이 어쩔 수 없이 눈물을 흘리며 張放을 地方으로 내쳤다는데 사람이 바뀌자 임금의 固執·決心도 강해져 결국은 太后를 이기니 다 사람 나름인 모양이다.

本論으로 돌아가 張放이 張公子라고 불리게 된 유래를 찾아보자. ≪漢書·五行志第七·中之上≫을 보면 成帝 때의 童謠가 나온다. "燕燕尾涎涎, 張公子, 時相見. 木門倉琅根, 燕飛來, 啄皇孫, 皇孫死, 燕啄矢. 제비꼬리 반들반들한데 張公子가 때맞춰 보았다. 宮門의 青銅문고리와 鋪首에 제비가 날아와 皇孫을 쪼았다. 皇孫이 죽은 것은 제비가 쪼아 해쳤기 때문이다."

▷燕燕: 燕子. 즉 제비를 이렇게 쓴다. 燕燕이 하나의 語辭인 것이다.

▷涎涎(전. diàn): 光澤이 나는 모양. 간혹 涎涎(연연)으로 된 곳도 있는데 잘못된 것이다.

▷倉琅根: 倉은 푸르다는 뜻. 琅은 門環, 즉 문고리. 根은 鋪首니 대문의 문고리가 붙어있는 獸面·花形의 둥근 금속판을 말한다. 우리의 경우 대문 말고 가구의 문짝에도 두석장식·무쇠장식의 壽字形·박쥐形·나비形·꽃形의 얇은 판을 붙였다. 따라서 倉琅根은 大門의 青銅鋪首와 青銅문고리를 말한다.

▷矢: 弛와 通한다. 부수다. 파괴하다.

이 童謠가 나온 뒤의 일이다. 成帝가 微行 나와 노닐 때 항상 富平侯 張放과 함께 하였으며 富平侯의 家人이라 稱하였다. 陽阿公主 집에 들러 즐겁게 노는데 舞姬 趙飛燕을 보고 반하여 가까이 하였다. 이것이 "燕燕尾涎涎"의 내용이 된다. "張公子"는 富平侯 張放을 말한다. "木門倉琅根"은 宮門의 青銅문고리니 尊貴하여짐을 가리킨다. 果然 뒤에 皇后가 되었다. 그의 동생 趙昭儀가 後宮 所生의 皇子를 해쳐 결국 모두 伏罪하여 죽었으니 "燕飛來, 啄皇孫, 皇孫死, 燕啄矢."가 그것이다. 以上이 ≪漢書≫에 나오는 대목인데 張公子는 以後 皇帝와 親密한 벗인지 스스럼없이 가깝게 지내는 압객(狎客)인지 또는 조방꾸니인지 하여튼 여러 의미를 가진 뜻으로 쓰였지만 일단 最高權力者와 親하면 그 威勢가 대단하였을 것이며 生活水準도 어마어마하였을 터인즉 이 세상의 사람이 아니고 天上의 人物같이 보였으리라. 그러니 "天上張公子"라 하는 것이다.

▶客星: 客星이라 하면 第一 먼저 떠오는 것이 東漢의 隱士인 嚴光, 즉 嚴子陵일 것이며 그 다음이 떼를 타고 銀河水에 가서 牽牛·織女를 만났는데 蜀의 嚴君平이 某年某月某日에 客星이 牛宿을 犯하였다고 한 것이리라. 참고로 우리의 경우 客星은 혜성 따위와 같이 일정한 곳에 늘 있지 않고 일시적으로 나타나는 별을 말한다. ≪後漢書·逸民傳≫을 보면 嚴光 즉 嚴子陵에 대한 이야기가 나온다. 어려서 光武帝 劉秀와 함께 공부하였다 한다. 光武帝가 卽位한 뒤 그를 찾아내려 지금의 몽타주(montage)寫眞 같은 것, 또는 옛날식으로 말하면 용모파기(容貌疤記)를 全國에 뿌려 찾아냈다. 그러나 끝끝내 臣下노릇 하기를 거부하고 隱士로 살겠다 하니 별도리 없었다. 임금과 함께 자는데 발을 임금의 배 위에 올려놓았다. 다음날 太史가 上奏하기를 客星이 御座를 犯하여 아주 緊迫한 狀況이리니. 임금이 웃으며 말했단다. "朕의 벗 嚴子陵과 함께 누워있었다네." 그는 富春山에서 밭 갈고 七里瀨(칠리뢰. 즉 七里灘)에서 낚시하다 팔십에 집에서 세상을 떴다 한다. 이 嚴子陵이 張垍와 연결되기는 참으로 어려운 일이다. 임금의 벗이요 함께 공부한 소위 동창이고 隱者니 무엇 하나 張垍와 맺을 것이 없는 것이다. 다만 客星이라는 것이 배운 사람들 腦裏에 깊이 박혀 어색한 줄 알면서도 자꾸 꿰맞추려 하는 것이다. 固定觀念이라나 先入見이라나 하여튼 큰 문제다.

다음으로는 神話・傳說이 나온다. 옛사람들은 銀河水와 바다가 서로 통한다고 여겼다. 매년 팔월에 떼가 떠왔다 가는 것을 보고는 어떤 사람이 奇特한 생각을 품고 식량을 준비하여 그 떼에 올라 드디어 하늘나라에 이르렀단다. 그래서 牽牛・織女를 만났는데 베틀의 받침돌을 주었다고도 하고 또는 빨래하는 여인을 만났는데 그곳이 銀河라 하며 돌 하나를 주었다고도 한다. 돌아와 蜀의 嚴君平에게 물으니 그것이 베틀의 받침돌이라 하였다고도 하고 또한 某年某月某日에 客星이 牽牛宿를 犯하였다고도 하였는데 따져보니 그 사람이 銀河에 갔던 時日과 符合하였다한다.

以上의 神話・傳說은 ≪博物志≫, ≪荊楚歲時記≫, ≪集林≫ 等에 나오며 本來 銀河에 갔던 사람의 姓名은 없었는데 다시 張騫이 武帝의 命을 받들어 黃河의 水源을 찾아 나섰다가 銀河에 이르러 베 짜는 여인과 소를 끌고 물 먹이는 남자를 만났으며 여인이 베틀의 받침돌을 張騫에게 주었다는 이야기가 생긴다. 이에 蜀의 嚴君平에게 물어본 某人과 張騫이 뒤섞여 張騫이 嚴君平에게 客星云云한 말을 들은 것으로 변한 것 같다. 이렇게 되면 客星은 張氏姓인 張騫이 된다. 神話・傳說에 事實이냐 史實이냐가 무슨 소용이냐! 그리고 張騫이 만난 織女는 天帝의 딸이다. 俗世의 말로 公主인 것이다. 남편은 分明히 牽牛다. 俗世의 말로 駙馬인 것이다. 그러나 天帝의 노여움으로 서로 生離別하고 일 년에 한 번만 만나게 되어있다. 織女가 張騫에게 왜 何必 自己의 主任務요 主特技인 베 짜는 베틀의 받침돌을 주었을까? 尋常한 나그네로 대한 것은 아닐 것이다. 詩人의 생각으로는 일단 天帝女와 뜻이 맞았으면 그것으로 되었으며 끌어다가 公主와 張埳의 만남으로 엮는데 거리낄 것도 주저할 것도 없었을 것이다. 그저 詩속의 말이니까 말이다. 典故・故事의 運用上 必要한 부분만 選擇的으로 取하는 것이 唐人들의 特徵이니 나무랄 것도 꾸짖을 것도 없다. 따라서 쉽게 풀면 이렇게 된다. 임금의 따님인 公主와 張氏가 인연 맺음은 漢나라 때부터니 張氏姓의 張騫이 이미 天帝의 딸인 織女와 만났고 支機石까지 얻었으며 또한 客星이 그곳에 갔었다고 神通한 嚴君平이 아예 認定하고 結論내렸겠다. 즉 張氏는 漢代에 이미 帝女와 緣分이 있었으니 그야말로 歷史와 傳統을 자랑하는 家門이라는 것이다. ≪杜詩詳注≫에서 徐陵의 〈雜詩〉中 "張星舊在天河上, 從來張姓本連天. 張氏姓의 客星이 옛날에 銀河水가에 있었으니 원래 張氏姓은 하늘과 이어지는 법인가 보다"를 引用하였는데 徐陵의 詩는 우리의 意見과 絶妙하게 맞아떨어지니 그야말로 不謀而合이라 聖人의 말씀대로 "不亦樂乎"가 절로 입에서 나오더라. 여러 注에서 그가 使命을 받들어 外地에 간 적이 있지 않았나 추측도 하고 또 사위를 嬌客이라 하니 그것이 아닌가도 하였는데 다 무리한 억측이다. ≪讀杜心解≫에서 第三句는 "世胄" 즉 世家子弟, 貴族後裔라 하였고 第四句는 "帝戚" 즉 임금의 姻戚이라고 하였다.

解說

옛날부터 貴公子 中의 貴公子는 張氏인 張放을 드는데 이 세상의 사람이 아니요 天上의 人物임이 틀림없었고 그 傳統은 連綿이 이어져 我朝의 張垍學士가 지금 그 榮光을 누리고 계시며, 아득한 과거 漢나라 때 張騫이 하늘의 銀河水가에서 天帝女의 베틀 받침돌을 받는 奇緣이 있었으니 張氏와 帝女가 因緣있음 또한 그 由來가 오래 되어 지금 張垍學士 또한 駙馬 되셨습니다.

❖ 제5 · 6구: 賦詩拾翠殿, 佐酒望雲亭.

註

▸賦詩: 詩를 읊다. 詩를 짓다. 賦는 본래 文體名으로 잘 알려져 있다. 그러나 또한 詩歌를 吟誦하거나 創作한다는 뜻도 있다. 간혹 賦詩를 賦를 짓고 詩를 읊다로 풀이하는 인사가 있어서 노파심으로 張皇하게 썼

는데 확실하게 證明하는 作品이 있어서 여기에 附記한다. 陶淵明 〈移居〉 二首의 其二 "春秋多佳日, 登高賦新詩. 봄・가을에는 아름다운 날이 많으니, 높은데 올라 새로운 시를 짓는다." 勿論 이것도 "賦를 짓고 新詩를 읊는다"라고 박박우기면 입을 다물 수밖에.

▸拾翠: 翠鳥 즉 물총새의 깃털을 주워 首飾으로 삼는다는 뜻이다. 이 말은 本來 曹植의 〈洛神賦〉에서 "或採明珠, 或拾翠羽. 빛나고 밝은 珍珠를 캐내기도 하고, 푸른 물총새 깃을 줍기도 한다"라고 쓰인 것이 最初일 것이다. 後에는 婦女들의 봄나들이를 가리킬 때 사용하였다. 本詩에서는 殿閣의 이름으로 쓰였다.

▸佐酒: 佐는 돕다. 補佐하다. 輔佐하다. 권(勸)하다의 뜻이 있다. 따라서 佐酒는 술을 권하다. 行酒(순서에 따라 술을 따름)를 돕다는 뜻이 되겠다. 그러나 때에 따라서는 酒宴, 宴會, 술자리에 어른을 모시고 함께하다는 뜻으로도 쓰인다. 張垍는 駙馬다. 사위는 옛부터 嬌客이라 하나 同時에 百年之客이라 하여 사랑스러움과 동시에 대하기 어려움을 은연중 나타낸다. 皇帝를 모시고 酒宴을 함에 수많은 宮女・內侍를 두고 駙馬가 술을 권하고 술 따르는 일을 돕고 한다고 보기는 어렵다. 勿論 君臣之間이라는 嚴格한 관계를 놓고 보면 무어 絶代 不可能한 일도 아니나 私的인 모임에서야 翁壻之間인데 그저 모시고 술마셨다하면 무난하리라.

▸望雲: 구름을 본다는 것이나 그 含義는 여러 가지다. ① 어진 임금을 思慕한다는 내용으로 쓰인 것. ≪史記・五帝本紀≫에서 "堯임금은 이름이 放勳이다. 그 仁慈하심은 하늘같고 知慧로우심은 神과 같다. 다가가면 해와 같이 따뜻하고 바라보면 구름처럼 아름답다. 帝堯者, 放勳. 其仁如天, 其知如神. 就之如日, 望之如雲."라 하였다. ② 宦路의 束縛을 벗어나 自由로운 생활을 希望하는 것. 陶潛은 〈始作鎭軍參軍經曲阿〉에서 "구름 바라보면 높이 나는 새에 猖披하고, 물에 다가가면 헤엄

치는 물고기에 부끄럽다. 望雲慙高鳥, 臨水愧游魚"라 하였다. ③ 淳朴한 옛날을 그리워하는 것. 帝鄕 — 仙人의 땅 — 을 생각하는 것. 陶潛은 〈和郭主簿〉 二首의 其一에서 "멀리 흰 구름 바라보니 옛날을 그리워함 어찌 그리 깊던가. 遙遙望白雲, 懷古一何深"라 하였다. ④ 父母나 親人을 생각하는 것. 故鄕을 그리워하는 것. 晉 · 陸機는 〈思親賦〉에서 "남쪽의 구름을 향하여 간절한 마음 부치고, 고향 쪽으로 부는 바람에 나의 誠意를 표한다네. 指南雲以寄款, 望歸風而效誠."이라 하였다.

▷指는 向의 뜻이다.

▷款은 款과 같으니 성심, 懇切함, 은근함의 뜻이다.

▷歸風은 故鄕으로 부는 바람을 말한다.

▷效誠은 誠意를 表示함이다.

晉 · 陸雲은 〈感逝〉 詩에서 "남쪽의 구름을 보니 슬픔이 일어나고 동쪽의 비 맞으니 눈물이 떨어지네. 眷南雲以興悲, 蒙東雨而涕零."이라 하였으며, 唐나라 狄仁杰은 太行山을 오르다 흰 구름이 피어나는 것을 보고 "吾親所居, 在此雲下. 내 부모님 계신 곳은 바로 저 구름 아래라네"라 하였으며, 唐 · 李白은 〈大堤曲〉에서 "만날 약속은 大堤땅이니, 눈물은 남쪽 구름을 향하여 가득차네. 佳期大堤下, 淚向南雲滿."(▷大堤: 地名. 襄陽城 밖에 있다. ▷下: 어느지역 一帶를 나타냄.)라 하였다.

杜先生 또한 빠질소냐. 〈客堂〉 詩에서 "늙은 말은 결국 구름을 바라보고, 남으로 나는 기러기도 뜻은 북쪽에 있도다. 老馬終望雲, 南雁意在北"이라 하였다. 陸機 덕분에 "南雲"은 思父母 · 親人, 懷故鄕의 代名詞가 되었는데 하여튼 구름인 것은 틀림없으니 여기에 묶어두어도 그릇된 것은 아닐것이다. 또한 "指雲", "眷雲", "向雲"은 "望雲"과 약간 다르다 하나 大同小異며 四寸之間이라 하겠다.

望雲亭은 大內의 亭子이름인데 果然 以上 네 가지의 含義 中에서 어느 것을 擇하였는지는 아리송하다. 宮闕인 점을 勘案하고 생각하며

大內인 점을 考慮·參酌한다면 ①인 것 같으나 衆臣들과 政事를 論한다던가 萬機를 다스리는 公的인 場所가 아니고 遊興·娛樂을 위한 空間인데 꼭 그렇다고 볼 수는 없다. 複雜하고 煩多한 政務에서 暫時 解放되어 머리를 식히는 곳이면 임금 또한 사람이라 ②, ③, ④의 含義도 可能 아니 必然코 있었으리라. 우리는 앞에서도 이미 모호하고 불분명한 世上事·人間事를 표현함에 漢文만한 것이 없다고 하였겠다. 따라서 이 望雲亭의 望雲도 ①, ②, ③, ④를 너그럽게 다 끌어 앉고 있다고 보면 될 것이다. 이럴 때 "누이 좋고 매부 좋고"라 한다.

➥ 拾翠는 婦人들의 봄나들이를 가리킬 때 사용한다고 말했다. 그러면 望雲은 아마 여름의 한가한 한 때를 나타낸다고 볼 수 있겠다. 晉·顧愷之는 〈神情詩〉에서 "春水滿四澤, 夏雲多奇峯. 秋月揚明輝, 冬嶺秀孤松." 이라 하였다. 여름을 대표하는 景物로 뭉게구름, 즉 積雲을 뽑아낸 것이다. 어느 季節의 구름을 보아도 望雲이지만 이왕이면 顧先生이 大書特筆한 春의 水, 夏의 雲, 秋의 月, 冬의 松을 생각할 때 여름의 구름을 본다고 해야 顧先生에 대한 義理야 그렇다 쳐도 自然을 제대로 吟味·玩賞할 줄 안다 할 것이다. 그렇다면 第5句는 春日의 娛樂, 第6句는 夏時의 遊興이 된다고 하면 穿鑿이라 욕하기만 할까?

解說

아름다운 봄날이면 拾翠殿에서 마음껏 재능을 發揮하여 詩를 지으시고, 뭉게구름 피어나면 여름에는 望雲亭에서 上을 뫼시고 酒宴에 참가하십니다.

❖ 제7·8구: 紫誥仍兼綰, 黃麻似六經.

註

▸紫誥: 조서(詔書)를 말한다. 옛날에 詔書를 錦囊(비단주머니)에 넣어 아가리를 紫泥(보라색진흙)로 封한 뒤 그 진흙 위에 도장을 눌러 찍었다.

그래서 詔書를 紫誥라 하니 풀어쓰면 보라색 진흙으로 封한 詔書가 되겠다.

➡ 臺灣 故宮博物院에 옛사람들의 封泥를 금방 알 수 있게 再現한 것이 있었다. 상자를 삼실 따위로 꼬아 만든 질긴 노끈으로 묶었는데 묶은 매듭에 붉은 기운이 약간 도는 흰 진흙을 뭉쳐 붙였다. 說明에 의하면 그 진흙이 굳기 전에 도장을 눌러 찍는다는 것으로 그러면 진흙에 도장의 글자가 오목·볼록하게 나타난다는 것이다. 그리하여 이 진흙이 굳으면 發送한다는 것이었다. 상자 속의 文書나 物件의 秘密을 지키기 위하여 상당히 苦心끝에 나온 方法이라 하겠다.

▸仍: 게다가. 또한.

▸兼綰: 兼은 아울러 일을 하는 것인데 兼官은 本來의 官職 이외에 다른 官職을 또 맡는 것. 兼職은 本來의 職務 이외에 다른 職務를 보는 것. 兼攝은 本職 이외에 다른 職務를 代理로 하는 것이니 若干 차이가 난다. 綰은 본래 묶다. 둥글게 감아 매듭짓다는 뜻인데 확대·발전하여 擔當하다. 掌握하다. 控制하다는 뜻으로 쓰이게 되었다. ≪杜詩詳注≫에서 引用한 黃鶴의 注에 의하면 天子의 制와 詔는 本來 集賢殿學士가 맡았던 것인데 지금 翰林學士가 分擔하였으므로 兼綰이라 한 것이란다. 아마 兼職이 되는 것 같다.

▸黃麻: 옛날 詔書用의 종이를 말한다. 또한 이것으로 詔書를 가리키기도 한다. 같은 麻紙라도 區別하여 썼으니 內事(宮內의 일을 말한다)에 관한 詔書는 白麻紙, 外事(朝廷의 政事를 말하다)에 관한 詔書는 黃麻紙를 썼다. 皇帝의 文告는 黃麻紙에 쓰고 紫泥로 封하였으므로 아름답고 보기 좋게 "黃麻紫泥"라 불렀다. 本詩에서 紫誥와 黃麻는 주머닛돈이 쌈짓돈이듯이 결국 같은 말이다.

➡ 1950年代인 듯하다. 西部映畵에 쟈니 기타(Johnny guitar)가 있었다. 사실 영화 자체보다는 主題歌가 더 有名하였고 영화는 노래 덕분에 뜬 것

같다. 페기 리(Peggy Lee)라는 歌手가 불렀는데 아주 분위기가 있는 名曲이었다. "黃麻紫泥"하니까 언뜻 黃馬의 쟈니 기타가 떠올라 끼적끼적 해 보았다.

▸六經: 六部의 儒家經典. ≪莊子 · 天運≫에서 ≪詩≫, ≪書≫, ≪禮≫, ≪樂≫, ≪易≫, ≪春秋≫라 하였는데 ≪漢書≫의 顔師古 注도 同一하다. 漢以來 ≪樂經≫은 찾을 길이 없는데 今文家들은 本來 ≪樂經≫이란 없었다 하였고 古文家들은 있었으나 秦始皇 焚書 때에 없어졌다고 主張하였다.

➥ ≪讀杜心解≫에서 "似六經"句는 不穩하다고 한 말씀하였다. 즉 穩當 · 妥當하지 않다는 것인데 맞는 말씀 같다.

解說

또한 紫泥로 封한 詔書를 兼하여 맡으셨으니 黃麻 종이의 制書는 六經의 글과 같으십니다.

❖ 제9 · 10구: 內頒金帶赤, 恩與荔枝青.

註

▸內: 大內. 皇宮.

▸頒(반): ① 發布. 公布. ② 賞賜, 즉 尊貴한 사람이 아랫사람에게 물품을 내려주는 것. 例컨대 여름에 임금이 臣下에게 얼음을 내려주는 것을 頒氷, 말을 주는 것을 頒馬, 새해의 冊曆을 주는 것을 頒曆이라 하였다.

▸金帶: 金으로 裝飾한 腰帶. 옛날 帝王, 后妃, 文武百官이 띠던 腰帶는 革, 金, 玉, 銀 等 差別이 있었는데 그 制度는 各 朝代마다 같지 않았으며 많은 變易이 있었다.

▸赤: 金으로 裝飾한 帶의 바탕은 붉은 비단이라는 말씀. ≪新唐書 · 車服志≫를 보면 "……以紫爲三品之服, 金玉帶銙十三; 緋爲四品之服, 金帶銙十一; 淺緋爲五品之服, 金帶銙十; 深綠爲六品之服, 淺綠爲七

品之服, 皆銀帶銙九. …… 紫色은 三品官의 朝服에 쓰며 金玉帶에 띠쇠는 열세 개, 紅色은 四品官의 朝服에 쓰며 金帶에 띠쇠는 열한 개, 엷은 紅色은 五品官의 朝服에 쓰며 金帶에 띠쇠는 열 개, 짙은 綠色은 六品官, 옅은 綠色은 七品官의 朝服에 쓰며 모두 銀帶에 띠쇠는 아홉 개.……"라 하였다.

▷銙(과): 革夸와 같다. ① 띠쇠. 허리띠에 다는 금속의 장식. ② 帶鉤 즉 버클. 여기에서는 ①의 뜻으로 쓰였다.

☛ **參考**

朝鮮王朝에서 金帶는 正二品의 벼슬아치가 朝服에 띠던 띠로 가장자리와 띠동을 금으로 아로새겨서 꾸몄다.

▶恩: 恩賜. 대개 帝王의 下賜함을 말한다.

▶與: ① 주다. ② 參與하다.

▶荔枝: 桂樹와 비슷한 常綠樹. 붉은 열매는 탁구공만한데 속살은 비계처럼 희며 달고 즙이 많다. 거무스름한 씨가 있는데 은행크기다. 비슷하지만 약간 작은 것으로 龍眼이 있는데 말린 것을 龍眼肉이라 하며 韓方에서는 心身不安, 健忘症, 不眠症에 이를 쓴다.

▶靑: ① 新鮮하다는 뜻. 中國에서 靑果는 新鮮한 果實의 뜻이며 우리나라에서 靑果·靑果物은 신선한 과일과 채소를 말한다. ② 푸른 여지. 즉 綠荔枝. 껍질이 綠色으로 四川省에서 난다. 宋·葉廷珪의 ≪海錄碎事·鳥獸草木≫에서 "綠荔枝는 戎州에서 나는데 살이 익어도 껍질은 여전히 푸르다 綠荔枝, 戎州所出, 肉熟而皮猶綠"라 하였다. 宋·陸游의 〈感舊絶句〉의 其二에서 "鵝黃酒邊綠荔枝. 淡黃色 술 옆에 綠色의 荔枝."라 하고 自注에 "綠荔枝出叙州……"라 하였는데 叙州는 바로 四川省의 戎州인 것이다. ≪杜詩詳注≫에서 朱鶴齡의 注를 引用하였는

데 다음과 같다. "≪唐書≫에 貴妃가 싱싱한 荔枝를 즐기니 明皇이 驛站을 設置하고 交代로 차례차례 전달하였다는 말이 있다. 張垍는 駙馬로 宮禁안에 內宅이 있었으므로 이 下賜에 끼어들 수 있었을 것이니 이른바 恩與荔枝青인 것이다. ≪唐書≫: 貴妃嗜生荔枝, 明皇置驛傳送. 垍尚主, 宅在禁中, 得與此賜, 所謂恩與荔枝青.(▷傳送: 傳遞. 輸送. 차례차례 교대하여 운송함.)" 張垍의 豪奢를 누림을 말함이니 珍奇한 綠荔枝도 되고 西北의 長安에서 數千里밖의 과일을 싱싱한 것으로 먹을 수 있다는 것도 可能한데 아무래도 炎天에 시들지않은 新鮮한 青果를 자셨다는 것이 더 奇特하고 대견하며 大書特筆할 일일 것이다.

➡ 舊注에서 "荔枝金帶"가 아닌가도 하였으나 이는 宋나라의 制度이므로 벗어난다고 하였다. 朝鮮王朝에서도 이 荔枝金帶를 썼는데 二品과 正三品의 公服에 띠던 金帶로 黃金色 바탕에 짙은 붉은 색 점을 찍은 띠 동을 달았다.

解說

大內에서 내려주시는 金帶는 붉은 비단에 꾸민 것이요, 임금께서 下賜하시는 荔枝는 시들지 않은 싱싱한 것입니다.

❖ 제11 · 12구: 無復隨高鳳, 空餘泣聚螢.

註

▸高鳳: ① 날개를 치며 높이 나는 鳳凰새. ② 높은 곳의 鳳凰. 賢者를 比喩한다. ≪詩·大雅·卷阿≫에서 "鳳凰鳴矣, 于彼高岡. 봉황새 우네, 저 산등성이에서."이라 했는데 鄭玄의 箋에서 "봉황이 산등성마루 위에서 우는 것은 높은 곳에 자리 잡고 아래를 보며 머물만한 곳을 살피는 것이다. 이것은 현인이 禮遇를 기다려 행동함을 비유한 것이다. 鳳凰鳴于山脊之上者, 居高視下, 觀可集止, 喩賢者待禮乃行."라 하였다. ≪漢語大詞典≫에서는 이렇게 쓰인 例로 杜甫의 本詩를 들었다. 옳다

고 여긴다. ③ ≪後漢書・逸民列傳≫에 나오는 人物. 이 사람의 이름은 기억하지 못하는 사람들도 다음의 이야기는 대개 알고 있다. 얼마나 열심히 암송하였던지 아내가 밭에 가면서 마당에 보리를 말리는데 닭이 먹지 못하게 잘 보라 하였단다. 별안간 폭우가 쏟아졌는데 高鳳은 작대기 들고 經書를 외우느라고 빗물이 보리를 쓸어간 것도 몰랐으며 아내가 돌아와 보리가 없어져 이상히 여겨 물어보니 그제야 깨달았단다. 그 후 드디어 名儒가 되었는데 나라에서 여러 번 벼슬하라고 불렀으나 끝끝내 나가지 않고 낚시꾼으로 몸을 숨겨 일생을 마쳤다한다.

▶聚螢: 普通 "聚螢映雪. 취형영설"이라고 함께 쓴다. 車胤과 孫康이 갖은 고생을 무릅쓰고 부지런하게 그리고 꾸준히 공부한 것에서 나온 말로 우리는 흔히 형설지공(螢雪之功)이라 써왔다. 聚螢 대신 盛螢이라고도 한다.

➪ 車胤: ≪晉書≫에 의하면 어려서부터 열심히 공부하였는데 가난하여 기름을 고정적으로 구입할 수 없었다 한다. 이에 여름철에는 주머니에 반딧불이를 채워 넣고 그 빛으로 책을 읽었다 한다. 寒微하고 卑賤한 출신이면서도 博學多識으로 이름을 날렸는데 또한 모임에 있어서 즐겁게 잘 놀 줄 알아 盛大한 파티에 車胤이 없으면 모두들 車公이 없으니 홍이 나질 않는다 하였다 한다. (少時恭勤博學, 家貧不常得油, 夏月常囊螢以照書.……旣以寒素博學, 知名於世, 又善於賞會, 當時每有盛坐而胤不在. 皆云: 無車公不樂.) 벼슬은 護軍將軍, 尙書郎에 이르렀다.

➪ 孫康: ≪晉書≫에 의하면 英敏하면서 好學하였는데 집이 가난하여 기름 살 돈이 없었다 한다. 이에 겨울밤에 눈빛에 비추어 글을 읽었다 한다. 벼슬은 御史大夫에 이르렀다. (性敏好學, 家貧無貲購油. 冬夜, 嘗映雪讀書.……官至御史大夫.)

➡ 한 사람은 여름에 한 사람은 겨울에 燈燭을 代替할 照明器具를 찾아냈

는데 役割分擔을 짜고 한 듯 자못 巧妙하다 못해 玲瓏하기까지 하다.

＊ 제11・12구의 해석에 있어서 옛 어르신들을 평함

1) 高鳳을 張垍에 비하였다는 것. 張垍에 관해서는 제1구에서 제10구까지 열 句에서 仔詳하고 曲盡하게 敍述하고 稱頌하였다. 제11구부터는 제 설움을 털어놓고 제 신세를 한탄하며 좀 봐달라는 것을 哀切하고 悽然하게 풀어나가는 판이다. ≪杜臆≫에서 張垍를 千仞에 飛翔하는 鳳으로 보고 自身은 그를 따를 수 없어 그저 聚螢하여 운다 하며 螢은 腐草를 떠날 수 없고 그 微光은 太陽을 가까이 할 수 없어 스스로를 比한 것이라 하였는데 當時의 杜甫가 名宰相의 아들이며 今上陛下의 사위인 張駙馬를 말이나마 自己의 比擬對象으로 삼는다는 것은 참으로 言語道斷・語不成說이다. 앞의 汝陽王詩에서도 말한 바 있으나 後世의 杜甫 ― 이천년 文學史上 最高의 人物, 中國이 낳은 大天才 ― 로 當時의 杜甫를 飛躍하여 把握한다는 것은 無理다. 그 當時 張垍같은 位置에 있는 양반을 同席에서 同格에 準하여 表現한다는 것 自體가 非禮며 不敬에 속한다 할 수 있다. 貧寒한 文士, 窮氣에 찌든 書生이 어찌 감히! 다 偉大한 詩人이라는 後世의 固定觀念으로 當時를 탁량(度量)한 결과이리라. 또 그를 따를 수 없다는 것도 두 가지 해석이 可能하다. 하나는 그에게서 떠나겠다는 것. 하나는 신분・위상이 그와 雲泥之差・天壤之判이라는 것이다. 後者는 이미 위에서 설명하였고 前者의 경우 무슨 하직인사나 작별을 고하는 말 같아서 詩 內容과는 어울리지 않는다. 제11구의 高鳳은 注에서 말한대로 鳳凰같은 賢人이 禮遇를 기다리며 此後의 行動을 準備한다는 뜻이 합당하다고 생각된다. 따라서 지금 너무 貧困과 窮塞, 그리고 不安과 焦燥에 밀려 더 이상 느긋하고 餘裕있게 기다릴 수 없다는 것이다. 즉 더 이상 孤高하고 도도하게 굴 수 없다는 것이 現狀況이라는 말이다.

2) 泣聚螢: ≪杜詩詳注≫에서 鳳凰새 높이 나는 것을 따를 수 없으나

변함없이 여전히 聚螢하며 마음을 굳게 먹고 분발한다고 풀이하였다. 다 좋은 말씀이고 훌륭한 말씀이나 너무 杜先生을 높게만 보려고 작심한 듯한 말씀이다. 本詩에서 杜先生은 張 駙馬에게 좀 심하게 말하면 哀乞伏乞하는 판이다. 依然勵志 즉 여전히 분발함이라 하였는데 그렇다면 本詩를 지을 필요가 전혀 없었으리라. "泣"한다는 것은 제 처량하고 한심한 處地를 운다는 말이다. "泣"을 썼는데 어떻게 依然勵志라는 풀이가 登場하는 지 그야말로 鬼神이 "泣"하고 "哭"할 노릇이다. 車胤을 본받아 모진 環境속에서 勉勵하고 努力해 보려 하지만 空餘(虛無하고 헛되이 남아 있는 것)한 것은 聚螢하여 놓고는 奮發이 아닌 涕泣하는 몸뿐이라는 것이다. 이쯤 돼야 張駙馬같은 貴公子의 心琴을 울리지 않겠는가! 사람 좀 살려주쇼! 정망 죽을 지경입니다. 이것이 정말로 내놓고 하고 싶은 말인 것이다.

3) ≪杜臆≫에서 高鳳·聚螢같은 것은 本來 人名이나 車胤의 일을 쓴 것이 아니라고 하였다. 그러나 꼭 그렇지는 않다고 보여진다. 詩人들은 科學論文을 쓰듯 詩를 쓰지는 않는다. 이렇게도 되고 저렇게도 되는 경우가 非一非再다. 本句에서도 高鳳이라는 너무나 世間에 알려진 人物을 念頭에 두었는지 아닌지는 鬼神도 맞히기 어려우리라. 杜先生이 지금 漢代의 名士인 高鳳처럼 傲然하게 世間의 名利를 超脫하여 살 수 없다고 告白하였는지 여부는 그 누구도 忖度(촌탁)할 수 없는 것이다. 妻子를 거느린 家長으로 赤貧을 堪耐하기 어려움 또한 充分히 理解가 가며 遠大한 抱負는 日暮途遠이라 짐짐 멀어지는데 마음을 느긋하고 여유있게 가질 수 없는 것 또한 諒解할 수 있는 것이다. 따라서 率直하게 高鳳같은 高潔한 분의 行跡을 더 따르고 본받지 못하겠다고 하는 것이 무슨 無理가 있겠는가? 作詩할 때 여러 事件과 事物이 同時에 重複되이 腦裏의 心中에 떠오르고 이것을 그대로 써 내렸다고 하여 누가 시비를 길 것인가? ≪讀杜心解≫에서 마지막 여섯 구는 贈詩의 本旨를 드러냄이다라고 하였다. 當然한 말씀이시다.

解說

제대로 禮를 갖춰 合當한 자리를 비워놓고 불러주기를 기다리는 저 높은 산등성이의 鳳凰새 같은 기다림을 더 따르지 못하겠습니다. 그리고 저는 원래 現實參與派로 일찍이 임금님을 輔佐하여 堯舜보다 더 聖明하시게 하고 風俗을 옛날처럼 다시 淳厚하게 만들겠다고 마음먹었었지요. 그러나 저를 알아주지도 받아주지도 않아 한 때는 漢나라 高鳳처럼 初志一貫 學問을 硏究하고 學業에 精進함을 부러워한 적도 있었지요. 그러나 本心이야 변할 리 있겠습니까? 다만 부끄러운 것은 聚螢한 車胤, 映雪한 孫康의 굳고 억센 意志는 본받고 따르지 못하며 가난과 고통 속에 애면글면하는 悲慘함 뿐입니다.

❖ 제13・14구: 此生任春草, 垂老獨漂萍.

註

▸任: ① 참다. 견디다. 이겨내다. ② 담당하다. 맡다. ③ 의지하다. 의거하다. ④ 맡기다. 마음대로 하게하다. 좋을대로 하게하다.

▸春草: 荒凉한 大地, 얼었던 땅에서 때를 맞춰 돋아난 봄풀은 欣欣向榮하는 旺盛한 生命力의 象徵이며 아름다운 自然의 한 面貌라고 古來로 일컬어져 왔다. 例를 들겠다. ① ≪楚辭・招隱士≫: “王孫游兮不歸, 春草生兮萋萋. 고운 님 流浪하며 돌아가지 않누나, 봄풀은 돋아 저렇게 무성한데.” ② 南朝・宋・謝靈運 〈登池上樓〉: “池塘生春草, 園柳變鳴禽. 못가에 봄풀은 돋고, 뜰 버들에 새 울음 바뀌네.” 上記한 內容은 杜甫의 詩意와는 동떨어져 보이지 않는가? ≪杜詩詳注≫에서 “春”을 上聲으로 읽으라 하였으니 必有曲折이라 하겠다. 무식한 사람은 그저 열심히 찾고 묻고 하여야 하는 법이다. 平聲으로 읽을 때 春에는 봄이란 뜻 말고 草木의 生長, 꽃이 핌의 뜻도 있다. 上聲으로 읽으면 생기다, 즉 發生하다. 일어나다. 振作하다의 뜻으로 쓰이니 平聲으로 읽을 때와

는 약간 차이가 생긴다. 그리고 上聲으로 읽으면 蠢(준)과 通한다 하였다. 蠢은 (chun)으로 읽고 上聲이니 中國에서는 同音에 四聲도 같다. 蠢은 ① 우둔함. 어리석음. ② 벌레가 꿈틀거림의 뜻을 가지고 있는데 蠢動은 ≪莊子 · 天地≫에서는 本性에서 나오는 自然스러운 行動의 뜻으로 쓰였다. 즉 저절로 하다. 저절로 되다는 뜻이다. 上記의 內容을 다듬으면 春을 上聲으로 읽으면 좋을 때나 합당한 자리를 가리지 않고 저절로 피어나고 생긴다는 뜻으로 정리가 된다. 春草는 아무 때나 아무 곳이나 가리지 않고 돋아나는 좋게 말하면 生命力 강한 野生草 나쁘게 말하면 억세고 질긴 雜草가 되겠다. ≪杜詩詳注≫에서 春草는 自身의 卑賤 · 微賤을 탄식함이라 하였다. 옳은 말씀이시다.

▸垂老: 垂는 將近, 즉 거의 ~에 가깝다는 뜻이다. 따라서 垂老는 老人에 가깝다. 老衰에 접근하다는 말이 되겠다.

▸獨: ① 혼자. 홀로. ② 단지. 다만. 거의. 간신히. ③ 여전히. 아직도.

▸漂萍: 제사리를 잡지 못하고 漂流하는 浮萍이다. 그런데 浮萍草하면 語感도 그럴 듯하고 멋있어 보이는데 개구리밥하면 애들 장난 같아 深刻한 悲哀와는 距離가 상당히 생기니 고민거리다. 普通 "浮萍轉蓬"이라 하여 東奔西走하며 行止가 一定하지 못한 것을 슬퍼하고 탄식할 때 썼다

解說

나의 삶은 時間, 場所가리지 않고 돋아나는 하찮고 시시한 雜草에 내맡긴 것과 같으며, 늘그막에도 여전히 정처 없는 浮萍草신세입니다.

❖ 제15 · 16구: 倘憶山陽會, 悲歌在一聽.

註

▸倘: 儻과 같다. (tǎng)으로 읽으면 혹시, 만일의 뜻이다.

▸山陽會: 山陽은 漢代의 縣이름으로 河南郡에 속한다. 이곳이 世間에

알려지게 된 것은 魏·晉交替期에 嵇康·王戎·向秀 等이 이곳에 살며 竹林의 閑遊를 즐겼다고 알려진 때문이다. 그래서 後世사람들은 高尙·優雅한 人士들의 韻致있는 모임을 말할 때 이곳을 들어 山陽會라 하였다. 또한 張垍가 駙馬며 嵇康이 駙馬라는 共通點이 山陽會라는 말을 쓰게한 動機가 아닌가도 여겨진다.

▶悲歌: 지금 杜先生이 쓰고 있는 本詩를 말한다.

▶在: 任 즉 맡기다, 일임하다. 隨 즉 따르다, 순종하다. 王鍈의 ≪詩詞曲語辭例釋≫을 參考하시라.

解說

만약 公께서 저와의 옛 모임, 그날의 교분을 아직도 기억하신다면 저의 슬픈 이 노래를 들어주시리라고 믿고 모든 것을 公에게 맡기고 따르겠습니다.

☛ **參考 ❶**

漢 成帝가 張放과 함께 微行할 때 富平侯의 家人이라고 할 정도로 富平侯는 當時 威勢가 騰騰하였고 權勢가 堂堂하였다. 後世에 철없고 사리분별 못하는 貴公子를 이에 比하였으니 唐의 李商隱은 〈富平少侯〉라는 作品을 썼다.

唐·李商隱 〈富平少侯〉

七國三邊未到憂, 十三身襲富平侯. 不收金彈抛林外, 却惜銀牀在井頭.
綵樹轉燈珠錯落, 繡檀迴枕玉雕鎪. 當關不報侵晨客, 新得佳人字莫愁.

註

▷少: 애송이. 철딱서니 없는 것.

▷七國: 漢 景帝 때에 吳·楚 等 일곱 諸侯들이 叛亂을 일으켰다.

▷三邊: 漢代에 朝鮮·匈奴·南越을 가리켰으며 또한 東·西·北의 邊境도 가리켰다. 後世에는 邊境의 泛稱이 되었다. 七國 三邊은 간단히 말해

內憂外患이다.

▷未到: 到는 道와 같다. 未到는 不道가 되겠는데 不道는 즉 不知, 不覺이니 未到憂는 不知憂가 된다.(張相의 말씀)

▷身: 몸소. 친히. 직접. 어린 나이에도 불구하고 받았으므로 身을 썼다.

▷襲: 襲爵. 爵位를 물려받음.

▷金彈: ≪西京雜記≫에 의하면 漢 武帝의 寵愛를 받던 아름다운 青年 韓嫣은 彈弓—彈力을 利用하여 彈丸을 發射하던 弓. 화살을 쏘는 弓 以前의 初期形態의 弓을 말한다. 古代에는 武器로도 쓰였으나 後에는 새나 잡는 玩具 비슷하게 되었다—을 좋아하였는데 金으로 彈丸을 만들었다. 잃어버리는 것이 매일 십여 개가 되니 長安에서는 그 때문에 "주리고 추우면 황금 탄환이나 좇아라. 苦饑寒, 逐金丸"하고 말들 하였다. 아이들은 韓嫣이 彈弓하러 外出한다 들으면 바로 뒤따라가 彈丸이 떨어지는 곳을 보았다가 그대로 주웠다 한다.

▷銀牀: 銀으로 만든 두레박 틀.

▷綵樹: 무늬 있고 광채 나는 燈 다는 기둥.

▷轉燈: 燈다는 기둥을 빙 돌아가며 달린 수많은 燈. 시앙의 상들리에를 생각하면 된다.

▷錯落: 어지럽게 흩어지다. 어기저기 뒤섞이다.

▷繡: 이럴 때에는 刺繡가 아니고 刺繡처럼 화려하게 새기고 그렸다는 뜻이다. 繡檀迴枕은 繡迴檀枕이니 새기고 그린 것이 돌아가며 있는 紫檀이나 黑檀 또는 白檀으로 만든 베개를 말한다.

▷鎪(수): 雕와 간다. 새기다는 뜻이다.

▷當關: 문지기.

▷侵晨: 새벽녘. 여명.

▷莫愁: 옛 樂府에 나오는 傳說上의 女人. 一說에는 洛陽人으로 盧家의 새색시가 되었다 하며 또 一說에는 石城(지금의 湖北省 鍾祥縣) 사람으로 노래를 잘하였다 한다. 또한 江蘇省 南京市 水西門 밖에 莫愁湖가 있는데 六朝時代에 莫愁가 이곳에 살아 湖水의 이름을 이렇게 지었다고 한다. 간단히 말해 意見百出이요 衆口難防이니 모른다는 말이 되겠다. 莫愁

를 풀이하면 "걱정 無", "걱정마"가 되니 잘 마시고 잘 놀자는 勸誘의 말이 되겠다. 遊興街의 妓女이름으로 이보다 더 좋은 것이 없으리라.

解說

國內문제나 邊境의 일이나 하등 골치 아플 것도 근심할 줄도 모르는 그러니까 內憂外患 어느 것이던 신경 쓸 줄 모르는 철딱서니 없는 열세 살에 富平侯의 爵位를 물려 받으셨다네. 새 잡는다고 黃金彈丸 쏘아 수풀 밖에 버리고 줍지 않으면서 물 푸는 우물 위 두레박틀을 白銀으로 한 것이 아깝다고 하신다네. 무늬 곱고 빛나는 기둥에는 빙 돌아가며 수많은 燈이 달려 꼭 珍珠가 흩어지고 뒤섞인 듯 찬란한데, 아로새기고 그린 것이 가득 찬 檀木베개는 精巧하고 光彩남이 똑 玉 雕刻이라네. 문지기 나으리는 급한 用務의 새벽손님 連通 못하겠다니 요즈음 얻은 美人의 이름이 莫愁니 어쩌란 말이냐 한다네.

☛ **參考 ❷**

織女가 이름도 성도 모르는 뜨내기 같은 俗界의 남정네에게 베틀 받침돌을 준 것이 妙한 상상을 하게 만들었나 보다. 그래서 天才가 橫溢하는 멋쟁이 義山이 그냥 지나칠 수 없었으니 한 首 읊었다.

唐・李商隱〈海客〉

海客乘槎上紫氛, 星娥罷織一相聞. 只應不憚牽牛妬, 聊用支機石贈君.

註

▷海客: 원래 航海者를 가리키나 여기에서는 바닷가에 사는 사람을 말한다.
▷紫氛: 紫霄와 같다. 보랏빛으로 물든 神秘한 하늘・天空을 말한다.
▷相聞: 相見의 뜻으로 쓰였다. 원래 聞과 見은 서로 通用되었다.
▷只應: 只因과 같다.

解說

바닷가 사람 떼를 타고 보랏빛 하늘에 올랐다. 별님은 길쌈 끝난 뒤 한번 만나 주었다. 牽牛의 嫉妬따윈 두렵지 않았나 보다. 또 베틀 받침돌을 그에게 주었으니.

☛ 參考 ❸

神秘하고 거룩한 하늘나라에도 客星이 있을 수 있다는 일은 東奔西走·南來北往·風餐露宿·櫛風沐雨하는 나그네에게는 잠시나마 작은 慰安이 된 것 같다.

唐·羅鄴〈行次〉

終日長程復短程, 一山行盡一山青. 路傍君子莫相笑, 天上由來有客星.

註

▷行次: ① 나그네가 잠시 머무는 곳. ② 여행 중에 어떤 곳에 다다르다.

▷長程·短程: 比較的 먼 路程이 長程, 比較的 가깝고 짧은 路程이 短程.

▷路傍兒: 길에서 빈둥거리는 한량. 거리의 건달.

▷由來: ① 원래부터. 전부터. ② 유래(由來). 來歷.

解說

온 종일 걷는다. 멀고 아득한 路程이든 가깝고 짧은 路程이든. 산 하나 겨우 다 지나가면 또 하나 나타난다 시퍼런 山이. 거리에서 빈둥거리는 한가한 한량님네 바쁜 내 길을 웃지마소. 원래부터 하늘나라에도 나그네별이 있었다오.

☛ 參考 ❹

漢이나 唐이나 首都는 西北에 치우친 長安이었다. 따라서 首都와 아득히 떨어진 곳에서 方物을 貢獻함에는 크고 작은 問題가 發生하기 마련이었는데 하고 많은 貢物중에 荔枝가 도마에 올랐다. 荔枝의 입장에서는 재수 옴 붙은 격이나 바치는 百姓의 處地로는 팔자가 피었다고 할 수 있겠다. 漢代에는 唐羌이 그 弊端을 아뢰어 中止할 수 있었는데 唐朝에 와서 楊貴妃가 이를 즐김에 같은 被害를 또 人民들이 입게 되었다. 唐의 杜牧은 比較的 婉曲하고 짧게 읊었으나 宋의 蘇東坡는 날카롭고 모나게 자세히 擧論하였다. 杜先生의 경우 社會詩人으로서의 體面이 損傷되고 威信이 깍인 것이 本詩의 "恩與茘枝靑" 대목 때문일 것이다. 勿論 張駙馬에게 바라는 것이 있고 구하는 것이 있어 그리됐다 할 수도 있으나 이래서 봐주고 저래서 빼주고 此限에 不在, 이것은 例外, 저것은 考慮對象, 參酌事項한다면 할 말이 무엇이 남겠는가?

(a) ≪後漢書·孝和·孝殤帝紀≫와 ≪後漢書≫의 注.

舊南海獻龍眼·茘枝, 十里一置, 五里一候, 奔騰阻險, 死者繼路. 時臨武長汝南唐羌, 縣接南海, 乃上書陳狀, 帝下詔曰: "遠國珍羞, 本以薦奉宗祖. 苟有傷害, 豈愛民之本. 其勅太官勿復受獻." 由是遂省焉.

舊例에 南海郡은 龍眼·茘枝를 貢獻하였다. 이것을 위하여 十里마다 驛站을 設置하고 五里마다 驛館을 두었는데, 險難한 길을 급히 달렸으므로 죽은 자가 길에 이어졌다. 當時 臨武고을의 원님인 汝南사람 唐羌은 자기 고을이 南海郡과 接해 있어 慘狀을 보고 들었으므로 이에 上書하여 情況을 陳述하였다. 임금(和帝)이 詔書를 내려 "遠國의 珍羞·異味는 本來 宗祖에 薦新함이 目的이었다. 진실로 百姓들이 이 때문에 상하고 다침이 있다면 그것이 어찌 百姓을 사랑하는 本意가 되겠는가? 命하노니 太官 —大闕에서 음식과 잔치를 담당하는 官名. 朝鮮朝로 말한다면 司饔院提調가 비슷하겠다— 은 貢獻을 더 이상 接受말라"하였다. 이로부터 드디어 龍眼·茘枝의 貢獻은 革罷되었다.

≪後漢書≫의 注에서 三國·吳·謝承의 ≪漢書≫를 引用하였는데 거기에는 唐羌의 上書한 內容이 다음과 같이 실려 있다.

羌乃上書諫曰: "臣聞上不以滋味爲德, 下不以貢膳爲功, 故天子食太牢爲尊, 不以果實爲珍. 伏見交阯七郡獻生龍眼等, 鳥驚風發, 南州土地炎熱, 惡蟲猛獸不絶於路, 至於觸犯死亡之害. 死者不可復生, 來者猶可救也. 此二物升殿, 未必延年益壽." 帝從之. 章報, 羌卽棄官還家, 不應徵召.

唐羌이 이에 上書하여 諫하니: "臣이 알기로 君王은 맛있는 것으로 德을 삼지 않고 臣下는 음식을 바침으로 功을 삼지 않는다 합니다. 고로 天子는 太牢(태뢰, 소·양·돼지)를 드심으로 尊貴함을 표하며 果實로 貴重함을 나타내지 않는 법입니다. 삼가 엎드려 보건대 交阯땅 일곱 고을이 生龍眼 等

을 바치느라 바람이 세차며 새 놀라듯 騷亂합니다. 南方의 땅은 찌는 듯 더운데 惡蟲과 猛獸가 길에 끊이지를 않아 여기에 걸리고 당하여 운송하던 사람이 死亡하는 지경에까지 이르렀습니다. 이미 죽은 사람이야 다시 살릴 수 없다지만 장차 죽을지도 모르는 사람은 이 운송만 없앤다면 오히려 그래도 구해낼 수 있습니다. 이 두 가지 물품이 殿閣에 올라도 꼭 壽命이 더욱 더 오래 늘어나지는 않을 것입니다." 上께서 이를 따르셨다. 自身의 上奏에 批答이 내리자 唐羌은 즉시 벼슬을 버리고 집으로 돌아갔으며 徵召에 응하지 않았다.

(b) 唐・杜牧〈過華淸宮絶句三首〉其一

長安廻望繡成堆, 山頂千門次第開. 一騎紅塵妃子笑, 無人知是荔枝來.

長安에서 동쪽으로 머리 돌려 바라보면 驪山은 華淸宮 품어 錦繡가 더미되고 무더기를 이루어 華麗・燦爛한데, 산꼭대기 일천 門戶는 하나하나 차례대로 열린다. 騎馬客 하나 붉은 먼지 날리며 죽자내기로 달려오면 貴妃는 洽足한 微笑를 띠는데, 그것이 겨우 시들지 않은 싱싱한 荔枝 싣고 온다는 것을 아는 이는 없으리라.

兵革이나 戰亂의 告急文書도 아닌데 그렇게 서눌러 가시고 온 것이 겨우 한 女人의 嗜好를 위한 과일이라면 그 누가 맑은 정신으로 이해하겠는가 하는 것이 杜牧先生의 탄식이다. 婉曲하며 含蓄性있는 것이 評者들의 好感을 샀다.

(c) 宋・蘇東坡〈荔支歎〉

十里一置飛塵灰, 五里一堠兵火催. 顚阬仆谷相枕藉, 知是荔支龍眼來. 飛車跨山鶻横海, 風枝露葉如新採. 宮中美人一破顔, 驚塵濺血流千載. 永元荔支來交州, 天寶歲貢取之涪. 至今欲食林甫肉, 無人擧觴酹伯游. 我願天公憐赤子, 莫生尤物爲瘡痏. 雨順風調百穀登, 民不飢寒爲上瑞. 君不見, 武夷溪邊粟粒芽, 前丁後蔡相籠加. 爭新買寵各出意, 今年鬭品充官茶. 吾君所乏豈此物, 致養口體何陋耶. 洛陽相君忠孝家, 可憐亦進姚黃花.

註

▷荔支: 荔枝를 荔支로 쓰기도 한다.

▷置: 驛站. 驛館. 漢代에 五里에 一候, 十里에 一置를 두었다. 모두 公務로 往來하는 官員등에게 驛馬를 내주고 宿食을 提供하였다. 本詩에서는 荔枝運送을 위해 피로한 말 대신 힘찬 말을 各驛에서 바꿔주었다는 것을 말한다.

▷塵灰: 塵土. 흙먼지. 灰는 재가 아니고 塵土의 뜻으로 쓰였다.

▷堠: ① 敵情을 살피던 望樓의 구실을 하는 堡壘. ② 里程. 路程. 어떤 곳으로부터 다른 곳까지 이르는 거리의 里數를 나타내거나 分界 즉 서로 나누어진 地域의 境界를 표시하느라고 쌓아 좋은 단(壇)을 말한다. 唐代에는 五里마다 척후(隻堠), 十里마다 쌍후(雙堠)를 쌓았다. 그런데 烽火를 堠火라 하고 烽烟을 堠烟이라고도 하니 후가 烽燧臺 구실도 겸하지 않았나 하는 생각도 든다.

▷兵火: 戰火와 같다. 戰爭으로 인한 火災라는 뜻인데 이것으로 戰爭, 戰亂을 나타내기도 한다.

➡ 제1구 · 제2구는 五里一候十里一置飛塵灰, 五里隻堠十里雙堠兵火催를 줄여 쓴 것이다.

▷顚(전): 넘어지다. 뒤집다. 뒤집히다.

▷阬(갱): 구덩이. 坑과 같은 뜻이다.

▷仆(부): 넘어지다. 엎어지다. 쓰러져 죽다.

▷枕藉(침자): 枕은 베개. 베다. 藉는 깔개. 자리. 눕다는 뜻이다. 枕藉는 서로 베개를 삼고 잠, 겹쳐 잠의 뜻이다. 죽은 사람이 많아서 시체가 포개지고 겹쳐진 것이 마치 서로 베고 잠든 것 같다는 말이다.

▷知是荔支龍眼來는 杜牧의 無人知是荔支來를 비틀고 뒤집어 끈 것이다. 來: 招來.

▷飛車: ① 傳說속의 바람타고 飛行한다는 수레. 晉 · 皇甫謐 ≪帝王世紀≫에 奇肱氏는 飛車를 만들 줄 알았으니 바람 따라 멀리 간다(奇肱氏能爲飛車, 從風遠行)고 하였다. ② 나는 것 같이 빠른 수레.

▷骨鳥(홀): 매. 本詩에서는 海骨鳥을 말한다. 海骨鳥은 옛날 戰船의 이름이다. 이물이 낮고 고물이 높으며 앞은 크고 뒤는 작아 骨鳥의 모습이란다.

▷橫海: 바다를 가로지르다.

➡ 제1구에서 제4구까지는 漢 和帝때의 일을 말한 것이며 제5구에서 제8구까지는 唐 明皇때 蜀의 涪州에서 바치던 것을 말함이다 하였다. 東坡 스스로 注에서 涪州의 荔枝는 子午谷을 통해 들어왔다 하였다. "骨鳥橫海"는 漢代에 交州에서 바치던 것의 運送路라면 모를까 蜀에서 長安가는 途中에 바다는 왠 바다하고 의문을 갖게 된다. 아마 실제 活用할 수는 없었으나 運送의 빠른 것을 나타내려고 傳說上의 飛車와 海骨鳥을 들먹인 듯하며 그렇게 되면 자연히 그것이 通過하는 산과 바다는 바늘에 실 가듯 붙게 마련이라 表現이 이렇게 된 듯하다.

▷破顔: 얼굴빛을 부드럽게 하여 활짝 웃음. 開顔과 같다. 破에는 綻開, 開放(꽃이 피다. 꽃망울이 터지다)의 뜻이 있다. 우리의 경우 살이 오르고 혈색이 좋아지면 얼굴이 피었다 하고 웃음이나 미소가 겉으로 나타나면 얼굴에 웃음꽃이 핀다 한다. 따라서 글자 그대로 해석하면 얼굴에 웃음꽃이 핀다가 제격이다.

▷驚塵: 驚은 迅疾. 즉 빠르다는 뜻으로 쓰였다. 三國・魏・李康의 〈運命論〉에서 "風驚塵起, 散而不止. 바람이 빠르니 흙먼지 일어, 흩어지며 그치지 않는다."라 하였다. 驚砂는 狂風이 불어 올리는 砂塵, 즉 모래먼지다. 驚塵은 疾風이나 빠르게 달리는 수레・말이 일으키는 塵土, 즉 흙먼지다.

▷濺(천): 뿌리다. (물방울 따위가) 튀다. 濺血은 ① 피를 흩뿌리다. 흩뿌린 피. ② 피를 흘리다. 흘린 피.

▷流: 傳播하다. 널리 퍼뜨리다 擴散되다.

▷永元: 後漢 和帝때의 年號. 永元 元年(AD 89)에서 永元 16年(AD 104)까지를 말한다.

▷交州: 인도차이나 지방의 옛 중국식 명칭.

▷交趾: 交阯라고도 쓴다. 漢나라 때에 지금의 베트남 북부 통킹・하노이 지방에 둔 행정구역. 漢 武帝가 南越을 멸망시킨 뒤 設置하였다.

▷歲貢: 옛날 諸侯國이나 屬國이 每年 中央의 朝廷에 바치던 禮物.

▷涪(부): ① 江이름. ② 고을이름. 지금의 四川省 涪陵.

▷至今: 至于今. 예로부터 오늘에 이르기까지. 至于今日이라고 확실하고 길게 쓰기도 한다. ➪ 參考로 말하면 現在・시방이라는 뜻으로 쓰는 지금은 只今이라고 한다. 混同하는 일이 많아 여기에 써본다. 只今의 같은 뜻으로 如今이라고 하는 말도 있다.

▷李林甫: 唐 玄宗때의 人物. 앞에서 이미 紹介하였다. 즉 天寶 6年 임금의 特命으로 치른 制試에서 弄奸을 부려 野無遺賢이니 天下太平이라고 한 그 人物이다 부드러운 태도로 알랑거리기를 잘하며 대단히 狡猾하여 다들 口蜜腹劍이라고 하였다. 宦官・妃嬪과 結託 한통속이 되어 임금의 動靜을 손바닥 보듯 하니 모든 말이 임금의 뜻에 어긋남이 없어 19年동안 權勢를 마음대로 하였으며 安史의 亂으로 결국 곪아터졌다.

▷食肉: 이렇게만 쓴다면 높은 벼슬을 하였다는 뜻이 된다. 즉 옛날에는 벼슬을 하거나 平民의 경우 늙어야만 고기를 먹을 수 있었다. 本詩에서는 食肉寢皮를 줄여서 쓴 것이다. ≪左傳・襄公二十一年≫에 州綽(주작)의 말이 나오는데 다음과 같다. "그 두 사람을 禽獸로 친다면 臣은 그 살을 먹고 그 가죽을 깔고 잘 것입니다. 然二子者, 譬如禽獸, 臣食其肉而寢處其皮矣." 이 말은 極度의 怨恨과 憎惡를 나타내는 것으로 愛用되었다.

▷酹(뢰): 술을 땅에 부어 降神을 비는 일. 또는 그 술.

▷伯游: 앞에 나온 後漢 和帝때의 唐羌의 字가 伯游다.

▷天公: 天을 말한다. 天을 擬人化하여 公을 붙였다.

▷赤子: ① 갓난아기. ② 百姓을 比喩한다. 統治者가 꼭 돌보고 보살펴야 살아갈 수 있는 어리고 아무것도 모르는 存在라는 意味를 갖는다. 미국의 소설가 마가렛 미첼(Margaret Mitchell)의 장편 소설 ≪바람과 함께 사라지다≫에도 비슷한 말이 나온다. 백인들의 말씀인즉 "하나님이 저 아무것도 모르는 니그로(Negro)를 우리에게 맡기셨으니 우리가 책임지고 보살피고 잘못된 것은 야단도 치고 꾸짖기도 하여 올바르게 인도할 의무가 있다"나! 支配者의 생각은 東西가 그리고 古今이 다르지 않더라.

▷尤物: ① 優秀한 人物, 特出한 人物을 말하나 대개 絶色, 그러니까 아름다운 女人을 가리킨다. ≪左傳・昭公28年≫에 "夫有尤物, 足以移人, 苟非德義, 則必有禍. 대저 뛰어나게 아름다운 여인은 족히 사람을 변하게

만든다. 만약 진정으로 德이 있고 의로운 남자가 장가들지 않는다면 반드시 禍가 있을 것이다"라 하였다. ② 珍奇한 물품. 本詩에서는 龍眼・荔枝를 가리킨다.

▷瘡痏(창유): 瘡은 부스럼, 종기, 상처를 말하며 痏는 타박상, 멍, 흉터, 헌데를 가리킨다. 둘을 함께 써서 瘡痏라 하면 상처, 傷痕을 나타내며 다시 변하여 百姓들의 苦痛, 患難, 禍害를 뜻하게 되었다.

▷雨順風調: 風雨가 順調롭게 때에 맞춰 불고 내려 農事에 適合함. 風雨는 모든 氣候條件 즉 눈, 서리, 비, 바람, 氣溫의 概括的 表現이며 꼭 비와 바람만을 나타냄은 아니다. ≪書・洪範≫에서 "曰肅, 時雨若,……曰聖, 時風若.……

▷曰: 有也.

▷若: 至也. 恭敬하고 莊重함이 있으면 때맞춘 비가 오고, 通達하고 聰明함이 있으면 철에 따른 바람이 이른다.……"이라 하였다. 後에 簡略하게 "風雨時若. 바람, 비가 때에 맞춰 이르다"이라 하였는데 이는 먹물用이고, 大衆用・德用으로는 "風雨順調"라고 쉽게 썼다. 또 漢・王充의 ≪論衡・是應≫에서 "風不鳴條, 雨不破塊, 五日一風, 十日一雨. 바람은 나뭇가지를 소리내게 하지 않고, 비는 農土를 망가뜨리지 않으며, 닷새에 한번 바람불고, 열흘에 한번 비가 왔다"라 하였으니 "五風十雨"라는 成語가 생겼는데 漢・桓寬의 ≪鹽鐵論・水旱≫에서도 "當此之時, 雨不破塊, 風不鳴條, 旬而一雨, 雨必以夜, 無丘陵高下皆熟. 이러한 시절에는 비도 農土를 망치지 않았고, 바람도 나뭇가지를 소리내게 하지 않았으며 열흘에 한번 비오되 반드시 밤에 왔으며 丘陵・높아 마른 땅 낮아 습한 땅 할 것 없이 모두 풍년이 들었다"이라 하였다.

▷百穀登: 百穀은 곡식 종류의 總稱으로 百은 成數를 들어 말한 것일 뿐이니 그저 많은 여럿이라는 뜻이다. 登은 成熟이니 쉽게 말해 풍년이 든다는 것이다.

▷上瑞: 最高의 祥瑞. 第一가는 吉兆. ≪舊唐書・盧群傳≫에서 "祥瑞不在鳳凰・麒麟; 太平須得邊將・忠臣. 祥瑞는 鳳凰・麒麟에 있음이 아니요; 太平은 모름지기 邊境을 지키는 훌륭한 將帥와 政事에 勤實한 忠臣을

얻어야 가능하다"이라 하였고 宋・王溥의 ≪唐會要≫에서는 "以人和年豊爲上瑞. 民心이 和樂하고 풍년드는 것이 가장 좋은 祥瑞다"라 하였다. "人和年豊"은 本來 ≪左傳・桓公6年≫에 "民和年豊"이라고 登場하였었다. 人이나 民대신 時를 쓰기도 하니 "時和年豊"이 그것이다. 四時가 和順하고 풍년든다는 것이니 太平盛世를 말한다.

▷君不見이나 君不聞이나 모두 "그대는 모르는가"의 뜻이다. 見이나 聞은 知의 뜻으로 쓰인다. 例를 들어 지금 아랫구에 武夷山云云하는데 그곳의 事情을 여러 經路를 통해 알 수는 있어도 직접 보지 않은 사람도 많을 것이다. 따라서 "그대는 보지 못했는가"할 때 "안 보았다", "못 보았다"고 사실대로 말하면 참으로 난감할 것이다.

▷武夷: 山이름. 福建省에 있다. 좋은 茶가 生産된다.

▷粟粒茶: 粟粒은 좁쌀알이니 初春의 어린 싹이 겨우 좁쌀알만할 때 만든 極上品의 茶를 말한다. 參考로 말하면 雨前은 穀雨前에 딴 여리고 부드러운 싹으로 만든 茶며, 雀舌도 참새 혀라는 뜻으로 아주 작고 연한 싹으로 만든 茶로 모두 宋代 文人들의 詩文에 登場한다.

▷前丁後蔡: 丁은 丁謂로 宋・眞宗때 譖訴하여 名相 寇準을 내쫓고 대신 宰相이 되었으며 晉公에 封해져 丁晉公이라 부르기도 한다. 蔡는 蔡襄(채양)이니 字가 君謨(군모)로 벼슬은 端明殿學士에 이르렀다. 書藝에 뛰어나 宋四家, 즉 米芾(미불)・蔡襄・蘇軾・黃庭堅의 一員이 되었다. 東坡가 스스로 단 注에 의하면 大小龍茶는 丁晉公에서 始作되어 蔡君謨에 이르러 完成되었다 한다. 參考로 龍茶를 說明하면 보통 龍鳳團茶라 하는데 둥근 떡모양(餠形)의 貢茶로 위에 龍鳳紋이 있다. 宋・王闢之의 ≪澠水燕談錄・事志≫에 의하면 "建茶 ― 福建省 建溪一帶에서 生産되는 名茶 ― 는 江南에서 發達하였는데 近歲에 더욱 精하여졌으며 龍鳳團茶가 最上品인데 한 斤에 겨우 茶餠 여덟개다. 慶歷(宋・仁宗의 年號)年間에 蔡君謨가 福建의 運使 ― 古官名이니 水陸運使・轉運使・鹽運使 等의 略稱이다 ― 가 되었을 때 비로소 小團을 만들어 歲貢에 充當하였는데 한 斤에 茶餠이 스무개였다. 이것이 이른바 上品龍茶다. 仁宗임금이 특히 귀하게 여기고 아껴서 아무리 宰相일지라도 함부로 下賜한 적 없었으며

오직 天地를 祭하는 郊禮에 앞서 몸과 마음을 깨끗이 하는 이른바 沐浴齋戒하는 밤에 兩部(中書省과 樞密院)의 各 四人에게 茶餠 하나를 共同으로 들라고 下賜할 뿐이었다. 宮人들이 金을 오려 龍鳳무늬를 만들어 그 위에 붙이면 여덟 명이 나누어 간직하고 奇異한 玩賞品(奇玩)으로 여길 뿐 감히 試飮하지 않았으며 귀한 손님이 오면 내놓아 돌려가며 완상하였다. 建茶盛於江南, 近歲制作尤精, 龍鳳團茶最爲上品, 一斤八餠. 慶歷中, 蔡君謨爲福建運使, 始造小團以充歲貢, 一斤二十餠, 所謂上品龍茶者也. 仁宗尤所珍惜, 雖宰臣未嘗輒賜, 惟郊禮致齋之夕, 兩府各四人, 共賜一餠. 宮人剪金爲龍鳳花貼其上, 八人分蓄之, 以爲奇玩, 不敢自試, 有嘉客, 出而傳玩."한다.

歐陽修의 〈歸田錄〉에 의하면 "蔡君謨가 福建路의 轉運使가 되었을 때 처음으로 小片龍茶를 만들어 올렸는데 品質이 極히 精하며 小團이라 불렀는데 茶餠 스무 개가 한 斤으로 가치가 黃金 두 냥이었다……宮人들이 往往 金으로 裝飾을 새겨 붙였으니 그 貴重함이 이 정도였다. 蔡君謨爲福建路轉運使, 始造小片龍茶以進, 其品絶精, 謂之小團, 凡二十餠重一斤, 其價直金二兩, ……宮人往往鏤金花於其上, 蓋其貴重如此"고 하였다.

➡ 십여 년 전인지 이십여 년 전인지 우리나라에서 高麗時代의 石塔을 解體하여 補修할 때 宋나라 것으로 推測되는 餠茶 즉 團茶가 나와 話題가 된 적이 있었다. 塔을 세울 때 極히 貴重한 物品을 넣었는데 이것이 거기에 포함된 것이다.

➡ 앞에서 이미 紹介한 李一氷의 ≪蘇東坡新傳≫을 보면 茶는 丁謂가 眞宗時代에 만든 龍鳳團이 有名하나 일 년에 겨우 사십 개를 만들 수 있었다 한다. 仁宗時代에 蔡君謨가 品種을 改良하고 다시 小團茶를 만들었으나 이것도 귀하기는 마찬가지였다. 茶나무 심는 일을 계속 추진하여 神宗의 元豊年間에 建州에서 密雲龍을 製造하였는데 品質이 小龍團보다 뛰어났다 한다. 그러나 대궐에서 賞賜할 때에 王公과 近臣에 한하였으므로 蘇東坡도 愛之重之하여 보통 손님에게는 내놓지 않았으며 이른바 蘇門四學士, 즉 黃庭堅, 秦觀, 晁補之·張耒(장뢰)가 왔을 때에만 대접하였다한다. 어느 날 東坡가 사랑에서 손님을 만

나는데 갑자기 密雲龍을 내오라하여 안식구들은 黃·秦·晁·張 中의 한 사람이 온 줄 알았는데 屛風 뒤에서 엿보니 늦게 蘇門에 오른 廖明略(요명략)이었다 한다.

▷ 籠加: 무슨 뜻인지 不分明하다. 누구도 注를 달지 않았으며 알 수 없다는 말 또한 없는데 모르는 것은 前人·後人 모두 擧論하지 않고 그냥 諒解하고 넘어가는 것이 慣例란다. 近來 三聯書店에서 나온 ≪中國歷代詩人選集≫의 〈蘇軾詩選〉에 注를 단 徐續 先生의 풀이를 따르면 籠裝加封이란다. 농(籠)에 넣고 封印한다는 것이다. 于先 이것을 따르며 後日에 더 좋은 의견이 나오면 수정하기로 하자.

▷ 爭新買寵: 爭은 다투다, 겨루다, 競爭하다. 買는 사다는 뜻에서 擴大되어 信任을 얻다, 重視되다, 칭찬을 받다는 뜻으로 쓰인다. 또한 追求하다는 의미로 쓰이기도 한다. 여기에서는 新異함을 다퉈 임금의 신임, 총애를 追求한다는 것이다.

▷ 出意: 構想. 着想. 생각을 짜내다, 방도를 생각해내다, 계책을 세우다.

▷ 鬪品: 茶葉의 精品 즉 上等品, 優良品, 逸品인데 優劣을 가리는 試合에 出品된 高級茶 또는 試合에서 높은 點數를 딴 高級茶를 말한다. 鬪茶, 鬪茗(투명)도 같은 뜻인데 茶의 優劣을 경쟁한다는 뜻으로도 쓰인다. 東坡가 스스로 단 注에서 "今年閩中監司, 乞進鬪茶, 許之. 今年에 福建省의 監司(監察의 責任을 가진 官吏니 州縣을 督察하는 刺史, 轉運使, 按察使, 布政使 等의 通稱이다) 가 試合에서 優勝한 茶를 올리겠다고 청하니, 허락하였다"라 하였다. 宋·徽宗의 〈大觀茶論·采擇〉에서 "凡芽如雀舌·穀粒者爲鬥品, 一鎗一旗爲揀芽, 一鎗二旗爲次之, 餘斯爲下. 무릇 싹이 참새 혀, 좁쌀알 같은 것이 最上의 精品이며 逸品인 鬥品이 되고 一鎗一旗 즉 鎗끝같이 어린 싹 하나에 깃발같이 펴진 잎 하나달린 것이 揀芽(간아. 추린 茶, 선택된 茶)가 되며 一鎗二旗 즉 鎗끝같은 싹 하나에 깃발 같이 펴진 잎 둘 달린 것이 그 다음이며 이 나머지는 下品이 된다"라 하였다.

▷ 官茶: ≪漢語大詞典≫에서 官府에서 專賣하는 茶라 하였다. 그런데 이것은 本詩에서는 잘 어울리지 않는 듯하다. 前後 事情을 보면 臣下들 중에

임금의 寵愛를 얻기 위해 머리를 짜내고 計策을 세워 新奇하고 特異한 茶를 만들었는데 이것을 임금에게 올려야지 官府의 專賣用으로 바친다면 상말로 죽 쑤어 개 좋은 일 하였다가 되겠다. 따라서 充官茶의 풀이는 조금 角度를 달리 하는 것이 여러모로 有利할 듯하다. 우리생각에 "官"은 다른 뜻으로 쓰인 듯하다. 魏晉以後에 "官"은 帝王에 대한 呼稱이 되며 帝王의 自稱 또한 이것이었다. 例는 省略하겠는데 정 궁금하시면 ≪漢語大詞典≫ "官"字의 15項目을 보시라. 따라서 本句의 해석은 "今年에도 最上品, 極精品인 鬥品으로 상감마마 御用의 茶를 供給하고 채웠다"가 妥當할 듯하다.

▷致養口體: 致는 奉獻, 獻納의 뜻이다. 致養은 父母를 奉養한다는 말이다. 口體는 口腹 즉 입과 배로 먹는 일을 말한다. ≪孟子・離婁上≫에 "曾子養曾皙, 必有酒肉; 將徹, 必請所與; 問有餘, 必曰有. 曾皙死, 曾元養曾子, 必有酒肉; 將徹, 不請所與; 問有餘, 曰亡矣. 將以復進也. 此所謂養口體者也. 若曾子, 則可謂養志也. 孝行으로 이름난 曾參이 父親인 曾皙—즉 曾點이니 또한 孔子의 弟子였다—을 奉養할 때 매 끼니마다 반드시 술과 고기를 갖추었으며 철상(撤床) 즉 상을 물릴 때 남은 것을 누구에게 줄지를 여쭈었으며 남은 것이 있는가 물으시면 반드시 있다고 여쭈었다. 曾皙이 죽고 曾參의 아들인 曾元이 曾參을 奉養하니 매 끼니마다 또한 술과 고기를 갖췄으나 상을 물릴 때 남은 것을 누구에게 줄지를 여쭙지 않았으며 남은 것이 있는가 물으시면 없다고 하였으니 또 다시 올리기 위함이었다. 이것은 이른바 입과 배를 봉양함이다. 曾子의 曾皙 봉양이야말로 마음의 奉養이라 할 수 있겠다"라 하였다.

▷陋: 鄙陋함. 즉 너절하고 더럽다는 뜻.

▷相君: 옛날 宰相에 대한 尊稱. 이때 相은 去聲으로 읽는다. 本詩에서는 錢惟演을 가리킨다. 吳越王이었던 錢俶(전숙)은 강한 趙匡胤의 宋에 降服하였으며 당연히 宋 太祖 趙匡胤은 嘉尙히 여겨 "忠孝"라는 말로 칭찬하였다. 그의 아들 錢惟演도 아비를 따라 宋에 歸順하였는데 博學하였고 文辭에 능하여 知制誥・翰林學士가 되었다가 仁宗朝에는 樞密使가 되었다. 원래 그는 丁謂에게 붙어 寇準을 내몰았으며 丁謂의 禍가 싹틀

때에는 다시 丁謂를 排擠하여 自身의 立場을 辯明하였다. 후에 某種事件으로 죄를 짓고 崇信軍節度使로 나갔다가 죽었다. 東坡는 그가 꽃을 바친 것을 안타깝고 哀惜하게 여긴 듯하나 事實 그의 行蹟을 보면 이상할 것도 아쉬울 것고 없는 듯하다.

▷可憐: ① 불쌍하다. ② 사랑스럽다(可愛). ③ 기쁘다. 반갑다(可喜). ④ 부럽다(可羨). ⑤ 아쉽다. 아깝다. 애석하다(可惜). ⑥ 이상하다. 괴상하다(可怪). 等의 뜻이 있는데 여기에서는 ⑤와 ⑥의 뜻을 합쳐 쓴 듯하다.

▷姚黃花(요황화): 歐陽修의 〈牡丹譜〉에 "姚黃, 千葉黃花, 出於民姚氏家. 姚黃은 노란색 겹꽃으로 민간의 姚氏 집에서 나왔다"라 하였다.

➡ 千葉은 花瓣이 겹인 꽃을 말한다. 겹꽃, 重瓣花, 千葉花 모두 같은 말이다. 천 개의 꽃잎이라는 풀이도 가끔 눈에 띄는데 상식적으로 생각해도 될 법이나 한 일인가.

東坡의 自注에 "洛陽貢花, 自錢惟演始. 洛陽에서 牡丹을 바침은 錢惟演에게서 시작되었다"라 하였다.

➡ 歐陽修의 〈洛陽牡丹記 · 花品叙〉에서 "牡丹則不名, 直曰花, 其意謂天下眞花獨牡丹…… 모란은 이름을 부르지 않고 그대로 꽃이라 하니 그 뜻은 천하의 진짜 꽃은 모란뿐이라는 것이니……"라 하였다. 洛陽貢花의 花는 모란이 틀림없다고 본다.

解說

五里마다 있는 역참(驛站) 十里마다 있는 역관(驛館). 힘찬 말로 바꿔 흙먼지 날리며 달리니, 五里마다 쌓은 척후(隻堠) 十里마다 쌓은 쌍후(雙堠), 戰亂을 알리는 告急文書 띄우듯 볶아치네. 구덩이에 넘어지고 골짜기에 엎어져 시체가 서로 베고 누운 듯하니 荔枝와 龍眼이 招來하여 생긴 일임을 알고들 있다네. 바람타고 나는 수레가 산을 넘듯 해홀(海骨鳥)이라는 戰船이 바다에 미끄러지듯 실어왔으니 바람 속 가지 같고 이슬 맺힌 잎 같아 막 따온 듯 하다네. 대궐안 美人 楊貴妃의 얼굴에 웃음꽃 한번 피기 위해 달리는 수레 · 말이 일으키는 먼지, 구덩이와 골짜기에 넘치는 시체가 흘린 피, 천년을 두고 傳播하게 하였다네. 漢나라 和帝 永元年間의 荔枝는 交州에서 왔었고 唐나라 玄宗 天寶時代의 貢物은 涪州 것을 선택했다네. 예부터 오늘에 이르도록 李林甫의 고기를 뜯어 먹겠다 하면서도 술잔 들어 땅에 붓고 唐羌의 魂을 慰勞하는 이는 없다네. 내 바라기는 하느님께서 갓난아이 같은 백성을 가엾게 여겨 제발 珍奇한 것을 만들어 百姓들의 患難되게 마시기를. 비 바람이 순조로워 온갖 곡식 잘 익고 백성들이 주리고 떨지 않는 것이 最高의 祥瑞며 第一가는 吉兆라네. 그대는 모르는가! 武夷山 골짝 시냇가 좁쌀만한 싹의 上等茶를 먼저는 丁謂가 뒤에는 蔡襄이 농(籠)에 넣고 封印하여 올렸다네. 新異함을 다투어 寵愛를 追求하자니 온갖 생각 짜내었으며 금년에도 겨루기에서 이긴 最高級 茶를 主上께 공급했다네. 우리 임금님 없는 것이 어찌 이런 물품들이겠는가! 뜻을 받듦이 아니고 입과 배를 봉양하다니 얼마나 너절한 일인가! 洛陽의 宰相어른 忠孝의 家門에서도 아쉽구나! 안타깝구나! 또한 姚黃이란 牡丹을 바쳤다네.

☛ 參考 ❺

東坡는 〈荔支歎〉에서 하느님이 珍奇한 것을 만들어 百姓들의 고생거리가 되게 하지 마시라 하였다. 그런데 〈四月十一日初食荔支〉나 〈食荔支〉 二首를 보면 荔支를 아주 잘 자시고 稱讚 또한 늘어지게 하였다. 結局 尤物이란 時間·空間에 左之右之되는 것인데 꼭 어느 것이 기라고 斷定지울 수 없는 것이다. 삼십년 전 우리에게 바나나 파인애플은 貴物中의 貴物이요 사과 배는 至賤까지는 아니더라도 尋常한 과일이었다. 그러나 저 亞熱帶 熱帶地方에서는 正反對가 되고 만다. 이렇게 되면 하느님 노릇하기도 쉽지 않을 것이다. 明·沈璟(심경)의 〈埋劍記·采遠〉에 "自古道物離鄕貴, 人離鄕賤.…… 옛부터 말해왔다. 물건은 고향 떠나면 귀해지고 사람은 고향 떠나면 천해진다고.……"이라 하였다. 이것이 正鵠을 찌르는 말이다. 그러니까 尤物 珍品이 문제되는 것이 아니고 사람의 욕심이 문제 되는 것임을 알 수 있다. 일찍이 嵇康을 보고 才多識寡(타고난 재주는 많으나 세상사는 識見은 부족하다)라 했는데 嵇先生에게만 해당되는 말은 아닐 것이다.

☛ 參考 ❻

앞에서도 말했는데 말린 龍眼은 龍眼肉이라 하여 韓方 藥材의 하나니 특별히 珍奇하다 할 수 없겠다. 그러나 生龍眼을 얻기는 地理條件으로 보아 至難한 일이었을 것이다. 金用淑 著 ≪朝鮮朝宮中風俗硏究≫의 第9章 〈宮中件記의 硏究〉—件記는 발기라고 읽는데 物品目錄을 적은 文書를 말한다—에 龍眼 荔枝가 나온다. 高宗 28年 즉 AD 1891年 12月 初6日 神貞王后 世稱 趙大妃의 生辰날 올린 誕日茶禮床의 발기에 80器의 祭物이 나오는데 그 속에 龍眼 1개, 荔枝 1개가 떡하니 있는 것이다. 趙大妃는 1年前 4月에 昇遐하였으니 이것은 산사람용이 아닌데 상당히 애를 쓰고 신경써서 구했을 것이란 생각이 든다. 運送手段이 시시하던 그 당시 어떻게 얻었는지 아무리 생각해도 알 수 없다. 그리고 國運이 기울어가는 때 그 祭物의 規模나 種類를 한번 살펴보라. 긴 한숨이 長沙王 賈太傅의 專有物이 아님을 알 수 있으리라. 근래에 高宗 丁亥年 趙大妃 八旬進饌儀軌를 재현하였는데 龍眼과 荔枝를 한 자 세 치씩 궤어 놓았다. 한번 생각들 해보시라.

講解

崔年均

서울대학교 중어중문학과 졸업.
국립대만대학교 중문연구소 졸업.
〈도연명시승습고〉

鄭煥鍾

국민대학교 한문학과 졸업.
중국산동대학 중문학과 중국고전연구소 박사.
박사학위논문 〈혜강연구〉.
〈완적의 본유사상〉 등 다수 논문 발표.
국민대학교 인문사회연구소 선임연구원.

監修

鄭垣杓

서울대학교 국어국문학과 졸업.
서울대학교 국어국문학과 석사·박사.
홍익대학교 국어국문학과 교수.
홍익대학교 문과대학장, 대학원장 역임.

두시강해 1

초판 1쇄 인쇄 2010년 1월 20일 **초판 1쇄 발행** 2010년 1월 28일
강해 崔年均·鄭煥鍾 **감수** 鄭垣杓
펴낸이 박성복 **펴낸곳** 도서출판 월인
등록번호 제6-0364호 등록일 1998. 5. 4.
주소 142-879 서울특별시 강북구 흰구름길 19-3(수유2동 252-9)
대표전화 (02) 912-5000 팩스 (02) 900-5036
e-mail worinnet@hanmail.net homepage http://www.worin.net

ISBN 978-89-8477-456-8 94810
ISBN 978-89-8477-455-1 (세트)

값 35,000원